U0474259

国家哲学社会科学成果文库

NATIONAL ACHIEVEMENTS LIBRARY
OF PHILOSOPHY AND SOCIAL SCIENCES

创新型国家的信息服务与保障研究

胡昌平　胡吉明　邓胜利
胡　潜　沈丽宁　赵　杨　著

学习出版社

胡吉明 男，1985年生。2012年博士研究生毕业后在武汉大学信息管理学院从事教学、研究工作，现任讲师。参加国家项目多项，主持社会服务项目1项，发表论文20余篇，包括SCI&SSCI源刊论文2篇，权威期刊《中国图书馆学报》、《情报学报》论文5篇，4篇论文被人大复印报刊资料转载。代表作：A journal co-citation analysis of library and information science in China.，A co-word analysis of digital library field in China，Socialization group based information aggregation services，《基于Web2.0的用户群体交互分析及其服务拓展研究》等。

邓胜利 男，1979年生。2007年博士研究生毕业后在武汉大学信息管理学院从事教学、研究工作至今，硕士生导师。个人专著有《基于用户体验的交互式信息服务》(2007)。论文有《基于用户体验的交互式信息服务模型构建》、《网络信息资源整合的战略分析》、《Web2.0环境下网络用户的群体动力分析》、《交互式问答服务中用户行为影响因素的实证研究》、《企业竞争情报智能采集的策略研究》、《创新型国家的信息服务体制与信息保障体系构建》、《公共信息服务的体制转型与组织研究》等。

《国家哲学社会科学成果文库》

出版说明

为充分发挥哲学社会科学研究优秀成果和优秀人才的示范带动作用，促进我国哲学社会科学繁荣发展，全国哲学社会科学规划领导小组决定自2010年始，设立《国家哲学社会科学成果文库》，每年评审一次。入选成果经过了同行专家严格评审，代表当前相关领域学术研究的前沿水平，体现我国哲学社会科学界的学术创造力，按照“统一标识、统一封面、统一版式、统一标准”的总体要求组织出版。

全国哲学社会科学规划办公室

2011年3月

序

在21世纪的国家建设中，党中央明确提出了将我国建设成创新型国家的战略任务，科学地展示了信息时代基于自主创新的国家可持续发展蓝图。从国家发展转型和创新发展机制构建上看，我国的创新型国家建设，一是体现了以知识创新为核心的社会生产力发展和制度变革；二是体现在基于信息化的工业、农业、服务业转型发展上，即工业、农业、服务业与信息服务发展的融合。

1999年在面向知识创新的信息服务研究中，我开始关注国家创新制度和国家创新发展的信息保障问题，承担并完成了有关课题，其成果已得到多方面应用。因此，有机会作为团队负责人获准2006年国家社科基金重大项目“建设创新型国家的信息服务体制与信息保障体系研究”。在项目进行中，武汉大学信息资源研究中心、信息管理学院研究团队与国家信息中心、中国科学院文献情报中心、中国科技信息研究所以及相关机构和企业协同，进行了全方位研究和系统性探索与实践，最终形成了系列成果。本书作为项目专著成果，入选成果文库出版，是多方面合作取得的。

信息保障，按前苏联学者Г. И. 哥德加美的说法，是指根据用户的主体工作需要，为其提供全程化、系统化信息服务，以全面满足其信息需求的活动。在《科技工作的情报保证》（刘达等译，科学技术文献出版社，1981）一书中，哥德加美构建了基于服务的科技信息（情报）保障体系。哥德加美的理论揭示了信息服务与信息保障的基本关系。

国家自主创新能力的提高和创新型国家的建设，离不开信息化环境，需要有充分而完善的信息服务与保障支持。这说明，在基于信息化的国家创新发展中，信息服务业已成为支持自主创新和科技、经济、文化发展与社会进步的先导行业。这种发展机制不仅意味着经济发展方式的转变，而且提出了资源经济、产业经济向基于知识创新的经济发展转型要求，这种要求在战略性新兴产业发展中已得到充分体现。面对创新型国家的发展要求，创建与创新型国家建设相适应的信息服务体制与信息保障体系直接关系到我国创新型国家建设的目标实现。

在国家自主创新战略推进中，我国不断深化的体制改革，科技、经济、社会发展、信息网络化与资源共享程度的提高，为围绕自主创新的国家建设提供了新的条件，为创新型国家信息服务体制的确立和信息保障体系的完善奠定了基础。在新的信息环境中，科技、经济发展和社会进步对信息服务不断提出新的要求，致使以现代信息技术广泛应用为前提的信息服务的社会化组织机制得以形成。因而应以国家创新发展需求为导向，立足于国家信息服务制度、体系和运行机制的变革，遵循信息服务的发展规律，进行我国面向国家创新发展的信息服务的重组，是可行的。

创新型国家的信息服务组织需要从国家制度创新、环境演化、信息机制和服务形态出发，进行体制变革和体系构建。围绕这一问题的研究不仅需要立足于社会实践，而且需要进行理论、模型与方法的系统研究，通过实证在提炼应用成果的基础上，解决创新型国家建设中的现实问题。基于这一认识，在研究中，我们将实际调查、案例分析、理论研究和面向现实问题的实证相结合，将服务管理研究与技术实现相结合，由此形成了完整的研究成果。

本书作为国家社科重大项目的最终成果，所作的研究主要集中在以下方面：信息化中的国家创新发展与创新型国家建设；国家自主创新主体及其信息需求结构；创新型国家制度下的信息服务转型与体制变革；基于服务转型的社会化信息保障体系构建；基于国家创新网络的信息资源配置；国家创新体制下的信息服务协作与平台化实施；面向产业发展的行业信息服务重组；面向知识创新的信息服务业务组织；国家创新发展的信息政策与信息法律建设。在研究中我们突出了机制问题和体制问题；在面向实际问题的应用研究中，立足于信息机构改革和信息技术发展，进行跨系统平台建设和协同服务的实现。

在信息化环境和数字网络条件下，创新型国家的信息服务与保障研究也是学术界关注的理论问题。因此，本书在理论上突出国家创新发展规律和信息机制研究，以寻求基于国家自主创新发展的信息管理与服务理论。显然，这是一种有别于传统的理论研究取向，是面向用户的信息管理与服务理论的深化和拓展。基于这一思路，本书作为项目的最终成果，立足于创新型国家的信息服务与保障的组织，在面向现实问题的解决中，通过案例分析和实证，探索信息服务体制变革的实现和社会化信息保障体系的构建。因此在专著撰写中，力求规律揭示、模型构建和原理归纳的科学性、系统性与完整性。

承担项目研究、实证与成果推广应用的是来自项目承担单位和合作单位的项目组全体成员，他们是武汉大学胡昌平教授、陈传夫教授、张李义教授、李纲教授、黄如花教授、邓仲华教授、胡吉明讲师、邓胜利副教授、赵杨讲师等，来自合作单位的张晓林研究员、王长胜研究员、曾建勋研究员、郑彦宁研究员、王宪磊研究员、刘细文研究员、夏立新教授，以及参加本项目的武汉大学博士胡潜（现任华中师范大学副教授）、沈丽宁（现任华中科技大学副教授）、赵雪芹（现任上海师范大学讲师）等。本书作为最终专著成果，由胡昌平、胡吉明、邓胜利、胡潜、沈丽宁、赵杨撰写。

本项目研究和成果应用得到了国家社科规划办的全方位指导，以及中国科学院有关部门、中国社会科学院文献信息中心、湖北省有关部门以及相关机构、企业各研究人员多方面支持和帮助。对于上述机构的领导专家，以及中国社会科学院学部委员黄长著研究员和武汉大学资深教授彭斐章作为项目顾问，所给予的多方面指导，致以诚挚的谢意。在本书的编审出版阶段，学习出版社专家及编辑付出了辛勤的劳动，本书的出版与他们的工作密不可分。在此，深表感谢。

胡昌平

2012 年 11 月 29 日于武汉大学

目　录

Contents

引 论

创新型国家建设不仅需要进行面向国家创新发展的制度变革，构建与创新型国家制度相适应的科技创新和经济发展体制，而且需要进行信息服务体制变革，确立基于社会化服务体制的信息保障体系。从信息服务组织上看，不仅需要进行信息服务技术变革，拓展信息保障业务，更重要的是，要求推进信息服务的社会化转型。

创新型国家建设在于寻求基于自主创新的国家发展机制，实现经济发展方式的转变，构建以科学技术为第一生产力的产业经济体系，促进社会文化与知识创新的融合。这就要求在创新型国家制度建设的基础上进行经济和社会发展转型，促进基于创新的经济社会发展。科学技术与产业发展创新，不仅需要制度保证，而且需要在自主创新中构建完备的社会化信息保障体系。从信息服务组织上看，自主创新主体的创新活动在开放环境下进行，知识创新的网络化实现需要完备的信息作保障，需要面向用户知识创新的服务集成。

在创新型国家建设中，信息保障的全面性、完整性和及时性取决于信息服务的发展，由国家创新发展体制下的信息服务结构所决定。从信息保障实现方式上看，既有面向行业、部门和系统用户的信息保障，又需要从创新发展组织和实现过程出发进行面向社会运行和职业活动环节的信息保障，而且随着社会信息化水平的提高和信息活动与职业活动的融合，面向用户与面向过程的信息保障已融为一体。这种整体化保障体系构建，不仅依赖于信息环境、技术环境，而且是由信息保障实现中的信息服务组织体制所决定。由此可见，在创新国际化和经济全球化背景下，信息服务体制变革与发展应以信息保障的社会目标为导向，进行基于创新型国家制度的服务转型；与此同时，信息保障体系构建应以信息服务体系重组为前提。

美国是在工业化基础上率先实现转型发展的国家。20 世纪 90 年代以来，美国加大了信息化推进的力度，在国家信息技术设施建设的基础上，构建国家创新网络，将知识创新作为基本战略，以此出发寻求新的经济增长点。在服务于国家创新的信息资源和网络组织中，美国政府组织实施了一系列信息化项目和社会化的信息服务工程。2001 年，美国国家科学基金委员会（NSF）资助了相关研究，启动了一系列数字化信息服务项目，确立了信息服务平台共建模式。同时，美国国家科学基金委员会还资助了信息与智能系统项目①。2005 年，美国开始实施科学、技术、工程、数学教育数字图书馆计划（NSDL），通过多机构参与，建设面向科学研究和技术发展各领域的“学习环境与资源网络”（The Network of Learning Environment and Resources），以便围绕知识生产、传播和利用构建开放化的保障体系。

在面向知识创新的信息服务组织中，美国基于网络的联盟发展迅速，如作为创新信息服务主体之一的主要图书馆联盟，据 WebJunction Global 统计，至 2010 年 6 月已达 181 个②。这些联盟不断创新管理体制，注重与创新主体合作进行数字化信息保障的研究与实践，从而不断完善信息保障功能。在政府主导下，一些商业性信息服务机构十分关注面向自主创新的服务业务拓展，如 OCLC 为了促进信息服务的创新，其成员委员会于 2003 年 10 月召开专门会议，讨论为满足用户知识创新需求的服务创新手段、合作模式和信息化环境下的信息服务规划。2009 年，OCLC 推出基于 WorldCat 书目数据的“Web 级协作型图书馆管理服务”。该服务被认为是一项云计算服务，其目标是取代各类型图书馆的集成管理系统。2010 年，OCLC 和图书馆、出版商以及其他的信息提供方合作，扩充 WorldCat. org 平台的信息量。通过与 HathiTrust 的电子储藏库结成创新伙伴，通过网络最大限度地提高图书馆全部馆藏的能见度和价值。2009—2010 年的实践表明，OCLC 正力求根据创新

① 刘立等：《国家科学基金资助科技教育与普及的政策与实践研究》，《科普研究》2007 年第 6 期，第 62—70、80 页。

② Tom Newman. Connecticut's Public Libraries: A Statistical Profile [EB/ OL]. [2011 - 03 - 20]. http://ct. webjunction. org/ct/stats/ - /articles/content/107961800.

原则，不断改善基于服务的信息保障业务[①]。

在国家创新发展中，欧盟国家着手于社会化信息服务制度建设，通过信息服务与保障体系重构，确立新的开放化信息服务体系。欧盟国家在推进经济一体化和区域经济发展过程中，实施了适应于各国发展需要的信息服务市场发展战略，在调整图书馆、信息中心和行业信息服务关系的基础上，进行跨系统服务组织，形成了以各国政府为主导、以欧盟国家合作为基础，面向经济转型和区域创新的信息保障网络。例如，英国的国家信息服务系统（NISS）就是在整合跨系统资源的基础上构建的社会化服务系统[②]。另外，法国政府在机构改革中进行了各相关机构的发展定位，以此形成了职责明确、分工有序的信息服务体系，按各机构的不同隶属关系进行公益性和市场化服务的协同管理，重构政府主导的信息服务系统、社会化信息服务中心和行业服务机构。2004 年，在面向国家创新发展的信息服务组织中，欧盟启动了电子科学网络工程（EGEE），这是欧洲数据网格（EDG）的拓展，工程的实施在于进行新的网络计算构架，从而为科学研究机构、企业和经营组织提供数据和计算服务。目前，该项服务在面向地区的基础上已向全球拓展[③]。值得指出的是，欧盟国家所构建的信息服务新体系十分强调信息服务平台建设和平台服务支持。2008 年以来，在应对全球金融风暴中，欧盟委员会不断改善其经济信息服务，注重信息的对称化提供和信息资源的共享，以适应经济全球化和创新国际化的发展环境。

日本自 20 世纪 80 年代以来，着重于技术兴国向自主创新转型，通过实施“2006—2010 科学技术基本计划”构建社会化的科技创新系统。与科技和产业创新相适应，日本科技信息服务机构进行了调整，在强化政府组织服务的同时，突出产业振兴会的作用，着手于行业信息服务中心建设和网络化服务的发展[④]。在国家信息服务机构、行业机构和各组织联合机构的分工协

---

① 周津慧、初景利：《分报告七：OCLC 考察报告》，《数字图书馆论坛》2011 年第 1 期，第 61—70 页。

② 胡昌平、张敏：《欧盟支持行业创新的信息服务平台实践及其启示》，《图书馆论坛》2007 年第 6 期，第 187—191 页。

③ 《欧洲巨资建新科学研究服务网　面向国际科学研究机构》［EB/OL］.［2011－03－20］. http：//www. qiji. cn/news/open/2004/04/02/20040402185718. htm.

④ 陈钰芬、陈劲：《开放式创新：机理与模式》，科学出版社 2008 年版，第 175—183 页。

作中，日本科学情报研究所着手于网络服务条件建设，进行新一代服务环境创建，同时推进跨部门的信息服务开展。在社会化信息保障体系构建中，日本在发展信息服务产业中，确立了行业机构的协同发展关系，在信息处理振兴事业协会（IPA）、信息服务产业协会（JISA）、日本数据处理协会（JDPA）等机构的协调管理下，信息服务行业得以迅速发展。

2000 年以来，俄罗斯的科技与产业创新体系进行了重大调整和重组。在科学研究组织中，总统科技政策委员会、联邦科技部负责重大方针政策和科学研究与创新的组织实施。从事科学研究与创新的机构包括科学院系统、社会科学院、部门研究机构、高等学校和企业研究机构。20 世纪 90 年代初以来，在国家创新体制改革中，科学研究系统已发展成为多种所有制并存的社会系统。与国家创新体制改革相适应，俄罗斯面向国家创新发展的信息服务随之进行了调整和变革①。俄罗斯的信息服务体制变革在于，进行俄罗斯科学技术信息服务的重新定位，打破服务的部门限制，实现服务的开放化和社会化。这种变革不仅适应了创新型国家建设的需要，而且适应了信息网络发展的国际环境。在体制变革的基础上，俄罗斯组织实施了国家数字化科技信息服务系统工程、国家数字图书馆工程和政务数字化信息服务工程等。在政府信息化推进中和商务信息化发展中，俄罗斯创建了专业化的信息服务实体，通过开展网络支持服务和信息保障服务，重构面向国家创新的信息保障体系。

国外在面向知识创新的信息服务组织中，一是进行信息服务制度变革；二是重构服务体系。这两方面的工作具有不可分割的内在联系，其要点是立足于本国的创新发展需要，不断推进信息服务体制变革，构建社会化信息保障体系，拓展基于网络的开放化信息服务业务。值得注意的是，各国在发展中将信息服务纳入信息化建设轨道，实现信息服务社会化和知识创新网络化。

我国的国家创新体系建设始于 20 世纪 90 年代中期，中国科学院 1997 年所提出关于建设国家创新体系的报告，将我国的国家创新体系视为由知识

---

① 《俄罗斯政府工作报告强调支持创新》［EB/ OL］.［2011 - 03 - 20］. http：//blog. sina. com. cn/ s/blog _ 64e5158f0100u9ah. html.

创新与技术创新相关机构和组织构成的网络系统，该系统由知识创新系统、技术创新系统、知识传播系统、知识应用系统四个部分构成[①]，其组织构成包括政府、研究机构及高等学校、企业和中介机构等。这一代表性报告明确了系统的基本关系，即知识创新是基础，技术创新是核心，知识传播是途径，知识应用是目的，信息支持与服务是保障。近五年来，关于建设创新型国家的信息服务与保障问题的研究在国内学术界已引起广泛关注。同时，中国科技信息研究所在面向国家创新的科技信息服务中进行的开放化知识链接服务、中国科学院国家科学图书馆面向科学研究的服务平台建设和各地的科技信息资源共享平台构建，体现了面向国家创新的信息服务网络与知识创新网络的融合趋势[②]。

在面向科学研究与创新发展的信息资源开发与服务组织中，我国进行了一系列研究，其中的代表性成果有：彭斐章教授于 1998 年完成的国家自然科学基金项目“科学研究与发展中的信息保证”研究，其成果在改善部门信息保障工作中得到应用[③]；黄长著等人于 2002 年提交了“面向 21 世纪的中国图书情报网络化研究”报告，在报告中提出了面向科学研究与发展的科技情报网络服务的网络化组织原则，对数字化图书馆网络服务的开展提出了建议[④]；胡昌平等人于 1997 年和 2000 年分别完成的国家自然科学基金项目“社会主义市场经济中科技信息工作机制”研究和“信息服务的社会监督”，从国家创新制度及体制变革的角度研究了面向科学研究与发展的信息工作机制和信息服务组织、管理与监督问题[⑤]；2003 年霍国庆在所承担的国家自然科学基金项目中进行了“企业信息资源集成机制”研究；关家麟等人进行的“建设国家科技文献资源共建共享体系”研究，从科技文献资源的社会化共享需求结构分析出发，在中国科技信息研究所、中国科学院文献情报中心和各行业科技信息中心信息资源共建基础上，提出了文献信息资源

---

① 《迎接知识经济时代　建设国家创新体系》［EB/ OL］.［2011 - 03 - 20］. http：//www. lssf. cas. cn/cxgc/cxgc_ k/201005/t20100531_ 2862526. html.

② 《四川省高校图工委 2005 年工作总结》［EB/ OL］.［2010 - 07 - 10］. http：//202. 115. 54. 22/libcommittee/news/shownews. aspx？ id =82.

③ 王翠萍：《论国家创新体系中的信息保障系统建设》，《情报资料工作》2002 年第 2 期，第 12—15 页。

④ 黄长著等：《中国图书情报网络化研究》，北京图书馆出版社 2002 年版，第 158—162 页。

⑤ 胡昌平等：《面向用户的信息资源整合与服务》，武汉大学出版社 2007 年版，第 33 页。

的共建共享策略，其建议在国家科学技术文献保障体系构建中得到了应用。

国内关于国家创新信息服务与保障研究同我国创新活动的开展紧密联系在一起。2000 年以来，我国推进了面向科技创新的信息资源共建共享和机构服务业务的协同，在科技信息系统中进行了国家科技图书文献中心（NSTL）的跨机构科技文献资源的联合建设；在教育部统一规划下，高等学校图书馆联合建设了中国高等教育文献保障系统（CALIS）；在文化部部署下，国家数字图书馆（NDL）系统开展了跨系统信息资源共享和服务合作①，同时在合作中进行服务的数字化变革。这一时期，在面向科技创新的信息服务系统重组中，以中国科技信息研究所为核心的国家工程技术图书馆和中国科学院国家科学图书馆的建立，标志着面向科技与产业发展的部门信息服务开始转入国家层面的社会化服务组织轨道②。与此同时，在地方信息服务组织中，上海、湖北、四川等地着手于地区信息服务平台建设，在跨系统信息资源共享中实现面向用户的信息资源整合。例如，上海所研发的公共服务平台通过社会化、专业化运作和管理已实现服务于科教兴市的战略转型③。在全球经济一体化发展中，各国之间的依存度不断提高。创新发展的国际合作在促进经济全球化的同时，也带来了发展中的风险，对于我国而言，既面临新的挑战也存在新的机遇。2008 年以来，我国在保增长、控通胀中正实现发展方式的转变，由此提出了创新发展中的全方位信息保障和适时信息处理服务的要求。因此，各地在发展规划中，进一步突出了信息服务的战略地位。

相关问题的研究为本项目的展开提供了可借鉴的成果，但是，这些研究处于分散状态，往往从局部上解决某一具体问题，缺乏国家发展全局上的信息服务机制和以社会化知识需求为导向的信息管理与服务理论研究，未能全面揭示信息服务与保障的转型发展规律；同时，在面向国家创新的信息保障体系构建上，缺乏对“服务体制”关键问题的研究，因而需要从创新型国家

① 胡昌平、向菲：《面向自主创新的图书馆信息服务业务重组》，《图书馆论坛》2008 年第 1 期，第 9—12 页。

② 胡潜：《我国建设创新型国家的行业信息服务转型发展》，《情报学报》2009 年第 2 期，第 23—27 页。

③ 王春：《上海确定“科教兴市”发展主战略》（上），《科技日报》2004 年 1 月 15 日。

制度出发进行现代信息环境下面向国家自主创新发展的信息保障体系构建和实现研究。由此可见，国内外的实践发展与研究进展，既构成了本项研究的起点，同时也提出了有待解决的理论与实际问题。

2006—2011 年，我们所完成的国家社会科学基金重大项目“创新型国家信息服务体制与保障体系研究”，一是研究信息服务体制变革；二是研究基于新的服务体制的面向自主创新的信息保障体系构建与保障的实现，其目的在于从国家创新需求出发，在现代信息环境和技术条件下，研究信息服务的体制变革，构建与国际相融的、适应我国社会发展的信息服务行业体制和面向自主创新的信息保障体系。在国家自主创新战略推进中，我国不断深化的体制改革，科技、经济、社会发展、信息网络化与资源共享程度的提高，为创新型国家的信息服务体制确立和信息保障体系的完善提供了可能。其中的关键问题是：探索其中的规律，寻求科学的发展战略，构建面向自主创新的国家信息服务体制与信息保障体系，为国家持续发展和基于创新的社会发展创造基本的信息资源环境和条件。

第一章

信息化中的国家创新发展与创新型国家建设

国家自主创新能力的提高和创新型国家的建设，离不开信息化环境。一方面，信息化是知识经济发展和以自主创新能力提高为基础的国家创新发展的保障基础；另一方面，经济全球化发展中的创新型国家建设是信息化的延伸和基于信息化的发展转型。从经济发展上看，需要依靠创新支撑经济的持续增长；从社会发展上看，需要使创新成为社会普遍的行为；从制度建设上看，需要形成有利于创新的制度基础。这意味着，信息化中的经济转型与知识创新具有必然的关联性，而经济基础与上层建筑的关系又决定着国家创新制度安排和创新型国家建设。由此可见，应从国家创新的信息保障与信息作用机制分析出发，进行国家的信息服务体制变革与信息保障体系构建。

一、社会信息化与国家创新发展

社会生产力的发展使当今世界处于变革之中，作为社会发展三个基本要素的物质、能源和信息的关系正在转化，这种转化迅速改变着人类社会的生产结构和关系。在社会经济发展中，经济建设和社会发展，不仅需要资本投入和市场驱动，更重要的是需要提高资本投入和市场经营效益，其效益的提高必然以生产力的发展为基础，实现以科技创新为依托的产业发展。这种新的发展模式需要科技与经济的进一步结合，及实现工业化与信息化的融合，以此优化社会经济结构，推动基于知识创新的社会经济发展。

（一）现代社会发展与社会信息化

现代社会经济、科技和文化发展越来越依赖于信息资源，其结果是信息投入和产出大幅度增长，社会交往与互助关系加强，科技与经济更加紧密的结合。发生在现代社会中的这一变化表现为一种趋势，即“信息化”。

人类社会在从原始时代、农业时代、工业时代向现代社会发展的过程中，经历了几次重大的变革。不同形态的社会发展阶段具有不同的特点，社会形态一旦发生变化，一个发展阶段便宣告结束，新的社会发展阶段随之开始。

在20世纪80年代，国外一些学者通过研究社会信息现象，提出了“信息激增”、“信息危机”的论点，用于说明当今的信息、知识已经影响了科学技术、国民经济和社会的发展。面对这一现实，人们在利用信息的过程中不得不探求新的社会运行模式。新模式的探索可以归纳为新技术革命影响下的信息革命。

在人类社会发展中，物质、能源和信息三要素在不同的发展阶段具有不同的地位和作用。原始时代起作用的主要是物质，当时的主要矛盾是满足人类生存中的物质需求。农业时代的到来使人们走向以社会为依托的组织发展阶段，除了有赖于物质外，能源和信息的作用也十分突出。西方文艺复兴时代开始的科学革命，解放了社会生产力，科学上的巨大成就应用于社会生产，导致了工业时代的开始。在工业社会中，物质和能源是不可分割的两大社会要素，而信息通过物质和能源发挥着越来越关键的作用。

20世纪中期以来，随着一系列新技术领域的开辟，社会生产力以前所未有的速度向前发展。以电子计算机技术、通讯技术为中心的现代信息技术的发展，进一步适应了这种变化着的社会形态，从而使人类开始进入以信息业发展为先导的社会，这一社会在西方被称为后工业化社会（Post-industrial society），即继工业化社会之后的社会。由于与物质、能源相比，信息更具有开发意义，因此，人们又将它称为信息化社会或信息社会（Information society）。

后工业化社会与信息社会是一种新的社会经济体制，是在工业化之后发展起来的。20世纪70年代被认为是美国信息化社会的起点。美国著名的未来学家柯恩当时曾断言，美国正进入信息社会，日本在10—15年以后也会进入信息社会。美国社会发展预测家 A. 托夫勒在《第三次浪潮》一书中进一步阐明了新技术革命浪潮冲击下的社会模式的变化，揭示了新社会模式的信息本质。显然，这一预测已为 20 世纪 80 年代以来的美国信息化发展实践所验证。

在日本，人们对信息社会也作了大量调查和研究。松田木津通过对比分析归纳了日本社会信息化的基本特性。社会经济学家小松崎认为，20 世纪 80 年代日本已到达高度信息化社会的入口处，与其他发达国家一样，日本也一直在先进的信息政策指引下，推进了社会的信息化。社会学家境屋太一进一步揭示了信息社会有别于高度产业化社会的基本特征和机制。

自 20 世纪 80 年代以来，面对信息化机遇，欧盟各国在推进经济整体化发展中，不断加速其信息化进程，在推进欧洲信息市场计划中，各国针对各自的情况采取了相应的对策。面对新技术的挑战，法国学者 S. 诺拉等人对法国状况进行了深入调查。早在 1978 年，诺拉就他负责的专门研究项目，向法国政府提交了研究报告。该报告由法国政府以“社会信息化”为题印发①。在报告中，诺拉等人分析了社会信息化机理、挑战、支点和对策。英、德等发达国家在同一时期，也采取了适时的发展转型和深度信息化策略，从而确立了各自的新经济优势。

进入 21 世纪后，各国在信息化建设中不断推进国家知识创新与社会发展，如日本第三个科学技术基本计划（2006—2010 年）的推进，2005 年以来欧盟委员会的区域信息化与知识创新的战略实施，近 5 年来俄罗斯基于信息化的国家和企业创新体系建立，以及 2008 年以来美国应对全球金融风暴的发展战略调整等。

信息化中的国家发展，面临着经济全球化和创新国际化的挑战。继美国率先研究信息化社会问题并取得实质性成果后，日本十分注意信息化研究成果的应用，他们结合本国情况将其用于日本的社会研究。随后，西方各国普遍开展了信息化对策研究并注重借鉴他国的经验和理论。

综上所述，一方面，社会信息化是现代社会发展的趋势，是以社会生产力的提高以及经济、科技的进展为前提的，即有一定的条件；另一方面，社

① ［英］威·约·马丁：《信息社会》，胡昌平译，武汉大学出版社 1992 年版，第 54 页。

会信息化又必然极大地促进社会经济、科技、文化的发展和社会物质、精神生活水平的提高。各国发展实践表明，信息化是可以通过社会的努力而加速的，并可以在一国实现，这可以类比国家工业化进程。

社会信息化发展中，我国提出了将信息化与工业化相结合，以信息化促进工业化，在新型工业化基础之上实现工业与信息化融合发展战略。这一发展思路充分体现了现代环境下的科学发展规律，显示了经济全球化和知识创新国际化背景下的社会发展前景。

（二）信息化建设与知识经济发展

在经济建设与社会发展中，经历了以自然资源为基础的农业主导经济向以资本投入和商品生产为基础的工业经济转型，以及以科学技术为第一生产能力的高度工业化发展过程。这种发展从整体上改变着社会产业结构和运行状态。当前的经济发展正处于以知识创新和信息生产力为基础的信息化与知识化发展阶段，这一阶段知识创新和信息化的推进不仅关系到国家经济发展，而且导致了经济全球化和创新国际化环境的形成。

在社会的信息化发展中，存在着国家可持续发展问题、资源节约、环境友好问题和基于信息化的经济转型问题。这种发展特征表现在以下几个方面：

1. 科学技术创新是产业经济发展的重要保障。科技与产业和科技与文化的紧密结合，不仅改变着经济社会的发展方式，而且逐步形成了科技—经济整体化发展模式；高科技产业的发展不但改变着技术经济的面貌，而且使科学技术进步更加迅速，反映科技成果的知识信息因此成为现代社会的第一资源。

2. 信息网络化不断改变着社会运行和组织形式。信息网络化不仅是信息资源的社会化联网，而且是科技、经济、文化和政务的网络化，由此改变着科学研究、教育、文化和产业活动的组织形态。电子政务、电子商务和各种形式的社会网络形成，集中反映了社会运行的网络化发展趋势，由此提出了信息网络基础建设要求。

3. 工业化与信息化的有机融合推动着信息经济发展。工业化发展中，社会经济中起主导作用的是能源、动力和材料技术等，这是建立当代工业体系的基础。一旦基础形成，其核心技术必然向其他方面转移，并构成新的基础。现代社会经济发展的实践表明，基于网络的信息沟通和知识创新发展已成为经济发展的支点，在某一个企业（或经济实体）中，研究开发、管理和信息投入直接关系到产出效益。

4. 信息交流的社会化促进了知识创新网络活动的开展。随着现代社会的发展，信息交流日益广泛，在社会分工高度专门化的同时，人们越来越依赖与行业相关的社会部门。从总体上看，行业之间的联系以及行业内的战略合作关系正得到加强；从基于知识创新的社会发展看，知识创新网络活动和基于虚拟网络的联盟活动已成为知识创新中的一种协同组织方式。这说明，知识网络的发展已成为协同化知识创新的关键。

5. 社会职业活动与信息活动进一步密切结合。在高度发达的社会，职业活动的信息需求与利用模式正在发生变化。在基于信息化的经济和社会发展中，各类用户不仅需要获取新的知识和信息，而且需要实现职业活动的信息化。从服务组织机制上看，要求将信息服务嵌入职业活动之中，使信息服务与职业活动有机融合。当前，数字化科学研究和数字化学习环境的构建体现了科学研究职业活动的信息化发展。

6. 信息处理量的激增与流通的加速并存。现代社会的信息量激增已被人们所公认，需要指出的是，由此导致了社会信息流通的加速和信息处理的大量化，逐步形成了网络化的社会信息加速流通模式，这是社会发展的任何阶段都不具备的，必然引起社会信息工作机制的深层变革。这种信息处理与流通量的变化，要求将信息提供服务与信息处理服务融合。

综上所述，“信息化”涉及社会的各个方面，关系到社会的整体发展，其内涵为社会整体的信息化。

一方面，社会信息化是现代社会发展的趋势，是以社会生产力的提高以及经济、科技的进展为前提的，即有一定的条件；另一方面，社会信息化必然极大地促进社会经济、科技、文化的发展和社会物质、精神生活水平的提高。需要指出的是，社会信息化不仅体现在社会的知识化、信息服务的社会化发展之中，而且体现在以信息化为基础的经济的发展上。早在 1962 年，在普林斯顿大学执教的经济教授马克卢普就提出了“知识产业”问题，明确了在一国经济中“知识信息”的意义。继马克卢普以后，波拉特于 1977 年发表了他的“信息经济”研究成果。由于经济是社会发展的基础，信息经济的迅速发展与社会信息化密切相关。

对“信息经济”研究成果，美国著名社会学家贝尔给予了高度评价，他借鉴了当时的研究结果，从社会学角度对社会结构和机制进行了系统分析。贝尔认为，现代社会中科学技术知识完全融进人们的经济和社会活动领域，信息将发挥其关键作用。继贝尔之后，托夫勒、奈斯比特等人，从科学、技术革命出发研究了现代社会的趋势，确定了“信息社会”的范畴。20 世纪 90 年代至今，英、法、日等国实施了各自的发展计划，不断强化了信息基础设施建设，初步实现了政务、商务的数字化支持，构建了网络化信息服务的新体系，为经济全球化和知识创新国际化发展提供了新的保证。

社会信息化的必然结果，是知识生产力迅速提高、社会产业结构的迅速变化、社会商品物质加速流通。这些因素的综合作用将导致社会经济新的增长模式的形成和基于信息化的国民经济发展。

从宏观上看，知识经济的发展改变着社会的经济结构和状况，它首先体现在产业之间的关联作用上。经济产业关联分析是 20 世纪 40 年代作为经济计划的工具而发展的，经济学家里昂列夫曾用它进行了美国二次世界大战后经济的综合发展研究。信息化社会的基本标志之一是知识产业在国民经济中的总值迅速增长，而知识产业发展又以信息资本投资为重要标志。为此，波拉特研究了支持知识经济的信息投资增长情况下的产业关系。

如果总投资一定，面向知识创新的经济发展，产业投资必然从非信息资本撤回而转移到信息资本上。下面的讨论将以三个假设为前提：作为补充产品而移动的某种资本忽略不计；与信息资源相关联的外部效益忽略不计；在计算中不考虑技术的变化。

信息产业属于知识劳动集约型产业。根据对美国情况的调查，产业部门每产出 1 美元所增加的就业，是非信息产业部门每产出 1 美元所增加就业的 1. 5 倍。信息产业与非信息产业的产出比例与就业比例相比，具有明显的优化效益（约为 20%）。可见，信息产业的发展对经济的影响是巨大的。

就信息产业而言，由于基于计算机技术、人工智能及远程通信技术的信息网络的利用，极大地提高了企业效率，从而减少了信息产业部门（如银行业、保险业、邮政部门、安全部门）的就业人数。这一效果将与信息产业发展导致就业人数的增加相综合，使信息产业就业增长慢于信息产业的发展。

随着信息产业的不断扩大以及技术的不断更新，社会就业将处于综合平衡的状态，即在不增加人员的情况下使信息产业的投入和产出不断增长。支持知识经济的信息产业良性增长不仅为社会经济发展奠定了良好的基础，同时也提供了新的机遇，其结果必然大幅度提高社会生产力和经济发展的速度。

信息化社会中完善的信息流通方式与渠道将导致社会经济竞争加剧，而竞争又需要信息技术发展作保证。法国学者诺拉和孟克指出，由于竞争的压力，法国工业将趋向于越来越多地安装机器人和生产线，新的信息处理技术的发展使企业能够自由选择计算机用于生产管理。① 发达国家的企业经理纷纷表示无需增加人员，只要增加信息与知识处理设备就可以实现生产的增长。由此可见，从制造业看，知识活动随着生产的发展将随之加强。

在商品流通和贸易部门，信息化对经济活动的影响更为直接。商品销售是刺激生产的关键，作为国际商品交易的国际贸易则是刺激新的经济增长的要素。在社会日益信息化的时代，十分畅通的信息网络使得贸易双方或多方能够迅速地甚至自由地获取对方的环境信息，计算机辅助的智能型贸易决策模式将帮助贸易者作出准确的判断。这说明，贸易中偶然失误因素的影响日趋减小，即在商品交易中起关键作用的是产品技术含量、质量以及对需求市场的满足。这些基本因素是产品生产中就已经具备的，这种新的商品流通模式决定了商品生产和贸易的一体化。在一体化过程中，信息与知识始终起着重要的作用，在信息作用下，国家围绕物质、能源和社会环境组织经济活动。

由于生产能力的提高、社会经济竞争的加剧，全球信息网络使得世界经济连成一体，致使世界经济趋于平衡发展。信息化导致产品结构的变化，以低标准生活方式生活的社会阶层和成员转而提出了新的物质需求以及对教育、卫生、文艺、体育等公共生活方面的需求，从而促进社会向高层次需求发展。

知识经济的发展，将使全球资源（包括物质、能源和信息）的开发利用

① 胡昌平等：《网络化企业管理》，武汉大学出版社 2007 年版，第 4 页。

趋于平衡。信息的高效率利用使得经济投资更为合理，其结果将推动国际投资的发展。国际经济合作的展开，物质资源的日益贫乏，导致自然资源价格上升，这一情况有利于发展中国家的建设。这意味着在信息交流普遍化的情况下，物质资源流通将趋于合理。信息化与知识创新，对于所有发展中国家，既是一种挑战，又是一种机遇。我国推进基于信息化的知识经济发展，是建设创新型国家的必然选择。

（三）信息化中的知识生产力发展与创新模式演进

马克思在论述资本发展时明确指出生产力也包括科学，提出了社会生产力首先是科学力量的论断。按照马克思的观点，科学技术作为知识，是人类认识、改造自然的产物，一旦科学进入生产过程，这种知识形态的生产力便转化成为生产活动中的直接生产力，其作用结果是社会劳动生产力的极大提高。恩格斯在评价马克思科学揭示现代资本主义生产方式和它所产生的资本主义社会的特殊运动规律时指出："在马克思看来，科学是一种在历史上起推动作用的革命力量。"[①]马克思、恩格斯对科学活动的认识和科学生产力发展规律的揭示，构成了马克思主义产生与发展的一个重要基础。

科学技术作为第一生产力的发展，体现在科学技术知识对劳动力、劳动工具、劳动对象和生产管理的作用上，其倍增作用效应，扩大了生产力各要素的作用，推动了以科学为核心的知识经济的发展。从发展的角度看，科学技术的进步源于创新，而以科学技术创新为龙头的系列创新活动又促进着现代社会的进一步向前发展。

知识创新事实上是新知识生产、传播和运用的综合过程。美国社会学家丹尼尔贝尔（D. Bell）在《后工业社会的来临》一书中强调知识的中心地位，认为知识是经济增长和社会发展的中轴[②]。如果资本与劳动是工业社会的主体构成，那么信息、知识则是后工业社会的重要构成。由此可以进一步将现代社会特点归为：以产品生产型经济转变为服务型经济；专业与技术职业处于主导地位；理论知识处于中心地位；创新决定新的"智能技术"。

当前，知识创新已渗入人类活动的各个领域，成为推动组织和事业发展

① 《马克思恩格斯选集》第 3 卷，人民出版社 1972 年版，第 575 页。

② 丹尼尔·贝尔：《后工业社会的来临——对社会预测的一项探索》，高铦等译，新华出版社 1997 年版，第 54 页。

的最活跃因素。从发展角度看，知识创新在组织核心竞争力形成中起着关键性作用，这一作用在经济发展中体现得尤为突出。

国家在经济发展上的竞争力体现在知识竞争力上。知识竞争能力是一个复杂的多元系统能力，如表 1 -1 所示，包含多个层面的内容：

表 1 -1　知识竞争能力构成与作用

竞争力的构成	竞争力作用
研究和发展能力	形成创新的核心能力和原创优势
不断创新能力	在已有知识基础上创造新的知识
技术创新成果转化能力	利用创新知识将其应用于生产、经营
组织协调能力	创新生产方式以适应新的创新经济环境
应变能力	实现持续发展，控制运营风险

研究和发展（R&D）能力，从理论上用所增加的知识总量来表征即总的知识增量，它反映了社会的知识创新总体能力；

不断创新的能力是指创新主体的持续创新能力，它关系到创新主体在原有创新基础上创造新知识和推进新的知识成果应用的能力；

创新成果转化能力是指将技术成果转化为现实生产力的能力，只有将创新成果转化为可行的方案或产品，创新才有价值和意义；

组织、协调能力关系到基于知识创新的组织发展，在科学研究与产业发展中，组织协调直接关系到创新目标的实现；

应变能力，即因地、因时、因竞争对手、因市场和环境变化而变化的适应能力，体现了创新主体适应创新环境的发展能力。

知识和技术是核心竞争能力的内核。20 世纪 80 年代以来的 30 年里，知识生产力已成为推动经济增长的基本动力。知识创新和信息要素的作用，在美国已占经济增长的 65% 以上，其他发达国家已达 50% 以上。知识生产力的发展导致了全球发展竞争的加剧。

知识生产力的发展源于科学研究与试验发展（Scientific Research and Experimental Development，R&D）。科学研究与试验发展活动包括基础研究、应用研究和基于基础创新的试验发展，系指自然科学和工程技术领域知识创新和生产与技术发展活动。科学研究与发展不仅以科技领域知识创新为核心，而且在创新成果转化为现实的生产力过程中对管理与制度创新的依赖，由此可见 R&D 中的知识创新涉及面很广，是一种以科学技术为核心生产力的全方位知识创新活动。

社会的发展、技术的进步导致了创新活动的发展变化。熊彼特（J. A. Sehumpeter）指出，经济增长直接与创新活动相关，只有适应新的经济增长方式才能取得所期望的经济效益。因而，熊彼特将新的生产组织方式创建和关系变革纳入管理创新的范畴。就科技与产业的互动关系看，科技创新在于创造新的科学技术知识成果，而管理创新在于寻求新的科技发展环境的产业组织模式。同时，科技创新、管理创新必然与制度创新相联系，这三方面的问题构成了知识创新的核心问题。

西蒙·库兹涅茨（S. Kuzmets）认为创新是为达到一个有用的目的而采用的一种新方法[①]；美国学者纳尔逊（R. Nelson）和温特（S. Winter）创立了创新进化论，认为创新是一个不断延伸的知识创造和传播、应用过程[②]。

熊彼特之后，曼斯菲尔德（E. Mansfield）、施瓦茨（N. L. Schwartz）等从技术创新与转移关系角度对技术创新进行了分析，形成了具有代表性的创新组织理论；道格拉斯（C. N. Daoglass）在创新组织研究中，将科技创新、管理创新、制度创新与发展创新相结合，强调创新制度安排和环境建设对知识创新的支撑作用，以此出发构建社会的创新发展基础；以弗里曼（C. Freeman）为代表的国家创新系统理论，将公共、私有部门的机构看作一个网络系统，强调系统中各行为主体的交互作用，突出的重点是创新政策和创新机制。有关创新的理论发展如图 1－1 所示。

美国经济学家曼斯菲尔德等创立了技术创新经济学说，在创新模型构建中，将技术创新、扩散和应用作为一个有机联系的整体对待，在创新组织中突出技术创新的引导作用、科学创新的支撑作用和制度创新的保障作用，认为技术进步是知识经济发展的决定性因素[③]。在技术创新的作用机制和影响

① 西蒙·库兹涅茨：《各国的经济增长》，常勋译，商务印书馆 1985 年版，第 60 页。

② R. 纳尔逊、G. 温特：《经济变迁的演化理论》，商务印书馆 1997 年版，第 67 页。

③ 朱勇、吴易风：《技术进步与经济的内生增长新增长理论发展评述》，《中国社会科学》1999 年第 1 期，第 4—6 页。

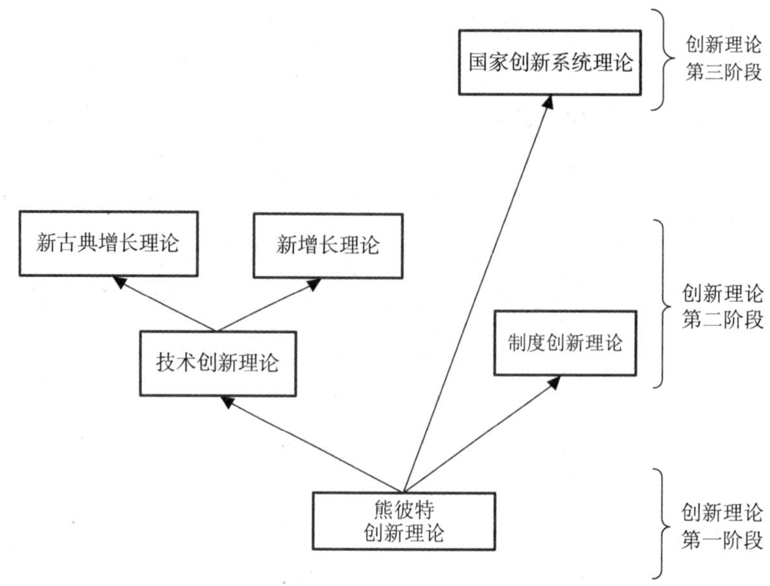

图 1－1　创新理论发展

因素分析上，各创新经济学派存在着一定的分歧：以索洛等人为代表的理论经济学家认为，只有在外力推动下技术创新才能引发经济增长，这种外力包括环境作用和社会发展的引动；阿罗等人从经济发展角度对知识创新的作用进行了研究，认为技术创新本身就属于创新经济活动的范畴，因此，技术创新是由经济系统的内部机制所决定的；以兰斯·戴维斯等人为代表的制度经济学家，将科技创新、产业创新与制度创新相结合，研究制度创新环境和制度创新对技术和管理创新的影响，从而发展了熊彼特理论。

在基于知识创新的社会发展中，有效率的创新组织形式是创新经济兴起的重要因素。对此，费里曼（C. Freeman）等人提出了国家创新理论，将创新活动、创新组织、创新制度作为一个整体对待，立足于资源经济向创新经济转变中的知识创新组织体系和环境变化，揭示了社会信息化与经济信息化中的国家创新发展的本质特征。

综上所述，创新具有多个侧面的特征，根据所强调方面的不同，对创新会有不同的界定。弗里曼在其出版的《技术政策与经济绩效——日本国家创新系统的经验》一书中，提出国家创新体系广义和狭义的两种理解。[①] 广义上，国家创新体系包括国民经济发展中的创新技术产品，以及与此有关的过程和系统的全部；狭义上，国家创新体系只包括与科学技术活动直接相关的组织、系统和创新活动。丹麦学者伦德维尔（B. A. Lundvall）在《国家创新体系：建构和创新和交互学习的理论》一书中，指出国家创新体系是由基本创新要素及其相互作用所构成的复合体，这些要素在生产、扩散和使用创新知识中相互作用，形成网络系统。经济合作与发展组织（OECD）在1997年发布的《国家创新体系》报告中指出，国家创新系统是由参加新技术发展和扩散的企业、大学和研究机构组成，是一个为创造、储备和转让知识、技能及产品的网络。[②]

内尔森（R. Nelson）根据国家创新体系的构成进行了国家层面的制度设计。[③] 斯科特（M. Scote）将国家创新体系视为以国家整体创新系统，由在创新发展上相互关联的机构组成，从事知识创造、储存、转移与应用。巴特尔（P. Patel）指出国家创新体系是国家创新制度安排、创新组织和发展能力的综合体现，它反映了一国的知识流效率及其方向[④]。路甬祥认为，国家创新体系是指由科学研究机构、大学、企业及政府等组成的网络，这种网络能够更加有效地提升国家创新能力和创新效率，使科学技术与社会经济融为一体，协调发展。

从各国实践上看，目前几乎所有的国家创新体系构建都是以知识创新为主导的，由于知识经济的兴起和技术创新的深化，目前的创新已进化到知识创新阶段，随着知识资本的全球化，国家创新已进入一个新的发展时期，即创新型国家建设与发展时期。

由此可见，国家创新体系以知识创新为起点，以制度创新为保障，包括了产、学、研多元主体的创新活动，依赖于国家信息化建设和信息服务的支

① 弗里曼著：《技术政策与经济绩效——日本国家创新系统的经验》，张宇轩译，东南大学出版社2008年版，第37页。

② 国际经济合作发展组织（OECD）：《国家创新体系报告》，北京，1997年。

③ Nelson Richard R. Understanding technical change as an evolutionary process［M］. Amsterdam：North-holland，1987：pp. 50－55.

④ Patel P.，Pavitt K. The continuing，widespread（and neglected）importance of improvements inmechanical technologies，Research Policy，1994，23（5）：pp. 533－545.

撑。因此，国家创新体系是一个集各方面资源为一体，与信息化交互作用、同步发展的创新组织网络体系。

二、信息化中的经济转型与知识创新

知识生产力和信息化环境决定了知识创新的实现和基于知识创新的国家发展，信息化与经济全球化中的国家发展必然体现在经济增长方式的根本性变革和传统经济向知识经济的转型之中。21 世纪是以知识经济占主导地位的世纪，从客观上看，构成社会经济发展基础的资源、资本和知识要素正在发生深刻变化，而以信息化为支撑的经济转型和创新发展已成为各国发展的主流，由此决定了国家知识创新体系构建。

（一）社会发展中的经济转型与信息化运行

在社会发展中，国民经济处于不断转型和变革之中，大体上经历了 20 世纪以前的依托于自然资源的发展时期，20 世纪初期至中期依托于资本经营的发展时期以及 20 世纪末开始的依托于信息和知识的发展时期。表 1－2 反映了不同时期的企业组织形式和管理运行方式。

表 1－2　经济发展转型

发展时间	依托资源	管理特点	组织形式	经营范围	转型发展
19—20 世纪初期	以自然物质资源为依托进行产品生产和经营	面向对象的管理：按产品进行生产、仓储、配送和销售组织，按企业活动的对象（原材料、技术、产品、资金、人员）进行分工管理	以企业的职能结构、分部结构等传统形式进行企业组织	生产、经营在一定地域、国家进行，有实力的企业在产品销售、原材料供应上进行国外市场开拓	传统企业制度建设与行业发展
20 世纪初期至中期	以资本、市场为核心进行企业活动	面向过程的管理：如资本过程管理、供应链管理、生产流水线管理、产品营销管理、研发过程管理等	企业组织形式创新、偏平化、综合化、柔性化、跨国经营发展，企业集团经营	以物流经济为特色进行跨地域、跨国家经营，企业生产、经营多元化、多样化、综合化	企业组织结构变化、制度变革、市场为导向的转型

续表

发展时间	依托资源	管理特点	组织形式	经营范围	转型发展
20 世纪末至 21 世纪初期	以知识信息为核心资源、以人力资源为中心开展企业活动	面向关系的管理：如基于竞争与合作的管理、客户关系管理、联盟企业管理、供应链关系管理等	企业网络化与虚拟化发展，电子商务拓展、企业流程重组、企业再造，准时生产、精益生产方式的出现	经济全球化发展中企业战略管理的实现，企业经营管理的开放化	现代企业制度创新、适应于网络经济和社会信息化的发展

企业是构成社会经济的微观经济单元，其经济发展构成了社会经济基础，同时，企业的进步与转型又依赖于社会经济、科技与文化发展。二者交互作用，形成了一定社会环境和条件下的企业运行模式。

19—20 世纪初期，企业发展所依赖的核心资源是自然物质资源。由于生产手段与水平的限制，企业目标的最大化是充分占有自然物质资源和能源，生产出社会需要的产品，以形成社会的物质经济基础。处于这一时期的企业管理是一种面向对象的管理，围绕社会所需的物质产品进行运作，由此而出现的行业体现了企业按产品组织生产、经营活动的基本特征，与此相适应的企业制度反映了单个企业自主发展和促进自然物质资源充分发掘、利用和分配的要求。

20 世纪初期至中期，随着科学技术的进步和生产能力的提高，产品生产、经营与销售密切结合，使得市场的范围和规模日益扩大。与此相对应，企业发展中起核心作用的不再是自然物质资源，而是资本和市场。企业在经营发展中，充分的资本积累一旦完成，必然以市场为依托进行自然物质资源的深层开发、技术的拓展和商品生产水平的提高，以此提升企业能力。在管理上，推进分工、合作的科学化，实现面向对象的管理到面向过程管理的转变，创造包括生产流水线、物流组织、供应链在内的流程管理模式，进行以资本、市场为核心的企业集团和跨国、多国公司的组建，致力于企业扩大发展。由此可见，这一时期企业组织结构、经营形式的社会化变革和以人为中心的管理体制的改变是企业进步的必然趋势。

20 世纪末期至 21 世纪初期，以资本市场为核心的物流经济逐步向知识、信息经济发展，企业面临着信息化的机遇与挑战，在客观上呈现出国际经济一体化和以“知识”、“信息”为核心的发展格局。处于信息化环境下的企业，知识和信息的资本价值得到迅速提升，企业创新已成为资本增值和自然物质、能源连锁利用的核心。在这一前提下，企业管理正实现由面向过程的管理到面向关系的战略管理转变，企业的组织形式由集团组织迈向跨企业组织的发展阶段。信息网络的迅速发展，改变了企业管理、经营的时空结构和竞争合作关系，作为现代企业经营形式之一的网络化企业随之产生。网络化企业的形成不仅改变着企业模式，而且对企业制度的变革提出了新的要求，预计今后10—15年，这种变化将体现在企业活动的各个领域。

从企业发展的阶段变化可以看出，一定的社会背景和条件决定了企业的组织、经营模式。在企业的信息化和网络化发展中，这种影响进一步体现在网络化企业组织与企业网络化经营的实现上。

现代企业的流程再造和组织创新离不开信息化环境下的信息技术支撑，网络化企业的产生前提是企业业务流程的信息化、金融电子化和管理数字化。现代数字化信息组织、处理技术和传播技术的发展，为网络的形成和进化奠定了基础，信息网络的全球化实现为企业网上业务的开展和知识创新网络化创造了条件，体现了信息化环境下的网络经济的形成与发展。

网络化企业运行与创新发展的首要条件是企业业务管理的信息化，即实现企业的数字化运作。显然，数字信息技术的发展决定了企业数字化运作与管理的水平，这是实现企业网络化的必要基础技术条件。当前，数字化技术的发展使得计算机技术和通信与信息媒体技术的融合成为必然。在融合技术条件下，企业可以克服传统单据传递中的障碍，实现经营业务的数字化，可以克服时空限制，在广域范围内进行业务管理信息的数字化转化和适时处理。借助于数字存贮与交换技术，可以实现跨地域、跨部门的业务组织目标，从而改变传统的业务组织方式。在企业网络化发展中，数字信息技术决定了网络化企业的组织、经营和运作形式，这一形式将随着数字信息技术的发展而逐步迈向高级化。

网络化企业运行和知识创新取决于网络的构建和使用。网络技术的拓展应用使企业信息系统上升到整体互联水平，为以市场为导向、客户需求为前提、技术与产品研究为依托的生产经营创造了必要条件，从而使企业向准时型、精益型、效益型和创新型转化。互联网的更新进一步扩展了商业组织业务，改变了企业之间的关系，导致了企业间合作的时空转变。当前，互联网技术的不断发展，使企业处于不断变革之中，为基于网络的企业重构和业务拓展创造了不断优化的条件。

世界和中国经济发展的实践表明，在未实现工业化的国家或地区，可以通过信息化的实现带动工业化建设，走新型工业化的道路。这里的新型工业化是基于信息化环境的工业化。在我国的社会、经济发展中，国家十分注重信息基础设施、信息网络与信息资源建设，强调为企业构建信息化的发展空间。与包括美国在内的发达国家信息化建设同步，是我国信息化建设的重要战略。我国的信息网络建设、服务组织和信息化平台建设，强调政府的主导作用，采取多元主体参与的发展策略。

企业的信息化与创新是社会经济发展的重要基础，面临新的机遇与挑战，必须利用计算机技术、网络技术、数据库技术、集成化管理和智能决策技术，建立适合知识经济运行和发展的集成信息网络。在近 20 年的发展中，企业的计算机辅助设计（CAD）、计算机辅助创造（CAM）、计算机集成制造系统（CIMS）、在线业务处理（OLTP）、柔性创造系统（FMS）、企业资源计划（ERP）、战略信息系统（SIS）等起着重要作用。从信息化基础看，建设的基本点在于，企业信息网络组建、网络化平台建设和信息保障的全面实现。

（二）经济发展转型中的知识创新及其模式变革

从人类活动的范围和分工上看，知识创新涉及各个领域，既包括人们认识客观世界的研究，也包括改造客观世界的探索，同时，还涵盖社会活动和管理的各个方面。就组织活动而论，知识创新的内容主要有科技创新、业务创新、制度创新和管理创新等。从科技与社会发展角度看，科学技术和经济之间的交互作用，使得发现、发明、研究与创新构成了复杂的因果作用链，形成了诸多因素交互作用下的复杂网络。这种结构便是如图 1－2 所示的以科学研究与发展为中心的知识创新结构。

科学研究与发展（R&D）的目标由社会发展总目标所决定。目前，国际上通常采用综合国力指标来反映和衡量一个国家的整体实力和发展能力，国家之间的竞争即是综合国力的竞争。综合国力，除了受自然形成的国土、自然资源、地理环境和人口等基本要素影响外，更主要的是科技、经济、国防、文化、教育、外交、国家管理以及社会精神等要素作用。在各要素作用中，影响综合国力的要素并不是简单的叠加，而是有机的结合。由此可见，应从构成综合国力的各要素出发，通过系统分析确立 R&D 的目标和任务。

如图 1－2 所示：经济（包括工农业生产）、社会（包括社会物质生活）、政治、军事等方面的需求对技术提出了发展要求，导致了技术的新组合应用或新的应用技术研究；科学研究机构和组织致力于基础科学研究和新知识的积累，由此产生基础研究成果；基础研究成果通过社会化利用，结合生产实践进一步开发成实际应用技术；现代化条件下技术成果的转移应用进一步推动经济发展和社会进步。科学研究与发展的社会组织机制表明，社会发展的需要与可能决定了 R&D 的目标和任务。

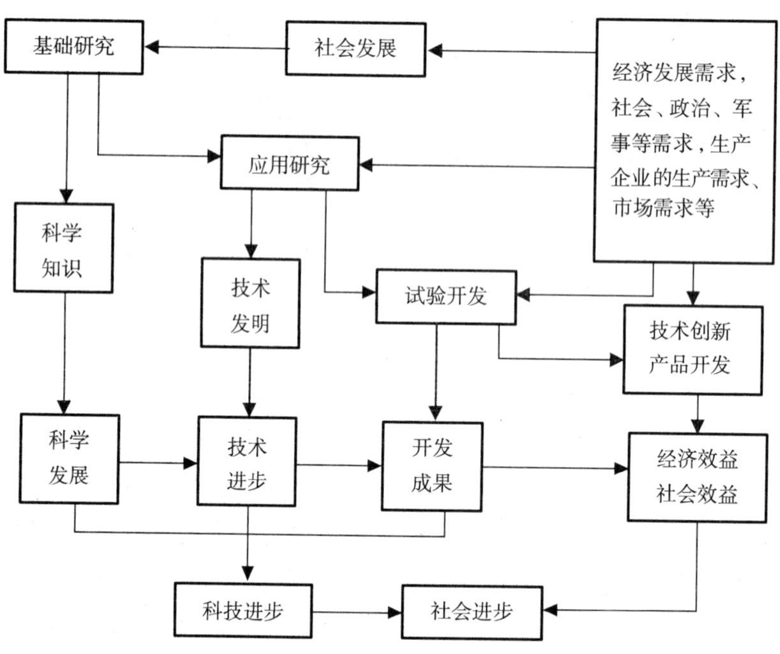

图 1－2　以 R&D 为中心的知识创新

社会发展的需要是决定科学研究与发展目标和任务的基本因素。我国的工业发展如果采用资源消耗和投资牵动为主的产业发展模式，势必缺乏发展的后劲，无法摆脱发展中的困难；农业发展如果沿用传统模式和常规技术，则不可能突破土地资源条件及自然条件的限制，实现持续增长；对外贸易如果仍依赖资源和低附加值产品出口，将无法改变在国际经济分工中的地位，获取理想的贸易效益。这些问题的解决，必然对 R&D 提出多方面的要求，需要根据社会和经济发展总目标制定科学研究与发展的目标，实现科技富国战略。当然，发展目标的制定和任务的提出必须可行，必须从社会的实际情况出发寻求可能采取的方案。

我国的经济基础、文化基础、教育基础以及科学技术的发展基础，决定了 R&D 开发的投入、规模、内容和发展水平。很难设想，一个科学技术发展起点不高、经济基础较差、文化教育欠发达的国家能够在很短的时间内达到世界上最发达国家的科学研究与开发水准，这里有一个发展和赶超的过程。因此，我国需要根据本国的现实基础，对照世界科技先进水平，分阶段制定 R&D 发展目标，明确任务，组织本国的 R&D 工作。

R&D 的基本任务之一，就是利用现代科学技术的最新成果，进行国家所有的自然资源的开发，以发挥资源的最大经济效益，确立在国际竞争中的优势。由于自然资源在国民经济中具有特殊的重要性，且大部分资源不可能再生，各国在发展经济中愈来愈重视资源的充分利用和资源保护，由此对 R&D 提出了特殊要求。事实上，当前国际社会竞争中，资源经济已成为一大焦点，各国普遍采取对策，将充分发挥各自资源特色的研究置于 R&D 中的突出位置，由此寻求利用高科技发展资源经济的优势。

在资源经济向知识经济的转型发展过程中，知识创新的主导作用越来越突出，这种作用首先体现在基于技术进步的产品研发和生产组织上；随着市场竞争的日趋激烈，市场需求推动了创新已成为企业研发创新的基本动力；由于基础科学、应用科学和技术研发的日益密切的结合，基于研究发展的整体化创新已成为一种主动模式；面对信息化的国际环境，知识创新的跨系统融合和开放化发展已成为一种主流；在知识创新的跨系统整合中，产业与信息化的有机融合已成为一种必然，从而导致了基于网络的创新系统发展模式；目前，经济全球化的加速和知识创新对经济和社会发展的全面推动，需要在创新中实施整体化发展战略，以此确立国家创新体制。根据知识创新的模式变革和创新的基本特征，可以归纳入表 1 - 3 所示的知识创新基本模式和特点。创新活动需要全方位的信息保障，这种保障导致了知识创新网络中信息与知识服务的融合，从而提出了整体化知识信息服务要求。表 1 –3 根据各阶段创新关系和创新活动的变革，归纳了 20 世纪中期以来各发展时期的知识创新特征与创新组织模式[①]。

表 1 –3　知识创新的组织特征与创新发展模式

时期	知识创新特点	创新发展模式
20 世纪 50—60 年代	基于技术进步的产品研发和生产组织	依赖于技术进步的创新
20 世纪 60—70 年代	市场需求推动的研究发展创新	市场需求导向下的发展创新
20 世纪 70—80 年代	基于科学研究与发展的分工协作创新	基于知识创新价值链的创新组织
20 世纪 80—90 年代	知识创新的跨系统组织与开放创新	知识经济发展导向下的创新
20 世纪 90 年代以来	知识创新的网络化发展与创新联盟建设	创新型国家制度下的创新实施

如表 1 –3 所示，知识创新不仅经历了组织形态上的变化，而且经历了创新关系的变化。从总体上看，知识创新经历了技术推动、市场拉动、发展引动、开放转型和协同发展过程，在创新活动组织中其模式随之发生变化。基于技术进步的产品研发和生产组织，以及市场需求推动的研究发展创新，采用的是一种线性模式，即创新中的知识创造、转移和利用关系是一种线性关系，创新主体的创新合作关系比较固定，一般而言可以按分工协作关系组织创新活动。网络环境下的开放式创新是一种基于知识创新价值链的活动，知识创新主体具有广泛的社会联系，因而是一种具有多元关系的网络化创新活动，显然这种网络创新活动需要创新型国家制度作保障。

① Rothwell R. Successful Industrial Innovation：critical factors for the 1990s ［J］. R&D Management，1992，22（3）：pp. 221 –239.

1. 线性创新模式。传统的创新模式是一种线性的模式，这种线性模式又可以分为两类。

一类是技术推动型。在基于技术进步的生产组织中，各行业企业生产效率的提高依赖于技术发展，这种发展表现在生产线中的技术改造和新技术的应用上，它以提高劳动生产率、节约资源和成本为目标；另一方面，各行业企业的产品研发也需要技术创新支撑，即通过新技术的利用创造新产品或开发新的产品功能，这以产品更新换代和新产品的开发为特征。显然，这两方面的创新是围绕技术发展进行的。在技术发展中，一是需要科学研究成果的转化和在成果转化基础上的技术发展；二是需要在技术发展基础上进行技术革新和基于新技术的产品开发。这种技术创新活动最终适应市场需求，体现了技术进步的经济效益，其关系如图 1－3 所示。

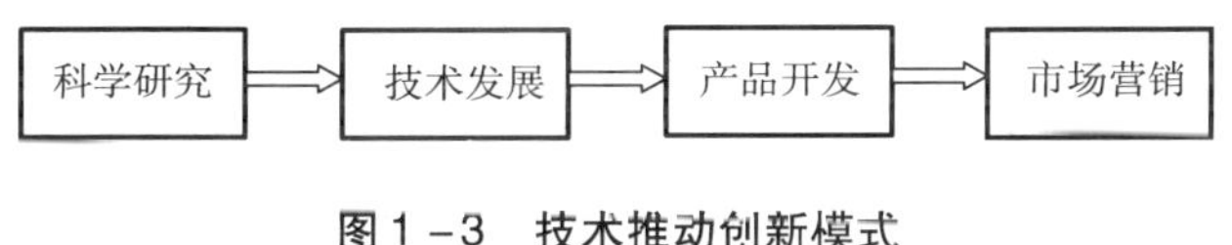

图 1－3　技术推动创新模式

技术推动的线性创新反映了一种基本的依赖于科学研究的技术进步发展关系。20 世纪中期这种模式的利用是成功的，从国家发展上看，日本的技术立国以及基于技术的产业经济发展就是其中的典型。这一时期的企业技术发展，可以由企业自主实现，也可以从外部引进。对国家发展而言，便是技术引进战略的实施，其引进一是强调对引进技术的消化，二是进行传统的技术改造。因此，技术推动的线性创新强调技术创新活动的组织，以及基于新技术利用的技术进步和产品研发，以此为基础发展产业经济。在技术推动的创新中创新活动主体之间具有比较固定的合作关系，创新组织活动更多的是一种决策活动，而创新实施管理直接与创新活动关联。在相对稳定的环境中，从知识获取、利用到创造，其创新过程是一个线性的相关过程，因而创新可以分系统组织，在系统合作基础上进行创新过程管理。技术推动的线型模式反映了具有稳定关系的创新组织关系，这也符合知识创新的因果关系，即可以按照时间与逻辑顺序给出一条因果链，把空间上的因果关系与时间上的延续对应起来。当然，这种模式存在着多种实践上的缺陷，主要表现为缺乏反馈渠道，创新的累积作用被忽略以及掩盖了创新过程中学习的重要性等①。

另一类是需求拉动型，需求拉动是指经济和社会发展中的技术与产品市场需求拉动技术创新。由于原有技术难以满足客户对新产品的需求，或原有技术的落后导致产品生产成本相对较高，导致生产企业不得不依赖于新的科技成果来发展适用技术，从而保证基于技术进步的生产经营需要。从需求拉动中的创新组织关系上看，需求拉动模式如图 1 -4 所示。

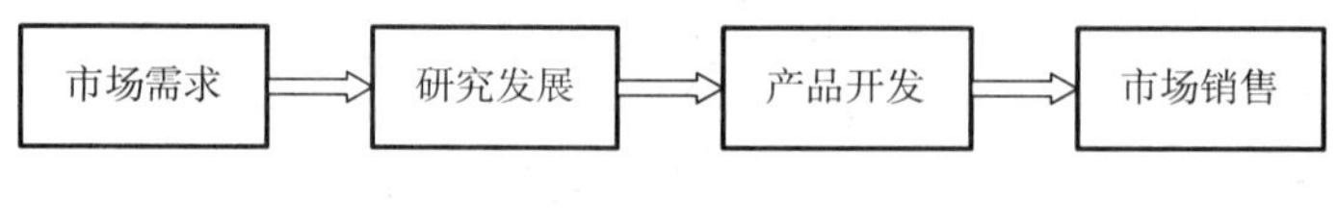

图 1 -4　需求拉动创新模式

需求拉动模式的形成，以经验为基础。在基于技术进步的生产组织中，企业的市场营销直接决定产品性能、质量和价格，如果某一技术不能适应市场的需要，则应进行技术革新或技术换代。所以企业在生产经营中，需要专门的研发部门应对竞争的市场环境，以便在市场需求拉动下不断更新技术，确保技术经济效益的实现。显然，这一创新的实现要有社会需求和市场的推动。创新者应将创新成果的应用与市场需求结合，在成果推广应用中寻求发展机会，最终实现创新的经济价值②。

2. 创新交互模式。信息化环境下的知识创新具有复杂的网络组织特性，无论是原创成果的取得，还是成果的推广利用，各创新主体具有多元的网络互动关系。从创新合作关系上看，在一定的创新网络中，可以构建具有分工协作关系的知识创新联盟，例如在产业发展中，应由国家构建整体化科学研究与发展体系，这种体系强调科学研究对技术发展的基本支撑和基于科学研究的应用技术发展组织，实现科学研究与技术发展的协调，确保技术发展的科学研究基础和科学研究成果的技术应用效益。在国家科学研究与发展体系

---

① Kline S. J.，Rosenberg N.. An Overview of Innovation. The Positive Sum Strategy. Washington，D. C.：National Academy Press，1986：285 -288.

② Drucker P. F. Innovation and Entrepreneurship ［M］. New York：Harper & Row Publishers，1985：65 -70.

构建中，可以按研究与发展的基本结构和自然特征进行组织。对于产业中的企业而言，一是依赖于国家科学研究与发展基础，进行研究成果的市场化开发，以此形成新的技术产品；二是通过自主研发形成核心竞争力。在交互式创新模式中，研究机构、企业和市场的结合是重要的。这种结合最终体现在企业按市场需求所进行的技术经济活动之中，其基本关系如图 1－5 所示。

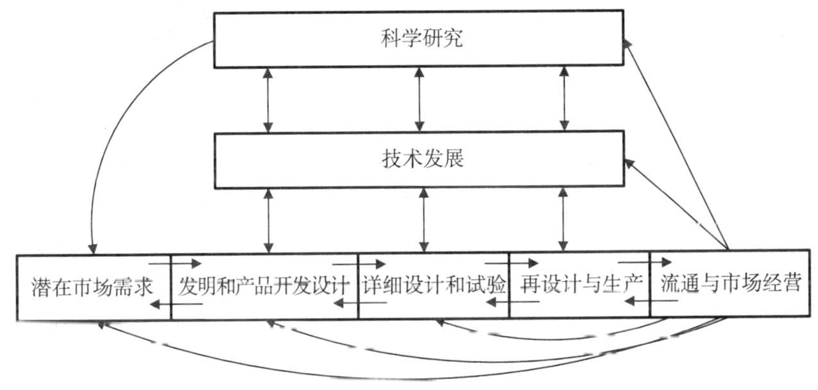

图 1－5　创新交互模式

在创新的交互模式中，有多条路径。其一，将科学研究成果转化为实用技术，以此为基础进行技术和产品研发；其二，直接将科学研究成果用于新技术和新产品的研发，实现面向市场的研究发展目标；其三，面向市场的产品研发直接以某一技术发展平台为支撑，实现技术发展与产品研发的融合。以上三种途径所具有的共同特征是创新组织的交互性，即科学研究创新活动的各个环节具有互通性，在信息传递中应用反馈途径。

3. 创新协同模式。创新协同模式即创新系统的整合模式。按分工所形成的科学研究、技术发展、产品开发、经营管理具有相互协同的关系，同时这种协同创新关系需要一定制度环境下的信息保障支持。在这一背景下，系统整合模型把创新作为科学研究、开发设计和生产组织相结合，强调研发与市场的整合。在企业创新中，下游企业与上游企业的结合，将研究开发与制造相融合，将创新视为企业研究、开发、制造、营销的并行运作过程，强调创新企业与外部环境的互动。整合模式的出现代表着创新范式的形成，如图 1－6 所示。

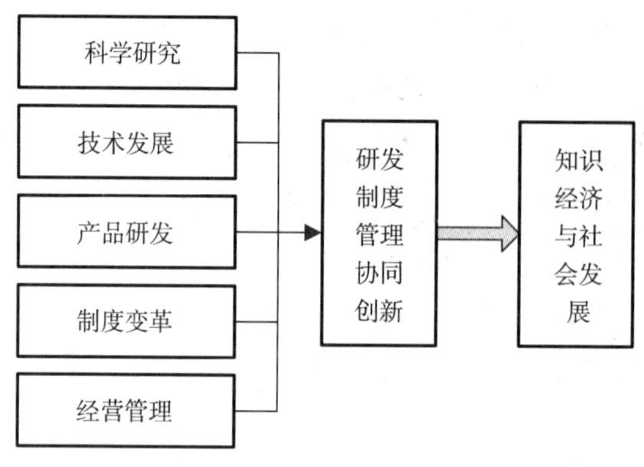

图 1－6　创新协同模式

传统创新过程模式是以工业化流水线为基础的，体现了过程的序列递进，强调上游制约下游，下游给上游反馈。整合模式则代表着创新范式的转变，它使不同部门在创新活动中从各自的角度同时参与知识创新与生产经营。

4. 网络创新模式。网络创新模式赋予了新的创新整合内涵，更接近于组织之间和组织与环境的战略融合。例如，经济全球化和创新国际化背景下，任何一个企业都不可能在所有的方面都拥有自主创新产权，要获得竞争发展优势必然需要与其他机构甚至企业的合作，组建知识创新联盟。这不仅是创新型企业建设的需要，而且是发展网络化经营业务和提高经营效率的需要。

对于企业而言，可以从供应关系和客户关系出发进行创新网络构建，创新网络的组织需要将供应链活动和市场经营活动融入基于知识创新的研发活动之中，使之适应面向全球化市场的创新发展需要。这种基本的创新网络关系如图 1－7 所示。

创新网络活动在信息网络化环境下展开，对于企业而言需要进行知识创新网络构建，寻求创新合作伙伴，建立创新知识联盟关系，同时将企业业务流程管理、供应商管理和客户关系管理作为一个整体对待，以此出发实现企业研究与发展的网络化。网络创新中，应强化企业内部资源集成和外部的网络联结，以使各主体从各自的角度参与知识创造过程。

5. 国家主导模式。 创新型国家的建设和国家主导下的产业创新与社会

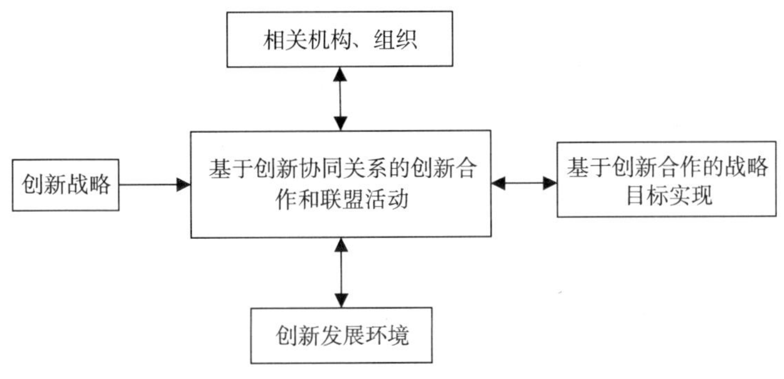

图 1－7　网络创新模式

发展，不仅是工业、农业、服务业信息化发展和经济增长方式转变的需要，而且是各行业组织、公共部门、公益组织的发展需要，这意味着国家主导下的创新决定了知识创新模式的变革。国家主导下的创新并不是国家计划安排下的各行业、机构和组织创新，而是创新型国家制度下的各创新主体的协同创新。这种协同创新受国家政策指导，在国家创新发展制度下由各创新主体自主实施。在微观上，各主体的知识创新是获取社会、经济效益的根本保证；在宏观上，各行业、机构、组织创新是国家可持续发展的基础。国家主导下的创新关系如图 1－8 所示。

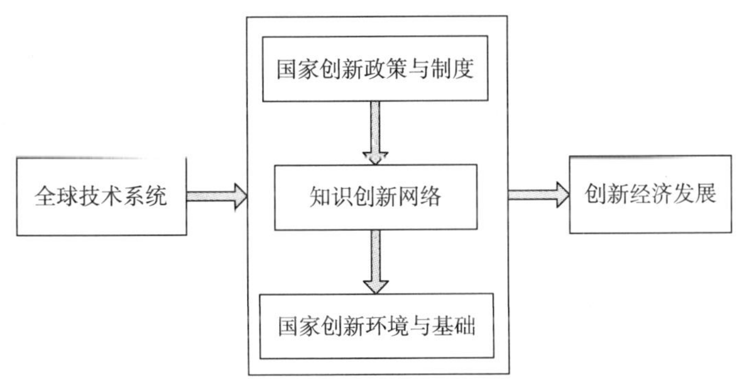

图 1－8　国家创新模式

国家创新系统模式作为知识创新的主体模式，在发达国家正得到广泛应用。国家创新从系统构建的角度实现经济增长和组织协调，在一国范围内，通过系统整体功能的发挥可以将所有影响创新的因素进行整合，以确保创新价值的最大化①。这是因为，创新系统必须作为一个整体来建设，否则就没有完整的国家创新体系。

综上所述，创新模式正经历从传统的线性整合向系统化、网络化方向发展，由此决定了国家创新网络的形成。

三、国家创新制度安排与创新型国家建设

信息化环境下的国家发展中，各国经济逐步转变为依赖于知识创新的高效运行轨道。发达国家在信息化驱动下实现了工业社会到信息社会的转型，其成熟的信息业带动了现代工农业和服务业的发展。我国在开放化和创新的国际化背景下，依赖创新生产力，逐步实现了科技和制度创新基础上的产业经济发展方式的转变；在服务于经济、科技与社会发展的制度变革中，形成了国家创新发展的制度构架，初步构建了中国特色社会主义制度下的创新型国家发展体制和全球化经济发展中的创新型国家战略体系。

（一）国家创新中的制度安排

国家创新是经济可持续发展的根本保证，其功能的发挥要求有相应的制度支持。制度安排作为国家创新的重要内容，应对知识创造、知识传播以及知识应用提供激励和保障，为创新型国家建设服务。

1. 国家创新与制度创新。1987 年，英国经济学家弗里曼（C. Freeman）在研究日本依托于技术进步实现经济增长的成功经验后提出了国家创新的相关理论②。国家之间的竞争和超越不仅依靠技术创新的推动，更是制度创新的结果，是在创新制度条件下的国家内部系统组织及系统间知识创新的交互作用。

美国学者纳尔逊（R. Nelson）等将国家发展与创新活动进一步密切联系，认为国家组织知识创新的手段包括正式的国家调控与非正式协调、国家的 R&D 支出、知识的公共积累等。纳尔逊还强调制度结构的适应性，认为

---

① 郭哲：《纵览国家创新系统》，《科技日报》2002 年 8 月 16 日。

② Freeman C. Japan：A new national system of innovation. Technical Change and Economic Theory. London：pinter，1987：16 - 27.

国家创新中制度安排应具有弹性，发展战略应具适应性和灵活性。纳尔逊等人的研究使人们对国家创新的认识又向前推进了一步。在这一时期，国家创新主要强调技术创新和技术流动及相互作用，因此也称为国家技术创新①。

20 世纪 90 年代特别是 2008 年全球金融风暴的发生以及至今对各国经济产生影响以来，使世界经济增长方式发生了重大变化。知识与知识劳动者在经济中的作用日益突出，知识创新受到越来越多的关注。国家创新理论随着时代的发展愈加丰富，它包容了科学创新、技术创新、管理创新以及观念创新等。对此，伦德华尔（B. Lundvall）在《国家创新系统：建构创新和交互学习的理论》中，从微观经济学角度研究了国家创新系统的构成与运作②。伦德华尔认为现代经济中最基础的资源是知识，国家创新系统是各种基本要素在知识生产、扩散和使用过程中交互作用系统。麦特卡尔夫（S. Metcalfe）则将国家创新系统视为创造、存储和转移知识的相互联系的机构组成的系统③。

联合国经济合作与发展组织（OECD）所启动国家创新系统项目，以广泛的实证研究为依据发布了"国家创新系统"系列报告。报告将国家创新体系视为公共部门和私人部门组成的网络系统，部门间的相互作用与交流对知识和技术的扩散起着决定作用，这一作用对国家的创新业绩产生关键影响。报告还指出，对于创新而言，重要的是知识在人员、企业、机构之间的流动。

随着经济全球化的迅速发展以及区域经济的崛起，国家创新不再仅仅受国家专有因素的影响，同时也受到国家间相互作用因素的影响，在此背景下，波特（M. Poter）将国家创新的微观机制与宏观运行实效联系起来，研究《国家竞争优势》。指出国家应该追求的目标是创造一个适宜的、鼓励创新的环境，每个国家都应该根据自己的实际情况改变现有体制，形成自己的

---

① 郑小平：《国家创新体系研究综述》，《科学管理研究》2006 年第 4 期，第 63—68 页。

② Pavitt K. National Systems of Innovation：Towards a Theory of Innovation and Interaction Learning［M］. London：Pinter，1992：2 -5.

③ Metcalfe S. The Economic Foundations of Technology Policy：Equilibrium and Evolutionary. Perspectives. Handbook of the Economics of Innovation and Technological Change，London：Blackwell，1995：409 -512.

创新体系[①]。

从李斯特、熊彼得到波特，诸多学者和机构的研究表明，国家创新已由微观的各机构、部门创新发展到社会制度环境创新、国家制度和国家创新网络活动，或者说国家创新系统本质上就是一种结构化的创新型国家知识创新体系。

2. 国家创新发展中的制度支持。国家创新将科学技术融入经济增长之中，其核心是政府主导下的科技知识生产者、传播者、使用者之间的相互作用，以此形成知识创新在整个社会范围内的循环流转和应用机制。因此，国家创新与制度建设密不可分。

全球经济一体化环境下，制度被视为决定经济效率和社会进步的重要因素[②③]。目前，各国所进行的政治、经济体制改革，其目的也是为了应对知识经济时代的挑战，以提高国家竞争力，为国家创新发展提供支持。

在过去20多年里，世界经济论坛（World Economic Forum）连续对国家竞争力进行评估。在2010年发布的各国竞争力报告中，2010—2011年全球竞争力指数归纳为基本要求、效率促进和创新及复杂因素三大类，围绕着12个不同的指标而建立。每一个指标对驱动各国的生产力和竞争力都至关重要，其中位列第一的就是制度，如表1－4、图1－9所示。

表1－4　2010—2011年全球竞争力排名前十位的国家或地区[④]

国家或地区	总体排名	分数	基本要求排名	分数	效率提升排名	分数	创新及复杂因素排名	分数
瑞士	1	5.63	2	6.05	4	5.41	2	5.71
瑞典	2	5.56	4	5.98	5	5.32	3	5.67
新加坡	3	5.48	3	6.05	1	5.49	10	5.07
美国	4	5.43	32	5.21	3	5.46	4	5.53

① 李正风、曾国屏：《OECD国家创新系统研究及其意义》，《科学学研究》2004年第2期，第44—51页。

② 樊纲：《渐进之路：对经济改革的经济学分析》，中国社会科学出版社1993年版，第25—27页。

③ 周子学：《经济制度与国家竞争力》，2005年华中师范大学博士学位论文，第64—68页。

④ 《世界经济论坛全球竞争力报告2008—2009》［EB/OL］.［2009－12－10］. http://www.weforum.org/en/initiatives/gcp/Global%20Competitiveness%20Report/index.htm.

续表

国家或地区	总体排名	分数	基本要求排名	分数	效率提升排名	分数	创新及复杂因素排名	分数
德国	5	5.39	6	5.89	13	5.11	5	5.51
日本	6	5.37	26	5.35	11	5.17	1	5.72
芬兰	7	5.37	5	5.97	14	5.09	6	5.43
荷兰	8	5.33	9	5.82	8	5.24	8	5.16
丹麦	9	5.32	7	5.86	9	5.20	9	5.15
加拿大	10	5.30	11	5.77	6	5.32	14	4.95

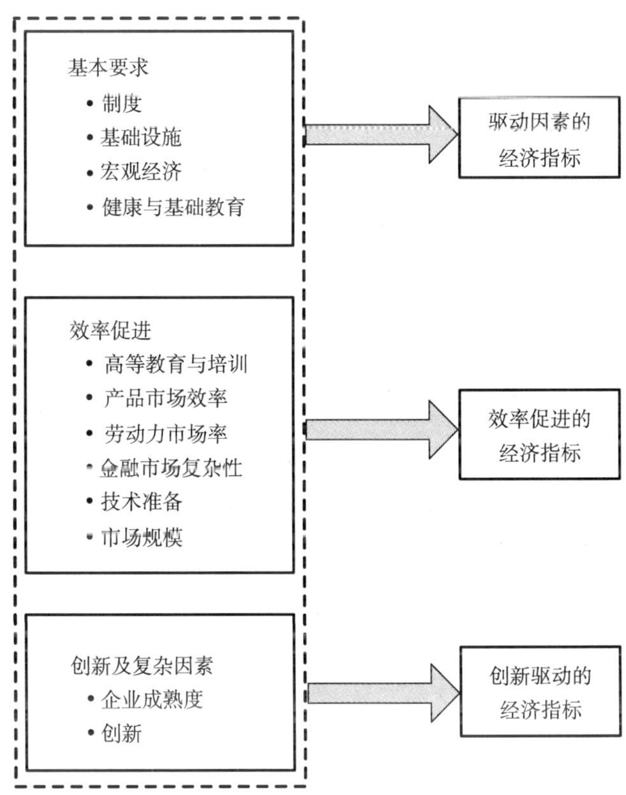

图1－9 2010—2011年全球竞争力指标

如表 1－4 所示，在国家发展中，国家竞争力的加强日益依赖于国家创新能力的提升。无论是发达国家还是后发达国家，知识创新和创新制度的保障作用对于国家竞争发展能力的提升越来越重要。各国在发展中必须专注于新技术和新产品的内生性创造。这意味着，一个国家的创新能力最终取决于支持知识创新和科技生产力发展的制度环境，而这种制度环境应对公共部门和私人部门进行创新支持①。

我国在创新型国家建设过程中，逐步形成了由知识创造系统、知识传播系统、知识应用系统组成的创新体系。从知识创造领域看，科学、技术和管理创新是其核心，其中科学创新系统是承担科学的机构与组织构成的网络，主体是科学研究部门和高等学校；技术创新系统由技术研发机构、企业和相关机构构成，主体是企业；管理创新系统由政府和各类组织的管理部门构成，政府起着主导作用；知识传播系统由传播知识的组织所构成，其主体是高等学校、知识信息服务机构、中介和咨询组织等构成；知识应用系统通过应用将知识转化成生产力，其主体包括政府部门、科学研究机构和企业等。

由此可见，知识创新系统是由政府和各类组织构成的社会网络系统，系统中的组织具有交互作用关系。在国家创新体系中，知识创新是企业发展的根本，通过知识创新和创新知识的传播，知识应用系统才能促使知识向现实生产力转化。多方合作互动的国家创新体系难以自发形成，也难以自然形成高效有序的运转机制，它必然借助于相应的制度来实现。因此，国家创新系统是一个运行有序、统一开放的有机体，有着内在的制度创新保障，或者说国家创新体系具有制度的属性。在制度创新系统中，政府处于核心地位，通过政府主导下的政治体制、经济体制和科技体制的改革，对各创新主体活动进行规范，对主体之间的创新关系加以协调，以保证与国家创新目标保持一致，如图 1－10 所示。

3. 面向知识创新的国家制度安排。在基于信息化的国家创新发展中，能否建立适合国情的国家创新体系已成为我国经济社会可持续发展的关键。我国国家创新体系中，制度创新最关键、最具难度：首先，制度创新为创新

---

① 波特等：《全球竞争力报告（2005—2006）》，杨世伟等译，经济管理出版社 2006 年版，第 72—75 页。

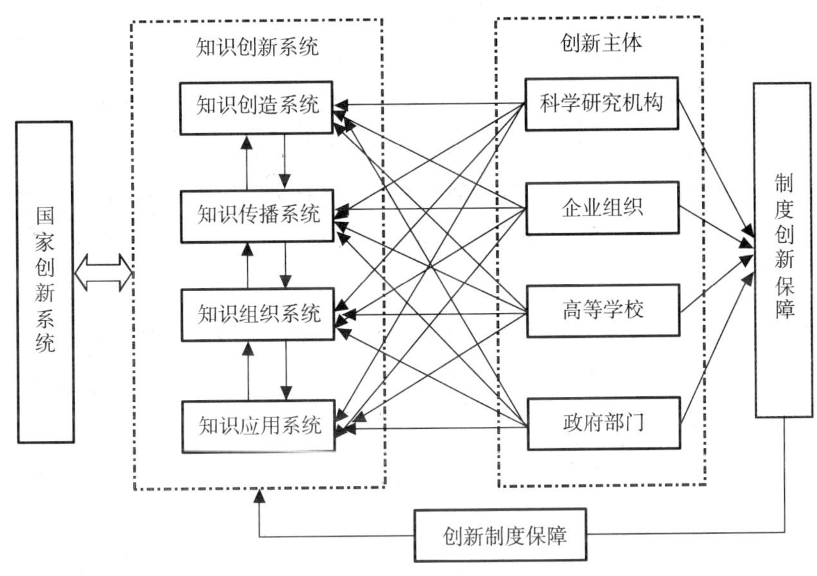

图 1－10 国家创新体系中的制度创新

主体的创新活动提供激励与保证，这是因为缺乏激励机制与利益保障的知识创新很难形成规模和具有持续性；其次，制度创新旨在建立新的经济社会发展体制和体系，规范各创新主体的行为和关系，这是实现经济增长的重要基础。可见，国家创新体系的创新功能发挥，必须从制度安排着手。

在面向国家创新的制度安排中，政府负责国家创新发展的宏观规划和组织，为体系中各创新主体提供制度环境。我国政府在制度安排中的作用包括：发展与完善社会主义市场经济制度，推动市场机制的有效运行，调整政府职能，为创新主体提供公平、合理的制度保障，为经济持续快速发展提供创新动力；建构有利于知识创新的法律环境，重视和加强知识产权制度的建设，通过法律制度保护知识生产者的权益，促进知识的传播与应用。

在知识创新的推进中，科技创新关系到生产方式的变革和产业发展转型，因而处于中心位置。科技创新是通过科学研究（包括基础研究和应用研究）获得新的基础科学和技术科学知识的过程， 目的是追求新发现、创造新方法、积累新知识，它是产业创新发展的基础[①]。为此，科学研究机构应当作如下的制度安排：建立与国际接轨的现代科学研究机构体制和现代科学研究机构管理制度，使科学研究机构成为具有充分自主权的法人，将改革由简单的放权变为科学研究院所转制[②]，在科技制度创新中，要求完善 R&D 制度，在创新环境中建立科技成果转移及信息保障体系，实施科学家流动制度与现代实验室制度，重构研发组织体系，形成市场经济体制下的共性技术研发和推广应用的机制[③]。

企业是技术创新系统的核心，企业创新制度安排为企业的技术创新活动提供激励与保护。企业的制度安排分为两个层次，一是国家为企业创新提供制度安排；二是企业自身内部的制度创新。主要内容包括：

产权制度。企业创新制度安排首先遇到的是知识产权界定问题，当前，明晰的知识产权制度已成为企业创新的内在保证。我国企业知识产权界定问题上，政府应居于主导地位。

组织制度。企业应实施高效率的创新组织制度，这是因为有效的组织制度与明晰的产权制度直接影响着企业人才资本的激励。

分配制度。合理分配制度是激励创新行为的源动力。创新分配制度设计应推进知识资本参与利润分配，为知识创新主体的切身利益提供制度保护，推动创新收益在个人、企业与国家之间的合理分配，激发创新主体的积极性[④]。

高等学校是知识创造与传播创新的主体之一，担当着科学研究和培养创新人才的任务。创新体系中无论是科学创新还是技术创新，都与创新主体的素质密切相关，都依赖于良好的教育制度。自 20 世纪 80 年代中期以来，我国启动了高等教育体制的改革，为教育发展适应社会需求创造了条件。进入 21 世纪后， 创新人才培养和服务于社会的发展目标使我国高等教育体制改

---

① 国务院信息化工作办公室：《中国信息化发展报告》2006 ［R.］.2006 - 03 - 10.

② 《中共中央、国务院关于加速科学技术进步的决定》 ［EB/OL］.［2010 - 08 - 16］ . http：//news. xinhuanet. com/misc/2006/01/07/content_ 4021977. htm.

③ 胡昌平：《邱允生：试论国家创新体系及其制度安排》，《中国软科学》2000 第 9 期，第 51—57 页。

④ 尹朝安：《现代化赶超中的制度创新：历史考察与理论分析》，2002 年中国社会科学博士论文，第 19—22 页。

革面临着更严峻的挑战，其中最重要的问题是在高等教育体制转轨的基础上，着力推进制度建设和体制创新。

如图1－11所示，在国家创新系统中，科学研究机构、企业组织、高等学校和政府部门作为创新主体，依靠各自的组织优势积极参与制度创新过程，其基本关系决定了制度安排的内容。

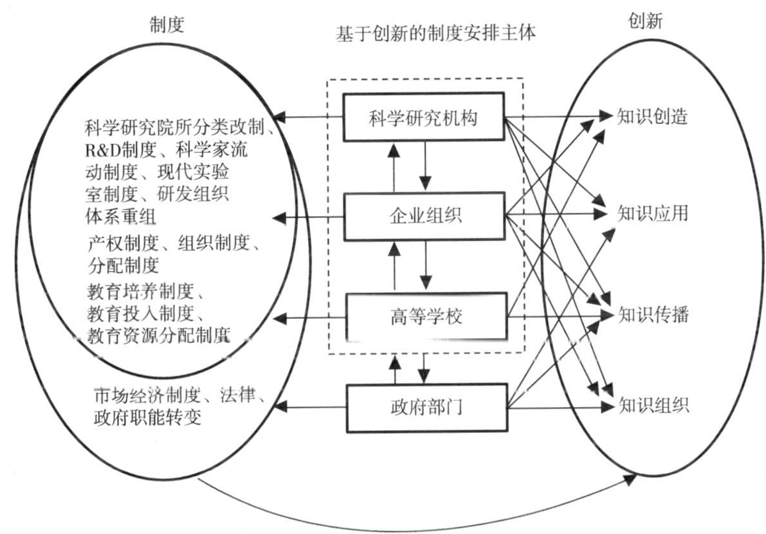

图1－11　创新导向下的国家制度安排

（二）信息化环境下的创新型国家建设

信息化作为建设创新型国家的条件，其作用日益突出。在基于知识创新的经济与社会发展中，知识创新的组织以及知识的传播和利用离不开信息化环境，知识联盟构建和基于创新联盟的产业发展必然在经济全球化背景下展开。这说明社会信息化与创新全球化相互交织，推动着资源经济向知识经济的转变。从战略发展上看，工业化与信息化的融合，以及信息化建设与知识创新的结合，已成为国家开放发展战略的必然选择。

1. 创新型国家建设的战略形成。创新型国家建设战略根据国家创新发展目标在经济全球化和创新国际化背景下制定，其要点是围绕国家创新发展战略目标的实现，在知识创新组织和产业经济发展上进行制度性变革。按科技创新与产业发展的关联关系，目前，实现经济发展转型的创新型国家大约有20个左右，其中不仅包括美国等发达国家，也包含如芬兰、韩国在内的一些新兴发展中国家。这些国家具备以下四个基本特征：一是在经济发展中，科技进步对经济发展的贡献率在70%以上；二是创新投入高，国家创新投入占GDP比例增长速度远高于其他投入增长；三是在国家发展中已形成基于自主创新的核心竞争能力，对外技术依存度通常在30%以下；四是创新产出高，国家经济发展越来越依赖于战略性新兴产业。从创新所拥有的知识产权上看，目前世界上公认的20个左右的创新型国家所获得的三方专利占全世界总数的95%以上。

创新型国家对自主创新能力的关注主要体现在：政府宏观管理与制度保障；科学研究成果向生产力转化机制；多元化科学研究投入机制；创新文化软环境形成机制；创新源挖掘机制；基础研究竞争机制；创新人才培育机制。

与国际上其他创新型国家相比，目前我国科技创新能力还比较弱。根据2010年《世界竞争力年度报告》所述，2010年我国科技创新能力在57个主要国家中位居第18位，比2009年上升了两位，处于上升水平①。2006年在“坚持自主创新建设创新型国家”论坛上，科技部副部长尚勇指出，我国要实现建成创新型国家的战略目标，需要跨越四道“门槛”：研发经费占国内生产总值的比例在2.5%以上；科技进步贡献率超过60%；对外技术依存度低于30%；本国发明专利数量和科技论文被引用数进入世界前五位②。

在新的历史条件下，国家创新发展的核心在于提升自主创新能力，实现发展方式的转变，在信息化环境下取得在世界上具有重大影响的知识创新成果。近20年来，随着经济社会与科技的快速发展，我国已经为提高自主创新能力、建设创新型国家奠定了坚实的基础，完全有能力实现建设创新型国家这一宏伟目标。经济基础方面，国际经验表明，在人均GDP 1000美元到3000美元的发展阶段，技术创新的重要性明显上升。据2010

① 瑞士洛桑国际管理学院：2010年《世界竞争力年度报告》[EB/OL].[2010-09-13]. http://forum.home.news.cn/thread/76582725/1.html.

② 《科技部副部长崔军强：我国建设创新型国家面临四道“门槛”》[EB/OL].[2010-09-13]. http://www.gov.cn/jrzg/2006/05/24/content_290071.htm.

年统计数据，我国人均 GDP 已超 3000 美元，而且科技创新综合指标已相当于人均 GDP 3000—5000 美元国家的水平。与此同时，经过几代人的努力，我国已经建立了大多数国家不具备的比较完整的学科布局，且在一些前沿科学、交叉科学领域取得了一批具有较大国际影响的成果，具备了一定的自主创新能力[①]。值得指出的是，人均 GDP 3000 美元以上之后社会经济发展存在着新的瓶颈，这就迫切需要转变经济增长方式，实现创新发展转型。

目前，我国正处于经济发展的转型期，在经济全球化和创新国际化背景下，经济发展已从粗放型的资金推动和投资拉动转变为基于科技创新的产业发展和工业与信息化融合为基础的需求推动。然而在转型发展中，仍然有相当多的企业依赖于技术输入，一些企业对外技术依存度甚至高达 50%。对于企业而言，只有在转型发展中培育自主创新能力和核心竞争能力，才能拥有更多的知识产权。对于国家而言，需要重构产、学、研结合的自主创新体系，才能提升原始创新能力，因此，必须重视面向应用的集成创新和国家创新网络的重构，构建支持自主创新的信息网络，实现整体化的发展战略。

自主创新是创新型国家建设所面临的重要课题。在国家创新发展中，基本设施和硬件投入为主体的投资模式，逐渐被知识创新软投入为主体的模式所取代。这种投资结构的改变意味着资源经济、产业经济向知识经济的转型，这是我国建设创新型国家的基本战略选择。当前，我国已进入依靠知识创新推动经济与社会发展的历史时期，在发展中需要构建新的创新发展基础，实现经济的持续稳定增长。在国家创新发展中，一是依赖知识创新提升核心竞争能力，实现产业经济的知识化和信息化；二是改善知识创新的社会环境，在工业与信息化融合中进行产业结构调整，提升经济发展的抗风险能力。如果科技进步对经济增长的贡献率提高到 60%，科学研究与发展投入占 GDP 的比重提高到 2.5 %，那么国家自主创新的核心能力将显著提高，从而进入创新型国家的行列。

① 《白春礼：我国有条件建设创新国家》［EB/OL］.［2010－09－13］. http：//www.gov.cn/jrzg/2007/01/18/content_ 499761.htm.

2. 创新型国家建设中的发展方式选择。各个国家在创新型国家建设中，由于历史发展阶段的不同和发展起点的差别而具有不同的发展模式，然而依赖知识创新实现经济发展却是共同的。这些共性决定了建设创新型国家的共同对策。不同的是，发达国家在基于知识创新的经济与社会发展中由于具有较好的工业化基础，其发展转型被视为后工业化基础上的信息化转型；我国由于工业化基础比较薄弱，因而存在着工业化与信息化交互融合和整体发展问题，所以说我国建设创新型国家的基点是：在工业与信息化融合中，实现产业经济的转型和国家可持续发展目标。

面对经济全球化过程中新的发展机遇和风险，各国在建设创新型国家中都进行了相应的战略调整，在市场经营中，正从产品竞争向创新竞争发展。2008 年以来，美国加大了经济调整力度，除推行相对宽松的货币政策外，十分注重发展基于新一代信息技术的产业，注重知识创新成果的产业化，其中明确了民用工业的数十项关键技术。长期以来，日本一直坚持走“技术立国”之路，在全球化过程中逐步建立了创新立国的经济发展模式。2002 年以来，英国在实施 10 年科技发展规划过程中，进行了科学技术创新和产业发展创新的项目实施，从而开创了政府主持科技发展的新局面。2010 年，韩国在科技发展中进行了相应的战略调整，其科技研发模式逐步转变为创新赶超模式。韩国的规划是：力争 2015 年进入世界科技八强和经济十强①。2006 年俄罗斯通过了俄联邦 2015 年前科学与创新发展战略，2010 年发布的国家创新系统和创新政策报告旨在拉动俄罗斯科技创新事业的发展，使研究、开发和创新机构相互协调运转。为保障创新战略的实施，俄罗斯以原有“国家科学中心”体制下的信息工作为基础，面向信息服务领域的制度建设全面展开。

在国家创新体系中，政府通过经费投入和政策导向发挥主导作用。首先，在应对全球经济风暴的过程中，各国推进了投资政策和科技发展政策的变革，在加大国家投入力度的同时，从多方面激励企业增加研发投入，在经营管理上推行高新技术企业优先发展政策，积极构建战略性新兴产业群；其次，在创新型国家建设中逐步完善激励创新的政策和法规体系。就全球化发

① 詹正茂、王裕雄、孙颖：《创新型国家建设报告》，社会科学文献出版社 2009 年版，第 45—50 页。

展战略而论，各国十分重视国家创新投入和国内创新投入的协调，在调节投入中逐步完善法规体系，从而构建了创新型国家的知识法律框架。按照有利于创新项目经营和基于创新的可持续发展原则，实施对知识创新的全面法律保护。在行政管理改革中，注重知识市场的调节作用和政府管理的导向作用，以此实现公益制创新和产业制创新的协调发展。在国家创新发展中，各国十分重视知识创新信息保障的政策制定，如芬兰成立了由芬兰总理担任主席的芬兰科技政策委员会，建立了芬兰技术发展中心，在全国建立了促进产学研结合的若干科技园。

在产业转型和产业经济发展上，各行业企业的创新发展处于重要位置，这就要求重构企业知识创新体系。企业技术创新不仅在于产出相应的科学研究成果，更重要的是在成果转化、产业化应用和市场开拓方面，选择适合市场的创新模式，将其转化为产品。因此，创新型国家普遍把增强企业创新能力作为提升国家竞争力的重要措施，如美国企业作为技术创新的主要承担者，其研发经费已占美国研发总支出的70%。一般来说，创新型国家的企业技术开发投入占销售收入的比例在3%以上，高新技术企业在10%以上[①]。

创新型国家也是市场经济体制比较完善的国家，只有完善的市场经济体制，才能为企业提供不断创新的激励，同时直接检验创新成功的价值。企业创新主体只有不断获得创新回报，才有不断创新的动力。基于此，一些发达国家纷纷采取政府调控下的市场化知识创新拉动策略，注重基础研究创新、技术创新、产品创新、市场经营创新和管理创新的融合，在融合中强化逐科技创新对经济的拉动，由此提高科技进步贡献率、研发投入比重和专有技术占有量，从而减少对外的技术依存度。

美国、芬兰、韩国、日本等技术创新与知识增长对国家进步和经济发展发挥了重大推动作用，这是一种良性的国家发展模式，受到广泛推崇。根据国际上采用较广的创新型国家参考指标，表1－5列出了我国的相关数据与创新型国家参考指标相比，可以看出我国创新能力还有较大差距。

---

① 陈劲、张学文：《创新型国家建设理论读本与实践发展》，科学出版社2010年版，第110—120页。

表 1 –5　创新型国家参考指标与我国数据比较

参考统计值 \ 指标	科技进步贡献率	研发投入占 GDP 比重	对外技术依存度	专利占世界总数
比较参考值	>70%	>2%	<30%	>5%
2006 统计值	50%	1.42%	71%	2.9%
2007 统计值	53%	1.49%	70%	3.8%
2008 统计值	54%	1.50%	68%	5.1%
2009 统计值	56%	1.62%	67%	5.3%
2010 统计值	59%	1.8%	71%	5.5%

注：根据中国科技统计年鉴数据计算，表中数据除标注外，其余来源于中国科技统计年鉴。

从表 1 –5 可知，虽然我国科学技术取得了令人瞩目的成就，与世界发达国家的差距同 20 年前相比已明显缩小，但从总体上看，我国自主创新能力、创新的制度基础和社会发展基础还比较薄弱，以市场为导向的创新理念还没有得到充分体现；尚未形成高等学校、科学研究机构和企业相互交融和协同的高效化创新网络；“注重创新能力建设”和“保障创新领先者权益”的政策环境有待进一步改善；以政府为主体的创新投入增长滞后于发展需要，同时投入不足与消费低效并存。具体而言，在科技投入水平上，我国科技投入占 GDP 的比重 2008 年为 1.52%，2010 年为 1.8%[①]。这说明我国的科学技术水平还不能满足经济社会发展的需要，关键技术自主研发比例较低。我国有效发明专利数量占全球有效发明专利总量的约 5% 左右，而同期我国经济总量约占世界经济总量的 7.3%[②]。近 15 年来，外国企业和中国企业在中国申请专利的比例是 6.4∶1。全国规模以上企业开展科技创新活动的仅占 25%，有高达 60% 的国内企业还没有自己的商标。例如，由于没有掌握核心技术，国内企业不得不将每部国产手机售价的 20%，计算机售价的 30%，数控机床售价的 20%—40% 拿出来，作为专利费支付给国外专利持

① 《张德江：开展创新学习成为创新人才》［EB/OL］.［2010 –9 –20］. http：//ccutnews. ccut. edu. cn/showNews. do？articleId =1723.

② 于大伟、王晓浒：《2009 中国有效专利年度报告》，《科学观察》2011 年第 2 期，第 33—50 页。

有者[①]。与发达的创新国家相比，“科技瓶颈”仍然是我国经济与社会发展的重要制约因素。2010 年我国工业 500 强平均资产利润率为 1.65%，而世界 500 强资产净利润率为 8.16%，中国企业 500 强的人均利润水平相当于世界 500 强的 47.1%[②]。

“十二五”期间是我国经济结构与产业结构调整的关键时期。在经济结构中，“十一五”末农业劳动人口占全国劳动人口的 50% 以上，而依赖于知识创新的国家在 5% 以下；我国服务业占国内生产总值的比重为 42.6%，而发达国家在 60% 以上[③]。在产业结构中，“十一五”末我国高新技术产业增加值占工业增加值的比重在 10.2%，而一些依赖于知识创新的国家这一比重约为 40%；高技术产业的投资额占总投资的比重，我国约为 10%，而创新型国家超过 50%[④]，这些问题有待于在国家创新发展中予以解决。

面对竞争日益激烈的国际环境，我国亟需通过自主创新能力的提升，解决当前发展中的突出矛盾和问题。这是提高我国国际竞争力的客观需要，也是我国持续发展的保障。自主创新能力的提升直接关系到经济发展方式的转变，有利于环境友好和资源节约型社会的建设，有利于走新型工业化道路，保持经济又好又快地发展。增强独立自主、自力更生的创新能力，有利于提高我国经济的国际竞争力和抵抗风险能力。因此，把鼓励自主创新作为国家基本策略是正确的战略决策。

建设创新型国家的过程实际上是一个学习、追赶和超越的过程，因此可以借鉴国外的成功方式，加快吸收创新的步伐，降低创新成本，强化后续开发研究，实现“吸收型”创新向“自主型”创新转变，走多元化创新的道路。

创新型国家的建设应该采取“全面创新协调推进”方式，其要点为：倡导多元化创新与协同创新，鼓励自主创新；在区域创新体系协调发展中进

---

① 张德江：《开展创新学习　成为创新人才》［EB/OL］.［2010－9－20］. http：//ccutnews. ccut. edu. cn/showNews. do？articleId＝1723.

② 陆娅楠：《中国 500 强仍需练内功　部分指标表现不俗》，《人民日报》2010 年 9 月 6 日。

③ 刘铮：《2009 年我国服务业占国内生产总值的比重为 42.6%》［EB/OL］.［2010－9－20］. http：//www. fgw. gov. cn/fgwjsp/ArticleView. jsp？ArticleID＝392699.

④ 马丽娜：《高技术产业增加值占 10.2% 出口占 29.1%》［EB/OL］.［2010－9－20］. http：//news. qq. com/a/20090917/001132. htm.

行合理布局；通过构建以政府为主导、以市场为纽带的各创新主体的融合网络协同推进知识创新；在创新空间拓展中推动国家的全面创新。

根据创新型国家的特征和我国建设创新型国家的现实，创新方式可以归纳为基于信息化的国家创新发展方式，这种创新发展模式首先在美国得到了应用。2004 年，美国竞争力委员会提交的《创新美国》（Innovation America）报告将美国的创新和经济发展与信息化建设作为一个整体对待，从而提出了基于信息化的美国创新发展战略①。2009 年，日本提出了国家信息化新的发展战略“i-Japan 2015”，其战略要点是将信息技术和信息服务融入国家创新发展之中②。在韩国长期科技发展规划“韩国 2025 年构想”中，将信息化建设作为国家经济发展的基本支撑条件对待，以此为基础出台了相应的政策③。芬兰在建设创新型国家中，提出了信息社会建设与知识创新融合的社会发展目标④。在工业与信息化融合背景下，我国在 2006 年发布的《2006—2020 年国家信息化发展战略》中，进行了信息化建设和工业化发展融合的战略构架。

信息化环境下的国家创新发展，不仅体现了产业发展与信息化的融合，而且提出了融合环境下的知识创新和产业转型要求，这就需要从国家制度建设和创新组织层面规划社会化信息服务和信息保障系统，在部门、系统创新向开放化社会创新发展中提供面向各创新主体的社会化信息保障服务。在知识创新的组织上，信息化环境下的国家创新发展，更加注重知识、信息在创新主体间的流动与传递，这种发展方式有别于早期的国家创新发展方式。图 1－12 反映了国家创新发展方式的转变。

早期的国家创新发展依赖于各部门、系统组织内部的机构，强调按各自的需要进行知识创新和系统间的合作，其资源配置在国家统一规划下的系统和部门内部进行，创新发展以技术创新为主体实现工业现代化，以此

---

① Innovation America [R/OL]. [2009－08－15]. http://www.nga.org/Files/pdf/06napolitanobrochuer.pdf.

② i-Japan 2015 [R/OL]. [2009－08－15]. http://www.soumu.go.jp/main_content/000030866.pdf.

③ 刘蔚然、程顺：《韩国科技发展长远规划 2025 年构想剖析》，《科学对社会的影响》2004 年第 3 期，第 8—11 页。

④ Evaluation of the Finnish National Innovation System－Policy Report [R/OL]. [2009－8－11]. http://www.tem.fi/files/24928/InnoEvalFi_policy_report_28_oct_2009.pdf.

	早期的国家创新发展方式		信息化环境下的国家创新发展方式
创新发展模式	组织内部的“封闭式创新”	⇨	产学研合作为主的“开放式创新”
资源配置重点	强调物质资源的配置保障	⇨	注重信息资源的协同配置保障
经济发展基础	以工业化带动经济发展	⇨	通过信息化推动经济发展方式的转变
创新交流模式	资本、劳力、物质的流动	⇨	信息化中的交流与合作网络

图 1－12　信息化环境下的国家创新发展战略调整

出发进行资本、劳动力、物质资源的流动和信息保障①。信息化环境下的国家创新发展，强调产学研的跨部门合作和知识创新的开放化，在开放创新环境下注重创新资源的协同配置和信息保障组织，通过信息化推动经济发展方式的转变，从而构建信息化环境下的创新合作网络。显然，国家创新方式的转变是一种全方位的创新制度变革和资源重组过程，因而需要进行国家发展战略的调整。从总体上看，我国的国家创新发展模式与国外的创新发展具有共同特征，这一特征体现在知识创新的社会化和开放化发展上②。

四、国家创新发展中的信息流与信息资源保障作用

国家创新发展体现在政治、经济、生产和科技创新发展上。这说明政府部门、研发机构、高等学校和企业等组织的运行与创新发展机制决定了创新发展中的信息流模式，体现了信息资源对于组织创新发展的基本支撑作用，而信息流的综合作用最终提出了创新信息服务与保障要求。

（一）组织运行与创新发展中的信息流

恩格斯在论述社会发展时指出：“生产以及随生产而来的产品交换是一

① 胡志坚：《国家创新系统理论分析与国际比较》，社会科学文献出版社 2000 年版，第 12 页。

② Chesbrougy H. , Vanhaverbeke W. Open Innovation：Researching a new paradigm ［M.］. Oxford ：Oxford University Press，2006：15.

切社会制度的基础。”① 恩格斯所说的生产，在现代社会中不仅包括物质产品的生产，也包括知识性产品的生产（如科学研究成果、文化艺术产品等）。按通常的表述，我们将广义生产活动区分为生产、科学研究和其他活动。在组织社会生产活动中，物质、能源和信息是必要的条件，管理是必要的保证；生产者只有在利用必要的物质、能源、信息时，在有效管理的前提下，才可能生产出供社会消费的物质产品和知识产品，才可能提供相应的社会服务，实现“产品”交换。

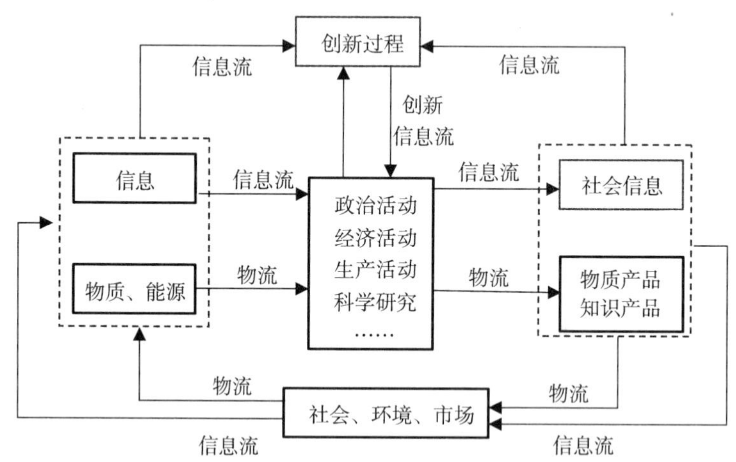

图1－13 组织运行与创新发展中的信息流

如图1－13所示，社会运行中物质、能源和信息的利用是以其组织、流通为前提的，即支撑物质、能源和信息利用的是物质流、能量流（统称为物流）和信息流。其中，信息流起着联系、指示、导向和调控作用，通过信息流，物质、能源得以充分开发利用，科技成果和其他知识成果得以转化应用；另一方面，伴随着物质、能源和信息交换而形成的资金流反映了社会各部分及成员的分配关系和经济关系。由此可见，物流和信息流正是在社会经济与分配体制的综合作用下形成的。

在知识创新中，信息流伴随着一系列复杂的知识创新过程而产生，它不

① 《马克思恩格斯选集》第3卷，人民出版社1972年版，第472页。

仅反映了物流和社会活动状况，而且维持着社会的有序运行。

对于科学研究机构和其他知识产品生产组织来说，在各自的研究工作和业务工作中也存在着物流和信息流。这是由于科学研究中的“知识”生产也要一定的物质、能源和信息作保证（如科学研究中的仪器、设备供给，能源消耗等）。包括科学研究在内的知识生产与物质生产的实质区别在于，知识生产的主要输入是知识信息，在生产活动中只有充分利用现有的知识、掌握最新信息，才可能生产出具有创造性的新成果和新知识。这说明，信息流是知识生产的主流。

值得指出的是，随着社会的进步，组织创新中的信息流量及流向必然发生新的变化。例如，企业的信息处理量，随着企业经营环境的变化、技术的发展、产品的多样化、市场变革的加速和企业应用技术开发周期的缩短而加大，由此对信息服务提出了新的变革要求。

现代社会运行中的信息流宏观机制是在一定社会体制和环境下信息作用的总体体现。事实上，包括生产企业、科学研究机构及商业、金融、文化等部门在内的社会组织，在各自的社会活动中都存在内外部信息的流动和利用，由此构成了纵横交错的社会信息流，决定了基于信息流组织的信息服务内容与结构。

（二）知识创新中的信息资源保障作用

知识创新是组织发展的关键。产生于社会中的各种信息的自然汇集构成了人类可利用的信息资源。信息资源是人类社会的精神财富，是可开发的智力资源。它具有一系列的社会功能，并且在人类社会的各个活动领域发挥着关键作用。信息资源社会作用功能的实现是以信息在社会活动中的不断流动和传递为前提。信息流动由信息生产者（发出者）、信息接受者和信息传播媒介（传播通道）构成。信息生产者是信息流通行为发生的主体；信息接受者是信息传播的接收对象，也是信息用户和活动参与者；信息传播媒介是信息流通的载体，是信息发出者与接受者之间的沟通桥梁。信息流动过程受社会内部机制控制和社会环境制约。因此，研究信息资源的作用机制，需要全面考察信息流的作用对象，以及信息流在社会经济、科学研究、管理等各类活动中的具体运动。依据信息流的作用对象和运动范围的不同，信息资源的作用机制可以从宏观和微观两个方面进行组织。

信息资源的保障作用体现在信息对社会系统的作用上。社会活动中各个行业对信息的需求与利用，从总体上决定了信息资源的功能发挥。在知识创新和社会发展中，信息资源的作用在于沟通各类活动，支持创新网络运行、传递相关知识，为社会创新发展提供保障。在加快社会的知识创新和知识流动中，可以从社会知识价值链关系出发，分析信息资源在知识价值链活动中的利用情况，以揭示信息资源在知识价值链各个环节中的作用机制。图1－14归纳了信息资源在知识创新与社会发展中的宏观作用。总体而言，信息资源的社会宏观作用可以概括为教育作用、科学作用、产业结构优化作用和经济作用①。这四种作用在人类社会发展和知识创新中是基本的，也是人类社会由信息化迈向知识化的基本条件之一。

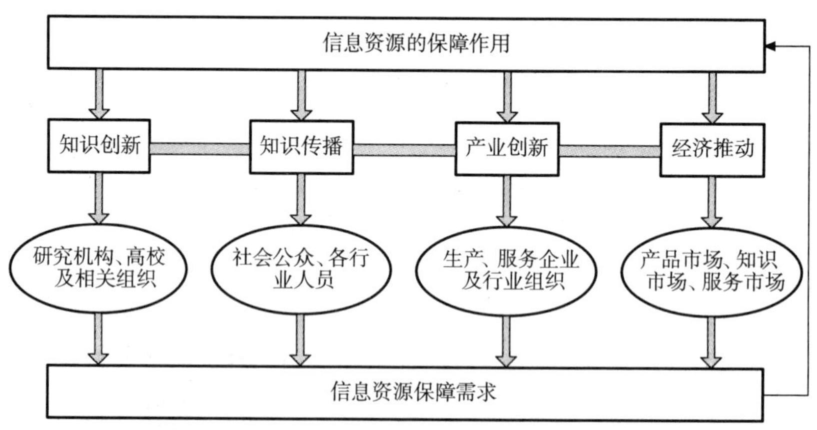

图1－14　信息资源的保障作用

1. 知识创新作用。信息资源对知识创新的作用体现在面向知识生产和利用的服务功能上，这一功能主要表现在提供科学研究所需的现有知识，为科学研究的继承、借鉴和发展提供知识利用与交流基础条件，以加快研究进程、避免研究重复，确保创新目标的实现。

科学研究活动的前提条件是利用反映现有研究成果的信息资源。基础研究通过获取自然现象观察数据和已有知识进行实验和理论探索。基础研究的

---

① 娄策群：《信息管理学基础》，科学出版社2005年版，第44页。

探索性和积累性决定了必然需要获取多方面信息。应用研究在基础研究的基础上，针对具体的应用进一步突出技术问题，通过考察某一类事物的特殊性，为试验发展提供更为具体的应用理论和方法，因此需要信息资源的定向利用。试验发展将新技术引入经济系统，通过“物化”获得经济效益，也就是利用基础和应用研究的成果进行试验开发、生产、营销从而获得效益。显然，在试验发展价值链活动中信息资源的作用是全方位的。

现代社会发展中，知识老化速度日益加快，这就要求在科学研究过程中，加快科学研究进程。信息资源作为促进科学研究成果向社会生产力转化的要素，不仅在于科学研究成果以信息为媒介的推广应用，更为重要的是，在信息资源系统的作用下，科学研究成果加速向经济生产领域转移。

科学研究是一种创造性的知识生产活动，正是这种创造性决定了科学研究成果的非重复性。科学研究各个环节所采用的方法可能相同，但有价值的创新研究所产出的成果不能重复。因此，科学研究人员必须充分利用信息资源，避免研究重复。现代科学发展表明，科学不仅是一种知识体系，而且是一种科学社会体系。科学社会活动以信息为媒介形成科学群体，以信息为中介进行科学社会活动的组织。这说明，信息是科学群体的“黏结剂”。人们在信息交流中，不仅通过认识的深化、发现和掌握科学规律，创造新的科学知识体系，而且依靠信息的“黏结”作用组合成科学活动群体。人类几千年来已经创造了庞大而完善的科学体系，包括自然科学、社会科学、思维科学以及各门学科的分支学科的知识体系，同时也形成了与各门学科及其分支学科知识体系相适应的科学活动群体，如各学科领域的科学学派、科学共同体等。科学群体在信息的作用下不断发展，在实践中通过获取、创造、传递和利用信息，不断完善。事实证明，在国家创新发展中信息资源的保障作用正得到进一步强化。

2. 知识传播作用。信息资源保障在知识传播中的作用是指信息作为知识载体，在人类获取知识中所起的作用。信息资源传播作用的发挥，受接收主体的知识结构影响。只有信息资源内涵知识与主体知识产生关联才能产生实效。信息资源的知识传播作用体现在以下几个方面：

信息资源作为知识载体，在智力发展中占据着中心位置，它的有效利用推动着全社会成员的知识更新与智力发展。在知识创新中，智力发展离不开知识，知识是人们认识世界的阶梯；在知识创新中，人们首先通过理解、认知、掌握间接经验（知识）去认识客观世界，在学习、认知的基础上进行创新。

智力的发展过程实质上是知识、能力相互作用过程。信息资源作为智力发展的基础，它的有效利用与智力发展是相辅相成。随着科学的发展、知识信息迅速增长，人们运用知识解决实际问题的能力也随之提高。知识的发展是永无止境的，在社会发展中，知识不断增长又不断老化，一些新的知识产生，一些不完备、不正确的知识被修正、被补充，成为更完备、更合理、更概括的知识。而知识的迅速积累又要求人们不断地更新自己的知识结构，补充新的知识，在学习、理解、掌握、运用和巩固知识的过程中发展自己的智力。

国家创新发展需要具有较高科学知识水平和技术创新能力的专业人才。专业人员的成长、进步和智慧的充实都离不开信息资源。可以说没有信息资源的存在，一个人将永远是无知的，永远会在蒙昧中摸索。人们对这些信息资源的接受程度，往往直接影响到专业知识结构的形成。学校教育、社会环境和自我教育等对一个人知识结构的形成有直接的影响，而这一影响的本质无非是各种信息资源的传递与接受者的吸收，也就是说信息资源直接影响了一个人的知识积累和智力开发。信息资源对劳动者的作用在于提高劳动者的素质，促进主体对客体的认识，使其以更佳的状态进入创新活动和创造性劳动，从而提高劳动生产率。专业人才的成长，需要既继承前人又突破陈规，除了接受正规教育外，还要在实践中学习，在实践中创新。由此可见，充分利用各类信息资源提供的知识，提高专业技能和创新能力是重要的。

3. 产业创新作用。创新型国家建设的一个根本任务是实现产业结构的调整和产业转型，确立依赖于知识创新的产业集群。这说明产业结构的优化是经济活动的主要内容，直接关系到国民经济的效益和发展速度，其内容包括产业结构的合理化和高级化，而信息资源对产业结构的合理化、高级化有着十分重要的作用。

信息资源的充分利用有利于各产业部门之间的协调，从而使产业结构合理化。合理的产业结构还包括一二三四产业之间的协调，生产资料部门与消费资料部门之间的协调，以及各产业内部各行业之间的协调。信息资源的充分发掘在于全面反映各产业部门间的关系，沟通各产业部门间的联系。在信息资源的充分作用下，通过信息交流，各产业部门之间进行有效的自我协调。在协调中，产业部门必然会根据部门的交互信息对失调的产业结构作出相应的调整。

值得指出的是，我国创新发展中的工业化和信息化融合已成为必然趋势。在工业化与信息化的融合中，产业创新集中体现在企业创新发展和创新型企业建设上。这说明企业创新发展与创新型企业建设是企业信息化发展的产物，企业创新是在信息化环境下利用互联网资源、以面向关系管理为中心的一种新的企业发展方式和组织形式。就企业运行而论，现代企业运行创新离不开互联网环境下的信息资源支撑，现代化企业的产生前提是企业业务流程的信息化、金融电子化和管理数字化。现代数字化信息组处理技术和传播技术的发展，为创新型企业的形成和发展奠定了基础，信息资源网络的全球化实现为企业业务的拓展和管理的网络化创造了条件，体现了信息化环境下的企业创新经济的形成与发展[①]。

创新发展中的企业，如何处理与信息化资源环境的关系，实现与环境建设的互动，是环境协调的重点。具体说来，需要强化以下几个方面的协调：

利用网络化优势，实现与相关机构的合作。企业在组织结构上具有多元成分，既有生产企业加盟，也有供应商、研发机构和其他主体参加，而且这些主体与社会各部门又具有竞争与合作关系，因此可以在企业运作中扩展合作渠道，实现基于网络的多元主体的协调发展。

在企业运行中，主动实现与网络环境的互动。企业创新依赖于网络资源环境，企业基于网络的业务开拓和发展又促进着网络的建设，这说明二者具有相互作用的关系。在企业与网络的互动发展中应协调信息构建与企业创新的关系，建立正常的环境秩序。

通过企业的网络化构建与运行，进一步优化创新全球化的新环境。创新企业的国际发展，将改变企业国际合作的竞争格局，据此可以通过企业重组，实现与区域性经济发展的互补，为社会经济、文化、科技发展创造新的条件。

---

① 胡潜：《面向企业创新发展的行业信息服务重组研究》，2009 年武汉大学博士论文，第15 页。

通过企业创新的差异化组织，促进多元经济的发展。在现代条件下，企业应有差异，各国、各地区的企业应有自身的特色，其差异化的经营组织必然为各类企业的发展营造共存的新环境。这就要求在企业制度建设、权益保障和条件支撑上予以关注。

4. 经济推动作用。信息资源的经济功能是指信息在社会生产过程中的经济效益放大功能，也就是信息资源对于促进知识经济发展和增强经济效益的作用。信息资源的深层开发促进了产业部门结构的高级化。按资源的集约的不同，产业可分为劳动密集型产业、资金密集型产业、技术密集型产业和知识密集型产业。部门结构的高级化就是要在产业构成中扩大技术密集型产业和知识密集型产业的比重。知识信息产业是知识密集型产业，产业的产生和发展改变了产业部门结构，使知识密集型产业的比重不断扩大，劳动、资金密集型产业的比重逐渐下降。信息资源对知识经济的推动作用体现在四个方面。

第一，为信息产业和知识经济的发展提供资源基础。在高科技发展的今天，信息资源已成为一种可以加工的生产要素和知识要素，从而支持知识生产，形成产业规模的知识经济。信息产业中的信息资源服务活动，涵盖了以信息资源为核心和实质性内容的信息的收集、加工、转化、传输及交易等诸多内容。可见，信息资源是知识经济中信息产业集群的构建基础。

第二，增加产品的信息内涵以实现产品增值。产品被融合或叠加进信息资源，可以实现使用价值的增长。随着社会生产力水平的提高，人们对于信息产品、信息服务的需求日益旺盛，这是一种必然的趋势。社会不仅需要开发全新的信息产品，而且需要在传统的产品和服务中增加知识含量。而且，产品能否被市场所接受，能否真正实现其价值，更多的是取决于所利用的信息资源。其中，产品中融入的知识往往决定了产品价值的提升。

第三，指示生产要素流向，其开发利用是知识创新和产业发展中资源合理配置的需要。信息资源产生于人类的科学研究、经济和社会活动之中，对于产业经营而言，反映了企业生产要素的配置关系和投入产出水平，因而信息资源客观上反映了生产要素的流向。通过信息资源的有效获取和利用可以提高生产要素的配置效益，改善企业供应链和客户关系，因而信息资源的开发和利用是组织知识资源和物质资源的基础，是基于知识创新的产业经济发展需要，这在很大程度上决定了经济的信息化和知识化。

第四，保证知识创新和产业活动的协调。信息资源在社会不同类型的经济实体之间和不同的经济环节之间发生着关联作用。在社会范围或组织范围内存在着资源共享的问题，就实质而论，各创新主体之间的信息沟通是知识联盟组建和知识协同创新的需要，体现在基于信息沟通的信息资源共享和网络化创新的组织上。与此同时，企业之间的合作和基于创新价值链的产业发展同样需要全方位的信息沟通作保障，这是产业活动协调的基础。

五、创新型国家建设中的信息服务与信息保障发展

信息化环境下的创新型国家建设与创新发展，一是需要信息基础设施和不断完善的信息网络作保障；二是需要构建基于网络的国家信息服务系统，以提供全方位的创新保障。从信息保障的层次上看，这种全方位保障可分为信息基础设施保障、信息技术发展保障和信息服务保障；从国家创新发展的全局看，构建基于现代信息基础设施与技术的信息服务体制和信息保障体系是其中的关键问题。

（一）发达国家的创新信息服务与保障体系及其变革

由于国家知识创新水平直接关系国家的国际竞争力和综合国力，所以世界上许多国家特别是发达国家，都致力于建设自己的国家创新系统。分析发达国家的国家创新系统与信息保障系统建设，旨在为我国的国家创新体系建设和信息服务与信息保障的推进提供有益的借鉴。

1. 美国的国家创新体系建设及其信息保障。科学技术的进步是国家发展的基本推动因素，美国国家创新体系已成为美国最重要的发展支撑体系。美国国家创新体系是由行业、政府机构及实验室、大学、非营利研究机构等相互交织在一起而组成的复杂网络。国家创新网络受外部环境因素的影响，具有自我发展和自我调整的功能，虽然看起来似乎无序，但各主体彼此关联，为美国社会、经济、科技发展提供原动力。

美国的国家创新体系构建旨在推动各创新主体的协同知识创新和创新成果的传播、应用。在国家创新体系中，各部门、系统有分工也有协作，在整体上实现了机构之间的互动和配合。在创新资源配置中，人员、信息、物

资、服务相互交织，支持网络运行。国家创新体系围绕知识的生产和知识的转移与应用进行组织。在知识的生产中，行业、大学、政府实验室和研发机构中的科学家和工程师是主体。在知识的转移和应用中，知识的生产者同时也是知识的传播和应用者，他们也需要使用其他知识生产者创造的知识。

创新体系中的个人和机构作为创新系统的节点，承担着各自的任务。节点之间的连接和流动使之成为一个网络体系，而不是各部分的无序关联。

美国支持国家创新和社会发展的信息服务机构具有如下的组织结构：其一，美国政府所支持的或所属的信息服务机构，主要包括以国会图书馆为主体的公共图书馆系统、各专门图书馆、技术信息服务中心、档案馆系统和国家专利商标文献中心等；其二，州政府支持的信息服务机构，如美国俄亥俄州图书馆网络系统等；其三，美国教育系统的信息服务机构，包含各大学图书馆联盟；其四，行业、企业所属的信息服务机构，主要进行面向企业运营的信息保障；其五，独立经营的各种信息服务机构，包括各类商业性机构。

美国是世界上较早启动数字图书馆建设的国家。其数字图书馆建设是伴随着信息高速公路建设的推进而不断向前发展的，美国的数字图书馆建设得到了当时美国政府和美国国会的大力支持。美国于 1993 年出现了建设数字图书馆的呼声，当时推动数字图书馆建设有两大主要因素，这两个因素分别是技术方法的进步以及美国联邦政府的兴趣和推动。美国数字图书馆建设的管理机构主要是国家科学基金会（NSF），在技术实施中由国家研究创新公司（CNRI）等推进。

就美国的数字图书馆项目来说，可分为五组。这五组数字图书馆规划项目分别是：（1）数字图书馆建设第一阶段计划（DLI1），由美国国家科学基金会、国防部先进技术局和宇航局联合出资，进行统一标准下的数字信息资源建设、组织、开发和利用，这一项目非常注重各参与团体之间的相互协作，分六个子项目推进①。（2）美国国会图书馆的“美国的回忆”项目，1995 年正式启动国家数字图书馆项目（National Digital Library Program，NDSL）②，项目以高质量的数字产品形式，以丰富和集中美国的历史、文化

① 田捷：《数字图书馆技术与应用》，科学出版社 2002 年版，第 70—80 页。

② 肖珑：《美国国家数字图书馆项目的进展》，《情报学报》，1998 年第 3 期，第 190—196 页。

收藏为基础，通过多个资源库包含美国建国以来的重要文献的建设，开展面向社会的开放服务。(3) 加州数字图书馆计划（CDL），由加州大学各分校（如伯克利、戴维斯、圣地亚哥分校等）共同完成，组织 IntelLib 集成服务；系统服务特色是具有智能检索功能、多媒体查询的服务功能。(4) 数字图书馆首创计划第二阶段（DLI2），由美国国家科学基金会、国防高级研究项目局、国家人文学资助会、国家医学图书馆、国会图书馆和国家宇航局联合资助，从扩展媒体形态和研究开发角度，进而推进数字图书馆建设。(5) 美国国家科学、数字、工程与技术教育数字图书馆（NSDL），由美国国家科学基金会启动，目的是在网络环境下向教师和学生提供高质量的科学、数学、工程与技术信息资源，通过网络传输、智能检索、资源标引、联机注释及归档建成一个巨大的资源和服务阵列[①]。

2. 日本的国家创新体系建设及其信息保障。第二次世界大战结束后，日本在社会经济发展中始终将技术立国、市场拉动作为主导发展模式采用。然而随着全球化发展中竞争格局的变化，日本适时地进行了战略结构调整，在融入世界经济发展主流的同时，致力于知识经济和战略性新兴产业的发展。

战后初期，日本的一系列改革造就了一大批民间企业。自 20 世纪 50 年代以来，日本大力发展教育和企业经济，形成了科技、产业与政府相结合的国家创新体系，成为日本经济高速发展的促动因素。20 世纪 70 年代开始，日本政府通过“阳光计划”、“月光计划”等计划的实施推进科学研究与发展，有效地刺激了产业经济发展。20 世纪 80 年代，日本的“技术立国”方针进一步完善，由此不断强化了创新制度建设和创新保障体系建设。20 世纪 90 年代，日本信息化进入到一个新的发展阶段。针对全球经济发展中的风险性，日本着重于重构科技创新体系和产业创新体系，从而实现了技术立国向创新立国的转变。

日本国家创新体系的主体构成包括企业、大学与科学研究机构、政府。日本的经济发展，一是坚持技术立国的发展战略，通过技术创新实现产业发

① 胡昌平、谷斌：《数字图书馆建设及其业务拓展战略》，《中国图书馆学报》2005 年第 5 期，第 13—16、33 页。

展；二是在发展中确立民营企业的自主发展机制，鼓励各类企业采用先进的实用技术，通过低成本的经营运作在市场竞争中拓展发展空间。在这一发展机制中，大学和科研机构不仅面向企业提供各种培训和技术服务，而且与产业结合进行技术研发，承担相应的研究任务，实现研究成果的产业转化。

在科学研究、技术发展和经营活动中，日本政府起着主导和干预的作用，通过市场调节和产业政策为产业经济发展提供保证。

面向知识创新的服务中，日本的数字图书馆建设起步比较早，自 1993 年以来，日本政府和业界都非常重视数字图书馆的研究和计划实施。日本的数字化信息资源服务项目由通产省、邮政省、文部省、日本国会图书馆分头立项、分工推进。日本的数字图书馆建设与服务目标明确、协调有力，在实施中十分重视实践经验和技术难点的突破。日本的信息资源服务主要的三种类型：一是以收藏品的数字化为中心开展服务与保障，如日本国会图书馆和日本学术情报中心；二是以信息系统为中心组建社会化的服务体系，如隶属于通产省的信息技术促进局、日本信息技术开发中心以及各著名计算机公司；三是以用户及社会需求为中心，集中大学及研究机构的资源开展服务，包括多语言代理服务、信息交流与提供等，其服务开展得到了日本文部省的资助。此外，日本还组织了专门化的信息服务，如日本的空间协作系统计划主要是利用卫星网实现日本大学之间的信息资源共享，这是一种超越时空限制的基于多媒体的远程学习系统，目前该系统已经链接了 100 多所高等学校，并且其应用范围已向中小学延伸。日本的开放化数字图书馆建设注重点面结合，一方面，将日本国会图书馆关西新馆建设成为全国最大的数字图书馆；另一方面，在各部门建立公共数字图书馆系统，做到相互配合，协调发展。

3. 法国的国家创新体系建设及其信息保障。法国依靠科技创新推动社会、经济的发展作为国家创新发展的重要战略，以此加强国际竞争力。20 世纪 90 年代，面对世界性的经济快速增长和区域经济的发展，为保证法国经济在欧盟经济中的地位和提升法国经济的世界竞争力，法国进行了一系列结构性的经济调整，以满足经济和社会发展需求。2000—2011 年，法国通过颁布一系列科技发展关键技术指南和相应的实施方案，确定了面向国际竞争的重点发展领域和重点支持领域。同时，为了推进了教育、研究和产业的合作，法国科教部与工业部共同出台了创新计划。2008—2010 年，法国在应对全球金融风暴下的经济发展危机中，不断加强了风险防范和创新经济发展体系，以求在创新中拓展发展空间。

在法国科学研究与发展组织中，科学研究机构、高等学校和企业是知识创新的主体。法国政府通过政策指导和一定的经费投入，支持高新技术研究和企业技术创新；法国的行业协会负责各行业内企业的技术创新和产业生产的标准化。同时，法国中央政府和地方政府之间具有完善的创新沟通和资源配置机制，可以实现国家、行业和企业的发展协调。在科学研究和国民教育组织中，国民教育科技部作为国家部门，负责组织、协调科学研究与教育工作，从全局上制定国家科技与教育发展政策，按国家创新发展目标统筹安排科学、教育资源，进行科学研究与发展预算编制，平衡各行业和地区的发展关系。为了实现地区间的协调发展，法国分五个地区设立相应的管理机构，负责地区和行业的创新发展规划，解决发展中的具体问题，组织研究发展项目实施。

法国的科学研究体系由各类型的研究机构组成，包括国立的科学研究机构、公共研究机构、行业研究机构、大学科学研究机构和各类企业的科学研究机构。国家科学研究机构由政府支持，从事基础科学研究和国家统一规划下的项目研究。公共科学研究机构区分为科技型研究机构和工贸型研究机构：科技型研究机构是从事探索性研究的主体机构，进行基础研究和应用研究；工贸型研究机构从事定向研究和技术研发，是知识产业化中的主体研究机构；法国的各企业有着各自的技术研究部门，负责技术和产品研发，是产业经济创新发展的主要支持机构；法国大学科学研究机构由各大学设立，承担基础研究和应用研究任务，同时负责成果的产业化转化，其基础研究项目总数约占全法国的 25%。作为研究发展的社会力量，民间科学研究机构在法国科技创新体系中也占有重要位置，这些机构进行自主研发，是社会化创新的主体机构。

公共与民营是法国技术创新服务体系的两大部分。政府推动和支持的机构则为公共服务机构，市场推动的服务机构构成了民营服务体系，包括国家和地区技术推广机构、行业技术中心、欧盟孵化器中心、科学园区机构等。

由于法国科学研究与发展机构具有多元化组织特征，所以在面向科技创新的信息服务组织中，法国政府既重视国家科技信息服务的整体化推进，又注重各类机构的自主信息保障。从总体上看，在社会化信息服务的组织中，政府制定基于网络的社会化科技信息服务系统建设，以国家科技信息研究所为中心构建科技信息服务网络，开展面向政府科研机构、公共科研机构、行业科研机构和企业科研机构的信息服务，同时注重发展各地区和行业信息服务网络。目前，各大区和行业信息中心的20多个网络直接为各类用户提供信息保障、技术支持服务。法国广泛建立的技术转移信息机构和信息咨询服务中心，旨在沟通科学研究、教学单位与企业间的联系，开展面向创新需求的服务。

在法国，数字图书馆更多地被称为“多媒体数据库”。在技术层面，法国将目标定位于从深层次发展信息管理及计算机科学技术。其主要的研究机构如国家计算机科学与控制研究所（National Institute for Research in Computer Science and Control，INRIA）。该研究所的研究重点在于开发基于Web的各种编辑器，这些编辑器可用于数字图书馆的信息资源加工及组织。在数字图书馆信息资源建设层面，这方面的工作主要由法国文化与交流部进行统筹规划、组织实施以及经费上的支持。在一系列的计划中，法国国家图书馆和国家博物馆的相应项目被作为该计划的重点和示范项目立项。

4. 英国的国家创新体系建设及其信息保障。英国与科技创新和技术转移相关的组织机构包括：大学研究与工业联系协会、英国技术集团、英国工业联盟、工业与高等教育委员会、地区技术中心、创新传递中心、英国科学园协会等。

2004年7月，英国财政部、贸工部和教育技能部联合发布了英国未来10年（2004—2014年）科学与创新投入框架文件，提出了国家科技创新的总体战略。在战略中，立足于知识经济时代的国家创新发展需要，以提高国家竞争力为目标制定发展战略计划。计划强调英国各类科学研究机构在知识创新中的合作，同时注重服务于科学研究的数字化信息服务平台建设，促进科技成果转变为现实的生产力。

英国采取的主要措施有：鼓励大学、科学研究院所与企业结合，以合作促创新；鼓励大学进行面向产业发展的技术创新，通过颁布相应的政策促进科学研究的产业化和知识创新成果的商品化。在大学研究机构面向经济发展的转型中，许多大学在开展基础研究的同时，进行了面向产业发展的技术市场开拓，从而形成了大学与产业的合作发展关系。

英国面向国家创新的信息保障和部门之一是英国图书馆系统和科技信息服务中心。其中，以大英图书馆为主体的图书馆系统拥有丰富的文献信息资源，各专门图书馆系统（包括科技图书馆和各行业图书馆）拥有相应的专业文献收藏，且实现了图书馆的数字化联网。在不同的信息机构中，虽然存在不同的资源管理和服务模式，然而面向用户的服务拓展已成为创新服务的主流。值得指出的是，大英图书馆在信息资源建设、信息加工、信息研究与信息服务上均处于世界一流水平，取得了很大成功。大英图书馆积极倡导和贯彻图书馆知识服务理念、重视为科学技术和企业创新服务、积极拓展服务项目、努力提高服务质量、不断完善目录体系、严格遵守知识产权法、提倡服务开放性意识、讲求服务的经济效益。这些做法，值得我们学习和借鉴。另一个信息保障机构是“全球科技观察网”，这是一个面向科技创新的门户，该门户不以营利为目的，负责提供公益性科技信息服务和辅助政府管理，而不直接面向具体的行业或企业开展有偿信息服务。该门户网站建立的主要目的是让企业界了解关于电信、自然科学、机械工程和可持续发展等相关科技领域的最新信息，为英国企业提供创新性的技术和经验，进而提升英国产业竞争力。除了提供信息服务之外，该网站还承担了一部分政府管理职能，如借调服务、派遣服务和技术伙伴服务管理等。从这 功能看，该网站也具有电子政务网站的性质。

5. 德国的国家创新体系建设及其信息保障。德国的装备制造业在全球处于领先的位置，在产业发展中十分重视科技创新对经济的推动，注重基础研究与应用研究的结合。在基础研究中，德国拥有世界上一流的研究机构，这些机构具有悠久的发展历史，已形成自己的研究优势，例如：马普学会所属的 80 多个研究机构，主要从事基础研究和面向企业的技术研究任务，其经费主要由联邦和所在州政府提供；弗朗霍夫学会所属的研究机构，作为科学研究型企业，主要为企业提供技术开发和转让服务；亥姆霍兹协会的 16 个国家级科学研究中心，集中了一流的大型科学研究仪器设备，除承担自主研究项目外，还向社会开放，包括其他研究机构、大学和企业在内的科学研究人员都可以免费使用其设施开展各自的研究工作。由此可见，德国科学研究系统由不同体制的机构构成，他们具有不同的分工，在基于科学研究的创新发展中承担不同的任务。

企业创新在德国国家创新发展中具有重要位置，无论是世界著名的大型企业还是中小企业，均把科学研究和技术开发摆在至关重要的位置。德国大企业大多拥有为数众多的科学研究队伍，在 R&D 经费投入上投入充分。企业技术创新的主体是大型企业集团的研究部门，引领提高工业技术水平和开发新产品。进入 21 世纪后，德国企业间通过取长补短、加强研究开发力度、缩短研究时间等方式，在创新中形成了协调发展优势。

德国的高等学校研究机构作为国家创新体系的重要组成部分，不仅承担着基础研究任务和高层次人才培养任务，而且与企业研究机构和产业界具有十分广泛的联系。除基础研究项目外，大量的研究项目来源于生产企业和社会服务机构，其灵活的科研组织机制保证了研究成果的产业化。

为了在经济转型发展中保持其竞争优势，德国政府在科学研究政策制定上，一是注重科学研究的发展转向；二是进行科学研究与产业创新发展的融合。在国家统一规划下，对于公共科学研究基础设施和信息服务，各机构均可以共享。同时，政府还大力扶持中小企业，鼓励他们实现基于知识创新的发展转型，通过建立技术园区促进技、工、贸一体化发展。同时，政府还注重科学研究成果的转化，设立风险基金。由于风险投资得到了保证，其成果转化率位居世界前列。

在国家创新发展背景和信息化环境下，德国的数字信息服务计划主要由德国基础科学研究基金会（DFG）和德国教育与科学研究部（BMBF）组织实施。德国最大的数字图书馆规划（GLOBE—INFO）就是由隶属于德国教育与科学研究部的德国国家信息中心负责技术管理的。德国教育与科学研究数字图书馆项目最初集中在基于 SGML 的开放化信息管理系统和基于 XML 的虚拟信息和知识环境的资源管理与服务组织中，已经完成的项目有高性能多媒体信息管理系统（HERMES）、从大型馆藏中抽取知识的 IMAGINE 系统、在 CORDIS 数据库中的多语言标引和查询系统（ProCORDIS）等。随后的项目为 GLOBE—INFO 项目，项目耗资 1.2 亿马克，实现了信息网络化。德国基础科学研究基金会的数字图书馆规划主要包括：科学图书馆文学和信息电子出版物促进计划；科学图书馆现代化和合理化促进计划；图书馆藏品的数字化回溯促进计划；数字文献的分布式处理和重点交换计划。从总体上看，德国数字信息资源建设与服务的突出特点是：政府重视、基础实力雄厚和重视数字化信息资源的建设。

6. 俄罗斯的国家创新体系建设及其信息保障。俄罗斯科学院作为国家最高学术权威机构，在其自身开展的创新活动基础上，从 2003 年起担任了在国家角度上统一建设俄罗斯一体化创新体系的任务。俄罗斯国家级的科学院有俄罗斯科学院、俄罗斯医学科学院、俄罗斯农业科学院、俄罗斯建筑科学院和俄罗斯教育科学院，以及军事科学院和军事医学科学院等。

俄罗斯知识创新与传播体系建设的指导思想是，在高等教育领域内实施科学技术创新政策，联合实施大学科研计划，成立科学技术委员会，整合大学和科学院之间的科学研究，形成科学技术系统创新体系。

作为俄罗斯知识应用体系的企业研究开发组织，主要包括应用研究、技术研究和产品开发与设计机构。这些机构按所属企业的产业发展定位具有不同的分工，在市场运行中实现基于技术创新的知识产品经营，因而是俄罗斯知识创新体系的重要组成部分。俄罗斯国家技术创新体系在政府统一安排下构建，由科技部、教育部和科学基金会协同实施，通过多部门协同建设进行技术创新资源的共享。在技术创新体系建设中，通过跨部门的协同规划建立面向产业发展的创新中心，完善协同创新体制，促进技术创新成果的商品化和市场化。

俄罗斯具有严格的政府主管科技创新和社会发展的体系结构，俄罗斯政府具有对创新发展的主导作用，通过颁布系列政策、规划推动基于知识创新的经济发展。同时在国家总体战略规划框架下，不断健全创新制度，完善创新法律体系。在国家创新发展中，俄罗斯注重科技、教育、经济和社会发展的关系协调，在国家总体发展目标下建立地区创新体系。同时，在实现创新发展的总体构想中，政府部门对国家技术能力进行了全面审视，在整合科技资源中建立了专业协调联络机制。

与其他国家相比，俄罗斯的数字化信息服务体系建设起步较晚。1998 年俄罗斯科技部制定了分布式信息系统规划，以方便信息资源的加工、存储、传播与利用，通过全球数据传输网络进行各种形式的资源共享。服务于知识创新的俄罗斯的数字图书馆系统是一个开放的系统，既有传统文献的数字化，也有原版数字出版物。俄罗斯的数字图书馆计划集中体现在其“俄罗斯电子图书馆”规划上，除了俄罗斯联邦科技部外，该规划的参与者还包括教育部、文化部、国家专利局、国家出版委员会、档案馆、科学院、国家通信委员会等机构。这些机构成立了相应的专家组，就数字图书馆建设进行整体化推进。

俄罗斯的科技信息服务具有独特的发展优势，特别是面向基础研究和应用研究的服务组织，不仅学科覆盖面完整，而且文献收藏完整。其中，在面向科学研究的信息保障中已形成相应的规范，实现了面向创新用户和面向创新过程的信息保障机制。

（二）发达国家知识创新信息保障社会化体系建设的经验、问题与启示

从总体上看，发达国家（特别是美国）的知识创新信息服务与保障的组织具有先发优势，其基础是在长期发展中确立的，信息服务的行业分工明确。值得我国借鉴的战略安排和组织经验主要包括以下几个方面：

1. 政府主导作用的强化。发达国家的信息服务在长期的发展中已建立了较为完善的体系，其中，既包括面向广大公众的公共服务、政府信息服务，也包括产业化运行的经营服务。就信息服务体系而论，在现代技术条件和开放需求环境下，有着基本的行业结构。针对知识创新服务的分散缺陷，各国政府逐渐强化了政府的主导作用，以便从整体上规划和引导信息保障社会体系的构建与运行发展，以此形成新的发展格局。

2. 信息服务投入多元。发达国家的信息服务投入多元，这种多元投入不仅是美国，而且包括芬兰等国。从发展关系上看，依赖于知识创新实现经济发展转型的国家，其信息服务投入一般都具有多元结构。例如，芬兰自1995年启动“卓越研究中心”计划以来，建立了分工协作、相互衔接的公共资源机构，以产业集群发展需求为导向进行了投入结构的调整，从而有效地协调了不同体制的信息机构业务关系。这种多元投入，从资金和运行上提供了基本的保障。

3. 重视信息基础设施作用的发挥。美国是世界上最早重视信息基础设施建设的国家，20世纪90年代“信息高速公路计划”的实施，不仅推动了信息设施产业的发展，而且催生了信息化的服务业和新的商业运营模式。在这一背景下，美国更加重视信息基础设施作用的发挥，其在相关政策主导

下，内容服务业、信息资源网络服务和各种专门化信息服务得以迅速发展。这种发展思路已成为各国发展信息服务的一种战略共识。

4. 信息服务的市场化程度高。发达国家的经验表明，面向国家创新的信息服务不可能采用政府包揽的形式，而是采取政府发展公共服务，市场化机构服务面向创新产业链开展针对性服务的措施。由于服务的开放性和面向经济社会发展的特征，服务的市场化程度一般较高，信息服务的经济效益显著。事实上，美国、欧盟、日本等国家完备的市场机制有利于其社会化服务的实施。这些国家市场化信息服务的行业管理规范和有效的市场服务体制，适应了知识经济发展环境。

5. 信息服务与保障技术手段先进。与科学技术和产业技术发展相适应，发达国家的信息服务与保障技术手段先进，信息技术的研发和应用为服务业务的拓展奠定了必要的基础，正是由于技术的基础性变革，才引发了集成信息服务、嵌入信息服务、云计算服务和整体化信息保障的发展。当前，智能服务和知识联网已成为深化和拓展面向创新链信息服务业务的新内容。基于此，发达国家十分重视数字化服务的创新发展，将此纳入国家创新体系进行规划。

然而，发达国家在信息服务与保障组织上也存在诸多不足及教训。这些教训的总结同样值得我们重视。

1. 社会化信息服务整体上的规划比较欠缺。虽然有政府主导下的规划，但从整体上落实发展规划，进行社会资源的有效整合和信息资源的整体化配置却有许多问题。引发这些问题的原因主要是制度上的欠缺，如美国虽然有联邦政府的导向政策，而州政府却有着独立的投入安排，加之信息服务不同产业之间的关系，因而难以形成整体层次上的服务的资源组织与服务协同；同时，分散发展格局和非平衡发展现象难以避免，数字鸿沟愈合存在困难，面向产业创新发展的服务集成受到限制。

2. 信息服务体制上的变革相对滞后。在经济发展和社会转型中，科学技术和经济的发展需要信息服务体制创新作保证。由于发达国家信息服务行业制度下的行业关系明确，且各方面的服务都有着其细分市场，其信息服务的行业体系结构已相当完备，在这种制度安排下进行机构体制上的改革，必然存在更多的困难。就现实情况而论，发达国家协同体制的建立和信息资源的共建共享受到诸多限制，从而影响了知识创新信息保障效率的提高。

3. 公益信息服务受过度市场化的影响。发达国家的公益性信息服务主要包括图书馆和政府公共部门的信息服务等，其面向社会的开放服务在公共服务基础上进行。在这种情况下，由于公益性信息服务对市场运营机构的某些依赖关系，使得资源的公共利用受到限制，同时过度的市场保护从总体上限制了公共服务的发展。由此可见，这一现实影响了公众和各部门、机构用户对信息资源的共享和信息资源的有效开发和合理利用。

4. 信息服务投入—产出效益受到限制。发达国家具有工业化优势，其信息服务体制和体系是在工业化阶段形成的，随着工业化向信息化、知识化社会的发展，需要重构信息服务体系，理顺新的发展关系。然而，这方面的工作推进困难，以至于影响到信息服务经济的发展。从深层原因上看，投入—产出效益应从国家发展全局考虑，而不是某一行业的局部利益考虑，而美国、欧盟、日本等发达国家和组织所缺乏的正是这种全局和局部的协调机制。

相较于国外，我国建设创新型国家的信息服务体系，具有信息化背景下的发展起点，而发达国家的信息服务体系是在工业化进程中确立的，行业服务的协调组织存在困难。因此，我国可以充分利用发展起点上的优势，在工业与信息化融合中避免走发达国家的老路。

从制度上看，美国等国的信息服务基本上属于“市场主导型”。虽然 20 世纪 80 年代美国为加强政府信息资源的战略管理在联邦政府建立了信息主管（CIO）制度，成立了 CIO 委员会（其联邦政府首席信息官由美国管理与预算办公室第一副局长担任），进行信息资源建设与服务组织的宏观指导，然而仍然存在着职能强化和机制变革问题。对此，大多数发达国家已经开始重视。对这一现实问题的解决，我国完全可以在汲取国外经验、教训的基础上，构建符合我国发展的战略。

（三）我国面向国家自主创新的信息服务与保障发展定位

从发达国家和世界发展格局上看，我国可在充分发挥自己优势的基础上，吸取发达国家的经验，避免发达国家发展中的问题和缺陷，进行面向自主创新的信息服务与保障发展定位。

在国家创新发展中，以创新信息资源的存储、开发、组织、传播和利用为中心的信息服务与保障，其公益性、社会性以及在国家科技进步、经济繁荣和社会发展中的作用决定了在国家创新发展中的重要地位。同时，国家创新发展战略，决定了信息服务与保障的目标选择和发展定位。

1. 国家创新引动下的信息服务与保障发展。信息服务与保障是建设创新型国家和提高自主创新能力的基础性保证，只有这一工作进行顺利，才能为国家创新发展提供必要和有效的支撑。在国家创新发展中，科技与产业创新信息需求是一种基本的社会需求，科技与产业创新发展则决定了信息服务与保障发展。

创新活动与信息不可分割，一定的创新活动必然对应着信息需求方式和内容，形成了由创新制度与建设体制变革所决定的创新信息服务的基本状态和信息保障的组织状态。从实质上看，创新活动与信息化的关联作用对信息服务与保障的影响最终体现在创新知识载体、信息资源作用、组织创新机制和创新组织的交互作用上。

（1）创新知识载体的多样化改变了信息资源的需求与利用形态。对创新主体而言，所需的信息资源以实物信息资源、文献信息资源、数字化资源等多种形式存在，各种资源又有多种使用方式。数字化环境下信息资源的载体形态多变，从客观上要求进行信息资源的整合建设。

信息化环境下，单一的文本信息服务已不能满足用户的多样化信息需求，除文献需求外，用户需要在数字化环境下通过网络获取相关的数据，同时需要提供知识挖掘和过滤服务。显然，用户的多样化信息需求改变了信息资源载体的组织形式，需要通过网络进行面向用户的信息资源整合和服务集成。

载体演化对信息资源整合具有促动作用，应该着重于两个方面进行资源整合：其一是载体数字化促动下的信息异构整合；其二是实物、文献等资源的数字化转化与整合，即通过一体化的知识整合系统，满足用户集成化的知识创新需求。

（2）信息资源作用形态的变化深化了信息服务与保障内容。在信息服务组织中，对信息资源的发掘经历了一个从简单到复杂、从静态到动态、从浅到深的发展过程。人们对资源的认识已发展到对各类信息的功能发掘，从而将信息服务与保障深入到知识层面。

从资源论的角度看，资源认识层次的深化提出了新的内容服务问题。从信息利用的角度看，深化和拓展知识层面的服务，使信息保障的内涵与外延得到极大的延伸，即不仅包括对知识资源的整体构建、业务流程重组以及与此相关的系统发展，还包括信息服务与组织创新发展的融合。

在发展中，知识载体和资源载体的演化促进了知识资源整合的实现。事实上，整合与知识相关的各种系统资源，使之形成一体化的知识资源系统已成为一种必然。

（3）组织创新机制变革决定了信息服务与保障的方式。国家创新发展中组织机制的变革，各组织机构需要根据环境和条件的变化对其目标进行重新定位，调整组织的责、权、利关系，以形成新的关联关系和结构。组织机制的变革对创新信息服务与保障的促动主要表现在信息服务流程的重组、服务结构的重构以及服务形式的改变。在信息服务中，传统的业务流程在服务体系中曾经发挥了很好的作用，但是新的环境需要信息服务与保障机构能够更加充分地适应其创新需求，这在客观上要求组织运作采用新的方式，根据服务需要重组服务与保障业务流程，打破传统的条块分割状况，促使共享各专业部门之间的信息，促进资源的社会化利用。

在国家创新发展中，信息服务组织的扁平化发展趋势日益明显。在信息保障体系构建中，需要进行面向用户的个性化信息服务系统构建，通过整合系统的内外部信息资源进行面向用户的信息重组，开展面向创新价值链的信息保障服务。

（4）创新组织的交互作用促进了创新信息服务与保障的跨系统协调。经济全球化、一体化拓展了各类组织的发展空间，同时竞争也日益激烈，单一的信息服务与保障机构仅靠自身的力量已无法担负国家创新发展中的信息服务任务，难以实现充分而完备的创新信息保障目标。这就促使信息服务与保障机构从传统的系统分离转向协同发展。在一国范围内，最具竞争优势的领域应集中资源，进行机构协同、资源共享和平台建设，构建创新服务环境；与此同时，将系统内信息服务组织的有限资源投入到核心环节中，提升服务与保障质量。继而通过跨系统合作，利用各自的优势资源实现服务互补，以进一步拓展服务与保障空间。

2. 我国国家创新发展中的信息服务与保障目标选择和定位。在国家创新发展中，创新目标的确立具有客观性，由创新环境、创新发展机制、创新需求导向和基本的社会条件决定，体现在目标的选择、构建和实现上。图1－15归纳了目标内容，显示了国家创新发展中的信息服务与保障目标选择和定位的关系。

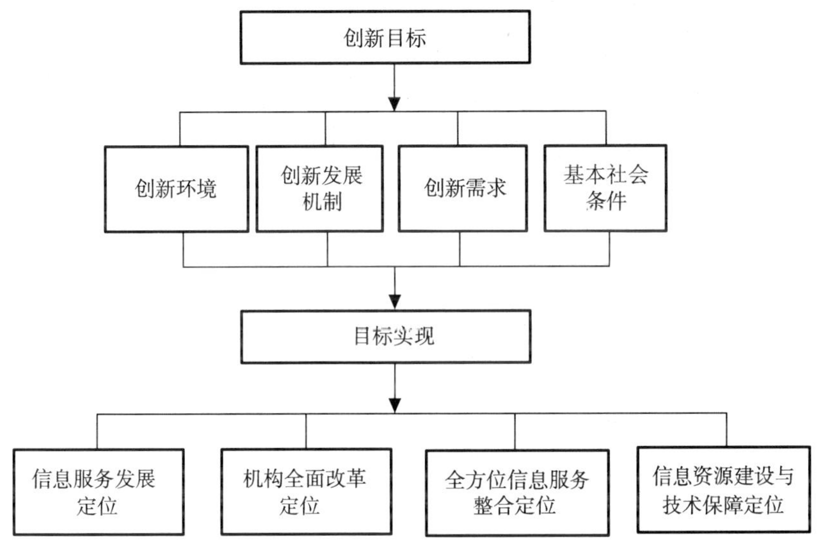

图1－15 国家创新发展中的信息服务与保障目标选择和定位关系

图1－15所示的关系说明，信息服务与保障作为建设创新型国家的重要方面，其目标的制定必须与国家创新发展相适应，应强调目标手段的系统性，要求按创新内容、创新构成、创新环境建设以及基于网络的知识创新发展，进行综合发展的目标定位。

建设创新型国家和提高自主创新能力，是我国政治、经济、社会、文化和技术发展到一定历史时期，国家对自身的发展历程进行全面审视与思考而形成的发展战略。信息服务与保障在国家创新发展中的地位和作用决定了基本的发展目标选择与定位。

（1）面向科技与产业创新的服务发展定位。创新型国家建设以科技和产业创新为导向，以管理创新和制度创新为保障，其基点是提升国家自主创新能力，实现产业经济的发展转型。在工业与信息化融合的背景下，我国正经历着“中国制造”向“中国创造”的转变，其自主创新能力的提升不仅需要科学研究机构与企业的配合，而且需要各行业部门协同推进高新技术和战略性新兴产业的发展，在全国和区域层面上进行面向科技和产业创新的信息服务布局，确立服务体系重构目标。事实上，信息化环境下的信息服务应以科技和产业发展相适应，需要将其纳入国家创新、地区创新和行业创新的轨道，即在服务发展的目标选择和定位上，将信息服务作为创新发展的有机组成部分来对待。这意味着信息服务应围绕自主创新来组织，这就要求针对科技与产业创新需求进行基于创新价值链的信息服务体系变革。在变革中：其一，针对地区或行业创新发展的需要进行信息服务的发展规划，确立服务于自主创新的发展目标；其二，针对知识创新联盟和合作创新的需要，进行基于创新价值链的信息服务体系重构，以提升创新活动中的信息保障水平。

（2）创新型国家制度下的信息服务机构改革定位。创新型国家的制度决定了信息服务制度，因此创新型国家的信息服务机构改革，应在创新型国家制度基础上进行。自 20 世纪 80 年代以来，我国科技体制、经济体制、行政体制和文化体制改革的深入，为国家创新发展奠定了体制创新基础，信息化环境下创新型国家的建设正是在体制改革和制度创新基础上进行的。值得指出的是，相对于社会经济发展，信息服务机构改革相对滞后，这就需要在国家制度变革的基础上进行信息服务机构改革的科学定位，使信息服务体制与创新型国家制度建设相适应。我国信息服务机构基本上按部门、系统设置，虽然在全国、地区和行业层面上实现了信息资源共建共享，然而在服务组织上却存在着系统分割的现象，以至于难以满足用户全方位的创新信息需求，这就需要进行信息服务机构改革的重新定位。根据全国统筹和分工协作的原则，信息服务机构改革应立足于社会化、开放化服务的实现，理顺公共信息服务和市场信息服务的关系，确立政府部门主导的面向国家创新发展的信息服务体制，以此出发推进各机构的分类改制和协同发展。

（3）跨系统的信息服务信息服务整合定位。我国的信息服务按服务对象可区分为公共服务、系统服务和各种专门服务，公共服务机构包括公共图书馆、国家和地方档案馆、国家部门所属的信息中心等，各系统服务主要有国家科技图书文献中心（由中国科技信息研究所等机构在科技部统一规划下组建）、中国科学院文献信息系统、中国社会科学院文献信息系统、中国高等教育文献保障系统等，各专门信息服务机构按服务的行业和对象可分为各行业机构以及包括专利、标准在内的专门化服务机构。这些机构虽然分属于不同系统，然而长期以来作为事业机构建设，服务的公益性决定了在国家创新发展服务中的主体地位。基于此，可以在国家和地区层面上进行跨系统的服务整合，即实现信息服务的跨系统共享。对此，一方面可以在国家发展全局上进行规划，在地区发展中进行服务协同，实现开放化信息保障的发展目标；另一方面，与公益型信息服务相对应，其经营型信息服务机构的服务也可以在政府调控下，促进包括通信平台服务、信息资源服务、计算资源服务和各专门化服务机构的合作，实现国家调控下的服务定位。在创新型国家建设中，这种整体化的服务组织形式是重要的。

（4）面向用户的信息资源与技术保障定位。信息资源和信息技术是组织信息服务的两个基本方面，进行信息资源组织需要技术支持，而用户利用信息技术是为了满足其资源需求。随着信息网络的发展和各种网络业务的开展，信息资源的分布和利用模式已发生根本变化，跨系统的远程信息资源共享和信息资源的虚拟组织已成为现实；同时，包括信息处理技术服务、软件服务和云计算服务在内的信息技术支持与服务日益普及，从而使资源与技术服务日益紧密结合。另一方面，信息资源组织正从资源收藏向资源利用转化，因此存在着面向用户的信息资源集成组织和技术共用需求。在面向用户的资源与技术保障定位中，一是进行基于分布结构的信息资源协同配置和调用；二是实现面向用户的信息资源与技术服务构架，从而改变资源、技术分离的局面。就实质而论，信息资源系统庞杂而分散，信息技术多样而复杂，这就需要进行面向用户的信息资源和技术规划，确立科学的资源组织和技术发展目标，实现面向用户的服务集成。鉴于资源的分布结构和技术的动态发展，在信息资源与技术保障中拟推进信息资源平台建设和信息技术标准的动态化管理。

具体而言，国家创新发展中信息服务与保障战略主要包括如下四个方面：建立创新信息资源整合体制和完备的创新信息资源保障与安全体系，以便有序地组织创新信息资源；对用户提供全程式服务，通过系统间的协同开展个性化定制服务、互动式信息服务和信息推送服务；建立信息服务与保障机构网络平台，关注、跟踪网络技术的发展，采用优化管理技术和中间件技术；信息服务与保障机构应不断提升拓展业务的核心能力，营造健康的组织文化，保持旺盛的研发、创新和影响力。

第 二 章
国家自主创新主体及其信息需求分析

创新型国家的自主创新主体承担着制度创新、科技创新、产业创新、教育和社会发展创新的任务，信息化和经济全球化环境下的国家创新发展目标决定了各创新主体的基本信息需求。就信息需求的形态和结构而论，国家创新发展中环境和各种基本要素的作用决定了政府、研发机构、企业和公众的信息需求形态，各创新主体之间的交互使得创新主体的信息需求向开放化、动态化和多元化方向发展。信息需求基本形态和结构的转变，提出了面向国家创新的信息服务变革要求。

一、国家创新发展要素与创新系统结构

国家创新发展是在一定的环境下实现的，除环境因素外，决定国家创新发展水平的基本要素还包括制度要素、经济投入要素、资源开发要素和信息保障要素。经济全球化和国家信息化环境决定了国家创新的开放性和交互性，支持国家可持续发展的各种资源的配置和创新活动的组织，决定了国家创新系统的基本构架。从总体上看，国家创新系统是一个演化发展的动态系统，随着时代变迁和经济政治环境的变化，其功能与作用也会相应变化。在国家的创新发展中，这些结构性变化决定了基本的创新发展信息需求。

（一）国家创新发展要素

创新型国家建设将增强自主创新能力作为国家战略，推进制度创新、理

论创新、科技创新、产业创新，提升国家核心竞争力，实现国家的持续发展。

转变经济发展方式的根本途径是提升自主创新力是优化升级产业结构的需要，有利于经济结构调整。因此，国家创新系统建设有利于增强国家独立自主发展，有利于提高国民经济的国际竞争力和抗风险能力。

立足于我国的现实，可以从以下几个方面来理解国家创新系统：国家创新系统以科技创新为基点，以产业创新为根本；制度创新是国家创新系统的保障；政府、科研机构、高等学校、企业等诸多创新主体组成了国家创新系统；国家创新系统依赖于国家信息化发展，离不开创新制度的支撑。所以，国家创新系统是在创新体制下各创新主体通过彼此交互而形成的网络综合体系。国家创新系统的基本要素包括创新环境、创新主体、创新机制和创新支撑，其基本的要素作用关系如图 2－1 所示。

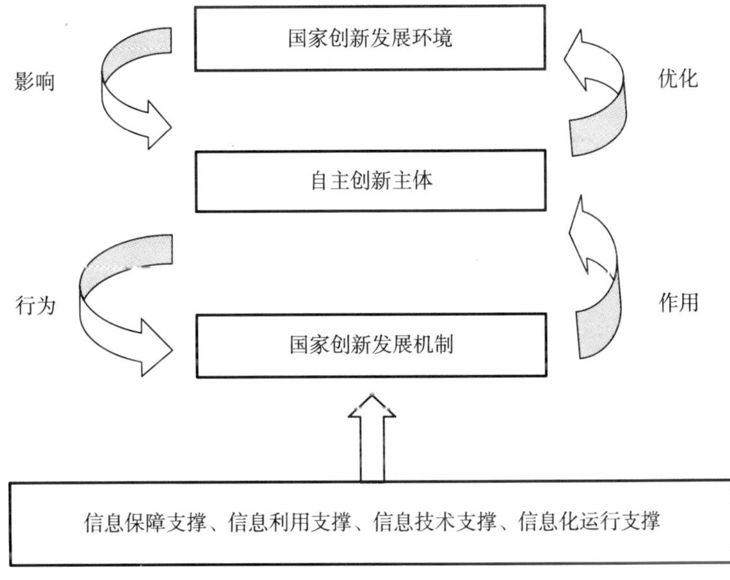

图 2－1　国家创新发展中的要素作用

如图 2－1 所示，国家创新发展环境影响着包括政府、研究机构、高等学校、企业与服务部门在内的创新主体行为，创新主体之间的相互作用和活动决定了国家创新发展的有效机制。以此出发，国家发展方式的转变和创新作用体现在自主创新主体的自我完善和持续发展上，由此与环境形成互动关系；同时，国家发展中的基本支撑条件包括制度、资源和运行支撑，其中信息保障与服务贯穿于创新发展的全过程。以上基本要素的作用关系如下：

1. 创新环境。创新环境是指与国家创新系统有着物质、能量、信息交换关系的外界系统，信息化中的环境作用体现在经济全球化和创新国际化机制的形成和各国的交互作用上。创新环境是国家创新体系建设必须面对的，没有任何一个国家可以脱离创新环境而独立发展。相反，国家创新体系的完善有赖于良好的发展环境和国家发展对外界系统的影响。

值得指出的是，经济环境对于创新发展的重要性，这是因为经济基础对上层建筑具有决定作用。自主创新是一个多层次、多环节的社会实践活动，它总是在一定的经济环境下进行的，这就必然受到经济环境的制约。良好的经济条件是自主创新开展的最基本、最持久的保证。创新活动的经济环境可视为给创新活动提供经济支持和影响的各种经济杠杆的总和，它对创新活动具有直接经济支持和间接经济刺激的作用。直接经济支持通过一系列措施把资金提供给创新主体，使创新主体能够充分发挥自主创新能力，自主进行创新活动。直接经济支持的方式包括行政拨款、委托补助、优惠贷款、风险投资等。间接经济刺激则主要通过各种经济措施激励创新主体增加投入，以达到推进创新的目的。通过间接经济刺激，创新主体可以通过创新获取更多利益，包括税收减免、成果奖励、成果转化等利益。在市场经济体制下，市场环境是经济环境中的重要元素，同时，建立面向市场的创新机制也是创新活动的重要方面。经济发展的现代动力是科技生产力，政治文化环境的优化和自然环境的保护，又是国家可持续发展的保证。可见，创新与环境的作用是多方面的交互作用，因此，应在环境变化中构建不断发展和完善的国家创新系统。

2. 创新资源。创新资源是在创新环境中创新主体所依赖和需要的所有经济、社会和自然资源的集合，包括物质资源、人力资源、资本资源、文化资源、政策资源、信息资源等。熊彼特在分析企业创新中指出，企业创新行为实质上是把生产要素的“新组合”纳入生产体系，包括利用新技术、创造新流程、开辟新市场、构建新组织等。其组合理论强调了创新资源在创新活动中的重要作用，只有将物质、人才、资本等创新资源进行有机组合才能达到创新目标。

创新资源在创新活动中体现出向创新核心区域集中的趋势。斋藤优对日本技术创新状况进行了系统研究，他从需求——资源关系出发，通过对技术创新和产品开发的结构分析，发现创新资源在区域和企业组织间并不是均衡分布的，而是明显集中于少数创新核心区域[①]。这样的区域可能是发达国家、一个国家内的快速发展区域、高速发展的科学研究领域、受国家政策支持的对象、大型高科技企业、垄断型企业和行业等。现实条件下，这样的聚集程度还在不断提高，这样的趋势称为创新资源配置的集聚效应。

创新资源对于提升创新主体的创新能力和提高创新体系的运行效率具有重要意义。创新往往依赖于稀缺和异质的资源，对国家或区域经济体而言，意味着拥有其他国家或经济体所有没有的并具广泛应用价值的资源会带来必然的创新优势。创新集群的创新优势很容易体现为资源和市场的占有优势。我们可以这样认为：一个创新主体或集群在创新发展过程中所拥有和控制的资源是形成创新发展优势的基本条件，由此形成的创新能力是该创新主体或集群的核心创新能力。

创新资源是围绕创新活动而组织的资源系统，通过创新体系进行配置和发挥作用。创新体系的一个重要功能是配置创新资源、协调安排创新主体关系、激活创新资源利用效率、引导创新方向和实现创新目标。

3. 创新机制。一方面，创新机制的形成具既受环境、资源作用的客观影响，也存在一定制度条件下创新主体的主动性作用，这说明一定环境、资源和制度决定了创新关系和创新行为；另一方面，创新主体的创新活动又决定着机制的变化，即创新行为与机制具有不可分割的联系。创新通常被认为是增强组织竞争力的重要活动，是社会组织在激烈竞争中得以生存的关键。在知识创新中，创新行为即创新主体实现创新价值的活动，区分为个人创新行为和组织创新行为。一般认为，个人创新行为是组织创新行为的微观基础。

一般而言，创新行为是在疑难情景中，为寻求问题的解决，个人和组织凭借理论和实践基础产生超越经验的新观念和新知识的行为。这样的行为过

---

① 姜百臣等：《技术创新的市场需求导向》，《科学与管理》2009 年第 1 期，第 20—25 页。

程并非幻想式的企图突破经验限制的导向思考过程，而是自主性创造过程。创新行为的成果包括新的发现、新的产品、新的技术、新的方法、新的服务或已有知识的具体化、综合化或集成化应用等。这意味着创新行为是具有社会价值或经济价值的。

科学的创新机制是实现国家创新发展的基本保障，其作用在于协同创新主体之间的关系，引发和促进创新活动的开展，从而推进创新成果的应用和效益的获取。在创新型国家建设中，创新机制的确立，以实现国家创新发展目标为导向，进行创新活动的有序组织和创新资源的有效配置，在创新发展与环境互动中，构建支持国家创新发展的创新运作系统和保障体系。

4. 创新主体。创新主体承担着国家创新系统中各种创新活动，包括政府、科研机构、高等学校、企业、中介机构和各类服务组织等[①]。国家创新系统中各主体的地位和作用不尽相同。

在国家创新发展中政府是制度创新的主体，这是因为国家制度变革是创新型国家建设的根本保障，只有在制度层面实现国家发展转型，才能在深化政治、经济、科技、文化和社会体制改革中实现创新型国家的发展目标。显然，政府在国家创新发展中是推进制度变革的主体，即政府主导着创新型国家的制度建设。这说明，只有在制度创新的前提下才能实现创新型国家建设和国家创新发展的基本目标。

创新型国家的建设依赖于科技与产业创新，科技与产业创新的主体是各类科学研究机构、高等学校相关机构和各行业企业。其中，自然科学与技术研究机构承担基础研究、应用研究、技术发展的任务，社会科学研究机构从事人文社会科学和管理领域的研究任务；高等学校机构不仅承担科学研究与发展任务，而且是培养创新型人才的基地；企业除自主创新外，与科研机构和高校协同，在生产和市场经营活动中进行技术研发和新产品开发，同时进行经营管理上的创新。值得指出的是，科研机构、高等学校和企业所从事的知识创新活动具有必然的有机联系，由此形成了产、学、研一体化的科技、产业创新体系；另一方面，各创新主体在政府主导下进行协同创新，在经济

① National Innovation Systems [EB/OL]. [2009 - 08 - 11]. http: //www. oecd. org/dataoecd/35/56/2101733. pdf.

和社会转型发展中实现创新型国家的建设目标。

中介和服务机构包括行业协会、科协系统、生产力促进中心、技术产权交易所等，是创新系统中的服务创新主体。它们根据专业分工，为其他创新主体提供多元化的服务，是促进主体间相互联系和合作的桥梁，在国家创新发展中发挥着重要作用。国家创新发展对中介和服务结构提出了新的要求，服务机构必然面临着服务创新和发展问题。

5. 信息保障。信息是创新环境、创新资源、创新机制和创新主体活动的全方位、全程化反映，是国家创新各部分、各环节的纽带，充分而完备的信息支撑是实现创新发展的基本保障条件。从总体上看，创新中的信息保障包括信息资源保障、信息利用保障、信息技术保障和信息化运行保障。其中，信息化基础建设、软硬件技术和信息内容服务构成了信息保障的基本层面。

现代信息环境和技术条件下，基于信息化基础建设和软硬件技术的创新发展信息服务是各国关注的重要问题。纵观国内外的发展，其共同特征是：立足于本国实际，变革面向国家创新发展的信息服务体制和信息服务手段，强调社会化信息保障体系的构建，实现信息保障的数字化和网络化；同时，将信息服务纳入国家基础设施的视野进行规划。在创新信息服务与保障中，各国推进了部门化研究工作，侧重于信息服务与保障的高效化和集成化。

在经济社会信息化实现中，信息最大效用的发挥有赖于信息服务的全方位支持。在信息服务中，最主要的支撑要素包括信息基础设施、信息技术、信息资源、信息机构和信息人员。创新型国家建设中，存在着信息服务变革与发展问题，要求在新的环境下加强信息组织、开发、传递、存储与利用的物质技术基础建设。其中，信息化设施为国家创新系统中信息资源开发、传递、利用等一系列环节提供可靠的物理支持，现代条件下信息网络作为物理实体具有信息服务与保障的基础性作用，从客观上构成了信息化与信息服务的基本条件。

（二）国家自主创新与创新系统结构

国家自主创新系统包括制度创新系统、科技创新系统、产业创新系统、创新服务系统。制度创新在国家创新中处于重要位置，制度创新在国家主导下进行，由政府部门通过经济、科技、行政和社会服务体制的改革，实现制度创新目标，从而为国家创新提供制度安排①；科技创新系统由基础科学研究、应用研究和技术发展机构构成，科学研究部门与高等学校是其核心机构，旨在实现科学技术领域的知识生产、扩散和转移；产业创新系统由各产业部门中的行业组织和企业构成，承担技术创新成果的产业化应用，与此同时进行产业组织创新和产业发展创新；创新服务系统由各专门的服务机构和部门构成，功能是进行创新知识的传播与应用服务。国家自主创新的目的在于：在制度创新基础上推进科技、产业和服务创新，实现基于知识创新的社会发展。

在国家创新中，科学创新是技术创新的基础，技术创新不仅依赖于基础研究，而且通过专业化的技术研发实现科技成果应用的产业化。同时，在创新成果的传播和利用中，成果转移处于关键位置，只有通过成果转移应用才能促进经济的发展。值得指出的是，国家自主创新中科技与产业创新处于前沿位置，因此，创新系统构建必然体现在科技与产业创新为中心的发展上。

从我国自主创新组织结构、人员结构和分工上看，专门性科学研究与发展机构、高等学校研究机构和企业研究发展机构具有不同的分工，在合理分工的前提下承担着基础研究，应用研究和产业技术发展的任务。然而，在科技与产业创新体系中，这三类主体存在着相互结合和互动发展的问题。随着创新体制改革的深入和创新服务与创新经济的融合，科学研究机构与企业发展密切结合，产、学、研合作的体制得以形成，致使这三方面主体构成了既有分工，又有互动结合的创新系统，如图 2 -2 所示的结构。

在如图 2 -2 所示的我国创新系统由科学院系统机构、高等学校研究机构、产业化研究机构和相关机构组成，在经济全球化环境下的科技与产业创新中组成了相互关联的知识创新实体，在协同创新中通过承担一系列科技项目，为科技、经济与社会发展服务。科技创新通常是原始创新，基本特征是新知识的发展创造。产业创新以企业为主体，通过以市场为导向的研发服务，构成了产业创新体系，其特点是通过对知识的创新应用，形成新的生产

① 向非：《面向国家自主创新的信息服务与保障业务体系重构研究》，2008 年武汉大学博士学位论文，第 53—54 页。

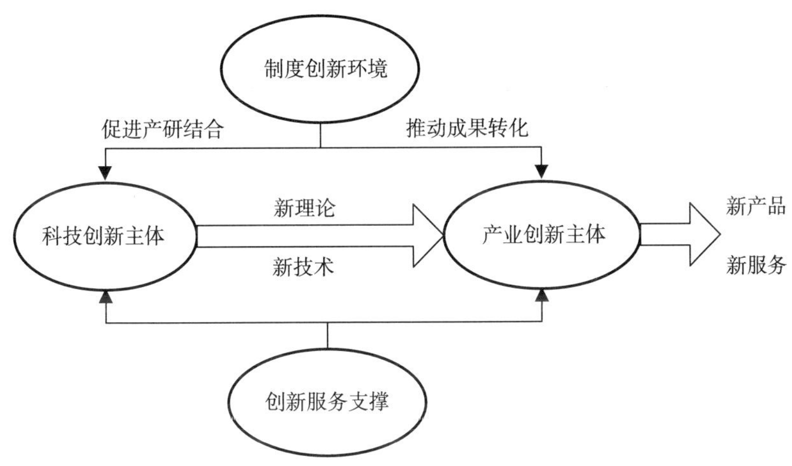

图2－2　创新系统结构图

力，继而在市场运营中获取创新效益。在运作中，科技与产业创新不仅要求基础研究、应用研究与产业发展密切结合，而且要求在制度创新背景下构建创新价值链，实现研究成果向企业应用的转化。这说明科技与产业创新是创新主体的跨系统协同创新，因此在信息服务组织中，应实现面向创新价值链的模式转化。图2－3进一步展示了国家创新发展中的创新价值实现的系统机制。

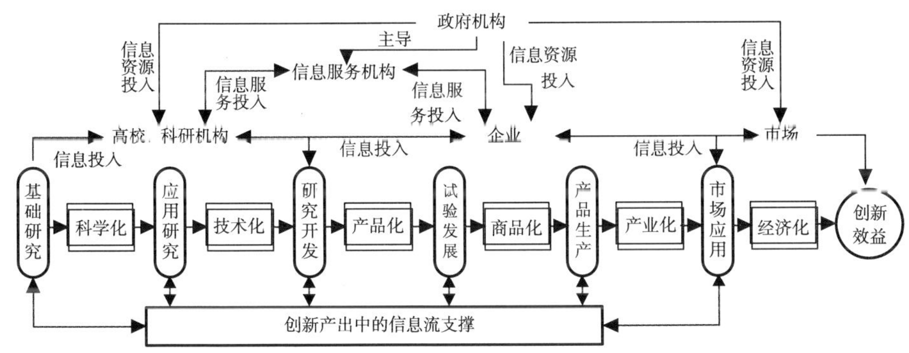

图2－3　国家创新价值实现的系统机制

信息服务与保障是创新型国家建设和自主创新能力提高的基础保证，在基本目标定位下为国家创新发展提供必要和可行的支持。就目前存在的问题而言，信息服务与保障需要突破部门的限制，进行资源整合和服务集成，这实际上需要对整个社会信息服务与保障系统进行重构，而这样的机制和策略又依赖于国家信息环境基础。因此，深层分析国家创新发展战略及其带来的信息环境变化，是信息服务与保障机构发展定位的需要；特别是信息服务与保障的促动因素分析，信息资源载体演化、信息技术集成、组织机制变革和社会创新信息共享等成为信息服务与保障的重要促动因素。

信息化环境下的国家创新关系已发生新的变化。在创新发展的国家竞争与合作中，整合全球创新资源、促进创新主体协调互动、实现资源优化配置是重要的，这就需要依托信息网络平台重构国家创新系统，如图 2－4 所示。

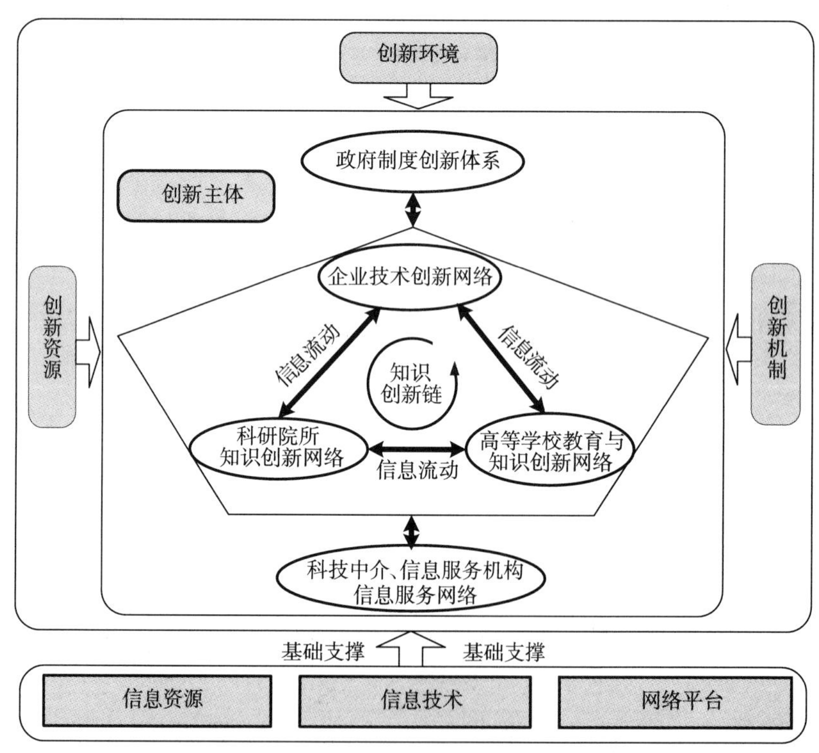

图 2－4 信息化环境下的国家创新系统基本架构

图 2－4 显示了信息化环境下的国家创新系统基本结构，尽管各国的制度、资源基础和创新模式存在差异，其发展历程各有不同，然而各国的国家

创新体系都具有对信息化环境的适应性、创新的自主性和与社会经济发展的交互性。从基本构架上看，政治制度创新是科技与产业创新的基础，科技与产业创新依托于包括自然科学和社会科学研究在内的知识创新，包括信息服务在内的社会服务创新是经济、科技、社会与文化发展的保障，支持国家创新的信息资源、信息技术和网络平台系统是实现知识创新、经济与社会发展的基本保障。

二、国家创新发展中的信息需求结构与信息服务需求变革

创新型国家建设是一个全面提升国家自主创新能力、实现发展方式转变的过程，自主创新主体的制度创新、管理创新、科技与产业创新和社会发展创新决定了基本的信息需求。随着国家创新制度的确立和环境的变化，其需求形态处于不断变革之中，体现为综合因素作用下的国家创新信息需求结构。

（一）国家创新中的信息需求结构

无论是制度创新、科技创新，还是产业和社会发展创新，其实质是包括政府、研究机构、企业和其他组织在内的自主性知识创新。这是因为，制度、科技、产业和社会发展创新旨在探索其自然发展规律，寻求用于解决实际问题的基本理论和方法，获得新知识，实现知识生产、扩散、转移和应用的目标。就实质而论，信息是生产传播和利用知识的基本载体，可见“信息”在知识创新过程中扮演着重要角色。在实践中，通过信息保障系统的运作支持创新活动已成为世界各国创新战略的重要组成部分。随着创新型国家建设的推进和提高自主创新能力战略的实施，信息的保障作用日益突出，其中，创新发展政策导向下的信息基础设施建设、信息交流平台构建和信息资源服务，是在不同层面上支持国家自主创新的基本保障，图2－5显示了其中的基本关系。

在人类社会发展的不同阶段，知识的生产、传播和应用具有不同的模式，在产业经济向知识经济的发展中经历了从封闭走向开放的过程。在当代社会，任何一个组织都不可能完全依赖于自己的创新取得长足发展，而需要

与其他组织合作或交换创新知识，从而获得综合发展优势。在开放环境下，组织的自主创新和核心竞争力的形成并不是指由组织单独取得的，而是在与外部的交往中所进行的自主创新和获得的具有自主知识产权的知识产品。由于创新关系的多元性和自主创新组织上的开放性，组织间的信息传递和交流就显得十分重要，因而在创新型国家建设中提出了信息服务与保障的变革要求。

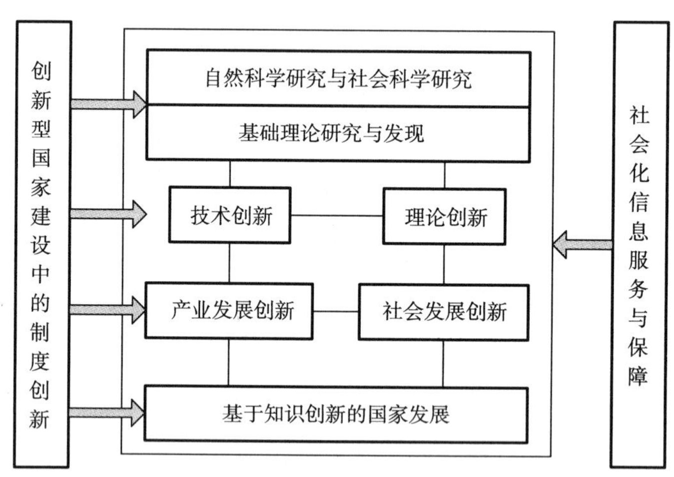

图2-5 创新型国家建设中的自主创新与信息保障需求

图2-5显示了国家自主创新活动与信息服务的需求关系。如图所示，国家创新发展中的制度创新是实现科技体制、经济体制和社会体制改革的前提。在制度创新基础上，自然科学和社会科学领域的基础研究，通过技术和管理创新转化为支持产业与社会创新发展的知识成果，在科学研究与发展（R&D）和社会发展方式转变中，实现了基于知识创新的国家发展目标。无论是制度创新还是研究发展创新，创新主体之间的交互作用和创新知识的转移应用，都需要社会化的信息服务支持和专门化的信息保障支撑。从创新信息需求的引动上看，各方面的创新主体活动都决定了基本的信息需求结构。

从整体上看，创新型国家建设与国家创新发展中的信息需求具有如表2-1所示的层次结构与内容。

表2-1　创新型国家建设与国家创新发展中的信息需求结构和内容

内容 层次	对象需求	功能需求	业务需求
基础设施层	需求对象为各种信息设施与基础网络，包括计算机设施、通信设施、信息载体设施等。信息化环境下的信息基础设施需求体现在信息网络基础设施建设上，要求构建高速信息流通和可以搭载各类信息的信息高速公路	国家信息基础设施建设需求。反映在功能上，包括提供数字化信息存储、无障碍信息交流、信息处理和支持政府信息化、企业信息化、金融信息化、服务信息化和各类组织运行信息化的硬件环境	在信息基础设施的利用上，不同用户具有不同的需求内容与要求。然而，其共同点是：需要信息交流与业务交互，实现信息与知识的网络化管理，以保证电子政务、电子商务、企业网络化运营和公共信息交流的开展
技术系统层	需求包括信息数字化载体技术、各种信息处理软件技术、数据库技术、信息可视化技术、信息系统技术、信息集成技术、信息交换技术以及基于多种技术构建的信息处理、交换和组织工具	技术系统层面的功能需求包括信息识别功能需求、信息交流功能需求、数据库开发功能需求、信息安全功能需求、信息跨系统组织功能需求，要求在软件技术上不断适应技术的发展和用户创新发展需求的变化，创造各类用户创新发展的信息化软件环境	在业务需求上，要求为信息系统建设提供系统工具、数据库软件、信息安全管理技术、网络信息组织技术、网络信息组织技术、信息交流与传输技术、信息化环境下的互联网技术、物联网技术、基于本体的信息处理技术、云计算技术、智能信息技术，需要围绕各类组织的创新发展不断更新技术，提供信息技术发展平台
信息资源层	从信息资源需求类型上看，包括科技、经济、社会发展等方面的信息，其形式包括期刊文献、会议文献、报告、专利、标准以及各种专门信息。从信息来源上看，包括来自创新主体及其环境的各种信息；从信息资源组织上看，包括来自多系统的数据库和分布存取的信息；从信息内容上看，包括反映客观事物对象的非知识信息和知识信息	信息资源层的服务功能需求包括信息资源配置功能、服务组织功能、信息存储功能、信息检索功能、信息资源转换功能、信息资源整合功能、信息构建服务、信息资源内容挖掘功能、信息资源揭示功能、信息语义网功能、信息资源可视化功能、知识地图构建和各种信息数字化功能等	从总体上看，业务需求包括信息资源提供和信息资源交换；从信息资源提供方式上看，包括信息查询、信息检索、信息咨询等；从业务组织方式上看，包括信息层面和知识层面的资源；从面向服务的对象上看，包括信息资源共享、个性化信息提供和信息保障等；从信息业务的组织上看，包括系统信息服务、信息资源整合服务、信息集成服务、信息过滤服务、数据挖掘服务以及信息代理定制服务等

如表 2－1 所示，创新型国家建设与国家创新发展中各类创新主体的信息需求，具有基础设施层次、技术系统层次和信息资源层次三个层面的需求结构。其中：信息基础设施的需求包括各种信息设施需求，要求围绕创新型国家建设中的各主体活动提供信息数字化管理和信息化实现服务，以适应政府信息化、社会信息化、企业信息化和创新研究与发展信息化需要；信息技术层次的需求包括信息数字化载体技术需求、信息处理软件技术需求、数据库信息技术需求、信息传递与控制技术需求、信息安全技术需求等，以适应各创新主体的信息组织、交流与利用中的技术需要，要求提供不同环境下的计算机软件、系统集成、信息智能技术和信息交流与保障技术支持；信息资源层次的需求体现在各类用户对信息的内容需求上，包括各种载体形式的文献、报告、专利、标准等，在服务内容上要求进行信息资源配置、内容挖掘、知识揭示和全方位的信息提供，在服务功能上包括信息查询、检索、咨询和系统保障等。

以上三个层面的信息需求并不是彼此孤立的，而是一个有机联系的整体。从创新型国家建设整体目标出发，政府部门、研究机构、企业和其他组织不仅需要信息基础设施保障和数字化技术与网络信息传输技术保障，而且需要在信息基础设施与技术基础上的信息流组织和信息内容服务，以实现创新发展中的多层面、全方位的信息资源保障。三个层面的信息与保障需求的关系如图 2－6 所示。

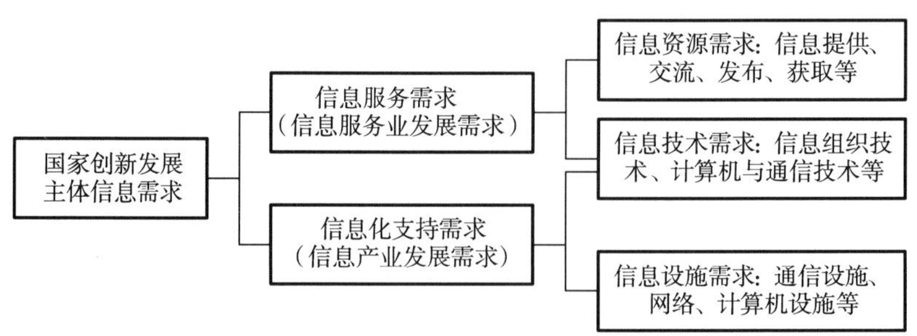

图 2－6　信息化环境中的国家创新发展信息需求关联结构

如图 2－6 所示，国家创新发展中的各创新主体需要信息服务和信息化支持。其中，信息服务需求由信息服务业发展作保障，信息化支持需求由信息产业（主要是电子信息产业、通信设施产业）作保障。信息服务需求在内容上包括信息资源开发和信息提供、交流、发布与获取需求；在技术实现上，需要信息技术的全面支持，包括信息组织技术、计算机与通信技术等。信息化支持需求，在内容上包括信息技术设施需求，主要是通信设施、计算机设施和信息网络建设需求；在信息化实现中，需要硬件基础上的软件，需要信息技术的发展与应用。由此可见，信息技术的发展与信息服务和信息化设施建设密切相关。从信息服务组织上看，信息技术是基于信息基础设施的支持信息服务业务发展的基本保障。

鉴于图 2－6 所示的基本关系，创新主体的信息服务需求包括基于信息资源和信息技术的信息组织、提供、交流、获取需求。与此同时，信息基础设施建设和利用则是实现现代化信息服务的基本条件。

（二）国家创新发展中的信息服务需求变革

在经济全球化发展中，包括科技与产业创新在内的知识创新已从国内延伸到国外，这意味着创新国际化中创新价值链活动已突破国家之间的界限，从而形成了开放性价值链结构。因此，基于开放价值链的信息服务转型与保障体系重构，对于创新型国家的科技与产业发展是必需的。

开放环境下的国民经济持续发展依赖于国家创新能力的提高，引发了国家创新发展中价值关系的变化。形成了面向国家自主发展的创新价值链。

创新型国家建设中，经济发展已从依赖于资源和投资转变到依赖于知识创新和信息支持的发展轨道，其重要特征是经济发展方式的转变和发展质量的提高。在这一背景下，面向国家发展的信息服务应用新的价值取向，即从面向部门创新和产业发展转向面向社会化创新的整体发展。这种价值取向决定了信息服务与保障结构的变化。从总体上看，开放化创新活动决定了国家创新网络的形成。在知识创新网络活动中，知识创造、传播和应用是其中的基本环节。其中，知识创造是创新发展的源头，知识传播是创新成果转移的保障，知识应用是创新价值实现的最终目的。值得指出的是，创新传播关系到创新成果的扩散以及高素质人才的成长，创新应用促使创新组织转变为现实生产力①。

① 万汝洋：《从国家创新体系到创新型国家转变的哲学基础》，《科技管理研究》2007 年第 7 期，第 6—8 页。

知识创新活动中的各主体具有知识交流、传播和利用的协同关系，在创新过程中各主体活动形成了基于知识创造、知识转移和应用的知识价值链。从应用于产业发展的技术而言，只有通过技术创新成果应用性转化才能形成支持产业发展的生产力，同时，技术创新成果直接与科学研究相关联或技术创新与科学研究直接融合；在科学活动、技术活动和产业活动中，基于知识创新的成果转移就显得十分重要。在基于创新价值链的知识创新组织中，各类科学研究机构处于价值链的上游，产业化技术发展机构位于价值链的中游，相关企业位于价值链的下游①。知识创新价值链中的创新环节与相应的主体结构如表 2－2 所示。

表 2－2　基于知识创新价值链的创新主体与创新活动

知识创新环节	知识创新主体	知识创新活动
科学研究创新	基础科学和应用科学研究机构，包括专门的研究机构、高等学校研究机构和相关机构	从事基础科学和应用科学研究，发现新的规律，产生新的理论与应用成果
技术发展创新	技术研究机构，包括各行业领域的研发机构和企业研究发展机构	进行基于基础和应用研究成果的技术发展，拓展技术应用，创造专门技术
创新成果转移	科学研究和技术研究机构、专门的技术中介机构和传播机构等所从事的成果转移活动	在创新价值链活动中从事基于创新成果的知识传播，进行信息交流与共享
创新成果应用	基础与应用科学研究机构、技术发展机构和企业之间的创新成果交互应用	在科学研究、技术研发和产业发展中利用知识创新成果

在创新型国家建设中，多元自主创新主体根据国家经济与社会发展需要，按各自不同的分工在创新网络中进行相互关联的创新活动。在创新发

① 钟柯远：《完善国家创新价值链》，《决策咨询通讯》2005 年第 4 期，第 1—2 页。

展中，各主体依据国家的创新投入和各自的创新发展目标进行从基础研究、应用研究到试验发展的关联活动；在创新实践中各主体结合成相应的知识创新联盟，按协同创新关系最终实现创新价值，形成多元自主创新主导下的创新价值。根据国家创新的价值链关系，图 2－7 归纳了基本的结构模型。

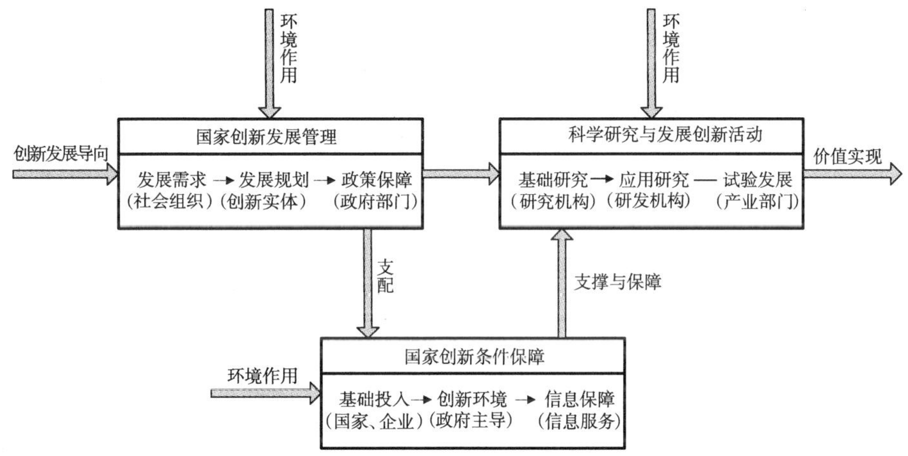

图 2－7　国家创新发展中的创新价值链模型

创新价值链活动决定了创新主体的信息需求。由于知识创新具有与环境的互动关系，随着信息化程度的提高和创新经济的发展，包括政府研究机构、高等学校、企业和各类社会组织在内的创新信息需求正发生新的变化，其趋势为：

1. 从系统内需求向跨系统需求转变。国家创新价值链的跨系统结构和基于创新网络的跨系统创新协同决定了信息需求的跨系统结构特征。在按系统、部门分工关系的创新活动中，基础研究、应用研究、试验发展以及管理创新，具有分离组织特性，创新知识的交流和成果转移具有明显的系统界限，其信息需求往往限于系统、部门内部。然而，基于国家创新网络和价值链关系的知识创新，使得各创新主体实现了基于价值链的创新协同，其关联创新活动决定了跨系统交互信息需求。这意味着知识创新的跨系统和协同化发展要求信息服务突破系统之间的界限，实现基于需求转变的服务组织变革。

2. 从定向需求向多元需求变革。分部门、分系统的知识创新活动中，各创新主体按各自不同的分工承担着不同的任务，其中科学研究活动按不同学科和不同的专业领域进行，经营管理活动按不同行业和不同的门类进行，其信息需求因而具有定向特征，所需信息来源比较固定且相对稳定；在基于创新网络和价值关系的知识创新中，知识联盟活动和关联创新组织改变了创新需求的定向结构，其关联创新活动使得各主体的信息需求向多元化和动态化方向发展。在信息资源需求上，这种变革要求各服务系统进行信息资源的协同建设，以满足用户的交互信息需求。

3. 从信息内容需求向服务需求拓展。在基于网络的创新价值活动中，各创新主体不仅需要为其提供充分的信息内容保障以支持创新活动的开展，而且需要提供数据处理和计算服务，即将服务融入到创新价值活动中。因此，从信息需求结构上看，创新主体的信息需求具有如下层次：在信息来源上需要为其提供知识创新所需信息的内容，在信息处理上需要为其提供相应的工具，在创新支持上需要将服务融入创新活动环境。这意味着，在面向创新价值链的信息服务中需要在内容服务的基础上不断拓展服务业务，以适应信息需求的变化。

4. 从静态信息需求向动态信息需求发展。一般而言，各主体所进行的知识创新活动所需信息来源是固定的，基本上依赖于所属领域的各种文献，因此在信息服务组织上可以构建相对固定的信息资源系统。然而在开放创新活动中，创新主体之间的交互和关联创新活动决定了信息需求的动态化，其中有些需求甚至难以预测。这种需求的变化是由创新环境、创新目标和任务的变化所引发的，为了在知识创新中构建核心竞争力，实现基于知识创新的社会经济发展目标，必须充分掌握来自同行、竞争对手和相关组织的信息，随时掌握变化着的情况，适时调整创新战略。

5. 从信息层面向知识层面需求深化。无论是科技、产业创新还是制度与管理创新，其核心是知识创新，这种发展上的变革使得用户不仅需要为其提供来源广泛、内容全面的信息，而且需要对信息内容进行发掘，从中提炼出所需的知识，或者直接将知识处理服务集成到信息保障之中。从知识需求结构上看，各主体不仅需要为其提供所需知识、知识处理工具和技术，而且需要在联盟创新活动中构建知识网络进行用户知识活动的链接，实现知识联网和面向用户的知识重组，甚至利用“知识基因”工程开展数字化环境下的知识保障服务[①]。

国家创新发展中的信息需求变化引发了自主创新中的信息服务变革需求，要求信息服务与创新型国家建设中的主体信息需求相适应。

自主创新价值导向下的信息服务具有面向主体需求的服务特征，处于价值链中的研究机构、知识传播机构和知识应用机构所处的环境决定了它们之间的交互作用关系。信息化环境下的知识创新联盟活动和产业经营的国际化发展决定了基于网络的服务组织模式，与环境相适应的信息形态演化决定了信息服务的组织形态。在环境影响下，信息服务表现为数字化、网络化、虚拟化的组织特征。

从面向知识创新的知识信息服务组织上看，包括公共图书馆、科技信息服务机构和经济信息服务机构在内的信息服务行业机构存在着面向知识创新价值链的信息服务重组问题；从总体上看，各创新主体的创新协同改变了分散利用信息的状态，需要相应的服务机构突破系统界限，按价值链关系进行服务组织；从宏观层面上看，面向知识创新的信息服务应强调各类机构的协作：公共图书馆系统、科技信息服务机构和经济信息服务机构应致力于服务平台建设，行业机构着重于创新成果应用中的价值实现服务，各类信息服务商应适应知识创新价值链环境[②]。在基于价值链的服务组织上，由于信息服务的分散性与信息需求的集中性之间存在着突出的矛盾，诸多问题需要迫切解决，信息服务之间的共享和协作有待改进。

在知识网络环境下，虚拟服务的开展是一个值得关注的问题。一方面，信息资源的分布式结构体现了网络信息资源组织的优势，有助于信息资源的协同建设和共享；另一方面，由于信息资源的分散分布，使得用户不得不需要从多个系统中获取信息。这说明信息资源分散分布于用户的集中利用之间存在着矛盾，解决这些矛盾的基本途径是构建虚拟服务系统，实现基于虚拟系统的资源集中利用。

从面相创新价值链的服务需求上看，有必要将信息资源网络建设和服务

① 柯平、李大玲、王平：《基于知识供应链的创新型国家知识需求及其机制分析》，《图书馆论坛》2007 年第 6 期，第 64—69 页。

② 胡昌平、向菲：《面向自主创新需求的信息服务业务推进》，《中国图书馆学报》2008 年第 3 期，第 57—62 页。

的协同组织提高到国家信息化和创新型国家建设的战略发展高度，以此确定基本的信息服务组织策略①。这一战略决策无疑体现了国家发展对信息服务的要求，是国家知识创新信息保障的社会化发展需要。

在新的发展阶段，面对需求的变化，应从社会发展的全局出发，以创新发展为中心将信息服务网络建设纳入知识创新社会网络体系建设的轨道，进行信息资源、信息技术、信息网络和服务的整体规划，使信息服务创新与知识创新同步，提高信息的利用效益。

三、科学研究与发展中的知识创新主体及其信息需求

创新型国家的研究发展体系由自然科学研究与发展（R&D）和社会科学研究发展体系组成。它体现了以自然科学技术和社会科学研究为基础的新的知识创新系统的形成。一方面，社会生产力的发展源于科技进步，科学技术作为第一生产力的地位已在国家制度建设层面上得到了充分体现；另一方面，基于 R&D 的创新发展，人文社会科学研究新课题的提出，要求面向国家创新发展推进人文社会科学研究。因此，国家研究发展创新主体由包括自然科学、社会科学在内的科学研究主体以及技术发展与应用拓展主体构成（以下简称科学研究发展主体）。基于这一认识，可以将科学研究发展主体信息需求作为一个整体进行分析。

（一）科学研究与技术发展主体的信息需求

我国科学研究与技术发展主体包括科学研究机构、高等学校机构和企业研发机构。作为科学研究与发展中的三大自主创新主体，具有创新互动关系和相互之间的依赖性。自然科学研究机构承担各领域基础和应用研究任务。企业研发机构直接面对市场和社会需求围绕技术与产品开发组织创新活动，高等学校机构在人才培养的同时，既承担学术研究任务也承担基础、应用与发展研究的各项任务。

在基于科技创新的国家发展中，我国科技创新对产业发展的推动作用日

① 《2006—2020 年国家信息化发展战略》［EB/OL］.［2009 - 8 - 11］. http：//www. gov. cn/jrzg/2006 - 05/08/content_ 275560. htm.

益加强，依赖于科技创新的战略性新兴产业发展迅速，科技投入产出在产业发展中的比例日益提高。对于我国科学研究与技术人员创新成果，我们汇集了国家统计局发布的有关统计数据，如表2-3所示。

表2-3　我国科学研究与技术人员创新成果统计

指　　标	2004	2005	2006	2007	2008	2009	2010	平均增长率（%）
科技人员总数(万人)	2178.3	2197.9	2229.8	2254.5	2280	2321.1	2339.2	0.75
大学以上学历人数比列(人/万人)	564.65	596.3	621.89	655.75	686.35	712.4	753.2	5.73
科技人员比列(人/万人)	225.2	256.1	279.8	312.9	340	410.2	442.7	7.92
科学研究人员科技论文数(篇/万人)	2689.14	2601.67	2694.6	2661.1	2700	2741.1	2812.6	2.61
获国家科技成果奖项数(项)	205	276	297	306	334	337	373.0	10.67
发明专利申请量(万件)	13	17.3	21	24.5	29	31.4	39.0	24.13
发明专利授权量(万件)	4.9	5.3	5.8	6.8	9.4	12.8	16.7	30.46
发明专利拥有量(件/万人)	0.73	0.86	0.95	1.24	1.45	1.62	1.9	19.23
科技成果交易额(元/人)	102.65	118.65	138.32	168.51	176.42	194.5	224.3	15.31
三大索引收录我国科技论文(万篇)	11.1	15.3	17.2	20.8	23.1	25.6	30.8	20.43

续表

指　　标	2004	2005	2006	2007	2008	2009	2010	平均增长率(%)
国内科技论文(万篇)	31.2	35.5	40.5	46.3	52.3	55.1	62.8	14.01
高新技术产业增加值(亿元)	6341	8128	10056	11621	13200	15736	19429.2	23.47
科技占GDP的比重(%)	3.97	4.44	4.75	4.66	4.4	4.58	4.9	6.17
企业R&D经费占产品销售收入比重(%)	0.71	0.76	0.77	0.81	0.89	0.86	0.9	1.43
高新技术产业增加值占工业增加值比重(%)	10.9	14.39	11.04	9.93	10.01	11.02	11.2	1.57
高新技术产品出口额占商品出口额比重(%)	27.9	28.6	29.04	28.55	28.73	29.02	30.7	5.79
新产品销售收入占产品销售收入比例(%)	15.25	14.61	14.8	15.68	16.47	16.53	16.6	0.61
高新技术产业劳动生产率(万元/人)	10.8	12.32	13.08	12.63	11.63	12.36	13.0	5.03

关于科学与技术发展主体机构的构成，国家统计局发布了相关数据。2009年我国中央所属科学研究机构数量为691家；2305所普通高等学校拥有研究机构5784所；大中型企业的研究发展机构为15228个[①]。专门科学研

① 《科技统计资料汇编》[EB/OL].[2009-07-20]. http://www.sts.org.cn/zlhb/zlhb2008.htm.

究机构、高等学校及企业构成了我国科技与产业创新主体。各类创新机构由于分工不同，创新过程中的信息需求也存在差别。

对于从事科技与产业创新的人员，中国科技统计年鉴数据显示，2010年R&D人员达到3542244人，各类研究机构从事基础研究的人员17.37万。2009年以来，企业创新人员增长迅速，大中型企业科技活动人员年增长18.7%，2010年R&D人员85.8万人。数据显示，我国创新成果转移，实现了自主知识创新的产业化，极大地推动了经济发展。

表2-3反映了我国2005—2010年知识创新中科技与产业创新发展的基本情况。表中的数据显示，我国的科技创新能力正不断得到提高，产业发展对科技创新的依存度越来越大。然而，与一些创新型国家相比较，我国的科技和产业创新有待进一步加强。

表2-3中的科技人员包括基础研究、技术研究和产品研发人员，在抽样调查各类人员信息需求的基础上，我们归纳了如表2-4所示的信息需求结构分析结果。

表2-4　科学研究与发展中的创新主体及其信息需求

科学研究与发展机构	研究与发展中的信息需求的引动	研究与发展中的信息资源需求	研究与发展中的信息服务需求	研究与发展信息保障要求
从事自然科学与技术领域基础研究和应用研究的专门机构：专门从事基础与应用的专门机构包括中国科学院系统和各行业专门研究机构，全国性和地方性主要机构在5000家以上	自然科学与技术领域的基础和应用研究具有理论与应用技术的创新性，按科学院机构和应用技术研究机构的不同分工承担不同的研究任务，由此引发以项目研究和成果应用为中心的信息需求。按研究的不同阶段，需要各专门领域的信息	基础研究和应用研究需要利用现有的各类成果，包括实验数据、学术论文、会议文献、研究报告，同时需要研究进展，学术研究动态信息，机构信息；从载体上看，对专业数据库和专业文献需求突出。从内容上看，所需信息全面、完整	基础科学研究需要完整的信息，包括学科发展的沿革、最新研究成果和来源广泛的文献，这就需要专门机构为其提供全方位信息服务，包括文献信息提供服务、信息检索与查询服务、知识挖掘服务；应用研究中的信息需求具有定向性和专指性，需要为其提供全方位服务	对本部门、系统和单位的信息服务机构有依赖性，同时要求各系统实行服务协同，主要支撑机构包括NSTL，中国科学院文献信息机构，公共图书馆、国家和地方科技信息中心等

续表

科学研究与发展机构	研究与发展中的信息需求的引动	研究与发展中的信息资源需求	研究与发展中的信息服务需求	研究与发展信息保障要求
高等学校从事基础研究和应用研究的机构：高等学校科学研究机构主要从事基础理论和应用技术方面的研究，1908所高等学校的研究与发展机构约4400余所（包括高等学校工业园区机构和合作机构）	高等学校既是科学研究中心，又是人才培养基地；其基础和应用研究，一是围绕学科建设和理论发展进行；二是在面向社会的研究发展服务中承担技术研究和产业化项目。这两方面的研究在高等学校都十分重要，因而需要利用来源广泛的科学技术与产业发展信息	高等学校从事基础研究和应用研究的人员，其信息需求具有综合性，这是由高等学校研究机构的任务所决定的。研究人员所需文献以期刊文献、会议文献、报告文献、标准文献、专利文献、学位论文、项目成果报告等文献为主，此外，还包括科技政策、产业发展、科技成果	高等学校从事基础和应用研究的人员，同时承担人才培养任务，这就需要在信息服务中满足其科学研究和教学中的信息需求，开展各种专门服务。随着高等学校研究发展的开放化，除需要高等学校图书馆服务外，还需要国家、地方、行业层面上的信息服务，其目的在于为项目研究、成果应用和面向社会的创新	高等学校的研究发展机构主要依赖于各校图书馆为其提供的信息保障，在知识信息资源共享环境下，需要全国高等学校文献保障系统的信息资源共享服务；同时需要国家科技信息系统和经济信息系统为其提供保障
各行业企业研究发展机构：两万余家大中型企业中近30%拥有R&D部门，其他企业的相关机构进行技术与产品研发，分布在科技工业园区的企业作为科技企业进行运营，部分小型企业设有相应的研发部门	企业研究发展是科技与产业创新的最终体现，表现在以创新为基础的核心竞争力形成和发展上。企业研究发展，一是自主进行；二是与专门科研机构、高等学校和其他企业合作进行。总体而言，信息需求由产业经济创新发展引发，在研发中需要支持技术创新的全方位信息	各行业企业研究与发展机构的信息需求内容由研究发展和和技术产业化发展需求决定。企业技术开发，一是需要相关的科技信息，其形式与专利、标准、产品样本、报告和会议文献等；二是需要技术市场信息，包括新产品经营信息、市场调研报告、产品用户信息等	企业科学研究与发展具有研究成果应用于生产、经营活动的目标性，创新成果的产业化应用是最根本的。这就需要将科技信息服务与经济信息服务结合。在科技信息服务中突出围绕技术创新和产品开发的服务内容；在经济信息服务中，提供技术市场信息、产品经营信息、产品客户信息和支持技术研发的投资信息等	企业科学研究与发展中的信息保障主要依赖于各行业信息服务机构和企业内部的信息机构。在经济全球化发展中，需要国家信息中心系统、科技信息系统和高等学校文献信息服务系统为其提供跨系统的服务保障

如表2－4所示，我国科学技术与产业创新中，基础科学与应用技术研究专门机构、高等学校科学研究机构和企业研究发展机构是其主体。三大创新主体的信息需求既具有共性又具有不同的特征，其共性由创新活动的共同目标所决定，其个性由各自承担的不同任务所决定。因此，信息需求有着整体化创新协同下的不同系统特征。然而，随着国家知识创新网络构建与创新价值链的整体化实现，三个系统的创新主体需要为其进行一体化信息保障，要求实现各服务系统的服务融合。

科学与技术发展创新人员分布于科学研究机构、高等学校、生产企业和服务行业，显然他们的需求存在部门、机构和行业差异。然而，就其职业活动而言，他们所承担的专业工作决定了基本的知识信息需求结构。按各机构的用户情况，可以按科技决策、科学研究、试验发展、产品开发和服务保障等类型进行需求分布与结构分析，以求得出普遍性的结论。

在上述各类人员的知识信息需求分析中，我们在研究机构、高等学校和企业组织进行了抽样调查。在数据获取中，既考虑到行业分布和地区分布特征，又考虑到各方面环境因素的影响。

表2－5反映了各类专业人员所需信息的来源，在统计中，科学决策、科学研究、试验发展、产品开发和服务保障人员，按各500份问卷数据的分类均值和总体均值列出。

表2－5　专业人员所需信息的来源结构

信息来源 / 需求比例 / 人员类型	本组织机构（%）	本行业机构（%）	公共服务机构（%）	互联网（%）	相关系统（%）	政府部门（%）	其他（%）
决策管理人员	52.1	10.1	10.2	6.2	11.3	6.7	3.4
科学研究人员	55.2	15.3	5.1	11.3	7.8	2.1	3.2
试验发展人员	47.8	16.2	2.5	13.4	12.4	2.6	5.1
生产运营人员	60.3	7.8	4.6	8.2	11.2	3.3	4.6
服务保障人员	28.2	21.3	11.2	17.5	9.7	8.6	3.5

从表2－5中可知，各类人员类型所需信息来源各异。但从整体上看，对本组织的信息服务机构和本行业机构所提供的信息需求量最大，其次是公共信息服务机构所提供的信息和互联网信息；另外，包括相关系统、政府部门和其他来源的信息需求量最少。这三个区域的信息需求符合等级分布规律。

表2－6显示了各类专业人员所需信息的内容结构。表中的结果表明：专业人员所需信息的内容由所承担的职业工作和知识创新任务决定。研究类型的人员、运营人员和管理人员的差别较大。研究人员中，由于基础研究、应用研究和试验发展的目标与内容区别决定了信息需求内容结构上的差别。这是因为研究人员更注重学科知识和学术前沿的掌握，试验发展与产品开发人员则注重知识成果的应用和实用技术的发展。

表2－6　专业人员所需信息的内容结构

信息内容 / 要求排序 / 专业人员	机构信息	项目信息	各种数据	关键知识	需求信息	成果信息	产品信息	管理信息	经济信息	其他信息
决策管理人员	1	5	2	6	8	7	9	3	4	10
科学研究人员	6	2	4	3	1	5	7	8	9	10
试验发展人员	7	1	2	3	9	4	5	8	6	10
生产运营人员	1	6	3	5	10	4	2	8	7	9
服务保障人员	1	7	8	2	9	3	10	4	5	6

从表2－6中可以看出，专业人员所从事的知识创新活动存在着类型上的差别，因而所需信息内容结构相差较大。但是在信息化环境中，所需信息服务的交叉越来越突出，需求的内容交叉决定了跨系统发展社会化信息服务的可行性。

表2－7显示了专业人员从事知识创新活动所需信息的载体类型结构和分布。从10种类型的知识信息源的需求数据分析中可知，各种载体的信息对于专业人员都很重要。表中所排的需求顺序，仅仅体现了知识创新中，专

业人员的信息利用量的变化并不说明各类载体信息的重要性程度。表中数据显示，专业人员存在着核心载体需求的集中化趋势。根据与以往的调查数据比较，对数据库查询的需求比例逐步提高。

表 2－7　专业人员所需信息的载体结构与分布

信息内容 / 需求排序 / 专业人员	期刊文献	会议文献	专业图书	专利文献	报告文献	标准文献	学位论文	样本档案	数据库	其他文献
决策管理人员	4	2	5	1	6	7	10	9	3	8
科学研究人员	1	2	5	4	9	7	6	10	3	8
试验发展人员	6	7	8	1	2	3	10	5	4	9
生产运营人员	1	8	2	3	4	9	10	6	5	7
服务保障人员	5	1	8	3	9	2	10	7	4	6

另外，值得指出的是，不同部门人员信息需求的差异主要体现在机构性质和环境作用上。

（二）社会科学研究与发展主体的信息需求

在创新型国家建设中，社会科学研究与发展具有推进制度创新、体制变革、社会转型和进步的作用。一方面，科学发现和技术发明，转化为现实的社会生产力，必须有相应的生产组织形式和经济运作方式作保证；另一方面，制度变革和社会发展需要有科学的理论指导，科学理论指导下的政治、经济、科技和产业体制的创新又不断推进着科学技术生产力的发展。这种交互作用关系决定了社会科学研究与发展的组织。

我国社会科学研究与发展主体包括社会科学院系统机构（中国社会科学院、各地方社科院）；高等学校研究机构；政府部门机构（国务院研究发展中心，各省市政府研究机构等）。这些机构构成了我国社会科学研究与发展主体。各类机构由于分工不同，创新过程中的信息需求也存在差别。

在创新型国家建设中，我国社会科学研究与发展创新取得了显著进步，我们汇集、归纳了中国统计年鉴 2011 年的数据，提炼了社会科学研究与发展创新在内的专业人员及其产出成果，结果如表 2 －8 所示。

表 2 －8　社会科学研究主体的创新活动

社会科学研究机构	承担项目数	人员数	创新研究成果形式
社会科学院系统机构	社会科学院承担国家及各级社会科学研究与发展项目	全院总人数 4300 多人，其中科学研究业务人员 3300 多人，高级专业人员 1824 名，中级专业人员 1400 多名	从事人文社会科学领域的学术研究和面向国家发展的重大战略决策研究，学术研究成果以学术论文的形式发表和专著形式出版；面向国家发展研究成果以咨询报告、建议、调研报告形式提交
高等学校研究机构	截至 2010 年年底，高等学校人文研究机构 1187 个，承担各类社会科学研究项目	人文社会科学研究人员数 65162 人/年	学术研究成果以论文、专著形式发表，同时以编撰形式出版教材及相关资料，提交面向国家和地方、行业的研究、咨询报告
政府部门研究机构	政府研究机构 2010 年承担项目数 61317 项	各类人员 9.41 万人	以服务国家发展和政府决策为主，提交调研报告、咨询报告和建议书；其次发表综述、论文等成果

如表 2 －8 所示，各类社会科学研究机构在服务国家创新中取得的创新成果有所不同。社会科学院系统的研究机构承担国家和各地社会科学研究发展任务，高等学校研究机构主要承担人文社会科学研究和面向社会的服务研究任务，政府部门的机构承担政府机构改革、产业发展和社会发展研究任务。在人员相对稳定的情况下，我国社会科学研究取得了长足的发展，其研究成果在国家创新发展和社会文化建设中得到了全面应用。然而，从另一方面看，包括信息服务在内的创新保障投入尚显不足。

表 2 －9 按三大系统结构和研究机构从事研究的不同分工结合成果产出形式，我们在社会科学院系统机构、高等学校社会科学研究机构和政府研究机构中进行了跟踪调查，在针对信息需求与服务需求典型调查的基础上，归纳了基本调研结果。

表2－9　社会科学研究创新主体及其信息需求结构

机构	社会科学研究中的信息需求引动	社会科学研究中的信息需求类型	社会科学研究中的信息服务需求	社会科学研究信息保障要求
社会科学院系统机构	中国社科院承担理论探索与应用研究领域项目，在哲学社会科学研究领域提供创新成果支持；各地方社科院面向区域发展推进研究，承担地方经济、文化和社会发展的研究任务，由此引发以项目和成果为中心的信息需求	社会科学院系统的研究机构是国家社会科学研究的主体，不仅承担着各领域研究任务，而且承担面向社会发展的研究任务，因而信息需求具有完整性。从所需载体上看，包括理论研究文献、各种资料、报告等，对特定数据库和特色文献需求突出	需要专门机构为其提供内容全面，类型完整的信息服务，需要采集人文社会科学研究所需的资源；搜集、加工和研究国内外人文社会科学领域的各类信息，开展多层次文献的开发和利用，需要人文社会科学各类数据库服务；需要人文社会科学信息网络服务，需要开展与国内外人文社会科学机构的交流业务	中国社会科学院系统研究人员主要依赖于社会科学院文献信息中心为其提供信息保障，同时公共图书馆系统、高等学校文献信息系统、国家档案系统和经济信息系统等为其提供协同保障服务
高等学校社科研究机构	高等学校研究机构实现产、学、研整体化发展，承担基础与应用研究创新和面向国民经济发展的研究任务。人文社科学研究究与发展既涉及学术研究，也包括对策研究，由此决定了综合性、全方位的专业信息需求	所需文献以期刊文献、会议文献、报告文献、学位论文、项目成果报告等文献为主；此外，还包括科技政策，产业发展等方面文献。同时，需求社科专业数据库和应用研究动态信息	在信息服务上，需要共享高等学校信息资源和实现开放化的社会服务。随着高等学校研究发展的开放化，除高等学校图书馆服务外，还需要国家、地方、的社科信息服务，其目的在于为项目研究、成果应用和面向社会的创新服务提供保障。此外，在服务安排上，要求实现科学研究、教学整体化信息保障	高等学校社会科学研究主要依赖于高等学校文献保障系统的服务，同时需要包括国家图书馆、各地图书馆、档案馆在内的文献信息机构和国家信息信息中心等为其提供协同信息保障服务

续表

机构	社会科学研究中的信息需求引动	社会科学研究中的信息需求类型	社会科学研究中的信息服务需求	社会科学研究信息保障要求
政府部门机构	政府属研究机构包括县以上政府部门属科学研究与技术发展机构。政府部门机构是我国国家创新系统的重要组成部分，是进行社会发展研究、战略研究和社会公益研究的主要部门之一。由于政府研究机构的创新主要为国家发展战略服务，为社会提供公共产品，由此决定了政府部门机构信息需求的特定性	政府部门机构的信息需求内容由国家和地方发展需求决定，所需信息既包括社会经济总体运行信息、国家资源信息（自然资源、人力资源、信息资源等），又包括市场的运行信息，国家政策，发展投资和改革法规信息。政府部门的信息需求具有综合化的信息特征，所需信息内容完整	需要政府部门所属的研究机构包括国务院研究发展中心、各省市政策研究室等，政府部门研究机构所承担的研究任务决定了对服务的专门化需求，从内容上看，需要为其提供政策法规信息、经济数据、科技信息、文献和调研报告等。在数字化环境下，需要为其提供各种数据查询、信息搜索和数据库服务	需要国家信息中心、地方系统为其提供信息保障；此外，需要信息咨询和市场化服务作专门服务支持。网络环境下，随着电子政务的推进，政府部门所属的社会研究机构需要为其提供完整的数字化信息保障服务

从表2－9可知，社会科学院系统机构、高等学校社会科学研究机构和政府研究机构中的研究人员，其信息需求既具有共性又具有个性。共同的信息需求特征是由社会科学的研究性质所决定的，它区别于自然科学和技术研究；各机构不同的信息需求是由所从事研究的不同类型所决定的。社会科学院机构和高等学校机构除承担人文社会科学理论研究外，还承担面向国家和社会发展的理论应用和对策研究，其信息需求具有综合性特征。政府部门机构主要面向社会发展的重大问题进行研究，旨在为国家改革发展决策和管理创新服务。鉴于需求的不同特征和机构的隶属关系，在信息服务的组织上具有不同特征。

四、产业转型发展中的企业信息需求

在创新型国家建设中，产业转型发展是实现科学发展和可持续发展的关键。2008年以来，全球金融风暴的影响不仅提出了应对经济全球化的各国经济协调发展问题，而且提出了以科技创新为动力的资源节约、环境友好社会构建问题。在新的发展环境下，企业组织方式与运作机制的变革改变着信息需求结构和形态。从这一现实出发的企业创新发展信息需求分析，是组织面向企业的信息服务的基本依据。

（一）产业转型中的企业信息需求形态

产业转型是信息化环境中的产业发展趋势，体现为产业发展由物质、能源的大量消耗和对劳动力成本的依赖，转向对知识创新的依赖，即通过企业科技创新和运营创新，实现资源节约、环境有好的高效化企业经济发展目标。从整体而言，创新已经涵盖了企业的各个方面。其中，技术创新是企业创新的核心，而由管理与制度创新则是企业创新发展的组织保证。

对于企业创新，人们首先想到的是新上市的产品和新研发的技术。其实，企业运营管理、组织、制度、观念和战略创新与直接为企业带来利润的技术和产品创新一样重要。随着科学技术和市场经济的发展，企业竞争日益激烈，单纯的技术创新已不能适应企业发展要求，从而需要推进开放化的创新活动。开放化企业自主创新是指企业在开放创新环境下，通过科技成果的创造、转移和利用，进行自主研发，形成具有自主知识产权的核心成果，以提升企业的核心竞争力。在发展竞争中，具有自主知识产权的技术是竞争对手难以复制、难以替代的产品和服务，这是企业获得竞争优势，提升发展能力的需要。从实施上看，它包括了与新的生产方式和经济发展相适应的制度创新与管理创新。

从企业生产力和生产关系两个方面入手，可以将企业创新的内容进行界定，如图 2－8 所示。

企业生产力的创新主要由三个方面构成：一是企业技术创新，即对已有的生产技术进行革命性的提高和改进；二是企业产品创新，是指研发从未出现过的产品或对现有产品作了显著的改进；三是企业服务创新，是指利用新的设想、新的技术手段创造新的服务或改进原有服务。

企业生产关系创新内容主要有两个方面：一是企业组织创新，是指根据社会发展的需要、生产力发展的需要，创建与之相适应的企业制度，打破已有的组织结构，使之适应市场，适应环境变化的需要；二是企业运营创新，要求突破旧的传统观念的束缚，把企业从经验、习惯中解放出来，从而开展

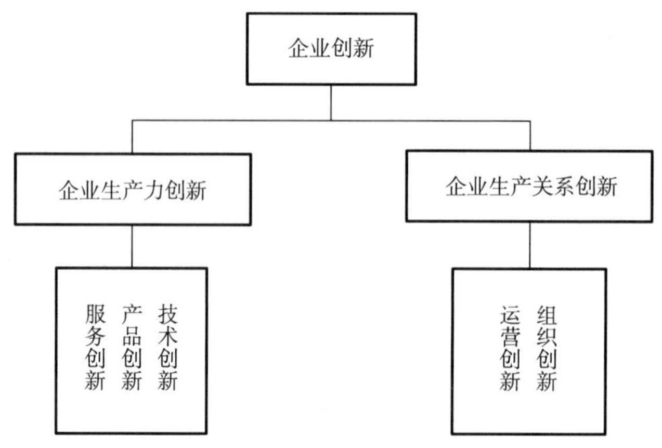

图 2-8 企业创新体系构成

自主性创造活动，要求在企业发展转型中面对竞争和挑战，树立全新市场观念，使之适应快速变化的环境。

从综合角度看，企业创新发展的关键集中在技术、产品和服务创新，以及企业发展的制度、组织观念和运营创新上。其中，技术创新是企业知识创新的核心，产品与服务创新是企业技术创新的延伸和应用。同时，企业组织创新和运营创新以制度创新为基础，以管理创新为保障，是实现技术、产品和服务创新的需要。企业创新系统如图 2-9 所示。

作为企业创新核心的技术创新，是企业竞争力的源泉。企业技术创新以科学研究与发展为基础，强调应用创新的知识创造新工艺，采用新的生产方式进行经营管理，以便开发生产新产品、提供新服务，占据新市场并实现市场价值①。技术创新是经济增长的根本动力，在经济发展中占有重要地位，它是企业提高经济效益和竞争力的重要手段，是企业生存与发展的根基。因此企业需要持续不断地进行技术创新，以增强企业竞争力，打造自主品牌，引领行业发展。

值得指出的是，管理创新作为企业组织与运营创新的保障，是企业制度创新在组织层面和经营管理层面上的体现。管理创新的关键是把新的管理要

---

① 《中共中央、国务院关于加强技术创新、发展高科技、实现产业化的决定》[EB/OL].[2007-10-23]. http://www.most.gov.cn/gjkjjctjptjs/zcfg/zc/200409/t20040915_15783.htm.

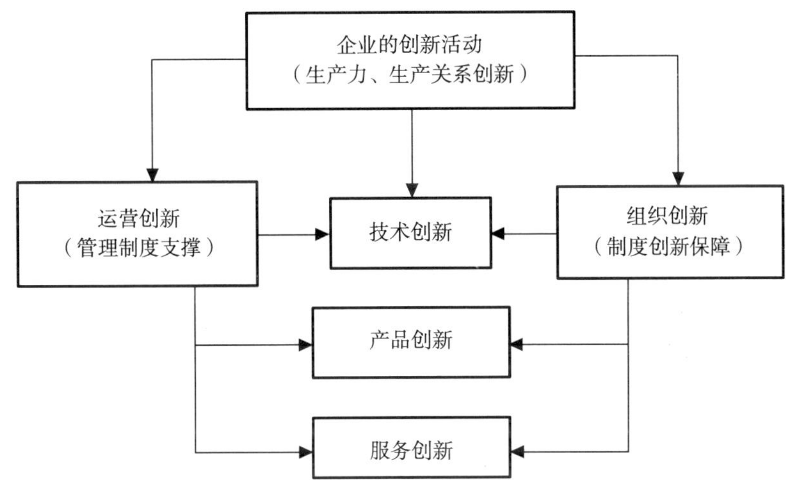

图2-9　企业创新系统构成

素（如新的管理方法、新的管理手段、新的管理模式等）组合到其中，以便推进企业经济的发展。这说明，企业管理创新是根据企业内部条件和外部环境变化，通过有效地协调企业内外活动整合企业资源，达到企业既定目标的动态过程。管理创新的内容包括管理方法的创新、管理工具的创新和管理模式的创新。在知识经济中，管理创新发挥着越来越重要的作用，从而为技术创新的有效实现提供保障。与此同时，管理创新和制度创新使企业生产经营要素得以合理配置，生产力和生产关系得以有效协调，从而推动企业持续创新发展。

企业创新处于一个开放、变化的社会环境之中。面对知识经济和经济全球化的国际环境，我国企业正处于产业结构调整优化和社会经济形态变革的格局之中。作为国家创新体系的重要组成主体，企业创新已成为增强经济竞争力、保持可持续发展的主体活动。当前，科学技术环境、经济环境与信息环境的变化和企业生存发展需要，构成了新时期企业创新发展的社会基础，决定了企业创新的新的机制与模式；同时，这种发展机制上的变革与优化又是现代企业发展的必要保证。

值得关注的是，在产业转型中，企业创新已形成区域性整体发展格局，例如广东、上海等区域的发展就是如此。据科技部2009年、2010年的《中国区域创新能力报告》统计数据，广东在发展区域经济中的创新能力综合排名居全国第二，技术创新成果的转化率、所取得经济效益、知识联盟创新能力和经济发展方式转变的综合能力等指标居全国前列，广东省科技创新对经济发展的贡献率已从1995年的39%提升到“十一五”末的51%，高新技术产业经济年均增长37.7%。广东国内专利年度申请量超过十万项，授权量则接近6万项。高新技术产品产值连续多年居全国各省市的首位。广东作为我国经济发达地区之一，虽然承受了2008年全球金融风暴的影响，但2009年生产总值却增长了9.5%，仍处于2003年以来的高增长平台上。其中，第一产业增加值2006.02亿元，增长4.9%，对GDP贡献率为2.5%；工业产业增加值19270.48亿元，增长8.7%，对GDP贡献率为48.4%；第三产业增加值17805.09亿元，增长11.0%，对GDP贡献率为49.1%。在第三产业中，金融保险业增长13.4%，批发和零售业增长15.5%，住宿和餐饮业增长12.7%，房地产业增长19.6%。现代服务业增加值在整个第三产业中占57.2%，民营新兴经济增加值16707.89亿元，增长12.3%。人均生产总值达40748元，增长8.4%①，在全国的经济发展中起到了重要作用。

近年来，企业创新活动活跃，高新技术企业和民营科技企业自主创新主力军的作用日益增强，一批创新型企业的崛起展示了自主创新的活力。例如，正是凭借创新发展优势，以华为、中兴、美的等为代表的一批有较强自主创新能力的企业在国内外市场上取得了新的成功。全国电子信息百强企业中广东有24家，全国14家重点通信设备企业中近一半集中在广东。这些企业都建立了自己的研发中心，自主知识产权不断增加。2008年，根据世界知识产权组织最新公布的数据，全球专利申请公司（人）排名榜上，华为跃居前列。华为公司每年坚持以不少于销售收入10%的费用和43%的员工投入研究开发，并将研发投入的10%用于前沿技术、核心技术以及基础技术的研究。在2008年之前，华为连续6年蝉联中国企业专利申请数量第一，并且所申请专利绝大部分为发明专利，连续3年中国发明专利申请数量第一。根据对广东省佛山市的产业创新调查，电子电器行业中的一些企业已步

① 广东统计信息网［EB/OL］.［2010－08－19］.http：//www.gdstats.gov.cn/tjgb/t20100225_74438.htm.

入了以集成创新为主的发展阶段，逐步形成了较完整的产业链，其高端技术和产品的创新能力不断增强。

企业创新发展导致了信息需求形态的变革。信息形态是一种基本的社会形态，是社会特征在信息产生、传递、控制与利用方面的集中体现，是社会历史的阶段性产物，随着社会的发展而变化，它表征了受生产力、生产关系、社会结构和社会性质等因素制约的信息利用状态与作用状态。①

企业的信息需求形态首先体现在社会发展中的经济关系和生产关系上，由此涉及生产力发展中的诸要素，这是企业信息客观存在与流通利用的综合作用结果。从需求形态的客体与主体作用上看，它是一切形态的信息客体（包括信息及技术）与主体企业相互作用的反映。这种反映产生于企业创新与发展之中。

1. 创新型国家建设中的产业转型决定了企业信息需求的基本形态。国家制度创新是创新型国家建设中的首要问题，创新型国家的制度决定了国家科技体制、经济体制、文化体制和社会管理体制，国家制度创新环境下的体制改革不断深化，改变着传统的经济与社会发展模式。这种形态变革从信息需求层面和信息服务层面影响着企业信息形态。社会制度与经济体制具有内在的联系，然而又是不同的两个方面问题。一方面，我国的社会主义社会制度决定了经济体制的性质；另一方面，不同的经济体制下具有不同的经济组织模式、结构和管理手段，具有一定社会制度下的经济运行机制。由此可见，一定社会制度下的产业创新体制决定了信息需求的基本状态。我国社会主义市场经济制度下的创新型国家体制，决定了企业的自主创新信息需求，由此形成了基本的创新发展信息需求导向。

2. 信息化环境下的企业转型发展决定了信息的需求关系形态。工业与信息化融合是企业创新发展的大环境，处于转型中的企业经营模式正处于不断变革之中，网络环境下企业联盟组建和虚拟企业的发展，以及经济全球化发展中的产业结构调整，改变着企业的信息流组织状态，使得企业人员不得不面对国际化的竞争环境。同时，行业和企业职业结构直接控制着企业信息的产生、传递、需求与利用过程，这是决定企业信息组织形态的一个基本方

① 胡昌平主编：《信息服务与用户》（第三版），武汉大学出版社 2008 年版，第 43—44 页。

面。企业分工越发达，可供选择的社会职业结构就越复杂，由此产生的差异也就越大。这一作用结果必然导致信息产生、传递与交流量的激增，随着企业技术进步和经济发展，产业结构以及由此带来的职业结构处于不断变化之中，其特点是新的产业与职业结构代替旧的职业与职业结构、新的产业与职业关系代替旧的产业与职业关系。这种转变改变着产业与职业活动中的信息关系和信息的运动形态，决定了企业的信息关联利用形态。

3. 企业的数字化信息需求决定了载体组织形态。信息载体具有与信息传递方式、处理形式和利用状态的一致性，这是开展信息服务的客观基础，关系到企业信息的社会存在形式。

从总体上看，信息的载体存储形态随着信息技术的发展而变化，当前文本载体的数字化与图像和音频载体的数字化可以在内容上实现关联组织和集成管理，这种技术上的变化使得多媒体信息融合管理成为可能。同时，科学研究与产业管理的数字化发展带来了信息流组织形态的变化，是信息载体管理直接融入科研和产业管理过程。这说明在现代科学基础上的信息技术发展改变着信息载体形态，从而形成了一种新型的信息载体作用形态和利用形态。20 世纪中期以来，信息的文献与非文献载体形态已发生深刻变化，通信技术、远程数据处理技术与网络技术的发展进一步改变了信息载体的社会结构与分布，引起企业信息需求载体形态结构的进一步变化，从而使企业引发了集中化的数字信息需求和流程化的全方位数字服务需求。

4. 全球化的信息流动决定了企业信息交流需求的开放形态。在经济全球化背景下，企业的发展不仅受国内环境的影响，而且受国际环境的影响。这说明，企业必须充分利用来源于国内外的各类相关信息才能作出正确的管理决策，从而引发了跨行业、跨地域和跨国信息交流需求。与此同时，信息交流的技术支撑决定了需求实现的可能。在国际范围内，信息交流形态的一个重要变化是跨国数据交流的出现和迅速发展。跨国数据交流首先出现在跨国公司利用远程数据处理和传输技术所进行的数据处理活动中，现在几乎所有领域都通过互联网进行跨国数据交流。这一情况的出现，大大推动了国际商品与技术贸易活动，促进了全球化经济发展。目前，在欧盟信息市场中，跨国数据服务已成为企业招标管理的基础性工作。显然，它将导致信息资源开发模式的变化，使企业经济更加开放。

5. 社会信息化决定了企业信息需求意识形态的优化。社会信息意识是社会信息形态的重要方面，是一定社会环境中信息对社会心理的作用状态。从心理学观点看，社会信息意识是一种社会对信息的意识化倾向。由于社会的复杂性，反映形态意识有两种体现：一是制度层面上的社会意识形态；二是伴随人类社会活动的社会心理。这两方面相互作用和影响，形成一个不可分割的整体，表现为一定形态引导下的社会信息心理活动。企业信息需求意识形态的优化在于，企业对于作为外部世界的信息关系和作用的理解，应从信息与企业关系出发强化企业的创新价值取向，进行信息观念和行为准则的变革。企业信息需求意识形态的优化体现在企业自主创新与信息需求的互动和交互作用上，由此决定了企业创新与信息需求的融合。

（二）创新环境下的企业信息需求结构与要素影响

企业在运行、发展中必须适应社会的科技、经济和文化环境，同时依托于物流组织、经营和服务。支持企业管理决策、技术研发、生产经营和市场运营的管理信息、科技信息、物流信息和环境信息，客观地反映了企业包括供应链活动、市场经营、研发合作与竞争在内的各方面活动状态，从信息流作用上看，企业的全方位信息需求取决于企业在一定环境下的创新发展机制。

企业信息需求是一种发展变化着的需求，并且受企业发展时空限制。全球化的经济环境和国际化创新背景是企业信息需求变化的外部因素，由国家创新制度建立和发展水平等方面的要素决定。外部环境作用下的企业经营目标、行业关系和运行机制则是决定企业发展及其信息需求的内部因素。在内外部因素综合作用下，企业创新发展中的信息需求体现在结构和内容的变化上。

企业信息需求体现在企业管理、生产、经营和服务等各方面人员的需求上，是企业研发和经营中的各部门和流程中各环节信息需求的集合。它既具有企业运行上的整体化需求特征，又具有部门和业务环节的结构性需求特征。这说明，企业整体信息需求由各部门和各业务环节需求构成。就需求主体而论，企业信息需求包括企业管理人员、技术人员、生产人员、营销人员和服务人员的需求；就需求客体而论，企业需要包括政府信息、市场信息、科技信息、经济和管理信息在内的各方面信息。稳态环境下，由于企业产品生命期长，生产技术和市场相对稳定，信息需求结构相对简单，它可以归纳为企业各类人员的不同职业工作所引发的管理、科技和经济等方面的信息内容需求，以及对分工明确的政府信息服务、科技信息服务、商务信息服务等机构的信息服务需求。

随着科学技术的迅速发展和企业经济结构的知识化，企业处于动态性的发展环境之中，企业内部的职能分工和人员分工随之发生变化。企业生产与技术活动的一体化、管理决策与业务经营的融合，部门式的职能管理向流程管理的转变，改变着企业的信息需求结构。企业管理人员、技术人员、生产人员、营销和服务人员的信息需求不再局限于各自的职业活动需求，而需要来源广泛、内容完整的多方面信息。这意味着，企业人员的信息需求已从单纯的职业结构向综合结构转变。在企业信息需求调研中，我们对电子行业的管理、研发、生产和市场销售人员的需求进行了调查。在各 100 人的抽样中，列出了管理、科技、市场和其他类信息，要求接受调查的人员按“需要”和“不需要”选择作答。其信息需求调查的回答结果如表 2－10 所示。

表 2－10　企业人员信息需求内容结构抽样结果

信息 需求比例	管理信息	科技信息	市场信息	其他相关信息
高层管理人员	1.00	0.93	1.00	1.00
部门管理人员	1.00	0.45	0.82	0.75
研发人员	0.67	1.00	0.91	0.67
生产人员	0.86	0.56	0.79	0.71
经营人员	0.96	0.54	1.00	0.60
服务人员	0.73	0.64	0.68	0.67

从表 2－10 的数据分析中可以明确，高层管理人员对管理、市场和其他相关信息有需求的占接受调查人数的 100%，对科技信息有需求的占整个调查人数的 93%。另外，在部门管理人员、研发人员、生产人员、经营人员和服务人员中，有 50% 以上的人员对各类信息均产生了需求。这说明企业人员的信息需求结构趋于完整，需求来源日益广泛。

产业转型中，企业信息需求呈现全方位分布趋势。2009 年，针对广东省佛山市“十二五”规划中“工业化与信息化融合”的推进，我们对 100 家高新技术企业进行了信息需求迫切程度的调研。调查结果表明，83% 的企业需要来自国内外的市场信息、行业内企业发展的动态信息以及来自相关部门的科技信息，45% 的企业在知识创新发展中需要知识贸易信息、科技人力资源信息、有关的政策法规、行业管理信息等。另外，31% 的企业对金融、专利、标准、行业等方面信息的关注程度很高。在企业对各类信息需求的排序中，41% 的企业认为科技信息最重要，28% 的企业认为市场信息最重要，31% 的企业所需信息的重要性排序趋于综合。其信息需求调查结果如图 2－10所示。

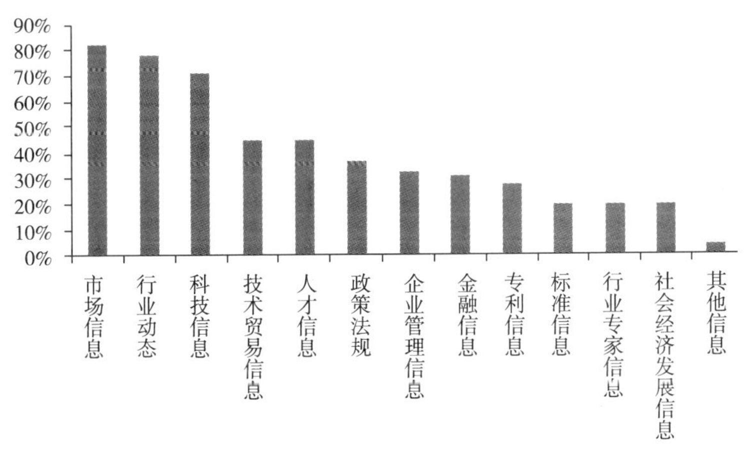

图 2－10　企业信息需求类型

在企业信息获取渠道与方式上，按网络、媒体、行业协会、专业数据库、信息机构和图书等六种信息区分，82% 的企业认为网络是企业最重要的信息获取渠道；55% 的被调查企业认为次重要的渠道为专业数据库；第三重要的是媒体和行业协会，有 59% 的企业主要通过这两种渠道获取信息；仅有 34% 的被调查企业选择需要通过信息服务机构获取他们所需的信息。进一步分析表明，35% 的企业特别注重“市场竞争信息”、“供应链中的上下游企业信息”、“同行业企业联盟信息”、“企业客户信息”、“经济发展信息”等也是必须利用的重要信息。调查情况如图 2－11 所示。

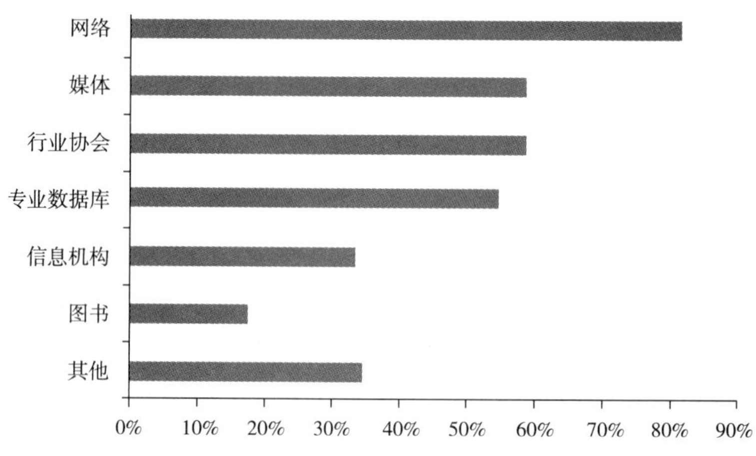

图 2－11 企业信息获取渠道

具体来说，企业对信息获取渠道的选择标准是信息获取的方便性、获取渠道的可操作性和获取的及时性，同时需要在获取信息过程中进行信息利用价值的排序，从而在来源广泛的信息中筛选出针对性很强的信息。对企业信息获取方式的调查结果表明，44% 的企业宁愿选择“自主查询”的方式来搜索信息。企业选择的其他方式包括“与客户直接沟通”，即通过网络直接与客户建立直接联系，如图 2－12 所示。

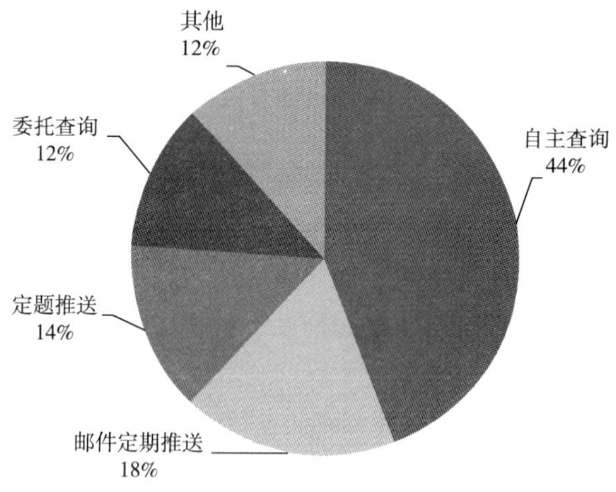

图 2－12 高科技企业信息获取方式

企业信息需求受多种因素的影响。虽然高科技企业也按“信息价值大小原则”获取相应类型的信息，但在市场经济条件下，仅靠市场信息、行业动态、科技信息是不够的，只有综合技术、贸易、人才、政策、法规、企业管理等信息才能帮助企业更好地作出决策。

高科技企业信息需求在一定程度上受“行业龙头”制约，其技术创新往往处于“跟随”状态。调查中发现：技术创新主要集中在少数行业龙头企业中。这说明推动高科技产品市场发展的不是普通企业，而是这些行业龙头企业。行业中其他绝大部分企业只是跟随龙头企业的新技术走。在我国的许多高科技行业内没有形成“龙头企业”的情况下，其产品的开发往往受制于上游资源商。例如，在手机生产行业，只有当主芯片厂家进行了技术创新，手机生产商才能生产出新功能的手机；又如计算机行业，目前是龙头企业还是美国 Intel 和 Microsoft 等，它们几乎控制了这一领域的发展。由此可见，基于产业链关系，企业上、下游之间的创新信息传递值得关注。

企业创新发展和运行中，信息需求由外部素和内部因素所决定，内外部要素的综合作用决定了信息需求的内容构成。图 2－13 归纳了影响企业信息需求的基本要素，反映了其中的交互作用关系。

企业的外部要素包括：社会、文化、人口、环境因素，政治、法律、政府管理，信息技术、网络因素，竞争与合作要素等。外部要素的变化影响着企业组织形式、技术、产品、经营与服务，这些变化不仅改变着企业本身的发展，而且改变着企业间的往来和竞争与合作关系，现代商务环境在企业信息化推进中的作用日趋重要。处于动态环境下的企业不得不考虑利用信息平台，在创新重组中拓展其发展空间，在具体的战略制定中寻求基于网络的信息保障。

企业内部要素包括：企业经营与发展要素、企业资本要素、其余组织运行要素、企业文化要素、企业影响力与竞争力要素等。这些要素不仅决定了企业的发展实力，而且关系到创新发展基础和组织模式。具体来说，内部要素是企业创新发展的依据，企业只有在具备内部要素合理调配的情况下，内部要素的关联作用才能显现。

基于内外部要素作用的企业发展既有人文层面、技术层面的又有经济层面和资源层面的。从实现上看，企业生产、运营和服务的交互作用决定了企

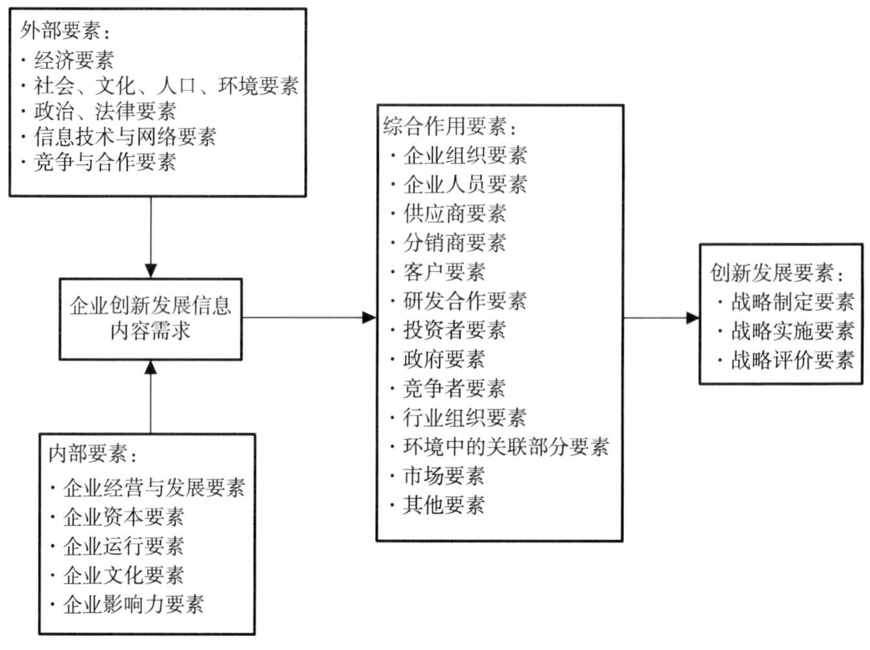

图2-13 企业创新发展中的信息内容需求要素

业发展状况，因此需要从要素分析出发，弄清发展形态和各种基本关系。只有充分获取和利用来自企业组织、企业人员、供应商、分销商、客户，以及研发合作单位、投资者、政府、竞争者、行业组织、环境中的关联部分、市场和其他要素信息，才可能实现企业的创新发展目标。

企业在创新中对信息的获取有多种渠道可供选择。一般而言，信息获取渠道不仅由渠道本身所决定，而且由在一定通道内的信息载体和利用渠道的机构所决定。因此，在渠道选择中，企业需要从综合角度进行渠道选择规划，克服信息获取中的通道障碍、系统障碍和载体障碍。

由于信息分布的不对称性和信息传递的非均衡性，企业在获取信息过程中应充分利用外部条件确立自己的信息传递渠道，以取得相对于其他企业的优势。从总体上看，企业信息获取的非均衡体现在以下三个方面：

不同环境下的企业信息化基础建设水平差异。企业发展是在一定的信息化基础平台上进行的，由于企业所属的国家、区域和行业不同，这种水平差异是不可避免的，因此，需要在宏观条件基础上进行企业自身的信息化建设，以实现企业信息构建与环境的互动。

企业信息获取能力和水平的差异。处于同一地区和行业的企业，其信息获取能力也具有非均衡性。因此，企业应通过与科学研究机构的合作获得更多的创新信息，需要通过更经济的方式来获取经营信息。同时，需要将信息获取能力的提高作为提高核心竞争力的基本对策来对待，以便充分创造条件保证企业竞争中的信息优势。

企业信息利用深度和广度上的差异。企业信息利用深度是关系到企业信息利用效益的重要因素，如果仅仅限于表层的信息利用而不注重挖掘其内涵，必然会影响到企业决策和运行管理。同时，就信息来源而论，如果仅从有限的渠道获取信息，必然导致决策管理的失误。从总体上看，基于知识网络的信息挖掘和利用已成为企业创新发展中的关键问题。

在满足企业信息需求的过程中，应针对企业的信息需求提供服务，所存在的问题主要涉及以下几个方面：

信息源问题。如何保障来源信息的及时、准确和流出信息渠道的顺畅是企业十分关注的问题。通过调研结果的分析，中小企业对公共信息服务机构、行业机构所提供的信息利用滞后，大都通过企业的对外交往活动获取信息，在经营管理中依赖于各自的系统。在对佛山市 23 家中小企业的问卷调查中，40% 的企业认为需要拓展企业获取信息渠道，24% 的企业需要为其提供多元化服务，13% 的企业认为交互服务需要加强，10% 企业认为技术信息获取不充分[①]。

服务平台组织问题。虽然在科学研究与发展中，我国推进了面向科技创新的技术条件平台建设和数字化信息资源共建共享工程，各地区信息资源共建共享平台建设正得到加强，然而国家及各地平台面向企业的服务还有待完善，以此来保证企业对科技信息的充分利用。同时，面向企业的行业信息服务处于分散发展状态，行业信息的融合和共享有待加强。

共享机制问题。虽然针对企业的信息服务平台建设发展较快，特别是提供科技文献信息的服务机构，近几年来平台服务得到了新的发展。如湖北省

① 胡昌平等：《佛山市工业与信息化融合中的企业信息需求调查》，《佛山市工业化与信息化融合咨询报告》[R.] 2010. 12。

科技文献信息共享平台、科技条件信息服务平台、山西省科技基础条件平台、湖南省科技基础条件平台、重庆科技资源服务平台等。然而，这些信息服务机构的平台服务基本上以科技信息资源共建共享为中心，面向企业创新的针对性服务则显得不足。

五、社会发展中的政府部门信息需求

创新型国家建设不仅体现在以科学研究与发展为驱动力的知识创新和产业经济的转型发展上，而且还体现在社会发展上。在社会创新发展中，政府在主导制度创新和行业发展的同时，在社会变革中致力于新的政府运作体制的建立，由此引发了政府信息需求的变革；另一方面，创新型国家的自主创新和社会进步推动着知识社会和学习型社会的构建。从政府与公众的作用关系看，这两方面的变革决定了社会发展中的政府部门的信息服务要求。

（一）政府创新中的信息作用机制

从行政生态学的角度看，信息化、全球化已成为各国政府制度创新所面对的共同问题。科学技术创新和城市化进程加快，各国围绕技术、人才、信息、资本、市场和其他经济资源开发的竞争日趋突出。竞争的组织开始从分散的经济、技术竞争向制度、管理竞争扩散。因此，在建设创新型国家和提高自主创新能力过程中，政府决策管理与施政创新显得十分重要。事实上，政府行政效能和对社会的服务质量的提高必然要提高制定和实施政策的能力与水平，而实现政府管理创新是其关键，形成政府创新保障和推进社会创新发展的能力。

社会创新发展和创新型国家建设中的政府信息需求，一是推进国家创新和制度变革的信息需求；二是创新发展环境下的施政信息需求。其信息需求反映在政府对科技、产业、经济、文化和面向社会公众的管理与服务之中。

如果我们把行政管理实体化，即可以将其视为一种动态的控制与反馈系统。在政府管理和市场机制的共同作用下，政府则需要利用多方面信息，在充分掌握社会经济发展的基础上实施宏观调控和调控反馈。在政府调控中，受控对象是组成社会的各部门和组织，各级政府部门作为具体的控制机构，需要有专门化的、全方位信息保障。行政管理中的控制与反馈系统，从宏观而言，存在具体的资源环境和法制环境作用；从微观而言，表现成为分层递阶的控制结构，如图 2－14 所示。

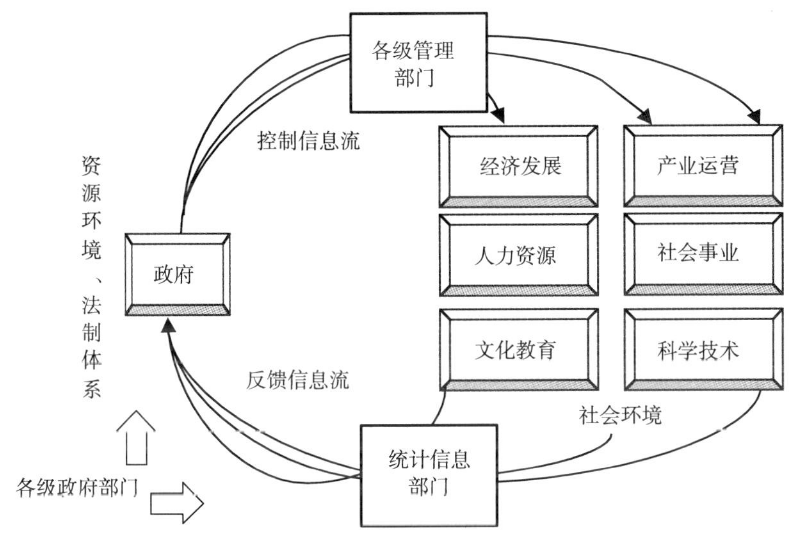

图 2－14　行政管理控制、反馈系统

如图 2－14 所示，根据动态反馈控制原理，可以构建行政管理控制、反馈系统。政府部门在经济发展、产业运营、人力资源、社会事业、科学技术和文化教育管理中进行管理决策和目标控制，同时获取行政系统运行信息，适时进行信息反馈。在行政管理中，管理信息从管理部门流向受控机构，反馈形式包括单项反馈和双向反馈。在运行中，其信息从受控机构流向管理部门，其信息流可分为纵向的按行政隶属关系的流动或横向的机构之间的流动，也可以是两者兼有之。通过控制信息流和反馈信息流的作用，形成行政管理的信息驱动力。

对社会组织的管理上，从政府部门到管理对象，信息传输具有多元对应关系。按管理指令的下达，可以采用大众方式和组织方式进行，然而存在着合理安排信息传递层次、优化信息流程的问题。

总的来说，政府职能转变对信息传递提出了新的要求，在信息提供中需要实行一定程度和范围的信息公开，提升公共信息服务的质量和水平。同时在电子政务推行中，应进行面向公众的政府信息流程重组，实现政务活动的信息化。政府信息流程的重组性变革包括三个方面：一是在电子政务中打破部门限制，实现政府部门之间的信息沟通，即通过部门之间的职能调整，有效解决职能相互交叉和重叠问题，这就需要加强各部门之间的信息传递，构建信息共享系统；二是在行政信息系统构建中，进行上下层信息交流系统的重组，保证信息的无障碍流通，实现国家、区域和地方政府信息服务的协调，解决政府部门上、下层信息传递的问题；三是构建政府部门面向公众的信息发布系统，实现政务公开，强调面向公众的开放服务，为政务公开提供保障，提高政府和公众获取信息与服务的能力。

（二）创新型国家建设中的政府部门信息需求

在创新型国家建设和国家创新发展中，政府部门的信息需求集中体现在电子政务的实施上。政府信息化与政务公开不仅是国家创新发展和创新型国家建设的需要，而且还是构建和谐社会、保障公众利益的需要。电子政务的推进为政府机构改革创造了新的条件，促进了政府职能转变和面向公众的服务发展。因此，创新型国家的政府部门在信息化环境下处于政务改革、职能转变和面向公众的服务需要，其信息需求形态和结构随之发生变化。

在创新型国家建设中，为了实现政务信息化，必须对政务流程进行重构。随着电子政务信息管理的不断完善，政务中的信息障碍逐步得到克服，行政管理的全方位信息保障体制正在形成。

电子政务实施中的政府信息需求由政府决策、管理和面向公众及各类组织的服务机制所决定。就所需信息的来源而言，包括来自实际各国和国际组织的信息、各级政府部门的信息、各行业的信息、公众信息和环境信息；就信息内容而言，包括科技、经济、文化、社会、安全等方面的信息。值得指出的是，政府的行政管理与服务职能决定了信息需求结构，即政府机构的政务管理、政府部门的施政和服务决定了基本的信息需求。

政府部门的政务活动，主要是政府内部的上传下达、部门沟通、事务处理。在电子政务环境下，政府的行政事务活动直接面向社会各部门，因而政府部门的协同办公需要进行部门之间的信息沟通，实现信息的规范处理和共享。

政府对企事业的政务管理包括政府向企事业提供各种行政许可和服务，

如产业政策、工商注册、劳动保障等，以及通过行政保障企事业的运行和发展，其中的信息需求由政府对企事业的宏观管理和服务活动决定。

政府对公众的政务需要实现政府与大众的互动，包括社会运行和公众服务。公共管理的信息需求包括来自公众的生活、职业和保障方面的全方位信息，同时在电子政务环境下，需要全程信息支持。

从行政管理的实现上看，各方面管理都需要特定的信息支持。因此，行政管理制度变革必然引起信息需求的变化。从控制机制、反馈机制和信息机制作用看，制度创新的实现必须依靠新的信息机制作保证，否则，行政制度设计就会和现实相背离，行政管理结构的合理有效设计了依据行政管理的信息机制。政府信息需求由国家和地区发展决策、决策管理、法制管理、行政管理、公众服务、国家与社会安全等方面的职能管理决定。同时，国家创新发展中的政治体制、经济体制和社会体制的改革，以及战略性新兴产业规划、经济转型等提出了行政管理创新与发展创新问题。这说明，政府信息需求既有行政需求、社会服务需求又有创新型国家建设中的制度变革、管理创新和发展需要。从中央、地方到基层政府机构，其信息需求由各自的责任和管理职责所决定。在政府信息需求调查中，我们结合电子政务的推进，进行了行政管理的跟踪和经济、科技、公共管理的实例分析。表2－11归纳了调查结果。

表2－11　各级政府信息需求调查分析

政府部门	信息需求内容	信息需求载体形式	信息源需求	信息服务需求
中央政府(包括各部、委、局)	科技、经济和社会发展各领域的信息，世界各国政治、经济、外交、军事等方面的信息，以及有关国家发展研究与实践信息	研究咨询报告，社会、经济、科技、文化发展数据，各种资料；社会科学和自然科学与技术各领域的期刊、会议、进展等方面的文献	所需信息来源于国内外相关组织，国内科技部门、企业、政府职能管理部门、社会公众等。信息源集中在数据库和系统中	依赖于国家信息中心，国家统计局、国家和地方档案系统、中国科学技术信息研究所、其他部委信息中心及其他信息机构所提供的服务，同时需要地方信息机构、行业信息机构的服务

续表

政府部门	信息需求内容	信息需求载体形式	信息源需求	信息服务需求
省、市政府部门	国内外经济、科技、社会发展各领域的信息,上级政府下达的各项政策、法规、计划信息,反映地方社会、经济、科技、文化发展的信息,以及涉及政府机构和地方改革发展的信息	研究咨询报告、社会调研报告,科技、经济与社会发展统计数据,各种数据库;网络信息资源载体;图书、期刊、会议文献等	所需信息来于中央政府各部委,省、市科技、经济部门、企业与公众等。同时,与省、市社会经济、科技、文化发展有关的国家、地区和各类组织的信息	需要国家和省、市信息中心、统计系统、国家和地方档案系统、科技信息系统、行业信息中心和其他专业信息机构提供数据服务与信息保障;同时,需要相关的咨询服务机构和部门提供决策支持服务
基层地方政府部门	国内外经济、科技、社会发展各领域的信息,中央和省、市政府下达的各项政策、法规、计划信息,地方产业、经济、市场、教育、文化发展信息,以及涉及基层地方政府职能管理的信息	上级政府文件、咨询报告,各种统计数据;电子政务信息、互联网信息,以及各种文献信息	所需信息来于中央和省、市政府部门,本地科学技术机构、企业、公众,与地方发展相关的合作者信息,各行业发展信息等	需要国家和省、市信息中心、统计局系统、科技信息系统、档案系统、行业信息系统、商务信息机构和其他专业信息中心提供信息服务和保障,需要中央、省、市政府电子政务系统的服务,需要信息咨询机构和市场信息服务机构的多元化服务

从表2－11所反映的情况看，各级政府在国家创新发展中的行政管理信息需求既有共同特征，又有因管理的全局与地方差异所决定的不同信息需求结构。从总体上看，各级政府的信息需求包括对科技、经济和社会发展各领域的信息需求。所不同的是，中央政府对全国各地、各行业和部门的信息需求具有全面性和完整性，同时还需要世界各国的社会、经济、科技发展信息；省、市和基层地方政府主要需要全国社会经济发展和本地信息，需要上级政府机构的指令、文件和适时的管理调控信息。在所需信息的载体形式上，各级政府均以研究咨询报告、统计数据、反映经济和社会发展的数据库

为主要的载体形式。此外，所需信息还包括各类文献形式的信息。在信息源需求上，政府部门需要有关的国内外信息以及来源于政府行政范围内的各主体信息；在信息来源上，省、市和基层政府需要区域和地方发展信息，其来源既具有广泛性又具有定向性。从信息服务需求上看，国家信息机构（包括国家信息中心、国家统计局、国家档案局系统国家科技信息系统、社科信息系统、安全信息系统）的服务是政府部门所依赖的主体服务。此外，政府部门还需要行业信息服务、市场服务以及国内外公共和专业信息服务保障等。

在创新型国家建设和电子政务的推进中，政府信息公开处于重要位置，因此在电子政务信息组织中，各级政府需要专门的技术和信息基础网络作保证，由此形成了政府信息获取、组织、发布与传递的综合需求，其综合需求对政府信息系统建设和社会化政务信息服务的开展提出了新的要求。目前，政府需要通过电子政务系统建设，实现电子政务中心和各直属机构之间的广泛连接以及不同系统层次之间可靠的数据交换为联合业务系统提供数据支撑，并将系统的服务范围进一步拓展，以提高工作效率和政务工作的透明度。

六、知识创新中的公众交流与学习需求

信息化环境下的创新型国家建设，不仅保证了基于知识创新的生产力发展和生产关系的变革，而且从根本上确立了社会的信息化运行机制，推动着知识化社会的建设。在这一背景下，社会公众的知识创新、职业工作、物质和文化生活，决定了信息需求的基本内容、形式和结构。从总体上看，公众的信息需求可以归纳为社会生活、职业活动和社会与知识交流信息需求。

（一）知识创新中的公众交流需求

知识创新是一个复杂的过程，离不开信息的交流运动。随着公共信息网络的迅速发展，公众已不再受时空的限制，网络逐渐成为了公众首选的信息交流途径，从而广泛地影响着人们的学习、工作和生活。

1. 知识创新中公众交流过程。在知识创新中，公众交流需求首先表现在信息内容上，要求具有新颖性，即这些信息均来自于各领域发展的前沿。

知识资源是创新的第一要素，已有知识的积累与交流共享是知识创新的根本所在。对新知识进行探索在于研究和解决问题，除了要求知识资源具有新颖性外，还需要综合性的知识资源作为知识创新的基础。综合性的知识资源是指人类所创造的全部知识，不仅包括科学原理、公式和定律，还包括技术科学、管理科学、经济学等各领域的知识，由于知识创新是为全人类服务的，因而所需知识也必然来自全球。

互联网的发展和网络之间的服务融合，使得公众可以在网络上自主进行知识交流，构建虚拟性的学习社区，其中讨论社区和微博社区的发展引人瞩目。从公共信息交流和社会化学习实现上看，公众不仅需要获取信息、发布信息，进行人际间的传播与沟通，而且还需要通过网络交流进行自主学习、更新知识，以适应职业工作和社会发展的需要。从信息和知识交流关系上看，公众交流有助于全民知识素质的提高。公众交流过程如图 2－15 所示。

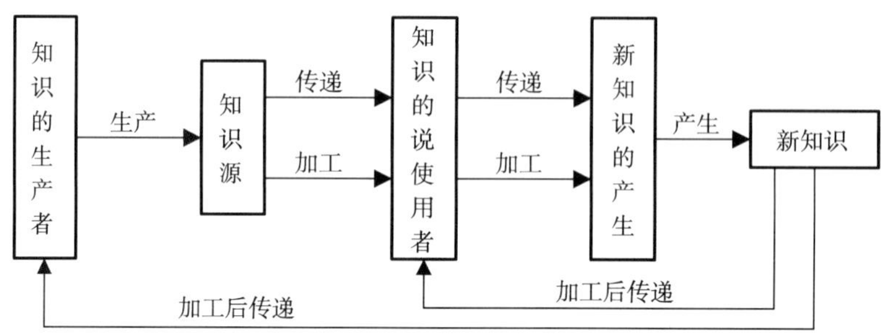

图 2－15　知识创新中公众交流的过程

创新型国家建设不仅体现在科技、产业和经济发展上，而且还体现在文化和社会发展上。这意味着在基于知识创新的国家建设中，公众的知识获取与交流处于重要位置。从知识的社会作用上看，需要建立公共知识系统和学习系统，只有进行社会化的知识流动和传播才能构建新的社会知识系统，促进创新知识的社会化利用。

随着社会的信息化与知识化发展，社会学习已成为公众的一种基本需求，为了适应职业工作的需要，公众有必要通过公共系统进行知识的正式和非正式交流。在社会网络环境下，正式交流是社会主体通过各种规范化的服务途径交流和传播知识的活动，非正式交流则是社会主体通过社区活动或个体交往、交流与传播知识的过程。在公众的知识交流中，知识的外化和社会化传播是重要的。在知识的社会化交流中，非正式交流更受公众的欢迎：首先，非正式交流所传播的知识内容丰富、信息反馈及时、交流手段灵活、交流环境民主，使创新者易于受到启发，产生创造性思维；其次，非正式交流中一些隐性知识易于被发现，通过转化易于传播和利用。同时，显性知识在交流的过程中，也可以通过个体吸收和加工转化为隐性知识，这就促进了知识形态间的相互转化。

2. 公众交流需求的演进。目前，公众交流需求向社交网络迁移，体现了用户从社会归属需求向社会交往需求提升。通过交流，公众可以更好地实现自我价值。依据瓦茨劳维克（Wat－zlawick）对信息交流的划分，可以将知识创新中的公众需求分为两个层次，如图2－16所示。

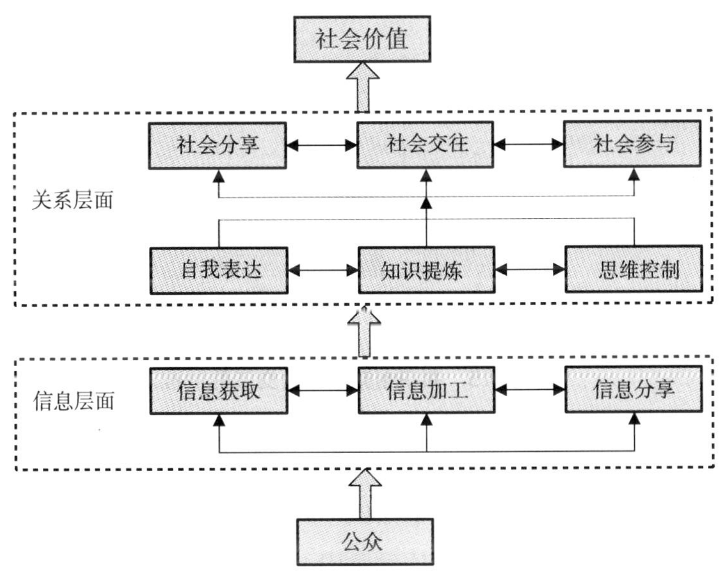

图2－16　公众交流需求的演进

（1）信息层面。互联网已成为公众通用的信息媒介、娱乐和信息交流的工具。公众为了满足自身体的各种创新需求，必然进行相应的信息活动。公众根据一定的原则和方法，借助各种网络工具获取各种信息来满足自身需求，如工作需求、学习需求等。为了更有效地利用信息和保存信息，需要对收集到的信息进行加工和分类整理，如标注、编辑等，使之系统化和有序化，继而存储到相应的系统中，以便进行新一轮的知识生产或再生产。由此可见，构建面向公众的信息平台和社会信息网络是重要的，这种构建旨在促进知识的网络化共享，提升公众利用信息网络和信息服务的能力。

（2）交往层面。互联网的发展和普及应用不仅带来了科学研究和企业经营模式的变化，而且还引发了公众社会交往关系的变化。信息网络的虚拟性决定了公众利用网络进行交互的自由性，由此形成了诸如微博、社区等形式的人际网络。社会关系网络的形成是社会化信息化发展的必然，然而也存在着发展中的问题。在基于知识创新的公众交往中，理应充分利用社会网络的无障碍沟通优势，构建基于知识社区的用户交流系统、知识学习系统和创新系统，进行公众交流的关系规范，促进社会化学习与创新的网络发展。

针对公众交流需求提供相应服务是网络平台必须考虑的问题。通过网络服务系统，公众对法律法规信息需求、交往信息需求、文化信息需求、教育信息需求等能够得到满足。可以说，公众的交流需求，一方面要求服务平台能够提供更多的信息内容；另一方面要求更为便捷、满意的服务，以打破各部门之间的信息障碍，提高了交往质量与效率。目前，许多网站为社会公众提供了网上咨询、交流渠道。同时，通过采用普及率较高的通信工具，可以消除一些公众因条件限制而无法享有网络服务的困难。

（二）知识创新中的公众学习需求

知识创新中，公众的生活、学习节奏加快，无论是生活还是工作都要求不断地学习提高。在自我价值实现这一需求本能的驱使下，公众存在着学习提高的本能行为。当前，公众学习需求类型丰富，涉及内容广泛，如岗位技能学习、学历进修、生活知识、文学知识、法律学习等。不同公众的学习需求虽然存在内容差异，然而其学习方式和信息源的利用方式却具有一致性，反映出群体的学习需求特征。随着知识的增长，公众学习需求逐渐沿着“工作技能”—“教育知识”—“生活知识”的方向转变。在知识创新中，公众学习要求建立互惠互利的学习网络，相互学习对方的长处，达到共同进步的目的。同时，作为知识创新中的一员，需要和多元创新主体建立基于信任的关系网络。只有构建各个层次的社会关系网络，个人学习才能够跨越组织边界，形成有效的社会学习机制，推动知识创新的发展。

当前，知识创新学习可从三方面进行构建，即用户、互动、学习。用户是知识创新的主体，互动是交互式知识创新过程，学习在知识创新中是必需的。在公众自主学习和创造中，学习和创新是不可分割的过程，用户只有通过学习才能吸收他人知识，才能在借鉴他人成果基础上创造新的知识。在学习与创新过程中，用户依赖于彼此之间的信息传递、交流和共享。在知识联盟活动中存在着用户个体和群体的知识交互问题，用户在群体交互环境下通过与群体中其他成员交流互动和学习，激活自己脑中的知识，进而利用知识信息处理的工具，将知识显性化，使之成为创新发展的基础。社会公众自主创新学习是学习型社会的重要活动。自主创新学习的信息需求机制如图2－17所示。

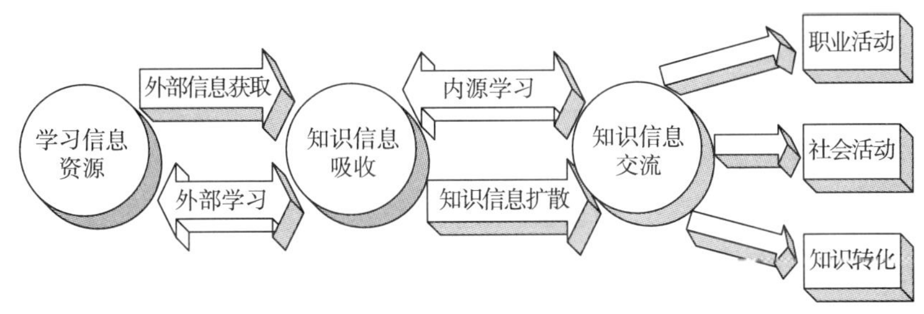

图2－17　公众自主学习的信息机制

如图2－17所示，社会学习是自主创新的保障。学习可分为外源学习和内源学习：外源学习使知识从外部信息源流入，由学习主体接收；内源学习是内部知识信息扩散过程，内源学习使主体的知识得以升华。在学习中，社会公众通过信息交流和社会活动实现知识转化。为了获取外部信息，社会公众需要与外部信息载体建立广泛的网络联系，同时注重与相关人员之间的交流，以实现信息的共享。

基于电子学习（e－Learning）的公众自主学习和知识交平台可以不受时空的限制，平台通过高度集中的知识资源库建设，汇集公众学习所需的数据、软件、工具等资源，在面向公众学习的服务中实现学习资源的交互式共享。从交互学习和知识资源共享流程上看，e－Learning 环境下的知识传授者、学习者和知识资源组织者之间具有直接的交互关系。知识传授者通过交互平台进行学习指导，学习者通过学习资源的获取和与传授者之间的交互进行学习，知识资源的组织者负责构建学习知识库和搭建知识传授者与学习者的交互平台。由此可见，e－Learning 环境下的自主学习是一个全方位的互动过程，需要在数字化学习中嵌入面向知识传授者和接受者的服务。

从公众学习需求看，公众利用 e－Learning 平台可分为学习型需求和协作型需求。学习型需求是用户通过 e－Learning 获取新知识和新技能的过程，可以利用在线学习平台进行自主学习；协作性需求是用户之间通过 e－Learning 平台进行知识交流和学习讨论的过程，可以通过在线社区讨论方式进行。在线学习中对某一领域知识进行交流和探讨是重要的，这是用户共同创造新知识的需求所决定的。其中，交流学习经验、共享信息和资源、支持信息发布、组织网络研讨、组建虚拟社区是其中的基本需求。与此同时，e－Learning 还要求支持虚拟社区信息发布和交流（开放会议平台、开放论坛平台、联机讨论组、即时消息系统、协同学习和研究等），因而是实现社会公众自主学习和知识交流的重要保障平台。

社会学习中的信息需求因知识主体（知识拥有者）和知识客体（知识需求者）的不同而存在差异。这种差异表现在信息需求发生的时间、选择的资源以及需求的侧重点不同，因此信息需求具有个性特征。同时，社会学习中的信息需求具有动态性，表现在学习过程中知识主体和知识客体在不同时间可以相互转换，其需求内容及形式也会相应变化。

综上所述，社会学习与知识交流的信息需求在于满足知识客体（知识需求者）能够接收、理解、消化、吸收并运用知识，实现知识主体（知识拥有者）与知识客体的互动，这种需求由知识主体与知识客体的交互决定。

社会公众的自主学习和知识交流需要社会化的信息服务作保证，从而提出了包括公共图书馆在内的公共信息服务的拓展要求。在网络环境下，自主学习和知识交流的开展，要求构建面向公众的学习社区和知识交流平台，实现信息服务的社会化变革。

第　三　章

创新型国家制度下的信息服务转型与体制变革

科学技术生产力的发展和经济全球化的加速，导致了生产关系的变革和国家发展方式的转变。在基于信息化的国家创新发展中，随着国家经济、政治、科技、文化和社会改革的全面推进，国家创新发展制度不断完善。与此同时，创新发展背景下的信息服务正处于转型和体制变革之中。从国家和社会发展需求上看，科学的服务价值取向和信息服务行业改革的推进，已成为服务制度创新的关键。

一、社会发展中的制度变迁与信息服务制度建设

制度创立、变更、稳固及随时间变化而被新制度取代的过程，即制度变迁过程。国家制度随着国家发展而变迁。从经济学角度看，制度变迁过程是一种效益更高的制度对原有制度的替代过程。创新型国家制度创立体现了基于创新的生产力发展，这种发展不仅改变着上层建筑，而且决定了社会运行机制及体制的变革。从信息服务组织上看，创新型国家的信息服务制度建设问题开始被提出。

（一）社会发展与国家制度变迁

人类社会发展是新的生产力取代原有生产力、新的生产方式取代原有生产方式的过程。在发展中，属于上层建筑的国家制度必然由生产力发展中的

生产关系所决定，由此提出了社会发展中的制度变迁要求。从国家发展上看，制度变迁是不以人的主观意志为转移的根本变革，一个国家的全国性制度变迁，其发动和组织必然是国家。也就是说，国家是制度变迁的主导力量①。国家制度作为国家管理的宏观基础，其变迁轨迹为一系列规则体系的连续性变革，其变迁过程错综复杂，涉及诸多要素。总体上可以从物际规则、人际规则、价值规则三个方面进行考察②。

1. 物际规则。物际规则体现了国家制度对物的秩序安排，在形式上表现为国家制度对资源的配置。国家作为各种资源的掌管者和分配者，随着不同历史发展阶段的生产要素变化，资源分配也应有相应的规则变化。在以体力劳动为首要生产要素的社会，谁拥有最多的自然资源谁就拥有最高的支配权；农业经济时代，由于种植业对土地的依赖，土地成为最难以替代的生产要素，从而土地所有者成为社会的统治者，掌握着资源配置的主导权；在工业时代，由于机械化生产及规模经济的发展需要，各种分散的物质生产要素需要通过资本的价值尺度与流通手段来有效组织，资本因此而成为最难以替代的生产要素，资本的所有者掌握着资源配置的主导权。信息化环境下的国家创新，加速了经济生产过程依靠物质供给向依靠知识供给的转变，使得核心知识和信息的分配在国家系统中的地位越来越重要。也就是说，国家主要要通过合理的知识分配和信息资源配置来保证科技、经济和社会的全面发展③。

2. 人际规则。人际规则即人际关系规则。人际关系用马克思理论来阐释也就是生产中结成的人与人之间的关系，其形态与社会生产力发展密切相关。以体力劳动为首要生产要素的奴隶社会，人们在争夺劳动力资源的过程中形成了奴役与被奴役、支配与被支配关系。当土地成为主要的生产要素时，土地资源的占有产生了封建领主，劳动者必须在领主的土地上为其提供生产产品，由此构成了劳动者对土地附属物和领主的依附关系。随着工业革

① 江其务：《制度变迁与金融发展》，浙江大学出版社 2003 年版，第 37—41 页。

② 刘斌、司晓悦：《完善国家制度体系的维度取向》，《齐齐哈尔大学学报》2007 年第 1 期，第 19—23 页。

③ 陈华：《生产要素演进与创新型国家的经济制度》，中国人民大学出版社 2008 年版，第 45—47 页。

命的推进，工业逐渐代替农业成为社会的主导产业，资本便成为所有生产要素中占据支配地位和主导地位的生产要素，其他要素都要借助资本进行配置，从而形成了资本雇佣劳动的相互关系。社会进入知识经济时代，科技要素和信息日益在社会发展中占据主导地位和核心位置，知识的创造、传播和利用成为经济增长的主要动力。知识的创造和应用使得知识的交换需求变得更为迫切，人作为知识的第一载体，相互之间的交往、互动和协作变得更加密切，从而构建了新型的人际关系。总体来说，人际规则围绕着人际关系的变化而改变，沿着从封闭到开放、从强制到宽松的轨迹转变。

3. 价值规则。价值规则体现了国家制度的价值取向。价值规则作为无形的“软约束”，已成为国家有效运转的内在驱动力，它反映和代表了社会整体的精神、道德规范及其追求发展的文化内涵。在国家发展中，价值规则是增强国家凝聚力、保证国家行为合理性和规范性以及推动国家发展的形态规则。如果没有基于价值规则的价值观念约束，社会组织和个人的交往关系就会缺乏主导意识。在不同的历史时期，不同的物质资源分配关系和由此形成的社会关系决定了价值规则的演变。在生产能力有限的时代，人与人之间的联系纽带是权力，其主导价值观往往是集权的，由此形成了等级秩序规范。在资本作为生产第一要素的时代，人与人之间的联系纽带则是资本，由此形成的社会主导价值观为功利主义。在知识经济时代，知识成为最重要的生产要素，人与人之间的纽带是知识，社会主导的价值观即转变为对知识的尊重和对创新的追求。

总体来看，国家制度中的物际规则、人际规则、价值规则体现的是社会发展中的制度关系和人与人之间的意识形态互动关系。其中，物际规则影响着人际规则，人际规则决定价值取向，价值规则又作用于物际规则，这说明三者相互影响、相互制约。从发展的观点看，国家制度的变迁具有连续性，它是在物际关系、人际关系、意识形态变化和交互影响中演变的，如图3－1所示。

在国家制度变迁中，信息服务制度不仅依赖于国家制度，而且作为制度的组成部分，同时对国家制度产生影响。在信息服务制度框架下，信息服务经历了包括服务内容、服务技术和服务体系的演化过程。物际规则、人际规则、价值规则作用下的国家制度决定了信息服务的发展和组织形态。在人类

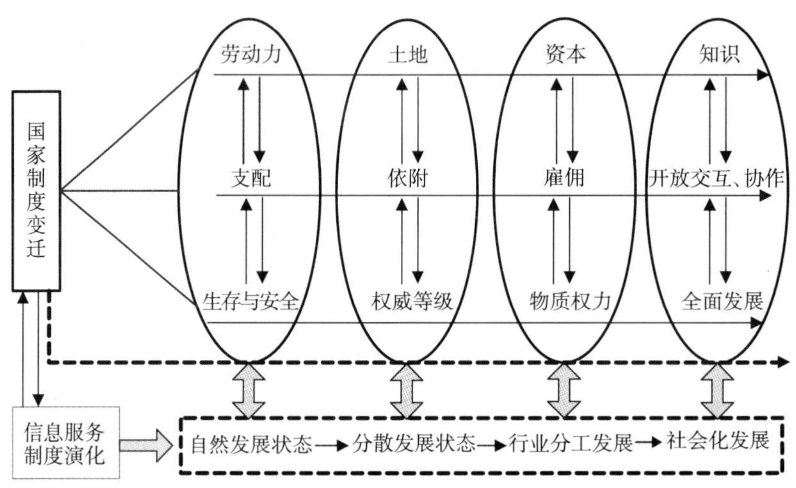

图3－1 社会发展与国家制度变迁

社会发展初期，生产力的发展水平限于满足人类生存需要，信息服务制度必然限于无意识的自然发展状态。随着农业经济的发展，人类活动范围开始逐渐扩大，出于集权统治的需要，形成了信息服务制度的雏形。在工业经济发展中，随着生产力的不断提高，社会分工逐渐细化，科学信息、生产信息、物质信息、生活信息、战争信息等各类信息的交换和流通变得专业化、行业化。在这一背景下，图书馆、档案馆的服务与通信、流通等服务得以发展，继而形成了行业分工明确的信息服务体系。当前，科学技术作为社会发展第一生产力，以知识为基础的创新已为各国所重视，由此提出了国家创新发展中的信息服务制度变革和基于制度变迁的服务转型问题。

国家制度变迁与信息服务制度的演化不是孤立的，随着社会的进步和发展转型，制度会不断创新。从制度范围看，国家制度是制度系统中层次最高的也是最重要的根本性宏观制度，它涵盖社会各领域，对所有社会关系和社会成员起到行为规范和约束作用，是处理一切社会关系、维护一定社会性质及秩序的最根本规范。信息服务制度对行业内的基本关系进行规定和约束。在制度演化过程中，国家制度作为信息服务制度制定的前提条件，确定了经济运行与社会交互的行为规则，对信息服务组织起着决定作用。然而，信息服务制度建设并不是处于完全被动的状态，信息服务制度也会对国家制度产生影响。在创新型国家建设中，信息服务已成为影响社会发展的重要基础，在制度层面上推动着信息服务业与其他行业的协同，因此，必然在全局上影响着创新型国家的制度建设。信息服务制度必须与国家制度相匹配，与国家制度一致的信息服务制度，对国家制度目标的实现起着积极的促进作用；反之，当信息服务制度不完善或与国家制度不一致时，也会影响甚至阻碍国家制度建设。此外，信息服务制度的演化也会对国家制度的局部调整或改善提出要求。

总之，国家制度与信息服务制度的关系是基本制度与具体制度的关系。国家制度是决定社会发展的根本制度，是主导信息服务制度建设的依据。国家制度在整个制度系统中处于支配地位，信息服务制度则是国家制度在信息服务领域的具体化，是国家制度在信息服务领域里得以有效体现的保证。

（二）世界经济发展中的信息服务制度建设

社会经济发展与制度建设具有相互促进的内在机制。一方面，经济发展需要制度作保证，要求确立与生产力发展相适应的制度；另一方面，制度变迁体现了社会的进步，任何一项制度变革必然以经济发展为基础。

社会主义国家和资本主义国家在本质上是不同的。社会性质决定了根本的社会制度，反映在政治制度、经济制度和社会发展制度上的性质不同。然而，在科学技术生产力发展促动下，经济全球化和知识创新国际化，使国家之间的开放和交互已成为一种必然。国际信息化环境下的知识创新和经济合作，进一步提出了制度层面上的适应性问题。这意味着，在社会发展、经济振兴和科技进步中，各国存在着发展上和制度上的共同点。因此，在我国国家制度和信息服务制度建设上，必须坚持开放原则、面向创新发展和全球化实现原则，即遵循世界经济发展中制度变迁规律，进行符合我国发展需要的信息服务制度建设。

发达国家的制度变迁，一方面反映了这些国家的总体经济趋向和经济发展方式转变中的经济和社会变革；另一方面，由于发达国家经济对全球经济的趋势性影响较大，相应的制度影响力也具有客观性。从这一认识出发，可以通过20世纪初期以来的发达国家的制度变迁分析，总结国家制度下的信息服务制度发展规律。

发达国家的信息服务制度建设出自这些国家经济、社会发展的需要。其制度，一是由国家基本制度决定；二是在国家总体发展战略中进行架构。随着经济发展方式的转变和产业结构的变化，政府通过政策、计划和法律手段，不断强化其制度建设。表 3－1 反映了其中的基本关系。

表 3－1 发达国家制度变迁中的信息服务制度变革

时 期	背 景	经济发展	国家制度建设	信息服务制度建设
20 世纪初至 40 年代	以资源、投资、产品为中心的市场发展，存在国家发展上的竞争和冲突	以资本投入和资源开发为基础，致力于市场扩展和生产经营效益的提升；在国家发展和资源占有上，政治、经济、军事冲突不可避免	致力于市场制度、企业制度的建设和完善，推进自由竞争，为资本、金融提供制度保障	在经济与社会发展中，建立政府信息制度、信息公开制度、信息自由制度、个人隐私和保护制度，完善图书馆服务制度等
20 世纪 40—60 年代	第二次世界大战结束后，经济发展成为主流，技术、资本、市场开始有机结合，企业生产经营规模扩大和产业竞争趋于突出	以 R&D 为基础，以资本市场为依托发展工业经济和农业经济，工业化水平的提高和市场规模的扩大成为主流，以此带来物流经济发展	强调对资本和金融管理，推进贸易和跨国经济的发展，完善资源建设制度，社会保障制度、行业制度，促进企业改革	在制度层面上，推进行业化信息服务，实现公共图书馆服务和政府部门服务的结合，完善信息服务市场制度、知识产业保护制度、信息安全制度等
20 世纪 70—80 年代	社会信息化趋势在发达国家中形成，R&D 投入加大，技术创新对生产发展的作用明显。在工业化基础上的经济转型中，物流和服务业发展迅速	经济发展对技术的依赖加强，高新技术产业发展与信息经济兴起，在新的经济增长中，电子信息产业和先进制造业发展迅速，经济发展带来的环境变化影响扩大	加强政府对经济和社会发展的干预，在政府主导国防、军工产业发展的同时，完善物流业制度，信息产业和服务业制度，奠定信息化社会的制度基础	完善公共信息服务制度，在制度上规范文献信息服务、咨询服务和信息组织与提供服务，推进信息服务的行业化，扩展信息服务范围，建立计算机软件业制度和电子信息业产权制度

续表

时 期	背 景	经济发展	国家制度建设	信息服务制度建设
20世纪90年代	信息服务和知识产业地位日趋突出，信息网络基础上的经济全球化已成为经济发展的必然	信息经济、知识经济迅速发展，服务业和新兴战略产业地位突出，经济区域化、国际化趋势加强，风险加大	进行政府职能的变革，增加公众的参与机会，完善信息化建设制度、战略产业发展制度和国际合作制度	建立社会化信息服务制度，完善互联网信息服务制度，规范信息服务产业和电子政务、商务行为，完善知识创新管理制度
21世纪初	知识创新成为经济和社会发展的主导因素，经济发展风险机制和持续发展成为关键	新经济增长方式的出现，经济全球化和创新国际化趋势加强，各国经济交融和新的风险机制不容忽视	在知识社会构建中，进行创新型国家制度变革；创建适应经济全球化的监管制度、资源制度和创新发展制度	围绕国家创新发展进行信息服务制度变革，在信息交流、信息资源开发、信息化服务和技术创新与成果转化中规范各主体的信息行为

自第二次世界大战结束到20世纪70年代末，发展经济成为战后各国政府的首要任务。国际经济竞争的加剧使信息成为各国经济发展中的关键要素，信息产业正在成为各国基础性产业之一。各种信息需求逐步上升，促使信息服务业有了新的发展。在这一时期，信息自由的观点受到广泛的关注和公众的认可。对此，美国等国家制订了《信息自由法》、《信息获取法》，从民权的角度规定了公民有获取信息和传播信息的自由。大部分国家将信息视为国家的重要资源，在制度层面上促进科技信息活动的开展，依法建立了信息服务指导和管理行政机构，如美国在1958—1977年间，科技信息领域提交的制度性政策报告就有16件。1980年，美国国会制订并通过了《文书削减法》，在联邦管理和预算局中成立了信息与规章事务办公室，并将信息政策职能赋予该办公室，以加强对整个信息生命周期中的信息需求、信息利用、信息传播的管理①。

① 吕先竞：《欧美信息服务体系分析与借鉴》，《四川工业学院学报》2004年第1期，第93—98页。

英国早在1965年就成立了科技信息咨询委员会及科技信息局，对科技信息进行规划管理。日本战后依托于科技、经济、技术信息的巨大市场需求，在信息服务制度建设中注重利用世界的科技信息来促进本国的信息现代化，设置了科技信息管理和规划的专门机构科学技术信息中心（JICST），出台了《关于科学技术信息流通的基本政策》、《信息处理振兴事业协会及有关法律》等一系列制度性政策，从国家角度整顿和强化信息流通及构建信息服务体制。

20世纪80年代后，各国一方面继续延续对信息服务的管理和控制，另一方面在经济上采取宽松政策，促进信息服务的产业化、商业化发展。如美国政府加强了关系国家安全的科技信息控制，签署了《国家安全决议指令》、《出口管理法》等文件，从制度上限制信息的传播范围。欧盟先后制订并实施了一系列具有重大战略意义的发展计划，在开放信息市场、促进信息服务手段先进化和内容多样化以及欧洲科技资源整合等方面给予了制度上的支持①。此外，欧洲的一些国家如英国在1982年实施了《信息技术规划》，德国和法国也在1985—1988年颁布了政府专业信息规划，依据当时的制度和规定对信息服务的发展进行了整体布局。这一时期，日本在信息服务制度上进行了调整，加强了数据库行业的制度管理和控制，采取了统一的方针促进政府和民间数据库服务的振兴对于学术型数据库的发展，出台了《关于数据库服务的中间报告》等。

20世纪90年代以后，针对信息服务产业的崛起，各国在信息服务制度建设上采用两种方式：一种为根本性变革，这种转型主要由政治、经济制度改革引发；另一种为变革性转型，在技术、文化、国家战略的推动下进行信息服务制度变革。属于根本性变革的有俄罗斯等国。俄罗斯、罗马尼亚、匈牙利等国在经历从计划经济向市场经济的转变中，进行了信息服务的制度变革与转型。其中，俄罗斯的信息服务业受政治变革影响最大：1991年由计划经济逐步往市场经济转型，原有的公益信息服务体系开始重新构架，公益信息服务部分进入市，通过开展商业化服务补贴经费不足。此后，俄罗斯开

① 胡昌平、张敏：《欧盟支持行业创新的信息服务平台实现及启示》，《图书馆论坛》2007年第6期，第32—36页。

始信息服务发展的整体规划，出台了《国家信息政策构想》等制度性政策。南非于1994年基于立法框架，从国家层面和部门系统层面提出了国家制度规范，确立了政府管理信息资源的体制。属于信息服务变革性转型的主要是以美国为代表的西方发达国家，这些国家随着产业知识化趋势的不断加强，信息服务业结构出现重大变化。由于各国政治体制、经济状况、文化传统以及社会制度的发展形态存在差异。因此，大都根据本国国情和资源优势，在制定信息服务制度时各有特点。以美国为例，从自由分散的信息政策导向下的制度建设向统一国家信息政策主导下的制度建设方向转变，通过各方利益的制衡，进行超前立法和推进前瞻性的制度变革。在20世纪末，欧盟在开放了信息服务业务，在加快制度建设方面也作出了很大努力。欧盟各国纷纷颁布旨在促进信息服务发展的法律法规，芬兰、瑞典等国家进行了加工经济向知识经济的转型，通过发展网络信息服务业务，为知识经济的发展提供充分保障[①]。欧盟作为一个整体联盟，在欧盟各国信息服务产业制度建设中起到了积极作用，通过制度的不断完善，其信息服务的发展与美国形成了竞争的态势。日本在信息服务制度变革中，于1994年组建了高度信息化社会推进部，从行政服务、财政和人才等方面对信息服务业予以引导和支持，通过发布《关于面向新世纪应采取的科学技术综合基本方针政策》、《开拓未来推进信息科学技术的战略政策》等促进信息服务体制改革，推进信息服务的国际化发展。

进入21世纪后，经济全球化驱使各国将新世纪的发展战略聚焦于抢占信息产业的新高地，以此构筑本国的信息服务产业基础，继而以全球经济一体化的大市场为目标，支持国家创新为导向的信息服务行业发展。美国、欧盟、日本以及亚洲的一些新兴国家和地区的信息服务业发展，在很大程度上取决于宏观信息产业制度的完善和信息服务制度环境的优化。美国为确保在21世纪的领先地位，将创新视为“获得成功的最重要因素”[②]。2009年发布的《美国创新战略》加强了国家对信息服务的宏观管理，将私人部门作用在制度层面上提升到突出位置。欧盟采取框架式的信息制度体系，制定了构

① 王海涛：《爱尔兰的国家创新体系》，《全球科技经济瞭望》2006年第2期，第15—19页。

② Natiional Governors Association. innovate America：A final report2006－2007［R.］［2009－10－15］. http：//www. nga. org/Files/pdf/0707innovationfinal. pdf.

建新型信息社会的一整套联盟政策，出台了《电子欧洲——面向全体欧洲人的信息社会》、《欧洲2020战略》等带有全局性的政策文件，旨在构建欧洲知识型社会，在制度创新上支持国家间的创新活动开展。日本在进入21世纪后为了适应创新需求，对信息政策进行了重新定位，由“知识传播与扩散”向“知识创新”转变，从以技术为导向的发展战略转向弹性体制的建立。日本2006年发布的第三期科学技术基本计划，重点推进体制改革和制度调整；2009年提出的《数字日本创新计划》，强调通过科技和信息服务创造新价值，以此出发推进了制度改革。

综上所述，各国的信息服务制度建设与体制改革，都是在国家宏观经济、政治框架下进行的。虽然由于各国信息服务发展进程不同，政治、经济状况各异，在相关制度政策和法律规制上各有侧重，但国家制度的变迁和信息服务制度建设都是在国家战略规划和信息法律基础上进行的。随着国家制度的变迁，信息服务制度处于不断调整与创新之中。显然，这种创新和完善，在创新型国家建设中是必不可少的。

（三）我国创新发展中的信息服务制度建设及其规范

我国国家制度建设以社会主义国家的生产力发展为基础。新中国成立后至20世纪80年代，集中的计划管理决定了政治制度、经济制度、科技制度、文化制度和社会发展制度的建设，与此相适应的信息服务国家制度，决定了科技信息事业的发展和经济与社会信息服务的开展。国家集中管理的信息制度保证了经济和社会发展目标的实现。自20世纪90年代以来，面对经济全球化和社会信息化的机遇，在我国改革开放战略的实现与全面改革的推进中，社会主义市场经济制度得以确立并不断完善。进入21世纪后，知识创新与国家可持续发展决定了信息服务的组织机制和适应于国家发展环境的信息服务制度变革。

我国长期以来实行的事业制为主体的信息服务制度，在社会主义市场经济和信息化的全球经济与科技发展环境下开始了适应性变革。事业型的科技信息服务和经济信息服务步入政府主导和市场调节相结合的发展轨道。传统事业型信息机构的组织制度、投入制度和运行制度与市场经济制度的确立相适应，由政府直接管理转向政府主导的公益服务与市场化运作的结合。

与此同时，政府推动多元结构的信息服务产业发展。在运行制度的改革探索中，信息服务机构开始引入竞争机制。国家支持事业机构以多种形式进入市场，发展信息服务经营实体；另一方面，通过专利法、技术合同法等相关法律的制定和完善，促进信息的转化、利用和转移，以此出发，信息资源管理制度得以不断完善。这一时期的信息服务制度虽然在多个方面进行了改革，但也存在服务组织与运行体制上的问题。突出的问题是，信息服务机构缺乏进一步的市场运营制度支持。

20 世纪末，信息服务制度在国家创新发展战略导向下，开始进行重大调整和改革。1991 年国家制订了《关于今后十年信息服务业的发展方案》，提出了建立以信息采集、加工、处理、传递和提供为基本内容的综合信息服务体系问题。在制度建设上，要求把信息服务业建成推动国民经济迅速增长的产业部门。这无疑为信息服务产业制度的建立和完善作了战略上的准备。1996 年国务院成立了信息化工作领导小组，负责规划、领导全国的信息化工作。在信息组织上，将科技、经济各方面的信息服务纳入一体化的管理轨道，以推动信息服务的网络化和社会化发展。这一时期，信息服务机构改革，从财政拨款制度转向国家投入为主的多元投入制度。转制采取的策略是：一方面，持续发展公共和公益型信息服务，完善事业管理制度，实行机构重组；另一方面，放开与经济建设密切相关的商业、金融、技术等应用型信息服务机构，使其以多种形式、多种渠道与经济结合进入市场。在转制过程中，由于各系统信息服务机构的情况各异，因此，在总体方针指导下，又区分为不同的改革模式。

在制度变革中，事业型信息服务机构实行分类改革，一部分仍然实行事业运行机制，有面向市场需要的信息服务机构则整体或部分转为企业体制。在机构改革和体制变革的同时，国家支持数据库产业和网络信息服务的企业化发展。在制度变革与发展中，国家大力推动民营信息服务机构的发展，从政策激励、项目支持和基金资助上为民营信息服务机构发展创造条件。在发展中，通过理顺民营信息服务业的产权关系规范了信息服务事业机构及其衍生的信息服务企业的运行，使信息服务行业结构发生了深刻变化，市场机制开始发挥越来越重要的作用。这一时期，信息服务资本市场也得到了发展，开始建立风险投资机制，知识产权的管理和保护制度也得到了进一步的完善。存在的主要问题是：随着信息服务机构的转制，行业信息服务制度有待进一步完善，公益性信息服务与市场化服务之间的关系有待进一步协调。

进入21世纪后，信息服务开始形成多元化的投入体系，国家对信息服务管理从直接配置资源的微观管理转向新制度环境下的宏观管理与社会化组织管理轨道。在国家规划下，以服务于创新发展为目标的信息服务机构，在面向国家知识创新网络各主体的服务组织中，需要重构信息服务体系和进行信息服务制度创新。

综上所述，无论何种信息服务制度，都是在特定国家制度环境下产生的，国家制度构成了信息服务制度绩效实现的基本条件。信息服务制度演化表现为与国家制度持续互动的复杂过程①。我国传统的信息服务制度是富有效率的制度，这种制度与计划经济体制及其信息资源配置方式紧密相连。然而在20世纪80年代以后，我国信息服务制度运行的大环境发生了根本变化，传统的信息服务制度已难以适应社会改革与发展的需要，由此而呈现出制度运行的低效状态。这种低效状态已经影响到我国社会信息化和创新型国家建设的进程。为此，与我国国家发展的宏观导向相适应，信息服务制度应进行适时的变革。然而，随着创新型国家制度建设的不断推进，信息服务制度如何为国家发展、科技进步提供更有力的支撑，仍是一个有待解决的问题。

二、国家创新制度下的信息服务转型

创新型国家制度建设从根本上适应了以知识创新经济为先导的产业结构调整和经济与社会转型发展的需要，国家制度变革同时也提出了支持国家创新发展的信息服务转型要求。在信息服务转型发展中，明确创新制度下的信息服务发展机制，进行从科学价值观出发的服务定位，实施转型发展战略是十分重要的。

（一）创新型国家制度下的信息服务发展机制

创新型国家的建设建立在制度变革与创新基础之上，其制度建设是一个不断延续的国家政治制度、经济制度、科技制度、文化制度和社会发展制度的变革过程。从信息服务组织上看，创新型国家的信息服务应从国家政策、

---

① 李风圣：《中国制度变迁的博弈分析》，2000年中国社会科学院博士论文，第45—48页。

法律角度进行体制和管理上的规范，以实现资源产业经济到知识创新经济的转变。由此可见，创新型国家的制度是一种实现国家创新动态发展目标的制度，这是进行信息服务合理组织和科学发展的基本依据。创新型国家制度建设框架下的信息服务发展与国家制度环境、国家创新发展中的各主体关系以及社会运行规范直接关联，其发展机制如图 3－2 所示。

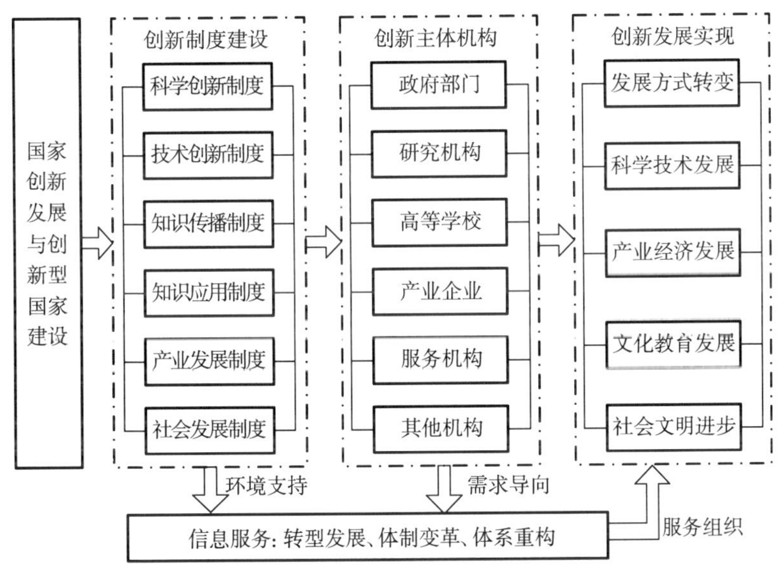

图 3－2 创新型国家制度下的信息服务发展

从国家创新发展上看，创新型国家建设提出了国家制度变革与国家创新发展体系构建问题。在制度创新基础上的机构改革和创新活动的组织，使创新主体之间的作用关系发展了变化，创新发展目标的实现提出了信息服务转型发展、体制变革与体系重构要求。从信息服务的组织上看，信息服务必须依赖于运行环境的支持，以便在创新需求导向下实现面向国家创新发展的服务保障目标。

值得注意的是，信息服务的组织和运行若要起到预期的作用，就必须与运行环境相适应。这里的运行环境主要是制度环境。制度环境具有相对性，也就是说高层次制度可以构成相对低层次制度的运行条件和环境，更高层次和更基本的制度可以成为下一层次和更具体制度的环境。信息服务制度运行环境包括外部环境和制度运行的内部环境。外部环境主要指社会经济、政治制度环境，包括宪法秩序、法律规范、意识形态、经济制度等，它们构成了信息服务制度运行的外部影响因素。制度运行的内部环境主要指信息服务服务系统内部的体系规范、运转规则等。信息服务制度的正常运行应考虑到它与外部环境及内部环境的相容性。在外部环境中，信息服务制度不能与其位置更高的国家制度相冲突；在内部环境中，平行制度之间如政策、业务规范等也应具有一致性和相容性，否则会造成制度的运行障碍，产生混乱、无序与冲突。因此，国家部门在制定信息服务法律、政策过程中，应重视制度系统的逻辑性，以及制度间的相互支持、映射和关联。

服务运行实体指的是承载信息服务制度关系的实体，即信息服务制度运行的行为体，包括不同类型的机构和组织。信息服务运行制度在不同层面，作用对象是不同的：在国际层面，作用对象为国家、国家之间的信息服务联盟以及信息服务国际组织（包括正式组织和民间组织）；在国家层面，作用对象为各种类型的信息服务组织，如公共信息部门、各类企事业信息机构和市场组织等；在行业层面，作用对象为行业内信息服务管理机构、信息服务组织、利益集团、非政府组织以及个人等；在具体的组织层面，作用对象是信息服务机构、人员以及信息用户和社会公众。在信息服务组织运行过程中，信息服务实体之间具有共进相长的关系。一方面，信息服务组织应与创新型国家制度相适应、相协调；另一方面，信息服务的实施依赖于信息服务系统中的组织行为。这两个方面相互作用，成为一体。

信息服务组织不仅依靠组织内在约束力、自治力，而且需要信息法律、政策、规则的强制。一方面，信息服务依靠外在制度进行规范，在外在制度作用下，按照信息服务活动需要，制定信息服务规则；另一方面，通过强制性规则保证，在环境变化中进行服务体制、体系变革以适应信息服务的发展需要。信息服务组织的有效性取决于服务制度和服务机制，因此对制度运行中的有效机制确立是重要的。

（二）信息服务转型发展的价值取向

任何制度的设计总是承载着一定的价值承诺和取向，总是在一定的价值理念和价值原则的导向下进行的（不管这种理念和原则是否被人所意识和把握）。这些理念和原则直接作用于制度设计的方向选择、目标设计和模式确立，由此对社会发展的最终结果产生关键性影响①。社会的一定发展阶段，应该有比较统一的价值理念作为转型发展所追求的目标导向原则。我国传统的信息服务是分部门组织的模式，坚持的是社会资源利用均等和同质服务的观念，着重于社会总体价值的实现。随着社会主义市场经济的发展，信息需求日益多样化、复杂化，原有的信息服务体制在运行过程中不断的暴露出其弊端和不足，这就需要对其进行全面变革。值得注意的是，信息服务制度在变革发展过程中，其价值取向不是单一而是多种多样的，在不同的时期价值取向上的区别主要体现为不同时期会采取不同的方法，基于不同的着眼点和侧重点去平衡和协调多种价值的冲突②。面向国家创新的信息服务，其价值取向应体现信息公平和服务效率。

1. 信息公平。公平是人类追求的最普遍的价值目标，它是一定历史时期社会主体间利益关系的合理均衡，是现代社会的基本价值取向，也是现代制度设计和安排的基本依据。在现代社会，公平的价值理念逐渐深入到信息服务制度设计中，主要体现为：作为一种分配规则，它决定着一定的主体应当享有的信息权利和利益，它是一种评价和衡量规则，用于处理矛盾冲突的诸方权利和利益，通常表现为信息资源的配置规则。传统信息服务中的公平配置是一种绝对的平均配置，它并不考虑个体偏好。但在信息资源可以实现无障碍共享的情况下，由于每个人的偏好不一样，把所有的信息产品或服务平等地分给每一个人虽然看似公平，但却不一定能使所有用户感到公平。因此，信息占有公平必然向信息利用公平转化。

客观地说，信息公平是一个动态实现过程，没有静止的、永久不变的公平。当前，从创新主体的角度看，不同创新主体因自身信息能力、信息需求的差别而形成了获取和使用信息的差别。显然，消除差别的关键是消除差别存在的因素影响，实现均衡服务。从信息资源价值看，信息也不是一种匀质资源，而是多样性的统一和异质信息源的汇集，其分配不能采用简单的统计学意义上的平均分配方式。此外，在信息的收集、整理、提供和使用的各个

① 薛汉伟、王建民：《制度设计与变迁：从马克思到中国的市场取向改革》，山东大学出版社 2003 年版，第 174—177 页。

② 丹尼尔·贝尔：《资本主义文化矛盾》，赵一凡等译，生活·读书·新知三联书店 1989 年版，第 84—87 页。

环节之中差异性同样普遍存在。因此，很难想象不同内容和层次的信息源、信息量和信息获取工具能够平均地配置给每一主体。由此可见，以创新为导向的信息服务公平价值取向，其逻辑起点是承认不同主体的信息需求差异和同一信息的价值因不同主体的不同利用所产生的差别。从实质上看，这种公平是相对的公平而不是绝对的公平，是承认差异和消除差异的公平。基于这种相对价值取向，信息公平在于使有差异的公平趋于合理，这是当前信息服务公平应该追求的目标。

我国社会正处于转型发展的关键时期，创新环境对信息服务提供者和利用者提出了新的要求，资金、技术、人员能力的差异也会导致信息利益分配的失衡，可能引发多领域、多层面的信息不公平现象发生。这种不公平现象，如在信息公司的发展中，一些信息服务经营实体可能在国家信息资源利用上，使公众与用户利益受到妨碍；又如信息服务市场运行中的某些做法有可能引发不公平竞争的出现；数字信息服务中的条块分离和部门分割，也会造成信息服务的不公平。如何正确对待信息主体的层次差异，通过有效的协调方式消除这些差异，在信息总量和总供给力不变的情况下进行相对合理的体系构建，是当前在追求信息公平目标时需要解决的问题。

因此，我们只有承认差异性的存在，才能有效促进信息与信息服务的合理组织和利用，以带来科技、经济和社会的进步。需要指出的是，无差异的信息公平虽然也反对“差异”，主张追求信息公平，试图人为地对信息获取和分配进行控制，其结果有可能只是平均主义的信息公平。因此，相互差异的信息主体要更为合理地获得相互差别的信息，需要以权、责、利对称原则和社会公正为基础。

具体说来，信息公平原则主要体现在以下方面：（1）信息交流与获取平等，体现在信息服务中的权益分配平等上，在社会化信息服务中各机构用户和个体用户应具有平等获取交流和获取信息的地位；（2）信息组织与利用平等，体现在各机构和用户在信息组织和利用过程中能够公平地利用信息资源，排除不正当权利对信息组织和利用的影响，保证信息利用价值的实现；（3）信息利益保障平衡，指的是在信息服务活动中要合理配置信息权利，平衡信息主体间的信息利益关系，使信息能够在各类用户活动中产生同等的价值。

信息服务制度设计必须考虑到公正，这是由制度设计的目的所规定的。信息服务业由多元化的信息服务机构组成，彼此间存在着竞争和冲突，其恶性的没有规范的竞争会导致信息服务业的整体无序，内耗严重，效率下降。为了维护竞争而不乱的秩序，只有公正才能实现这个目的。此外，从历史上看，制度越是公正就越是可以减少强制性力量的威慑。只有公正的制度才能使社会成员的合作成为自觉自愿、积极主动、富于创造性的合作。

2. 服务效率。信息服务系统中，效率是指系统通过消耗一定的投入而实现某种目标或产出的能力与绩效水平，由投入与产出或成本与收益所决定，提高效率则意味着社会总成本的降低①。从信息服务资源利用的角度衡量信息服务效率，在于进行信息服务机构提供的信息服务的价值与所消耗资源的价值比较；从提供信息产品到信息消费的流程来看，信息服务效率体现在信息资源组织效率、信息处理效率、信息服务系统和网络运行效率上；从总体上看，只有提高信息服务效率才能降低信息资源的组织、开发与利用成本，提高用户利用信息的效益和信息服务机构运行效益。提高信息服务效率的目的是：以尽可能少的资源组织与服务投入，提供使各行业用户满意的服务产品，从而达到信息服务经济效益的良性增长目的。信息服务效率涉及服务分配、交换和消费效率问题：信息服务的分配效率的提高显示了信息服务及产品的合理分配水平；信息服务交换效率的提高旨在以尽可能小的流通成本来实现信息服务及产品的流通效能的最大化；信息服务消费效率是指所提供的信息服务在消费过程中的所得到的增益，通过提高消费者的信息利用效益，可以促进信息服务的效用最大化。由此可见，信息服务效率涉及多方面问题，因此，需要通过多方面渠道来提高服务的总体效率。

道格拉斯认为，制度改进本身至少可以在两方面促进效率的提高：一方面，制度改进的目标之一是降低交易费用；另一方面，有效率的制度可以从根本上降低交易费用和生产费用。我国传统的信息服务部门作为国家事业机构的一部分，其经费由国家安排，社会效益的追求是其出发点和归宿。这些机构所需的各项经费全部由国家下达，资源配置实行计划管理。对机构效益

① 战松：《制度与效率：基于中国债券市场的思考》，2006 年西南财经大学博士论文，第 78—79 页。

与服务效率的测评以其对社会贡献的多少作为标准，较少从经济角度来考察其信息服务活动。值得指出的是，公益制信息服务由于始终处于稳定状态，所产生的社会效益评价也是静态的。当前，全球经济一体化发展使得信息服务向开放化方向发展。一方面国外信息服务已进入国内市场，这对我国的信息服务市场产生了多方面影响；另一方面，随着市场经济体制的建立，数据服务、咨询与中介服务逐渐兴起。这些市场化的信息服务实体显然改变了社会信息服务结构，在服务范围、服务内容、服务方式等方面产生了深刻影响，不少用户也将目光投向那些有偿信息服务实体，从而呈现出信息服务的多元化发展格局。由于产业制信息部门可以满足特定用户的需求，同时创造自身的经济效益，因此在衡量信息服务业运行效率时，使用经济效益衡量中的利润率指标是必要的。事实上，信息服务业满足用户信息需求的能力越强，信息资源高水平的利用效应也越强，信息服务必然具有较高的运行效率；反之，信息服务业必须进一步加大信息资源开发与利用的力度。因此，在重视社会效益的同时也要重视经济效率的提高，这里的效率和公平是统一的，具体表现在：一方面，信息公平必然促进效率的提高，信息资源与服务资源分配公平在于调动不同信息服务主体的主动性、创造性和积极性，促进信息服务业稳定发展；另一方面，效率的提高有助于推动信息公平，即实现效率层次的信息公平。

知识经济不仅是“知识资源的经济”，而且是“知识社会的人文经济”。世界经济的发展表明，经济不仅在知识含量上越来越高，而且在人文含量上越来越高。如今的“技术”越来越显示出人文价值，信息产品和服务也越来越显示出其人文与社会价值的构成特点。社会经济活动中数字化知识存量与流速的增加，以及知识的传播和利用社会化决定了服务效率的社会取向。这说明知识为核心的信息服务价值取向也必然是以人为本的取向。

（三）信息服务转型发展的战略方向

创新型国家建设中，信息的作用在不断被认识和强化，创新主体信息需求也在随之处于不断变化之中。这些变化推动着信息服务从内容到形式上的变革，促进了信息服务新机制的形成。

当经济发展到一定阶段，产业结构调整就成为一种无法回避的潮流。随着经济全球化的加速，全球范围内的产业结构调整已涉及信息服务业，为了适应经济全球化和信息服务国际化的需要，信息服务正发生新的变化，如表3－2所示。

表3－2　不同阶段的信息服务发展

社会发展阶段	产业发展关键因素	信息服务的组织	信息服务技术支持	信息服务模式	信息服务发展空间
依托于资源的经济发展阶段	工业和农业发展，社会劳动生产力提升	按科学技术和工农业部门组织信息服务	以纸本文献载体为主体的信息组织与管理技术	分散服务模式	封闭、孤立
工业化中的产业经济发展阶段	技术发展、资本投入、市场拉动	信息服务系统分工明确，发展有序	计算机信息技术、信息系统技术支持	系统服务模式	走向开放
信息化环境下的知识创新发展阶段	以知识创新为核心，以信息化为依托的创新经济发展	信息服务的开放化、社会化、网络化发展，创新发展中的信息服务转型	网络信息技术、数字化信息技术支持	整合服务模式	社会化、全球化

表3－2归纳了社会发展不同阶段的产业发展关键因素作用，分析了相应的信息服务组织形式、技术支持、业务模式和服务空间拓展特性。从社会发展上看，依托于资源的经济发展向工业化产业经济发展的转变中，信息服务存在着组织方式、技术支持、业务内容和服务空间的全面改变，其发展从依赖于传统的资源与技术形式向依赖于系统与数字化技术的形式转变。在工业化中的产业经济向信息化中的知识创新经济的转变中，信息服务体现为社会化、网络化、开放化的整体发展趋势。

在信息服务面向知识创新的转型中，创新型国家战略的推进对信息服务业提出了新的要求①。在创新型国家建设中，无论是科技与产业创新，还是管理与社会发展创新，都必须以知识创新为基础，而知识创新贯穿着知识的传播、交流、转移和利用。这说明，作为知识传播、交流、利用、转移支持

① 张晓林：《走向知识服务：寻找新世纪图书情报工作的生长点》，《中国图书馆学报》2000年第1期，第57—59页。

的信息服务必然要成为以知识为核心的创新活动开展的基本支撑。在信息化环境下，自主创新能力的提高有赖于充分而完善的信息服务保障。事实上，国家创新发展具有与信息服务创新的同步关系，因此，在进行创新型国家制度建设和体制改革中应同步推进信息服务的综合改革，使之适应于国家创新中的社会、经济与文化发展。由此可见，社会化的知识创新不仅需要信息技术的应用作保障，而且需要进行信息服务业务内容上的变革，使之与知识创新相适应。在信息服务发展中，网络手段与方法更新和拓展信息服务业务是重要的。从根本上看，需要在国家制度建设的框架下实现信息服务的转型和体系重构①。

信息作为创新网络不可或缺的资源，对创新的实现有着至关重要的作用，甚至从某种角度看，创新活动就是一种信息活动。在创新过程中，人们收集信息、加工信息、生产信息并传播信息。只有在及时获得和利用所需信息的基础上，才能使创新活动有效进行。因此，包括信息组织、发布、交流、传播和提供在内的信息服务已成为社会关注的核心服务②。随着国际社会信息化和信息网络全球化发展，以知识创新为核心的国家竞争愈加激烈，这也使得信息服务作为国家创新体系重要组成部分的地位日益突出，其作用体现为：

信息服务为创新主体提供信息保障。创新主体的创新活动必须以信息为基础，这是启动创新的前提条件。从创新流程上看，知识创造和知识应用不仅需要科学研究机构从事知识的生产，而且也需要专门的信息服务机构提供信息组织和传递服务，以促进知识传播、交流和利用。

信息服务机构直接作用于知识创新。信息服务机构承担知识交流、传播和推进知识成果应用的任务，信息服务系统连接着知识的生产、转移环节，因而是知识创新体系中不可缺少的部分，信息服务对于知识创新的保障作用是其他活动所不能取代的。

知识创新要求信息服务的直接融入。数字化环境下，科学研究中的数据

① 胡昌平：《面向新世纪的我国网络化知识信息服务的宏观组织》，《中国图书馆学报》1999 年第 1 期，第 27—30 页。

② 胡昌平：《图书情报事业的社会化发展战略》，《中国图书馆学报》2005 年第 1 期，第 35—41 页。

采集、提炼和分析需要相应的服务作保证，由此提出了数字化科学研究和学习中的信息服务融入要求，需要通过服务融入促进知识创新的数字化、虚拟化和协同化，因而信息服务与知识创造的有机融合已成为一种必然趋势。

信息服务水平直接关系到创新成果的转移和利用。信息服务机构作为信息的集散地已成为知识创新成果转化为现实生产力的必不可少的中介，在信息流通中发挥推动创新知识传播和促进知识扩散、转移的作用。因而，在知识成果应用系统中，应着手于成果转移信息服务水平的提高和社会化成果转移的推进。

当前，社会的进步从客观上对信息服务提出了融入知识创新和社会发展的要求，信息服务机构正面临着从封闭式的文献服务到开放化的信息服务的转型。信息服务业务应适应创新需求的新变化，开发多样化的信息产品，推动知识创新成果通过市场转化为直接生产力，促进知识经济和社会的发展①。

近 20 年来，我国陆续推进了以经济体制改革为先导的政治、科技、文化和教育体制改革。目前，以创新型国家建设为目标的自主创新体制正在建立。作为改革发展关键动力的“创新”已成为社会普遍关注的焦点，作为创新内核之一的信息服务变革也日益显示出在推动社会经济发展中的重要作用。一方面，信息流通的速度和广度发生了根本变化，从而引发了创新主体的信息需求结构的变化；另一方面，社会分工的细化使得知识密集程度不断提高，导致用户需求结构的变化，从而使信息服务形式、内容和组织方式发生改变。

在部门、系统所有的体制下，面向自主创新主体的信息服务因受部门、系统的限制，无法对多元主体提供社会化服务，服务业务的封闭性很强。这种体制直接导致了行业分散投入，无法产生集成效应，投入—产出效率有限，创新需求难以有效的满足。随着知识经济的发展，把握经济转型发展机遇和控制发展风险是重要的，这就需要在创新型国家的信息服务转型中进行

---

① 刘昆雄、王秀丽：《创新型国家建设中的知识信息服务转型研究》，《情报理论与实践》2009 年第 9 期，第 103—106 页。

科学的发展定位，明确信息服务的战略转型方向[①]：

1. 知识创新的跨系统和开放化决定了信息服务的社会化发展方向。创新型国家体制下的知识创新已突破部门、地域的限制，研究机构、高等学校和企业组织基于创新价值链的结合和知识联盟的形式，确立了新型的联盟创新和网络创新的组织形式。这种变革从根本上改变了知识创新信息需求的结构和分布。当前，在经济发展方式转变中，创新产业链的延伸和战略型新兴产业的发展要求进一步实现知识创新的社会化和协同化。从信息服务对知识创新和经济与社会发展的支持作用上看，需要进行信息服务组织上的变革，改变服务的封闭结构，确立服务的社会化发展战略。

2. 国家经济与行政体制改革的深化决定了国家和地方事业型信息机构隶属关系和所有制关系的变革。自20世纪80年代以来，我国经济、科技和行政体制改革不断深化，改变了事业型信息机构的隶属关系。在国务院机构和地方政府机构改革和职能转变中，面向行业的部（委）管经济实体，已成功转变为政府宏观调控下按市场规律运行的经济实体。与国家管理体制改革相适应，中央和地方管理部门所属的信息机构按国家机构改革要求，正处于分类改制之中[②]。显然，这种改制和转型必然以经济实体的存在形式和管理体制为基础进行事业型信息机构的改制重组。

3. 信息保障的全方位和全程化决定了信息服务的平台化组织模式。无论是科学研究与发展创新还是管理和组织创新，各部门用户都需要为其提供内容充分和针对性强的信息服务，以保障其多元化、多渠道的信息交流、获取和利用。从服务组织上看，这种综合性很强的需求，应由各专门系统协作提供，这就需要进行面向用户的信息平台构建，确立以用户为中心的平台化服务体系结构[③]；从平台组织上看，其构建应具有灵活性，因而应确立跨系统、跨地区的组织机制和管理体制。

4. 信息技术进步与网络发展为信息服务的社会化拓展创造了条件。信息技术进步和网络发展不仅改变着信息服务的形式，而且拓展了服务的空

① 胡昌平、曹宁、张敏：《创新型国家建设中的信息服务转型与发展对策》，《山西大学学报（哲学社会科学版）》，2008年第1期，第31—34页。

② 胡昌平：《信息服务转型发展的思考》，《光明日报》2008年6月10日。

③ Registry of Open Access Repositories［EB/OL］.［2011-03-09］. http：//roar. eprints. org/.

间，使跨地域和时空的服务得以发展。随着数字化技术、网络通信技术的发展及其在信息服务中的应用，信息组织和处理的效率已得到极大的提高。从信息技术与网络发展的支持作用上看，建立社会化服务中的虚拟网络关系、进行社会化服务中的多网融合、规范跨系统协同体制已成为信息服务业务拓展的必然选择。

5. 信息服务业的可持续发展要求建立信息服务社会化组织体系。进行信息服务的体制变革既是国家创新发展和创新型国家建设的需要，也是信息服务业良性发展的需要。只有确立与社会信息形态相适应的服务体制，才可能实现机构转型建设目标。从信息形态与社会制度之间的作用关系看，开放化的需求和多元化的信息组织与利用形态需要信息服务机构适应变化着的环境，以此实现信息服务业的可持续发展。这意味着，在体制变革中，必须着重于信息服务可持续发展目标的实现。

三、信息服务转型发展中的体制变革

信息服务的转型发展不仅建立在制度创新的基础上，而且需要相应的体制作保障，即在信息服务体制改革中实现服务转型。我国建设创新型国家战略目标的提出和创新型国家的制度建设，构建了信息服务新的社会发展基础，经济全球化和信息网络化创造了新的信息服务组织环境和条件。这两方面的作用促进了信息服务系统组织体制向行业服务组织体制的转变。

（一）国家体制与信息服务体制

体制是制度组成要素在组织构成、隶属关系和运行规则上的具体体现。就社会组织活动而言，社会体制可以分为经济体制、政治体制、科技体制、教育体制、文化体制；就组织而言，涉及管理体制、监督体制、保障体制等。

国家建设与经济发展具有不可分割的联系，国家制度作为上层建筑，必然以经济发展为基础，而经济发展又依赖于国家制度建设。作为产业发展支撑的信息服务，其体制一是由发展需求决定；二是由社会体制决定。这两方面的决定因素最终体现在国家体制的主导作用上，即国家体制决定了信息服务行业体制。因此，国家的改革发展决定了我国信息服务的变化过程。

1. 计划经济体制下的信息服务。我国长期以来实行的计划体制，是一种以国有经济为主体、包括集体经济在内的由政府实行统一管理的经济体制。计划经济体制下的企业包括中央、地方政府所属的国有企业和地方政府管辖的集体所有制企业及合营企业。国务院统一计划且分行业设立了相应的行业部（委）机构，包括农业部、冶金部、煤炭部、石油部、化学工业部、电子工业部、纺织部门、轻工业部、机械工业部（按细分行业设立）、交通部、铁道部等，国务院各行业部委直接对行业内的企业进行管理。与国务院行业管理机构相对应，地方政府也设立了相应的行业管理厅、局。在从中央到地方的管理下，各行业企业严格按国家计划进行产品的生产、经营和技术研发。可以认为，计划经济体制下的企业，是在政企结合管理体制基础上，按政府指令和计划运行的。

计划经济体制下的企业，隶属关系明确，从中央到地方的管理结构层次清楚。与此相对应，信息服务从组织结构和隶属关系上，区分为图书馆、档案馆、国家经济信息机构、科技信息机构和管理支持信息机构。其中，经济信息机构以综合为主，由国家信息中心等机构构成，面向各行业进行保障服务；科技信息机构由综合性全国、地方服务机构和各部、委属行业科技信息机构构成；管理支持信息机构，则直接由国务院部、委和地方厅、局管理。

在计划经济制度下，信息服务组织具有如下特征：

（1）信息服务由国家组织承担面向从中央到地方的各级政府主管部门和面向系统内用户的信息服务与保障任务，因而是一种严格的条、块结合的组织体系。

（2）信息服务机构属于部门所有的事业机构，由政府投资建设，按行业和运行分工，区分为经济信息机构、科技信息机构和管理支持信息机构，所开展的服务属于系统内的无偿服务，对相关部门和行业外企业的开放有限。

（3）信息服务所面向的用户结构单一，在体制上具有与经济所有制的同构性，因而服务的组织往往限于面向固定用户的单一服务。同时，信息服务机构之间的协同程度不高，跨部门和系统的服务合作有限。

（4）在计划经济体制下，信息服务机构有着明确的部门服务定位，与国家公共信息服务系统中的图书馆、档案馆和综合性科技与经济信息机构相协调，是国家信息服务系统中的重要组成部分，其服务定位分工明确、界限清楚。

2. 市场经济体制下的信息服务。我国社会主义市场经济制度的确立，是国家改革开放中最科学的制度变革。随着市场经济体制的不断完善，我国国家制度体现了更加巨大的发展优势，从而保证了国家创新发展和经济持续增长目标的实现。

我国的市场经济体制，以“市场”手段组织经济，以计划调控进行运行保障。市场经济体制的确立从根本上适应了经济全球化和创新国际化的发展环境，从制度上保证了创新的发展需求。

事实上，在改革开放和经济国际化发展中，我国的科技机构和产业组织已不再是单一的国有和集体所有。随着企业体制改革的深化，国有企业、民营企业、外商投资企业和中外合资企业在同一环境和市场背景下共同发展。从部委到大部制的政府管理体制，除归并关系国家发展全局的工业和信息化部外，各行业部委相继撤并调整。这种变革，为企业的发展创造了新的条件，使不同经济成分的企业在共同的市场中得以自我完善与发展。

与市场经济体制相适应，信息服务制度正处于新的变革之中。首先，国务院机构改革改变了信息机构的隶属关系，原属于国务院相应部（委）的信息机构，随着产业管理关系和构成的变化，进行了新的组织定位和服务定位，在构成上形成了多元关系的信息服务结构体系；其次，在创新型国家建设中，信息服务的多元化结构正朝着面向多元主体的服务转型，在变革中实现了政府主导的信息服务体制：

（1）信息服务由政府主导发展，在市场经济制度下，承担面向不同所有制关系的组织、机构和部门开展信息服务和保障。例如在企业服务上，其用户不仅包括国有企业、民营企业，而且包括外企和合资企业。这些用户，在服务利用上具有同等权利、享受同一内容的服务。

（2）信息服务机构已不再属于部门所有，而是基于行业的一种组织体制，其建设投入具有多元主体的特征。其中公共信息服务、图书馆服务、档案馆服务、综合性经济信息服务和科技信息服务属于政府投入建设，而各行业的信息服务则由行业制度决定。

（3）信息服务体制是一种开放的服务体制，信息服务具有跨系统的社会化的特征，在服务组织上虽然有分工，然而协同服务的社会化是必然趋势；同时，信息服务与社会化的信息利用相关，国家创新需求的变化促进了服务体制的完善。

（4）在信息服务的市场化组织变革中，存在着市场化信息机构与国家公共信息服务、科技和经济信息服务之间的关联管理问题。在服务组织上，所有的市场化机构服务与国家信息机构服务的统筹规划需要相应的信息服务制度保障。

（二）我国信息服务转型中的体制改革与发展基础

从信息服务组织体制变革上看，国家体制改革与信息服务体制改革具有不可分割的联系。自新中国成立至20世纪80年代，公有制基础上的经济、科技与社会发展决定了隶属于政府部门的信息机构的创建和信息服务集中管理体制的确立。自20世纪80年代以来，随着改革开放的深入和社会主义计划经济体制向市场经济体制的转变，信息服务体制变革在机构改革中不断深化。20世纪末至21世纪初，社会信息化发展和国家创新发展体制的确立决定了信息服务体制的全面变革。这种改革发展关系如表3－3所示。

表3－3　我国信息服务体制演化

时　期	国家体制	信息服务体制
1949—1977年	高度集中的计划经济管理体制，科技、经济和社会发展由国家统一规划，按中央到地方的隶属关系和所有制关系进行条、块结合的系统构建	1956年中国科学院科学情报研究所成立，1958年国务院批准了《关于开展科学技术情报工作的方案》，确立了国家科委情报局作为科学技术情报工作的国家职能机构的地位，以及中国科技情报研究所作为全国科技情报事业中心的地位。国务院设立了相应的行业部（委）综合和专业情报机构。这种按系统构建的信息服务体系具有明确的定位和分工，信息机构经费来源、人员安排、基础建设、设备投入以及服务内容和服务方式由国家统一规范

续表

时 期	国家体制	信息服务体制
1978—1984 年	国家体制改革的准备和推进，计划经济体制向市场经济体制过渡。以计划经济为主，结合市场需求进行企业体制、科技体制、文化体制的改革	随着国家对科技投入的增加，信息服务机构快速发展。一些经营性的服务机构开始进入信息服务行业，信息服务双重管理制度开始形成
1985—1994 年	改革开放不断深入，国家推进政治体制改革，不断完善社会主义市场经济体制，在经济全球化和信息化中实现国家持续发展	与国际信息化环境相适应，加快信息服务体制改革步伐，开始结合并协调发展科技与经济信息工作，国家各部委属信息服务机构的拨款体制、资金投入体制、经费管理体制、运行体制进行了适时变革，从而将我国信息服务体制改革推向一个新的发展阶段
1995—2005 年	建立国家科技创新体系，市场经济体制进一步完善，形成了支持市场经济的政治与法制环境	20 世纪 90 年代中期后，国家创新和信息化建设全面展开，国家各部委属信息服务机构组织结构和运行进行重大调整和改革，部门封闭式的信息服务向开放的社会化信息服务组织模式转变，从而构成了信息服务面向创新发展的新基础
2006 年以后	自主创新成为国家的战略核心，配套政策的制定，促进了创新制度的确立，重视创新活动和战略新兴产业的发展，国家处于全面转型发展期，创新型国家体制逐步完善	在国家规划下，以服务于创新为目标，信息服务机构面向国家知识创新网络中的各主体开展服务，重构信息服务体系，逐步建立和完善以创新为导向的信息服务体制

自新中国成立后至 1978 年，我国信息服务与行政系统同构，表现为系统内部的部门保障。这一时期，市场信息需求匮乏，与我国当时的社会信息形态相一致。由于信息劳动价值和信息商品属性未能在管理上体现，信息服务以公益性为主，其组织主要有政府部门所属信息机构、图书馆、档案馆和咨询服务部门等。随着国家由计划经济制度向市场经济制度的逐步转变，行政管理体制变革已涉及经济、政治、科技、文化等领域。信息服务业制度变

革伴随着机构改革开始启动①。

1978—1984 年，信息服务制度变革处于准备和探索阶段，在这一时期，国家一方面增加了科技投入，科学研究机构发展迅速，科技信息服务得到了大的发展；另一方面，国家实行科技成果有偿转让制度，确认了技术和知识信息可以作为商品进入流通领域进行交换。公益性信息服务机构开始了运行制度的改革，进行了信息服务变革的自主探索。与此同时，信息服务逐步扩展。1980 年，从事信息交易流通的产业实体开始出现，如沈阳技术信息服务公司等在市场经营中得以发展。随后，有关信息的法律颁布使信息产品的交易有了法律依据。信息服务机构开始面向市场自主决策，初步形成了商业化信息服务模式。

1985—1994 年，传统事业型信息服务机构的管理制度、投入制度、经费管理制度、技术交易制度、知识产权制度进一步改革。在机构发展中，信息服务机构的自主权逐步扩大，隶属于国家部门的信息服务机构在履行公共或公益性服务职能的同时，部分可以进入市场的业务开始了产业化转变，其运行实施分类管理。与此同时，政府出台相关政策，鼓励和推动信息服务的多元投入。在运行模式的变革中，信息服务机构开始引入竞争机制，积极推行多种形式的经营责任制，通过专利法、技术合同法等相关法律，建立信息服务的新秩序。这一时期，信息服务体制虽然在多方面进行了改革实践，但信息服务的事业体制并未根本改变，信息服务机构的组织结构、运行机制虽然进行了调整，但大部分尚未改变其与政府相关部门的隶属关系。另外，由于市场发展尚不成熟，用户对信息服务的市场需求显得相对不足，信息服务的市场运营体制有待完善。

1995—2005 年，信息服务制度在国家创新体系的基本框架下，开始了重大调整和变革。1991 年国家制定的信息服务业的发展方案提出了面向全社会的信息服务体系构建目标，把信息服务业作为推动国民经济增长的产业加以建设，这无疑为发展信息服务产业铺平了道路。在信息组织上，我国开始将科技、经济、社会各领域的信息服务纳入一体化的轨道，以推动信息服务的网络化和社会化。这一时期，信息服务机构改革所采取的策略是，在稳

① 胡鞍钢：《第二次转型：国家制度建设》，清华大学出版社 2009 年版，第 67—68 页。

定基础和公益类信息服务机构、保持事业单位编制的同时，推进信息服务体制改革；在服务转型中，发展公共信息服务和面向市场的产业化服务，以此构建新的服务体系。

自 2006 年以来，全球经济一体化和知识经济的发展对传统工业化提出了挑战，产业竞争优势由过去依靠资源和劳动力转向依靠创新和信息。为此我国把提高自主创新能力、建设创新型国家作为国家发展战略的核心，信息服务开始了面向国家创新的发展转型。在国家规划下，以服务于知识创新和科技、经济与社会发展为目标，信息服务机构开始面向国家知识创新网络重构服务网络体系，进行以创新为导向的信息服务体制创建。

（三）国家创新发展中信息服务体制改革的深化

在信息服务体制变革中，可以作出如下分析：一方面，沿着原有的路径和既定方向的体制变革，比另辟新径要方便一些，至少可以节省体制设计成本和实施成本；另一方面，在一种体制形成后就会产生在该体制下的既得利益集团，他们因此有可能采取多种手段来维持这一体制，从而妨碍体制变革。显然，这两方面的作用具有相矛盾的两极性。这说明在体制变革中，既要借鉴成功的路径和方式，又要避免原有体制下的利益集团对体制变革的负面影响。这就要求顺应趋势，在利益调整中寻求最合理的方式。

原有的各部门信息服务机构、事业体制信息服务机构以及各系统的信息服务机构，其运作方式与原有的计划体制密不可分，在体制上体现为对计划经济制度的依赖。这说明对于与原有体制相适应的信息服务机构而言，维护原有的制度无疑可以减少改革中的风险性和不确定性。然而，基于原有制度的信息服务体制变革只能延续以往形成的基本利益关系，体制改革只可能是局部的结构调整和变化，却难以实现新环境下的体制变革目标。如果从制度视角看待信息服务体制变革，必须面对制度演变所带来的体制不适应性和缺陷，从中找出体制变革的核心问题，以便在新的制度框架下对信息服务体制进行实质性变革。

从市场对信息服务发展的作用关系上看，我国信息服务的市场调控机制有待于进一步健全，对此可以借鉴美国、日本和欧盟国家的市场运作方式，实现信息服务产业与公益型信息服务的相互协调。值得指出的是，信息服务的基本保障作用决定了有别于其他行业的市场运作机制，因此，应在信息资源的分配上保持国家对信息资源的支配权，避免信息服务转型中的过度市场化。

我国的创新型国家建设是在信息化背景下开展的，因此信息服务的发展具有较高的起点，它不同于发达国家工业化信息服务体系向信息化信息服务体系的转型机制，而是将工业化与信息化有机结合，实现信息服务转型和信息化环境下的国家创新发展同步。可见，全球信息化环境下我国应立足于创新国际化的需要，进行基于行业发展的服务平台构建，走自己的发展道路①。

我国信息服务体制目前存在的问题主要在于：

市场化运行问题。在计划经济体制下，公众的信息需求主要是由政府和公共部门予以保障。在我国经济体制改革实现后，一些国有信息服务机构开始走产业化的道路，民营信息服务机构开始成长。然而受传统信息服务机构运行体制的影响，在市场化过程中，信息服务机构尚没有建立完整的管理制度，也未能形成良好的市场化管理模式或完整的产业链，信息商品化开发利用程度有限、产业资本投入不足、信息服务市场规模有限，对发展中出现的问题缺乏及时的应对措施，因而在国际竞争中的优势尚不明显。在大力发展信息服务业的今天，信息服务业自我发展能力有待加强。

社会化管理问题。我国信息服务管理体系的一大特征是分部门、分系统的管理。这种管理体系虽然有一定成效，但这种条块分割的管理体制存在着管理机构多元、体系分散、协调不够、职责不清等问题，因而影响了信息服务的效率和绩效。此外，在缺乏内部竞争机制和激励机制的管理环境中，从业人员业务素质相对较弱，现代信息服务高级技术和管理人才有待充实。这种状况，在信息服务转型期应得到及时改善。

资源的重新配置问题。在信息服务事业体制中，政府部门负责信息资源的分系统建设。信息资源在很大程度上属于部门、系统所有，除公共信息资源外，社会化开放共享受到限制。随着系统的开放和政府信息公开的推进，需要从社会发展的全局出发进行资源的协同配置和深度开发。我国作为从资

① 胡昌平、曹宁、张敏：《创新型国家建设中的信息服务转型与发展对策》，《山西大学学报（哲学社会科学版）》2008 年第 1 期，第 31—34 页。

源消耗型向创新发展型转变的国家，现在正处在转型期。经济体制和经济形态的变化为信息服务产业转型提供了制度基础。从宏观上看，信息服务的转型是信息服务管理体制、发展机制的转变；从微观上看，信息服务转型是以资源配置的转变为基础的，要求确立与新体制相适应的资源配置的社会体系[①]。与不断市场化的经济环境及日益推进的政治体制改革相适应，我国信息资源配置逐步打破了部门界限，开始向社会化协调配置方向发展，但从总体上看，现有的社会化资源体系构建和资源开发水平却滞后于信息的社会转型发展。相较于发达国家，我国信息资源建设基础还比较薄弱，对国民经济的支持作用还比较欠缺，资源利用的部门障碍还未能完全消除，因而需要从体制上解决资源的重新配置和重构问题。

深化我国信息服务的体制变革，应从管理体制、法律体制、监督体制、保障体制和运行体制的变革着手，以此出发解决服务转型等的一系列发展问题。

1. 从管理体制上看，信息服务行业管理机构有待组建。我国信息服务业的协调发展，虽然由国务院信息化领导小组负责（大部制实施后，由工业和信息化部负责），然而在信息服务的组织管理上，却由各部门分头负责实施，即国家发改委、科技部、文化部、教育部、国家统计局、档案局等分别管理各自的系统，以至于条块分给的问题未能从根本上得到解决。在信息服务业的转型发展中，其中暴露出来的矛盾需要国家部门通过创新管理体制来解决，以利于服务的持续发展[②]。在管理中，必须形成跨部门的协力，在国家创新发展的全局上，从大产业的角度来协调，因此，管理体制创新是推进信息服务体制变革与发展的首要问题。2008 年 3 月在国务院机构的大部制改单中，将原信息产业部和国务院信息化工作办公室的职责并入工业和信息化部，由其下的相应司来承办原来的工作。这次改革，总体上有利于加强信息服务业在国家宏观层面上跨行业、跨部门的管理与协调。然而，规划协调体制和管理、监督体制仍有待完善。

2. 从法律体制上看，专项法规有待健全。信息服务和社会信息活动在

---

① 邓胜利、胡昌平：《建设创新型国家的知识信息服务发展定位与系统重构》，《图书情报知识》2009 年第 3 期，第 61—65 页。

② 王芳：《我国政府信息机构管理体制改革的探讨》，《中国信息导报》2005 年第 7 期，第 16—19 页。

宏观上依赖于国家信息政策与法律的指导和约束，在微观上依赖于一定政策下的信息法律和具体的管理规则。不可否认，信息服务为社会发展提供了强大的动力；同时，由于其服务中的不规范行为也会对信息环境产生负面影响，如信息服务市场的不正当竞争、知识产权侵权等。信息资源管理、数据和软件保护和信息咨询服务等方面的法律法规尚存在一定的缺失，创新型国家建设中的信息服务发展政策比较宏观。因此，在服务的社会转型中，应从微观上进一步完善体制改革中的法律法规。

3. 从监管体制上看，信息服务的社会监督体制有待完善。传统信息服务监督是以单位、部门和系统为主体的监督。如科技信息服务监督由国家科技管理部门组织实施，即通过部门按照管理要求进行服务质量、资源利用等方面的监督；经济信息服务的监督由国家计划与经济管理部门在系统内实现，主要对经济信息的来源、数据可靠性和信息利用情况进行监督；其他专门性信息服务，则有各专业部门负责业务监督。其分散监督体制显然无法对开放化的信息服务进行有力的监督控制。其监督分散、监督机构不健全等问题仍没有有效解决，随着信息服务领域的不断拓展和新的技术手段的应用，往往导致了监督空白的出现。因此，亟待建立完善的信息服务监督体制。

4. 从保障体制上看，应进一步加强信息服务保障。在创新过程中，围绕创新信息资源的存储、开发、组织、传播和利用的信息保障，其公益性、社会性以及在国家科技进步、经济繁荣和社会发展中的关键作用，决定了其在国家创新发展中的地位。作为建设创新型国家和提高自主创新能力的基础性保障，信息服务只有在科学合理的框架之下才能为国家创新发展提供必要的和有效的支持。因此，信息保障需要建立与国家创新发展相适应的组织实施体制。当前，一些跨系统信息服务平台虽然在政府推进、部门协调下进行了局部整合，但从整体上来看，都没有摆脱布局分散和发展不均衡问题，缺乏国家层面的整体规划和科学合理的组织。

5. 从运行体制上看，信息服务机构隶属关系和运行关系有待理顺。随着经济体制改革和国家政府机构改革的推进，原国务院各部（委）和地方政府所属的信息服务机构也进行相应的变革。国务院有关部（委）的撤并重组、职能转变以及国有企业产权关系的变化与调整，使服务于系统、部门的信息机构的隶属关系和运行机制发生了改变，从而呈现出由政府、企业、高等学校、科学研究院所、图书馆、协会或联合会、民间团体多元主体共同参与的信息服务发展格局。在转型阶段，一方面原隶属于政府部门的信息服务机构的转制、分流、重组和撤并，存在产权不明晰和公益性与产业性划分不清的问题，构成了错综复杂的关系；另一方面，在市场化运行中，由于服务机构缺乏有序的发展定位，造成了信息服务市场的无序。对此，必须探索既有利于政府控制，又有助于信息服务发展的运行体制。

四、信息服务行业体制的确立与双轨制管理的实现

创新型国家建设和社会化信息服务与保障的推进，不仅改变了信息服务的组织关系和结构，而且提出了在国家体制改革的基础上确立信息服务行业体制的问题。当前，信息服务行业应由政府主管转变为政府主导发展的体制。在体制变革中，一是确立行业体制，二是实现公益服务与市场服务的双轨制管理。

我国市场经济体制的确立为企业发展奠定了体制基础。在这一基础上，我国的信息服务应适应经济、科技、行政和文化体制改革的需要，创新信息服务的系统组织模式，进行基于行业体制的信息服务体系建设，实现信息服务转型发展目标。在信息服务行业体系建设中需要政府的集中规划和主导，以及分类改制的社会化推进。

（一）行业信息服务重组中的政府主导

国家体制改革为创新型国家的建设和发展提供了基本的制度条件，创新型国家建设中的国家体制变革是社会经济、政治、科技、教育、文化体制改革的进一步深化。总体来说，信息服务正从政府主管向政府主导体制转变，信息服务重组初期阶段由政府主管，重组的全面实现则由政府主导下的行业推进。

政府主管制是指信息服务由政府统一规划和分工管理的部门体制。我国经济体制、政治体制改革中的信息服务行业机构隶属关系的变化、结构调整和改革推进，充分体现了政府主管的原则。这一时期，信息服务行业的任何一项具体改革，也都是在中央政府直接管理下进行的。如国务院机构改革中的行业信息服务机构的重新定位和改制，综合性科技信息服务的平台制度建设和国家层面上的资源共建共享体制的确立等，都是在中央政府部署下完成

的。然而，随着体制改革的深化，行业信息服务改革必然涉及多元主体发展和多方面利益均衡问题，因而需要在政府主导下完成。

政府主导制是指由政府集中规划行业信息服务，从政策面确定行业服务重组方向和内容，在实施重组上，推动各主体的协同建设，确立政府主导行业服务的一种制度。事实上，充分实现市场经济体制的国家，政府主导机制已经完善。例如，美国在发展面向行业的信息服务中，首先在政策和法律上，确立了联邦政府绘规划、主导信息服务业发展的制度。20 世纪 90 年代，克林顿政府推行的“信息基础设施建设计划”就集中体现了政府主导、多元主体协同的发展原则。在这一原则下，行业信息服务由政府主导投入和运行。又如，欧盟国家推行的欧洲信息市场计划，也充分体现了欧盟委员会政府合作制度层面上的主导行业信息服务的制度原则。实践证明，主导原则和主导制度，同样符合我国行业信息服务重组的要求，由此决定了体制建设的规范。

我国行业信息服务重组中的政府主导制度有着我国的优势和特点：

1. 我国的国家制度保证了国家规划下的行业信息服务重组规划具有集中性，经济和政治体制改革的成功，显示了我国在国家层面上主导行业信息服务改革的优势，从而可以避免行业信息服务组织上的分散化。

2. 市场经济发达的国家具有比较成熟的行业管理体制，无论是工农业还是信息服务行业，都已形成行业协会为主体的行业体系，其行业的自组织程度较高。而我国行业协会体制在市场经济发展中确立并不断完善，管理体制的形成具有信息化背景下的发展起点。

尽管我国的行业信息部门早已存在，然而计划经济体制下分属于国务院各部门管理，随着经济体制改革中的发展转型，其面向行业的发展地位得以确立。在国家创新发展中，工业与信息化的融合决定了行业信息服务部门面向各行业企业的发展方向。在信息服务组织上，不仅要求承担面向国家战略决策和战略性新兴产业服务的任务，而且还需要为各类型企业提供全方位信息保障①。

从总体上看，我国的信息服务在政府主导下经历了以事业制为主体的系统结构， 向多元主体结构和公益型与经营型结合的二元结构方向发展。 当

① 胡昌平、谷斌、贾君枝：《组织管理创新战略》（6），《中国图书馆学报》2005 年第 5 期，第 14 页。

前，信息服务正从多元主体结构向包括公益型与经营型结合的行业结构转变①。基于此，确立国家调控下的信息服务的行业结构体系是当前面临的重要问题。我国信息服务的行业结构及其变化如表3－4所示。

表3－4　我国国家调控下的信息服务行业组织结构

类　属	隶属关系	信息服务机构	发展变革	体　系
国家部门机构或所属系统	中央、地方政府所属机构	国家信息中心、中国科技信息研究所、国家图书馆、高等学校图书馆系统等	作为事业型单位建设隶属于国务院各部(委)，在转型发展中，进行事业机构的改革和转型	公益性服务（面向公众和各部门用户开展公益服务）
	政府部门政务信息服务机构	中央或地方政府电子政务系统	政府信息服务由政府部门面向公众组织，实现信息公开	
国民经济各行业信息机构	行业协会所属机构	中国化工信息中心、机械工业信息中心、中国轻工信息中心等	原隶属于国家部(委)，在经济与行政体制改革中转制发展成为行业信息中心	经营性服务（按市场机制进行服务经营）
	国家企业集团	中国核工业信息中心、中国船舶信息中心、国家电力信息中心等	体制改革后，由国有产业集团负责，组织面向行业的信息服务	
	行业联合组建机构	中国交通科学院交通信息中心、中国纺织信息中心、中国日用化学工业信息中心等	随着隶属关系的变化，通过机构归并和重组，有关机构联合组建	
专业信息服务商机构	综合性信息服务机构	各类网络化信息服务公司、咨询服务机构等	信息服务商机构采用市场化运作方式开展服务	
	国民经济细分行业机构	包括细分行业和地方性信息机构	在细分行业中组建相应的专门机构	

① 胡潜：《面向企业创新发展的行业信息服务重组》，武汉大学出版社2011年版，第86页。

政府主导下的信息服务行业体系的构建，在事业型信息服务转型、改制和经营型信息服务发展基础上进行。如表 3－4 所示，我国的信息服务行业由三类机构构成：其一，国家部门机构和所属系统，由中央和地方政府部门主管，包括国家信息中心、国家统计局信息系统、中国科技信息研究所系统、中国科学院系统、中国社会科学院系统、公共图书馆系统、档案馆系统、高等学校文献信息系统等；其二，国民经济各行业信息机构，包括行业协会所属机构、国家企业集团所属信息机构和各行业企业联合组建的机构，如中国化工信息中心、机械工业信息中心、国家电力信息中心、中国核工业信息中心、交通信息中心等；其三，专业信息服务商机构，包括综合性信息服务机构和面向国民经济产业部门的机构，如各种商务网站服务机构和专门化信息服务机构。这些机构具有不同的隶属关系和运行机制，在面向社会的服务中经历了一个发展变化的过程，从总体上看，可以在改制后的公益型服务和经营型服务推进中构建行业体系。

信息服务的行业组织有别于产业经济中工业和农业行业组织。其一，工农业产业部门中的组织，无一例外地按产业经济发展机制，在市场环境中进行经营，在提供产品或服务的同时，获取利润，实现经营的持续发展；信息服务行业却具有事业和产业并重的特性；长期以来，我国将面向科技、经济和文化发展的信息服务，按“无偿”服务的要求进行组织，其投入由国家统筹安排，接受服务的用户无偿地享受服务。处于改制中的事业服务，由于其基础性保证作用，服务的公益性应得到强化。其二，信息服务行业依附于国民经济各行业，在服务于各行业中体现其价值，由此形成了面向各行业企业和相关组织的行业性信息服务体系；这与工农业产业中的经济实体相比，其运行机制有着明显的差别。

在政府主导下的信息服务行业体系中，公益型服务和经营型服务相互结合，由此形成了信息服务行业体系的二元结构。在信息服务行业体系构建中，需要进行事业型信息机构在社会化服务中的转制。中央和地方政府所属机构在分制发展中，其公益服务与各系统部门所属机构的无偿服务区别在于服务的公共性和社会性。从跨系统公益服务组织上看，在国家统一规划下进行服务体系的协同建设是必要的。这一组织模式已在国家科技图书文献中心（NSTL）的跨系统服务建设中得到了充分体现，目前的问题是，进一步完善管理体制，拓展社会化协同服务空间，使之成为公益性科技创新服务的国家平台。与此同时，国家数字图书馆工程和文化信息共享工程的推进，体现了公益性信息服务行业的跨系统协同发展趋势。目前的问题是，进一步理顺关系进行系统的变革或优化。

与此同时，经营型信息服务行业系统是信息服务行业的又一主体构成。目前，经营型机构既有行业协会机构又有企业经营和联盟机构。当前的问题是，政府主导下的行业协会体制建立和推进基于信息服务行业协会的服务业务发展。值得指出的是，随着网络经济的发展，我国各类经营型信息服务业务发展迅速，截至 2011 年，我国面向各行业的经营性信息服务网已达千家以上，其中企业联合组建的约占 89%，各行业机构运营的占 21%。在政府主导下的行业信息服务体系构建中，这些机构占据重要位置，因此需要按政府调控市场的机制进一步优化服务经营环境，使之与社会化信息服务需求相适应[①]。

我国政府主导下的行业信息服务体系构建需要集中以下问题的解决：

1. 以行业协会为主体建立行业信息服务制度。我国信息服务的行业制度尚未最终确立，信息服务行业的管理处于分散状态，这就需要在制度改革中确立信息服务的行业运行机制，理顺政府部门和行业组织的关系，确立政府主导下的信息服务行业体系。

2. 确立信息服务行业的协同发展机制。我国的事业型信息服务向公益型服务转变中，拟采用专业化管理方式，按服务类属进行分行业的组织，推进包括图书馆、档案馆、科技和经济信息系统在内的信息服务行业协调发展。

3. 进一步理顺国家部门所属信息机构的关系。国务院和地方政府机构的改革改变了所属信息机构的关系，当前的问题是在分类改制中应进一步进行新的发展定位，按公共服务和系统服务的协调关系进行组织规范和服务规范。

4. 按行业分工、合作关系进行信息服务平台构建。信息服务的平台化发展已成为一种必然的趋势，在信息服务行业发展中构建全国、地方平台是

① 胡潜：《面向企业创新发展的行业信息服务重组》，武汉大学出版社 2011 年版，第 88—89 页。

重要的，这种基于平台的服务开展要求在国家统一规划下进行资源和技术的整合，以此出发重构行业信息服务体系。

5. 实施信息服务行业的国际化发展战略。在创新国际化和经济全球化背景下，信息服务行业的发展水平直接关系到国家核心竞争力的提升，因此在信息服务行业组织上应强化信息资源建设和服务技术的创新，实现服务行业的可持续发展。

（二）行业体制下的服务组织结构

信息服务行业体制的确立应有利于社会化信息服务的发展，其行业体制在原有的事业制和经营制基础上建立。从发展目标上看，创新型国家的信息服务行业应立足于工业与信息化融合中的科技创新与产业发展，以提升我国的自主创新能力和经济发展能力为核心进行基于行业管理的服务协同建设。根据系统、部门所属信息机构的转型发展需要，应进行基于转型的信息服务行业机构建设，按机构的多元隶属关系构建社会化信息保障体系。在社会化行业体系构建中，应确立政府主导下的以行业协会为依托的开放化信息服务结构，建立信息服务行业的自我发展机制，在制度上和法规上予以保障。我国行业体制下的信息服务组织可采用如图 3－3 所示的结果。

图 3－3 不仅显示了行业信息服务结构，而且还显示了信息服务机构的协同运行关系。在行业体系构建中，应强调国家创新发展规划中的各类机构的协调管理和开放服务的实现。

针对我国多部门管理公益型信息服务的现实问题，应加强政府部门之间的协调，改变科技、经济、文化信息服务分系统建设的状况，推进信息资源的跨系统协调建设和服务的社会化发展。对此，拟在国家协调管理层面上对信息服务行业发展进行全面规划、管理和协调；同时，确立信息服务机构的行业管理体制，在公益型和经营型服务协调发展中进行基于行业协会的社会化信息服务组织，在面向各类用户的服务中进行协同分工，从而确保信息服务行业的持续发展。

在信息服务行业体系构建与服务组织中，应注重以下几个方面问题的解决：

1. 在发挥我国制度优势的基础上强化政府对信息服务行业的管理。集中规划信息服务和管理信息服务是我国发展信息服务的优势，这种优势不仅

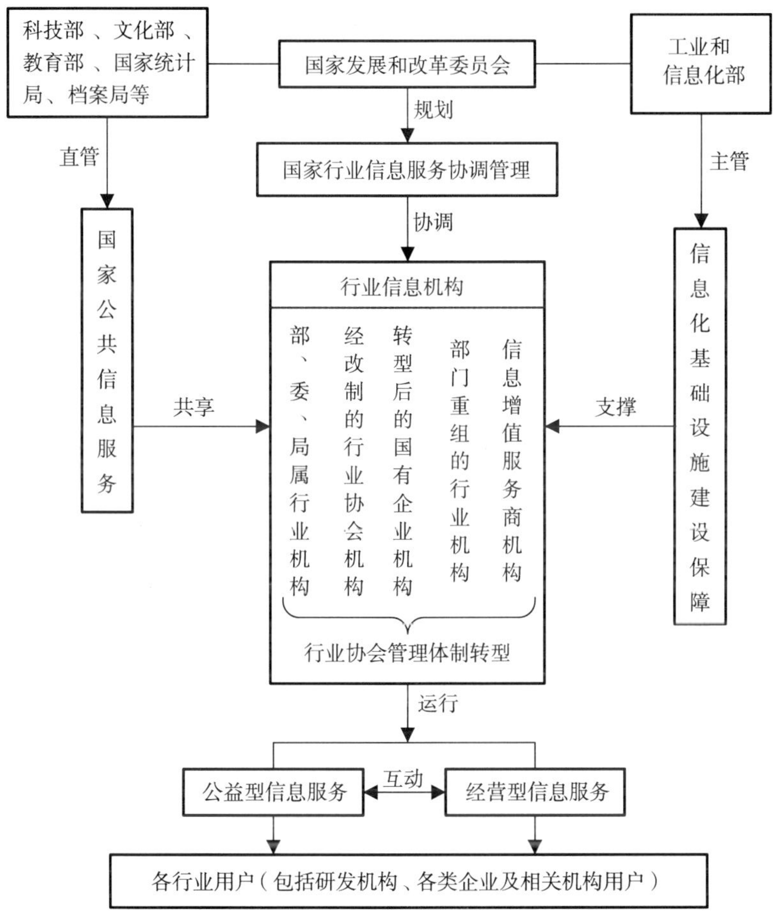

图3－3 我国信息服务行业结构与协同运行关系

体现在计划经济体制下分系统、分部门的信息服务统筹规划和分层管理上，而且还可以适应市场经济体制下国家创新发展的需求。所不同的是，市场经济体制下的信息服务仍然需要进行国家层面上的科学规划和统一协调，在信息服务行业宏观经济发展上与国民经济各部门相协调。这说明，信息资源作为国家战略资源，信息服务作为国家创新发展的支持服务，其投入需要政府部门进行合理的调控和规划。值得指出的是，这种调控和规划存在着与产业经济的协调问题，需要在发展中确立新的政府主导机制。

2. 进一步明确信息服务行业体制中的各主体关系。在信息服务行业体系构建和发展中，确立政府对信息服务行业的主导作用，明确行业协会的职责和作用，在机构改革中实现分类改制。对于仍然隶属于国务院部、委、局的信息机构，拟进一步强化在信息服务行业中的地位，在国家信息服务体系建设中为其良性发展创造条件；对于各产业协会的信息机构，应立足于行业协会制度建设，按行业分工进行新的服务定位，变革服务投入产出机制，推进社会化服务的开展；对于企业联合信息服务实体，应将其纳入信息服务行业管理轨道，规范业务发展；对于商业化信息服务行业机构，则应规范其市场行为，确立国家调控下的自我发展机制。

3. 在信息服务行业发展中推进政府信息服务的社会化。政府部门的信息服务如政府部门信息公开和国家经济、科技、文化信息服务，是信息服务行业的特殊组成部分，其服务组织只是隶属关系的不同，在服务形式、内容和技术基础上，与其他机构的信息服务并无实质上的差别。因此，在推进政务信息化和政府信息服务中，应按信息服务行业标准进行政府信息部门的信息资源建设和服务业务组织。事实上，政府部门的作用直接关系到信息服务的行业发展，如全国医疗卫生信息系统的建设和医疗卫生行业信息服务发展，体现了国家医疗卫生部门信息服务在医疗卫生信息服务行业中的主导作用。因此，政府部门除主导信息服务行业发展外应组织服务的开展。这种社会化机制在信息服务行业发展中应该得到体现。

4. 理顺信息服务行业与国民经济产业的关系。国民经济各产业部门按不同的类属区分为不同的行业，信息服务行业作为一大部门与国民经济其他部门具有协同发展关系。按美国信息经济学家波拉特的理论，信息服务行业既包含专门的信息服务行业机构又包括国民经济各行业中的信息服务机构，由此波拉特将其区分为第一信息服务行业部门（专门信息服务部门）和第二信息服务行业部门（工、农业和服务业中的信息服务部门）。这说明，信息服务行业体系发展中既要考虑专门的信息服务行业发展，又要进行其他行业中的信息服务组织规划。在信息服务的组织发展中，我国国民经济各行业协会所属的信息服务已具有主体地位，其多元主体关系决定了行业信息中心的服务发展模式。据此，可以在发展行业信息中心的基础上进行行业集群信息网络构建，在构建中发挥信息服务行业协会和其他行业协会的协同作用。

（三）信息服务行业发展中双轨制管理的实现

信息服务行业体制有别于其他行业，对于工、农业和经营性服务业而言，无疑按产业市场方式运行，在市场经营中获取利润，在实现价值中拓展发展空间；对于公益性的行业组织，面对公众或特殊群体，在无偿提供产品和服务中实现社会价值，其运行投入一般由政府承担或主导社会团体投入；对于信息服务行业整体而言，显然有别于以上两类行业部门，既有公益性部分又有经营性部分，因而需要确立双轨制管理体制。

信息服务行业双轨发展在于实现公益型服务实体和经营型服务实体之间的宏观调控和协调，通过国家投入和市场投入双轨渠道实现行业的持续发展。在协同发展前提下，除规范公益型机构和经营型实体的分制运行外，在事业型服务机构的转型发展中，可以在发挥公益性服务主体作用的情况下将直接面向市场的服务业务纳入市场化经营轨道，即在事业机构转型中实现双轨运行。

在信息服务的双轨发展中，国家层面的政府干预是重要的。从资源作用上看，这一干预直接反映在信息资源配置体系建设之中；从宏观上看，政府应确立协同配置关系和实施的制度基础。面向国家创新发展的信息资源协同配置是政府主导下的市场自组织互动配置行为，因此，运行体制既要充分发挥政府的宏观调控作用，又要发挥市场配置机制的效用。在配置过程中，应遵循效率优先、协同发展的原则，不断推动公益性配置和市场配置之间的协调互动，通过资源配置上的优化满足各方面的信息需求。

图3－4归纳了公益制和产业制机构的运行关系。在双轨制运行中，根据协同管理关系进行合理的权责分配，形成上下联动、职能互补的协同管理格局是十分重要的。在协同管理体系构建中，应着重以下问题的解决：

1. 在信息服务行业框架下进行“公益制”信息服务与“产业制”信息服务之间的协同规划，由国家管理部门对其进行整体化协调管理。信息服务业是一种特殊的行业，其行业结构既有面向社会的公益部分，又有服务于各行业和部门的经营部分。一方面，信息服务的公共性决定了它在国家统一规划下的发展地位，其资源建设和公共服务投入应由国家负责，通过面向公众和各产业部门的服务，保证社会经济的持续发展，因而应将其纳入公共服务的轨道；另一方面，信息服务具有针对性，信息资源作为产业经营活动中不

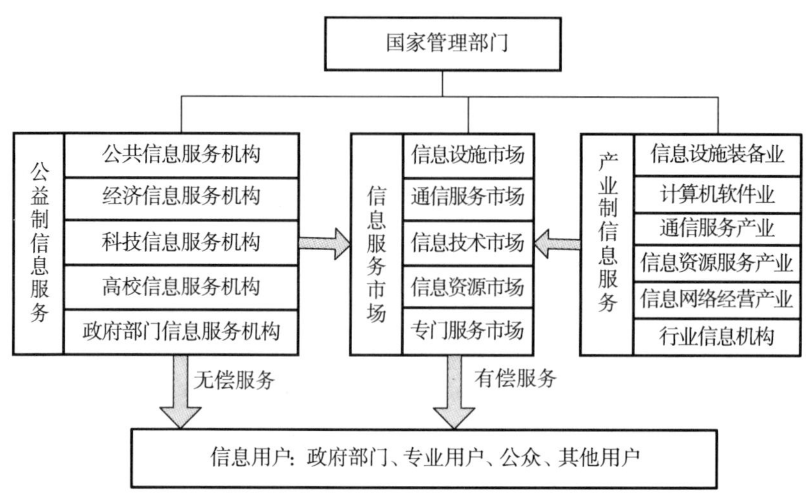

图 3－4　信息服务双轨制

可缺少的资源，其开发利用和基于信息流的业务组织，在以赢利为目的的产业活动中理应按市场规律进行服务经营。由此可见，在信息服务行业管理中应理顺公益服务和产业服务之间的关系，在行业制度上予以保证。

2. 对公益制信息服务机构进入市场的服务进行市场化规范管理。我国的公益制信息服务机构包括图书馆、档案馆和科技与经济信息服务机构，这些机构按分工协同关系承担面向社会公众、各系统部门和产业的服务任务，各方面用户无偿利用其服务。在创新型国家建设中，用户信息需求的社会化、开放化和知识化需要公益机构在国家统筹安排下不断拓展服务范围和深化服务内容，因此，应由国家按社会经济发展和文化教育发展的需要进行行业的整体化布局，在国家层面和地区层面上进行分层管理，确立机构的良性发展机制和自我完善机制。为了发挥公益机构信息资源建设和技术创新优势，推进信息资源的增值利用，对于公益机构进入市场的服务部分应按"市场化服务"来管理。这意味着，公益制机构的产业化运作部分与产业制机构具有同样的运行机制，而将其纳入市场化规范管理轨道。

3. 进行产业制信息服务的分类管理。产业制信息服务管理是指对各种形式和成分的市场经营型信息服务实体的管理，其主要问题有：一是由于信息服务产业结构的复杂性，无法对其实施统一的管理；二是我国存在多部门管理信息服务产业无专门部门统一管理的现象，因而管理处于分散状态。对于信息基础设施和硬件产品的服务管理，目前已有完整的体系，由于产品生产与服务同其他行业具有共性，因而可以采用产业管理方式；对于包括计算机软件、远程数据处理和系统集成在内的服务，则需要进一步完善其管理体制；对于基于信息内容的资源服务，如数据库服务、信息检索服务、交流与咨询服务等，应进一步进行分类管理，使之适应于市场经济条件下的国家创新发展需要。对于已有的行业管理（如通信、出版、新闻等），在新环境中应加以完善，使之与整体化的社会管理协调。

4. 完善信息服务信息服务市场管理制度。信息服务市场是一个具有广阔发展前景的市场，信息市场的完善直接关系到信息设施制造业、软件与计算服务业和内容服务业的发展，同时直接涉及信息化的服务业、文化产业和工农业信息化发展。鉴于信息服务市场的多元结构和复杂的运行关系，应规范信息服务市场行为，在维护各方面权益的情况下促进市场的健康发展。信息服务市场的作用发挥应强调以市场需求为导向进行服务市场结构调整和优化，促进进入市场的产品和服务升级。与科技和产业创新同步，信息服务市场管理也应立足于现代技术发展，现阶段拟推进云计算服务、物联网服务、数字化嵌入服务等。需要指出的是，在市场管理中应规范各方面的市场行为，保证市场运行的有序进行。

五、信息服务转型中的机构改革与发展案例

自20世纪90年代中期以来的国家创新和信息化建设不仅提出了面向自主创新的创新型国家信息服务体制与保障体系的变革要求，而且还营造了信息服务机构改革与发展环境，为信息服务机构的改革与发展创造了条件。在信息服务机构改革中，中国科学技术信息研究所和中国科学院国家科学数字图书馆进行了持续的改革，改变了服务于国家部门和系统内用户的状况，从而呈现出面向多元需求的社会化发展格局。

（一）中国科学技术信息研究所的双轨制发展启示

作为国家级的公益性科学技术信息服务机构，中国科学技术信息研究所对实施自主创新的基础性支撑作用是其他机构不可替代的。

长期以来，中国科学技术信息研究所按国家对事业单位改革的总体要求，以国家经济、社会、科技信息事业发展需求为导向，为创新主体提供全方位的信息服务和为科技部等政府部门提供决策支持。与此同时，在机构运行中，面向创新经济和信息产业的发展将有利于市场发展的数据库服务转入产业化轨道，由此构建了双轨管理运行体制。这一改革实践在全国科技信息系统中发挥着引领和示范作用。

1. 科技信息服务体制改革。中国科学技术信息研究所创建于 1956 年，是科技部部属综合性科技信息服务机构，也是全国科技信息服务系统的中心机构。1993 年之前为中国科学技术情报研究所，提高面向科学研究的文献服务、决策咨询服务和科技情报研究，同时协调全国科技情报服务。根据职能管理与业务组织结合的原则，在科技部科技情报司的管理下，推进全国科技情报工作的建设。与中国科学技术情报研究所相对应，各省市均设立了科技情报研究服务机构。由此形成了全国科技情报服务体系。随着信息化建设和科技创新发展，1993 年情报研究所在拓展服务的基础上更名为信息研究所。随着改革的深入，中国科学技术信息研究所不断创新管理，通过新时期的改革发展，确立了以公益服务为主体、辅以市场化运作的管理体制。市场化运作的主体是中国科学技术信息研究所控股的北京万方数据股份有限公司。万方数据股份有限公司的创建，使大量耗资建设的数据库面向市场，从而形成了双轨制下的协调运作机制。中国科学技术信息研究所的双轨结构如图 3 –5 所示。

如图 3 –5 所示，中国科学技术信息研究所的信息服务包括公益服务的主体部分和市场化运作部分。其中，市场化运作是作为中国科学技术信息研究所公益服务的重要补充而存在，它不仅有效地实现了信息资源建设的市场化，而且形成了对公益服务的资源支持，体现了国有信息服务机构在市场化服务中的核心地位。

2006 年是中国科学技术信息研究所分类改革后按新机构、新机制运行的关键之年。以此为契机，中国科学技术信息研究所全面提升公益服务水平，进行了一系列改革，表现在以下几方面：

强化资源建设与信息服务。作为国家科技图书文献中心（NSTL）的重要组成单位，中国科学技术信息研究所通过强化数字信息资源收藏，完成各

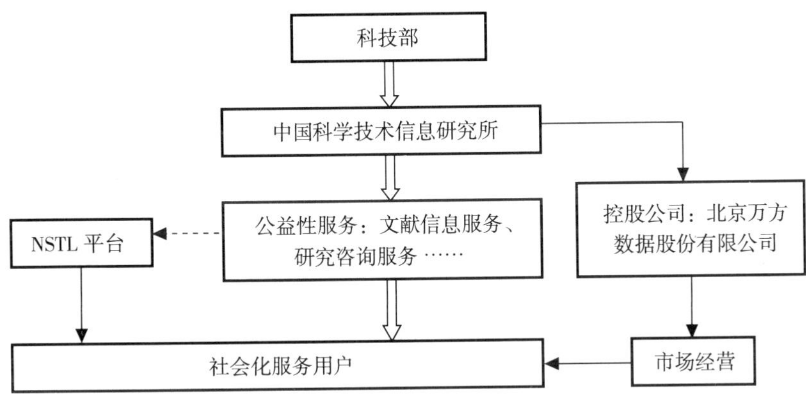

图 3－5 中国科学技术信息研究所的双轨结构

类文献信息资源订购 5000 余种，其中外文期刊 4200 余种，数据库 33 种，占 NSTL 总量的 26.11 %；完成各类馆藏文献文摘数据加工共 1622037 条，占 NSTL 总量的 43.61%；完成原文请求 55936 篇，占 NSTL 总量的 36.74%。

中国科学技术信息研究所信息资源中心负责工程技术各领域的文献资源建设。随着文献购置经费的不断增长，馆藏文献规模、品种和数量都有了很大发展，馆藏的完整性、连续性和特色化程度不断提高，文献的满足率和保障率达到了新的水平，初步具备了为国家科技发展和科技创新提供文献信息资源保障的功能和能力。现在，中心已经成为国内规模最大、最具权威性的工程技术领域专业图书馆。

信息资源建设与服务的市场化推进取得了新的突破。当前，万方数据致力于从单纯的渠道商升级为知识服务平台商。公司对客户购买的各种数据库进行整合，通过深加工实现知识服务。面对专业细分市场和二次文献加工市场，万方相继推出了科技创新辅助决策支持系统、国家科技文献共享支持服务系统等多种软件产品，在很大程度上满足了科学研究机构、企业和其他用户的多方面信息需求，特别是知识链接服务和科技成果转移服务的实现适应了各类用户创新发展的需要。万方数据公司在知识和科技服务的同时，进一步拓展了面向企业的创新信息服务，建立了以知识发现和科技评价为核心的科技创新服务系统，在硬件、软件和资源服务上为企业提供了全面的信息支持。

2. 公益性服务的改革与发展。公益性服务的改革主要在以下方面：

创新型国家科技产出监测平台建设。连续开展科技论文统计与分析服务，为推动科技创新、提高中国学术研究能力作出了贡献；最新发布的《2010年中国科技期刊引证报告》得到了国内外科技界的一致认可，为评估创新型国家建设提供了重要依据。

战略研究服务推进。中国科学技术信息研究所连续推出的《中国企业科技竞争力评价报告》、《中国城市自主创新能力评价报告》、《前沿领域发展评述——生物技术与能源技术》、《美国竞争力计划》和《创建创新型欧洲》等研究报告得到了充分利用。此外，面向政府的决策支持服务进一步加强。

科技基础条件平台建设。由中国科学技术信息研究所承担的国家科技基础条件平台建设滚动项目"国家自然科技资源E－平台建设"中的有关项目顺利通过验收，国家"十一五"科技支撑计划"科技文献信息服务系统关键技术研究及应用示范"已按期实现。

四位一体发展的实现。2007年，中国科学技术信息研究所启动了公益部门"四位一体"发展战略，以此推动研究和服务能力的全面提升。根据"承担重点工作、开展重点学科建设、办好学术期刊、开展经营服务"四位一体的战略发展需要，在加强基础性公益服务中形成了良性互动机制，增强了整体服务实力。

与此同时，在提升全所公益服务水平的过程中，中国科学技术信息研究所围绕"汉语主题词表研究与建设工程"、"科技文献信息服务系统关键技术研究及应用示范项目"、"重点领域的深度分析研究"、"创新型国家建设进程中科技产出指标跟踪监测平台"、"中国数字资源标识的研究和实验系统建设工作"、"面向自主创新的资源集成体系建设"、"科技资源共享及运行绩效评估研究工作"、"《2050年的中国》项目预研究"等重点工作，使全所的综合水平和公益服务能力得到显著提高。

中国科学技术信息研究所自2006年以来的改革与发展主要得益于以下方面：一是坚持双轨定位，明确发展方向；二是创新运行机制，提高管理水平；三是改善科学研究条件，搭建发展平台；四是不断加强资源建设，实现公益服务和市场服务的协调管理。

这一系列改革提升了科技文献资源建设与保障能力，实现了科技文献服务方式与科技创新和社会经济发展的紧密结合。在今后的发展中，以下问题拟进行重点解决：

面对未来科技文献资源的数字化与多元化发展趋势，科技信息机构应与信息环境相融合，在这一背景下，中国科学技术信息研究所建设了数字资源长期保存和开放获取系统，从而创新了用户存储科技信息资源和交互获取资源的服务。与此同时，中国科学技术信息研究所充分发挥了作为国家科学技术信息资源中心的优势，进一步理顺了同各省、市（区）科技信息机构的关系，通过与中国科学院文献信息机构、相关行业机构和协同，开通了面向各地和行业的资源共享服务。在整合各相关系统信息资源的同时，中国科技信息研究所还为各地方信息资源共享平台的建设提供了资源共享和服务支持。

中国科技信息研究所构建了多层次、多领域的知识组织工具开发平台，在开发平台上可以进行各种工具的研发试验和工具的整合应用。在平台上已开发完成知识链接、跨库检索等专门工具，通过这些工具的使用向各类研究机构、企业和社会公众提供高质量的知识服务。

然而，我国科技文献资源与服务还存在着不平衡现象，因此需要发挥国家科技信息机构的协调和示范作用。对此，应探索联合服务机制，大力发展针对科技园区、重点企业、重点项目的定点跟踪服务和定制服务。

（二）中国科学院文献信息机构的改革与发展

中国科学院文献信息服务机构创建于1950年。1951年在科学院图书管理处的基础上正式组建中国科学院图书馆，1985年更名为中国科学院文献情报中心。2006年在中国科学院“知识创新工程”推进中，文献情报中心为了适应科技创新发展需要，在全方位机构改革的基础上，按总、分馆管理体制正式组建中国科学院国家科学图书馆。国家科学图书馆在中国科学院体制变革和创新发展中组建，在服务转型中发展，其改革发展模式值得借鉴。

1. 创新需求导向下的机构改革与服务体系重构。随着网络与计算机技术的发展，数字资源日渐成为主流信息资源，信息交流的基本形态和方式也发生了根本性变化。更快的处理器、超大容量的存储设备、数字化技术、网络技术、人工智能技术、网格技术、搜索引擎、信息检索技术、数据库技术、数据仓库技术、长期保存技术等现代信息技术为信息服务提供了技术支持。虚拟实验、网络协作、网格系统、模拟技术、丰富多样的数字化数据采集处理工具等，为科学研究人员数字化地组织科学研究流程提供了技术支持，以 e-Science、e-Research、e-Knowledge、e-Learning 等为代表的新型数字化、网络化科学研究信息环境离我们越来越近。

数字时代，科学研究人员对计算机和网络的依赖日益增强，可近性、可获得性、易用性是决定是否利用信息服务的重要因素。对于不同学科、不同研究方向、不同研究兴趣的研究人员，其信息需求各不相同，因此满足其信息需求的方式也应是多样的。信息服务机构须根据需求的变化，针对特定用户对象，提供不同形式、不同渠道、不同广度和深度的个性化服务。

网络信息资源开发与利用价值，驱使着数据库生产商、内容提供商、咨询机构广泛参与网络信息的生成、组织、加工、集成与服务。面临新的发展态势，中国科学院文献信息机构在深化和拓展服务中进行的机构改革是其实现自身价值不可逃避的问题。

中国科学院是我国科学技术方面的最高学术机构和全国自然科学与高新技术的综合研究与发展中心，承担着追踪国际科学前沿、实现科学研究突破、推动技术创新的任务。要完成这些重要任务，离不开科技信息资源、科学研究信息服务的保障和支撑。相对于其他系统，中科院系统的信息服务具有以下特点：

（1）服务对象分散。中国科学院信息服务面向全国各地的院属机构和相关用户，服务组织体系庞大，科学院各院所分布于全国各地，包括北京、沈阳、长春、上海、南京、武汉、广州、成都、昆明、西安、兰州、乌鲁木齐等分院，其 84 个研究院所分布区域更广，同时还包括一所大学和两所学院，以及三个技术支撑机构和两个出版机构。此外，还面向 11 个行业的 430 余家科技型企业（含转制单位）开展服务。面对地域分布如此广泛的科学研究院所单位，中国科学院文献信息服务系统需要统筹规划、分工部署、协同运作，以保证各院所获得快捷有效的服务。

（2）服务学科广泛。中科院科学研究活动活跃，科学研究实力在全国举足轻重，涉及自然学科各个领域，包括：医学、物理、天文、数学、生物、生命科学、农业、能源、矿业、地质、地理、环境科学、材料科学、军事、航空航天、工程技术、电子、自动化、经济、计算机、通讯与信息科学以及人文与社会科学等相关领域。加之学科间的交叉、融合，科学与社会、政治、经济的联系较之以往更为密切，从而对信息服务提出了新的挑战。

（3）服务需求专业。科学研究人员的信息需求大多围绕自身的学科专业、研究方向而产生，其最大特点是专业性。为实现支撑科技创新目标，中科院文献信息服务系统不能仅仅满足于提供基础性科技信息资源，而是要辅助科学研究过程，满足科学研究人员动态变化的信息需求，帮助科学研究人员快速准确地获取、识别有用信息。因此，中科院文献信息服务已从简单的“随时随地获取文献”服务发展到信息的深度分析和知识组织服务。在面向用户的服务组织中，要求实现个性化、专题化、知识化和集成化。

（4）服务创新突出。中国科学院文献信息服务系统向来注重与国外相关机构的服务的合作，注重在环境、需求、技术条件的变化中不断提高服务水平和完善服务体系。在长期发展中，中国科学院信息系统的服务在发展中坚持创新，目前已实现了从“以资源为中心”到“以用户为中心”、从“被动服务”到“主动服务”、从“文献基础服务”到“个性化知识服务”的转变。服务理念的转变促进了国家科学图书馆文献信息服务的转型和业务上的创新。

20 世纪 50 年代，中国科学院图书馆被定位为国家级综合性科技图书馆。20 世纪 60 年代初至 70 年代末，中国科学院图书馆确定馆藏资源以自然科学和尖端技术藏书为主、社会科学藏书为辅，其主要任务是为全院服务。同时，按照全国图书馆的分工，承担为院外科学技术界服务的任务。1977 年，中国科学院图书馆建立了情报研究部，从事战略情报研究与学科情报服务工作。1985 年，中国科学院图书馆更名为“中国科学院文献情报中心”。更名后的中国科学院信息服务机构在信息资源建设方面仍然以自然科学和高新技术为主，其馆藏文献规模继续扩大；在信息服务方面，信息服务内容和方式开始走向多样化。随着计算机技术和网络技术迅速发展，中国科学院文献情报中心在这一阶段的定位是：建设全国自然科学和高新技术文献资源中心。

1998 年，中国科学院“知识创新工程”的启动提出了机构的全面改革和转型发展要求。随着中国科学院“知识创新工程”的推进，文献信息系统改革不断深化。通过服务资源的整合和院属信息机构改革的推进，2006年中国科学院国家科学图书馆正式成立。通过体制创新，中国科学院信息服务逐渐突破地域、学科和机构的限制，建立了全院协调、综合集成、运行高效、服务深化的科技文献信息服务体系，同时实现与国家科技文献平台的全面对接。

重组后的国家科学图书馆在协调全院资源建设的同时参与国家科技文献平台建设，在国家层面发挥着积极作用。国家科学图书馆的宏观定位是支撑科技自主创新，服务国家创新体系，为自然科学、边缘交叉科学和战略高技术领域用户提供信息保障，同时通过国家科技文献平台，与其他信息机构协同，支持国家创新体系其他领域的信息需求。

在发展中，国家科学图书馆抓住机遇深化改革，适应了国家创新体系和中国科学院知识创新的发展需求。当前，国家科学图书馆正以新的服务理念和服务机制，面对未来的创新需求，推进国家知识创新的发展。

在长期发展中，中国科学院信息服务系统确立了总馆和分馆协作发展的体制。其中，总馆直属于中国科学院，分馆由各分院负责建设。在信息服务业务组织中，总馆负责协调全院文献资源采购和组织，分馆和各研究所机构负责各自的服务工作。这一管理运行模式即为院中心、地区中心和研究所图书馆的三级文献保障服务模式。然而，随着需求的变化和网络应用的不断发展，三级文献保障体系的弊端也逐渐突显出来：由于各级信息机构的经费独立控制，资源采购采取“独立采购为主，协调采购为辅”的模式，容易造成资源建设重复问题。同时，“三级体系”不利于资源的进一步整合，因而集成服务能力不足。

经重组的中国科学院国家科学图书馆实行理事会领导下的馆长负责制和总分馆组织模式，如图3－6所示。总馆设在院文献情报中心，二级法人分馆包括兰州资源环境信息中心、成都文献情报中心和武汉文献情报中心。非法人特色分馆包括上海生命信息中心和若干研究所图书馆及中国科技大学图书馆。总馆负责规划全院文献服务平台的建设与服务，组织院系统参与国家信息平台建设；二级法人分馆接受总馆领导，负责相应专业学科领域的研究和服务以及面向地区的科技信息服务；非法人分馆作为特色文献信息服务节点，承担特色资源建设和特色化服务的任务，同时支撑创新基地建设，服务全院，辐射全国。

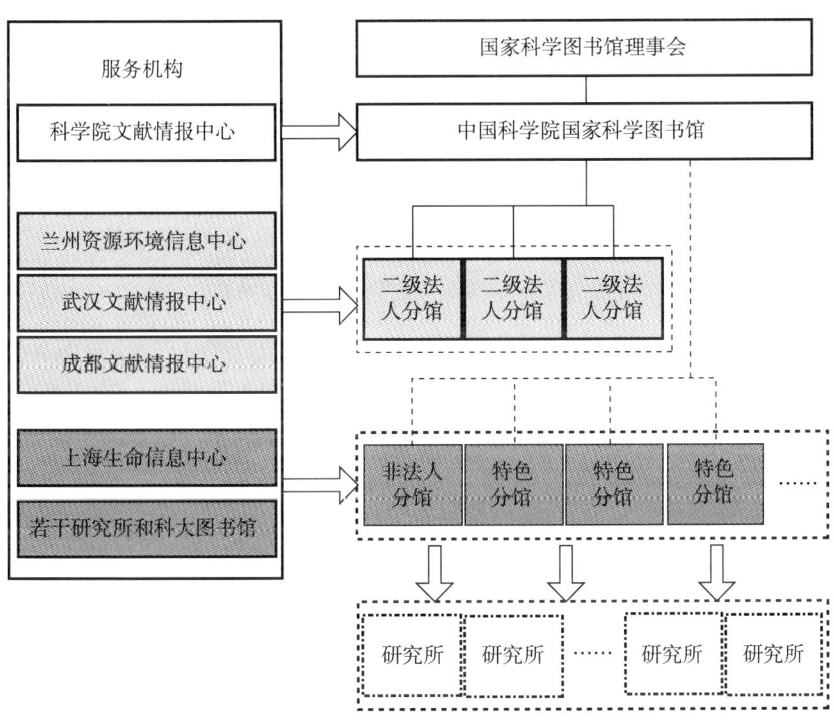

图3-6 国家科学图书馆"总分馆"模式

自建馆以来，中科院文献情报系统的业务一直在变化。核心业务从当初的文献资源服务向个性化、知识化"服务提供"转变。为适应业务工作重心转移要求，新组建的国家科学图书馆业务机构设置不断调整优化。

在信息需求变化和信息技术发展双重动力下，科学图书馆加快了业务重组步伐。通过重新规划业务流程，压缩了以文献为基础的业务机构设置，同时按照主题内容设置了新的业务部门。目前，国家科学图书馆的任务是为用户提供文献信息保障、战略情报研究服务、公共信息服务和科学交流传播服务，支撑科技自主创新，协同国家科技文献平台建设。服务业务的重点是深化信息服务内容，进行面向用户的个性化、集成化、知识化服务组织。当前国家科学图书馆的业务机构设置包括资源建设部、文献服务部、学科咨询部、战略情报研究所、信息系统部、编辑出版中心和科学文化传播中心。

2. 面向知识创新的文献信息服务推进。中国科学院国家科学图书馆的组建，使中国科学院文献信息系统进入了全新的改革发展阶段，文献保障和信息服务能力得到显著提升。其核心服务与业务推进集中在以下几个方面：

（1）科技文献信息资源保障服务的推进。中国科学院信息系统现行“总分馆”的组织管理模式，在资源建设方面实行协调规划、集团采购模式，以此建立数字资源为主的全院文献联合保障系统。2010 年，中国科学院全院开通服务的外文全文期刊达 9800 余种。通过数字平台，供网上查询的外文期刊达 23000 种，网上提供的联合目录服务可以查询多达 400 多所图书馆的图书目录。原文传递服务平均每年全文传递 11 万篇，保障能力达到 80%。1.2 万种中外文期刊半天内获得，保障能力达到 90%；2 万种外文期刊一天内获得，保障能力达到 98%，2.5 万种外文期刊两天内获得，保障能力达到 98% 以上。中文科技期刊全文即查即得保障能力接近 100%。学位论文、会议论文和其他科技文献保障能力达到 95%。

中国科学院文献情报系统与外界建立了各种合作关系，以最大限度地为科学研究提供一流的文献信息资源保障服务。同时，中国科学院信息系统还与区域性科技文献平台、中国数字图书馆工程、中国高等学校教育数字图书馆、区域性数字图书馆系统建立了广泛的协作关系。国家科学图书馆联合目录与谷歌学术搜索（Google Scholar）、“百度搜索”正式建立了连接，此后又与汤姆森科技信息集团建立了战略合作关系，创建了 Science China 中文引文数据库服务平台。中科院全馆各网站都设立有网络信息资源导航，从而方便了用户的网络信息浏览与查询。

（2）知识化、个性化科技信息服务的组织。中国科学院以数字资源为主的全院文献联合保障系统已具相当规模，跨库检索、联合目录、联合参考咨询等机构之间的合作与资源共建共享得到了体制保障和切实落实。中国科学院在嵌入式服务、主动服务和个性化定制服务中，进行了服务模式的进一步改革和创新，通过联合目录和跨界检索，向用户提供了桌面集成工具。同时，通过与 e-Science、ARP 的融合，开展了学科化信息服务与定题服务。此外，还在服务中进一步突出了面向创新发展的研究服务。科学院战略研究服务体系已经确立，以此形成了战略研究服务机制。当前战略情报服务已取得新的进展，形成了重要科技领域、重要研究方向、主要学科发展等的战略情报服务布局。

（3）文献信息平台建设与服务开展。国家科学图书馆与中国科技信息研究所国家工程技术图书馆作为国家级科技信息服务机构建设，按科学研究和工程技术领域的不同组织相应的服务。国家科学图书馆主要为基础研究和科技自主创新提供文献信息保障，开展科学研究战略服务、科学创新信息服务和科学交流服务，同时通过参与国家科技图书文献平台建设进行科技信息共享服务。近年来，国家科学图书馆围绕资源服务、知识服务两大板块，丰富深化开展多项科技文献信息服务。其中，馆际传递、跨库检索、网络导航、学科信息门户等网上资源服务发展迅速。在服务组织上，构建了数字化平台，实现了基于平台的业务拓展。

目前，中国科学院为期五年的“国家科学数字图书馆”（简称 CSDL）重大基础设施建设项目已经完成，该项目总投资为 1.4 亿元，由中国科学院国家数字图书馆牵头建设，包括中国科学院国家科学图书馆总馆、中国科学院国家科学图书馆各分馆和各研究所图书馆等在内的 103 家图书馆作为馆藏成员单位共同参与建设，平台服务于中国科学院系统用户，支撑全国科技资源共建共享工程。

第四章 基于服务转型的社会化信息保障体系构建

国家创新发展中的主体创新活动逐步打破了部门、系统的界限，向着开放化、交互化方向发展，从而提出了社会化信息保障的需求。与此同时，创新型国家建设中的信息服务体制变革，使社会化信息保障体系建设成为可能。在创新发展需求导向下，社会化信息保障体系构建不仅需要考虑环境因素与基础结构的影响，而且还需要立足于保障功能的发挥进行科学的战略规划，以便在政策导向和法律支持下实现社会化信息保障的战略目标。

一、社会化信息保障实施环境与基础

面向国家创新的社会化信息保障系统是一个开放系统，与外界环境具有相互依存和作用关系。一方面环境影响系统，另一方面保障系统作用于环境。这说明，社会化信息保障体系构建必须与外部环境相适应。在面向创新发展的信息保障实现中，又必须促进创新信息环境的优化和创新生产力的提升。对国家创新发展信息保障体系构建而言，经济全球化和创新国际化大趋势作用下的体制改革、技术发展和社会进步，为社会化信息保障的实现奠定了新的基础。在环境与基础作用下，基于服务转型的社会化信息保障战略得以形成。

（一）社会化信息保障的实施环境

国家创新中社会化信息保障环境系指国家创新系统所处的社会环境以及信息保障社会化实施环境，主要包括经济社会发展环境、国家创新制度环境、信息服务业发展的市场环境、基于科学技术创新的信息技术环境、信息资源组织与开发环境以及基于知识创新价值链的用户环境。

1. 经济社会发展环境。创新型国家建设既是社会经济发展的客观需要，又是社会经济发展的必然阶段。一方面，社会进步取决于经济发展，在资源经济向信息经济和以知识创新为基础的知识经济发展中，经济发展方式正经历着大规模资源消耗和粗放型的生产组织向资源节约和环境友好方向发展，知识创新对生产力发展的推动导致了高新技术产业和现代服务业经济的迅速增长，从而改变着产业经济结构；另一方面，经济的转型发展和知识经济效益的提升促进了社会文明建设和文化发展，在为以科学技术发展为核心的知识创新提供经济基础的同时创造了新的社会文化环境，其主要表现是社会活动的知识化和泛在信息环境的形成。

经济基础决定上层建筑，经济发展是促进社会文明发展的基本保障。在经济全球化过程中，国内外科技交流、技术合作和创新协同已成为一种必然的趋势，这种开放化的经济社会发展环境决定了信息服务与保障的社会化需求，同时为面向知识创新的服务组织创造了新的条件。从总体上看，基于知识创新的经济和社会发展提出了消除信息鸿沟与平衡社会信息需求的问题。此外，经济发展还影响着社会产业结构，不仅决定了区域发展和产业创新需求，而且还决定了信息保障的社会形态，进而决定着信息保障的组织模式。

2. 国家创新制度环境。社会化信息保障系统构建是国家创新系统建设的现实需要，社会化信息保障的实现必然受国家创新制度的支配。国家创新制度环境对信息服务与保障的作用主要体现在：信息服务与保障制度必须和国家创新发展制度同构，基于制度同构的信息服务制度变革必须适应新的制度环境，在适应环境中进行体制变革；创新型国家建设涉及经济社会发展的各个方面，各方面的交互作用构成了新的制度环境，提出了信息服务与科技、经济和社会发展的协调问题，这种交融式的发展需要从整体上构建面向国家创新的社会化信息保障体系。由此可见，国家制度创新环境对于促进国家创新系统的有效运行具有重要支撑作用，而创新系统的运行又决定着创新信息保障体系的构建。

在知识创新国际化发展和经济全球化推进中，特别是 2008 年以来面对新的经济发展挑战和风险，各国政府在确保经济稳定增长的同时十分重视提高经济发展质量，致力于经济转型和战略性新兴产业的发展，提高国家经济发展的抗风险能力。这一发展思路首先体现在国家创新发展制度建设上，制度建设往往体现在创新发展政策制定和实施上。例如，这一时期美国白宫科技政策办公室（OSTP）发布的“美国竞争力计划——在创新中领导世界”（American Competitiveness Initiative：Leading the World in Innovation，ACI）这一政策规划，就旨在通过制度创新推进产业经济发展和在发展中创造新的发展模式，由此对更长时间内美国的科技发展产生制度性影响①。又如，日本发布的第三期“科学技术基本计划”，将国家创新战略重点转移落实到制度建设和高新技术科技领域发展上②。面临新的发展机遇和挑战，我国在推动经济转型和社会建设中不断规范各创新主体的创新行为，在发展规划中对面向国家创新发展的信息保障体系建设进行了全面规划，创造了面向创新的信息保障制度政策环境。

3. 信息服务业发展的市场环境。信息服务业发展的市场环境可以区分为宏观市场环境和微观市场环境：宏观市场环境是指信息服务业经济发展的市场调控环境，通过各行业、各部门的总体信息需求和信息服务业的总体信息供给关系进行调节，市场宏观调节的主体主导国家发展和改革的政府机构；微观市场环境由进入市场的信息产品与服务、信息产品与服务中介、信息市场用户以及信息服务市场监督管理机构构成，其中政府对市场的有序化管理和监督是支持市场发展的基本因素，信息服务提供者、中介方和接受者是市场运行的主体，有关方面的市场行为决定了信息产品与服务的生产、交换和利用效率。市场环境的优化，在于从宏观上进行市场制度约束下的各要素协调组织，确立科学的市场发展机制；同时在政府宏观调控下，进行信息服务运行的有序组织，促进市场健康发展。

信息市场规模和运行机制则直接影响着信息保障的社会化规模。从市场结构和市场运行上看，市场规模在客观上由进入市场的信息服务和服务产品的交换与流通决定，信息服务的进入、流通量越大市场规模越大。信息服务

① American Competitiveness Initiative：leading the World in Innovation，ACI［EB/OL］.［2009－08－20］. http：//www. innovationtaskforce. org/docs/ACI%20 book let. pdf.

② 《第三期科学技术基本计划概要》［EB/OL］.［2009－08－20］. http：//crds. jst. go. jp/CRC/chinese/law/law3. html.

的进入、流通量，不仅与信息服务产品数量有关（如数据库所存储的信息量），而且还与信息服务产品的质量和服务的深度有关（如知识挖掘深度）。由此可见，进行信息市场规划应着重于创造有利于扩大市场规模的环境，从市场结构调整、建设经费投入和市场技术支持角度促进信息服务市场的发展。由于信息市场规模直接关系到面向知识创新的服务与保障组织，各国都十分重视在经济发展中不断扩大信息市场规模，以此提升国家的核心竞争力。据《世界经济数据年鉴（2010）》（*The Year Book of World Electronics Data* 2010）统计数据表明，我国的信息市场规模已跃居世界第三，仅次于美国和日本，如图4－1所示①。但是，我国面向知识创新的信息服务与保障能力却落后于许多创新型国家，因此在扩大市场规模的同时，我国应着重于市场环境的进一步优化。

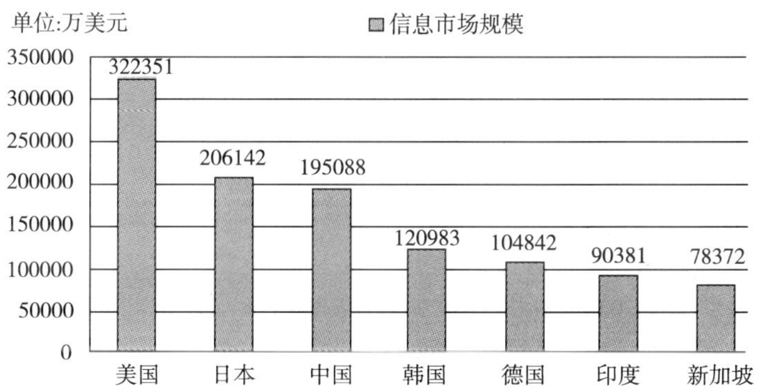

图4－1　2010年世界主要国家的信息市场规模比较

数据来源： *The Year book of World Electronics Data* 2010.

4. 基于科学技术创新的信息技术环境。信息技术的发展为创新主体间的创新合作与信息资源共建共享提供了技术支撑，特别是信息技术的集成化应用以及相关技术的发展，进一步推动了信息保障的社会化进程。基于计算机支持的协同技术（Computer Supported Cooperation Work，CSCW），各种协同软件逐渐应用于信息保障的各个环节。通过利用多元化的协同技术，我国

① The Year book of World Electronics Data 2009［EB/OL］.［2009－08－22］. http：//www. docstoc.com/docs/6530689/Yearbook－Of－World－Electronics－Data.

科技与产业创新主体之间可以突破系统的限制，实现信息的跨系统传递；同时，地方或行业也可以进行跨系统的服务平台建设，实现面向用户的服务集成。然而，发展中的问题是信息技术在信息服务中的应用相对滞后，信息技术的应用环境有待改善。例如，数字化科学研究和数字化学习中的信息服务业务拓展往往滞后于技术本身的发展，致使服务融入研究、学习存在障碍；又如我国电信网、计算机互联网和广播电视网融合中，其服务业务融合往往落后于技术融合发展，以至于造成了资源浪费；再如，基于物联网技术环境的供应链信息服务需要与物联网技术发展同步等。这说明，应改善信息技术的应用环境，使信息服务与信息技术发展同步。

事实上，科学技术的创新发展决定了信息技术的发展，而信息技术发展又为信息技术在信息服务中的应用奠定了基础。由此可见，在电子信息技术创新发展的基础上应构建基于硬件技术的软件技术创新平台，在发展环境上使信息服务与信息技术发展融合。例如，在构建协同化信息保障的技术环境中，可以创造面向用户的信息集成化环境和系统协同环境，使用户通过柔性的、可扩展的技术界面获取相应的服务①。又如，在基于社会网络的虚拟社区构建中，应创造有利于技术应用的用户环境，通过交互技术与关系网络服务的融合促进知识社区服务发展。

5. 信息资源组织与开发环境。国家创新系统中的资源环境主要指信息资源环境和其他服务于信息资源协同配置操作的其他各类资源所形成的基础环境。信息资源在国家创新系统中的分布格局、流动状态是国家制定信息资源协同配置战略目标的重要依据。因此，准确把握信息资源环境的变化是信息资源配置的前提。信息资源配置中所需的其他资源包括与之相关的人力资源、资金资源、基础设施资源等，它们是支撑国家信息资源配置的基础，关系到信息资源协同配置各项操作环节的有效衔接。

信息资源组织与开发环境不仅包括开发的技术环境，而且还包括资源的管理和利用环境。信息资源组织与开发的技术环境系指信息资源共建共享中跨系统协议，以及支持协议的技术应用标准环境；信息资源组织与开发的管

---

① 邹江、杨璐、孙瑞志：《基于SOA的企业异构资源的整合研究》，《计算机应用与软件》2010年第1期，第51—53页。

理和利用环境，是指信息资源组织与开发中的经费投入、利益关系协调和资源服务实施环境。由此可见，信息资源组织与开发环境建设应着重解决技术问题和管理问题。从可持续发展角度看，构建信息资源组织与开发的生态环境系统是重要的，其构建思路是将技术发展中的环境问题和资源组织与开发所引发的社会问题有机结合，在保证信息资源开放利用和社会共享的前提下，注重信息生态保护和信息资源组织与开发中的持续维护。

6. 基于知识创新价值链的用户环境。任何一项服务的开展都是以满足一定范围内的用户需求为前提的，面向知识创新的信息服务与保障业务例外，所不同的是其服务与保障模式随着用户环境的变化而变化。国家创新发展中知识创新的一个显著特征是，各部门、系统的分离创新向社会化的创新整合和集成创新方向发展，科学研究、技术发展和产品研发各个环节开始有机融合，在网络环境下形成了具有价值链关系的复杂结构。显然，面向创新过程的信息保障不能依靠分离式的服务系统来组织，也不能跟踪某一个用户实现信息保障，而应以知识创新关系为基础进行面向价值链的服务保障。事实上，创新价值链活动中的用户关系和用户所面临的环境决定了用户与其他主体的关联，其关联作用和影响决定了信息利用的交互性和互补性①。这说明，创新主体合作关系的建立和合作环境的改善处于十分重要的位置。

从信息作用上看，创新主体间的相互合作带动了信息资源的快速流动，扩展了信息资源的共享范围，因此需要进行基于知识创新价值链的信息保障平台建设，为主体间的协作交流搭建了功能完善的交流平台。在国家创新系统中，如果信息沟通机制完善、渠道畅通，信息保障的公开化、社会化程度必然提高，如果主体活动没有有效的信息保障环境，由此带来的信息不对称将会影响整体创新效率②。

从环境综合作用上看，安索夫（H. I. Ansoff）特别强调“组织—战略—环境”三者之间的相互适应和协调一致③。在社会化信息保障体系构建中，社会发展环境因素的作用体现在宏观经济发展带动、创新政策制度推动、信

---

① 陈钰芬、陈劲：《开放式创新：机理与模式》，科学出版社2008年版，第17页。

② Lichtenthaller U., Ernst H. Developing reputation to overcome the imperfections in the markets for knowledge. Research Policy, 2006, 36 (1): 1-19.

③ Ansoff H. I. Corporate Strategy. New York: McGraw-Hill, 1965: 30-35.

息市场需求拉动、信息技术促动、资源保障作用、合作保障作用和沟通保障作用上；社会化需求环境作用体现在塑造核心竞争力需求、资源优势互补需要、创新成果转化需求、规模经济需求、战略扩张需求和学习内化需求引动上；管理环境层面上的作用体现在政府主导、行业发展和机构运行上。在环境综合作用下，组织战略环境关系如图 4－2 所示。

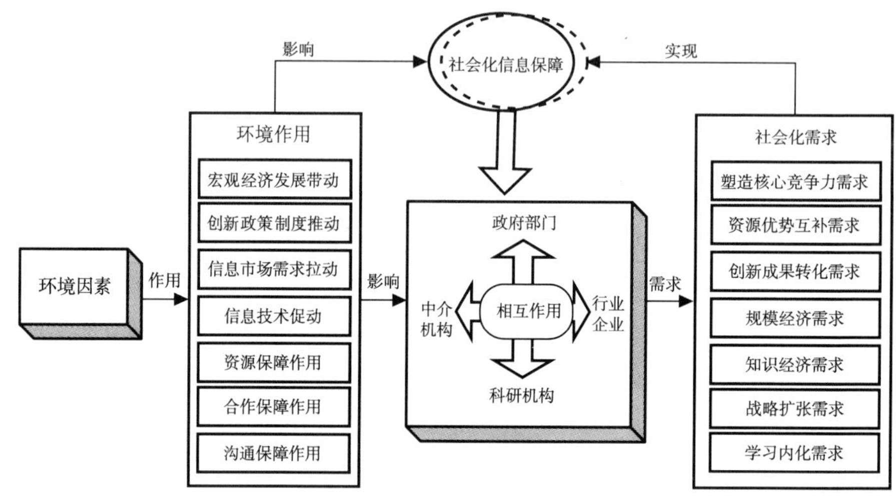

图 4－2　信息保障社会化发展机制

对国家创新系统而言，环境变迁是推动信息保障社会化发展的客观条件，也是构建社会化信息保障系统的基础；各知识创新主体对环境的适应和实现创新目标所引发的信息需求是决定信息保障社会化发展的基本因素；国家创新发展战略的形成和政府主导下的行业发展机制决定着信息保障社会化体系构架。在综合环境作用下，创新主体必然会对环境刺激作出反应，由此塑造核心竞争力，通过创新成果转化追求规模经济效益。一方面，组织环境制约国家创新战略和信息保障模式的选择；另一方面，国家创新战略和保障效果又影响着环境结构。国家创新系统运行与环境交互变化、相互依存，共同决定了系统中信息保障的社会化实现。

（二）信息保障的社会化实施基础

社会化信息保障的实施，不仅需要在一定环境下进行，而且还存在于一定的社会基础之中。从总体上看，以科技与产业创新为基础的生产力发展，信息机构的建设与改革和信息资源共建共享体系的确立，构建了创新信息保障的社会化发展基础。

1. 科技与产业创新生产力发展基础。与国际创新型国家相比，虽然我国科技创新能力和新兴产业的发展能力还比较薄弱，但是基于科技创新的战略性新兴产业发展速度和经济发展质量的提升却明显高于其他国家。特别是2008年全球经济衰退以来，中国不仅保持了国家经济的持续增长，而且对稳定世界经济、促进经济复苏作出了贡献。在我国经济稳定发展中，我国研究发展投入达到了新的水平，在关键技术和主要的战略性产业发展中已形成自主创新核心能力。《第二次全国科学研究与试验发展资源清查主要数据公报》表明，“十五”以来我国经济取得了长足的发展，已形成主要产业领域的核心竞争力和自主创新力。2009年全国共有4.6万个企事业单位的研究人员达318.4万，基础研究年经费支出达270.3亿元，应用研究年经费支出为730.8亿元，为2000年的5.8倍和4.8倍，年平均增速21.6%和19.0%；2011—2012年，我国的国民经济产业部门正处于新的转型发展中，目前保持了良好的上升趋势；与此同时，经济发展质量和效益明显提高[①]。2010年，我国人均GDP已超3000美元，科技创新综合指标相当于人均GDP5000美元至6000美元国家的水平。在新的发展环境下，经济增长和科学技术发展导致了文化产业规模的迅速增长。在这一背景下，文化产业创新和基于科技、经济、社会文化发展的机制已经形成。

2009—2011年，在应对全球经济风暴中，我国在自主创新能力建设和产业升级不断取得新发展，一些行业的发展水平可以与发达国家相比。然而，在较短时间内使我国进入创新型国家行列是一项极其艰巨的任务，也是一项极其广泛而深刻的变革。

路甬祥提出，建设创新型国家有两个关键：第一个关键是着力提高我国的企业自主创新能力，第二个关键是着力提高我国原始科学创新和核心技术原创能力[②]。国家统计局公布的数据显示，改革开放以来技术创新对我国总体经济的贡献率已达30%—50%，我国资本投入对经济增长的贡献相对较

① 《第二次全国科学研究与试验发展（R&D）资源清查主要数据公报》[EB/OL].[2010-11-22]. http://www.most.gov.cn/tztg/201011/P020101122398029257112.pdf.

② 路甬祥：《建设创新型国家的两个关键》，《人民日报海外版》2006年3月7日。

高，然而主要行业的技术与世界先进水平存在不小的距离①。

从发展上看，在新中国成立50多年来的发展过程中，我国打下了进一步发展的基础：拥有了完备的科学与技术体系，形成了比较完善的学科布局，这是我国建设创新型国家最重要的基本条件；中国科技人力资源总量已达4200万人，其中研发人员总数达190万人，分别居世界第一位和第二位②，使我国从人口大国转变成人力资源强国。将人的智慧变成现实的生产力和国际竞争力，是我国建设创新型国家的根本任务③。

面向产业创新的行业信息服务重组是在全国创新大背景下提出的，我国的改革发展不仅提出了信息服务重组要求，也构建了重组的社会基础。

2. 信息机构建设与改革发展基础。我国的创新型国家建设是在信息化环境下实现的，不仅体现了工业与信息化融合发展的特点，而且反映在面向知识创新的国家制度变革和机构改革发展上。在政治、经济、科技与文化体制改革背景下，我国的信息服务机构的体制改革不断深化，目前已形成了面向创新发展的包括综合性机构、科技与经济信息机构在内的组织体系。信息机构的改革发展为服务的社会化转型和行业体系构建奠定了新的发展基础。

国家创新发展既需要社会化的信息服务支持，同时又为信息服务机构建设与改革发展奠定了新的基础。这说明，信息服务在融入知识创新过程中已取得长足的发展。同时，国家创新发展中的信息技术进步与网络设施的完善，有利于信息服务机构的业务拓展和机构的自身发展。当前，随着国家体制改革的深化和创新发展制度的不断完善，我国以系统、部门为主体的创新向开放化、协调化和国际化方向发展。这意味着，基于创新的制度变革不仅将企业创新源头从国内延伸到国际，而且还形成了政府宏观管理和调控下的信息服务行业经济创新发展基础。

2005年，国家信息化领导小组办公室所发布的［2005］2号文件强调了“信息资源共享和交换”在面向科学研究与企业创新发展中的关键作用。随后启动了相应的建设项目，如科技部的科技创新信息服务平台建设工程，

① 《中国统计年鉴（1998—2007）》数据估算结果。

② 国家统计局：《中华人民共和国2007年国民经济和社会发展统计公报》[EB/OL].[2010-11-22]. http://www.stats.gov.cn/tjgb/ndtjgb/qgndtjgb/t20080228_402464933.htm.

③ 湖北省科学技术厅［EB/OL].[2010-9-20］.http://old.hbstd.gov.cn/info.jsp?id=5466.

国家发展和改革委员会2006年对一些行业（如电子、机械、化工、纺织服装行业）的创新信息服务规划等①。截至2010年，其发展规划在行业和地区发展中逐步落实。例如，广东省佛山市在“十二五”规划中进一步推进工业化与信息化的融合，在地方行业系统服务基础上，全面推进了区域信息基础条件建设和开放化服务体系构建。

我国社会化信息服务，一是国家科技信息系统、经济信息系统、公共信息服务系统、政府和高等学校信息系统所提供的信息支持与保障服务；二是专门的行业信息系统和企业联合共建的系统。如果从行业信息服务的组织上看，国家各类信息机构的建设与改革发展集中地反映了包括行业信息服务机构在内的建设与发展基础。同时，各部门的协同共建关系和互动发展机制决定了各类机构的自我完善和创新发展。

信息贯穿于国家创新体系中的各个系统和包括各行业企业在内的各创新主体的创新过程之中。这说明信息既是国家创新体系的重要组成要素，也是知识创新最基本的保障条件。如何发挥信息服务在国家创新和产业体系中的作用，关键是信息机构的自身建设与发展问题。

国家创新体系的建立和创新制度的安排，对以信息组织、开发和提供为主体内容的服务提出要求的同时，也构建了信息服务行业机构的新的改革发展基础。事实上，信息服务的发展基础与国家建设密切相关。20世纪50年代，科学技术发展计划以国家经济建设为导向，决定着科技信息服务机构的创建和发展，其中，1956年创建的中国科学技术情报研究所就是科技信息服务系统初创和发展的标志；20世纪80年代，在体制改革和发展基础上，以国家信息中心为主体的经济信息系统的现代化建设和网络化发展将我国信息服务行业机构建设推向一个新的发展阶段；当前，国家创新的全面展开，为信息服务行业体制和机构发展的确立创造了条件。

从包括信息服务业在内的信息产业发展上看，信息设备制造、网络建设，软件业、信息内容加工与服务业的发展已远高于其他产业发展速度。世界近20年的平均增速在15%以上，我国信息产业则一直保持着三倍于GDP

① 胡潜：《我国建设创新型国家的行业信息服务转型发展》，《情报学报》2009年第3期，第315—320页。

的增速，这是其他产业所无法比拟的。据《中国统计年鉴》的统计数据表明，2010 年规模以上电子信息制造业实现主营业务收入 56880 亿元，比 2008 年同期增长 27%；实现利润 2495 亿元，比 2008 年同期增长 60%。由此可见，信息产业在拉动国民经济增长方面发挥着越来越大的作用。信息服务类收入增长迅速，信息技术咨询服务收入和信息技术增值服务收入分别为 1107 亿元和 1666 亿元，同比增长 38.8% 和 37.5%，高于全行业收入增速 8.8 和 7.5 个百分点。软件产品、系统集成和支持服务、嵌入式系统软件实现收入 4142 亿元、2684 亿元和 1898 亿元，分别增长 23.3%、27.3% 和 27.5%①。这说明我国已步入科技创新和经济结构加速调整的重要发展期，21 世纪信息科技发展将进一步推动知识经济和信息业的发展②。

3. 信息资源共建共享的网络化发展基础。信息资源共建共享的实现是信息服务重组的资源基础。信息资源共建共享打破了信息封锁和阻碍，畅通的信息流使各地商情和公共信息服务逐渐公开、透明。信息资源共建共享既有利于共同市场的形成又能有效地降低社会交易成本，提高整个行业和区域的综合竞争力。目前，我国各类图书馆、信息中心、文献机构已形成了资源收藏丰富、规模较完整的信息资源体系，从而为构建国家层面的信息资源共建共享系统奠定了资源基础。

随着信息技术的发展，信息资源的共建共享已成为一种趋势。美国、英国、德国、加拿大、澳大利亚、日本、韩国等国家先后推进了本国的信息资源数字化项目，借助技术手段实现信息资源的收集和共享服务。

国外信息资源共建共享和集成服务的发展，主要体现在基于网络的社会化集成服务的推进上。我国资源整合和服务共享最初体现为图书馆服务中的馆际互借、联合编目和机构间合作业务的开展。自 20 世纪 70 年代以来，主要集中在文献信息资源的协调建设和分系统信息共享上。20 世纪 80 年代国家科技信息系统所进行的科技情报收集服务体系建设、中国科技信息资源的整体化布局、全国高等学校图书馆文献资源的联合采购和组织促进了科技信息资源共享和合作服务的开展。20 世纪 90 年代，随着信息网络的发展，基

① 工业与信息化部：《2010 年 1—11 月我国电子信息产业经济运行情况》[EB/OL].[2011-01-20].http://www.miit.gov.cn/n11293472/n11293832/n11294132/n12858462/13565808.html.

② 王旭东：《为建设创新型国家作出贡献》，《人民日报》2006 年 3 月 21 日。

于网络的信息资源整合与协同建设已成为信息资源共建共享与服务发展的主流。在信息网络化环境下，数字化信息服务处于新的变革之中，我国各部门、系统正致力于网络环境下的数字化信息服务的业务拓展，改变着科技信息服务的面貌。进入21世纪后，科技部联合有关部门组建的国家科技图书文献中心（NSTL）的数字资源共享服务得到进一步发展，目前已形成覆盖全国的跨系统科技文献信息服务协同体系，初步实现了科技系统内的信息资源整合与服务共享；中国高等教育文献保障系统（CALIS）在教育部主持下得到了新的发展，从而为中国高等教育提供了整体化的信息保障；在国家数字图书馆计划（NDL）实施中，以国家图书馆为中心的公共数字图书馆系统构架已经形成，同时以此为基础拓展了数字化服务业务。在信息服务的社会化组织中，2006年3月中国科学院面向科学研究的数字化信息服务的规划，2007年7月文化部牵头建设了由国内八家主要单位参加的全国数字图书馆建设与服务联席会议机制，2010年全国文化信息资源共享工程的实施，标志着我国信息资源共建共享开始进入一个全面发展时期。此外，包括各类图书馆、经济信息机构、科技与行业信息部门在内的传统信息服务机构纷纷开拓网络服务业务，形成了信息服务的数字化集成发展格局。由此可见，跨系统的信息资源共享得到了广泛的社会认同，从而为行业信息服务平台的建立奠定了基础。

现代信息网络是社会信息资源共享得以实现的基础，它是由现代通信网和信息资源网组成的①。从功能角度上看，现代通信网的功能是将信息以媒体流形式传输。新的环境下信息资源网建设包括了从信息采集、加工，直至最终利用的各个环节。这意味着，社会信息资源共享促动下的信息资源网与现代通信网的纵向和横向整合，构成了全方位、一体化的信息资源交流网络。

二、社会化信息保障体系构建与战略实现

社会化信息保障体系构建以信息服务的开放化组织为前提，要求实现公益制与产业制服务的结合，在面向跨系统的用户服务中构建信息保障的社会

① 杨元庆：《构建新型互联网应用模式推进中国信息化建设》，《现代电信技术》2002年第3期，第18—20页。

体系。社会化信息保障的战略实现应突破系统和部门信息保障的界限，改变创新信息保障的条块分割局面，通过系统、区域间的协调，进行各系统的建设联动。

（一）信息保障的跨系统发展与社会化体系构建原则

创新型国家的建设需要社会推动，因而知识创新必然从封闭走向开放，从部门走向社会。在国家自主创新战略推进中，信息服务的跨系统组织不仅适应了体制改革的需要，而且还适应了信息网络化的发展环境，从而为国家自主创新提供了新的条件。

事实上，知识创新的社会化与创新信息保障的社会化之间存在着必然互动关系。国家创新价值链中的跨部门、跨系统研究与发展，提出了信息保障的社会化、开放化组织要求；同时，信息保障的社会化发展进一步促进了创新型国家开放创新体系的建设和创新经济的发展。在信息保障服务利用中，2005—2010 年，我们跟踪调查了 200 所专门研究机构、高等学校研究机构和企业（主要是高新技术行业内的企业）的信息保障中的信息服务结构，结果如表 4－1 所示。

表 4－1 信息服务结构

保障服务机构 / 年份	本部门信息机构	本系统信息机构	国家信息机构	公共文献信息机构	相关行业机构	信息服务市场
2005	0.51	0.12	0.08	0.13	0.05	0.11
2006	0.49	0.15	0.07	0.09	0.06	0.14
2007	0.45	0.17	0.08	0.10	0.08	0.12
2008	0.40	0.16	0.10	0.11	0.09	0.14
2009	0.41	0.19	0.10	0.10	0.07	0.12
2010	0.39	0.20	0.10	0.10	0.06	0.12

表 4－1 所显示的调研结果表明，在科技与产业创新中，专门研究机构、高等学校和企业创新发展中的信息保障主要由本部门信息机构、本系统机构、国家信息机构、公共文献信息机构、相关行业机构和市场服务机构承担。虽然不同创新主体的信息保障结构存在一定的差别，但从总体上看，依

赖于上述机构的格局是一致的。200 家创新主体的信息保障结构自 2005 年以来发生了较大变化，其共同特点是，本部门保障比例下降，本系统国家信息机构、公共文献信息机构的保障作用日趋突出，相关行业机构信息服务市场保障比例比较稳定。进一步的调查表明，用户对本系统信息利用的比例上升，还在于通过本系统可以共享国家和跨系统的服务。需要指出的是，2008—2010 年，全球金融风暴的影响和经济全球化的加速，导致信息保障的跨系统步伐加快。

从信息保障的跨系统看，部门、系统的界限逐步被打破，信息保障结构的多元化决定了信息服务机构的开放化、交互化发展；从管理实施上看，信息保障的社会化组织体系正在确立。

社会化信息保障体系的确立旨在为创新发展奠定新的基础，从而实现创新发展的社会目标。针对信息保障不足于适应创新信息需求迅速增长的现实，社会化信息保障体系的构建应坚持以下原则：

1. 适应发展原则。基于国家创新的信息服务发展必须坚持适应国家创新需求的发展原则。其中，适应经济全球化和创新国际化的环境，充分利用信息基础设施，积极参与国际竞争与合作是必要的。事实上，国家之间的产业创新和信息服务合作，随着经济全球化发展而发展，按合作范围、地域，可区分为国家合作、区域合作和全球合作。当前，我国的信息服务不仅需要考虑国家间的合作问题，而且还需要拓展区域和全球合作空间，通过多元合作体系构建推进信息服务的国际化和开放化。因此，在信息保障中应在国家层面上进行战略规划和制度安排，以适应信息服务国际合作的发展需要。在体系构建中，信息服务国际的合作应由政府部门、行业协会和企业来完成。

2. 平稳发展原则。突破部门、系统限制是信息保障开放化发展中必须首要解决的问题，在实现跨系统的资源整合和服务集成中完善社会化服务体制。因此，在服务组织中应推进跨系统的平台建设，既保证国家层面上的信息服务组织上的协调，又保证地方服务中的区域协调。然而，由于我国东西部在资源、文化、教育和技术等方面的差距，东西部信息化水平参差不齐，信息保障水平存在差异，同时地区间的协调存在障碍，因此，对发展水平不一致的地区应通过制度创新构建新的保障格局协调利益关系，分阶段推进信息保障的地区融合发展。

3. 国家主导原则。我国是发展中的社会主义国家，也是基于知识创新的创新发展国家，国家的创新发展和经济发展的最大优势是我国的国家制度以及政府主导经济与社会发展的机制。我国经济体制、政治体制改革中信息服务机构隶属关系的变化，充分体现了政府主导的原则。这一时期，信息服务的任何一项具体改革也都是在中央政府直接部署下进行的。如国务院机构改革中的信息服务机构的重新定位和改制，综合性科技信息服务体系建设和国家层面上的资源共建共享体制的确立等，都是在国家管理部门组织下完成的。然而，随着体制改革的深化，信息服务改革必然涉及多元主体发展和多方面利益平衡问题，因而需要进一步加强政府主导。

4. 法制建设原则。信息服务的法制建设是社会化信息服务与信息保障体系构建的基础，只有完善的法律支持才能推进信息服务的社会化改革。一方面，我国的信息法律具有自身的特点和优势，从根本上保证了社会化信息服务的开展；另一方面，与美国、欧盟国家和日本甚至韩国相比，信息专门法律的建设相对滞后。由此可见，我国的信息服务法制建设不仅需要适应信息服务行业的发展需要，而且需要在国际合作中保障我国的正当权益，因此必须完善信息服务法制体系。在信息服务的社会化组织和信息服务行业发展中，一是明确信息服务组织的法律地位和服务中的法律关系；二是在法律框架下对信息服务行业管理、调控与社会监督作出规定，从而保证信息服务在创新型国家建设中的持续发展。

（二）社会化信息保障体系的构建

长期以来，以部门、系统为主体的组织发展体制是我国信息服务与保障实行的主要体制，在部门、系统管理的基础上开展服务和信息保障。

表4－2反映了我国文献信息服务保障系统的建设情况。如表所示，科技部所属的国家科技信息系统、教育部所属的中国高等教育文献保障系统、文化部所属的全国文献信息资源共建共享系统、中国科学院文献信息系统等构成了国家科技文献保障体系。分属于不同部门的系统在服务中具有不同的分工，从而构成了我国信息服务的社会体系的主体。这种按系统进行的信息保障虽然具有国家统一规划下的统筹安排和组织优势，然而却存在服务分离、系统封闭和服务资源共享的障碍，因此难以适应面向国家知识创新网络的信息保障需要。由此可见，突破系统之间的分割，在信息资源共建共享的基础上推进跨系统的信息保障平台建设是国家战略发展的需要。

表4－2　文献信息服务系统建设与社会化信息保障的推进情况

服务组织＼信息机构	中国高等教育文献保障系统	国家科技图书文献中心	中国科学院国家科学数字图书馆	全国文化信息资源共享工程	国家数字图书馆	中国社会科学院文献信息中心	国家档案系统
启动时间	1998.12	2000.6	2001.12	2002.5	1998.10	1992.10	1959
主持者	教育部	科技部	中国科学院	文化部	国家图书馆	中国社会科学院	国家档案局
组织管理	在CALIS管理中心的协调下，构建四大文献服务中心，建设八个地区服务中心，开展全国高等学校图书馆联网服务，同时与其他系统协调发展	在科技部组织下，作为全国科技图书文献虚拟联合体，由NSTL负责全面规划和业务协调，开展基于数字化信息资源共建共享的跨系统服务	中国科学院文献情报中心在全方位机构改革基础上，按总、分馆管理体制，组建中国科学院国家科学图书馆，开展数字化服务	由文化部、财政部协同建设，在国家数字图书馆工程基础上，推进全国文化信息资源共建共享	以国家图书馆数字化信息资源建设与服务为基础，建设服务于公众的社会化数字图书馆	在中国科学院系统中，院属研究所图书馆及文献信息中心图书馆以合并、统一管理的方式组建	全国各级国家档案馆分别由中央和地方各级档案行政管理部门在业务上实行监督和指导
信息资源	已组成55个集团，购买了202个数据库	购买了39个中外文数据库，上网数据近3000万条	通过集团采购开通数据库98个，借助国家平台开通数据库56个，整合全院近80个研究所图书馆和上万种科技期刊的文献服务	整合全国范围图书馆、博物馆、文化馆、艺术院团拥有的文化资源	截至2010年6月，总量近460TB的数字资源，资源涵盖古今中外各个历史时期，超过76%的资源可以向全国提供服务	除购买数据库以外，将纸本资源、电子资源、网络资源和特色资源进行了整合	多年来，全国各级各类档案馆大力开发档案信息资源，平均每年接待利用档案资料者1300万人次，利用档案资料3600万卷（件、册）

续表

信息机构 服务组织	中国高等教育文献保障系统	国家科技图书文献中心	中国科学院国家科学数字图书馆	全国文化信息资源共享工程	国家数字图书馆	中国社会科学院文献信息中心	国家档案系统
服务业务	开展联机编目合作、馆际文献传递、数据库查询与检索、信息咨询和面向高等学校师生的全方位服务	通过数字资源的共建共享实现成员单位之间的联合服务，进行全文数据库检索服务、文献保障服务、联机查询服务、网络信息导航服务、知识链接服务和专家咨询服务	开展面向科学研究的各领域专门文献检索服务、文献提供服务、网络文献共享服务、文献传递服务、学科门户服务和数字化参考咨询服务等	以面向公众提供知识信息服务，进行文献查询、信息检索和信息发布与交流服务	提供信息资源组织与支持服务，开展文献传递、浏览和利用服务，进行面向公众的和特定用户的定题服务，支持社会化文献资源共享	搜集、加工、研究和报道国内外社科信息，向全院、社会和领导层提供较系统、全面的文献信息服务	以 3127 个国家综合档案馆为建设对象，以分布式档案数据库建设为核心，重点建设涵盖全部馆藏档案的全国性、超大型、分布式、规范化、可共享的档案目录数据库、全文数据库和多媒体档案数据库
参与单位	全国高等学校作为其成员单位，按统一规划协同建设，实现文献信息共享	成员单位包括中国科技信息研究所等七家单位联合组建，网上共建单位包括中国标准化研究院和中国计量科学研究院等	由中国科学院系统各分院的文献信息中心，按总馆、分馆的模式联合组建，实现统一规划下的管理	由国家图书馆负责，全国 31 个省、市（区）图书馆联合建设	在文化部领导下，会同科技部等协同建设	中国社会科学院文献信息中心、院属研究机构文献信息部门	在国家档案局管理下，由国家级档案部门和各省、市（区）档案馆协同建设

注： 表中反映的限于国家文献信息系统的建设情况，不包括国家信息中心和统计局的系统建设与服务。

在部门分工协作的知识创新体系中，各知识创新主体除利用公共图书馆服务、科技文献信息系统的服务外，主要依托于各自所属的系统。这种需求结构由知识创新的部门、系统组织和专业格局决定，其需求模式适应了以科学技术为主体的知识创新制度安排。在产业经济发展转型中，虽然我国推进了科技、经济与公共系统的信息资源共享，然而难以从根本上改变系统分离的状态，这就需要在分系统的信息服务组织中进行系统之间的协调，重构面向各部门主体的社会化信息共享体系，从根本上确立信息资源的跨系统共享体制。需要指出的是，我国文献信息系统建设与社会化信息保障中已具备坚实的发展基础，表4－2显示了我国高等教育文献保障系统、国家科技图书文献中心、中国科学院国家科学数字图书馆、全国文化信息资源共享工程、国家数字图书馆、中国社会科学院文献信息中心、国家档案系统的建设与运行情况，以此为基础推进跨系统的资源与服务共享，支持多元化协同信息服务的开展。

自2000年以来，在我国推进科技体制改革和知识创新工程建设中，在国家的宏观调控下，逐步推进了信息的跨系统整合与服务融合以创造社会化信息保障的系统条件。

在科技文献服务的平台化发展中，国家科技文献信息资源服务平台为更大范围内的信息资源整合平台的跨系统实现提供了经验。

在整合国家科技信息资源系统、中国高等教育文献保障系统、全国文化信息共享系统、国家科学数字图书馆以及国家数字图书馆资源的基础上，进行了科技信息保障社会化体系的建设，实现了地区性、行业性信息资源的共建共享，推进了面向社会的开放服务。

社会化信息保障体系的构建旨在打破各国家部门主管信息服务的分散发展局面，改变文化部管理公共图书馆系统、国家发改委管理国家信息中心系统、科技部管理科技信息服务系统、国家统计局管理统计信息系统、国家档案局管理国家档案系统的局面，促进国家统一规划下的基于行业制的各专门领域信息服务的协调。同时，在发展中使面向各领域的信息服务与基础设施建设相结合，实现政务信息化、商务信息化、科学研究信息化和服务信息化的整体化发展战略。对此，拟改变多部门分散管理信息服务行业的局面，可考虑在国家信息化领导小组以及工业和信息化部的基础上组建专门机构进行社会化信息保障的协同推进。其体系构建如图 4－3 所示。

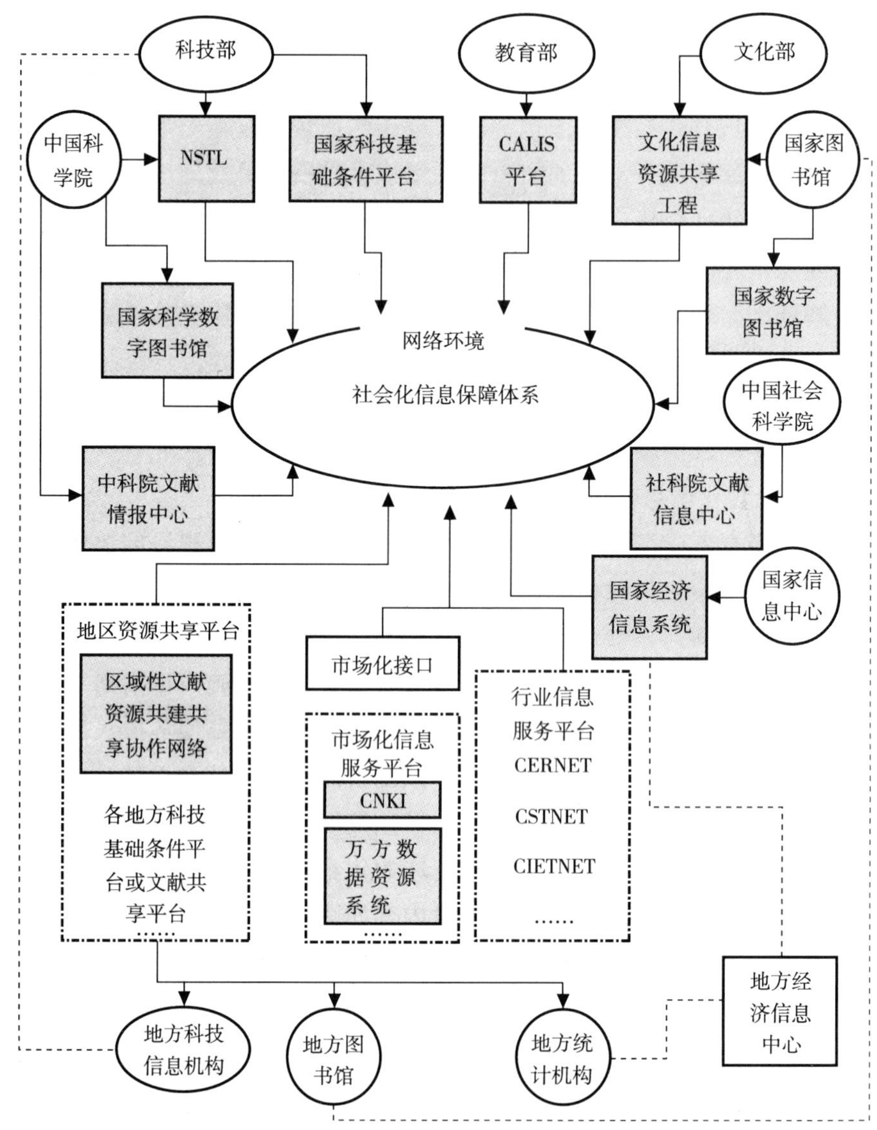

图 4－3　社会化信息保障体系构建

信息保障体系的社会化构建是一项重大工程，在战略实施中既要考虑各系统之间的协调，在开放服务中构建相对完整的社会化服务体系，又要考虑到体制变革与机构改革的渐进性，采取分阶段推进的策略；在全局性组织和分阶段推进中，既要进行行业体系中的各系统平台建设的联动，在平台化服务中实现信息保障的社会化，又要拓展信息服务行业各机构的业务发展空间，同时还应考虑全国性平台和地域性平台之间的联动建设关系。具体而言，可以实现现有各系统的虚拟链接，促进国家信息系统对地方和行业信息服务的支持，同时按各地需求差异组建区域性的联动系统。

社会化信息保障体系建设中的战略实施处于重要位置，它不仅决定了具体的实施政策，而且还决定着社会化信息保障系统的未来发展，因此，应从全局出发在国家创新战略发展框架下进行社会化信息保障战略构架。在战略构建中，既要保证机构改制和行业改革的顺利实现，又要确保社会化战略对数字信息环境的适应性。基于此，社会化信息保障体系战略构建应明确行业发展的战略导向、保障实施中的技术发展和影响服务的资源要素等。

（三）社会化信息保障的规划与管理

国家创新发展中的社会化信息保障规划与管理是系统建设的关键，其基本思路是：将社会化信息保障体系建设规划纳入创新型国家建设和国家创新发展的轨道，将面向科技创新和产业发展的信息服务与面向公众的社会服务作为一个整体对待，在国家发展规划中进行信息基础设施建设与信息服务建设的协调，按行业体制进行公益型信息服务和产业型信息服务投入的合理分配和资源的优化配置，以此构建面向国家创新的社会化信息保障基础。在信息保障的规划中应形成有利于信息服务行业发展的社会管理机制，既保证公益型信息服务社会效益的发挥，又保证产业化经营规模效益的实现。面向国家创新发展的社会化信息保障系统建设内容如图 4－4 所示。

1. 机构建设。信息服务行业中的机构建设在社会化信息保障体系构建中具有重要地位，这是由于行业发展对机构建设的依赖性，信息保障的社会化只有在机构改革发展的基础上才能实现。经过长期发展，我国已建立相对完整的信息服务体系，当前的主要任务是进一步完善其行业体制，确立与国家创新发展体制相适应的机构建设目标。在机构建设中，应理顺机构之间的协作关系，进行有利于机构发展的定位，以此出发推进现有机构的分类改制。

2. 资源组织。在面向国家创新的信息保障中，信息资源的组织是关键。

长期以来，我国十分重视信息资源的共建共享，在多部门推进中建立了文献信息资源共建共享体系。然而，文献信息资源的共建共享却局限在各系统和各地区范围内，因而信息资源的社会化共享受到限制。如教育部负责高等学校的文献信息保障系统、科技部负责的国家科技图书文献系统和文化部负责的文化信息共享系统以及国家数字图书馆系统的信息资源，就难以实现跨系统的协同组织和共享。因此需要从国家层面、行业层面和地区层面上进行信息资源的协调组织，以此出发构建国家信息资源协调体系。

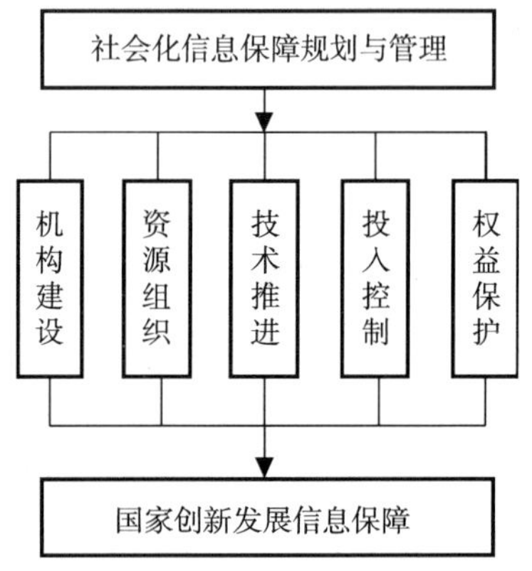

图 4－4　社会化信息保障系统规划与实施

3. 技术推进。信息服务技术发展离不开计算机技术、通信技术和网络技术的进步，这是问题的一个方面；另一方面，信息服务技术具有应用特征，其发展由社会需求和信息服务业务发展所决定。从总体上看，信息服务技术与信息技术的发展基本同步，然而在关键技术的发展下却相对滞后。目前，科学研究的数字化、知识创新网络的形成和全方位信息保障的开展提出了新一代信息服务技术的研发要求，因此应对信息服务技术的发展进行科学规划，保证服务技术与信息技术和服务业务发展的同步。

4. 投入控制。与国外信息投入经费相比较，我国的信息服务投入经费相对有限，且来源单一，这种投入机制由我国的部门、系统所有体制所决定。然而，信息服务与保障的社会化发展不仅改变了信息服务机构的组织关系，而且从客观上提出了多元化投入要求。信息服务的多元投入是指投入经费不仅由国家负责，而且由行业协会和经营组织负责，这就需要从总体上进行经费的投入控制。在信息服务转型基础上，公益性信息保障经费投入应由国家负责，由政府部门按经济和社会发展规律进行投入调控，以保证公益投入效益；市场化投入则有国家按市场化需求调控。

5. 权益保护。社会化信息保障中的权益保护是重要的，其基本的权益构成不仅包括国家权益、行业发展权益、服务机构权益和社会化用户权益，而且还包括社会他人的相关权益。因此，权益保护是一个涉及面很广的问题，需要从社会发展全局上构建权益保护系统。与发达国家相比，我国的信息权益社会化保护与保障相对滞后，除国家机构、信息服务部门和用户外，其他方面的权益保护比较薄弱，因此需要确立全方位的权益保护目标，明确权益保护主、客体之间的关系，从国家利益和社会发展角度制定信息资源权益保护规范，建立和完善信息权益保护的监管体制。

三、社会化信息保障中的知识网络构建

知识网络构建作为知识创新保障的一项社会化工程，日益引起各国的关注。随着信息服务向知识层面服务的深化，社会化知识网络建设已成为信息保障的重要内容。因此，从信息服务与保障拓展角度出发组织基于网络的知识交流、共享、利用和转化服务，是社会化信息保障的发展需要，也是建设创新型国家的需要。

（一）社会化信息保障中的知识网络服务与知识共享实现

国内外学者从不同的视角对知识网络进行了研究。艾利（Allee Verna）把知识网络纳入价值网络的范畴，提出了价值网络观①；格罗斯（R. Gross）和帕克（A. Parker）把知识网络置于社会网络中，明确了知识的创造与共享②。从知识组织上看，知识网络是基于网络的知识获取、传递和利用的网络系统，知识网络的构建在于推进知识创新的网络化③。随着知识收集、存

---

① Verna A. The Future of Knowledge: Increasing Prosperity through Value Networks. Amsterdam [M.] Boston: Butterworth-Heinemann, 2003: 67 – 70.

② Cross R., Parker A. The Hidden Power of Social Networks: Understanding How Work Really Gets Done in Organizations [M.] Boston: Harvard Business Press, 2004: 79 – 82.

③ 马德辉、包昌火：《知识网络——竞争情报和知识管理的重要平台》，《中国信息导报》2007 年第 11 期，第 4—7 页。

储方式以及组织关系的变化，知识网络在不断发生变化。国家创新中的知识网络必须从国家整体角度，按国家创新需求进行网络化知识资源组织，构建开放化、协同运行的知识共享与交互网络系统。从创新发展上看，以最新科学技术为核心的知识是国家发展最重要的战略性基础资源，是构成知识创新网络的主体。国家知识创新网络包括虚拟知识网络、知识联盟网络、知识社区网络、专家网络等多种存在形式。

1. 知识网络与知识网络构建。对于社会化信息保障来说，知识流动是在一定的知识网络中进行的，所以，知识创新过程具有知识的网络传输特性。知识网络性包括知识来源网络性、知识生产网络性和知识传播的网络性。

知识来源的网络性。在科学研究、技术研发和产业发展中，各创新主体需要利用来自各部门和组织的信息，以此获取应用于创新的现有知识。这是由于知识创新具有继承性，任何一项科学发现和技术发明不仅以实践为基础，而且以当前的研究为基础，即在相关研究发展成果的基础上进行创新。鉴于知识创新组织上的网络特征，基于网络的创新活动就显得十分重要，因而必须拓展基于网络的知识来源。当前，社会网络的发展进一步拓展了资源的来源渠道，使静态的存储于文献载体中的知识和动态的存在于网络活动中的知识融为一体。

知识生产网络性。知识的生产即知识创造，是指处于知识网络中的创新主体所进行的探索、创造活动，通过探索、创造所获得的知识便认为是创新主体所生产的知识。知识生产有两种形式：一是外生生产；二是内生生产。知识的外生，是指创新主体通过多种途径获取外部知识继而通过吸收和创造所生产的知识；知识的内生，即创新主体以通过科学研究和探索活动积累经验继而上升为理性化知识。在社会的开放发展中，知识内生和外生相互关联、成为一体。从知识的创造上看，创新主体的知识创新已突破部门限制，其创新不仅需要通过网络获取外部知识，而且还需要与外部进行直接的知识创新合作。

知识传播的网络性。从某种程度上说，只有通过网络传播才能取得理想的知识扩散与利用效果。知识的网络传播，一是通过社会网络进行基于知识共享的传播；二是通过网络进行知识产品的交易。在基于知识创新为核心生产力的社会发展中，通过网络所进行的知识交易性传播处于重要位置。在知识创新价值链中，通过知识交易性传播可以实现主体间价值链中知识的共享，实现优势互补，从而促进知识的利用。在信息网络化时代，知识交易的网络化已成为一种必然趋势，基于网络的知识链构建因而是知识创新中所必须解决的一个重要问题。

知识创新所具有的网络性表明，知识创新应在一定的知识网络上进行，除创新主体的内部知识网络外，更重要的是外部知识网络。

社会化信息保障中的一个重要问题是面向各创新主体开展基于信息集成的知识服务，开展知识服务的支点是在信息集成中构建知识网络。按知识网络的服务主体和来源，包括知识资源网络、专家网络、服务网络、用户网络等。

（1）资源网络。知识资源网络是指与创新主体、发展相关的技术网络、产品网络、市场网络和交易网络。知识资源网络的构建旨在通过知识共享实现联盟中知识的高效转移，在知识网络运作下，克服各创新主体间的知识交流障碍，最终实现网络中各主体的知识共享①。

（2）专家网络。专家具有特有的实际经验，掌握着大量的知识，因此需要建立健全的专家咨询网络，以充分利用专家所提供的知识和挖掘专家的隐性知识，为创新发展服务。专家网络的知识管理主要是对专家知识的管理，具体为收集和挖掘不同类型专家的知识，与专家建立合作关系及对专家活动进行管理等。

（3）服务网络。服务是社会化信息保障的重要环节，因此，创新主体需要加强对创新服务的管理，建立知识服务网络以降低服务成本。服务网络的知识管理包括对服务知识的收集、服务分类、服务档案的建立和更新等。

（4）用户网络。在知识经济发展中，构建用户网络的目的在于充分利用用户提供的知识进行创新。用户网络的知识管理包括：对用户信息，如对用户细分、用户的潜在需要、用户行为方式等信息进行收集，对用户需求进行挖掘，按用户的需求定制产品等。

---

① Schumann C. A.，Tittmann C.，Tittmann S. Merger of knowledge network and users support for lifelong learning services［C.］Conference on Learning to Live in the Knowledge Society held at the 20th World Computer Congress，Learning to live in the knowledge society. 2008：149－152.

面向创新主体的知识网络服务包括网络构建服务和运行服务。

知识网络的构建，旨在建立知识创新的网络平台，通过网络平台连接各知识创新主体、知识创新资源、知识创新工具，同时提供知识获取、组织、传播和利用的网络化支持。知识网络构建中的目标设置是重要的，目标设置的依据是知识网络中的主体需求和国家创新战略导向下的创新发展需要；知识网络构建还在于知识资源网络系统、专家知识网络系统、用户知识网络系统和服务知识网络系统建设；知识网络中的知识集成平台是各网络系统的交互平台，按网络所属关系，可以在国家层面、地区层面、行业层面和组织联盟层面上进行构建；知识网络运作要求妥善解决知识利用问题，提高运作绩效，在知识网络运行中实现对联盟的全方位服务。

图 4－5 显示了知识网络的社会结构。在知识网络构建中，首先应立足于知识平台建设，进行知识资源的有效整合；其次在集成平台基础上，进行知识资源网络、专家知识网络、用户知识网络和服务知识网络的交互，以此为基础沟通各方面的知识联系。与此同时，注重基于知识网络的相关知识创新主体对知识网络资源和平台服务的共享。

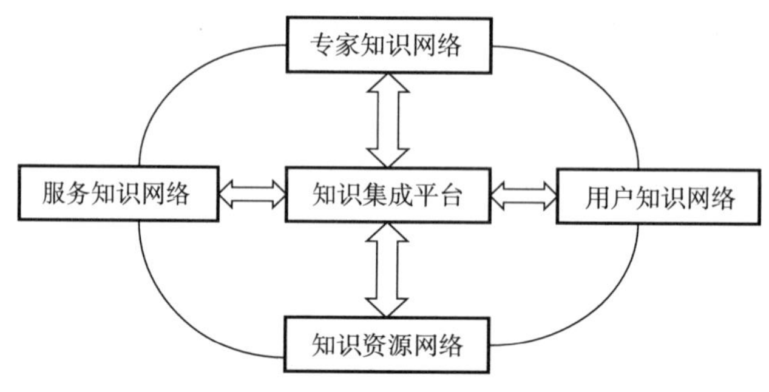

图 4－5　知识网络构建

2. 基于知识网络的知识共享服务。在知识信息集成服务中，开展知识的共享和交流服务是重要的。社会化信息保障中的知识管理由各信息机构通过网络协同来实现，在这一过程中，各成员通过交流与共享知识，支持知识创新与应用；面向创新主体的知识管理包括对知识的全方位管理，也就是对知识在各创新主体中的产生、交流、共享、利用和创新进行管理。

知识网络服务的核心内容是提供各创新主体的信息交流与知识沟通平

台，实现面向创新主体的知识资源共享。这种服务实现了各信息机构之间的系统交互对接，可以解决以下问题：

（1）支持分布、异构的环境。一方面，知识网络是跨系统的，在联盟管理上存在着各有关机构之间的系统环境异构问题，这就要求进行专门的联盟管理的网络，使知识能够跨系统流通，知识处理能够实现系统兼容；另一方面，需求与适应用户环境的变化，也就是要求系统支持异构需求和异构用户系统。这两方面的问题，在系统设计中应充分考虑。

（2）提供基于流程的信息保障。网络的形成和管理是一种基于工作流的管理，系统应对不同类型、不同复杂程度的工作流进行模型化统一管理，这就要求系统具有较强的流程服务能力。在网络环境下，基于 Web 的分布式工作流程管理系统是实现联盟工作的有效工具，通过 Web 浏览器，客户和联盟成员均可以及时、方便地获取流程信息以实现流程保障。

（3）提供系统互操作服务。在网络管理中，对各系统成员应该设立有限的权限以适时查询机构的业务信息。系统的互操作要求有良好的用户界面、可靠的操作方式和支持。在系统实现互操作中，要求实现知识资源的共享和流程的规范，互相操作中还应进行适当的约束，以确保管理安全。

（4）实现开放性。开放性共享是知识网络服务的基本特征。在网络服务中，对系统实现统一的交流管理，同时对环境中的用户、机构、社会部门开放。为了实现开放性目标，在交流服务的管理中，应实现对成员的无障碍服务。

此外，要健全约束机制，克服知识本身的障碍，以制度来激励各创新主体交流与共享知识。同时，要建立知识的保护机制，营造出一个有利于鼓励创新的软环境。最后，要健全知识交流与共享成果的转化机制。

（二）网络化知识利用和转化体系构建

在面向知识创新的知识网络构建中，动态化的知识创新是既需要隐性知识的发掘，也需要显性知识的利用，因此，存在着隐性知识网络和显性知识网络的转化。在这一过程中，存在着显性知识的内化过程和隐性知识的外化过程。此外，知识创新强调新知识的产生，而新知识产生于显性知识和隐性知识的相互转换之中。

显性知识与隐性知识的转换网络实际上是一个连接人与显性知识的网

络。在知识创新中，知识转化是隐性知识的所有者（研究人员）获取显性知识的重要途径；知识创新中的显性知识与隐性知识转换网络使用者可以通过这个网络，按显性知识线索找到相关的隐性知识的所有者（如专家或其他知识所有者），也可以将自己所有的知识进行外化，以达到知识交流和共享的目的。

1. 显性知识和隐性知识的转换模式。日本知识管理专家野中郁次朗将显性知识与隐性知识的相互作用过程称之为知识的转化过程。通过这一转换过程，显性知识和隐性知识从数量和质量得到提升。知识转化存在四种模式：创新主体之间隐性知识的社会化交互转化；创新主体隐性知识外化为具有社会传播特征的显性知识；知识创新中显性知识与隐性知识的结合；社会化显性知识向创新主体显性知识的内化。显性知识和隐性知识是一种动态过程，它包含着社会化、外化、结合和内化（Socialization，Externalization，Combination，Internalization）等环节。

（1）社会化。社会化通过共享经验实现隐性知识的转移。由于隐性知识难以表达且有时间和空间上的限制，因而只能通过共享经验获得，例如生活在共同环境或者一起工作人员，可以通过交流共享经验，启发各自的思维，从而达到隐性知识的共享目的。社会化可以发生在用户正式或非正式的社会交往之中。基于网络的隐性知识社会化，依托于网络环境和网络服务，可以实现超越组织的知识转化，如企业人员在与供应商和客户的网络交往中，可以从对方获得隐性知识并从中受益。

（2）外化。外化过程是主体将隐性知识转化为显性知识的过程。当隐性知识变为显性知识时，知识不仅得以明确表达，而且还能够为他人所利用，如新产品开发过程中的概念形成就是这种转化的典型例证。在隐性知识转化为显性知识的过程中，首先进行相互矛盾的事件和关联事件的联系，然后通过分析工具来解决其中的矛盾与关联，从而使创造的知识概念明确下来并加以表达，以供组织其他人员应用。

（3）结合。结合是一个将显性知识转化为更加复杂和更加系统化的显性知识的过程，从组织内部和组织外部收集到的显性知识通过组合和处理以形成新的知识，新知识又在组织成员中散布和传播，从而达到知识增值利用的目的。在这一过程中，计算机系统通过网络和大容量数据库的创造性应用，使得这种知识转化更加迅速。

（4）内化。知识转换的内化是一个将显性知识通过主体吸收归入隐性知识的过程，通过内化，创造出来的知识在组织中可以被共享，最终经由成员个体作用转换为内在知识。隐性知识与主体学习密切相关，类似产品观念和生产过程之类的隐性知识是通过行动和实践获得的。当显性知识内化为主体的隐性知识，并成为主体所固有的知识体系的一部分的时候，它便成为具有创新价值的知识财富。

在知识网络活动中，知识的社会化是国家和区域创新发展的需要，在于使个体和组织创造的知识通过网络实现社会共享；知识的外化意味着知识的对外传播，这是知识利用社会化的必然要求；知识的结合是各种知识与主体的创新活动融合过程，这是知识创新的需要；知识的内化在于将外部知识转化为主体所拥有的知识，这是形成知识创新核心能力的条件。

2. 面向知识创新的显性与隐性知识的网络转换。现代信息技术，特别是互联网技术、人工智能技术和虚拟现实技术的发展为显性知识和隐性知识的转化提供了新的途径，从而使得基于互联网的显性知识与隐性知识的转化成为可能。由此，能够在此基础上实现显性知识网络与隐性知识网络的整合，进而构建一个面向国家知识创新的显性知识与隐性知识转换的网络。

显性知识与隐性知识转换网络是一个立体的网络，这一网络结构能够实现显性知识与隐性知识的相互转换，进而实现知识的创造。

从图 4 –6 可以看出，显性知识与隐性知识转换网络是一个全方位的人机网络，显性知识的节点除了可以与其他显性知识节点互联外，还可以与网络内的任何一个显性知识节点互连。这种相互连接的过程，包括了上述的显性和隐性知识转化的四个环节，即社会化、外化、内化以及结合。在知识转换网络中，转换的范围已由原来的局部扩展到社会，由最初的单个组织上的知识创新螺旋发展到联盟组织的知识创新螺旋，网络化的多知识创新螺旋主体既相互联系又相对独立。而诸多领域的知识创新螺旋共同构成了社会化国家的知识创新转化体系。

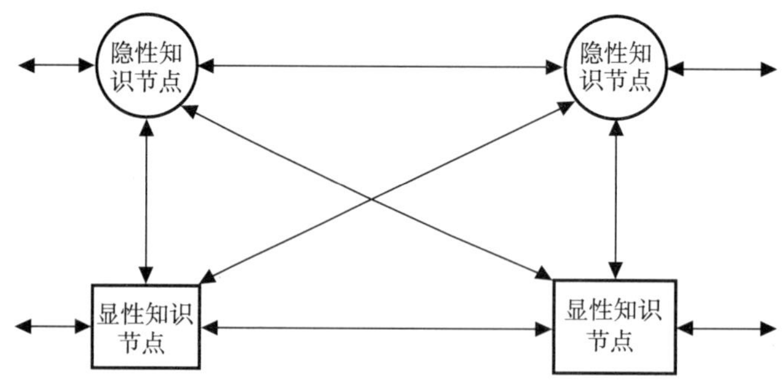

图 4-6 显性知识与隐性知识的转化网络逻辑图

面向国家知识创新体系的显性知识与隐性知识转换网络的层次结构模型，实质上是一种知识管理结构。如图 4-7 所示。

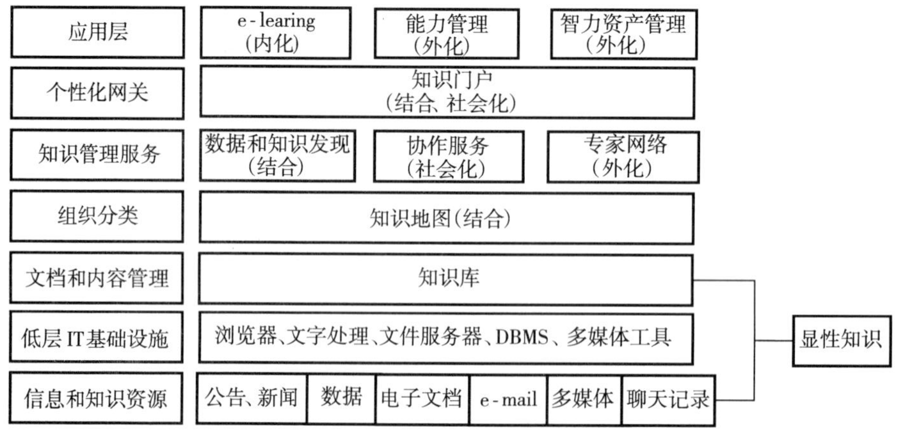

图 4-7 面向国家知识创新体系的显性知识与隐性知识转换网络层次结构

如图 4-7 所示，体系结构中的低层处理显性知识资源，显性知识主要存在于文档或类型库中（如邮件、交互记录知识库等）。通过文档和内容管理系统进行知识库管理，需要低层的数据库管理系统和处理工具的支持。为了更方便地存取知识，需要建立知识地图。知识地图建立在组织内部对知识进行分类的基础上，以此构建相互的知识关系。基于知识地图，可以提供多种知识管理的服务，包括数据和知识发现服务、协作服务、专家网络服务等。为满足个性化需求，在服务的上一层是个性化网关，通过知识门户提供不同的入口。最上层是业务应用层，不同的入口提供不同的应用，如 e-learning、智能管理、智力资产管理等。

从图 4 -7 中还可以看出，显性知识的开发性利用是知识创新的基础，只有提高显性知识的转化效率才能提高知识创新效益，这是由于国家知识创新网络活动离不开显性知识网络的深层开发利用。就创新本质而论，知识创新过程是以创新主体与显性知识共享为基础的，以隐性知识交流为内容的创造活动过程，显然仅有显性知识网络是不够的。因此，还必须注重隐性知识的管理及其网络建设，同时还要注重显性知识与隐性知识转化网络的建设，进而实现整个创新知识水平的提升。

随着现代信息技术和知识处理的发展，面向国家知识创新的显性知识与隐性知识转换网络的建设更多地应依赖新技术来实现，其技术应用要点包括：

创新主体隐性知识交互转化技术。网络技术的发展为知识创新提供了新的条件，在隐性知识的交互中依赖于网络的数字化知识社区和虚拟知识创新联盟得以发展，目前的问题是深化网络集群技术和基于主体体验的知识交互技术应用，以此为基础拓展隐性知识交换服务。

创新主体隐性知识发掘与显化技术。在知识创新中需要进行人机交互，在数字化辅助科学研究与学习的基础上，将创新主体的隐性知识进行深层发掘，在本体环境中使之转化为可供社会利用的显性知识，以此出发进行技术的融合利用。

语义网环境下显性知识的映射和转化技术。知识创新的社会发展决定了知识的跨系统利用，然而各系统知识表达和组织的异构性导致了创新主体跨系统知识利用的障碍，这就要求进行领域本体构建，在语义网环境下实现显示知识转化和共享。

知识创新中显性知识到隐性知识转化技术。信息化环境下的科学研究智能化是当前的发展主流，其智能化过程实际上是将已有的知识嵌入科学研究和学习环境的过程，这就要求在知识网络构建中发展知识识别、过滤、挖掘和嵌入技术，以保证知识的内化利用。

四、社会化信息保障中的权益保护与监督体系构建

社会化信息保障体系以信息服务的社会化组织为基础，以满足国家创新发展中各主体需求为目的，以社会公众和服务接受者的利益最大化为原则进行构建。因而，社会化信息保障的实施主体在获取社会效益和经济效益过程中，各方的权益保护至关重要。为了有效地推进社会化信息保障，充分保护各方面权益，有必要构建开放化的保障监督体系。

（一）社会化信息保障中的基本关系及权益保护的确认

社会化信息保障中的权益主体包括信息服务者、各类信息用户、信息服务管理部门和社会他人。同时，信息服务者在信息组织上与资源和技术提供者和相关部门，存在着相互协作和关联的业务联系，用户之间也存在着相互交流和信息交互共享关系。这些关系从总体上制约着信息服务与保障各方的权益，因而在社会化服务中进行基本的权益保护是重要的①。

1. 信息服务机构与服务组织、承担者的权益。信息服务机构和服务组织者所提供的服务，既包括公益性的，也包括经营性的。无论何种类型的服务，都应确认服务机构和服务组织承担者的基本权益，只有确认组织承担者开展信息服务的应有权利，才能通过服务满足社会各方面的信息需求，实现信息服务的社会价值。在这一前提下，承担信息服务的机构和组织、提供信息资源的各类主体和有可能涉及的社会他人，都具有相应的权益。这种权益关系决定了信息资源的组织关系、信息技术的利用关系、信息服务的共享关系和有可能引发的各种利益关系。

（1）信息资源组织与开发中的知识产权。信息服务是以信息资源组织与开发为前提的，在信息资源组织中服务承担者和提供者所开发出的信息产品，不仅包括基于各种原始信息收集的数据库、知识库和各种形式的信息集合，而且还包括各种信息组织、处理、挖掘软件和应用系统。对于这些信息服务产品，其生产、开发者理应具有相应的产权，由于信息产权的知识属性，其产权确认应纳入知识产权管理范畴。在知识产权管理体系中，信息服

① 胡潜：《网络信息资源开发与服务中的权益保障分析》，《情报科学》2004 年第 12 期，第 1490—1494 页。

务承担者和提供者涉及的权益包括信息资源产品的所有权、支配权、控制权和转移权。在信息服务的社会化实现中，有必要规范信息产权保护，以利于信息资源和服务产品的流通、交换与增值利用。

（2）公共信息资源的利用权和技术发展权。在信息服务中，公益性信息服务承担者所提供的信息资源具有社会共享性，它不仅可以为社会公众所共享，而且还可以为信息服务机构所利用，以开发出二次产品，组织信息资源的增值服务。无论是公益性信息服务机构还是经营性信息服务实体，公共信息资源的利用都是必要的，所不同的是区别利用的目的，按是否以赢利为目的来对待。对于非盈利的公益性信息服务，其公共信息资源的利用应该是无偿的，即公益性机构具有无偿利用公共信息资源的权利；对于经营性信息服务实体，则应按市场规律确认其有偿利用公共信息资源的权利。由于信息资源的利用与相应的技术支持具有不可分割的联系，因此，在公共信息资源的利用中应确认相应的技术发展权，使之与信息资源的增值开发和服务相适应。

（3）信息服务的实施权。信息服务实施权是指信息服务承担者和提供者开展信息服务和拓展服务业务的权利。对于公益性信息服务组织、承担者而言，应确认面向公众的服务组织权；对于市场化的信息服务经营实体，则应确认信息服务的经营权。就实质而论，公益性服务机构和经营性服务实体所具备的信息服务实施权是一致的，所不同的是二者发展信息服务的方式不同。对于公益性信息服务机构而言，在信息服务实施中应赋予获取公共资源、政府投资和公益投入的权利，同时应确认业务的发展权利；对于经营性信息服务实体，则应确认信息服务实施中获取正常利润的权利，以保证服务业务的良性发展。

2. 信息用户的基本权益。随着社会信息化的加速，各类社会主体在职业活动和社会交往中越来越依赖于社会化的信息服务支持，从某种意义上说，一切社会成员都可视为信息用户。对于信息用户而言，在信息和信息服务利用中应具有相应的基本权利，这种权利的确认应具有公正性和规范性。信息用户的基本权益可以概括为用户对信息服务的利用权，通过服务获取效益权和信息安全保护权。

（1）信息服务的利用权。信息化环境下的国家创新发展改变着各类用户的信息需求结构，从而提出了信息用户在更大范围内获取和利用信息服务的问题。对于公益性信息服务而言，社会公众应具备平等的利用服务和共享信息的权利，因而在信息服务组织上应消除信息获取和利用中的各种障碍，将数字鸿沟对服务利用的影响控制在合理的范围内；对于经营性信息服务而言，也应确认用户对信息服务的公平利用，消除恶性服务价格竞争和价格歧视现象，以维护各类用户利用有偿服务的基本权益。需要指出的是，用户权益是国家法律基础上的权益，用户权益的最大化必须以维护公共权益和国家利益为前提。

（2）获取服务收益的权益。用户的信息利用具有明显的目标性，任何用户都希望通过服务获得相应的收益或取得相应的效益。这种效益与信息服务本身的效益相一致，只有同时兼顾用户效益和服务总体效益的情况下才能促进信息服务的良性发展。因此，在保证用户收益的情况下应确认相应的用户获取效益的权利。对于具有风险性的信息咨询服务而言，由于未来发展的不确定性，有可能对用户的未来发展带来风险，因此应在服务中进行风险控制。无论是公益性服务还是经营性服务，都应确保用户利用服务的收益，这是面向用户服务组织的基本原则。

（3）用户秘密保护权利。从某种意义上说，用户利用信息服务的过程不仅是从信息服务方获取信息和服务的过程，而且需要将自身的需求和信息利用的要求提交给服务方，特别是在交互服务中需要与服务方进行深层次的信息沟通，因而在服务中存在服务方对用户信息的占有和处理问题。在业务组织上这种占有和处理是必要的，然而如果不加以控制有可能引发用户信息的不正当披露，从而导致用户利益受损。由此可见，服务中用户密码保护是十分重要的，这一保护应在不损害第三方利益前提下保证用户的信息安全。因此，在有可能涉及用户信息安全的服务中，必须赋予用户信息安全和秘密保护的权利，这种权益应得到基本的认可。

3. 国家利益和公众权益。信息服务不仅需要面向用户，而且需要支持国家的创新发展，因此，在信息服务组织中应坚持国家利用维护原则，同时确保社会公众的基本信息权益。这说明信息服务必须在国家法律基础上和信息政策指导下进行组织，任何用户权益和利益都不能与国家、公众利益相冲突，同时国家和公众利益必须在社会化信息服务组织中得到体现。任何一种服务，只要违背了社会和公众的利益，有损于国家或他人，都是不可取的。

国家利益和公共权益保护着重于以下几方面问题的解决。

（1）国家信息安全与国家利益维护。在信息化时代，国家利益与国家信息安全息息相关，在社会化信息服务组织中，只有有效地保证国家信息安全，才能维护国家的根本利益。在信息服务组织中，国家信息安全与利益维护不仅需要政府部门来组织，而且还需要社会部门和公众参与，只有依赖于包括政府、公众、信息服务机构在内的各方面主体，才能从根本上维护国家信息安全和利益。国家信息安全与利益维护需要基本的信息安全法律支持，政府部门对信息安全与国家利益的维护权包括对信息安全的管制权、监督权、处理权等，公众的相应权利主要包括监督权、制止权等。

（2）信息服务调控与管理权利。国家制度不仅决定了信息服务体制，而且还规定了政府部门对信息服务业的调控与管理权利，这种权利配置不仅是国家发展和社会运行的需要，而且还是发展信息服务业和维护公众权益的需要。政府部门调控下的信息服务业包括规模调控结构调控和组织调控，对信息服务业的管理包括机构管理、服务业务管理和投入产出管理等。随着国家创新发展的加速，信息服务已成为支持工、农业和现代服务业的发展基础，在工业信息化、农业信息化和服务业信息化中具有重要位置。因此，信息服务的调控管理应纳入国家改革发展的全局，使之与工、农业和服务业发展相适应。

（3）与信息服务及其用户有关的他人权利。信息服务不同于其他行业服务，无论是信息提供还是信息传播与交流服务，都有可能影响到第三方的利益，这就要求在服务中应确保有关的第三方利益不受损害。这种保护包括有可能涉及第三方利益的隐私保护和安全保护，特别是在社会网络和开放服务环境下，不加保护的泄露第三方信息所造成的社会危害不可低估，如果不加控制，将会引发一系列信息犯罪。例如，目前不少营业商在未经允许的情况下公开或定向传播第三方需要保护的信息，造成无序的信息干扰或直接影响到第三方利益。在社会网络环境下，这种权益保护应得到进一步加强。

（二）以权益保护为核心的社会化信息保障监督目标、要求与原则

信息服务监督的社会化体系构建是国家创新发展和提高自主创新能力战略实施的需要，其社会化发展目标、要求、原则与内容是由国家创新体系发展、创新主体需求、信息服务与保障机制所共同决定的。

1. 信息服务与保障监督体系构建的目标和要求。创新信息服务的社会监督是指国家创新发展过程中，在宏观监控和管理体制约束下，根据客观的标准，通过相关管理部门、组织和信息用户对创新服务主体、客体和服务行为进行检查、评价、规范和约束。通过规范化、制度化和强制性手段，进行创新信息服务的社会化监督，按照公正客观地对信息服务与保障机构进行检查，以确保创新信息服务与保障的顺利开展。在社会信息化、知识化程度不断提高的今天，信息服务与保障已经成为关系到各自创新主体创新活动顺利开展的基础保证，对这一行业的业务开展进行有效的监督是国家创新发展的重要保障。可见，创新信息服务的社会监督，应从国家创新建设全局出发，着手于各创新主体的创新需求，立足于创新服务机构确定信息服务与保障监督体系的目标。

信息服务与保障监督的总目标旨在实现其行业运行的规范化，保证信息服务正常开展。信息服务与保障监督是信息服务行业良性发展和自我完善的需要，也是信息服务提供者、信息服务用户、公众和社会他人权益维护的需要。信息服务与保障监督从根本上体现国家和公众利益的维护，在实施上确保了信息服务活动的正常开展。信息服务与保障监督是一项政府主导下的社会监督活动，其保障监督按如下几个方面进行：

（1）维持正常的信息服务组织与利用秩序。国家创新发展中的信息服务行业机构具有多元结构，既有公益性机构又有经营性实体；同时，利用服务的用户可以通过多种渠道获取信息和服务。在这种多元组织结构中，有可能发生各种违规现象，特别是经营性服务会影响到用户、公众、社会他人甚至于国家利益，这就需要建立良好的信息服务组织与利用秩序，使信息服务组织与利用有序化。

（2）解决信息服务中的各种纠纷。信息服务纠纷因权益受损引发，其纠纷的解决应以权益保护为基础。信息服务纠纷包括信息服务机构之间的业务纠纷，用户与信息服务机构之间的利益纠纷，信息服务机构因影响第三方利益发生的纠纷，以及信息服务组织中的地区之间或行业内部的纠纷等。这些纠纷的解决，首先需要明确纠纷各方的责任界限，其次按责任界限进行纠纷处理。从根本上说，其纠纷的解决应纳入服务监督的轨道。

（3）保护社会信息资源生态环境。信息的全方位流通和基于网络的开放共享是推进社会化服务的前提，然而在资源的流通和共享中存在着环境干扰的问题；同时信息网络的普及和社会网络服务的发展，在为用户提供信息交流平台的同时必然导致信息资源组织管理的困难。这说明如果不注意信息资源生态环境建设，必然会导致信息污染，其有害信息和不适信息的传播将影响用户的信息利用。因此，开放环境下的社会信息资源生态保护处于十分重要的位置，对此应纳入监督管理轨道。

（4）控制信息犯罪活动。信息犯罪是社会信息化发展中所面临的一个重大问题，利用信息技术进行犯罪活动不仅妨碍信息服务的正常开展和信息资源的有效利用，而且有损于社会他人、公众和国家利益。随着信息技术的发展，基于信息技术的高科技犯罪日趋严重，这就需要进行严格的技术管理与控制。同时，因知识产权所引发的信息侵权行为和商务活动中的信息犯罪已成为社会关注的重要问题，这一个问题的有效解决直接关系到信息化环境下的服务发展。这就要求在政府和社会监督下，控制犯罪活动和减少信息技术创新所引发的新的犯罪活动产生。

2. 信息服务与保障监督体系的构建原则。信息服务与保障监督在信息服务组织中是重要的，其监督的实现不仅需要制度保证，而且还需要构建完整的服务与保障监督体系。在监督体系构建中必须坚持正确的原则，这些原则体现在信息服务与保障监督实施过程之中，可以概括为公开原则、公平原则、法制原则、利益原则、系统原则和创新原则。

（1）公开原则。信息服务与信息保障具有社会性和开放性，社会化的信息服务所面对的是社会公众、政府部门和各种特定用户，虽然在服务范围和内容上存在区别，但在服务组织、内容提供和质量控制上却是公开的，因此服务于保障的监督必须公开、开放。信息服务组织管理的公开化决定了监督的公开性；具体而言，信息服务的公开监督是指国内公开、国际接轨，多国间存在的问题则需要各国政府、服务机构和国际机构进行协调。

（2）公平原则。信息公平是社会公平的重要体现，由于信息资源开发利用价值的充分体现，作为一种经济发展和支持知识创新的基本要素，社会各主体理应公平地分享信息服务，然而数字鸿沟的存在和经济发展的不均衡性导致了区域、行业和用户个体在信息资源和服务利用上的差异。面对这种差异，必须在社会化信息服务中克服信息不对称所引发的各种障碍，按公平原则进行资源分配和服务组织。信息公平作为一种基本准则，应贯穿于信息化建设、知识创新和信息服务的始终，以此出发构建有利于社会公平发展的信息服务基础。

（3）法制原则。信息服务与保障监督具有社会化组织特征，对于社会化问题的处理只可能通过普遍使用的法律来解决。信息服务与保障监督所涉及的法律正逐步健全，因此在监督实施中应立足于信息服务承担者的法人行为规范、信息服务用户行为规范和第三方行为规范。由于信息服务与保障涉及面广，不仅与信息服务组织和利用直接关联，而且与各类社会组织和成员的社会交往和交互活动有关。例如，企业信息服务就有可能涉及相关企业的信息披露、信息非对称环境下的市场竞争等，这就需要沿用相关法律来解决服务中的问题。

（4）利益原则。信息服务与保障中的利益关系比较复杂，不仅涉及服务机构之间的利益、服务机构与用户利益，而且涉及信息服务中的有关方面利益。对这些复杂的利益关系，一是以维护各方利益为前提进行服务和保障监督；二是在保护有关方面利益的前提下突出用户利益的维护。这是由于信息服务是由用户需求引动的，只有满足用户信息需求，确保用户的正常利益，信息服务才有存在和发展的意义。从这一角度出发，服务中的利益监督应以用户监督为主体进行。

（5）系统原则。在信息服务社会化发展的条件下，信息服务的监督也是一项系统性很强的工作，其监督因而具有系统组合特征。从服务组织环节上看，包括信息组织监督、信息技术监督和服务业务监督；从服务提供上看，包括各相关的信息服务机构和部门。这说明，必须从信息服务组织的全局上构建监督体系，合理安排监督流程，保证监督目标的实现。

（6）创新原则。监督体系一旦建立，在一定时期内应保持一定程度的稳定性。但国家创新发展要求各行业保持旺盛的创新活力，因此，信息服务与保障的监督体系也必然处于不断变革之中。随着信息技术和网络的发展，新的服务方式不断涌现，这就需要面对发展中的问题进行信息保障监督的创新。例如，云计算环境下的信息处理和知识挖掘服务改变了传统的服务模式，必然引起信息内容组织和软件服务的变革，因此在权益保障中应作出新的规定。

（三）信息保障的社会监督体系构建与实现

信息保障监督涉及面广，一是信息保障社会系统构建由政府主导；二是社会监督体系向公众开放；三是保障监督涉及信息服务组织、用户和社会他人；四是监督主体包含政府、行业组织、用户和公众。由此可见，在信息保障的社会监督体系构建中，应突出政府的主导作用，进行包括行政监督、行业监督、用户监督和公众监督在内的社会化监督体系，进行监督法律建设，推进监督的社会化实施。

信息保障中各方面权益的维护与保护需要建立完整的权益保障监督体系。构建这一体系的基本思路是，在完善权益保护法律法规，加强公众、信息服务者和用户“权益保护”意识的基础上，建立权益保护监督体系。在此前提下，采用可行的监督办法，实施社会化监督方案，以保证法律法规保护的强制性和有效性。

1. 信息权益保护监督的社会体系。信息保障监督以权益监督为核心，在合理确保各方面权益的基础上构建全方位的社会化监督体系，其监督内容包括服务质量监督、知识产权监督、信息环境监督和市场监督。社会监督体系构建不仅由信息服务内容决定，而且还由信息服务体制和信息服务技术发展决定。

我国的信息服务监督长期以来以管理为主，除部门、系统监督外，其余均由政府控制。在信息保障的社会化发展中，开放化的服务监督体系理应在发挥原有监督作用的基础上进行变革。从发展需要与现实可能上看，信息保障的社会监督应由政府管理，通过行政和法律手段实施监督，同时构建政府部门、行业组织与用户组织以及公众监督为主体的社会监督体系。

如图 4－8 所示，在权益保护监督中居主导地位的政府，其作用在于制定信息保障政策，规定信息服务监督的目标和内容，明确信息服务于保障监督主体与客体关系，从国家信息安全和公众利益维护出发制定信息服务权益保障相关的法律法规。在政府主导的社会化监督体系构建中，在多部门协同下进行社会化监督的实施是重要的，便于以此为基础进行信息安全监督、技术质量监督和权益保护监督。

需要指出的是，信息服务管理和信息服务与保障的社会监督既具有有机联系又相互区别。在部门、系统组织信息服务的体制中，其管理、监督具有同一性，如科技部负责组织科技信息服务，还负责对服务中所产生的权益纠纷和非正常行为进行监督。然而，在开放化的信息服务行业体系构建中，科技信息服务的社会化推进和跨系统组织需要完善服务监督体系，最可行的方法是在部门、系统基础上，推进服务监督的社会化。

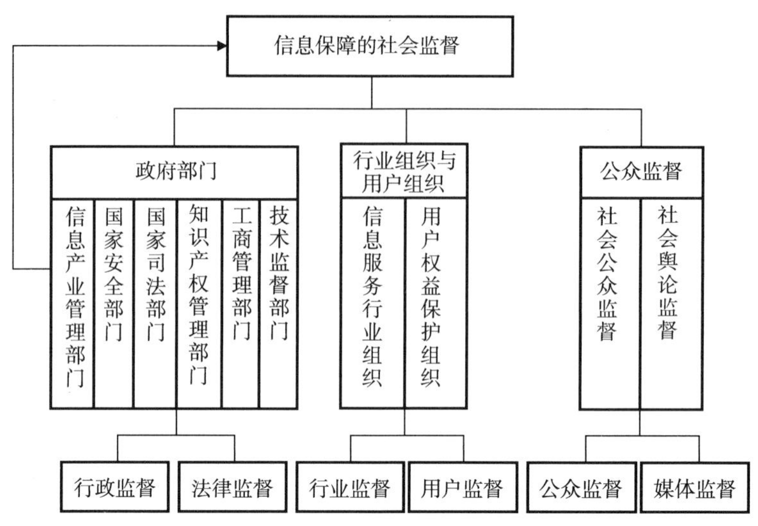

图4－8 信息保障权益保护监督系统

在信息服务与保障监督社会体系中，政府部门履行着各自的职责，负责从国家安全与公众利益维护、信息知识产权保护、信息犯罪控制、信息服务质量控制、信息服务价格和信息服务秩序出发进行全方位监督。在整个监督体系中，政府监督体系是主导，公众和用户监督是信息服务正常开展的基本保障。

信息服务与保障监督最终体现在保障权益保护监督上。除政府部门监督外，信息服务行业组织监督是其中的重要组成部分。这两个方面相辅相成，在交互监督中不断完善。从总体上看，信息服务行业监督是服务行业组织的自律监督行为，是行业发展的基本保障，起着行业组织（协会）约束行业内服务机构行为的作用。

公众和舆论监督在信息服务组织中是重要的，它不仅是信息服务开展的需要，而且还是信息化建设和国家创新发展的需要。公众和舆论监督的目的在于维护国家和公众利益，通过舆论导向建立公平的信息和服务共享环境，为政府监督、行业监督和用户监督奠定社会基础。在信息服务和保障的社会化推进中，公众和舆论监督处于重要位置，例如，社会网络环境下不仅约束信息服务组织者的行为，而且约束利用服务的用户行为，因此是拓展信息服务业务的需要。

2. 我国信息保障权益保护监督中的现实矛盾及其解决思路。信息保障的社会化在我国起步较晚，与发达国家相比，在保障的社会化程度、规模、效应以及新技术利用上仍存在着一定的差距。我国信息保障权益保护监督中的客观矛盾是当前进行信息保障社会化管理中有待解决的问题。

我国信息服务与保障中的权益保护监督体系有待完善，当前所存在的主要问题可归纳为如下几个方面：

（1）信息服务与保障权益监督体系有待进一步完善。目前，我国正处于信息服务从部门、系统向社会化组织发展的转型期，且随着信息网络服务的发展，各种新型的数字化服务业务（如移动信息服务业务等）随之产生，这就提出了进一步完善社会化监督体系的问题。同时，信息服务保障与监督有待进一步规范，多部门监督协调的问题有待解决。

（2）信息资源配置与利用监督有待加强。信息资源作为国家的一种战略资源，对社会发展起着重要的支撑作用，然而对信息资源配置的有效性和利用的合理性却缺乏有效监督。这种监督上的缺失，一是导致了信息资源配置的不均衡性；二是难以进行信息资源的合理开发和利用。在公共信息资源组织上难以控制信息资源的不合理开发和公共信息资源的盈利性利用，从而造成国家公共信息资源的流失，这一问题有待从根本上解决。

（3）信息服务与保障监督法规缺乏系统性。信息服务与保障监督法规直接影响到监督的实施，然而目前的法规缺乏完整性，在一些专门化信息服务中往往通过行政管理手段进行信息服务的约束，例如，证券市场中上市公司的信息披露监督就是如此。因此，应在知识产权保护和软件著作权保护法律实施的基础上进行信息产权管理法规建设，同时加强权益保护立法。

我国的社会化信息保障监督体系构建应立足于国家创新发展中信息服务的基本需要和经济全球化的发展需要，针对信息服务与保障中的权益保护问题进行监督体系的完善，实现基于制度创新的信息服务监督体制改革。在国际信息化环境下，拟采取以下措施：

在信息保障的社会监督体系中突出权益监督的内容，将权益保护监督作为首先要解决的问题来对待，从而确立以权益保护监督为中心的社会化监督体系；

信息服务与保障监督必须坚持政府部门主导，按社会化监督体系的构建原则完善以政府、行业组织、用户组织和公众为主体的监督体系，协调各监督主体之间的关系；

将信息服务与保障监督体系构建纳入创新型国家信息服务发展战略，使信息服务行业发展与监督体系构建同步，从资源配置、业务组织等方面保障监督的实施；

从技术上完善信息服务与保障监督的手段，监督技术的发展在于创新信息服务监督技术，建立信息服务与保障监督网，实现监督与服务的同步化；

加强权益保护监督的处理。对信息服务与保障中的侵权行为和不正当行为应及时处理，其处理流程应当规范化，以维护正常的服务与保障秩序。

五、全国学位论文的社会化共享与开放服务实证

学位论文是高等学校和科学研究单位的毕业生为获取学位资格递交的学术性研究论文。其中，硕士和博士学位论文（以下简称学位论文），因其所涉及的学科广泛、选题现实、论述翔实、见解独创而具有较高的学术价值和使用价值，日益受到广泛关注。随着科技发展和知识创新的深化，学位论文社会需求的高涨与学位论文信息资源开发的分散矛盾日益成为限制其有效利用的一个主要障碍，因此需要推进基于学位论文信息共享的社会化协同服务。鉴于学位论文服务的社会化需求特征，在创新型国家的社会化信息保障体系构建中，以学位论文的社会共享和开放服务为实证具有普遍意义。

（一）我国学位论文管理和服务现状调研

经过20余年的积累，我国的学位论文已成为一类可观的信息资源和成果汇集。根据教育部公布的统计数据，我国自1978年恢复招收研究生以来，招生规模不断扩大。其中，1978年招收硕士研究生10966人，1996年增至45796人，2000年增加至102923人。到2009年，全国硕士研究生招生人数已达到449042人。与此同时，博士研究生1981年招收403人，1996年增至12596人，2000年增至25142人，到2009年达到61911人。2010年全国研究生的招生规模继续攀升，硕士47.2万、博士6.2万人。学位论文的加工和管理在学位论文使用中是重要的，随着学位教育的发展，需要加工和管理的论文逐年增长，表4-3归纳了教育部发布的数据[①]。

① 《中华人民共和国教育部教育统计数据2000—2009》［EB/OL］.［2010-12-30］. http://www.moe.gov.cn/publicfiles/business/htmlfiles/moe/s4958/index.html.

表 4－3　2000—2009 年全国硕士、博士学位论文数量变化表（单位：篇）

年度	学位论文总量	硕士学位论文量	博士学位论文量
2000	58569	47565	11004
2001	67567	54700	12867
2002	80841	66203	14638
2003	111047	92241	18806
2004	150777	127331	23446
2005	189728	162051	27677
2006	255902	219655	36247
2007	311839	270375	41464
2008	344825	301066	43759
2009	367871	321255	46616

注：数据为教育部发布的《中华人民共和国教育部教育统计数据 2000—2009》。

经过近 30 年的积累，我国形成了学科门类齐全的国家学位论文收藏体系，构建了学位论文的服务体系。截至 2010 年，中国科学技术信息研究所已经收藏 1980 年以来的学位论文的 150 万册（包括纸版和电子版），中国社会科学院文献信息中心收藏自 1984 年以来的学位论文的 20 万册，国家图书馆收藏自 1981 年以来的博士论文约 22 万册。除了学位论文国家法定收藏机构之外，对学位论文进行广泛、系统、集中收藏和服务的机构还包括中国高等教育文献保障系统（CALIS）、中国科学院文献情报中心等国内一些大型的文献信息机构，如表 4－4 所示。

相对而言，我国学位论文的收藏和服务具有相对集中的管理优势，中国科技信息研究所、中国科学院、中国社会科学院、高等学校和国家图书馆已成为学位论文收藏和服务中心。然而各机构收藏的学位论文差异较大，未能形成各系统的分工收藏和协同服务机制。对于各学位培养单位所提供的学位论文，各机构均未能完整收藏，同时各机构学位论文的重复收藏率较高；另一方面，尚未统一学位论文与收藏标准，因此面向社会的协同服务往往在表面层次的服务链接上。

表 4 –4　我国主要的学位论文资源建设情况

建设情况＼数据库名称	CALIS 高等学校学位论文库	NSTL 中文学位论文库	国家图书馆学位论文数据库	中国科学院学位论文数据库	中国社会科学院学位论文数据库	万方学位论文数据库	CNKI 中国优秀博、硕士学位论文数据库
主持者	教育部	科技部	文化部	中国科学院	中国社科院	万方数据股份有限公司	同方光盘股份有限公司
学位论文收藏时间	收藏 1984 年以来的学位论文	收藏 1984 年以来的学位论文	收藏 1981 年以来的学位论文	收藏 1981 年以来的学位论文	收藏 1984 年以来的学位论文	收藏 1980 年以来的学位论文	收藏 1990 年以来的学位论文
学位论文资源建设组织管理	在高等学校文献保障系统建设中，由 CALIS 中心负责，各高等学校图书馆组织高等学校学位论文提交和管理，面向全国开放服务	科技部指导和监督，由中国科技信息研究所负责全国科技领域内的学位论文手机和服务	国家图书馆负责收集和整理我国的学位论文，包括科技和社科领域	科学院系统内统一组织收缴开发	社会科学院文献信息中心负责收藏社科领域学位论文，提供服务	由中国科学技术信息研究所提供，委托万方数据加工建库	同参与单位签约，进行学位论文加工、管理与服务
论文收录学科范围	收录全国高校自然科学、工程技术和人文社会科学各领域的学位论文	以收录自然科学类为主，同时涉及其他相关领域	收录各领域博士论文、部分硕士学位论文和部分海外留学生博士论文	收录中国科学院系统的硕士、博士学位论文和博士后出站报告	收录中国社科院系统及部分高等学校人文社会科学学位论文	收录全国博、硕士论文，包括自然科学、工程技术和人文学科	收录全国各学科培养单位的学位论文，包括自然科学、工程技术和人文学科

续表

数据库名称 / 建设情况	CALIS 高等学校学位论文库	NSTL 中文学位论文库	国家图书馆学位论文数据库	中国科学院学位论文数据库	中国社会科学院学位论文数据库	万方学位论文数据库	CNKI 中国优秀博、硕士学位论文数据库
学位论文收藏量	目前有大约25万篇学位论文文摘索引	目前约110万篇，每年增加论文6万余篇	全面收藏1981年至今的全国硕、博士论文，约22万篇	论文收藏量近五万篇，现每年收藏约5000篇	在人文社会科学领域内，收藏学位论文总量约20万篇	以收藏和全文深加工为主，论文收藏约60余万篇	学位论文收藏以高等学校为主，收藏全文文献42万余篇
学位论文服务组织	进行学位论文元数据加工，建设学位论文全文库，提供检索和论文浏览服务	在全国范围内组织学位论文公益服务，开放式文摘查询服务、论检索服务和论文全文传递服务	提供论文文摘服务，针对用户需求、提供部分学位论文全文，按权限进行文献传递	在科学院系统中提供学位论文文摘服务、查询服务和浏览服务，同时向其他用户开放	在社会科学院系统，进行学位论文开放检索和查询服务；目前正实现向高等学校和社会的开放	在社会化服务中，提供学位论文检索、查询和浏览服务，同时提供学位论文全文数据库服务	向高等学校和研究机构用户提供学位论文检索服务以及其他专门服务
学位论文资源建设方式	在全国高等学校文献保障系统体系建设中，进行集中建库，实现基于元数据的资源建设，实现承建单位和联建单位的联合	在文献资源共建共享系统建设中进行学位论文的加工和数据库建设，在NSTL平台上组织服务	在国家数字图书馆建设中进行学位论文资源的数字化组织和管理，进行集中建库	在中国科学院文献情报中心资源建设和国家科学图书馆建设中进行学位论文的集中建库	在中国社会科学文献保障系统建设中进行学位论文的集中建库	在学位论文资源的数字化开发中进行集中建库，拓展基于内容的增值服务业务	在学位论文资源的数字化开发中进行集中建库，拓展基于内容的增值服务业务

续表

数据库名称 / 建设情况	CALIS 高等学校学位论文库	NSTL 中文学位论文库	国家图书馆学位论文数据库	中国科学院学位论文数据库	中国社会科学院学位论文数据库	万方学位论文数据库	CNKI 中国优秀博、硕士学位论文数据库
学位论文资源建设参与单位	在教育部所属的学校中通过图书馆进行学位论文资源建设，同时在全国范围内通过高校图书馆进行学位论文资源组织和服务	在 NSTL 文献资源共享基础上，由中国科技信息研究所承担建设任务，协同建设单位包括科学院文献情报中心、农业科学院、医学科学院图书馆等	国家图书馆作为学位论文的法定收藏单位之一，负责博士、硕士学位论文资源建设和服务	由中国科学院文献情报中心和中国科学院所属培养单位联合建设	中国社会科学院文献信息中心承担学位论文建设任务，部分高等学校图书馆协作进行学位论文资源建设	万方数据股份有限公司负责中国科学技术信息研究所收藏的学位论文数据库建设和学位论文的数字化加工	在学位论文资源建设中，通过签约方式，与高等学校图书馆合作进行签约单位的学位论文资源建设

通过调研我们发现，学位论文跨系统管理和协同服务还存在诸多问题和困难，主要包括：

1. 学位论文管理的集中度有限。在全国学位论文收藏体系中，收藏学位论文规模最大和数字化加工程度最深的是中国科技信息研究所系统及全国高等学校文献保障系统，中国科学院和中国社会科学院主要收藏系统内部的学位论文，国家图书馆负责综合收藏任务。在分散收藏体制下，学位论文处于分散管理状态，其集中度有限。同时，学位论文的深加工主要依赖于万方数据公司和清华同方，学位论文资源建设的集中规划和协同加工体系有待确立。另外，对于所有单位的论文收藏应从整体上进行规划，实现学位论文资源整合和基于统一揭示、保存的服务集成。

2. 学位论文收藏的完整性有限。我国各学位论文收藏单位所收藏的论文虽然数量较多，但各单位所收论文的重复率较高、收全率有限。据调查，最高的论文收全率也没有超过计划收藏的90%，有的只达到40%—50%。这说明多数论文被多家单位同时收藏，而少数论文却没有被任何一家单位收藏。另一方面，就论文收藏的内容看，有些论文为全文收藏，有的仅限于摘要；同时论文的内容组织缺乏统一规范，以至于在论文获取内容上也欠完整。因此，难以进行学位论文的长期保存和开展连续服务。

3. 学位论文资源开发深度有待提高。从学位论文内容组织上看，基本上各系统所提供的服务仅限于学位论文查询和检索服务，论文内容的揭示按所属学科、主题处理，未能对深层的知识进行挖掘；同时，各培养单位所提交的学位论文信息往往欠完整，对于论文选题来源、作者所做的前期研究、论文中的数据采集和成果的利用等方面的信息缺乏；在论文组织中，未能进行学位论文内容之间的关联组织，难以提供基于学位论文的知识链接服务。

4. 学位论文数字化组织和揭示的标准有待统一。我国学位论文资源的数字化建设处于分散状态，各系统采用的标准存在差异，例如："全国高等学校学位论文数据库"所采用的数据标准由全国高等学校文献保障系统按国家标准 GB/T2901—92 执行，在该标准规范下进行中国公共交换格式（CCFC）的制定；中国科技信息研究所和万方数据公司创建的"中国学位论文数据库"，在文摘版建设中采用 CNMARC 标准进行著录；其他系统所采用的标准也不尽一致。由此可见，我国的学位论文公共共享尚存各系统之间的资源建设标准障碍，对此应从数据格式转化和元数据共享角度进行资源的规范建设。

5. 基于学位论文公益性共享的服务组织发展滞后。我国的学位论文资源是一种知识创新含量高的资源，理应通过学位论文的公益性共享推进学位论文知识成果的利用。从我国的学位管理条例和知识产权管理的角度看，高层次学位教育基本上以国家投入支持为主，因而学位论文的创新知识应具有公共共享性；与其他公共资源共享的不同之处在于，在共享中应保护学位论文作者相应的知识权益，将学位论文共享控制在非盈利为目标的知识创新共享上，同时确认知识所有者的知识创新事实权和对知识成果的拥有权。基于这一认识，国家层面的学位论文公益性共享体系有待完善。

（二）学位论文公益性共享目标与社会化服务构架

学位论文公益性服务体系的建设在国家创新发展中是重要的，对此应将学位论文的公益性共享定位在服务国家知识创新和社会发展的目标上，通过公益性学位论文服务共享平台建设实现学位论文面向社会的开放服务，以发挥学位论文资源在知识创新中的作用。学位论文平台的建设，应突出公益性共享目标和社会化服务目标的实现，以此为基础进行学位论文资源联合共建。

中国的学位论文服务平台的建设，立足于现有学位论文资源的整合，在以中国科技信息研究所、全国高等学校文献保障系统、中国科学院系统、中国社会科学院系统和国家图书馆系统的基础上，进行基于共享协议的学位论文资源联合建设，依托于现有的 NSTL 网络平台推进公益性服务的开展。在技术实现上，以元数据交换集成为基础构建数字资源建设平台，在服务组织上实现系统之间的互操作，通过知识链接深化服务内容。

中国学位论文服务平台在总体结构上（包括资源层面、技术层面、理念层面和服务层面结构）达成多方面共享，其业务组织涵盖从论文采集、加工到集成服务的全方位协同。中国学位论文服务平台构建作为一项跨系统的建设工程，从易于操作的方面或环节着手分步推进，逐步拓展合作项目，实现全方位联盟服务。据此，平台建设目标可以分为三阶段目标：

第一阶段，在各学位论文收藏单位间推进元数据资源的集中共享。在学位论文内容的揭示中，各收藏单位虽然有着基本的规范，但资源组织格式并非完全一致，这就需要在元数据层面共享资源，推进跨系统的数据交换。

第二阶段，将学位论文元数据整合，学位论文收藏单位共同参与建设学位论文服务系统。根据我国高等学校学位教育和研究机构学位教育的不同特点，有针对性地进行机构合作，建立覆盖全国的学位论文元数据资源集成共享体系，从而构建一个基本满足社会信息需求的学位论文资源服务系统。

第三阶段，整合挖掘学位信息，建立协调采集和联合编目机制，实现增值服务，以此为基础构建拓展服务平台，开展学位论文定向查询、知识挖掘、链接服务，推进学位论文内容的深层开发和嵌入服务。

我国学位论文服务平台应在资源合理组织和分布收藏的基础上进行建设。在学位论文资源与服务平台建设中，可以考虑以现有学位论文收藏单位为主体进行协调管理。在全国学位论文公益服务项目实施中，其组织框架如图4－9所示，平台主要由管理体系、任务系统和功能系统三个部分构成：

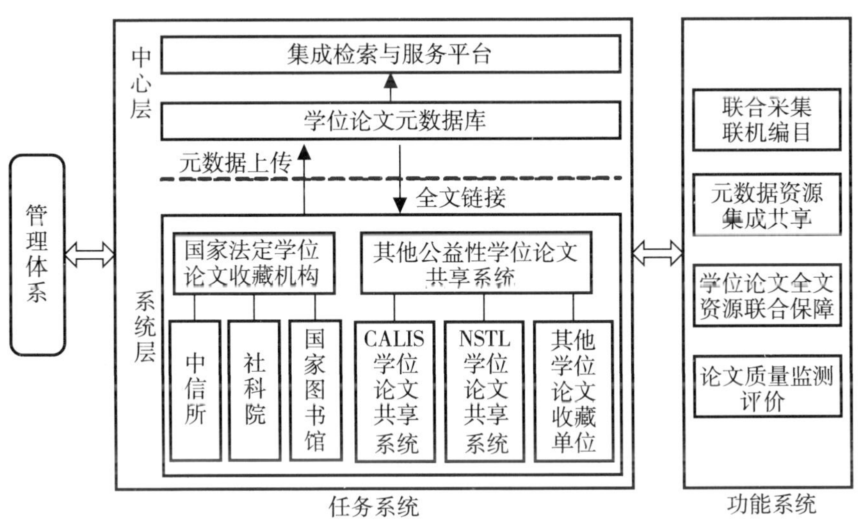

图4－9 中国学位论文服务平台总体框架

在 NSTL 项目实施中，各单位的系统工作保证了平台框架的构建，其主体架构包括学位论文书目资源集成共享、论文资源联合保障、联合采集联机编目和论文内容挖掘与知识服务等。

数字信息资源集成共享。各主要学位论文收藏单位和学位授予单位建立了数字化学位论文系统大多为学位论文文摘库系统以及少数相应的全文库。如何将这些分散建设的学位论文数据库进行元数据层面的整合是重要的。在整合中，将分散的学位论文数据进行集成交换和管理，在剔除重复和冗余基础上，建立学位论文的元数据仓储系统，这是平台建设中的基础性工作。在数字资源集成建设的基础上，可以提供包含多种用户界面，通过公共平台向社会开放。

学位论文全文提供服务。各学位培养单位的研究生学位论文充分反映了各学科领域的发展前沿，自然科学和工程技术领域的学位论文集中体现了科学研究与发展进展，社会科学领域的学位论文反映了社会、经济、文化发展与管理创新，因而是一种重要的知识资源。然而，研究生的学位论文除少数出版外，大部分都不会出版，因而用户难以通过出版物获取学位论文知识成果。基于这一现实，学位论文的全文提供和知识挖掘服务是重要的，对此应创造全文服务的开放环境。

联合采集编目。随着电子版学位论文的规范提交，学位论文服务的公益性决定了可以规范各学位培养单位的论文信息提交行为，实现提交中的数据共享。这一问题的解决可以分系统进行，按目前各主要学位论文收藏单位的分工进行论文数据采集规范，以此出发构建一个统一的学位论文信息采集体系，按各单位的采集量进行资源分配。

学位论文内容挖掘与知识服务的开展。学位论文的内容挖掘和知识服务的开展是服务拓展中的一个重要问题，内容挖掘拟在学位论文元数据集成基础上进行，以此出发构建学位论文知识采集系统，结合学位论文成果的交流和利用，对学位论文知识进行链接，从而提供面向不同需求的个性服务。这样，一方面可以拓展学科专业的知识导航服务；另一方面，可以按行业、地区和学科进行综合性分析，及时反映学位论文成果。供有关部门参考。

（三）学位论文开放服务中的协同管理

学位论文服务平台采用联合协作的原则进行组织。根据虚拟联合和业务协同的需要，应在学位论文资源管理层面、服务组织层面进行协同服务的组织架构，同时，按跨系统检索与论文获取服务的要求进行学位论文数据库建设规划，推进系统之间的数据共享，在技术支撑上进行学位论文数字资源管理技术标准规范。由此可见，学位论文开放服务中的协同管理不仅包括制度层面的机构建设和服务规划，而且还包括资源层面的协同组织和技术层面的全方位支持。

我国博、硕士学位培养单位包括全国各类高等学校、中国科学院和中国社会科学院的学科点，这说明了学位培养单位相对集中。与学位培养集中不同，学位论文的收藏却比较分散，例如，高等学校的学位论文就分散收藏在中国科技信息研究所、国家图书馆系统和全国高等学校文献保障系统之中；同时，中国科学院和中国社会科学院系统基本上限于本系统的学位论文收藏。学位论文的分散收藏与服务格局，导致了研究生、指导教师、相关研究机构、社会部门和公众获取论文的困难，这就要求构建包括各收藏、服务系统在内的学位论文联合服务体。根据目前的需求情况，可以采用分阶段建设的方式推进学位论文共享体系建设：第一阶段，以现有的核心收藏单位为中心，在资源整合的基础上构建服务共享平台；第二阶段，拓展学位论文服务的共享范围，构建各培养单位之间的交流平台。

中国科学技术信息研究所和国家图书馆等，从《中华人民共和国学位条例暂行实施办法》颁布起就开始收集各学位授予单位呈缴的学位论文，至今已积累了 100 多万印本学位论文，已经建立了文摘数据库和部分全文数据库。

NSTL 对学位论文的收藏由中国科学技术信息研究所承担，通过 NSTL 组成单位的合作已建设了部分学位论文文摘数据库。另外，更为重要的是 NSTL 经过 10 年的建设，各个成员单位运行良好，这种共建共享的管理模式为建立中国学位论文服务系统提供了基础条件。

CALIS 作为高等学校图书馆联盟，所建资源库包括 25 万条元数据信息和前 16 页论文信息。同时，CALIS 形成了联盟管理机构与成员之间协作机制。另外，高等学校是学位论文的主要产出体，也是论文服务的最主要的用户，作为共建共享的主体也是必需的。

以上单位以及中国社会科学院文献信息中心的第一阶段建设合作在全国

学位论文公益性共享中得到了进一步发展。由于这些单位拥有丰富、完整、系统的学位论文资源积累和收集渠道，具备学位论文资源的组织、描述、存储、发布和服务的基础，具有完备的学位论文资源管理和服务的技术储备，因此，可以依据联合体快速构建资源覆盖完整、收集渠道稳定、服务手段齐全的学位论文协同组织框架。

我国学位论文共享的组织管理以协议的形式进行，采取从松散联合型发展到紧密结合型的发展策略。

根据协同关系，在理事会制度下，各学位论文收藏单位作为学位论文资源联合共建的主体，应具有学位论文资源建设、共享和服务实施权益，对系统的事务应具有平等权利。学位论文服务理事会负责系统建设的目标设定、战略规划、宏观决策、经费预算、总体协调、监督和评价。

学位论文服务平台应成立专家委员会作为系统运作的专家咨询机构，包括成员单位的相关专家和系统之外的文献、信息技术、标准规范等方面的专家，负责项目实施中的咨询和技术方案的审定。在运行中，一是规范实体机构的运行，通过协同建设制度推进服务；二是在虚拟服务组织中提供学位论文元数据的共享集成和联合保障服务，指导和协调成员单位完成本系统学位论文资源建设和服务。

学位论文服务管理中心下设学位论文元数据与技术工作组和学位论文联合服务工作组，由依托单位负责日常运行管理。学位论文元数据与技术工作组负责成员单位之间的学位论文元数据共享建设和元数据的技术融合，包括学位论文元数据的收割、交换、更新、转换、规范、控制、共享协调以及元数据共享平台、学位论文公共服务平台、数据处理平台等方面的技术支持，学位论文联合服务组负责学位论文服务协同。学位论文服务管理结构如图4－10所示。

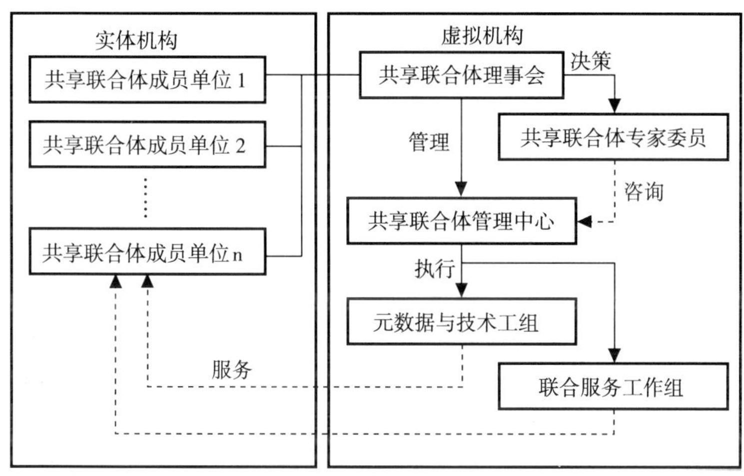

图 4-10　学位论文服务系统组织管理结构

现阶段，我国学位论文共享联合体的组织管理可采用动态联盟的模式进行运作，以发挥不同收藏机构在各自领域的核心作用，促进国家学位论文共享联合体的发展。

如图 4-11 所示，在学位论文平台服务的动态联盟中，法定的学位论文收藏机构处于核心位置，这些机构的联合平台建设至关重要，因此学位论文共享平台的建设以联盟机构为基础展开。目前，在公益性服务中各家机构通过平台已初步实现了学位论文资源的联合共建，用户可以通过平台中的任何一家服务单位获取其他机构的学位论文服务。今后的发展在于，实现深层次的学位论文资源协同开发，推进知识服务和知识链接，实现学位论文服务的增值。

从发展上看，在整合大型公益性馆藏单位和系统学位论文元数据的基础上，可以进一步发展动态联盟，在高等学校集中的地区组建分中心以辐射全国。在学位论文共享服务的数据整合中，应提供元数据传递的接口，以全面支持论文的全文开放查询与检索。目前，我国的学位论文公益服务的社会化推进已实现了阶段性目标，各学位论文收藏单位已实现系统互联和基于元数据的资源共享，其服务正向面向用户的一站式服务方向发展。

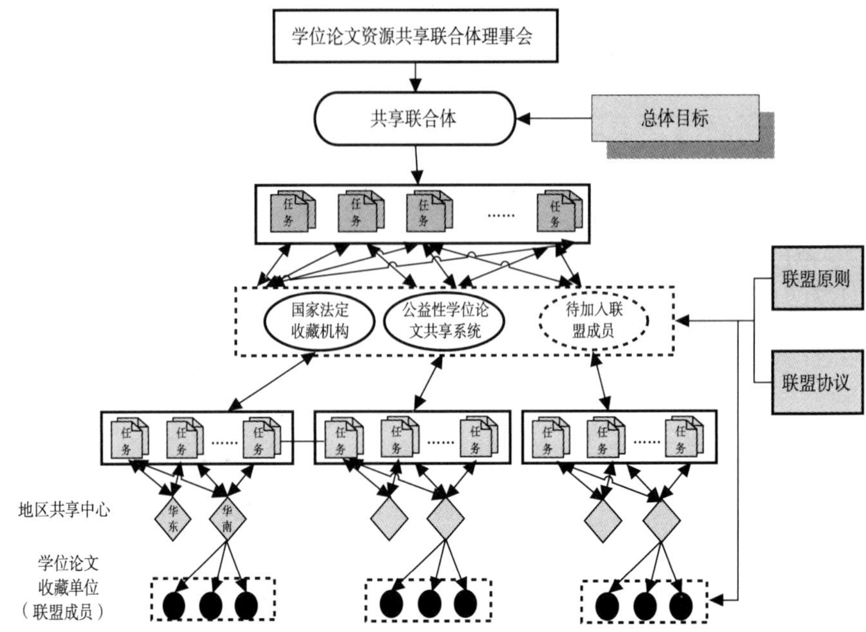

图4－11　我国学位论文开放共享服务中的联盟组织

第 五 章

基于国家创新网络的信息资源配置

国家创新网络的形成和创新主体信息需求的社会化转变，使得信息资源的部门配置模式显得不相适应。同时，信息服务的网络化组织提出了基于网络的信息资源配置与开放化利用问题。在新的需求环境和技术环境的作用下，寻求信息资源配置效益的最大化，实现信息资源跨系统共享，已成为科技、经济与社会化发展中的一个亟待解决的现实问题。

一、国家创新网络的运行与信息资源配置

创新活动的关联性和创新组织的开放化，使得创新主体间的交互不断加强，国家创新体系的运行随之由“线性模式”向“网络模式”演进，形成了以知识创新为核心的国家创新网络①。创新网络是知识创造和资源共享的有机整体，创新网络关系的建立和知识创新的组织要求通过优化信息资源配置，满足各类创新主体的信息需求，实现我国建设创新型国家的战略目标。

（一）国家创新网络的构成与基本特征

国家创新网络是由国家知识创新中的各类主体在合作、互动的基础上以网络形态结成的相对稳定的社会化创新系统。从宏观层面上看，国家创新网络是制度法规、教育、科技、经济、服务系统的互联；从微观层面上看，国

① Chesbrougy H., Vanhaverbeke W. Open Innovation: Researching a new paradigm [M.] Oxford: Oxford University Press, 2006: 15.

家创新网络是各类创新组织在交互合作和创新中所形成的关系网络。知识创新网络中各创新主体间的创新合作和信息沟通是实现社会化创新的基础，通过知识创新网络活动各创新主体进而推动创新型国家的信息资源共享与知识创造。

创新战略是国家创新活动开展的根基，既包括创新的目标、内容与路径选择，也包括创新的绩效和成本追求①。创新战略不仅对我国当前的经济社会发展起到重要的引导作用，而且引领着未来经济和社会的可持续发展。创新型国家建设和创新国际化，决定了以创新发展为需求的战略导向和以共同愿景为基础的实现战略。

政府、企业、科学研究机构、高等学校、科技中介机构和信息服务组织在国家创新系统中具有明确的分工协作关系。其中，政府作为制度创新主体，负责创新发展战略制定，推进制度改革和政策、法规制定，实施国家事务管理。包括研究机构、高等学校和服务部门在内的所有社会组织按行业分工和关联，承担着知识资源和物质财富的创造任务，同时在交互作用中促进社会进步和科技与经济发展。在国家创新网络中，创新主体既要创新资源保障，又需要在一定环境下进行全方位交互，因而提出了必然的资源环境建设要求。

创新资源是指国家创新发展所需的各类资源，包括自然物质资源和社会资源。从知识创新实现上看，应有一定的资源投入，只有在支持知识创新的基础条件具备时，知识创新活动才能有效开展。知识创新所需要的自然资源是指知识创新所依托的自然物质条件，例如科学研究基础平台资源，以及知识创新环境资源等；知识创新的社会资源包括支持知识创新的信息资源、人力资源和其他投入资源等。需要指出的是，信息资源作为一种重要的创新资源，其有效开发和利用不仅直接关系到知识创新的开展，而且关系到其他创新资源的配置优化。

创新环境是对国家创新网络运行起着支持和影响作用的外部系统，系统的内外作用决定了国家创新系统必然存在于一定的环境之中。系统不断与环

① National Innovation Systems [EB/OL]. [2009 - 8 - 11] . http: //www. oecd. org/dataoecd/35/56/2101733. pdf.

境进行物质、能量和信息的交换。这说明，国家创新网络活动是在一定环境下进行的，一方面环境影响着创新活动；另一方面知识创新活动改变着环境，二者之间的交互作用决定了创新网络结构的变化。

在图 5－1 所示的体系中，创新发展的主体资源与环境资源的关联作用决定着国家创新体系运行和资源分布。同时，创新主体的多元构成结构的开放性、治理的动态性和主动学习特性决定了信息资源的分布共享与流通。

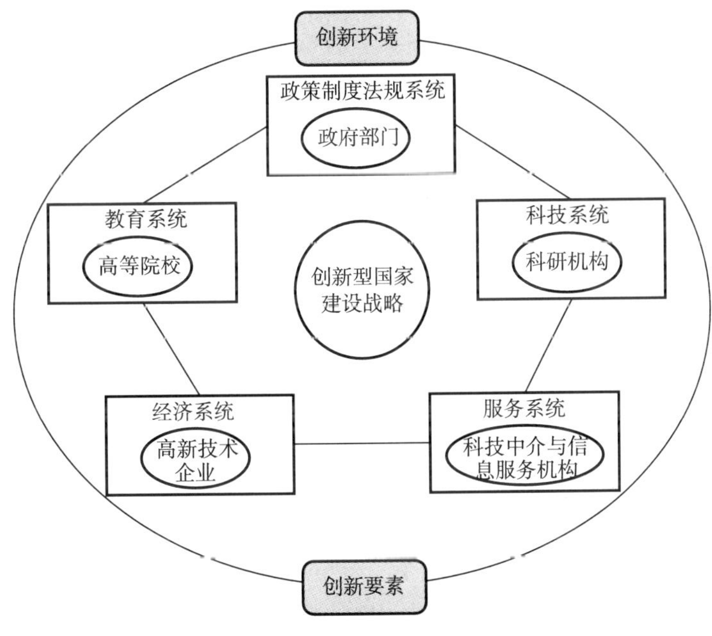

图 5－1　国家创新网络体系结构

1. 网络构成的多元性。国家创新网络是由多元主体、要素构成的网络系统，组织结构的多元性决定了网络资源的多样性以及因而带来的资源互补性。各类创新主体在对创新网络输入信息和传递信息的同时，更需要从网络中获取信息。显然，这一关系决定了创新网络中信息资源的多元结构和分散分布，由此提出了信息资源的分布式配置和整合利用的要求。

2. 网络结构的开放性。网络结构的开放性是国家创新网络有效运行的基本要求。各创新主体之所以加入创新网络，是因为通过网络可以有效地实现与关联主体的关联和环境的交互。创新只有对外保持开放，才能实现与外部环境的知识交换。因此，创新网络必然具有良好的柔性和外部环境的开放性。创新网络的开放性决定了信息的开放性流动和信息资源在多元主体系统中的协同配置。

3. 网络治理的动态性。网络治理的动态性体现在创新网络中主体关系、层级关系和网络关系的适时调整和变化上[①]。国家创新网络中的各成员之间的联结是可变的，这意味着相关的创新主体可以借助于网络结合成多种创新联盟或组合，也能在合作中根据环境的变化对合作进行调整，以维持主体关系、层级关系和网络关系的相互匹配。在网络运行中，主体间的灵活组合和关系的适时调整决定了网络治理的动态特征。这种动态组合，反映在信息资源保障上，便是信息资源的动态化配置。

4. 网络学习的主动性。创新网络的一个重要功能是支持创新主体的自主学习，以便通过主体之间的知识交流，提高主体的创新能力。因而，国家创新网络主体具有学习上的主动特性。创新网络外部环境的不确定性和内部活动的复杂性，促进了创新网络成员之间的交互学习系统的构建，网络学习作为网络知识资源的内化、外化和社会化过程，在知识创新中是必不可少的[②]。因此，在设计和构建国家创新网络时，必须考虑到网络节点之间的知识关联和面向网络学习的信息资源流动配置。

（二）国家创新网络运行对信息资源配置的要求

国家创新网络的运行离不开信息资源的利用。在国家创新网络中，信息的流动起着联系、导向和控制作用。在开放式创新环境下，国家创新网络的边界正日益模糊，信息的流动不仅存在于网络内部，还存在于网络与外部创新环境的交互中。

国家创新系统中的信息流动是信息资源交互利用的直接反映。信息资源包括为知识生产、消费、管理与其他社会活动提供保障的科技、经济和社会运行等方面的信息来源。从国家创新网络中有效利用信息过程看，信息资源来源广泛、形式多样，其信息资源利用构成了其他资源开发、利用的基础。如表 5 -1 所示。

---

① 王大洲：《论企业创新网络的建构原则》，《科学研究管理研究》2006 年第 5 期，第 64—66 页。

② 郭跃华、尹柳营：《创新网络组织学习研究》，《管理学报》2004 年第 3 期，第 345—349 页。

表5－1 国家创新网络中的信息资源分布

<table>
<tr><th>来源主体</th><th>信息资源类型</th><th>存在形态</th></tr>
<tr><td>各级政府部门</td><td>包括中央和地方政府颁布的政策文件、发展规划，以及反映科技、经济与社会发展的统计数据和公开信息等</td><td rowspan="7">报告、期刊、图书文献、多媒体信息、数字化信息、网络信息等</td></tr>
<tr><td>各行业协会组织</td><td>包括全国行业协会和各地方行业组织发布的行业运行数据，以及反映行业企业运行发展的各种信息等</td></tr>
<tr><td>各产业部门企业</td><td>包括各类企业经营管理信息、研发信息、市场信息、客户信息、新产品信息等</td></tr>
<tr><td>专门研究发展机构</td><td>包括高等学校和专门研究机构知识成果信息，以著作、论文、专利、报告等形式发表</td></tr>
<tr><td>中介服务机构</td><td>成果转让信息、咨询报告、社会调查报告、商业化统计资料、产业研究报告等</td></tr>
<tr><td>信息服务机构</td><td>专业著作、期刊文献、学位论文、会议资料、数据报表、行业信息等</td></tr>
<tr><td>市场运营机构</td><td>反映市场结构、供求情况、运行环境、用户消费、需求变化等方面信息的调研报告、统计资料等</td></tr>
</table>

信息资源在国家创新网络中的有效配置是重要的，有效配置的依据是用户的信息需求和信息的自然分布，网络环境下的有效配置需要信息系统技术支撑，需求的分布结构决定了信息资源的分布式配置结构。因此，需要在一定环境下进行整体化信息资源规划、布局、建设和组织。创新网络的构成和国家创新发展的社会化信息需求决定了信息资源配置的基本目标，在创新需求导向下的信息资源配置应在国家层面、地区层面和行业层面上进行规划，使资源分布与创新结构相适应，以利于网络环境下的信息共享。在国家创新网络运行过程中，国家发展和社会进步对信息资源配置提出以下高要求：

1. 信息资源配置的全局性规划要求。 长期以来， 我国的信息资源集中分布在公共图书馆系统、档案系统、科技信息系统和经济信息系统之中，这种配置方式与分系统、部门的信息服务体制相适应，同时满足了用户对本系统、行业的信息服务需求；另一方面，系统、部门的配置显示了信息资源按统一规划进行配置的特征，其资源分布有序；然而，在开放环境下对用户跨系统的信息资源需求却难以有效满足。随着社会网络的发展，这种分部门、系统的资源配置界限逐渐被打破，国家创新信息保障平台建设、地区和行业信息共享提出了跨系统信息资源开发的问题。在跨系统信息服务组织中，其资源配置的社会化已成为必然趋势，这就需要在全局上进行国家信息资源配置规划。

2. 信息资源的协同利用要求。我国公共信息资源、科技信息资源、经济与社会发展信息资源系统的数字化建设，从总体上适应了分系统的信息资源共享需求，同时为各地方、行业的系统间信息资源整合创造了条件。基于网络的信息服务技术发展和虚拟服务联盟的出现，打破了系统之间的界限，使信息资源的协同利用成为可能。然而，由于各信息资源系统之间的数据和技术异构导致了信息资源开发利用中的困难，这就需要在协同利用框架下进行信息资源的社会化配置布局，以此出发规范信息资源组织、开发与利用技术，推进信息资源的跨系统交换和流通，建立全流通环境下的国家信息资源协同开发体系。因此，需要进一步促进各系统之间的信息资源协调共建，建立信息组织与利用上的协作关系。

3. 基于分布网络的信息资源动态化配置要求。信息资源有效配置是一种动态的过程，这是由于在基于知识创新的经济发展中，经济转型与产业结构调整已成为一种必然趋势，以此相对应的信息资源结构和利用关系也随之发生变化，这就要求按产业经济发展的动态关系改变信息资源的配置结构。同时，基于知识价值链的创新活动将各部门、系统用户连成一个整体，其创新组合的多元化决定了信息资源组织的多元性，因此应建立信息资源配置的动态调节系统，以利于面向用户的信息资源整合。需要指出的是，信息资源的动态配置是以各系统协同配置为基础的，是信息资源面向知识创新和社会发展的动态性利用组合。

4. 信息资源增值利用的要求。信息资源特别是公共信息资源有着巨大的社会和经济价值，其有效配置和开发能够为相关主体带来极高的潜在效益。国家创新网络中进行信息资源合理配置的基本要求是：立足于现实的信息资源环境，按知识创新需求进行信息资源的组织和分配，在面向各类主体的服务中实现信息资源的增值利用①。信息资源的增值利用与资源配置直接相关，只有按需优化信息资源的配置才能促进信息资源的有效利用，同时获取资源配置协同效益。与此同时，各类创新主体也应共同实现对信息资源的再次开发与利用，使之在创新活动中发挥最大效益。

（三）我国国家创新网络中的信息资源配置条件与障碍

国家创新网络中的信息资源配置应注重配置主体之间的联动与合作，以协同创新为目标，强调信息资源的集成化利用与社会化共享。面对协同配置资源的要求，在配置实施过程中应充分利用现在的有利条件，还要克服诸多障碍的影响。

1. 我国信息资源配置的条件。自 20 世纪 80 年代以来，我国一直致力于信息资源配置协调和资源共建共享，在战略部署、管理体制、合作模式和系统建设等方面为国家信息资源配置的优化创造了良好条件。

（1）国家发展中信息资源共建共享战略的提出。我国制定颁布的国家创新发展战略与规划纲要将信息化建设置于重要地位，政府相关部门十分重视信息资源的开发利用与社会化共享。中共中央办公厅、国务院办公厅在 2006 年颁布的《2006—2020 年国家信息化发展战略》中提出，“要实现资源优化配置和信息共享；要以需求为主导，充分发挥市场机制配置资源的基础性作用”②；2008 年提出要统筹规划，合理布局打破条块分割，整合网络资源，促进互联互通③。由此可见，从国家发展全局上进行信息资源的合理布局已成为我国社会经济发展战略的一个方面，战略的制定为信息资源的社会配置体系优化提供了基本的政策保证。

① 陈传夫、黄璇：《政府信息资源增值利用研究》，《情报科学》2008 年第 7 期，第 961—966 页。

② 《2006—2020 年国家信息化发展战略》［Z/OL］.［2010－11－12］. http://www.gov.cn/jrzg/2006－05/08/content_ 275560. htm.

③ 《国民经济和社会发展信息化“十一五”规划》［Z/OL］.［2010－11－12］. http://www.sdpc.gov.cn/gjscy/xxh/t20080421_ 205351. htm.

（2）管理体制改革中信息资源协调共建关系的形成。在信息化环境下的国家创新发展中，我国成功实现了经济体制的转变，推进了行政体制改革，通过产业关系的调整构建了面向创新型国家建设的管理体制。其中，国务院“大部制”的实现，进一步改善了政府部门多头管理的局面。与机构改革相对应，我国信息服务的行业化管理已成为一种必然。在行业管理中，管理部门的职能整合有利于信息资源的跨部门协调共建。从战略上树立的资源配置协同观，是公共信息服务机构、行业和部门机构进行资源整体化建设与配置的共识基础。这种管理体制和战略规划的整体转变，为科技、经济与社会信息资源的跨系统协调配置和公共信息资源的共享创造了组织条件。

（3）创新联盟组建对资源配置协同的推动。知识创新网络化和创新联盟的形成，一是提出了信息资源联合建设的要求；二是形成了信息资源的网络化交换和共享关系；三是使信息交流、组织和利用成为一个整体。例如，企业知识联盟的组建和虚拟企业活动，改变了传统企业的供应链关系和技术研发关系。联盟中的企业不仅是本行业企业或生产企业、供应企业、物流企业和营销企业的组合，而且还是包括专门研究机构、风险投资企业和其他相关企业在内的联盟组织。企业创新联盟的组建和基于网络的经营活动，提出了企业间信息资源交互流通和利用的要求。在更广范围内，知识创新和经济社会活动的跨系统发展决定了信息资源的跨系统协同配置架构。

（4）信息资源共享建设工程的推动。我国在科技创新、经济发展和信息化建设中全面推进了公共信息系统、科技信息系统、高等教育信息系统和文化信息系统的信息资源共建共享工程。我国文献信息机构和高等学校、科学研究机构及企业信息组织，依托国家骨干网络，组建了国家科技图书文献中心，推进了全国高等教育文献保障系统建设，实施了国家数字图书馆建设工程和全国文化信息资源共享工程，在高等学校和科学研究机构中进行了科学数据共享。与此同时，全国经济信息网络和行业信息网络取得了新的进展，初步实现了信息资源的系统协调共建和共享，信息资源共建共享工程为社会化协同配置的实现奠定了新的基础。我国信息资源共建共享的系统化推进情况如表 5－2 所示。

表 5－2 我国信息资源共建共享的系统化推进

全国性信息资源共建共享系统	国家科技图书文献中心	全国高等教育文献保障系统	国家数字图书馆系统	全国文化信息资源共享工程	科学数据共享工程
系统建设主持与管理部门	科技部	教育部	国家图书馆	文化部	科技部
信息共享与服务整合环境下资源配置组织	在科技部主持下进行中国科技信息研究所、中国科学院等机构的信息资源共建共享，构建基于网络的信息资源共建共享联合体，实现信息资源的跨系统开发和整合	在教育部统一规划下由全国高等教育文献保障中心协同组织高校图书馆的文献资源建设，组织基于元数据的联合编目和内容开发，以此为基础拓展文献传递与保障服务	以国家层面的公共图书馆数字信息资源为核心进行国家数字图书馆信息资源的统筹建设，在信息资源深层开发中构建信息资源开发利用的社会平台，拓展知识服务业务	在文化部全面规划和安排下，进行公共文化资源的整合和跨系统共享，以此为基础进行信息资源的深层开发和面向公众的开放服务，以资源建设为中心推进文化资源共享	将科技数据共享纳入科技条件保障平台建设的轨道，在科技数据的共享中进行资源组织，开发数字化知识管理技术，实现数据共用和知识联网，提高科学研究的数据保证水平

2. 信息资源协同配置中的障碍克服。国家创新网络结构的优化和创新网络活动的开展对信息资源配置提出了新的要求，从总体上看，需要从属于各部门的信息资源系统实现信息资源配置上的协同。这种协同要求突破系统之间的障碍，实现信息资源的跨系统配置与共享。就目前情况而论，我国信息资源配置的市场化程度较低，效率有限，与市场经济发达的国家相比较尚未形成市场化协同效应。这说明，在信息资源配置中应进一步发挥我国的优势，克服信息资源配置中的各种障碍。

（1）机构运行机制障碍。信息资源配置在一定的机构中实现，机构之间的协同关系决定了信息资源的共建共享关系，然而我国信息资源配置中机构之间存在着管理和运行上的障碍，具体表现为：系统内信息资源配置效率通过系统内的整体化管理来实现（如 NSTL、CALIS 分别由科技部、教育部协调系统内各主体的运作关系），系统之间的共建共享却存在着隶属关系的障碍，其跨系统配置协同限于宏观层面上的调控。这就需要在信息服务行业的发展中确立相互配合的跨系统协调关系，在资源建设、开发和利用上适应开放化的创新发展环境。

（2）利益协调障碍。我国信息资源配置是在市场经济条件下进行的，各配置主体有着自身的利益追求。创新活动的交互性、高收益使得配置主体间的利益关系变得复杂，利益矛盾趋于突出。因此，协调主体间的利益关系以实现整体利益最大化已成为加快信息资源配置协同发展的当务之急。利益协调是一个合作博弈的过程，涉及各方面利益分配和补偿等问题，既需要政府从宏观上进行导向，又需要各主体从微观上进行协同。此外，除了配置主体之间的利益协调，还要注重个体利益与国家整体创新利益之间的协调，短期配置利益和国家长远利益之间的协调，经济利益和社会利益之间的协调。

（3）技术实现障碍。技术实现障碍是指各系统信息资源组织、开发与利用中，因采用的技术不同和建设标准不一致而产生的障碍，尽管我国在信息资源配置中实施了共建共享工程，确立了信息资源的共建和共享关系，然而各系统的信息资源组织标准和开发深度却未统一规范，以至于造成了系统异构和资源交换瓶颈。对技术实现障碍的克服，应从总体上进行基于网络技术和数字技术发展的信息资源组织技术规划，特别是对于云计算技术的应用和网络融合技术的推广，应构建技术的协调发展平台，使各系统采用的技术能够相互兼容，从而在信息资源共建共享中实现系统间的互操作。

二、基于国家创新网络的信息资源配置协调组织

在国家创新发展需求导向下，为了促进创新主体间的协调合作，更好地实现国家创新网络中的信息资源配置优化，应建立科学的配置运行机制，选择合适的配置组织模式，确定科学的配置实施路径，这是国家创新网络中的信息资源配置协调组织的关键。

（一）信息资源配置机制建立

国家创新强调知识创新中的产业发展，波特从价值分析出发，提出了基于“市场竞争”的资源配置模型。在国家创新网络中，政府配置和市场配置仍然是最主要的两种资源配置机制。

1. 政府协调的组织配置机制。政府协调下的信息资源配置是指中央和地方政府在发展战略和配置政策上主导信息资源的协同配置，通过系统配置关系的调整优化信息资源配置结构，使系统资源配置从无序变为有序。在市场经济发展中，政府的主导作用是不容忽视的，例如芬兰、挪威等国，政府作为信息资源配置战略的制定者，从国家发展目标出发对信息资源建设进行全面规划，以此构建社会化信息资源配置体系，这种方式避免了市场导向配置的无序。对我国而言，应继续发挥政府统一规划和主导信息资源配置的优势，结合市场化需求调动各系统主体协同配置资源的积极性。可见，在政府调控下的知识生产力和市场发展中，政府对信息资源配置的主导是决定配置效益的重要因素。在政府主导下，信息资源的有效配置源于主体创新发展需求和市场发展需要，由此决定了信息资源配置的自组织和优化机制的形成。

2. 市场导向的自组织配置机制。哈肯（H. Haken）将“自组织”定义为系统在一定时空和功能结构中通过关系协调进行自我完善和运行的机制[①]。在信息资源配置中，衡量信息资源配置效益的标志之一是满足其增值利用要求，无论是公益性信息资源配置还是经营性信息资源配置，都应使配置效益最大化。所不同的是：对于政府主导的公益性信息资源配置，所强调的是信息资源的社会效益，其效益最大化在于充分满足社会各部门、系统、组织和公众的无偿信息需求，使各方面用户通过充分的信息资源保障获取各种效益，这种效益最终体现在社会经济发展上；对于政府调控下的经营性信息资源配置，所强调的主要是信息资源满足市场化需求的程度和水平，它以信息服务收益最大化为基本的准则，这是由于信息服务收益最大化与用户利用信息资源效益的最大化是一致的。由此可见，市场导向的配置机制在于协调资源的市场配置关系，保证资源配置社会经济效益的实现。

3. 有效的自组织信息资源配置机制。信息资源配置中的政府导向和规划并不意味着由政府部门统一部署信息资源配置系统建设，也不意味着信息资源配置的投入产出完全由政府掌控，而是形成政府主导的、受市场调控的、各资源配置主体协同的自组织配置机制。其中，各资源系统存在着对政府调控和市场导向的适应问题，需要将二者有机结合。一方面，政府作为规

① ［德］赫尔曼·哈肯：《协同学：大自然构成的奥秘》，上海人民出版社 2005 年版，第 2 页。

划者和组织者，在信息资源配置中发挥主导作用，进行统筹安排下的资源配置实施；另一方面，各系统主体作为配置的实现者，在发挥能动作用的基础上进行自组织配置，从客观上适应国家政策导向和市场环境。鉴于此，应以有效制度安排下的信息资源自组织配置体系建设为中心，构建社会化的信息资源配置系统。这里的实现安排是指政府部门对信息服务系统的资源配置行为的约束，不仅要求信息资源配置主体让国家创新发展目标进行资源配置，而且需要信息资源配置主体适应市场化的发展环境。

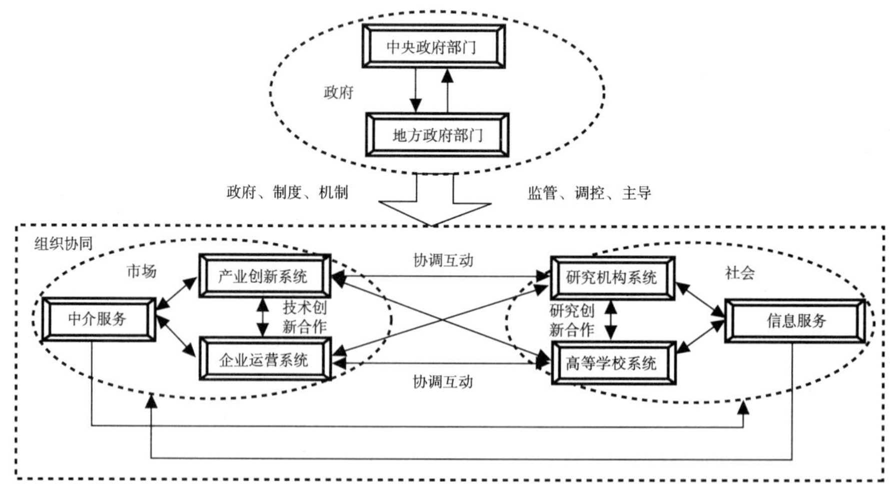

图5－2 政府主导下的系统协同信息资源配置

（二）信息资源配置模式选择

信息资源配置是以信息流动为基础的，在国家创新网络中，信息流动状态和方向由网络结构决定。网络结构系统内各组成部分之间的相互联系和相互作用的方式，是各要素在时空上的组合结构。国家创新中的协作关系决定了创新网络中的主体结构，影响着信息资源的流动和分布，由此形成了不同的信息资源配置模式。

1. 信息资源配置的星形结构模式。星形网络结构配置以一个中心节点为核心，通过中心节点实现主体间的信息资源交换、共享和流动。中心节点作为国家信息资源传递、交换和共享的枢纽，负责信息资源规划与调控，以便根据各系统、行业、部门的信息资源需求合理布置国家、地区、行业的资源配置投入，建立社会共享的信息资源网。资源配置中心辐射其他系统，各系统主体间的资源交换通过中心节点来实现，如图5－3所示。

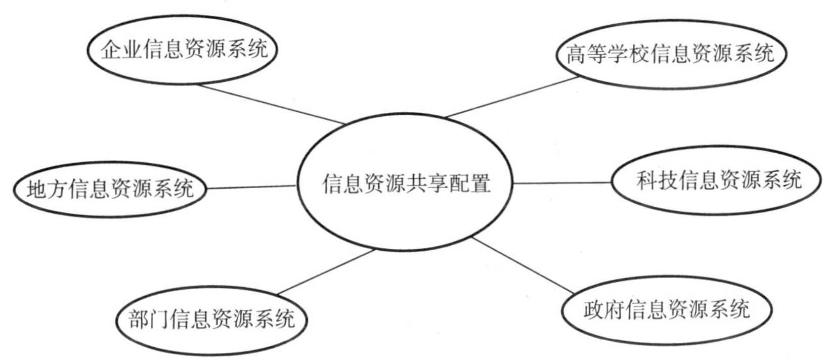

图5－3 信息资源的星形配置模式

星形结构配置模式的优点是：通过信息资源配置的集中调控，可以集聚和整合分散的信息资源，建立以中心位置节点为核心的配置体系，从而提高配置的协调效率。同时，中心节点以外延方式联结各系统的信息资源，可以适应分系统、行业和部门的信息资源服务需要①。星形模式的缺点是：单向的信息流动导致各系统间互动程度不高，资源配置管理过分依赖中心节点，缺乏各系统之间的互通，影响了信息资源配置的整体化。

2. 信息资源配置的网状结构模式。网状结构的资源配置模式突破了以节点为核心的集中布局局限，因而可以依据信息资源的系统分布进行国家整体规划下的协同，通过设置多个资源交换节点，建立分布式信息资源系统。在资源转换点的选择上，可以灵活考虑系统、地区、行业和部门的实际需要，有效集合相应系统的资源，实现信息资源的共建共享。基于此，资源交换节点可设在国家科技、经济和公共信息机构、行业协会或区域发展中心，各交换节点通过统一的建设规范如元数据规范、数字对象规范、数字对象加工规范等，将各行业、领域的信息资源纳入协同配置范围，通过网络实现系统间的信息资源传递和共享。与此同时，各资源交换点间保持着紧密联系，

① 刘旭东、赵娟：《产学研战略联盟可持续发展的运行机制研究》，《太原科技》2009年第4期，第88—91页。

实现“多对多”式的信息资源传递与共享。这样，更易于创新系统间实现信息资源供求均衡。其构建如图5－4所示。

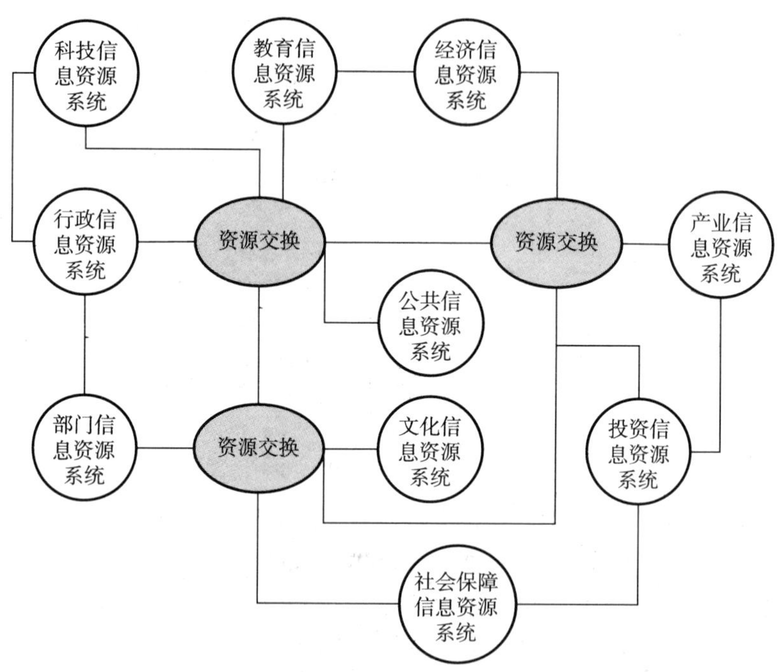

图5－4 资源的网状结构配置模式

网状结构的分布式配置模式的优点在于：在配置中可以有效实现构成网络的各资源节点之间的互联，实现基于分布结构的信息资源交换，在各资源节点自适应配置的基础上，实现资源利用上的互补，从而全局化协同效应可以得到充分体现①。同时，任何两个节点在网络框架中可直接发生联系，可以实现节点之间的相互协调和互动。缺点在于：网状结构使节点间存在多元复杂联系，信息传递路径复杂，系统协调成本较高。

3. 信息资源的总线结构配置模式。总线结构的配置在国家创新网络各系统进行总体连接的基础上，通过总线功能进行信息资源传输、交换和共

① Xi Y. M., Tang F. C. Multiplex Multi-core Pattern of Network Organization: An Exploratory Study [J]. Computational and Mathematical Organization Theory, 2004, 10 (2): 179－195.

享。这一模式从总体上适应了基于创新价值链的信息资源供给需求，总线配置强调的是信息资源组织、开发、利用和分配的整体化，各信息资源系统依托总线信息资源集成管理功能进行信息资源的协同组织，以满足用户各方面的信息需求。信息资源配置通过资源链中的主体作用，实现从信息生产到信息共享、转移和应用的整个系统功能，因而是信息资源供需平衡的动态网络[①]。在国家创新网络中，信息资源活动可视为国家动态配置信息资源，寻求效益最大化的关联活动。从总线配置的结构、流程和功能实现上看，需要信息资源服务系统的相互配合，在配置中按统一的规范进行资源生产、加工和组织，从而促进基于价值链的信息资源增值利用，其基本关系如图 5 – 5 所示。

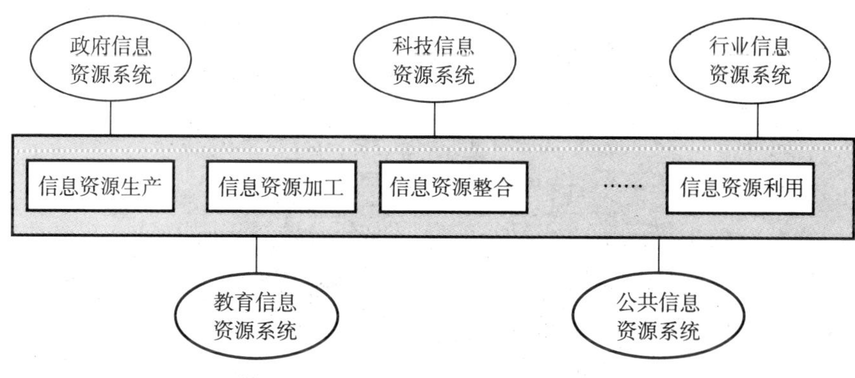

图 5 – 5　信息资源配置的总线结构模式

总线结构模式的优点在于：通过总线进行资源配置可以促进主体间的资源交换，有利于资源流动，能够实现信息加工、处理、转化流程的优化。不足之处在于：进入总线的系统相对固定，总线系统的改变会影响到各系统及配置的各环节。

4. 信息资源的层级结构配置模式。层级结构模式是一种等级式的信息资源配置模式，国家创新网络中的信息资源配置可划分为国家层面的资源配置、地区与行业层面的资源配置和组织机构层面的资源配置。国家层面从宏观上对国家创新发展中的信息资源进行统筹，按配置战略构建全国系统；地

① 王晰巍：《知识供应链构建模式及运行机制研究》，2006 年吉林大学博士论文，第 89—90 页。

区层面由各地方政府主导，按中央政府的统一指令，实施地区资源优化配置；行业层面由各行业协会主导，按照所属的行业部门进行一安排；组织机构层面的信息资源配置从微观上对组织机构内部的信息资源进行组织和分配。各层级之间由上至下形成一体化"联动"关系。层级信息资源配置如图5-6所示。

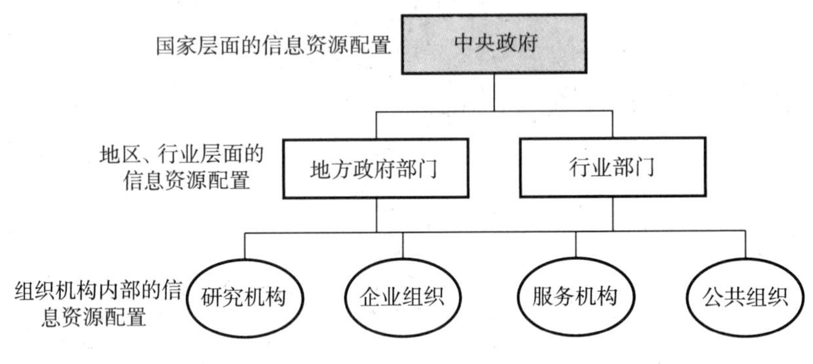

图5-6 信息资源配置的层级结构

层级结构配置模式的优点是：配置层次分明，易于国家总体配置战略的部署和实施，且配置体系可以扩展，逐步形成覆盖全国的信息资源网络。不足之处在于：低层节点自由度过大，网络组织协调难度较大，而且树型层级越多，网络组织的协调一致性就越弱，有效治理的难度就越大。

（三）信息资源配置的优化

国家创新网络中，信息资源网络配置效益不仅体现在资源配置中的协同效应上，而且还体现在基于协同配置的信息资源社会化利用效益上。资源配置的协同效应是指在各系统资源配置主体在面向社会的信息资源配置中，通过政府调控下的资源配置目标约束和市场激励，在与其他主体合作和博弈中实现资源配置投入产出的最大化；资源利用的效益是指各资源系统用户交互利用信息资源效益的最大化，它体现在信息资源的社会化利用效益和系统利用效益的获取上，以满足社会需求的情况下系统利用效益最大化为目标。

实现信息资源的合理配置，确保其协同配置效益的发挥，必须协调各方面的关系，按配置目标确立配置路径，优化信息资源配置过程。信息资源协同配置的优化是一个渐进的过程，从总体上看需要构建各系统的协调关系，完善信息资源配置体系。

1. 信息资源配置优化过程。按国家创新发展和信息化服务要求，信息资源配置应与国家创新和社会发展目标保持一致。由于社会经济发展和创新型国家建设是一个基于综合改革的发展过程，它不仅经历着经济体制改革、行政体制改革、科技体制改革、社会文化体制改革的过程，而且在体制变革的基础上经历着信息组织、流通和利用关系的变革。从整体上看，国家创新发展改变着各部门和组织的竞争合作关系，例如对于企业而言，各行业之间不仅具有经营上的竞争关系，更多的是还具有战略性的竞争合作关系，即在竞争中寻求合作，通过合作促进竞争。显然，在国家创新发展中，各行业组织战略关系的建立以开放发展为前提，与此相对应的信息资源配置也应满足开放化的社会经济结构和发展环境。由此可见，信息资源配置经历着分系统配置、多元协作，向全面协同配置发展的过程，如图 5 -7 所示。

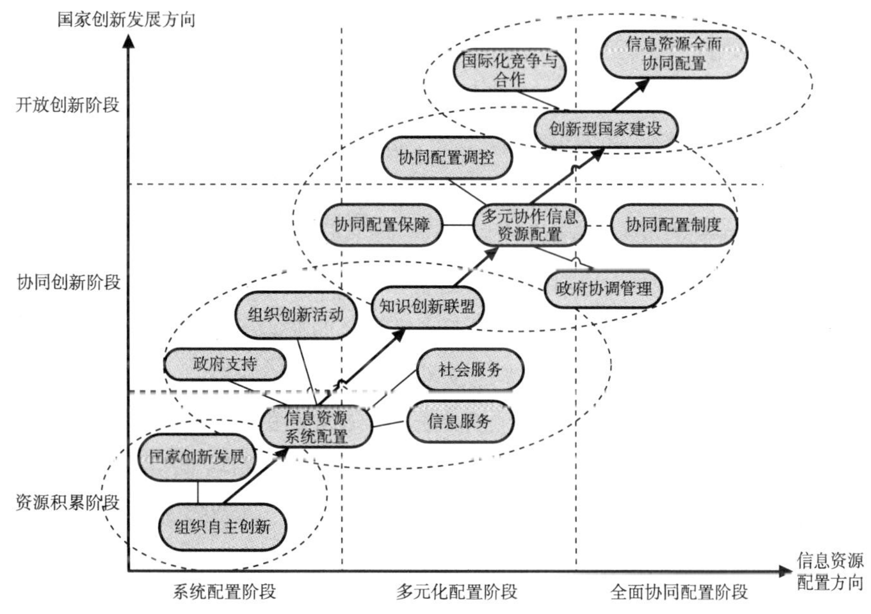

图 5 -7　信息资源配置路径

（1）系统配置阶段。信息资源的系统配置建立在国家统一规划下的发展战略基础之上，科技、产业、社会与经济发展对知识创新提出了系统性要求。在社会发展战略的导向下，信息资源的共建共享得以实现。自20世纪末期以来，基于共享的资源配置正向多元方向发展，从而提出了科技、产业、经济与社会信息资源系统建设的融合规划问题，从总体上需要按社会发展目标进行各系统信息资源配置的社会化协调。

（2）多元协作阶段。以自主创新为依托的国家发展，随着创新进程的加快和难度的加大，提出了知识创新的社会化合作要求。例如，对于企业而言，依靠自身的独立创新或局部创新合作已无法形成核心竞争力，这就需要寻求与其他企业、高等学校、研究发展机构、运营服务商的合作，这种跨系统的合作显然以跨系统的信息资源利用为保障。由此可见，面向产业经济创新的社会化信息资源组织需要构建多元协作配置体系，从而保证资源的跨系统利用。

（3）全面协同阶段。创新型国家的建设提出了信息服务与保障的社会化组织要求，与服务相适应的信息资源配置也必须在国家规划下，由各主体机构全面协同来实现。信息资源协同配置优化，不仅体现在主体关系的协同上，而且还体现在资源配置与环境的协调和信息资源配置与社会经济发展的协调上。只有在网络协作配置的基础上，信息资源的协同配置效益才能得到充分体现。因此，在创新型国家建设中，国家应开展国际间的创新交流合作，积聚高质量的信息资源，以实现国家的全面协调可持续发展。

2. 信息资源协同配置的整体化实现。信息资源配置的跨系统特征决定了配置的整体化战略的实施。在面向国家创新发展的信息资源配置效益体现在信息服务与保障社会化发展上，如果将国家信息资源配置系统作为一个复杂的社会系统来对待，只有在复杂系统中各部分通过相互协同达到整合效益最大化时，信息资源优化配置的目标才能实现。这说明某一部分配置效益的最大化并不意味着整体效益的最大化，而是在需要将各部分效益得到充分体现的情况下，寻求最大化的资源整合效益。从全局和局部的关系看，创新型国家信息资源配置的整体化实现应从以下几个层面加以推进：

（1）整体化配置战略构建。信息资源配置在一定的战略指导下进行，分工合作的配置强调按各系统所承担的任务进行战略规划，整体化配置强调的是信息资源配置的宏观效应和整体效益。创新型国家的建设改变着科技创新、产业发展和社会运行模式，强调的是社会经济的稳定、可持续和和谐发展，所依赖的是知识创新。因此，信息资源的整体化配置应符合国家创新发展的整体目标，以先进的产业生产力、经济社会运行方式为导向组织信息资源的按需利用。这意味着，在战略上应确立资源配置战略与国家战略的协同机制；其次，对于各类创新主体而言，应制定不同的信息资源配置战略目标，在国家开放式创新体系中寻求信息资源配置的战略协同。

（2）协同管理关系确立。在面向社会发展的信息资源配置中，需要改变资源配置的管理关系。这种协同管理关系在我国社会经济转型发展中已得到初步体现，其中，国家科技图书文献中心的信息资源共建共享就是在科技部管理下多部门系统协同推进的。然而，多部门协同推进未能从根本上突破系统之间的界限以实现基于资源整合的服务融合。又如，计算机互联网、电信网和广播电视网融合中的资源配置仍然存在系统障碍，科技、经济与公共信息资源难以在三网融合中进行适时共享。这就需要从总体上建立信息资源系统协同管理关系，协调好各部门之间的责权关系，促进协同效益的提高。

（3）资源交换机制的完善。社会化的信息资源协同配置并不意味着由一个中心统筹管理，所有的信息资源在于进行统筹规划下的分布式信息资源配置，协调各系统信息资源组织和利用关系，以此推进信息资源的社会化共用和信息资源在各系统之间的交换、流通。因此，协同配置目标的实现是以建立合理的信息资源交换机制为前提的。信息资源的交换是指各配置主体之间通过信息资源交换平台进行信息的交互开发和利用，以利于充分发挥资源组织的合作优势，开发深层次的信息服务。资源交换机制需要从交换制度上进行完善，寻求不同层面的信息资源交换组合。

（4）技术应用上的融合。信息资源协同配置的实施离不开技术的支持，特别是随着信息技术的不断发展，协同软件技术不断更新，知识信息资源配置的核心技术必然处于不断更新之中，这就需要完善技术的动态应用机制。信息资源配置的技术实现涉及资源识别、组织和内容开发，其中信息资源组织技术与包括云计算在内的智能化处理技术密切相关，这就需要在面向企业信息化、数字化科学研究和学习的服务中进行面向信息资源增值利用的技术融合，构建技术集成平台，提供平台化的技术利用。

三、基于系统动力学的信息资源协同配置模型

信息资源配置是国家创新系统中的重要的活动，其协同化发展取决于创新系统的功能结构和组成部分的实际运作情况。国家创新系统的开放式结构特征和创新要素的自组织演化规律，使创新系统中的信息资源配置带有明显的“系统动力学特征”。因此，可以应用系统动力学的方法进行信息资源的协同配置。

（一）信息资源协同配置的系统动力学分析

系统动力学的建模过程包括确定系统边界、提出问题假设、建立系统动力学模型、进行模型检验与应用、组织政策设计与评估五个步骤。其模拟模型的构建过程是在现实世界与虚拟世界之间反复试验和学习的持续循环过程，如图5－8所示。

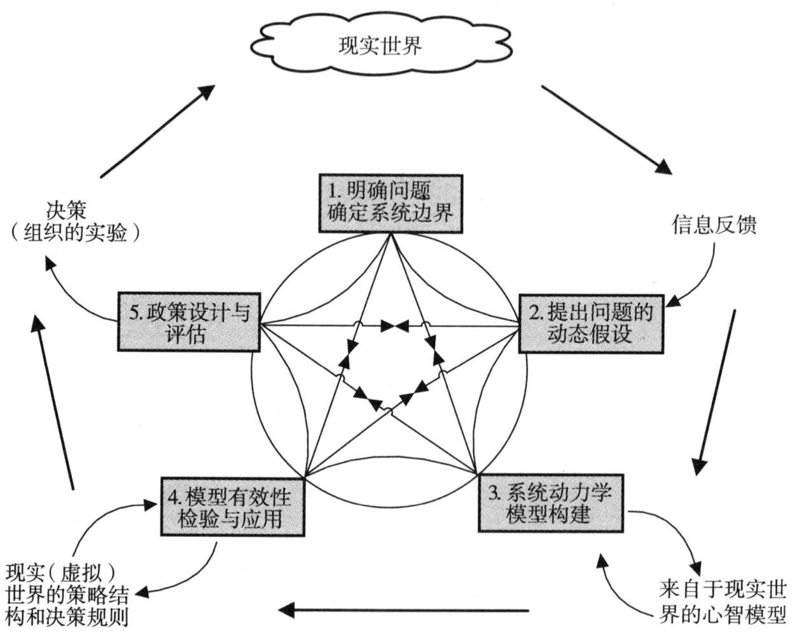

图5－8 系统动力学建模过程

确定信息资源协同配置体系边界即明确信息资源协同配置所涉及的全部要素。从功能而言，信息资源协同配置效应的产生是国家创新系统内各创新主体在反复的信息资源交换、共享、分配中交互产生的。因此，界定信息资源协同配置体系的边界应从国家创新系统基本结构入手，找出系统中对信息资源协同配置起实质作用的要素。

总体而言，信息资源协同配置关系是国家创新主体在环境因素作用下，彼此间通过相互适应、协调发展而实现的信息资源协同利用。所以，在信息资源协同配置中起主导作用的是环境因素以及各类创新主体因素和市场因素。按照各主体在协同配置中所起作用的不同，可以将信息资源协同配置体系界定为由协同配置管理系统、协同配置操作系统、协同配置服务系统、协同配置环境系统和市场系统构成的统一整体，如图 5－9 所示。

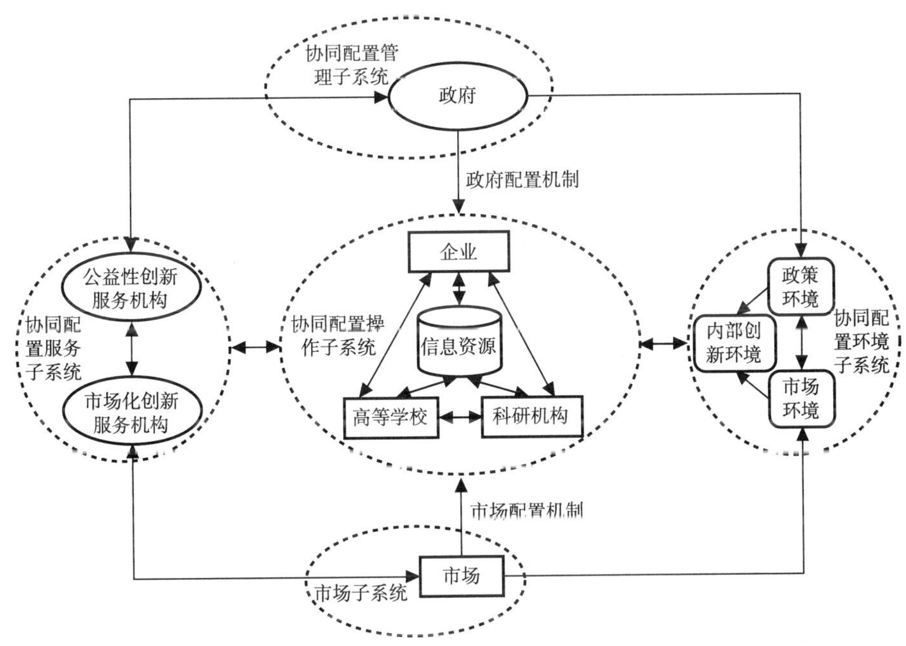

图 5－9　信息资源协同配置体系结构

1. 协同配置管理。协同配置管理由各级政府承担，起着制定协同配置战略、管理监督配置实施、协调创新主体利益关系和建设公共信息资源系统的作用，对整个协同配置体系的有效运行起主导作用。

2. 协同配置操作。由企业、高等院校和科研机构等创新主体系统组成，承担着具体的配置实施任务。由于各自具有不同的资源优势和创新能力，彼此间通过合作实现资源互补和协同配置。

3. 协同配置服务。由中介机构等主体系统组成，包括政府管理下的公益性服务机构和面向市场的商业化服务机构，他们为产学研之间进行合作创新和资源协同配置提供财力、物力、人力支持。

4. 协同配置环境。政府管理行为和市场需求形成了协同配置体系中的政策环境和市场环境，对企业、高等学校和科学研究机构的系统行为产生着综合影响，决定着产学研的内部创新环境，对其合作创新起着推动或阻碍作用。

5. 协同资源市场。市场对信息资源协同配置的实现也起着至关重要的作用：首先，市场需求的扩大促进创新主体不断提高生产力、积极开展创新合作；其次，创新主体之间在进行信息资源配置时也需要通过市场的价格机制、竞争机制、供求机制实现自组织协同。

从信息资源协同配置体系的组织结构看，纵向上显示了产学研主体在政府配置机制和市场配置机制双重作用下的运行情况，强调双轨配置机制的协同。政府不仅影响着产学研之间的合作取向，还通过经济手段、政策手段、法律手段对市场运作机制进行完善；横向上反映了产学研主体与环境之间的交互关系，强调产学研系统在环境影响下的自组织协同运作。这两个层面的有机融合共同推动着信息资源协同配置体系的形成和演化。

信息资源协同配置的实现是配置战略层、管理层、操作层和技术层多层面协同演进的结果，涉及信息资源配置管理部门的职能协同、创新服务机构间的相互协作、产学研之间的信息资源有效传递与共享、多类信息资源的协同组织与利用以及相关信息技术的综合化应用等方面。以国家创新发展需求为导向的信息资源协同配置，应以产学研为核心，以促进产学研创新合作为目标，以充分发挥政府、创新主体和服务机构的资源优势，最终形成配置管理者、信息资源生产者、信息资源供给者、信息资源使用者的全面协同互动。

由此可见，信息资源协同配置是在产学研合作创新的过程中逐步实现的，协同配置体系的运行机制如图 5－10 所示。

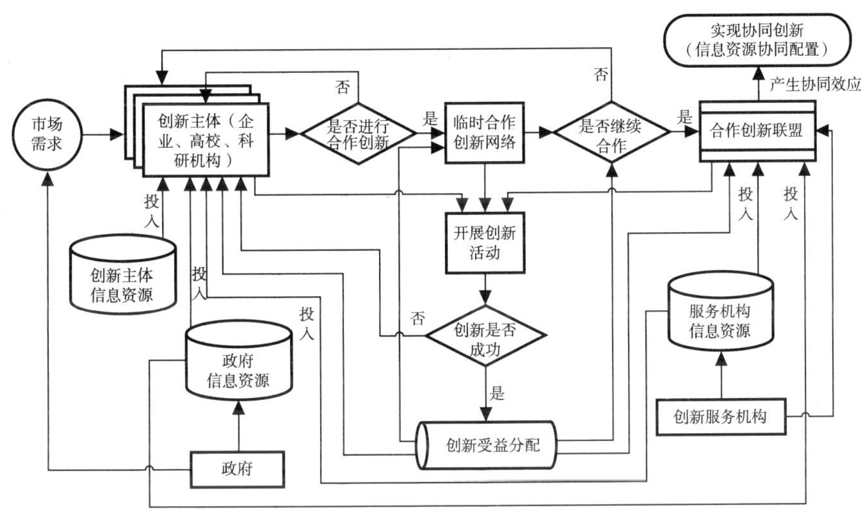

图5－10　信息资源协同配置体系的运行机制

如图5－10所示，国家创新发展中的信息资源协同配置存在着面向自主创新、选择创新合作、组织创新联盟、推进知识共享和形成整体协同效应的问题：

首先，国家创新发展中的知识创造、传播、组织、转移和利用已成为一种普遍的社会行为，科研机构、产业机构、社会服务机构和其他组织之间的交互提出了信息资源协同利用的要求。因此，应以信息资源协同利用需求为导向进行资源配置的规划。

其次，在合作创新中，创新主体间可形成临时合作网络，共同开展科学研究、技术创新和研发活动。因此，各创新主体必然依据创新合作关系和创新目标从事创新活动，这种合作创新决定了信息资源的协同配置关系。

再次，在面向合作创新的服务中，信息资源的协同利用效益决定了跨系统信息资源共建共享关系的建立和合作发展，以此形成了稳定的信息系统协同配置关系，这是进行信息资源协同共享的前提。

最后，在基于创新联盟的信息资源配置中，机构之间的合作配置本着信息资源共建、互补和交互利用的协同原则，其创新联盟的组建需要稳定的信息协同利用作保障，由此确定了信息资源协同建设的持续发展方向。

根据信息资源协同配置体系的基本结构和运行机制，可以确定信息资源协同配置各相关要素之间的交互关系，从而明确政府、企业、高等院校、科研机构、服务机构在信息资源配置中的关联作用，以及政府管理和市场作用两种机制对信息资源协同配置的影响。其中的基本关系如图 5－11 所示。

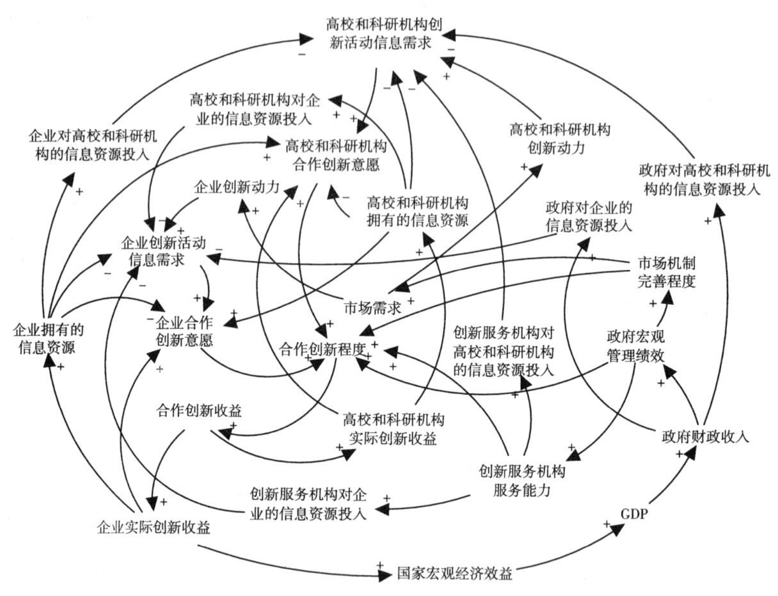

图 5－11 信息资源协同配置的因果关系图

如图 5－11 所示，关系链中的正（＋）、负（－）作用反映了各关联主体相互之间的促进和限制，在作用关系中构成了交互影响的动力模型。在分析反馈作用中，可以用“原因树”对因果关系中的一些关键变量进行分析，找出引起这一变量发生变化的具体原因。按照信息资源协同配置体系的运行机制，其整体协同效应在产学研相互合作的基础上产生。因此，产学研之间的合作创新程度直接影响着最终的信息资源配置效果。从“合作创新程度”的“原因树”中可知（如图 5－12 所示），企业、高等院校和科研机构的资源需求强度、资源互补程度以及所取得的收益回报决定着系统之间的合作意愿，进而影响整体合作绩效和信息资源协同配置效果。此外，产学研之间的合作创新还受政府宏观管理绩效、市场机制和创新服务机构运行的影响。

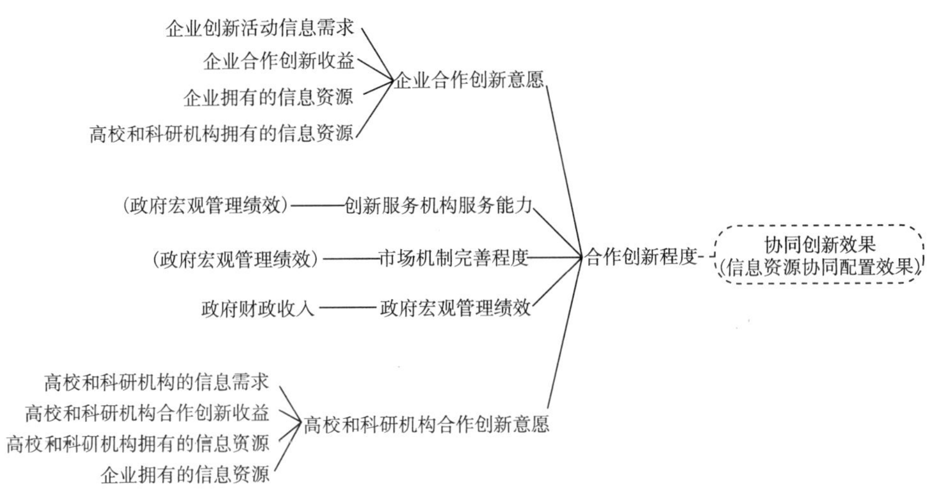

图 5－12　合作创新与信息资源协同配置关系

我们还可以利用“原因树”进一步分析企业、高等院校和科学研究的信息资源投入来源。对企业、高等院校和科研机构而言，在系统的投入中，除了自身的投入外，还需要政府对公共信息资源的投入、服务机构资源的投入、市场信息资源的投入。由此可见，企业、高等院校和科研机构不仅对信息资源有数量上的需求，而且由于他们在创新价值链上所起的作用不同，还有着不同的资源配置要求。因此，在进行信息资源协同配置时，应充分考虑企业、高等院校和科学研究机构各自的创新特点，有针对性的为其提供所需的信息资源，使之创造出更大效益。

（二）信息资源协同配置的动力学模型

因果关系图描述了信息资源协同配置中各相关变量之间的相互作用关系，以及国家创新系统的基本反馈结构。在此基础上，可以利用系统动力学流图进一步区分配置体系中的各要素，明确各主体间信息资源流动和反馈形式，从定量的角度构建具体的模型，以此对信息资源协同配置的整体实现过程进行仿真。图 5－13 为信息资源协同配置的动力学流图，图中显示了信息资源配置的协同关系和基于协同关系的配置结构。

图 5－13 涉及的变量如表 5－3 所示：

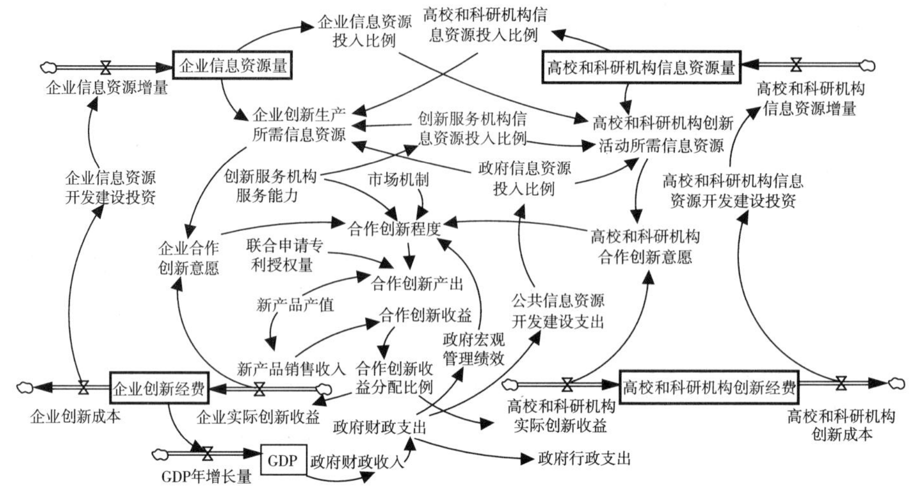

图5－13　信息资源协同配置中的动力学流图

表5－3　信息资源协同配置动力学流图中的变量

序号	变量名	单位	变量类型	序号	变量名	单位	变量类型
1	企业信息资源量	—	L	19	合作创新程度	—	A
2	企业信息资源增量	—	R	20	合作创新成果数	项	A
3	企业信息资源开发建设投资		A	21	联合申请专利授权量	项	C
4	企业信息资源投入比例	—	C	22	新产品数量	件	C
5	企业创新生产所需信息资源量	—	A	23	新产品销售收入	亿元	A
6	企业合作创新意愿	—	A	24	合作创新收益	亿元	A
7	企业实际创新收益	亿元	R	25	合作创新收益分配比例	—	C
8	企业创新经费	亿元	L	26	GDP	亿元	L
9	企业创新成本	亿元	R	27	GDP 年增长量	亿元/年	R

续表

序号	变量名	单位	变量类型	序号	变量名	单位	变量类型
10	高等学校和科学研究机构信息资源量	—	L	28	政府财政收入	亿元	A
11	高等学校和科学研究机构信息资源增量	—	R	29	政府财政支出	亿元	A
12	高等学校和科学研究机构信息资源开发建设投资	亿元	A	30	政府行政支出	亿元	A
13	高等学校和科学研究机构信息资源投入比例	—	C	31	政府宏观管理绩效	—	A
14	高等学校和科学研究机构创新经费	亿元	L	32	公共信息资源开发建设支出		A
15	高等学校和科学研究机构合作创新意愿	—	A	33	政府信息资源投入比例	—	C
16	高等学校和科学研究机构实际创新收益	亿元	R	34	创新服务机构服务能力水平	—	C
17	高等学校和科学研究机构创新活动所需信息资源量	—	A	35	创新服务机构信息资源投入比例	—	C
18	高等学校和科学研究机构创新成本	亿元	R				

注： L 为状态变量；R 为速率变量；A 为辅助变量；C 为常量。

在面向企业、高等学校和可以研究机构合作创新的信息资源协同配置中，根据信息资源协同配置的系统动力学流图和各变量性质，综合应用趋势外推法和灰色预测法，可以确定信息资源协同配置中的相关变量，按不同变量之间的关系和初始值进行信息资源协同配置模型构建。

在信息资源协同配置动力学模型构建中，我们将企业、高等院校和科研机构作为协同配置主体对待，通过三者的协同配置关系和协同配置过程分析，建立具有普遍意义的配置动力学模型。因此，可以将企业、高等院校和科学研究机构（以下简称企业、高校和研究机构）之间的协同信息资源配置方式进行推广，寻求其应用场景。

从总体上看，可以明确各方面合作创新意愿、机制、服务和管理决定了创新中的信息资源协同配置。对于流程图所涉及的一些关键变量作如下界定：

1. 合作创新意向。在合作创新程度的影响因素分析中，可以将企业、高校和研究机构的合作意愿进行影响合作的要素表达。例如，企业合作创新意愿通过企业创新意向收益和创新信息资源需求来表达。由于企业信息需求的满足最终体现在信息消费上，因此可以用“信息消费指数”进行信息需求的表达[①]。信息消费指数计算如下：

$$\eta = R/G = \frac{(R_0 + \Delta R)\ /R_0}{(G_0 + \Delta G)\ /G_0}$$

η 为合作创新中企业信息消费指数，企业所期望的创新收益和创新所需的信息资源决定了对信息的消费。式中：R 为企业的信息资源消费，G 为企业生产经营中的资源消费；R_0 为某一基准年的信息资源消费参数，G_0 为某一基准年的生产经营资源消费参数，在定量分析中可以设置初始值，一般可设为100。需要指出的是，合作创新意愿反映了合作各方对合作效益的期望，这里所作出的分析是以企业经济发展效益为主导的合作期望，其他合作方的意愿对企业合作的作用决定了以企业经济发展为中心的意向合作绩效。

2. 宏观的协同管理绩效。在国家创新发展和经济转型中，政府的宏观管理是决定信息资源协同配置效益的重要因素，它具有宏观上的协同管理效应。一般而言，信息资源总是向管理绩效高的方向配置。在协同创新过程中，政府具有引导企业、高等院校和科研机构合作创新的作用，在面向创新的信息资源协同配置中可以通过投入调节手段进行。 因此， 可以构建如下

① 朱红：《信息消费：理论、方法及水平测度》，社会科学文献出版社2005年版，第148页。

方程：

$$政治宏观管理绩效 = \frac{政府财政收入/GDP}{政府行政开支/政府财政开支}$$

显然，政府宏观协同管理绩效由政府相关收入在 GDP 中的比例和政府相关开支在总支出中的比例所决定。由于知识创新对经济发展的拉动，这种测算从总体上体现了政府部门管理绩效，在信息资源配置上的协同管理效益体现了创新的协同效应。

3. 协同机制完善程度。协同机制的完善是决定创新合作和基于合作创新的信息资源协同配置效益的重要因素，在产业经济发展中由资源的市场化配置程度所决定，通常采用市场化指数对其进行描述。北京师范大学经济与资源管理研究院在其 2008 年的《中国市场经济发展报告》中建立了市场化测度指标体系，从政府宏观调控、经济主体自我调节和各经济要素的市场化配置角度对我国 2004—2006 年的市场化指数进行了测算[①]。据此，可以使用该体系对信息资源协同配置的市场机制完善度进行测算。

$$市场机制完善程度 = \sum 评价指标_i \times 相应分值_i$$

在市场经济完善程度的测算中，信息资源协同配置的市场化由市场机制完善程度所决定，其综合评价指标反映了协同创新发展环境下各要素的基本作用。

4. 信息资源量。在信息资源协同配置流图中，信息资源量是状态变量，依据状态变量表达公式，信息资源方程可以直接表示为：

信息资源量 = INTEG（信息资源增量初值）

在参量设置上，可以按初始值和信息资源增量计算。信息资源增量为主体在固定时间段内为了进行创新生产所投入的信息资源总量。由于信息资源包含了知识资源、人才资源、设备资源多种类型，很难对其量化。这里以机构的信息资源建设开发投资额来表示信息资源增量，信息资源开发建设投资按一定比例从总经费投入中开支。信息资源协同配置系统动力学流图中的主要变量如表 5－4 所示。

① 北京师范大学经济与资源管理研究院：《2008 中国市场经济发展报告》，北京师范大学出版社 2008 年版，第 54—56 页。

表 5-4 企业与高等学校和研究机构信息资源协同配置系统动力学模型变量

序号	信息资源协同配置变量与参数设置
1	企业信息资源量(INTEG)=在初值基础上,按企业发展中的信息资源增量进行参数设置
2	高校研究机构和专门研究机构信息资源量(INTEG)=在初值基础上,按机构信息资源增量进行参数设置
3	企业研究发展效益(INTEG)=企业研究发展创新收益—企业的研究发展投入
4	高校研究机构和专门研究机构创新效益(INTEG)=机构的实际创新收益—机构的创新投入
5	对国内生产总值(GDP)的贡献(INTEG)=在初值基础上,按对GDP的年增长贡献率计算
6	企业协同创新成果=专利申请量+新产品开发量
7	企业协同创新收益=新产品销售收入增加额×收入变化率
8	企业实际创新效益=企业协同创新收益×协同创新收益分配比例
9	高校研究机构和专门研究机构创新效益=协同创新收益×协同创新收益分配比例
10	企业信息资源建设投入=企业创新总投入×信息资源建设投入占总投入比例
11	高校研究机构和专门研究机构信息资源投入=机构创新总投入×信息资源投入占总投入的比例
12	公共信息资源建设的总支出=政府所有的公共支出×公共信息资源建设支出比例
13	企业信息资源投入所占比例=企业信息资源投入量/协同创新中信息资源建设的投入总量
14	企业合作创新意愿=企业所期望的创新收益×创新所需信息资源量
15	政府宏观协同管理绩效=政府相关收入在GDP中的比例/政府相关开支在总支出中的比例
16	市场机制完善程度=协同创新发展环境下评价指标i×相应的权值i
17	创新服务能力提升=协同服务评价指标i×相应的权值i
18	结束时间(FINAL TIME)=2009
19	初始时间(INITIAL TIME)=2001
20	时间步长(SAVEPER)=时间步长设置(TIME STEP)
21	初始步骤(TIME STEP)=1

信息资源协同配置模型的输出与响应变量用来检验国家创新系统中信息资源协同配置的效果。信息资源配置是国家创新系统的核心功能，是创新系统得以持续、稳定运行的保证。政府通过与其他创新主体的协同来实现国家信息资源配置目标。因此，衡量信息资源协同配置绩效，应从经济效益和社会效益两个方面进行考察。其中：经济效益主要反映国家创新系统对国家宏观经济发展的贡献以及企业、高校和科研机构通过合作创新、资源协同配置所取得的合作创新经济收益；社会效益主要反映国家创新系统对提高政府宏观管理绩效、完善创新服务主体信息服务功能、推动社会进步、促进科技发展等方面的影响力度。

（三）信息资源配置动力模型有效性检验

为了使所构建的信息资源协同配置模拟模型能够在实证中得到应用，需要对模型的有效性进行仿真检验。模型检验方法如下：

系统边界适应性测试。该测试用来检测研究对象所涉及的所有变量是否是合理，同时检测系统行为对系统边界的变动是否能够作出反应。

模型结构测试。该测试用来检测模型结构是否与相关的系统描述相符合，模型是否遵循基本的规律。

极端条件测试。该测试用来检测输入变量在极端值的情况下，以及在受到极端策略、波动和参数的影响时，模型的响应是否依然合理。

灵敏度测试。该测试用来检测当有关参数值在合理的范围内发生变动时系统的行为是否变化。

历史数据测试。该测试用来检测模型是否与真实系统相符，即仿真数据结果是否真实、可信和有效。

其中，应用较多的是系统边界适应性测试、模型结构评价测试和历史数据测试。信息资源协同配置模拟涵盖了协同配置体系中的管理系统行为、操作系统行为、服务系统行为、环境系统行为和市场系统行为等层面，涉及信息资源开发建设、投入、供给、分配、产出等各个环节，因此能够反映国家创新系统中信息资源配置活动的实际情况。在模型的构建和使用中，我们对具有合作关系的部分企业、高等学校和研究机构的信息资源交互利用和配置情况进行了调查，并进行了相应的量化处理，继而将这种处理模型扩展到企业机构、高等学校和研究发展机构的协同信息资源配置和利用上。

在模型的有效性验证中，我们通过历史数据对模型的有效性进行了检验。在协同配置动力学模型检验中，基于历史数据的可获取性，采集了2001—2009年的GDP和新产品产值数据，利用Vensim仿真平台对所构建的系统动力学模型进行了测试，验证结果如图5－14和5－15所示。

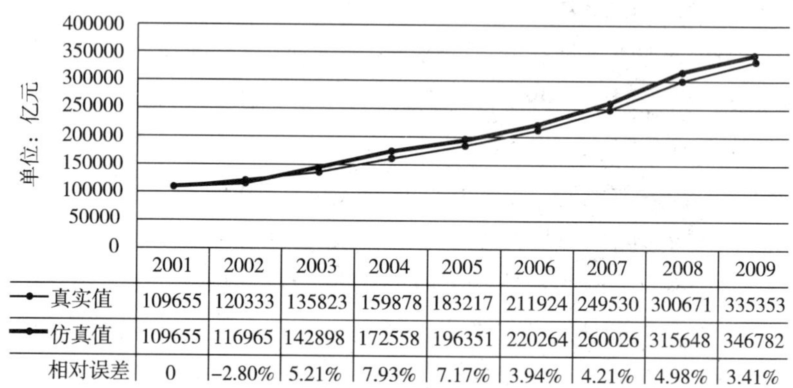

	2001	2002	2003	2004	2005	2006	2007	2008	2009
真实值	109655	120333	135823	159878	183217	211924	249530	300671	335353
仿真值	109655	116965	142898	172558	196351	220264	260026	315648	346782
相对误差	0	-2.80%	5.21%	7.93%	7.17%	3.94%	4.21%	4.98%	3.41%

图5－14　GDP值检验拟合曲线

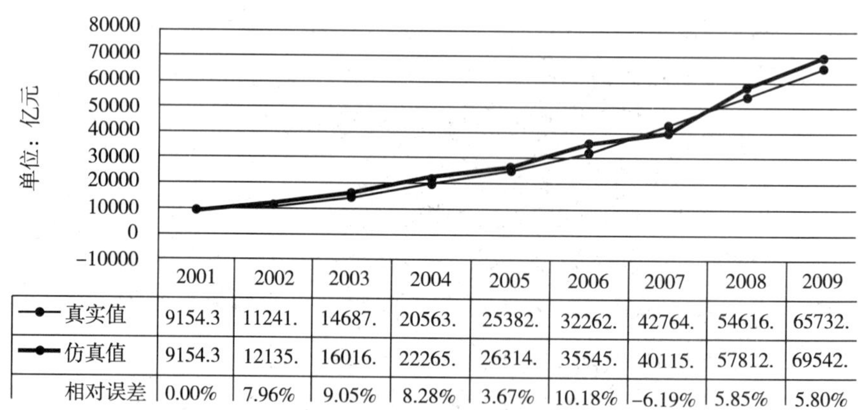

	2001	2002	2003	2004	2005	2006	2007	2008	2009
真实值	9154.3	11241.	14687.	20563.	25382.	32262.	42764.	54616.	65732.
仿真值	9154.3	12135.	16016.	22265.	26314.	35545.	40115.	57812.	69542.
相对误差	0.00%	7.96%	9.05%	8.28%	3.67%	10.18%	-6.19%	5.85%	5.80%

图5－15　新产品产值检验拟合曲线

从信息资源配置的协同效应上看，GDP总值和变化趋势反映了国家总体经济的运行状况，根据信息资源配置的因果关系和GDP与信息资源建设投入的数据分析，可以体现协同配置效益。另外，在合作创新的产品开发中，信息需求的跨系统特性和信息资源的社会化利用机制决定了信息资源的协同配置效应。

需要指出的是，企业经济发展越来越依赖于新技术应用和新产品研发，合作创新背景下的新产品研发在经济总量增长中的比例越来越高，合作创新中的信息资源协同配置效应越来越突出。从发展上看，协同化信息资源配置已成为推动合作创新的重要保障。

从仿真模型验证上看，有关的仿真值和实际值之间的拟合关系明显，GDP 和新产品产值统计计算中，相对误差均值分别为 2. 78% 和 3. 36%，这说明该模型与实际情况基本符合。在真实值与模拟值关系显著性检验中，按 GDP、新产品产值进行相关性检验，取相关系数为：

$$R^2 = 1 - \frac{\sum_{i=1}^{n} (y_i - \hat{y}_i)^2}{\sum_{i=1}^{n} (y_i - \bar{y}_i)^2}$$

式中：R^2 为相关系数；y_i，$\hat{y}_i$ 分别为第 i 年的真实值和模拟值；n 为统计年份。其中，相关性系数 R^2 越趋近于 1，其相关性程度越高。对表中的数据按相关性系数公式进行计算，GDP 变量的 R^2 为 0. 891，新产品产值变量的 R^2 为 0. 904。

四、国家信息资源配置协同配置框架与协同网络建议

在我国科技、经济与社会发展中的部门信息资源配置向网络化协同配置转变中，确立信息资源协同配置框架是重要的。其体系架构设计涉及政府、系统和市场诸方面因素，在多要素的整合作用中，构建协同配置资源网络是当前的现实问题。

（一）信息资源协同配置框架

按照政府主导原则，信息资源协同配置体系建设需要在国家信息资源配置管理协调委员会的规划下进行，必须与国家政治、经济、科技与产业体制建设保持一致。从信息资源协同配置体系化实现上来看，协同配置的管理、运行需要在有效的政府监管体制、立法体制、协调体制和运行体制上，从行

政、市场、法制方面推动政府配置调控与市场配置机制的协调，促进创新主体间的自组织，从而形成协同效应，如图5－16所示。

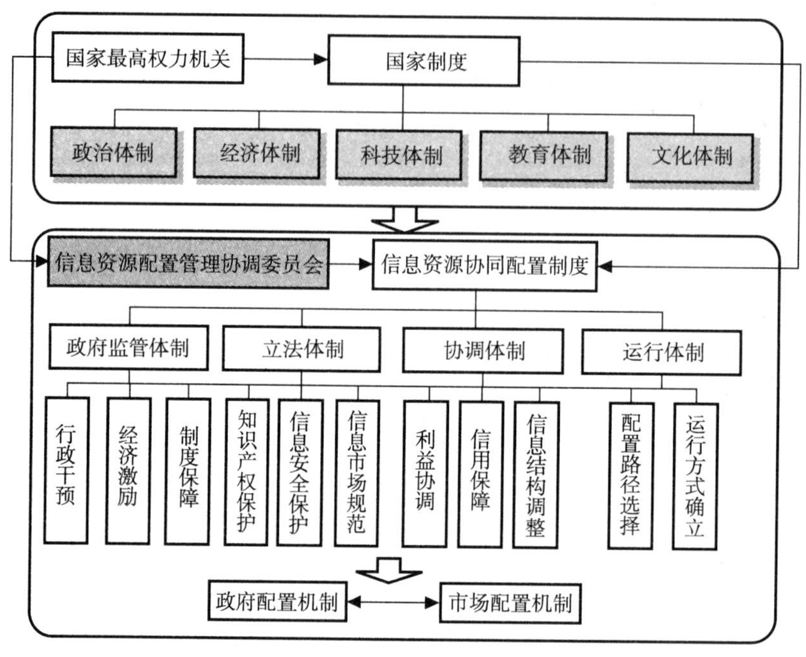

图5－16　国家信息资源协同配置框架

1. 政府监管体制。监管起源于古典福利经济学中的公共利益保障，是市场推动与国家干预的有机结合，其目的是使国家资源配置达到社会福利的最大化①。随着监管的不断完善，监管已成为国家规范行业主体行为、协调行业业务活动的必备手段，特别是在证券、金融、电力等关键行业部门都建立了相应的监管体系。信息资源协同配置贯穿于各行业的业务活动之中，同样需要政府采取行之有效的监管手段对其进行监督管理，保证其稳健运行。政府监管体制的作用是对信息资源协同配置主体间存在的单纯“趋利”行为的干预和控制，以使配置主体协调互动，防止国家创新发展战略目标在配

① 兴志、宋晶：《政府监管理论与政策》，东北财经大学出版社2006年版，第90页。

置主体利益博弈中被虚化[①]。信息资源协同配置监管需要采取科学的监管方式，消除人为障碍，通过政府行政干预、经济激励和制度保障实现协同配置的规范化运作。

2. 法规体制。信息资源协同配置不仅需要政策上给予引导，还需要充分的法规保障。由于信息资源的特殊性，信息市场的法律体系还不健全。对此，各国都致力于信息资源法规的制定，力求规范本国的信息市场配置行为。我国仅 2006 年下达的地方性关于信息资源开发和数字信息资源建设的法规达 12 项[②]。国家立法体制通过制定相应的法律法规对信息资源协同配置活动进行规范，具有普遍的约束性和严格的强制性，是政府对配置活动进行监管的主要方式之一。立法体制的建设为信息资源协同配置提供明确的法律依据，如保护创新主体的信息安全与知识产权法，不仅改善信息不对称的状况，而且还化解市场风险，提高信息市场运行效率。

3. 协调体制。协同配置实现的关键在于协同效应的形成。协同配置是诸多创新主体共同参与的活动，在配置过程中各主体为了各自的利益目标，存在着复杂的竞争与合作关系，不断相互影响、相互作用。协同效应的形成正是主体间竞争合作关系有序演化的结果，是产生最大配置效益的前提。为了协调主体间的复杂关系、促进协同效应的形成，需要存在有效的协调体制。协调体制的作用在于：通过协调创新主体间的利益关系确保创新合作项目的顺利进行；通过信用保障机制加强主体间的相互信任，使主体间形成稳固长久的合作关系；通过调整主体间的沟通结构改善主体间信息不对称的现状。

4. 运行体制。运行体制是政府部门确立协同配置路径、实施方案和运行模式的制度基础，对整个信息资源配置流程起着规划控制作用。面向国家

---

① Lichtenthaller U. , Ernst H. Developing reputation to overcome the imperfections in the markets for knowledge, Research Policy, 2006,36(1):1 -19.

② 裴雷、马费成：《公共数字信息资源的建设与开发利用对策》，《中国图书馆学报》2007 年第 6 期，第 69—73 页。

创新发展的信息资源协同配置是政府主导下的信息市场自组织互动行为。因此，运行体制既要充分发挥市场配置机制的效用，又要使政府宏观调控起到积极作用。在配置体系运行过程中，应遵循“效率为先、协同发展”的原则，不断推动创新主体的协调互动，通过资源共建共享满足彼此的信息需求。

协同配置体制建设是重要的，从管理上看，各资源配置主体受体制的约束，基本的体制关系决定了信息资源的配置关系。然而，仅有协同关系构建是不够的，还需要在信息资源协同配置的基础上进行信息资源的跨系统交换和面向用户的开发，这就需要协同运行体制作保证。协同运行保障除受需求和市场调节外，还需要确立政府干预下的机构之间的协作运行关系。

政府干预是需要一定成本的，包括干预的实施成本、被干预者的遵从成本和社会福利损失等，政府配置机制可行和有效的前提是政府干预效益大于干预成本。因此，需要首先对政府干预的成本、效益进行分析。然而，政府干预的成本和效益关系很难进行定量化衡量，因此可以借助经济学中的成本—效益曲线进行分析，如图 5－17 所示。图中横轴代表政府监管力度（Q），纵轴代表政府监管干预成本（C），其中 C＝F（Q）为监管的成本曲线。

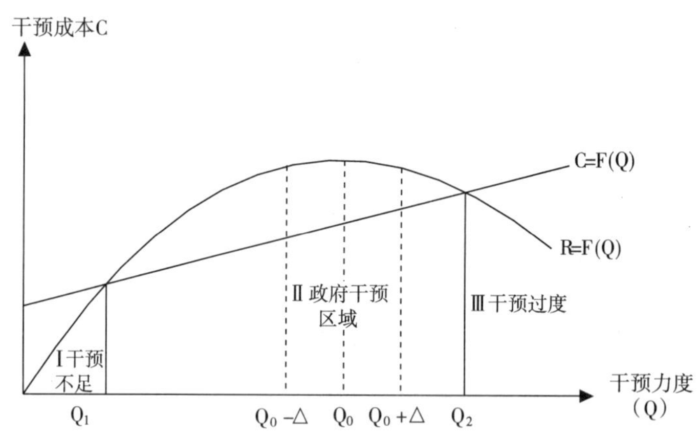

图 5－17　政府对信息资源协同配置干预的成本效益分析

政府干预下的信息资源协同配置成本既具有固定的部分，又有变动的部分。其中：固定成本是资源的基础建设成本，在一定时期有一个基准量；变动成本则由需求、市场和社会发展因素所决定，成本变动反映了图中直线斜率的变化。另外，$R = F(Q)$ 为政府调控和干预下的收益曲线，反映了干预效益：当干预度 $Q < Q_1$ 时，干预成本大于收益，表明干预不力；当 $Q_1 < Q < Q_0$，且 $dR/dQ > 0$ 时，干预收益大于成本，政府干预呈现出一种改进效应；当 $Q_0 < Q < Q_2$，但 $dR/dQ < 0$，尽管干预收益仍然大于成本，这时加大干预力度已不符合效率增长原则；当 $Q > Q_2$ 时，干预成本大于收益，表明干预不当或过度。由此可见，政府干预的范围应在合理的干预区间中进行。其中，Q_0 是最佳干预调控点，显示了政府对信息资源协同配置干预的“帕累托最优”。然而，在复杂多变的环境下，政府干预是一种动态过程，因此政府干预的合适区间应为 $[Q_0 - \Delta Q_0 + \Delta]$①。从协同调控理论上看，政府干预是对市场调控的基本手段，同时是公益性信息资源配置与产业化信息资源配置的协调手段，当市场机制失灵时，政府干预就显得十分重要。因此，在信息资源的社会化协同配置中，应充分发挥政府干预的前瞻性作用和市场支配的灵活调节作用。

政府在信息资源协同配置中决定着国家资源配置的总体发展，使配置主体和配置要素形成稳定的自组织协同效应是当前的任务。因此，在市场机制能够发挥积极功效的领域，政府应减小监管与干预力度，充分发挥市场机制自身优势。同时，在政府和市场之间还应建立有效的反馈机制，适时调整，从而形成政府干预与市场自组织结合的协同运行机制，如图 5－18 所示。

（二）信息资源协同配置网络建设

信息资源协同配置网络的形成是国家创新网络在内外动因影响下不断演化的结果，也是网络中的系统主体之间以及创新主体与外界环境之间相互适应的结果。在初始阶段的混沌创新环境中，信息资源主体不断地与外界环境进行物质和信息交换，通过利用现有的条件及时作出反应。在外界环境和内在需求的推动下，各主体系统通过自我调节逐渐达到一种稳定有序、良性互动的网络协同运行状态，进而使网络信息资源在网络整体协同效应作用下达到有序传递、快速流动的状态，如图 5－19 所示。为了保持较高的信息资源协同配置效率，系统主体必须进行资源配置行为调整，以达到新的、更高层

① 刘新仕：《会计信息监管成本效益分析》，《商业研究》2009 年第 11 期，第 88—92 页。

次的协同状态。因此，信息资源协同配置过程是一个“螺旋循环上升”的动态过程，最终实现配置网络与国家创新网络的协调互动。

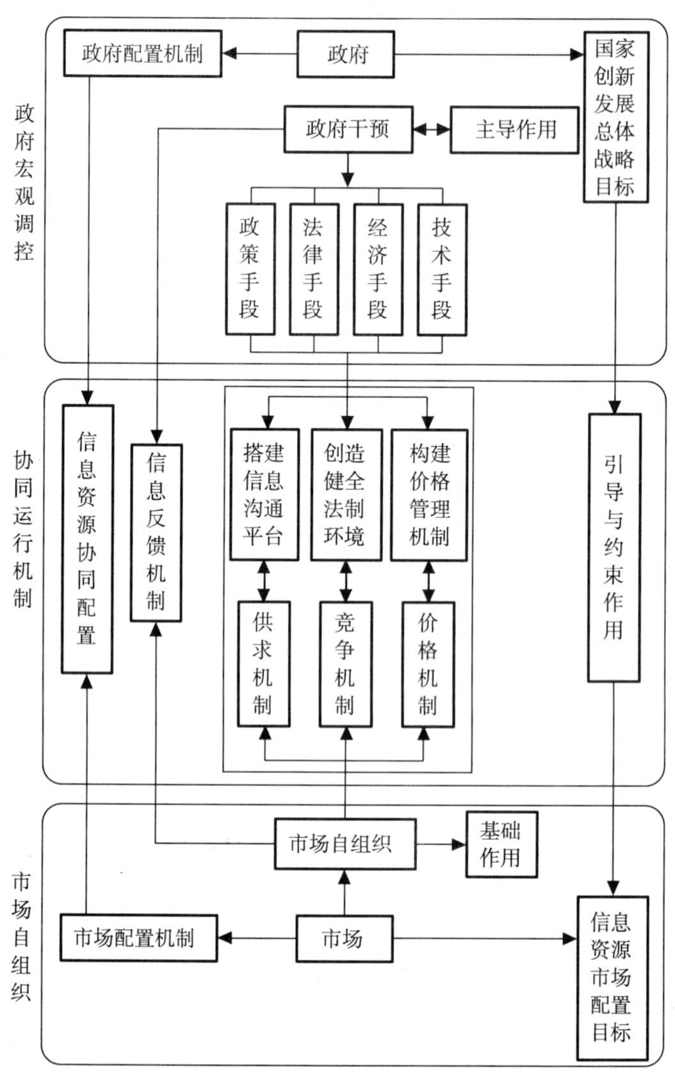

图 5－18　政府配置机制与市场配置机制的协调

统一有序的管理是信息资源网络配置顺利开展的前提。信息化环境下的国家创新发展导致了信息资源配置的多元化和协调管理的多层次。在有序化管理中，中央政府的主导和宏观调控是信息资源协同配置的基本保证，在协同管理框架下信息资源的社会化协同配置需要相应的行业管理机构来实现。因此，国家宏观规划下的信息资源协同建设和配置需要进行区域层面和行业层面的管理。这种多元配置的协同管理结构如图5－20所示。

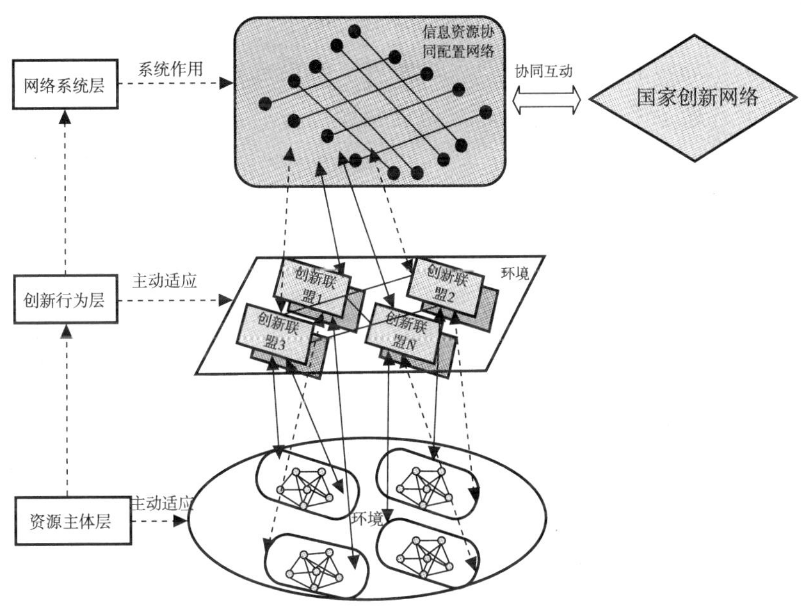

图5－19　国家信息资源协同配置网络形成与演化

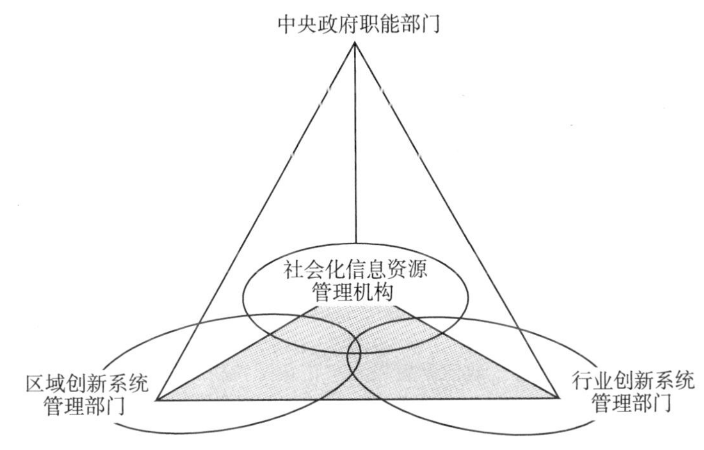

图5－20　信息资源配置的多元协同管理

根据协同管理部门间的职能关系，进行合理的权责分配是重要的。信息资源多元协同管理中的责权分配在于形成信息资源配置的上下联动关系，以推进各信息资源系统的联合和协同发展。

1. 管理部门的职能协调。信息资源作为一种重要的资源，其开发利用已引起各方面高度重视，在国家发展中已将信息资源共建共享纳入国家创新和战略发展轨道。正是因为各方面的重视，使得信息服务和信息资源管理部门之间的管理职能重叠，面向资源对象的管理分散，致使信息资源的开发利用率受到限制。针对这一情况，拟进行管理部门之间的职能协调，改变管理职能交叉的现象。

政府部门信息资源配置管理职能协调，一是在工农业和服务业信息化发展中进行信息资源配置的协调规划，使信息资源配置与产业管理有机融合；二是确立基于信息服务行业发展的社会化信息资源协同配置关系。在这一前提下，改变依靠单纯的政府主管信息资源配置的局面，实现国家配置、地区配置和行业配置的结合。对于各地区管理部门、行业管理部门和社会协调机构而言，存在着职能均衡与协调问题。由进一步对各类管理主体间的职能协调效应进行分析可知，只有当各类管理主体的职能作用处于均衡状态时，管理效用才能最大化。

2. 管理主体间的权责分配。中央政府在信息资源配置中起着主导性的核心作用，这种作用并不意味着信息资源配置的社会化实施完全由中央政府负责，事实上这种完全责任体制与信息资源的多元配置体系结构难以适应，这就需要中央政府在强化核心主导作用的同时，着手于国家主导下的多元配置管理中的责权分配。在责权分配中，可以采用专业分工和分层管理的体系，使信息资源的社会化配置有序，实现信息配置中的责、权、利均衡。

信息资源利用的社会效应、公共效应和经济效应决定了配置中政府管理、行业管理和社会协同管理的基本架构，在信息资源配置管理责权分配中因而可以采用布雷顿（Breton）的“职能最优配置论”①。以下为采用效用函数分析政府部门、行业管理部门、社会化管理机构之间的责权分配关系：

① 姚从容：《公共环境物品供给的经济分析》，经济科学出版社 2005 年版，第 377 页。

$$F(x, y) = x^a y^b$$

式中：x，y 为政府部门和其他管理主体在信息资源配置中直接支配资源的份额；a，b 为政府和其他主体的边际收益，且 $x+y=1$。根据一阶库恩塔克条件可得：

$$x=\frac{1}{1+b/a},\ y=\frac{1}{1+a/b}$$

当 $a=b$ 时，$x=y=1/2$；当 $a>b$ 时，$x>1/2>y$；当 $a<b$ 时，$x<1/2<y$。

由此可见，政府在信息资源配置中的主导性核心作用决定着信息资源的配置效益，政府主导下的部门责任主体协同与资源配置的边际效益相关。因此，在配置某类信息资源时，应克服责任主体之间的责任交叉或责任不明的弊端，在信息资源配置推进中实现效益最大化。

各责任主体间的职能协调与权责分配是重要的，责任主体间的协调在于减少资源系统内耗，通过有效地协调机制提高管理效能，实现信息资源配置协同效应的最大化。其中，责任主体职责协调的关键在于转变管理职能，实现各责任主体之间的联动。

（三）协同管理体系的构建与运行

信息资源的社会化配置需要协同管理体制作保障，由于信息资源配置的多元结构和多元化协同管理的需要，其管理层面上的协同是重要的。这不仅是信息资源配置效益发挥的保证，而且还是信息资源协同组织开发与利用的需要。只有在信息资源协同管理体制下，才可能开展面向各类用户的跨系统信息资源整合和面向用户的集成。

信息资源组织、开发和利用过程是资源协同配置的延续，信息资源的协同管理确保了信息资源的合理分布，为社会化共享提供了条件。但是仅有协同配置是不够的，还需要在协同配置中进行各资源系统的有效链接，推进各资源系统之间的服务交互。

面对全球化协同发展趋势，在协同管理体系构建中可以采用多级分层协调模式进行资源组织的协调。在创新型国家的信息资源配置管理中，这种多级分层协同模式不仅具有分层结构的目标控制功能，而且还有利于信息资源配置的集中管理，可以在信息资源集中规划的前提下发挥各级管理层次的主动作用，同时，按知识创新和产业发展的不同分工进行多极化资源配置。在信息资源协同管理上，中央和地方政府处于主导地位，国家创新发展规划和制度安排是资源协同配置的基础，资源协同配置管理层次可以从全国、地区到基层进行协调安排，通过同一层次的横向协调促进信息资源的社会化利用；信息资源协同管理的多级是指按多个方向配置信息资源，是部门、系统配置信息资源向行业化、社会化的转型发展结构。

对于我国，可以在国家、地区和行业层面进行信息资源协同管理体系构建：

在国家层面，在国务院机构改革的基础上，按科技与产业的结合、科技与文化的融合、经济建设与社会发展的融合，调整各系统的信息资源配置关系，由国家协调委员会负责信息资源配置总体规划，协调各区域、行业、社会机构的信息资源配置，对政府各相关部门的管理职能进行有效整合，使之服从于国家总体创新发展战略目标。

在地区层面，推进分层负责的横向联合和纵向融合信息资源配置体系建设，解决国家纵向配置的信息资源在地方层面上的共享，突破纵向管理部门之间的隔离限制，同时确立各地的横向联合关系，推进地区之间的联合共建和信息资源的跨地域共享。地区层面的管理应适应地区信息资源共享平台建设和服务整合的需要，使之与社会经济发展相适应。

在行业层面，我国各行业信息服务发展迅速，行业集群效应逐渐呈现，然而行业信息资源配置的集中度不高，行业之间信息资源配置的水平差异明显。有些行业信息资源配置比较集中，另外一些行业信息资源配置却比较分散，因而处于配置无序的状态。针对这一现实，应在国家统一规划下确立行业协会制度下的资源配置体系。

信息资源协同配置的实现以协同管理体制下的资源系统建设为基础，这就要求在创新型国家制度下根据信息服务的发展需要，以创新发展需求为导向进行基于分布结构的信息资源组织和开发。网络环境下的信息资源协同配置不仅包括信息资源本身，而且包括开发信息资源的技术配置和基于信息资源利用的信息化业务发展。从总体上看，信息资源协同配置的实现以协同管理目标为导向，根据国家创新发展要求和信息资源配置的实际制定资源配置计划，在协同配置目标导向下明确各级责任主体的责权，以便在职能协调的基础上实施信息资源配置计划。我国信息资源的协同配置实现可采用如图5－21所示的方式。

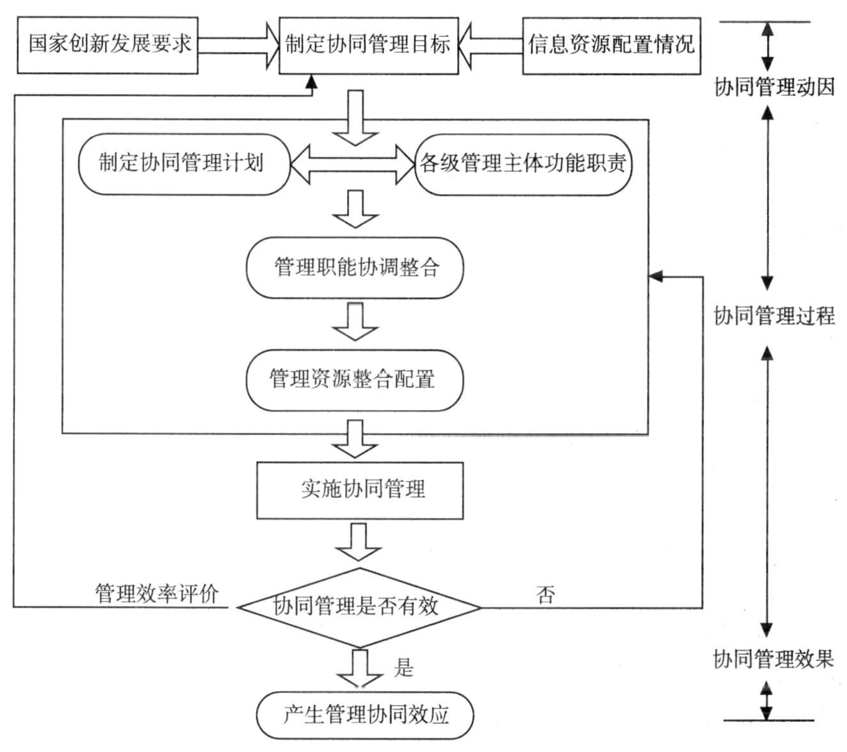

图5－21　信息资源配置协同管理的实现模型

如图5－21所示，信息资源协同管理实施包括以下环节：

协同管理目标的确立。信息资源协同配置管理目标是一种综合性目标，不仅体现在对国家创新发展的支持上，而且还体现在对地方经济、各行业、部门和组织发展的保障上。因此，协同管理目标的确立应根据国家总体发展规划，根据行业和地方经济发展的需要，在知识创新和社会文明建设中确立系统协同发展目标。同时，明确规定长期发展目标和各阶段目标，为信息资源部门的信息资源配置提供统一指导。

协同管理计划制订。协同管理计划在国家创新发展目标和信息资源配置目标设置基础上制订，计划制订并不是目标实现的阶段性分解，而是按发展需要和可能，在协同管理框架下进行分层、多级资源配置计划制订。从总体上看，协同管理计划制订的依据是各方面信息资源组织、开发与利用需求和可能用于信息资源建设投入的经费支出，以此为基础寻求最佳的计划投入效益。这种效益的实现还必须考虑到环境因素的影响和信息技术发展的前瞻性作用，使之有利于信息化建设和经济与社会发展。

管理职能的协调整合。信息资源配置中的宏观控制和微观管理是重要的，正是因为这种重要性导致了多部门管理信息资源的局面出现，尽管有国家目标控制和计划管理的约束，但各层次管理部门之间的有效配合缺乏；同时，各级管理主体的职责权限和管理范围未能进一步明确，管理职能的缺失和交叉管理的现象难以避免。因此，需要在信息资源协同配置中进行各部门管理职能的协调整合，使资源配置有序进行。

协同管理评价与反馈。信息资源的协同配置是各系统相互配合的过程，其协同管理效益不仅体现在支持国家信息化建设和创新发展上，而且还体现在各资源配置系统目标实现和面向用户的服务组织上。这说明评价协同管理效果是一个复杂的过程，在协同评价中，一是建立合理的评价机制；二是通过评价促进资源配置的协同发展。在协同管理评价与反馈中，可以采用第三方评价方式，将管理与评价主体分离，以保证评价的客观性和反馈的及时性。

五、信息资源配置效益评价

国家创新网络中的信息资源配置是一个长期的动态优化过程，需要进行合理的评价，测度其配置效率。信息资源配置效益评价的关键是通过评价结果及时发现和解决配置中的问题，以实现信息资源配置的可持续发展。

（一）信息资源配置效益评价原则与评价体系构建

国家创新网络中的信息资源配置评价既是对国家创新网络中的信息资源利用效果的测评，也是对系统中各主体在资源配置过程中相互协作的效益评估。因此，在进行综合评价中，必须明确配置的基本评价原则。

信息资源配置评价是保障国家创新系统持续、高效运行的必要环节，它不仅能反映系统当前的信息资源配置水平，而且还对系统未来的运行方向起着积极的引导作用。因此，信息资源配置评价应始终与国家信息资源网络配置建设同步。在信息资源的协同配置中，评价的重点在于：其一，全面测评信息资源配置的协同化效果和对国家创新发展的实质贡献；其二，预测信息资源配置的发展趋势及其对国家创新发展目标的支撑程度；其三，根据评价结果和趋势制定信息资源优化配置策略；其四，创造进一步完善国家信息资源配置的支持条件。

鉴于信息资源配置的复杂性和特殊性，在进行协同配置评价时应遵循以下原则：

1. 国家创新发展战略目标导向原则。国家创新发展的战略目标决定了信息资源配置的效益评价目标。因此，评价原则也应以国家战略目标为导向，充分体现了信息资源配置对国家创新建设工作的保障功能，切实反映了政府职能部门和各创新主体对信息资源协同配置的实际要求，在评价指标构建上要充分体现与国家创新发展战略目标的关联性。

2. 配置绩效完整体现原则。真实性是保证信息资源协同配置综合评价的客观基础，要求评价所采集的历史数据、统计资料等必须真实。信息资源协同配置是一项社会化工程，关系到国家和创新主体各方的切身利益，因此，在评价过程中应选择公正、可信的评价主体来实施评价，采取必要的政策手段确保评价结果的真实有效。

3. 配置测评内容全面涵盖原则。信息资源配置贯穿于国家创新价值链上的各个环节，涉及信息资源开发、传递、利用、共享多个方面，体现着创新环境、创新主体、创新要素之间的相互作用。因此，信息资源协同配置效益评价指标体系的构建也应涵盖各项关键要素，即：既要反映配置流程的运行情况，也要反映配置主体间的交互作用和信息资源利用情况，还要考察配置产生的经济效益和对社会发展的实质贡献。

4. 评价绩效完整实现原则。信息资源协同配置的综合评价是一项繁复的工程，需要制订切实可行的实施方案来完成。在评价方案的制订上要明确界定评价范围和具体环节，详细描述评价所需的各项资源，做到切中目标、适度细化和随情境变化。根据目前已有的信息资源效益评价基础和正在进行的相关评价活动，灵活修正信息资源配置综合评价指标。

5. 配置评价的连续性原则。信息资源配置是一项长期的工作。随着协同配置机制的健全和完善，配置的能力和效益也将随之提高。因此，对配置效益的评价也应体现连续性和稳定性，即不仅要参考时间纵轴的历史数据，还需要建立系统之间横向比较的参考指标，使评价指标具有通用性。同时，由于评价既是对配置现状的考察，也是对今后发展状况的一种预测和判断。因此，只有保持评价的连续与稳定，才能全面反映国家创新系统中信息资源建设和服务的态势。

总体而言，信息资源配置效益评价指标体系的构建包括三个方面的内容：一是在全面分析信息资源配置特性和机理的基础上，利用合适的方法确立评价要素，即从哪几个层面对配置进行测评；二是根据确立好的各项要素选择具体的评价项目，即衡量信息资源配置中各要素的综合作用，以此形成评价指标；三是根据各项具体指标的重要程度，对其进行权重赋值，建立一个完整的可度量、可操作的评价指标体系。

具体而言，评价要素的选取主要有两种常用方法：统计法和模型法。其中统计法是从现有的国际通用的信息资源配置效益评价标准中抽取与国家创新网络中配置效益评价有直接关联的指标进行合并与补充，然后确定评价的要素；模型法是利用相关理论和方法设计信息资源协同配置评价模型，然后将模型所界定的影响因素作为评价要素。与传统配置相比，国家创新网络中的信息协同资源配置在运作机制、配置方式、实现手段上有很大不同，因此，很难用现有的信息资源配置评价标准对其效果进行全面测评。采用模型法的优势在于，能够反映各影响因素（评价要素）之间的关联，易于对配置的效益的体现作出判断。

针对信息资源配置的现实需要，可以利用平衡计分卡方法构建国家创新网络信息资源配置的平衡记分卡模型，在此基础上确立了信息资源协同配置效益评价的要素。然后，通过政府咨询、专家访谈、实地调研确立具体的评价指标，继而对各项指标的测度标准、数据来源进行了详细说明。我们以政府信息资源建设管理部门、信息资源建设的相关专家以及创新组织机构的信息部门管理者为对象，通过实地访谈和问卷相结合的方式进行了信息资源配置效益评价指标体系权重分配调查，在此基础上运用层次分析法（AHP）确立了指标权重，最终构建了一个具有通用性和可操作性的信息资源协同配置评价体系。

利用平衡计分卡可以深度比较系统管理功能，据此建立系统管理效率的量化指标和可信的绩效评估标准①。对于国家创新网络，可将其视为一个涵盖行业创新系统、区域创新系统的网络系统组织，因此，采用平衡计分卡对其中的信息资源配置进行效益评价是可行的。

在此，通过平衡计分卡中的“战略地图”将国家创新网络的长期战略目标细化为具体的行动策略和实现环节，将信息资源协同配置的实施流程与这些环节一一对应，以此阐明信息资源配置在保障国家创新发展战略有效实现中的作用和关键影响因素之间的因果关系。国家创新战略实现的内生动力来自于系统的学习和可持续发展，相对应的，需要信息资源配置实现持续优化和改进。在此基础上，国家创新网络通过信息资源配置中各类共建共享活动建立起创新主体之间的合作关系，使资源配置的运行效率得到有效提高，进而为配置管理协同、主体行为协同、资源协同和技术协同创造条件，以此带动信息资源的快速流动、促进国家创新系统的高效运转，最终产生整体经济效益和社会效益，实现国家创新发展的总体战略目标。

根据战略地图所揭示的信息资源配置与国家创新网络之间的内在关联，以及影响配置运行效率与最终效益的关键因素，可以构建国家创新网络中信息资源配置的平衡计分卡修正模型，如图 5－22 所示。模型以国家创新发展目标为核心，在强调信息资源配置与国家创新建设协同运行的基础上，从优化与可持续发展、信息资源配置流程、整体协同效应和最终的创新效益四个方面对国家创新网络中的信息资源配置活动进行测评。

① McClure, Charles R., Lopata, Cynthia L. Assessing the academic networked environment: strategies and options. Coalition for Networked Information[EB/OL]. [2009－11－16]. http://www.arl.org/bm－doc/assess－4.pdf.

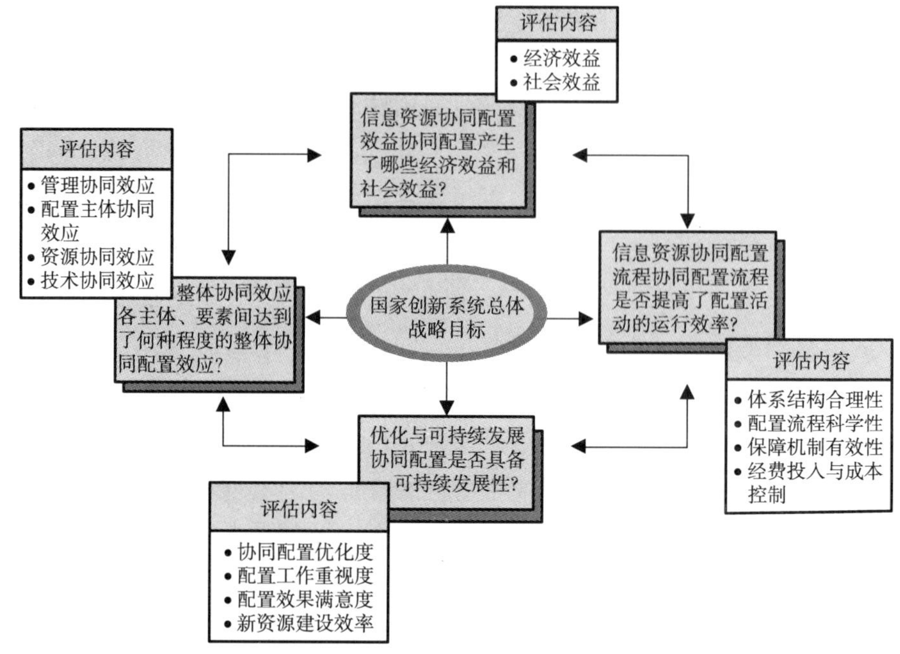

图 5 -22　国家创新网络中信息资源配置的平衡计分卡修正模型

国家创新网络运行追求的不仅是经济效益，而是国家的整体效益和社会效益。从系统论出发，系统的整体效益应大于各部分效益之和。评价维度从系统总体效益的视角出发，全面衡量国家信息资源网络产出的经济效益和社会效益，即“公共价值”和“社会认同”。

在信息资源配置平衡计分卡修正模型的基础上，我们将模型中的四个评价维度确立为信息资源协同配置效益评价的一级指标，然后依据各维度的评价内容确立了 15 项二级指标。这样做是为了提高信息资源配置效益评价的可操作性，使参与评价的不同主体能够采用统一的标准进行客观评价。具体的评价指标和测度标准如表 5 -5 所示。

表5－5　信息资源配置效益评价指标及其测度标准

一级指标	二级指标	具体测度标准	数据来源与测度方法
优化与可持续发展	协同配置优化度	配置模式改进度	从政府主导和市场自组织两个角度考察协同配置模式比传统配置模式的优越性
		配置流程优化度	从信息资源供求、分配、交换、共享、利用各环节考察协同配置流程的优化程度
		配置手段创新性	考察协同配置所采用的信息集成技术、互操作技术、资源动态调度技术的先进性以及其他新兴技术的使用情况
	协同配置重视度	配置制度建设	从近年来政府颁布的与信息资源配置相关的政策制度、条例来考察配置制度建设工作
		政府财政投入	通过对比政府历年投入到公共信息资源建设、公共信息基础设施建设、公益性信息服务建设上的费用额度和增长率统计数据进行测度
	配置效果满意度	创新主体对资源分配的满意度	以抽样的方式进行，考察合作创新过程中，合作伙伴对信息资源分配、使用情况的满意程度
		创新主体对信息服务的满意度	以抽样的方式进行，考察创新主体对科技中介和信息服务机构服务水平的满意度
	资源建设效率	信息资源系统与资源库建设	通过国家发布的每年新增文献资源数量、数据库数量等统计数据进行综合测度
信息资源配置流程	体系结构合理性	配置管理部门设置的合理性	从系统行政隶属关系和管理部门设置的实际出发，考察系统组织结构的协调性、灵活性和稳定性，系统管理部门的构成及其专业化和人员配备的合理性
		配置主体组成结构的合理性	从配置主体的构成情况以及企业、高等学校、科学研究机构、科技中介服务机构等主体各自所占的比重、分布情况进行全面测度

续表

一级指标	二级指标	具体测度标准	数据来源与测度方法
信息资源配置流程		配置主体准入制	考察配置体系是否对新主体的加入设有相应的加入准则或章程,是否能有效利用不同配置主体的优势对配置任务进行合理分工
	配置流程科学性	流程设计的合理性	从规范化、精细化、标准化几个方面考察流程设计的合理性、分析各项配置环节的延续性、关联性和衔接性
		流程运转效率	流程运转的效率可在流程周期间接反映,综合考察配置流程的运转周期、平均响应时间、各项业务流程的自动化实施程度
	保障机制有效性	信息资源有效配置过程	从协同配置的政府监管效果、配置主体的利益协调方案、配置主体间的信任关系、组织的沟通途径和渠道、知识产权风险防范措施、配置活动预警机制等多个方面综合考察保障机制的有效性
	经费投入与成本控制	经费的充裕度	通过政府、创新主体在信息资源协同配置中历年投入的经费数额和增长率统计数据进行综合测度
		经费投入结构	通过分析各类主体在协同配置过程中投入的经费占总金额的比重来测度经费投入结构的合理性
		经费来源渠道的多元化和稳定性	考察除了政府财政拨款、创新主体自身投入以外的经费来源渠道;通过将国家历年研发投入占 GDP 的比重与国际上创新型国家的通用指标(一般为 2%)进行对比测度经费投入的稳定性
		经费分配的合理性	考察投入的经费在不同配置主体、配置环节上的具体分配情况
		系统节约的成本	通过资源共建共享、协同配置为国家创新活动节约的总费用

续表

一级指标	二级指标	具体测度标准	数据来源与测度方法
整体协同效应	管理协同效应	管理职能整合效果	从管理部门权限划分的合理性、协同合作效果以及综合管理部门的组织机构、工作效率等方面进行综合测度
		不同级别管理部门的联动性	从责任分配角度考察国家政府职能部门与各地方政府职能部门在信息资源协同配置管理中的整体联动效应
	配置主体协同效应	配置主体合作程度	从配置主体间的合作形式、规模、范围以及合作的稳定性、持续性、合作各方利益均衡性几个方面进行综合测度
	配置主体协同效应	市场竞争有序性	考察市场机制下资源供给方、需求方、服务方之间的竞争关系对协同配置运行的影响
		资源供求均衡性	考察市场供求机制下配置主体间实现信息资源供求均衡的难易度
	资源协同效应	资源组成结构与布局合理性	考察国家创新系统中资源子系统的构成及各类资源所占的比重;通过统计数据测度不同信息资源在行业、地区、网络上的分布合理性
		资源共享效率	从资源的共享数量、共享范围、共享难易程度进行综合测度
		资源集成整合	考察系统对不同来源、不同层次、不同结构、不同内容的资源进行鉴别与选择、采集与整合的能力
	技术协同效应	协同技术运用效果	从基于标准协议的协同技术、语义协同技术和软件协同几个方面考察各类协同技术在信息资源协同配置中的综合应用效果
		协同配置技术平台的结构与功能	从协同配置技术平台的体系架构、功能结构、运行机理和运行效果几个方面进行综合测度

续表

一级指标	二级指标	具体测度标准	数据来源与测度方法
创新产出效益	经济效益	技术市场合同	通过比较国家科技统计年鉴中各统计年度内技术市场中各地区合同成交数额的变化进行测度
		高技术产品出口	通过比较国家科技统计年鉴中各统计年度内智力和技术密集型产业所生产的产品出口总额的变化进行测度
		新产品产值	通过比较国家科技统计年鉴中各统计年度内企业利用信息资源、新技术原理、新设计构思,研制、生产的新产品价值变化进行测度
	社会效益	社会知识水平	通过国家科技统计年鉴中的各统计年度内科技论文发表数量变化、发明专利申请、授权量变化进行综合测度
		社会信息化水平	按照国际通用的信息化指数测量标准,从信息量、信息装备率、通信主体水平、信息系数四个方面来测度社会的信息化水平

(二)信息资源协同配置评价的实施

为了体现以上各项评价指标在信息资源配置效益评价中的不同重要程度,使评价结果可信,还需要进一步确立各项指标的相对权重。对此,我们应用层次分析法(AHP)来判断各项指标的权重。层次分析法是一种定量与定性相结合的多目标决策分析方法,它能将复杂问题的多个影响因素(评价指标)划分成相互联系的有序层次,然后通过建立判断矩阵和数学模型计算出各层指标相对于最高层(评价总目标)的相对重要性(权重),最终通过对最底层元素(一般是评价对象或备选对象)进行优劣排序得到评价结果(最优方案)①。按照层次分析法的基本要求,首先可以根据一级指标和二级指标构建信息资源配置的层次体系,如图 5 - 23 所示。

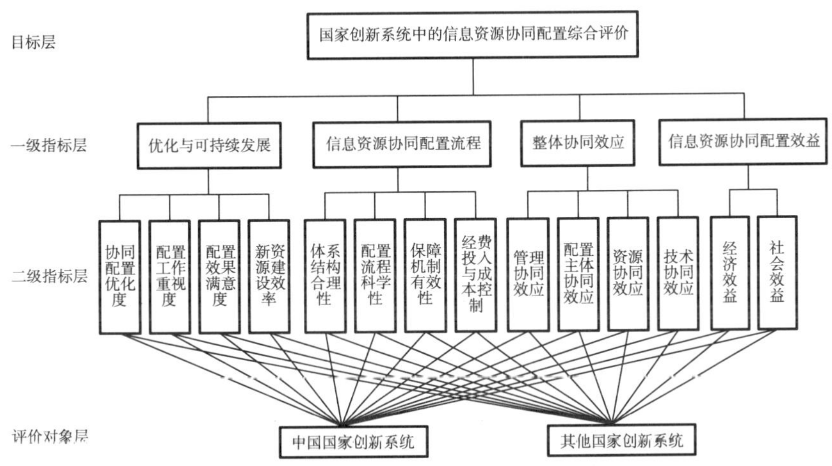

图 5 - 23　国家创新网络中的信息资源协同配置效益的评价层次

确定评价指标权重的前提是构建判断矩阵。判断矩阵是对评价指标体系中各层指标两两之间相对于信息资源配置效益评价总目标的重要性进行对比。在判断矩阵构建中,我们发出了 35 份《国家创新系统信息资源协同配置效益评价体系权重调查表》,发放对象主要为国家管理部门、高等院校和信息机构的专家和公益性信息服务机构的负责人,收回调查表 22 份,回收率为 63%。根据专家反馈的判断矩阵结果(采用 Saaty"1—9 标度"),利用 yaahp 0. 5. 1 软件群决策计算功能求出了一级指标、二级指标的权重,具体见表 5 - 6 至表 5 - 10。

① Chesbrougy H. , Vanhaverbeke W. Open Innovation: Researching a new paradigm[M.] Oxford : Oxford University Press, 2006: 15.

表 5-6 国家创新网络中的信息资源配置效益测评指标体系

网络化信息资源配置	优化与可持续发展	信息资源配置流程	整体协同效应	创新产出效益	W_{1i}
优化与可持续发展	1.0000	1.4918	0.5488	0.6703	0.2049
信息资源配置流程	0.6703	1.0000	0.5488	0.4493	0.1518
整体协同效应	1.8221	1.8221	1.0000	0.8187	0.3056
创新产出效益	1.4918	2.2255	1.2214	1.0000	0.3378

判断矩阵一致性比例 0.0075；对总目标的权重：1.0000。

表 5-7 "优化与可持续发展"对应的二级指标权重

优化与可持续发展	协同配置优化度	配置工作重视度	配置效果满意度	新资源建设效率	W_{2ij}
协同配置优化度	1.0000	0.6703	0.8187	1.4918	0.2314
配置工作重视度	1.4918	1.0000	1.2214	1.8221	0.3284
配置效果满意度	1.2214	0.8187	1.0000	1.4918	0.2688
新资源建设效率	0.6703	0.5488	0.6703	1.0000	0.1714

判断矩阵一致性比例：0.0019；对总目标的权重：0.2049。

表 5-8 "信息资源配置流程"对应的二级指标权重

信息资源配置流程	体系结构合理性	配置流程科学性	保障机制有效性	经费投入与成本控制	W_{2ij}
体系结构合理性	1.0000	1.0000	1.4918	0.4493	0.2187
配置流程科学性	1.0000	1.0000	1.4918	0.6703	0.2417
保障机制有效性	0.6703	0.6703	1.0000	0.6703	0.1791
经费投入与成本控制	2.2255	1.4918	1.4918	1.0000	0.3606

判断矩阵一致性比例：0.0226；对总目标的权重：0.1518。

表 5－9　“整体协同效应”对应的二级指标权重

整体协同效应	管理协同效应	配置主体协同效应	资源协同效应	技术协同效应	W_{2ij}
管理协同效应	1.0000	1.0000	1.4918	2.2255	0.3227
配置主体协同效应	1.0000	1.0000	1.8221	1.8221	0.3227
资源协同效应	0.6703	0.5488	1.0000	0.6703	0.1685
技术协同效应	0.4493	0.5488	1.4918	1.0000	0.1862

判断矩阵一致性比例：0.0207；对总目标的权重：0.3056。

表 5－10　“创新产出效益”对应的二级指标权重

创新产出效益	经济效益	社会效益	W_{2ij}
经济效益	1.0000	1.0000	0.5000
社会效益	1.0000	1.0000	0.5000

判断矩阵一致性比例：0.0000；对总目标的权重：0.3378。

根据以上信息资源配置效益评价一级指标的权重（W_{1i}）及各项一级指标所对应的二级指标的权重（W_{2ij}），可求出各项二级指标相对于总目标的综合权重（W_{ij}）。计算公式为：$W_{ij} = W_{2ij} \times W_{1i}$。

最终求出的各项评价指标的综合权重结果如表 5－11 所示。

表 5－11　信息资源配置综合评价各项指标权重

一级指标（W_{1i}）	综合权重（相对十总目标）（W_{ij}）	二级指标（W_{2ij}）	综合权重（相对于总目标）（W_{ii}）
优化与可持续发展	0.2049	协同配置优化度	0.0474
		配置工作重视度	0.0673
		配置效果满意度	0.0551
		新资源建设效率	0.0351

续表

一级指标(W_{1i})	综合权重(相对于总目标)(W_{ij})	二级指标(W_{2ij})	综合权重(相对于总目标)(W_{ij})
信息资源配置流程	0.1518	体系结构合理性	0.0332
		配置流程科学性	0.0367
		保障机制有效性	0.0272
		经费投入与成本控制	0.0547
整体协同效应	0.3056	管理协同效应	0.0986
		配置主体协同效应	0.0986
		资源协同效应	0.0515
		技术协同效应	0.0569
创新产出效益	0.3378	经济效益	0.1689
		社会效益	0.1689
TOTAL	1.0000		

信息资源配置涉及面广、周期性长，其评价组织实施是一项复杂的全局性活动，需要积极调动政府相关部门、各类主体的参与。从评价方式上而言，应采取逐级评价的模式，即在国家信息资源配置管理委员的统一规划组织下，由各行业、各地区首先进行系统内部的信息资源配置工作测评，然后将测评结果和相关数据逐级汇报给上级主管部门，再由管理委员组织专门的评估团队对各行业、各地区上报的数据进行汇总整理，同时结合抽样调查对国家信息资源的总体配置情况进行综合评价。评价成员除了政府决策部门的工作人员外还应包括信息资源管理领域的专家，同时要吸收部分企业界、学术界、信息服务部门的相关人员参与，力求保证评价工作的公平性和有效性。

无论是各行业、各地区开展的内部评价工作还是国家组织的全局性评价，都要遵循规范化的配置程序。具体而言，信息资源协同配置综合评价包括以下几个环节，如图 5 - 24 所示。

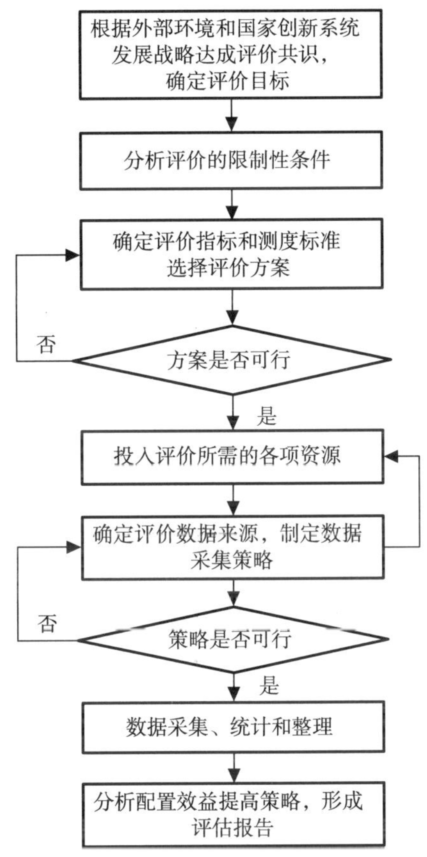

图5－24　信息资源配置效益评价流程

1. 达成评估共识、确定评价目标。对信息资源协同配置进行效益评价是国家创新系统运行发展的必然要求，需要得到政府部门、创新主体的一致共识。首先，政府决策部门和所有创新参与者应对当前国家创新系统运行现状、信息资源开发利用现状有总体上的认识，确定符合当前国家创新系统发展实际的信息资源配置评价目标；其次，所有评价参与者应了解与配置效益评价相关的投入、产出、绩效、效率、效益情况。在达成评价共识中，应明确信息资源配置效益评价的要求和评价的基础。

2. 分析评价的限制性条件。在进行实际评价操作时，不可避免地会受到一些条件的制约，如评价人员的业务能力、测评工具的选择、相关资料的详尽程度、数据采集的难度等。因此，在正式开展评价前，应对这些可能出现的问题和限制条件进行全面分析，逐一列出需要注意的事项并提出具体的解决措施，形成规范化文档共所有评价人员参阅①。同时还应建立风险防范机制，对评价中突发的事件做到及时响应，从而使评价工作能够有条不紊的进行。

3. 确立评价指标体系和评价方案。在确定总体评价目标的基础上，应根据当前国家创新网络的运行情况和国家创新发展的实际需求，依据具体的评价原则建立可操作的评价指标体系。指标体系既要包含明确的评价要素，也要包含详细的测评标准，做到有章可循。同时，需要在专家和信息部门管理者的建议下对指标进行增减和修正，按照最终确定的指标体系，进一步建立可操作的评价模型和相关细则，明确评估所需的各项数据来源，在此基础上形成完整的评价方案。

4. 投入评价所需的各项资源。国家层面的信息资源配置效益评价无疑是一项浩大的工程，需要各级政府、创新机构、社会组织、相关人员的积极参与和密切配合，同时还需要相应的物力、人力和财力保障。因此，在确立了评价框架和具体实施方案的基础上，应根据评价的具体需求，为信息资源配置综合评价的开展配备相应的专家、技术人员、资金、设备以及相关的工具软件。

5. 制定数据采集策略。信息资源配置涉及主体众多，需要采集的数据量也十分庞大，一般采用逐级上报的形式进行数据收集汇总。为了保障数据采集的质量和数据的规范性、真实性，国家应制定有效的数据采集规范。根据不同评价指标所需的数据类别，在确定这些数据的可采集性和可操作性后，针对不同的数据来源制定数据采集方案。有时一项数据的获取往往需要几个部门的协调，这就需要保证采集数据的质量和有效性。在采集数据中，需要对收集数据预计时间、数据报告周期和数据使用进行规定②。

---

① Ching S. H., Poon P. W. T., Huang K. L. Managing the Effectiveness of the Library Consortium: A Core Values Perspective on Taiwan e-book Net [J.] The Journal of Academic Librarianship, 2003, 9 (5): 304－315.

② Bertot J C. Network Service and Resource Evaluation Planning [C]. Bertot J C, Davis D M. Planning and Evaluating Library Networked Services and Resources. Westport. Libraries Unlimited, 2004: 8.

6. 进行数据采集与汇总。在这一环节要实施数据采集的控制，包括质量控制、时间控制和效率控制，它直接关系到数据分析的准确性和评价结果的有效性。数据采集过程往往十分烦琐，应确定数据采集和整理的负责人，协调好各项数据采集环节之间的关系，控制好数据采集的进度。例如对于信息资源布局合理性的评价，须保证数据的一致性。有些数据是连续性数据，这就需要在固定的时间进行采集和进行比较分析。

7. 形成评价报告并提交。信息资源配置的协同效益评价在于通过评价发现信息资源协同配置中的问题，在面向实际问题的解决中提高信息资源配置水平，确保国家信息资源的协同配置效益。这一环节主要是对评价结果进行适时分析，挖掘各评价指标中的隐含信息，所构建的是信息资源配置效益评价模型应把握提升配置效益的关键因素。在这一环节中，需要根据最终评价结果发现信息资源配置在保障国家创新网络运行中所存在的问题，由此制定相应的解决策略，在此基础上形成完整的评价报告，为国家制定下一步的信息资源配置发展战略提供重要参考依据。

六、我国信息资源协同配置的推进

我国信息资源协同配置的推进，应在制度创新中面对信息资源非均衡分布所带来的各种障碍，以国家创新发展战略为指导，进行协同配置的科学规划和合理安排，通过全面改革推进信息资源配置的协同化，在优化技术路线中寻求有利于发展的对策。

（一）国家信息资源的非均衡分布与协同配置问题

国家信息资源分布格局决定着信息资源配置的整体部署与实施，我国信息资源数量庞大、类型丰富，在区域创新系统、行业创新系统和不同创新主体间呈现出多元化的分布非均衡格局。这种格局既带来了资源协同配置的障碍，又提出了非均衡分布环境下的资源协同配置要求。

1. 信息资源的非均衡分布。区域创新系统是构成国家创新系统的基础。信息资源的分布在区域、行业和主体间存在着分布的非均衡性。目前，对一国或地区的信息资源测度一般采用信息资源丰裕系数 R 来衡量。R 代表着国家或地区的信息资源生产能力和利用潜力。根据相关文献公布的统计数据，近年来我国区域系统的信息资源丰裕系数如表 5－12 所示：

表 5－12 我国主要区域创新系统的信息资源丰裕系数

创新能力排名	R 值排名	地　区	2008 年	年平均增长率（%）
1	2	上　海	4.593	8.1
2	1	北　京	4.617	7.3
3	5	广　东	4.397	7.5
4	6	江　苏	4.365	8.0
5	4	浙　江	4.411	7.0
6	7	山　东	4.220	6.8
7	3	天　津	4.432	7.2
8	8	辽　宁	4.125	6.3
9	10	福　建	4.106	6.8
10	11	陕　西	4.098	5.7
11	9	安　徽	4.119	6.0
12	12	湖　北	4.067	5.8
13	15	黑龙江	3.877	5.3
14	16	湖　南	3.763	5.8
15	17	河　北	3.622	5.0
16	13	四　川	4.011	6.1
17	18	河　南	3.427	4.8
18	14	吉　林	3.985	5.1
19	19	广　西	3.232	4.3
20	21	贵　州	2.976	3.5
21	22	新　疆	2.445	3.8
22	23	甘　肃	2.120	2.7
23	24	宁　夏	1.986	2.8
24	20	云　南	3.008	3.8

从各地信息资源丰裕度看，我国的信息资源主要集中在上海、北京、浙江、广东等经济发达地区，这说明信息资源对促进我国经济发展具有十分重要的作用。但是，从各地区的创新能力排名和信息资源丰裕度排名来看，两者却存在一定差异。例如，天津市拥有丰富的信息资源储量和较高的信息资源生产能力，其信息资源丰裕度值在24个省市中排名第三，次于上海和北京。但是在创新能力排名上，天津却仅排在第七位，原因之一是天津市在进行创新生产中，没有有效利用其丰富的信息资源，导致该地区的信息资源没有发挥出最大效益。与其类似的还有吉林省、云南省等；相反，广东省的信息资源丰裕度只排在第五位，但其创新能力却高居前三位，说明广东省在未来的创新发展中对信息资源有着较大需求，地方应加大对其资源投入。

根据国家统计局2009年科技统计年度数据所示，我国各主要行业创新系统的信息技术人才资源分布情况如图5－25①。从图中可以发现，我国信息技术人力资源主要集中在高新技术行业特别是与信息产品制造相关的行业，如电子及通信设备制造业、电子计算机及办公设备制造业等，说明我国高新技术行业对信息人才有着较大需求。在国家创新系统中，高新技术行业是国民经济的战略性先导行业，也是国家创新成果的主要产出者，其生产水平和创新能力直接影响着国家整体创新实力。因此，在我国创新型国家建设中，应充分重视高新技术行业领域内的信息资源配置，加大重点创新领域的财力、物力和人力投入强度，促进高新技术行业的快速发展。

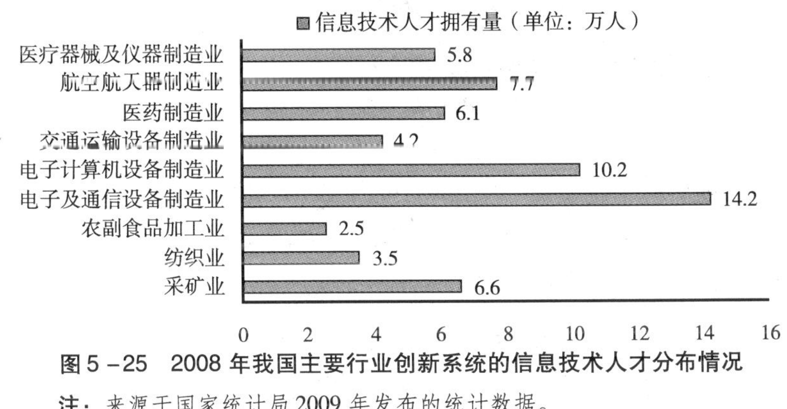

图5－25　2008年我国主要行业创新系统的信息技术人才分布情况

注：来源于国家统计局2009年发布的统计数据。

① 2009年科技统计年度数据反映的是2008年的统计情况。

对于各创新主体而言，信息资源也呈现不均衡分布状态。从信息资源类型来看，政府和公共信息服务机构（图书馆、档案馆等）是国家公共信息资源的主要存储者、生产者，其拥有的公共信息资源数量占总数的 80%。因此，政府和公共信息服务机构在公共信息资源配置中承担着重要角色。高等院校、科研机构是文献信息资源、学术信息资源的主要拥有者，担负着基础研究、应用研究和人才培养的重任。而企业则是信息技术、专利发明、科技成果等重要信息资源的生产者、存储者，承担着技术创新和将高等院校、科研机构的知识创新成果投入到实际生产的具体任务。

从信息技术人才的分布情况来看（如图 5－26 所示），根据国家统计局 2009 年科技统计数据显示，我国的信息技术人才主要分布在企业、高等院校和科研机构等三大创新主体中，其中以企业拥有的人才数量最多，占总数的 68.4%，充分体现了企业在国家创新系统中的主体地位，同时也说明企业在创新生产过程中对信息人才有着较大需求。

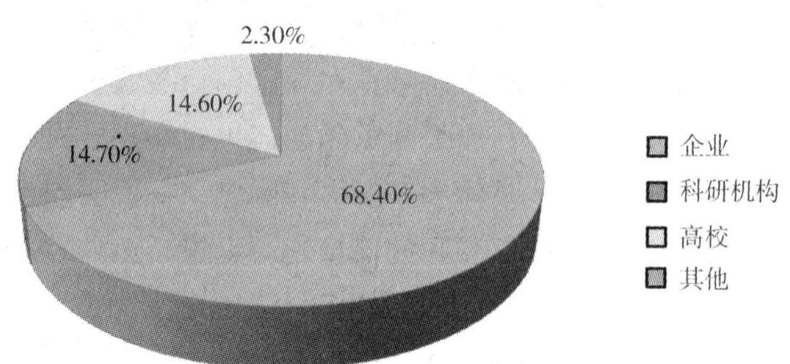

图 5－26　2008 年我国信息技术人才在创新主体间的分布情况

注：来源于国家统计局 2009 年发布的科技统计数据。

2. 非均衡环境下信息资源协同配置的现实问题。从我国国家创新系统中的信息资源配置现状和协同发展趋势看，在信息资源配置取得明显成效，配置效率逐步提升，配置协同稳步推进。但是，由于我国创新系统建设工作起步较晚，信息化基础比较薄弱，整体化信息资源配置能力和配置效率仍然偏低。从整体上看，在推进信息资源协同配置中存在以下现实问题：

（1）信息资源跨系统和跨地区的流动障碍。信息资源流动性好坏直接影响着配置主体的联动效益[①]。目前，我国信息资源在地区分布、行业和主体分布上都处于不均衡状态。首先，在地区分布上，由于东部和中部地区经济发展实力、创新能力较强，企业、高等院校、科研机构密集，因此积聚了丰富的信息资源，而西部地区由于创新能力较弱，信息基础设施建设还不完善，创新机构数量有限，资源也相对匮乏，从而制约了西部地区的创新发展；其次，从时间分布来看，我国信息资源配置在很大程度上仍以短期利益为主，为了追求一时的经济效益而盲目扩大投入规模，导致资源的累积作用无法发挥功效，资源配置的可持续发展性不强；再次，从创新主体间的信息资源分布结构来看，企业作为我国最重要的创新主体，拥有大量的信息技术人才资源，高等院校和科研机构则掌握了大量的科学研究文献信息资源，两者间存在较强的资源互补性。由于缺乏有效的信息资源流通渠道和传递机制，导致我国信息资源在不同主体、地区间难以快速畅通的流动，使得地区间的信息资源难以有效共享，以至于存在地区、行业之间的障碍，这种情况应在协同配置资源环境下从根本上改变。

（2）政府对协同配置的引导作用未能充分发挥。我国国家创新系统中的信息资源配置采取的是政府有效引导下的创新主体合作模式，因此，配置的协同运行很大程度上取决于政府的有效引导和组织管理。但是，由于机制上的原因，我国政府的政策导向和调控职能尚未发挥最大功效，未能有效地调动一切因素参与到配置活动。在鼓励产学研进行合作创新方面，由于资源分配的标准化、规范化、公平性和透明度不够，责任与权利界限模糊，导致产学研合作动力不足。此外，在配置管理过程中，由于缺乏有效的监管协调机制，导致政府配置管理职能缺位，即在一些获利小的配置环节上没有更为有效的激励措施，形成了我国信息资源配置管理的“盲区”。

（3）协同配置保障机制尚未建立。面对国家创新系统发展战略的演变，我国信息资源配置方式也进行了相应变革，由传统的分系统独立配置逐渐转变为跨系统、跨部门的联合配置。但就合作程度而言，目前还停留在初级的“资源互补、供需均衡”阶段，只在部分系统内部实现了信息资源共享与合作配置，真正面向国家创新发展的全局化信息资源共建共享体系还未完全建

① 霍国庆：《我国信息资源配置的模式分析》（一），《图书情报工作》2000 年第 5 期，第 32—37 页。

立。而且，在信息资源配置合作过程中，由于缺乏有效的信息沟通机制、协作机制和规范化的配置标准，导致创新主体间的利益关系难以协调，各方行为目标难以统一，合作关系难以维系，无法产生真正的协同效应。

（4）R&D 经费投入强度仍然偏低。充足的创新基金和多元化的经费来源是维系国家创新系统高效运转的有效保障，也是实现信息资源协同配置的重要基础。尽管我国对国家创新建设给予了大力投入，财政拨款和 R&D 经费投入数额不断增加，但与其他发展中国家相比，我国创新经费投入强度仍然偏低。从 2008 年世界 38 个主要国家（地区）的创新经费投入强度来看，我国位列第 33 位（1.5%），离创新型国家 2.5% 的标准还相差较远[①]。在配置活动经费来源上，我国也主要依靠政府拨款和各创新主体自身经费投入，以及少部分的风险投资支持，和其他创新国家采取的政府财政补贴、引导性资金安排、民间基金会资助、风险基金资助等多元化的经费投入结构相比，我国还需进一步扩充配置经费来源渠道。

（二）我国的信息资源协同配置的整体化实现

我国信息资源协同配置部署是与我国创新型国家建设战略目标紧密相连，在协同配置战略制定上，既要顺应全球化创新发展趋势，也要符合我国具体国情。结合我国《国家中长期科学和技术发展规划纲要》中提出的“全面推进中国特色国家创新体系建设”要求以及我国信息化发展目标，面向国家创新发展的信息资源协同配置总体目标应定位于：通过国家统筹协调改善我国当前信息资源地区、行业分布不均衡格局，通过各类创新机构间的信息资源共建共享，形成覆盖全国的信息资源共享网络，努力整合全球高质信息资源“为我所用”；提高我国国家创新系统中的信息资源投入—产出效益，充分发挥信息资源在促进国家经济、政治、文化、社会和军事等领域发展的重要战略作用，以此带动国家信息化水平和自主创新能力的提升，为我国到 2020 年建成创新型国家这一战略的实施提供有效的信息保障。

在总体目标引导下，我国信息资源协同配置体系建设应随着国家创新发展战略的推进，在不同发展阶段设立相应的阶段配置目标，如图 5－27 所示。

---

① 《中国 R&D 经费支出特征及国际比》[EB/OL].[2009－12－11].http://www.sts.org.cn/tjbg/zhqk/documents2009/090709.htm.

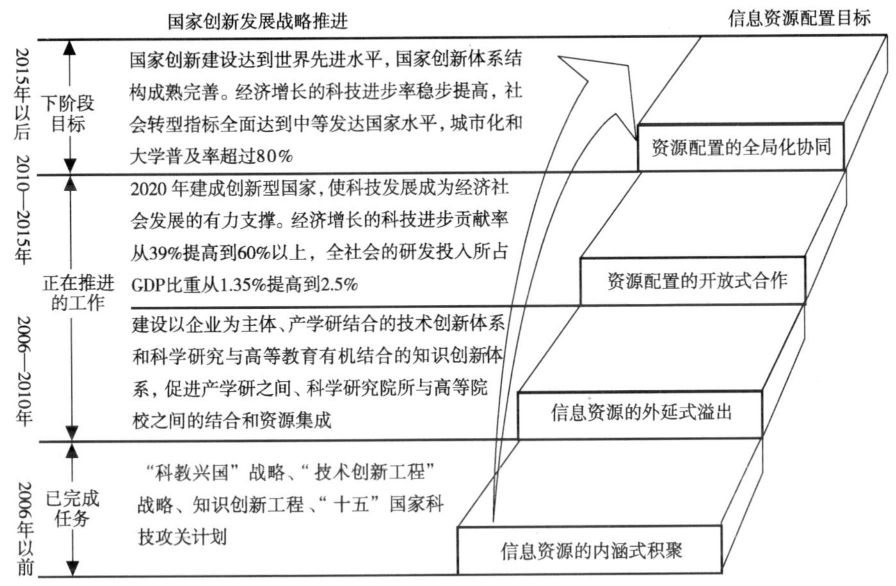

图5－27　我国创新发展战略导向下的信息资源配置演化

1. 信息资源的内涵式积聚配置。1995—2006年是我国社会经济发展的关键时期，自20世纪70年代末期以来的改革开放为我国的信息化建设和社会发展奠定了坚实的基础，20世纪八九十年代我国经济的高速增长和市场经济体制的确立为国家创新发展提供了新的条件。这一时期的信息资源配置与社会经济发展相适应，在信息资源配置范围拓展的基础上，着重于信息资源内容的挖掘和开发利用。

2. 信息资源的外延式溢出配置。2006—2010年，在国家可持续发展和基于知识创新的发展转型中，面对经济全球化的挑战和创新国际化的机遇，科学研究与产业发展的结合以及信息化环境下的新兴产业发展提出了社会化信息资源共享要求。这一时期，社会网络的普及，政府信息化、企业信息化、商务信息化和科学研究信息化使得信息资源的跨系统流通成为一种必然的趋势，反映在信息资源配置上，其外延式溢出配置效益显现。

3. 信息资源配置的开放合作配置。2010—2015年是信息资源的开放合作配置发展时期，这一时期的特征是创新型国家建设的加速、国家经济发展的全面转型以及科技、经济与文化的融合。面对全球经济格局的变化和国家发展方式的转变，信息资源的开放式合作配置已成为一种必然的选择，其发展要点是重构信息服务体系，推进信息资源的社会化配置和开放共享。

4. 信息资源配置的全局化协同。预计 2015 年以后，我国的创新型国家建设将进入一个新的历史阶段，中国科学院中国现代化研究中心对中国未来 50 年的发展预测结果是：我国的国家创新能力将达到中等发达国家的水平①。从信息资源开发利用水平与国家核心发展能力关系上看，其信息资源配置也将进入一个新的发展阶段，面向全球化的资源全面协同配置已成为信息资源配置的主流。

在我国信息资源的协同配置中，应按如图 5－28 所示的技术路线进行配置的组织实施。

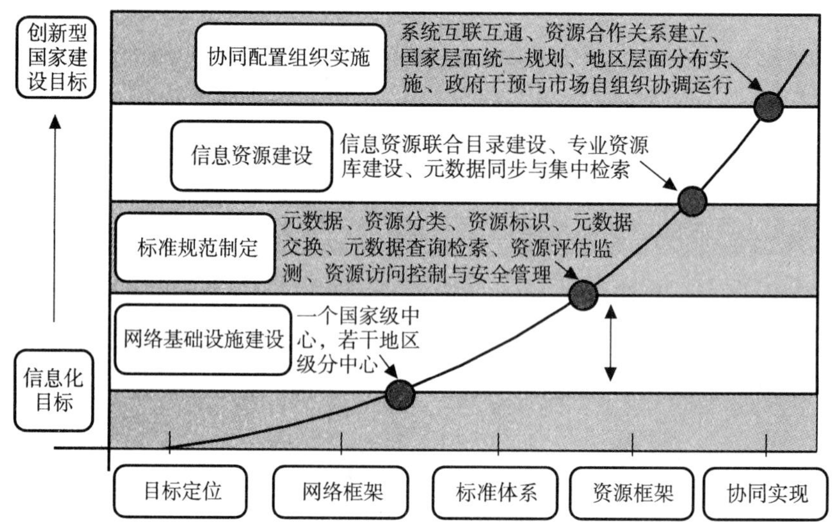

图 5－28 我国信息资源协同配置技术架构

我国信息资源协同配置需要以国家现有的骨干网络为依托进行多系统的联网，实现包括科技、经济、文化、教育信息网络服务在内的各类信息资源共享系统的互联互通。在这一背景下，面向国家创新发展的多网融合提出了

① 中国科学院中国现代化研究中心：《中国现代化报告 2006——社会现代化研究》，北京大学出版社 2006 年版，第 172—173 页。

信息资源融合配置的要求。在融合配置实现中，需要利用多网融合中的资源整合优势实现信息资源的无障碍流通。具体而言，在信息资源协同配置技术上的开发利用需要构建协同配置体系下的国家信息资源交换平台，通过若干地区中心和各行业中心推进信息资源的社会化利用。

图 5－28 从总体上进行了国家层面信息资源协同配置的技术架构。从图中可知，信息资源协同配置的实现依托于网络基础设施建设，在信息资源协同配置实施中配置规范标准的制定是重要的，它直接关系到信息资源的建设效益和利用效益。同时，信息资源配置与创新型国家建设和信息化发展目标直接关联，需要进行基本的资源网络构架，推进资源的跨系统交换和共享。对此，可以考虑按一定的标准进行基于异构系统的信息资源元数据共享，按完整的标准规范协调现有的资源组织与开发技术，克服信息资源协同配置中的各种障碍。特别是在元数据方面，由于各系统的元数据规范、资源分类、资源标识等千差万别，导致元数据描述规则、核心元数据、资源分类标识规则不统一，从而无法实现跨平台的元数据整合。由此可见，统一规划、协调各系统现有的各类标准规范，特别是协调现有的各种元数据标准、资源分类标识标准，是推进我国信息资源协同配置有效实现的基础保障。

在协同配置实现中，依托现有的系统信息资源配置平台是重要的，通过平台应用可以拓展各平台之间的相互联系，同时推进基于平台的信息资源开发技术共享。需要指出的是，按信息资源配置的社会融合目标，将信息资源平台和信息技术服务平台结合，在信息资源服务的基础上拓展基于资源内容挖掘的知识服务，发展面向资源利用的云计算服务。

（三）我国信息资源协同配置实现的过程仿真

目前，在我国信息资源配置实践过程中，各主体、各要素的自身运转和相互作用还未达到理论上的最优状态，整体协同配置效应尚未形成。因此，需要利用信息资源协同配置系统动力学模型对信息资源的协同配置过程进行模拟仿真，以预测我国今后一段时期内信息资源配置的实施，为我国协同配置的推进提供参考。

按照信息资源协同配置系统动力学方程，所有状态变量和常量都需要赋予初值。在过程仿真中，我们采集了 2000—2009 年的相关数据，数据来源为国家统计局网站公布的“2009 年科技统计数据”、科技部网站 2009 年公布的“科技统计数据”、《中国统计年鉴》2000—2009 年数据、2009 年《社会统计数据》和《中国市场经济发展报告（2009）》；在数据处理上进行了相应的归并，结合实地调研和专家咨询设置了有关变量的初值。有关数据变化趋势的仿真结果如图 5－29 所示。

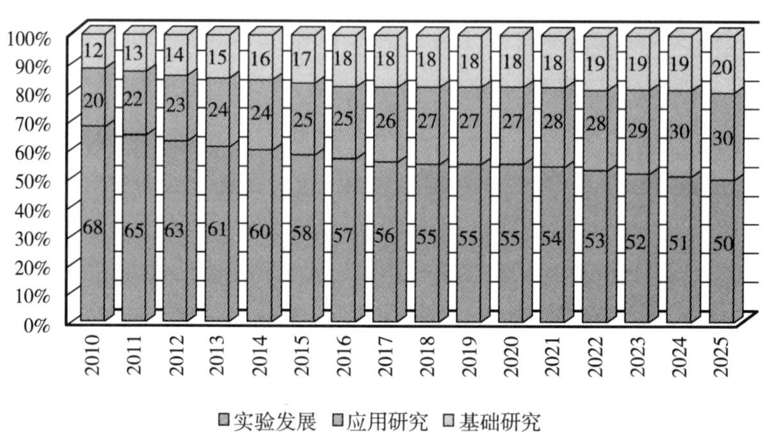

图 5－29　2010—2020 年的信息资源投入比例变化预测

从总体趋势而言，我国在国家创新活动中的信息资源投入量将持续增长，但是在各创新环节上的资源投入分配比例会有所变化。从图中可以看出，基础研究和应用研究环节的信息资源投入量将持续增长，分别由 2010 年的 12% 和 20% 增长到 2025 年的 20% 和 30%，这与我国在《国家中长期科学和技术发展规划纲要（2006—2020 年）》中提出的“加大对基础研究和社会公益类科学研究机构的稳定投入力度”的战略要求是一致的，有利于改变我国在源头上的知识积累和创新滞后于社会经济发展的局面。实验发展作为国家创新活动中的重要环节，是推动技术进步、经济增长的主要动力和源泉，尽管其信息资源投入比例有所下降，但仍然是国家创新价值链上的重点资源投入对象，我国政府需要根据各创新环节的实际需求和具体贡献合理分配信息资源。

我国国家创新系统中的信息资源协同配置仿真结果说明，协同化资源配置是我国未来信息资源配置所采用的合理方式，也是我国建设创新型国家中的信息资源配置需要。同时，我国经济社会发展和协同创新目标的实现是信息资源协同配置的基础和前提。在发展目标实现上，信息资源协同配置受各方面因素的综合影响，不仅包括政府干预和调控的作用，而且还受市场机制和创新发展主体之间协作机制的影响。信息资源的协同配置直接与资源建设、开发利用效益相关联，效益主导、效率优先的协同配置法则在资源配置中应得到体现。另外，协同配置的动力学模型是一种理想化的理论模型，由于实际情况和理想模型之间存在差异，其中随机因素的影响往往难以预测，因而实际配置效益可以按照实际情况控制在一定的范围内实现配置目标的次优化。

第　六　章
国家创新体制下的跨系统信息平台建设

国家创新体制下社会化信息保障的实现，要求在信息服务中打破部门、系统的限制，实现信息服务的跨系统协作。在现代信息技术和网络环境下，社会化信息服务协作要求进行国家、区域和行业信息平台建设，从而实现面向社会服务的平台化和基于平台的信息资源整合与服务集成。

一、信息资源的跨系统整合平台建设

国家创新体制是创新发展的基础性支持，国家创新网络中的各创新主体不仅需要国家信息化基础设施，更直接地需要信息平台的服务保障。与发达国家相比，我国的信息平台虽然在技术发展上存在一定的差距，但是在建设规划和管理上却具有制度上的优势，更易于实现国家创新发展规划下的平台服务的优化。

（一）信息跨系统整合中的平台建设及其发展

国家创新体系的建立促进了面向创新主体的信息服务跨系统整合。信息服务组织一方面为政府的决策提供依据，为制定发展规划、政策提供服务；另一方面，信息服务组织服务的重点是为各类创新主体提供全方位信息保障。就创新主体而言，由于不具备充分满足需要的信息资源，因而客观上需要形成一种整合内外信息资源，提供集成信息服务的机制，跨系统的信息平台建设正是在这一基点上提出的。

在国家创新体制下，美国、欧盟国家和日本等发达国家和地区已将跨系统的平台建设纳入国家总体发展战略。从公共服务系统的整合与平台构建，到面向创新发展主体的社会化服务推进，逐步确立了跨系统的平台建设模式①。

在面向技术创新的行业技术信息服务的整合发展中，美国国家技术信息服务局发挥了主导作用。美国国家技术信息服务局成立于 1945 年，它最早是收集第二次世界大战德国、日本等国最尖端的科技研究报告，同时汇集美国航空航天局、能源部等部门的科技成果信息，为技术创新提供信息保障。2003 年以来，美国在科技报告数据库（NTIS）在建设与服务中十分重视信息来源的广泛化和跨系统的资源汇集。2008 年，NTIS 的数据库中，有 32% 来源于不同的信息源。如在 NTIS 所搜集的研究报告中，除 65% 来自国防部（DOD）、能源部（DOE）和国家航空航天局（NASA）以外，NTIS 收集到的报告中有 1/3 来源于其他信息源。按照技术先导法案的规定，所有政府自主的科学研究项目的结题报告都必须送往 NTIS。近 20 多年里，NTIS 经受了政府私有化改革的冲击和政府的运行变革，其组织结构发生了很大变化。虽然 NTIS 已成为一个半自主经营、半自负盈亏的信息服务机构，联邦财政对其的拨款已不再是固定的，并且有逐年减少的趋势，然而，在信息的跨系统组织和服务整合发展中，NTIS 却从未停止业务拓展的步伐。目前，除收集和整理美国国内的科技信息、工程信息、商务信息及美国国外最新的科技信息外，该组织还拓展了信息获取来源，在服务组织上开展了光盘检索、数据库列表、数据处理等业务。由于推进了综合改革，机构构建了以 NTIS 为中心的科学技术研究报告和成果信息汇集的通用平台。

欧盟各国十分重视信息平台的建立和发展，如英国在建设信息服务平台上特别强调科技与经济的结合和信息为研发服务的基本原则。国家的公共信息服务由政府投资，国民免费共享资源。基于共享的信息服务打破了垄断，形成了平台整合的发展局面。

① Zhang F. Z. , Song Z. Z. , Zhang H. Web service based architecture and ontology based user model for cross – system personalization ［C.］ 2006 IEEE/WIC/ACM International Conference on Web Intelligence. 2006 Main Conference Proceedings, 849 – 852.

近年来，为了建立资源更加丰富、广泛的统一信息服务体系，欧盟许多国家的信息机构逐步走向联合。如北欧无线通信技术支持下的网络平台服务，德国的多媒体数据库开发应用平台服务，法国基于创新发展的内容服务等。欧盟国家的发展为建立欧洲公共信息服务平台奠定了基础。

目前，大多数欧盟国家在构建本国的信息服务平台时大都以本国核心机构为中心，以各信息服务机构为节点，以针对性的服务组织为前提，通过整合来源广泛的多层次信息构建信息集成组织与开发平台，以此为基础开拓基于平台的服务。如英国的教育和科学研究机构用户，利用平台可以进入英国和世界的相关信息网络获取丰富的网络资源①。其创新服务平台是一个三级梯次型的服务保障系统，特点是收集文献量大，服务功能强，反应速度快，并且较大限度地保证了原始文献的提供。

日本的政府、民间机构在信息平台建设中各司其职，政府是信息化建设的主导，建设承担机构是民间组织（包括企业、行业协会、公共团体等）。日本成立的信息服务行业组织，在政府支持下由行业性协会负责，如日本数据处理协会（JDPA）、信息服务产业协会（JISA）、信息振兴事业协会（IPA）等，这些行业性组织是政府联系企业的桥梁，对促进行业信息服务的发展起到了积极作用。日本政府在国家信息服务体系建设中主要发挥两方面的作用：一是为民间机构提供必要的条件，如修改阻碍信息化发展的相关法律法规，不断改进和完善政策措施等；二是推进信息化平台建设（政府信息化平台建设、公共服务平台建设等），消除社会存在的数字鸿沟，研究开发民间机构无力独自进行的科学研究项目保障平台等。同时，为推动企业创新发展进程，日本通产省采取了相应的战略措施，积极鼓励发展“系统整体化”服务，鼓励行业和企业之间的信息交换。

发达国家的实践表明，进行面向各创新主体的信息平台建设已成为信息化和国家创新发展中的一大趋势。

在公共部门信息平台建设中，我国由科技部负责的国家科技文献图书中心的科技信息共享平台、教育部负责的以高等学校图书馆为中心的中国高等

① Zhu，K；Dong，ST；Xu，SX，et al. Innovation diffusion in global contexts：determinants of post - adoption digital transformation of European companies，European journal of information systems. 2006，15（6）：601 - 616.

教育文献保障平台、以国家图书馆为核心的文献信息资源共建共享平台等，在服务于各类用户的知识创新活动中发挥了重要作用。然而，按系统建设的信息资源整合平台存在着系统、部门之间的信息共享障碍，其基本原因是系统和部门条块分割的结果。由于缺乏整体上的规划，对于用户的跨系统信息资源需求难以有效满足，由此提出了建设跨系统、跨行业信息整合平台的要求。跨系统、跨行业的信息整合平台建设在创新型国家建设中具有重要位置，因此应考虑各方面因素对平台建设的影响。

从平台建设和基于平台的服务发展上看，以下几方面的影响值得专门重视。从总体上看，在平台建设中应突出以下几个方面的问题：

1. 以国家创新发展需求为导向进行社会化信息整合平台建设的战略规划。社会化信息整合平台建设战略应与国家创新发展战略相协调，国家创新网络的构建改变了国家创新系统结构，在创新组织中突破了各系统之间的界限，然而，面向各系统创新主体的服务却处于分散发展状态，各系统之间的信息资源难以有效交换和共享。这说明，依赖于各系统服务平台的信息保障，难以适应创新发展社会化的变革要求，即信息整合平台建设滞后于创新发展体制变革。需要指出的是，在知识创新的推进中，国家科学研究和发展机构与企业研究相结合，形成了知识创新开放系统。在这一背景下，以信息共享和开放服务为特征的跨系统平台发展战略必须确立。

2. 在政府机构改革的基础上进行所属信息机构的社会化发展定位。在我国经济体制变革中，政府机构的改革不断深化，政府职能的转变从根本上适应了社会主义市场经济环境，为国家创新和经济发展提供了基本的制度与行政保障；在政府机构改革中，我国各类信息服务机构的隶属关系已经发生变化，各机构面向社会、经济与科技发展的信息服务机制正在形成。这说明在基于体制改革的信息服务发展中，应进一步明确面向社会的公共服务和市场化服务之间的关系，按系统协调原则构建社会化公共服务平台和行业性服务平台。显然，这两方面的变革促进了平台服务的社会发展。

3. 在基于平台的跨系统服务组织中构建面向用户的全方位信息保障体系。跨系统信息平台建设的最终目的是实现信息保障的社会化，在跨系统信息服务中实现全方位信息保障目标。在基于知识创新的社会发展中，用户获取信息的渠道已发生根本变化，由于知识创新的关联性，用户已不可能依赖于相对封闭的系统信息保障，而需要获取来自各方面的信息。同时，在产、学、研一体化发展中，高等学校、研究机构与企业的合作日益紧密，这就要求在创新中打破高等学校信息系统、科技信息系统和企业信息系统面向各自用户的服务格局，实现开放式信息共享。因此，跨系统信息保障体系构建必须考虑到用户的跨系统信息获取，在信息服务联网的基础上实现全方位信息保障。

4. 按信息服务可持续发展的要求进行跨系统信息平台的建设。在跨系统信息平台建设中，不仅需要突破部门、系统限制，而且还需要在跨部门、系统的服务组织中确立有利于社会化信息服务可持续发展的机制。鉴于政府对平台建设的主导作用，拟采取政府主导下的跨系统信息资源整合方式进行平台建设，促进基于平台的信息服务业务发展。在社会化服务平台建设中，应以国家调控为主线，以社会化投入为基础，实现行业投入、产出的合理控制。因此，在信息平台构建中，应考虑信息服务本身的可持续发展问题，探索平台的社会化协同发展道路。

（二）信息平台服务协作架构

我国全国规模的专业性信息平台建设和地方信息平台的跨系统建设，为我国信息平台的跨系统协作积累了经验。从平台构建上看，形成了从属于科技部、文化部、教育部等国家部委的信息平台和属于各地的跨部门信息平台交互发展的局面。在科技信息服务系统建设中，国家科技图书文献中心创建和平台化服务的开展，推动了国家科技信息资源的整合和社会化服务的发展。NSTL 的建设宗旨是根据国家科技发展需要，构建跨系统的服务平台，面向全国开展理、工、农、医各学科领域的信息服务。同一时期，教育部在中国教育网（CERNET）的基础上，推进了全国高等教育文献信息保障系统（CALIS）的平台建设。2007 年由 8 家单位参加的全国数字图书馆建设确立了服务联席会议机制，推进了社会化的文献信息平台服务。与此同时，各系统的平台化信息服务不断发展。

在地方信息平台建设中，1999 年上海启动了上海文献信息资源共建共享项目，以协作网的形式进行跨系统的区域性信息资源整合和平台建设，这是我国较早的区域性跨系统信息平台建设项目，通过平台有效地实现了上海市图书馆系统与科技信息系统的融合，推动了公共系统、科技系统、高等学校系统和相关部门的信息资源共享；2000 年以来，包括湖北、浙江、四川等地的信息资源共享平台建设项目纷纷展开，这些项目的启动为基于平台的社会化信息组织奠定了新的基础。各地启动的“科技文献共建共享平台”建设项目，立足于面向区域经济的服务组织，沟通了各方面的联系，实现了信息资源面向用户的集中。同时在发展中，各地方平台通过与国家科技文献中心的链接，以此为基础拓展了信息服务的资源来源和国家信息资源面向地方的共享。

信息资源的跨系统整合与服务平台建设是在国家统一规划下进行的，是多部门的信息资源共建共享的发展。因此，平台建设不可能由某一部门推动，而是在国家战略指导下各部门协同推进的结果。从总体上看，信息平台的跨系统建设体现了国家科技、经济、教育和文化信息共享平台的关联性，通过各系统信息整合实现了面向用户的信息集中，推进了平台服务的社会化发展。同时，平台集各方面信息为一体，实现了各相关系统的链接。我国信息平台的社会结构如图 6－1 所示。

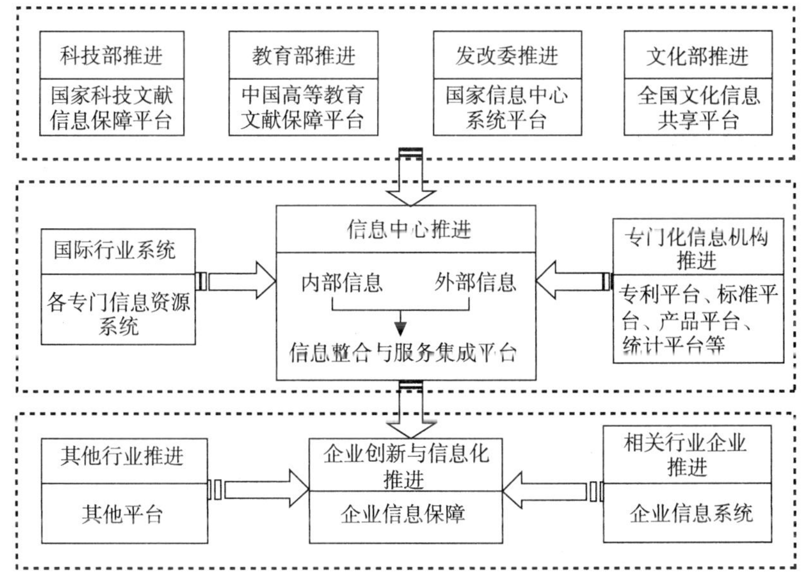

图 6－1　信息平台的跨系统建设

在如图 6－1 所示的信息平台的跨系统建设中，应在各部门协同的基础上，进行国家科技文献信息保障平台、中国高等教育文献保障平台、全国文化信息共享平台和国家图书馆的国家数字图书馆平台的有效链接，推进各系统的信息资源协同建设和内容开发；在此基础上进行各行业、系统的信息服务构架，在面向用户的信息服务中进行行业信息、专门信息和其他相关信息的整合，拓展面向用户的跨系统服务。

在面向用户的跨系统服务组织中，应着重于以下问题的解决：

1. 明确跨系统平台的服务主体。从平台组织构架上看，跨系统信息平台事实上是基于各系统的资源与服务交互平台，各系统都可以通过平台进行信息资源和服务的互用，在此基础上形成服务联合体。在基于分布结构的构架中，各系统都有利用平台资源和各系统资源的权力，也有向平台提供资源和服务支持的任务。因此，在平台建设中应明确跨系统的服务主体，以此为基础进行社会化的平台服务组织，实现多个平行部门的协作。因此，在社会化平台建设与服务中应立足于现有体制的改革，将跨系统平台建设纳入创新型国家建设的总体战略进行安排。

2. 进行跨系统平台的科学规划。从平台所涉及的部门上看，进行跨系统平台建设是一项关系到经济与社会发展全局的社会化工程。在进行全国性、区域性和行业性信息服务平台的建设中，既要考虑到国家、地区和行业的长远发展需要，又要立足于现实问题的解决，因此应将服务平台规划纳入国家整体发展规划之中，使平台建设与国家创新发展相结合。这一规划机制的实现在国家和地方“十二五”规划中已得到初步体现，今后的问题是进一步进行规划的规范，按集中规划和协同实施原则进行平台的建设。对此，可以采用协同推进平台建设的方式，在平台建设的全局性规划实施中落实平台建设任务。

3. 组织平台建设的跨系统实施。社会化信息保障平台具有跨系统特性，其跨系统信息资源整合和开发是其中的关键。在平台建设的跨系统实施中，不仅需要管理层面上的协调，而且还需要资源层面的共建和技术层面的共享。因此，应确立平台建设的组织层次，寻求平台建设的有效途径。同时，在跨系统平台的组织实施中，应坚持以国家、地方和行业创新发展信息需求为中心，以信息资源的社会化共建和共享为基础，以数字化技术为依托的基本原则。在面向实际问题的解决中进行跨系统的平台协同建设，以实现优化发展目标。

二、面向跨系统需求的信息平台协作建设规划与实施保障

国家创新发展中的用户跨系统信息需求提出了跨系统信息平台建设的客观要求。在宏观层面上，根据现实需要和发展基础进行平台的协作建设规划和保证规划是重要的。因此，跨系统平台规划的实现既需要考虑部门利益和共同发展问题，又要求从组织机构协调、资源整合管理、技术协调应用和服务集成上予以保障。

（一）跨系统信息平台协作建设规划

面向用户的跨系统信息服务最初限于图书馆图书互借、联合编目和合作业务的开展，随后逐步演化为面向用户的信息整合和服务集成。由于用户信息需求的多元性和信息来源的跨系统分布，开展全方位的面向用户服务必须以跨系统资源整合为基础，而跨系统信息平台正是适应了面向用户服务发展的需要。面向用户的跨系统信息服务需要在平台基础上进行服务协同和资源共享，这种协同共享需要突破系统之间的界限，实现基于平台的服务融合。

面向国家知识创新的跨系统信息平台为集成各种资源，发挥各信息系统的资源优势、技术优势提供了一个优化的解决方案。网络基础设施建设水平和信息处理能力的提高对分布式跨系统信息平台建设创造了新的条件。然而，不同系统、不同地区的信息平台建设缺乏完整的协调规划，从而影响了信息平台服务的有序发展。因此，进行跨系统信息平台的规划是重要的。面向国家知识创新的跨系统信息平台的战略目标决定了协作规划的制定原则。

整体化组织原则。在跨系统信息平台基础上所进行的面向用户的服务，一是具有社会性和开放性，二是突破了系统之间的界限。这说明跨系统平台基础上的信息服务应将各系统作为一个整体对待，在资源组织上实现各系统资源整合，在技术支持上实现技术互操作，在服务用户上统一界面接口。这就要求消除各系统的互联障碍，屏蔽系统之间的差异，完善整体化服务组织规则。

利益均衡原则。跨系统信息服务应突出各系统在服务组织上的基本作用，保证开展服务中的利益均衡。同时，面向国家知识创新的信息平台构建

必然涉及国家安全、公众权益和机构利益。在各方面利益博弈中，保证信息安全、防治信息污染、做到信息公平是构建平台和开展协作服务的关键。因而在规划上，坚持利益均衡的原则是必须的。

技术发展原则。基于跨系统平台的信息服务需要相应的信息技术支持，其资源与服务整合还需要克服系统之间因采用不同技术所形成的障碍，这就要求建立完善的信息平台标准体系。需要指出的是，技术采用是动态的，平台技术的不断创新必然引发技术变革，因而其标准也应是动态的。这就要求实现基于标准的技术兼容，为新技术的应用预留空间。

面向用户原则。跨系统信息服务组织的最终目标是满足用户的跨系统信息需求，因而面向用户的信息资源整合和基于用户体验的服务组织是其中的关键。这就要求在服务组织中充分挖掘用户信息需求，进行基于用户需求的个性化信息过滤，以保证服务的针对性。同时在服务中，应根据用户知识创新的需要实现面向用户的资源重组。

跨系统信息平台规划应从为国家知识创新需求出发，从平台建设的各个方面进行有计划的安排。根据财务资源、人力资源、信息设备资源等方面的条件，立足于现实需求进行各方面的协调安排，如图 6－2 所示。

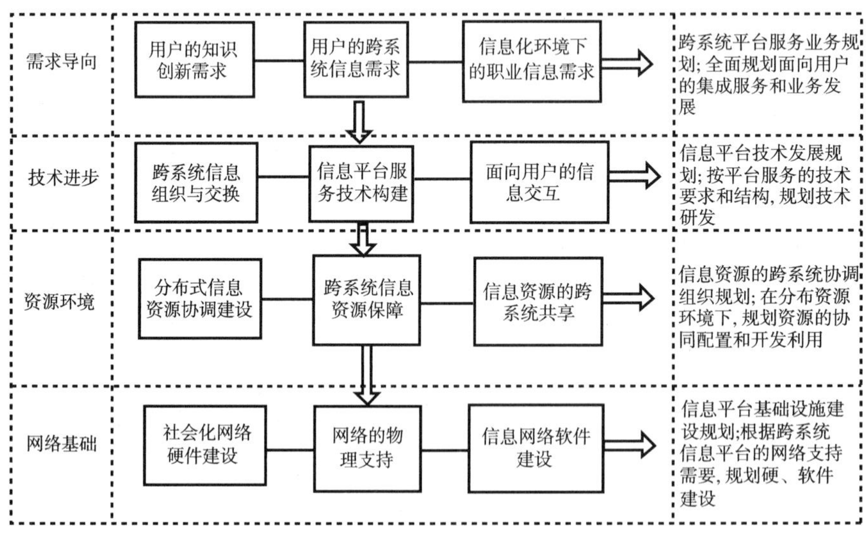

图 6－2　跨系统信息平台建设规划

如图 6 - 2 所示，跨系统信息平台建设规划应从需求层、技术层、资源层和基础层着手进行：

1. 需求层规划。跨系统信息平台建设首先应从用户的跨系统信息需求出发进行平台信息服务的业务规划，以满足国家创新发展中各类用户的知识创新需求和职业活动需求，为组织面向用户的集成信息服务提供战略发展指导。

2. 技术层规划。在技术层规划中，应考虑跨系统信息组织与交换对信息技术的发展要求，同时适应面向用户的交互服务的需要。技术规划中一是突出新技术应用，如云计算环境下的信息组织；二是规范信息服务技术的研发和新的技术体系的构建。

3. 资源层规划。跨系统信息平台服务以信息资源的跨系统共享为基础，在信息资源建设中进行合理的投入、产出控制。

4. 基础层规划。跨系统信息平台建设离不开信息化环境和网络基础设施建设，因此，应将平台服务的网络物理技术支持纳入国家信息基础建设的轨道，使平台设施建设与国家信息化建设同步。

跨系统平台规划涉及条件、技术、资源和投入等方面的协调安排，因此，规划的制定与实施需要从以下几方面着手：

制定跨系统平台战略。在信息服务中，首先应明确跨系统信息平台的战略目标，确定总体框架和平台建设实施策略。具体来说，跨系统信息平台建设应立足于各系统的现状，在平台服务社会化战略实施中推进信息资源的协同建设，完善跨系统协同管理机制。

进行面向用户的服务构架。跨系统信息平台不仅受信息环境的影响，而且还由信息需求决定，这就需要在一定环境下进行用户的需求把握。在具体操作上，应在用户信息需求模型的基础上进行平台资源组织和服务功能配置，进行基本的面向用户服务构架。

确立信息平台服务规范。在信息平台建设与服务组织规划中，由于信息资源组织的跨系统特征和用户需求的多元结构，导致了信息服务组织上的困难。这就需要在平台服务中确立相应的规范，以利于用户对跨系统服务的交互利用和各系统的服务融合。

推进平台资源的协调利用。跨系统信息平台建设依赖于各系统的资源，这就需要合理调配各系统信息资源、技术资源和人力资源，在资源调配上应充分发挥各系统的优势，同时兼顾各系统的利益，促进平台建设和服务的协调发展。

面向国家知识创新的跨系统信息平台是一系列平台的集成，包括资源平台、安全平台、支持平台、基础架构平台等，因此，应注重基础保证平台建设和应用平台建设，进行门户整合、数据整合、应用整合、内容整合、流程整合，以实现信息共享和协同服务。

在规划实施过程中，要体现系统整体概念，即从宏观上把握结构，从微观上合理布局。因此，应注意以下两方面问题：①

信息平台作为各系统相互关联的整体，其构成有层次之分。从整体出发的规划，首先要从最高层次来把握各层次之间的关系，布置平台站点，逐层逐级展开。整体规划是一个从整体到局部的过程，只有从整体的系统观出发，才可能使信息平台服从于局部网络系统，局部网络系统服从于整个系统的要求。

重视信息平台的组织目标和功能实现。平台组织的目的与功能不是单一的，而是有层次结构的。对于不同层次的系统，若目的和功能划分不清，不仅会影响更高层次系统的运行效率，而且会导致其下层系统整体功能模糊，从而影响信息的传递和利用。信息平台建设在于消除空间上和时间上的信息利用限制，实现面向用户需求的信息和服务集成。这说明，任何层面的平台建设必须以组织目标和功能的实现为基础。

（二）跨系统信息平台规划的实施保障

跨系统信息平台规划的实现涉及诸多的部门系统平台，因此，突破了各系统的限制。推进规划落实的关键是利益协调、管理关系协调和技术协调。

1. 组织的利益协调。参与跨系统平台建设的各组织机构既有公共信息服务机构，又有各系统、部门信息机构，如何协调他们之间的利益关系是非常重要和敏感的。为了使参与服务的各方利益得到公平、合理的分配，必须建立科学的利益分配机制，使参与服务的组织机构能够获得相应的利益。参与服务的机构通过协同服务，存在着利益分配和协调机制问题，即每个成员机构都应获得比不加入协同平台服务时要多一些的收益②。 这是任何个体参与协同服务的前

① 胡昌平：《现代信息管理机制研究》，武汉大学出版社 2004 年版，第 300 页。

② Tansey M., Stembridge B. The challenge of sustaining the research and innovation process. World Patent Information; 27 (3) Sep 2005, pp. 212 -226.

提，获得更多的利益正是该成员参与跨系统信息平台建设的动力。

针对平台服务中各方的利益分配问题，Shapley 是一种比较有效的分析方法。Shapley 值法用于解决多组织合作对策问题，当 n 个组织共同从事某项活动时，他们之间的组织组合会得到一定的效益，当组织之间的利益活动为非对抗性时，合作中组织机构数量的增加不会引起效益的减少，这样组织机构的全面合作将带来最大效益①。

信息服务组织机构之间协同服务目的是为了更好地完善知识创新价值链，按照协同理论，协同服务是为了达到整体和个体效益的最大化与均衡化。由于参与协同服务的组织机构都是独立主体，公共信息服务机构追求社会效益，产业化服务机构追求经济效益，如何衡量成员单位的贡献就成为利益分配是否均衡的决定因素。由于信息服务机构的服务投入难以计量，因此需要采用间接方法测量各机构的贡献。假定 n 个服务组织成员协同服务总收益为 P_n，要衡量一个机构 c 的贡献，就应计算出机构 c 不参与合作的情况下，$n-1$ 个机构的总收益 P_{n-1}，那么机构 c 的贡献就可以看作 P_n-P_{n-1}。而 Sharply 值恰好符合这一思路，公式表示为：

$$x_i(V) = \sum_{S \in I} \frac{(|s|-1)(|s|)}{n}\left[V(s) - V\left(\frac{s}{i}\right)\right]$$

其中$|s|$是子集 s 中元素的个数，$V(s)$为子集的效益，$V\left(\frac{s}{i}\right)$是子集 s 除去 i 后取得的效益。

在 Shapley 值分析中，设 c_1，c_2，c_3 组成协同服务组织，并期望通过合作带来更多的利益。如果：c_1，c_2，c_3 独自创造的价值分别为 $V_1=2$，$V_2=3$，$V_3=4$；c_1，c_2，c_3 两两组合所创造的价值分别为 $V_{12}=6$，$V_{13}=7$，$V_{23}=8$；c_1，c_2，c_3 组成的服务组织创造的总价值为 $V_{123}=16$。按照上述公式计算机构 c_1 在与其他机构合作后的收益为 x_1。可知：$x_1>V_1$，$x_2>V_2$，$x_3>V_3$；$x_1+x_2+x_3>V_1+V_2+V_3$。显然，c_1，c_2，c_3 结成服务联盟创造的整体价值大于各自独立服务创造的价值之和，而且个成员机构所分得收益也高于各自

① 李纲：《Shapley 值在知识联盟利益分配中的应用》，《情报杂志》2010 年第 2 期，第 116 页。

单独创造的价值。

采用 Shapley 值法协调服务机构之间的利益关系具有如下优点：一方面，体现了协同服务机构的理性，即各服务机构协同服务产出效益高于非协同服务的收益，这也是联盟形成的利益驱动力；另一方面，体现分配公平，即基于 Shapley 值的收益分配不是平均分配，而是根据各服务机构对知识创新主体服务产生的边际贡献进行分配，这种贡献分配可以激励各服务机构的更多投入。

2. 协同管理关系的确立。实现基于跨系统平台的服务组织协同，在于改变不适宜跨系统协同的信息服务组织形式，进行组织结构的再造，推进基于流程的信息资源整合，从而改变协同服务的组织结构基础。组织结构决定着跨系统协同信息平台同服务的诸多环节的实现。组织协同关系的构建应考虑以下两方面的因素：其一，在服务协同中尽量考虑现有的组织结构，使服务系统与现有的组织结构相容；其二，跨系统信息平台服务的实施将导致组织结构的变革，包括组织结构的调整和流程的改变。另外，由于平台协同服务涉及组织中的不同部门和人员，因而合理的组织结构有助于创造良好的组织氛围，从而为协同服务平台的建设提供组织保证。当前，我国各信息服务平台机构间的交流与合作已初具规模，组建了一些联合服务组织，如中国技术交易信息服务平台、上海市公共研发创新服务平台等；国际间的业务合作也陆续展开，如国家农业图书馆与国际应用生物科学中心信息部门的合作等。

不同信息服务系统协同的最终目标是为跨系统用户提供信息保障，通过协调机构的设立或协调职能的调整加强彼此之间的协作、实现资源的互联互通已成为必然趋势。与此同时，这种趋势又会进一步加强信息服务系统的建设主体之间的跨系统协作，如图 6－3 所示。

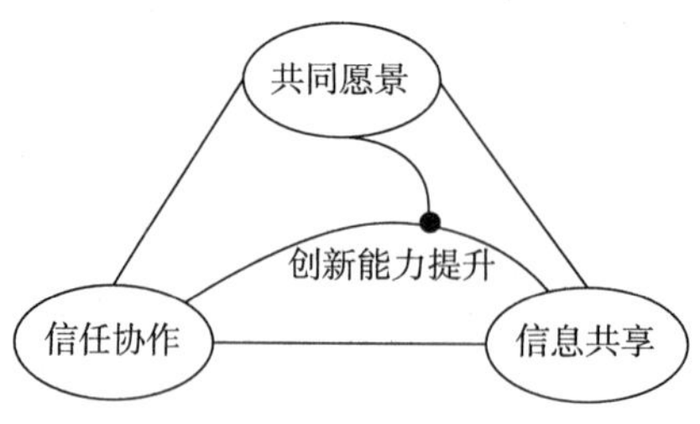

图 6－3　信息服务组织机构的协同关系

信息服务组织在共同服务于用户的愿景下，在相互信任协作的基础上，实现跨系统的信息共享；在促进知识创新的实现中，提升服务系统自身的发展能力。

3. 信息技术协同保障。跨系统信息平台建设离不开信息技术的支持，在管理和组织协调体系建设的基础上，最终需要通过技术手段实现服务协同。信息服务机构之间的系统差异，数字信息资源的分布式异构，使得跨系统信息平台建设涉及分布式信息服务系统之间的信息资源整合与服务调用，以及信息服务业务之间的互相调用和系统互操作问题。在这一背景下，各种协同应用软件和技术应运而生，从而为异构系统之间的互操作和服务调用提供了有效的解决方案。在此基础上，如何协调各项协同技术的关系，以及通过技术协同框架实现平台服务业务的调用，是平台规划实现中需要解决的现实问题。

各信息服务系统由于所采用的软件体系结构、底层实现语言、对外提供的服务接口及交互通信协议各不相同，信息服务系统之间要实现基于平台的跨系统协同服务，必须从技术架构上解决以下问题：

技术架构的统一性。信息服务系统之间采用的技术开发手段不同，在数据库设计、信息资源组织和服务业务的实现方面必然存在或多或少的差异，而平台服务的实现过程就是要屏蔽这些差异。因而需要在不改变各自底层技术实现方法的前提下进行统一的技术架构，通过采用统一的网络、软硬件架构等确保信息在异构系统间的互通。

技术规范和标准的开放性。信息服务系统建立之初，各自遵循本系统的技术规范和标准，从而形成了各个服务系统内部统一，而不同系统之间却存在的差别，以至于形成了部门间的“信息孤岛”。在跨系统技术协同架构筹划阶段，应本着前瞻性原则来选择国内外公认的、开放的、应用面广，同时又可扩展的信息技术标准规范，用以构建跨系统平台。

用户管理的统一性。知识创新价值链上的用户来自不同的创新部门，既有政府管理机构，也有科学研究机构的科学研究人员，同时企业用户也是最大的群体。针对这一情况，需要建立统一的用户信息管理库，将用户的信息进行分类管理。

身份认证保证安全性。跨系统信息平台的协同服务在于满足用户的多元化的跨系统信息需求，使用户在获取信息时消除系统间的障碍。因此，在信息平台建设中应实现统一的身份认证管理，同时对一些涉及用户核心机密的需求还应保证访问加密。

三、跨系统信息平台构建的目标、原则与总体框架

跨系统信息服务需要通过建立协同平台，组织面向知识创新各环节提供服务。协同平台的建设需要从系统构建角度，综合考虑知识创新各环节的影响，以便在服务的开放协同中进行多元主体参与的开放化、社会化平台构建。

（一）跨系统平台的构建目标与原则

知识创新价值链中，各创新主体对信息服务有着跨系统需求，这就迫切需要建立一站式的透明服务平台，以屏蔽部门、系统间的组织差异。跨系统信息平台的构建在于采用协同手段来实现不同信息系统之间的资源共享和服务共用，以便在跨系统协同服务环境下实现服务的集成。

1. 服务平台构建目标。跨系统信息服务平台是汇集各系统信息来源进行信息交换、重组和利用的无缝连接系统，是跨系统的信息组织、开发与服务业务协调的网络平台。

我国现有各部门信息服务平台是通过网络间的物理互联和信息资源的系统整合来实现的，资源提供和服务共享是静态的、分布式的。从创新发展主体需求看，信息平台应强化创新主体间的知识协同，在服务组织上应体现平台的协同效应，避免分散的服务提供，以实现基于创新价值链的服务集成①。跨系统平台应能将分散分布的信息服务系统资源和服务整合在一起进行集中调配，形成一个可控的自适应服务体系。平台通过对各系统服务的动态管理和业务分配来满足不同层次和规模的用户需求，支持各信息服务系统、企业、高等院校、科研机构等主体之间的透明协作，支持公共信息服务系统与商业化服务系统的社会化融合。

---

① 张敏、邓胜利：《面向协同创新的公共信息服务平台构建》，《情报理论与实践》2008 年第 3 期，第 383 页。

平台既是一个跨系统的信息资源和服务调度系统，也是一个协同知识创新的保障系统，因此，跨系统服务平台构建的目标有以下三个方面：

（1）在现有信息平台基础上进行服务互联。通过跨系统平台构建全国性的信息保障体系，实现面向国家知识创新价值链上各主体的信息服务协作是构建平台的基本目的。在这一目标下，服务互联在于将多个系统进行服务的网络联结，通过时空结构和服务功能的重组形成协作服务体系。基于平台的面向知识创新价值链的信息服务的跨系统整合，改变了原有专业信息网络的服务关系，有利于实现相关信息网络服务的互通和各类信息资源的互用。在我国已建科技部主管的国家科技信息资源平台（NSTL）、高等教育文献保障平台（CALIS）、全国文化信息资源共享平台、国家科学数字图书馆以及以国家图书馆为核心的地区性和全国性的文献信息资源共建共享平台基础上，可以实现全国和区域资源联合共享服务的目标。在目标实现上，湖北省科技信息共享服务平台、上海文献资源共建共享协作平台是成功的案例，同时，行业协会也可以建立各自的跨系统平台，实现跨部门和行业的信息共享目的。

（2）进行跨系统的信息服务协调。创新价值链涉及不同系统、不同部门的创新主体，在知识创新的跨部门组织中，分系统的信息服务方式已经不能满足其需要。在信息化条件下，随着开放式创新体制的确立，用户仅从系统内部获取信息已不能满足其创新发展要求。因此，构建跨系统的信息服务平台应以实现公共、科技、经济、教育和行业信息服务的协同发展为目标，对信息机构的服务业务和流程进行优化，从而实现基于平台的系统组合。目前，一些地区在行业信息跨系统服务方面开始了一些探索，如 2010 年 9 月由上海图书馆上海科学技术情报研究所牵头建立的行业信息服务联盟（SIIDA），在跨系统目标定位下建立了整体化协调体制，现已联合科技信息服务部门、公共图书馆、行业信息协会、科学研究院所、商业服务公司等 30 多家机构进行跨系统服务整合，在面向中小企业的服务中取得了突破[①]。

（3）实现知识创新主体间协同创新。信息系统平台建设和协同服务的最终目的是为实现价值链上创新主体间的协同创新提供保障。协同创新是创

---

① 《“上海行业情报发展联盟”成立大会在上海图书馆召开》[EB/OL].[2011－01－20].http://www.hyqb.sh.cn/tabid/859/InfoID/5291/frtid/176/settingmoduleid/664/Default.aspx.

新主体基于信息扩散和知识流动而实现的创新联动，其结果是创新能力的提升和知识创新价值的全面实现。因而平台需要在协同服务的基础上为创新主体的交流与合作创造协同服务环境，从而使信息资源和服务能更好地为知识创新价值实现服务。跨系统信息平台通过信息沟通和交流进行知识关联，最终实现创新知识的增值。如欧盟在第四研究与发展框架计划中构建了供应链信息交流沟通平台（TEXCONNECT），实现了协同创新服务发展目标。

跨系统信息平台是服务于知识创新各环节的资源整合和服务协同的公共服务系统。基于此，创新主体可以共享创新资源和服务，协作组织知识创新。按其中的相关关系，图6－4展示了基于创新价值链的平台组成要素和结构。

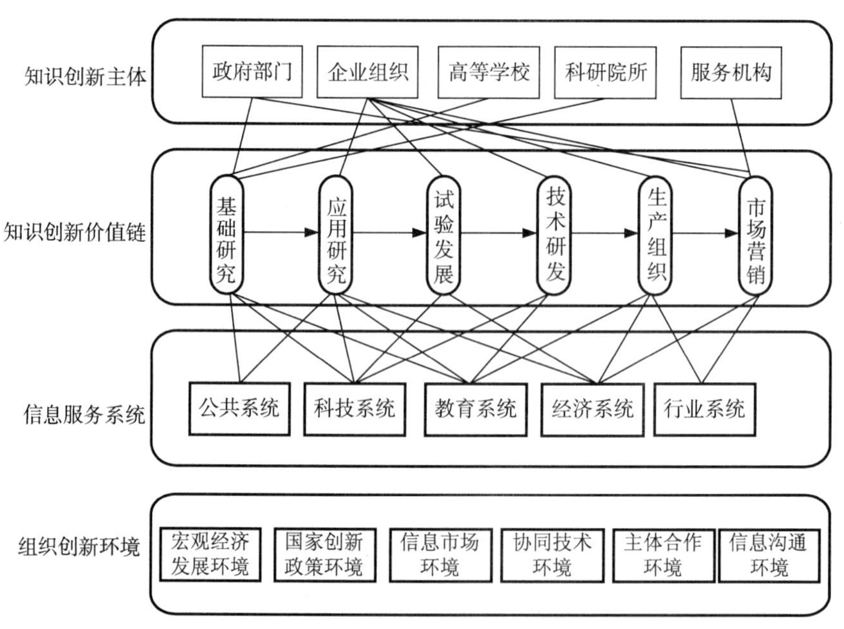

图6－4　跨系统信息平台的构建要素

跨系统信息服务平台服务的对象是各部门用户，知识创新的关联关系使他们组成了各种创新组合。作为平台服务的使用者，需要根据各自的信息需求从平台中获取所需要的信息；同时，通过与其他创新主体之间的关联开展多元化的开放创新活动。知识创新价值链显示了知识创新主体间的协作关系，在平台建设中，应根据创新价值链结构，组织配置信息资源。在协作信息服务中，应注重主体之间通过网络的创新协作、互动学习与知识共享和转移。由此可见，知识创新价值链机制是构建信息平台所要考虑的重要因素。

相关的信息服务系统是跨系统平台的有机组成部分，在开放化信息平台建设中，公共、科技、教育、经济和行业信息服务系统必然参与其中，这就要求充分发挥各系统的资源和服务优势，利用平台将资源和服务进行整合，以实现面向价值链的全方位、全程化服务。

知识创新环境从宏观上影响着跨系统平台的建设。创新环境包括国家宏观经济发展环境、国家创新政策环境、信息市场环境、协同技术环境、创新主体间的合作环境和创新主体间的信息沟通环境。其中协同技术环境是支持信息平台存在和运行的基本条件，主要是支持信息保障平台运行的网络，如中国计算机公用互联网（ChinaNet）、中国教育和科学研究计算机网（CERNET）、中国网通高速宽带互联网（CNCnet）、中国科技网（CSTNet）、中国金桥网（ChinaGBN）、中国远程教育卫星宽带网（CEBsat）等，这些网络为平台技术环境构建提供了保障。

2. 服务平台构建的基本原则。在开放环境下，知识创新的实现已不再局限于某一组织内部，而需要与外部机构进行全面结合，即实现基于知识创新价值链的协调合作。跨系统信息平台建设的目的在于使分布结构的信息资源及服务实现面向主体的集中。围绕这一基本目标，跨系统信息平台的构建应以需求为导向进行信息资源、技术和服务的整合。具体来说，应该遵循以下原则：

（1）坚持需求导向。用户跨系统信息利用是一个动态过程，系统的交互作用使得平台服务与各系统的内向服务对象有很大区别，因而在组织跨系统的服务时，应该面向跨系统用户，以跨越系统的需求为导向进行业务的组织。

（2）实现服务协同。信息平台服务应具有协同性，这种协同不仅是信息服务系统之间的协同，还存在信息服务系统与用户间的协作和与其他服务系统的协作。这就需要在平台建设中树立全方位协同工作的理念，以保证协同服务的高效开展。

（3）整合系统资源。用户的跨系统信息需求具有复杂性、全面性和多层次性，因此，对信息资源要求按多类型、多层次的方式进行组织。就其内容而言，应该全面、系统地实现跨地区、跨系统、跨部门、跨行业的资源共建共享，以覆盖用户信息需求的全部范围。

（4）采用标准技术。制定信息平台标准，旨在保证信息揭示的统一性，从而方便用户集中共享来源不同的信息。标准规范的建设要有平台建设的全局观念。在标准规范的制定中，首先应该考虑制定国家层面的行业标准规范，并尽可能与国际标准规范接轨。

（5）确保利益均衡。跨系统信息平台的构建涉及国家安全、公众利益以及信息机构、资源提供者和用户的权益①。因此，在信息平台构建中，应协调好各方面的利益关系，均衡各方面的利益，建立利益协调机制，确保协同服务的有序开展。

（二）跨系统信息平台的总体框架

跨系统信息平台最重要的功能就是将分散在不同信息机构的异构信息资源进行整合，通过一定的技术手段实现系统间的信息交互和服务互联，在此基础上根据用户的信息需求开展协同服务。由此可见，平台的跨系统信息服务具有信息组织的网络化特征，各系统服务资源依托网络平台实现动态传递与调度。以云计算为代表的信息处理技术的发展和应用为服务资源的分布式存储、动态调用提供了新的手段，从而促进了跨系统信息平台的建设与服务发展②。

1. 信息平台逻辑结构。在跨系统信息平台构建中，应根据协同服务的跨系统需求搭建信息平台。在技术上，既可以采用成熟的 SOA 架构，也可以通过云服务把分布在各信息系统中的资源和服务整合到一起，将资源查找和信息处理转换到需要的实现上。据此，平台可以进行服务调用，各系统的用户也可以在平台上进行跨系统的信息共享。在分布环境下，信息服务机构仍然独立运作，机构之间的资源协调和服务的协同由云服务平台调度。

云计算应用包含这样一种思想：把相关力量（包括存储、计算和服务）联合起来形成“云海”，提供一组服务功能，用户不需关心存储、计算和服务在哪朵“云”上，但用户一旦有需要，就能通过它获取需要的内容，并

---

① 胡昌平：《面向用户信息资源整合与服务集成》，武汉大学出版社 2007 年版，第 145—150 页。

② Michael S. ten Trends&Technologies for 2009 [EB/OL]. [2010 - 12 - 12]. http://tametheweb.com/2009/01/12/ten - trendstechnologies - for - 2009.

达到只为所需服务付费的目的。对于信息服务机构而言，基于云计算模式的服务就是将各个信息服务机构的资源和服务，利用互联网组成一个虚拟的信息云即构建相应的云服务平台进行按需服务，以满足用户的跨系统需求①。在云服务平台中，用户在任何时间、任何地点都可以以某种便捷、方便、安全的方式获得“云”中的相关服务，用户看到的可以是一个统一的服务界面，而不用管它背后的组织方式和资源所在。云服务平台可以动态地提供和分配资源，云计算的应用改变着信息服务系统状态，使其走向规模化、平台化和协同化。在传统集成技术的基础上，通过云计算可以获得更大的应用集成度和资源伸缩度，从而突破传统服务系统边界，实现信息和服务的平台化集中。因此，利用云计算来构建跨系统信息平台可以满足用户的复杂信息需求，对于跨系统信息平台服务的组织而言具备可行性。

在信息平台的架构中，可以考虑将服务架构与云计算相结合，即实现面向服务架构的跨系统协同云服务平台构建。在平台构建中，可以通过服务架构将服务业务和资源封装成标准的 Web 服务，将其纳入平台体系进行管理和使用。采用云计算技术的跨系统信息平台的逻辑结构如图 6－5 所示。这种服务架构能充分利用“云”中的软硬件资源，实现多个信息服务系统的资源共建和协同服务目标。云计算环境下的信息平台不再限于将分散分布的信息资源进行简单的组织、处理和集中，而是通过对信息资源以及信息资源之间的关系描述，将信息进行自动聚类与分类，从而方便用户通过平台按需获取来源广泛的服务，即只需要一个统一的用户界面就可以使用户获得需要的信息。

2. 信息平台的层次结构。采用云计算技术的云服务平台适合于构建大型分布式的公共信息服务网络平台，它可以将分布在分散系统中的各信息服务机构的资源与服务结合成为一个整体，形成一个可控的平台。同时，可以通过对各种服务的动态管理将用户需求与服务进行匹配，以满足用户与服务的交互需求。平台支持系统间的透明协作和服务获取，支持不同系统用户的聚合和参与，支持多主体协作的社会化网络，可以满足用户“按需获取服务”的需求②。

---

① 胡新平：《基于云模式的文献资源服务研究》，《情报理论与实践》2010 年第 8 期，第 73—76 页。

② 李惠琴：《基于“云计算”的数字图书馆服务模式》，《科技创新导报》2010 年第 31 期，第 209 页。

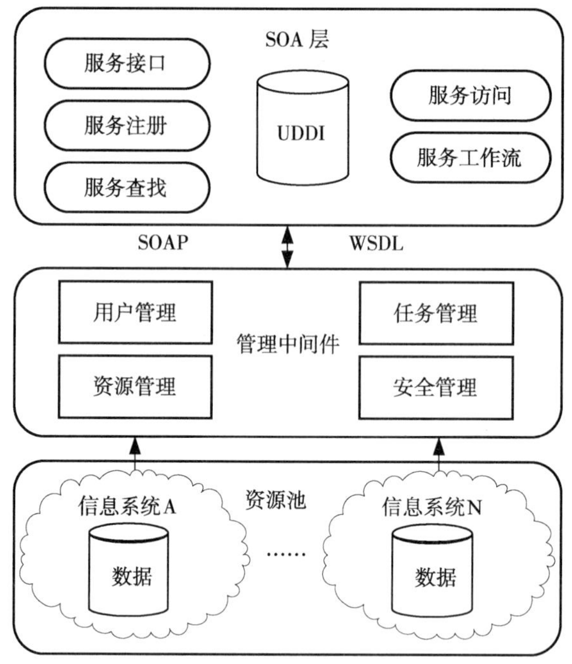

图 6－5　云计算技术环境下跨系统信息平台的逻辑结构

基于平台的逻辑结构，可以构建跨系统云服务平台的层次模型，平台从下至上由环境支撑层、数据存储层、业务调度层、核心服务层和用户交互层五个部分组成，如图 6－6 所示。

信息平台在一定的环境中构建和运行，因此环境是平台建设和运行必须面对的。平台建设环境包括信息基础设施环境、技术支持环境和其他环境的支撑。一方面，平台的建设是基于计算机通信网络的，没有信息基础设施和网络建设，分散分布的信息服务系统就不能够实现互联互通，协同服务也不可能得到实现；另一方面，平台的建设是在现代信息技术和网络技术的基础上形成的，如数据库技术、网络数据安全技术、知识挖掘技术等。其他环境包括组织管理制度的建设、政策导向、人才要求等。

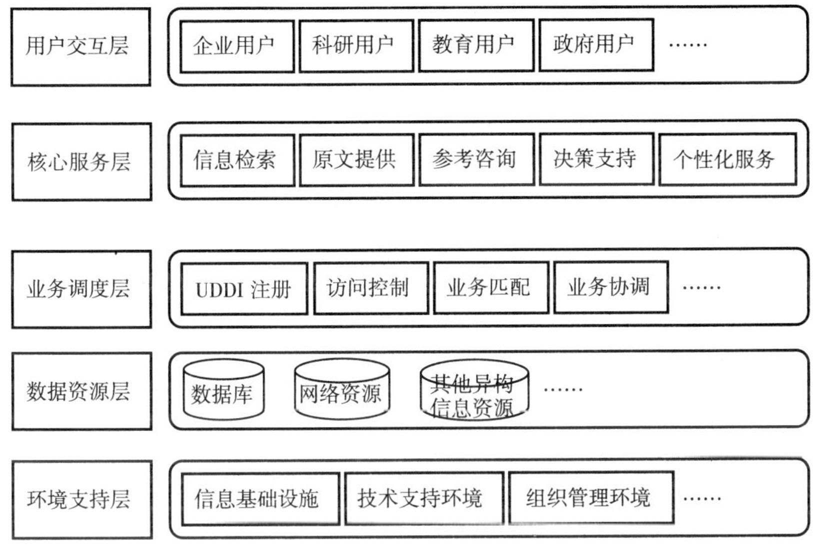

图 6－6　跨系统信息平台结构

数据资源层可以看成是整个平台的底层数据库，是开展信息服务的内容基础，采用分布存储技术存储跨系统信息平台上的数据。数据资源层应构建一个信息内容全面、资源结构合理、组织方式科学的信息数字资源体系，应能将不同系统、不同载体和类型的数据存储到不同的数据仓库上，方便数据管理。数据资源是来源于各个不同系统的相互补充的数据资源体系，数据资源层同时负责提供分布式信息资源的实际存储和相应数据库的访问接口，接口可选择各种互操作标准协议，通过封装成为 Web 服务，从而实现全局范围内的数据集成，为整个信息服务系统提供物质条件基础。

业务调度层对平台中各系统的服务业务进行调度，跟踪业务的执行，实现与需求的匹配，同时对各服务系统的业务进行分类管理。在接收到服务请求时，可以实时进行分析，将用户与信息机构进行关联以完成服务。这一操作通过采用 UDDI 注册中心来实现，用户只需要考虑他们需要的服务，具体实现由注册中心来决定调用哪些功能模块来满足用户需求①。

---

① 曹伟涛：《基于 PaaS 的产业集群信息服务平台模型构建与研究》，2010 年北京交通大学硕士论文，第 52 页。

核心服务层是平台的核心，它以 Open API 方式对外统一提供抽象化的应用服务，同时对平台上各个系统的 Open API 提供托管服务。核心服务层将不同系统的本地服务平台、公共服务平台以及第三方服务集成起来，以统一服务接口提供给用户。服务层封装各信息服务系统的异构信息服务功能模块，在这一层的接口上公开为一个服务描述。它可以独立存在或者作为合成服务存在，也可以通过流程重组对不同服务进行组合，以快速响应变化的信息需求。

跨系统协同信息服务的实现是为了为用户提供便捷高效的服务。在平台的实现中，用户希望进行信息的无障碍获取，需要通过浏览器或者终端设备获得所需的服务。因此，实行统一认证服务是平台实现协同的前提。在实现上，平台为各服务系统的用户提供统一的用户通行证，使用户能在区域和系统中实现跨域的单点登录和身份认证。

3. 信息平台的功能结构。基于网络的信息平台是开展服务的基础，要求把信息服务系统的各种信息资源、软硬件技术和相关的支持条件有机结合起来，构建统一的用户界面，把分布式信息资源与服务平台系统动态协同起来，以便为跨地区、跨系统、跨部门、跨行业、跨学科的用户提供快捷有效的信息服务。就这一目的而言，跨系统信息平台是集信息资源、技术协调和服务的实现为一体的综合系统平台，因而具有多重用户功能。跨系统信息平台的功能结构如图 6－7 所示。

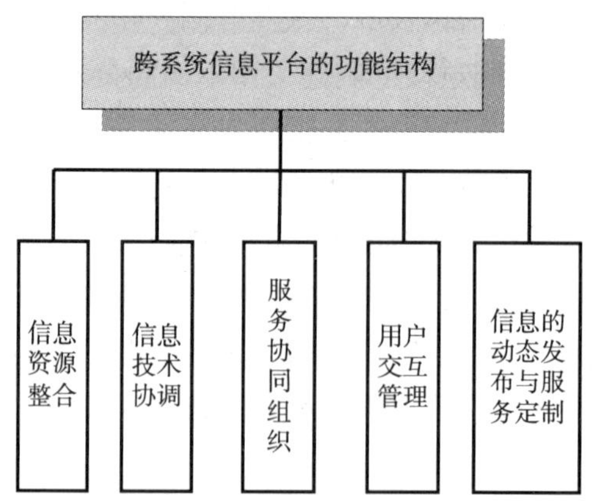

图 6－7　跨系统信息平台的功能结构

（1）信息资源整合。信息资源的整合是将分散的信息资源进行汇集和重组，跨系统信息平台的资源整合在于对各系统同构和异构信息进行汇集，按信息内容揭示的基本关系进行基于信息来源、主题和内涵的组织，通过逻辑链接关系提供用户使用①。跨系统信息平台的信息资源整合涉及多个独立的信息服务系统，平台应实现信息资源的集成揭示与服务封装功能，对参与协同服务的信息系统资源和服务进行统一规范的封装和元数据映射，以实现服务注册登记，提供资源的发现服务，便于集成检索系统的调用。除对现有的信息服务系统内部的资源进行整合和揭示外，平台同时应将知识创新价值链各环节产生的信息进行整合、加工处理，建立共性知识库。通过平台的引导和会聚作用，可以把更多的资源汇聚到知识创新的关键领域，从而围绕知识创新价值链进行服务。

（2）信息技术协调。跨系统信息平台技术协调是资源整合和协同服务功能实现的关键。技术协调的出发点是在统一的用户界面与信息反馈中，共享多个系统的资源，实现服务的调用。技术协调在各系统原有基础上进行，主要通过标准化的数据接口进行系统间的数据转化和共享，因此，信息组织技术协调中可以在保留资源对象底层元数据的基础上实现数据管理的互操作。跨系统的信息服务需集成多个异构的服务系统，最基本的问题就是要屏蔽分布在多个信息服务系统之间的差别，达到数据和服务共享。由于各信息服务系统所采用的软件体系结构、实现语言、对外提供的集成点及交互协议不同，跨系统的协同服务有着各自所面临的问题。一般的解决办法是将协同问题划分为多个层次，不同层次的问题采用不同的技术协调方法。

（3）服务协同组织。由于不同的信息服务系统中的资源组织机制、业务服务机制、管理机制等存在差别，因此，跨系统的协同服务功能要求在一个复杂的动态环境中将分布、异构的资源整合成一个对用户透明、统一的服务网络。用户只需提出自己的需求，平台服务系统就能够自动进行分布式信息资源的收集、整理，并将最终的结果提供给用户，实现信息发布、检索、推送等服务，满足用户的一站式服务要求。这就要求平台不仅要将服务流程中的各个服务应用模块集成在一起，还要实现服务平台与资源平台之间的无

① 胡昌平：《面向用户的信息资源整合与服务》，武汉大学出版社2007年版，第235页。

缝链接和互操作，对服务业务进行协调管理。

（4）用户交互管理。用户管理包括用户登录方式、认证机制、个人资料安全等内容。由于各信息服务系统都拥有独立的用户信息管理功能，用户信息的格式、命名和存储方式也多种多样，为保证信息安全，各信息服务系统一般采用IP层加密技术以验证来访的用户计算机IP地址是否合法，同时采用防火墙技术将内网与外网隔开。传统的用户认证授权管理机制主要有基于用户名和口令的授权管理、基于公钥证书的授权管理等。信息平台应能根据各系统的用户管理方案提供交互管理工具，包括对信息服务利用过程中的用户权限管理，对用户访问和使用信息资源管理，保护资源拥有者和最终用户权益管理等。通过统一的用户界面，允许不同类型的资源、服务和应用以组合方式显示在统一页面上，支持统一检索，实现平台与其他应用系统的用户信息统一。

（5）信息的动态发布与服务定制功能。平台除支持信息服务机构在平台上发布信息外，还应当支持各创新主体用户发布需求信息。在平台利用中，用户应能选择从现有的计算机网络系统上来进行信息发布，并且所发布的信息在任何终端显示系统上都可以呈现和阅读，使系统做到对用户透明，并具有良好的安全性、易用性和可扩展性。用户可以订阅对他们所需的资源，如果发布的资源与用户订阅请求相匹配，应能通过消息中间件向订阅者发布通知。

四、基于SOA的跨系统信息平台实现

信息服务系统多为异构系统，为了各个异构系统和应用程序能够无缝地进行协同，这就要求构建一个总的体系结构。该结构应能集成各应用系统，且具有松散耦合、位置透明、协议独立的特征。由于面向服务架构（SOA）能够解决跨系统的资源整合和服务协同问题，因此，基于SOA的跨系统信息平台可以适应跨系统协同信息组织与服务要求。

（一）面向服务架构的跨系统信息平台技术模型

从业务角度看，SOA是企业为顾客和客户端提供的一组服务（A set of services）；从架构角度看，SOA是一种架构体系，它包含服务提供者、服务

请求者和服务描述，具有模块化、封装、弱耦合、分离、重用、可组合和单一实现等特性；从实现角度看，SOA 是通过标准、工具、方法和技术（如 Web Service）来完成构架的一种模式。

在跨系统信息服务平台构建中，为了实现跨系统的服务协同，有两种方案可以选择：一是重新设计整个系统，二是改造并整合现存的异构服务系统。

重新设计系统借鉴“自上而下”的平台设计思路，以统一的标准、技术、架构等作为协同的基础。由于不同的机构在这些方面都得到了统一，因此在理论上是最为可行的。然而，实际存在的系统在业务流程和数据标准上存在差异，而统一化必然需要业务流程和数据的重新设计，甚至把原有的信息服务系统全部替换，因而代价太大；相反，改造和整合现有的异构系统可以保留原有的业务流程和数据标准，通过提供对外的接口来实现与系统之间的联系和协作，可以避免资源浪费①。显然，基于 SOA 架构的跨系统信息平台构建更接近于第二种方案。相较于其他技术，SOA 架构具有如下特点和优势：

1. SOA 架构更接近于实际业务本身的粗粒度，可以有效地对服务进行划分、重组和接口。SOA 的核心是服务，有别于传统的以技术为基础的资源组织，能够使参与协同的信息服务系统更专注于服务功能的实现。因此，在跨系统信息平台建设中，可以使设计和开发人员更加关注服务本身，而不仅仅是关注模块和技术。

2. SOA 架构中的相关服务，基于一定的协议进行组织，对于服务承担者和调用者来说都是透明的。对用户而言，利用基于 SOA 架构的服务可以不用追寻服务的提供者和服务的具体位置，只需按一定的规则和界面利用服务就可以满足其基本需求。因此，在 SOA 的架构上可以对服务进行组合和封装，在组合和封装基础上提供相应的服务。由此可见，SOA 平台服务具有代理功能，其服务的组织比较灵活。

3. SOA 架构所提供的服务是松散耦合的服务。所谓松散耦合，是指 SOA

① 肖红、周朴雄：《簇群企业信息协同服务平台研究与设计》，《情报杂志》2009 年第 5 期，第 183—186 页。

架构里的任何服务不需要调用其他服务来完成，一旦某一服务停用，其他服务还能继续。同时，SOA 架构可以通过插件方式不断更新和完善某一服务而不会影响现有服务的使用。

4. SOA 架构能够最大限度地实现资源复用。资源复用在于减少重复开发工作量，有利于提升软件质量。SOA 架构在技术实现中对组件规格和服务接口协议制定了统一的标准，因此，对许多已经实现的业务应用来说，SOA 架构能够最大限度地对保留系统的资源进行重用。

参与平台协同服务的系统之间存在着很强的异构性和分布性，例如，不同信息服务系统中信息资源类型多样，有文摘库、目次库、引文库、全文库、网络导航、馆藏目录等；服务模式多样，服务对象具有机构特征和不同的使用权限。有的资源库只提供给某个 IP 地址范围内的用户使用，有的完全开放、有的收费、有的免费。在这样一个庞大而复杂的资源和服务体系下，实现服务的协同和互操作，关键的环节包括：通信（异构服务互操作）、过程管理、协调（解决冲突）、访问控制等。中间件技术是一种传统的分布式计算技术，而分布式计算技术强调的是分布系统的集成能力，以两层或多层 Client/Server 为主要计算模式，关心的是简化用户端的工作和强化多层服务器的功能，典型的共享是基于静态的，通常关注一个组织内的资源共享，因而不利于实现大规模的信息服务共享①。同时，由于语义互操作技术和云计算的实现还有待于进一步完善。因此，目前集诸多优点于一身，且实际上已经成熟的 SOA 技术是跨系统信息平台构建的可行选择。

在跨系统的协同信息服务中，SOA 应用于服务组合、服务协同和服务管理，在服务组合和协同中有多个标准协议，如 BPEL、BPEL4WS、WS－Coordination 等。目前，服务协同主要依据业务流程而进行，因此还需要多种协同方法的应用。在管理上，还存在服务协同关系建立后，如何保障服务的可靠性问题，即采用何种机制来保障服务的可靠，当外界环境发生变化时，组合服务又如何进化等。图 6－8 展示了基于 SOA 的组合技术框架②。

---

① 郑志蕴、宋瀚涛等：《基于网络技术的数字图书馆互操作关键技术》，《北京理工大学学报》2005 年第 12 期，第 1066—1070 页。

② Michael P. Papazoglou. Servcie－oriented computing：state of the art and research challenge［J.］IEEE computer society，2007，40（12）：64－71.

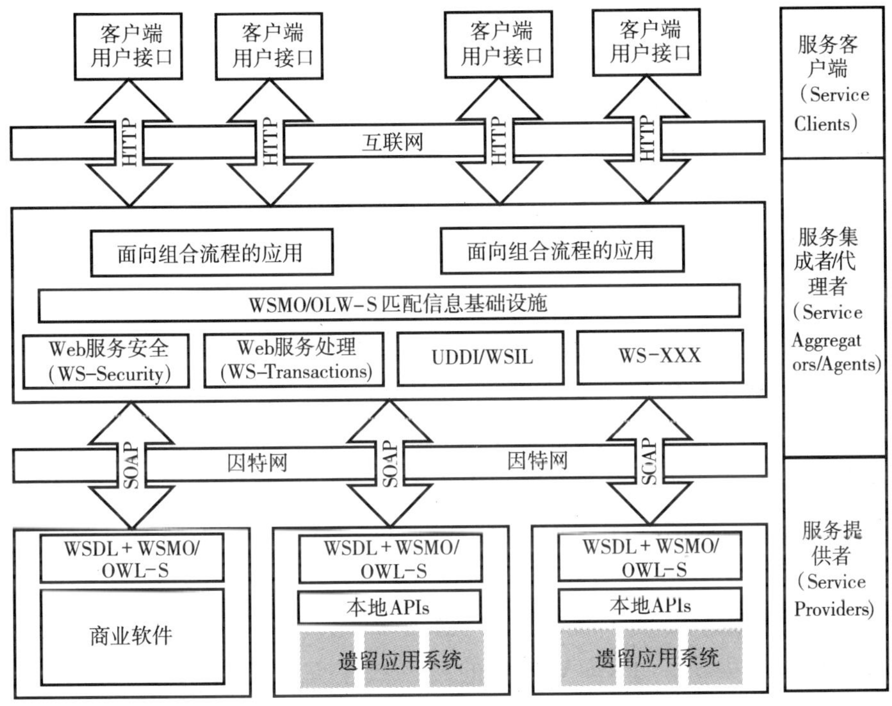

图6-8　基于SOA的web服务组合框架

SOA是整合各种服务的架构平台，它的本质是通过一个核心技术集中管理平台，从而将各种服务整合起来。要开发一个完整的基于SOA架构的整合应用包括以下几个方面的技术：

Struts技术。Struts是目前的主流MVC架构，包括视图（View）、控制器（Controller）和模型（Model）三个部分。它负责处理整个应用用户界面部分，在实际项目中被大量采用。Struts架构应用目的在于帮助开发人员将视图层、控制器层和业务逻辑层完全分开，通过控制器将视图和模型分离，从而使得项目的开发和维护变得便利。

Session Bean技术。Session Bean是J2EE的核心业务组件，负责处理应用业务的逻辑部分可以实现远程分布式调用。

CMP技术。CMP是J2EE中处理持久层的核心组件，用来处理数据库操作的部分。CMP完全由J2EE容器（Container）完成对数据层的操作，使开发人员不需要写烦琐的 SQL，在实际项目开发中被大量使用。

Web Service。Web Service 提供标准化的服务接口是 SOA 得以提供标准化服务的基础，因而在平台服务中被广泛采用。

服务总线（ESB）。服务总线将各种服务进行集成管理，是 SOA 架构的核心技术①。ESB 支持异构环境中的服务间消息路由，实现服务请求者和服务提供者之间传输协议和消息格式的转换。ESB 的实现比较复杂，但却是非常成熟的技术。

（二）基于 SOA 架构的跨系统信息平台实现

相对于 Microsoft NET 应用框架，J2EE 具有高度的扩展性、多平台支持、重用性和开放性，因此，基于 J2EE 的 Web Service 实现架构更适合构建大型的服务应用②。在 SOA 架构中 Java 作为一种重要的工具采用，由于具有分布式、可移植软件开发功能，因而可以满足平台构建的需要。由于 J2EE 实现了编程模式的重组，从而在平台开发中可以提高 Web Service 的效率，方便管理，使 SOA 应用更加便捷。因此，在 J2EE 平台上使用 Web Service 技术是实现基于 SOA 构架的跨系统信息平台的开发需要，采用 IBM 的 SIBus 企业服务总线作为底层支撑框架，是跨系统信息服务平台架构的一种选择。

基于 SOA 的跨系统信息平台体系结构如图 6－9 所示。在基于 SOA 的跨系统信息服务平台开发中，可以采用传统的表示层、业务逻辑层和数据访问层架构。其方法是：在业务逻辑层创建 Web Service，利用企业服务总线将传统的三层应用与其他应用集成来实现表示层与业务逻辑层的分离。可以在不知道业务逻辑层服务存在的情况下，将所有的业务请求提交给服务总线，服务总线再通过 UDDI 服务注册中心找到业务逻辑层中服务的位置，然后根据请求调用服务，操作结束后再把结果返回到表示层，从而实现基于 SOA 架构的系统部署。

---

① 曾文英、赵跃龙：《ESB 原理、架构、实现及应用》，《计算机工程与应用》2008 年第 25 期，第 225—228 页。

② 孙福权、陈廷斌：《基于 J2EE 与 Web 服务的第三方物流动态整合设计与实现》，《计算机应用研究》，2007 年第 2 期，第 233—237 页。

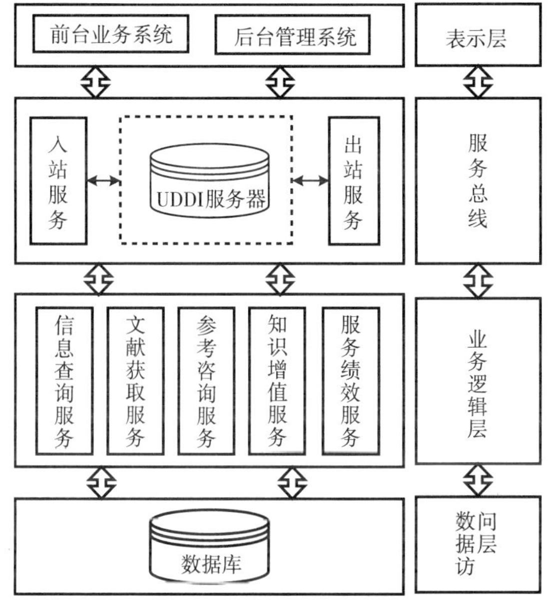

图 6－9　基于 SOA 的跨系统信息平台体系结构

表示层作为系统与用户的交互入口，以浏览器为统一界面，其作用是，在服务中通过用户入口发布 Web 服务资源。通过表示层，用户通过注册查找相关信息和信息获取线索。信息服务机构通过表示层，实现对自身资源和服务的注册、发布、共享和权力控制，能够以图形化的形式对资源和服务使用情况进行直观的统计。

表示层指提供给用户使用的界面，不同的用户根据其权限和需求可以做出选择。客户端页面根据用户操作调用相应的业务逻辑，负责处理用户输入和向用户显示输出业务处理结果。在平台设计中，可采用 Struts 框架来构建表示层：

视图（View）部分。视图是一组 JSP 文件，Struts 提供自定义的标记库使用，通过自定义标记可以和系统的 Model 进行交互。

模型（Model）部分。MVC 系统中的模型部分从概念上可以分为两类：系统的内部状态和改变系统状态的动作。Struts 使用一组 JavaBean 表示系统的内部状态，同时为模型部分提供 Action 和 Action Form 对象：Action 处理器封装具体的处理逻辑，通过调用逻辑模块和视图进行响应；Action Form

可以通过属性定义客户端表单数据，支持模型和视图之间的交互。

控制器（Controller）组件。控制器组件的功能在于接受客户端请求，然后选择相应的业务逻辑，最后把响应结果送回到客户端。

Struts 应用的配置。Struts 应用采用 web. xml 和 struts - cofig. xml 两个基于 XML 的文件来进行配置。web. xml 文件是配置所有应用的 web，而 struts-config. xml 文件是 Struts 专用的配置文件，用于创建及配置各种 Struts 应用。

业务逻辑层是实现跨系统平台核心功能的组件。跨系统平台的核心功能组件既可以是 EJB、COM、CORBA，也可以是基于一定业务逻辑关系的 Web 服务。通过核心功能组件，信息服务可以按一定的业务逻辑提供服务访问组件实现其功能。

业务逻辑层是整个系统业务的逻辑计算和处理中心层，通过业务逻辑进行业务表示，提供数据访问功能。针对业务逻辑层设计，最大的难点不在于技术，而在于对业务及其流程的分析和理解。业务逻辑层框架的设计应该考虑其灵活性、可伸缩性、定制性、透明性、快速构建性等指标。

设计业务逻辑层有三种主要模式：

Transaction Script 是一种典型的面向过程开发模式，Transaction Script 把所有的业务逻辑按照单一的过程来组织，通过直接的或通过包装来和数据库进行交互。Transaction Script 的优点在于简单，它将业务逻辑分解成一系列的交易，适用于业务逻辑比较简单的领域。

Domain Model 与 Transaction Script 处理简单的业务逻辑不同，Domain Model 适合于更加复杂的业务逻辑，其缺点在于难以得到一个设计良好的模型，对象模型和关系数据库的映射协调，需要 ORM 工具的帮助。

Table Module。这是介于 Transaction Script 和 Domain Model 两者之间的模式。Table Model 模式的每一个数据表或视图用“类”来管理，类封装了对于数据的所有操作。Table Model 模式以数据库表为基础来组织业务逻辑，能够更好地组织业务逻辑，实现关系数据库的接口。

数据访问层用于提炼系统中对数据库的访问和操作，包括对数据库的查询、删除、修改和添加等。由于各个系统的服务都要与数据库进行交互，因此数据访问会重复利用。数据访问层中包含了对数据库进行各种操作的 Web

Service。Web Service 接收来自业务逻辑层的数据源和操作请求，自动生成对数据库进行操作的各种命令。一旦操作执行结束，Web Service 便将结果返回到业务逻辑层。

跨系统信息平台使用 CMP 实现对数据层的操作，相对于 BMP，CMP 不需要将 SQL 语句加入到代码中，以简化开发工作。

在基于 SOA 的跨系统信息平台中，对于不同信息服务机构提供不同的资源和服务，可以采用 Web Service 技术进行分布式异构资源和服务的集成。图 6－10 显示了基于 Web Service 的平台服务集成架构。

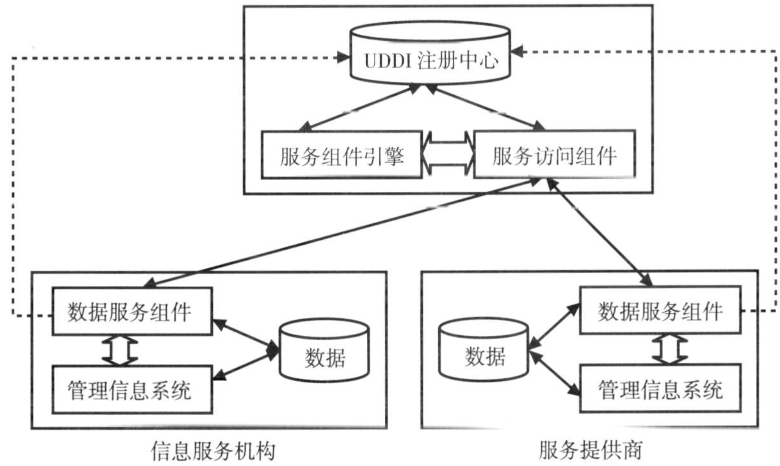

图 6－10　基于 Web Service 的平台服务集成架构

在图 6－10 所示的服务集成架构中，多源异构资源和服务通过服务组件和访问组件进行组织，其基本构成包括 UDDI 注册中心、服务访问组件和服务组件引擎。

UDDI 注册中心面对多源异构、分布式资源和服务，是基于 Web Service 的平台服务集成架构的核心构成部分，在于提供快速的服务注册。UDDI 通过标准的 XML Schema 定义发布和查找规范，包含向服务提供者提供 Web Service 注册，以使服务使用者能够发现访问协议。

服务组件引擎功能是：在 UDDI 服务的支持下，提供面向信息服务的分类筛选和智能匹配搜索，支持信息服务机构和用户查找到所需的服务。

服务访问组件提供对信息服务机构 Web 服务的访问功能。在现实中，所提供的服务都应有相应的服务描述，其服务描述内容包括服务属性、元数据支持和服务的访问描述等，通过描述定义服务功能、交换模型、相关约束、调用接口等。信息服务提供者只要将这些描述信息予以封装，以 Web Service 的形式发布到跨系统信息平台的 UDDI 注册中心。在平台运行中，业务逻辑模块通过访问 UDDI 注册中心获得 Web Service 描述，在服务引导中获取信息服务提供者的数据，从而完成对信息服务提供者的服务集成。

（三）跨系统信息平台的服务实施

在跨系统信息平台构建中，我们将平台服务功能划分为信息查询服务（如检索、浏览、导航）、文献获取服务（原文传递服务等）、参考咨询服务、知识增值服务等基本服务类型。利用 WSDL 对服务进行描述，可以从多个角度揭示服务属性，包括：提供机构（Bussiness Entity）描述信息；提供服务（Business Service）描述信息；绑定（Binding Templates）服务的访问存储描述；提供 TModel 服务调用规范和技术信息的描述等。基于基本服务的 UDDI 分类注册和描述，可以进行服务的分类和社区化管理，然后将用户的请求转化为与平台相匹配的数据，完成服务组合和调用。

信息查询功能。信息查询功能包括为用户提供检索、浏览、导航等。对用户而言，这种检索、浏览、导航都是位置不透明的，即用户无须考虑自身属于哪个机构，也无须考虑所检索、浏览、导航的资源和服务来自哪个系统，只需按照平台所提供的功能进行操作即可。当然，一旦用户自主地选择了限定资源和服务范围，平台必须能够对这种行为作出即时反应。

文献获取功能。文献获取功能包括原文传递服务等。当用户导航、浏览或检索到所需文献时，平台应能根据用户的 IP 确定其所属机构，给用户提供可行的选择方案。一旦用户选择了某一原文获取服务，那么平台应能够自动将用户的原文请求予以处理，提供用户下载原文或将原文请求发送给相关信息服务机构进行原文传递。

参考咨询功能。参考咨询是信息服务机构的核心业务之一，跨系统信息平台的参考咨询应建立在用户咨询数据库的基础之上，同时，应建立协同参考咨询服务机制。用户一旦提出问题，将优先根据其情境提交给所属机构咨询人员，咨询人员将查询咨询数据库，如果已有相关问题的答案，则直接反馈给用户；如果没有类似问题，则将用户的问题转交至平台，由平台自动分配给其他可能作出回答的咨询系统。

知识增值功能。知识增值功能包括信息研究服务和科技查新服务等。知识增值服务是高知识含量的信息服务，也是对信息服务机构服务能力的提升。当用户提出某一课题，请求知识增值服务时，跨系统信息平台应优先将用户请求发送给用户所属信息服务机构，一旦此信息服务机构不具备服务能力，那么将根据用户的情境拟定出若干选择路径，让用户选择服务机构，从而为其提供知识增值性服务。

服务绩效评价功能。服务绩效评价功能是对参与服务的各系统贡献进行度量的功能，目的在于以此作为分配收益的重要依据。信息服务机构的服务绩效可以从数据贡献量、文献传递量、参考咨询量、知识增值服务量进行综合评价。

安全服务功能。SOA 资源的跨系统组织和异构系统的多样性，这使得安全性处于十分重要的位置。基于 SOA 的跨系统信息平台应制定系列安全技术标准，以保证跨系统的服务请求的传输安全和服务利用安全。

考虑到参与跨系统信息平台服务的机构都拥有自身独立的 IT 应用系统，从成本和时间的角度必然需要将它们整合，构建服务平台使之形成平台基础。

SOA 的实施是以业务功能实现为导向的。业务功能应独立于技术，当技术发生变化时，业务功能可以快速切换到其他新的技术利用上。对 SOA 而言，每个系统中的服务可以是相关的，但是每个系统之间是完全松散的耦合，这就需要进行平台接口的优化。

为了实现统一的平台服务调用，可以在各种业务逻辑封装基础上提供标准、统一的服务接口。在跨系统信息平台建设中，EJB 组件可以通过 Stateless Session Bean 的方式进行，同时本地 Web 系统也可重用 EJB 组件。

在图 6－11 所示的平台结构中，平台以 Web Serivces 方式提供访问接口以获取用户需求。UDDI 注册提供服务发布、服务分类和资源配置功能。监视统计负责监视服务节点的运行状态，完成服务统计。

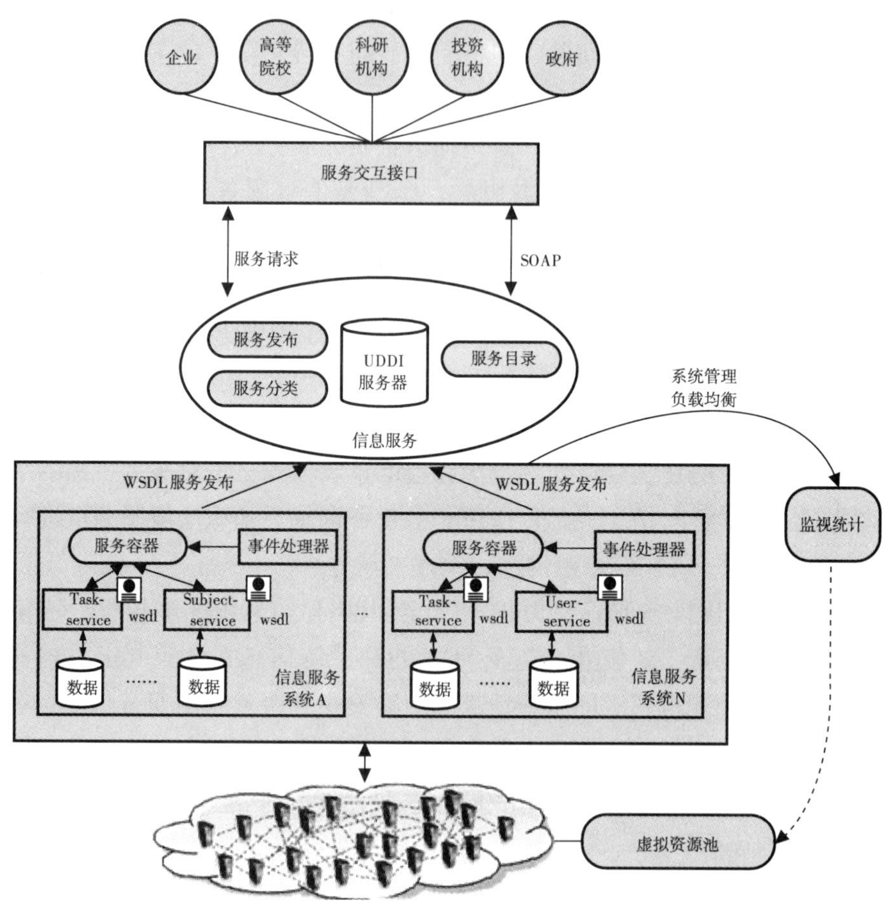

图6－11　基于 SOA 架构的跨系统信息平台模型

与传统的平台结构相比，SOA 规定了资源间更为灵活的应用关系，采用了网格服务标准来描述应用接口。由于网格服务都是基于开放标准的，因此，基于 SOA 的应用程序可以部署到各种平台上即应用 SOA 架构能将位于不同信息服务系统中的各种应用系统，封装为 Web 服务，通过网络服务平台整合在一起，使得这些服务可以在整个知识创新信息服务平台中发布、发现、调用和重用。

五、湖北省跨系统科技信息平台构建与服务实证

当前，跨系统信息平台服务是实现知识创新可持续发展的基础性条件，一个国家的科技创新能力以及由此决定的国际竞争力越来越依赖于信息服务机构之间的有效协同。因此，在跨系统信息协同服务中，我们针对跨系统平台构建与服务协同的现实，立足于湖北省科技信息共享平台的建设和服务组织，对跨系统信息平台服务实现进行了实证研究。

（一）湖北省科技信息共享平台的跨系统构建

湖北省创新发展中的科技信息共享服务平台建设，对于整合高等学校、科学院信息系统、科技信息机构、公共图书馆等离散分布的信息资源，提高信息服务的联合保障水平，提升湖北乃至中部地区自主创新能力具有重要意义。

针对湖北省创新发展中的科技信息共享服务平台建设与服务组织问题，我们采用调查问卷和数据分析方式对平台用户对象进行了需求调查。在平台的构建中，选取了包括武汉钢铁（集团）公司、洪山科技创业中心、国家地震局武汉地震研究所、武汉大学，以及武汉光谷高新技术企业在内的用户单位进行了调查，从而确立了平台建设中的需求基础。

调查内容涉及用户信息需求内容、信息资源类型、分布状况、服务方式以及湖北省科技信息共享服务平台使用要求等。在用户调研的基础上，结合湖北省科技信息研究院的工作，考察了湖北科技信息共享服务的开展。经过资料和数据汇总，得出如下数据分析结果。

用户希望从服务平台获取的信息资源类型情况如图 6－12 所示。89.5%的用户希望平台提供数据库资源，78.9%的用户选择网络资源。可见，网络及数据库资源已成为用户所需的主流信息资源，而传统的纸本文献信息需求只有 31.6%的用户选择，影音资源则主要由于其信息量的有限，选择的用户只占 15.8%。

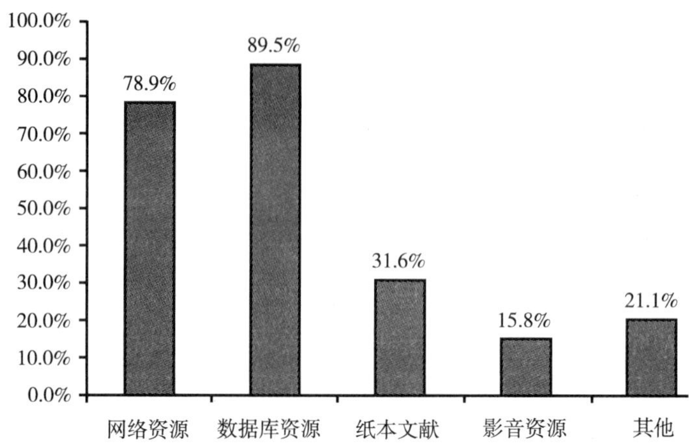

图6－12 信息资源类型的需求分布图

用户信息服务方式的选择如图6－13所示。

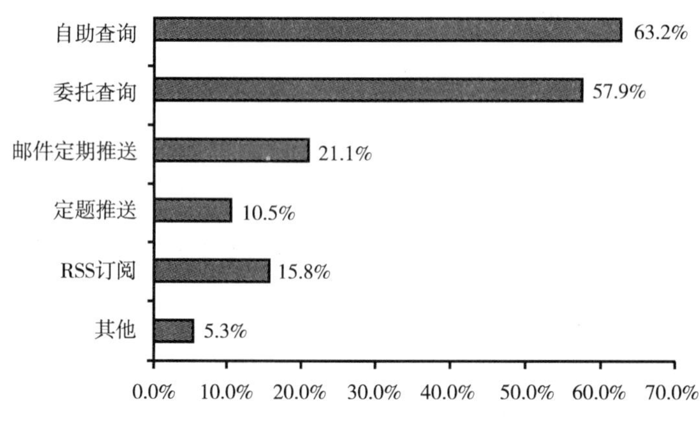

图6－13 信息服务方式的选择

一般情况下，用户希望通过自主查询的方式获取信息，对于知识创新项目承担者同时需要提供委托服务。邮件定期推送和定题推送的需求有限，原因是目前这些信息服务的推广受限，一般用户不太了解。用户所需的专题咨询服务是其他服务的主要形式，需要打破时间、地域限制，推进信息咨询的网络化实现。

平台提供的内容服务需求结构如图 6－14 所示。用户对文献信息和专用数据库的服务需求量最大，达到了 68. 4%；42. 1% 的用户对行业门户服务有需求，需求供给信息有 36. 8% 的用户选择。在行业信息需求中，用户最为关注的是政策法规信息、行业动态信息。

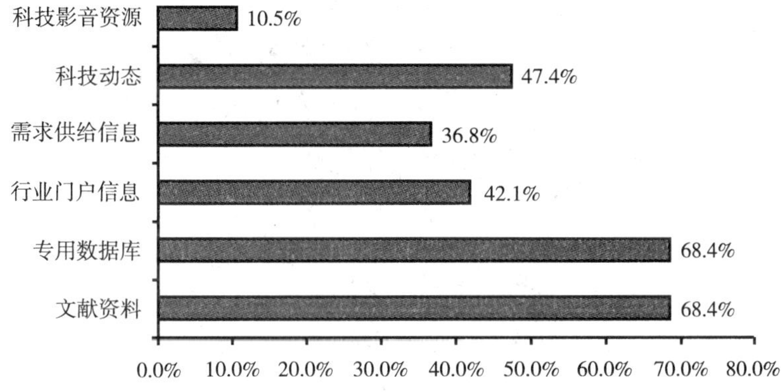

图 6－14　平台服务内容需求分布

对于服务平台的功能设置，用户需求主要集中于文献信息资源检索和提供。此外，有超过半数的用户选择了文献传递和科技报道服务，如图 6－15 所示。

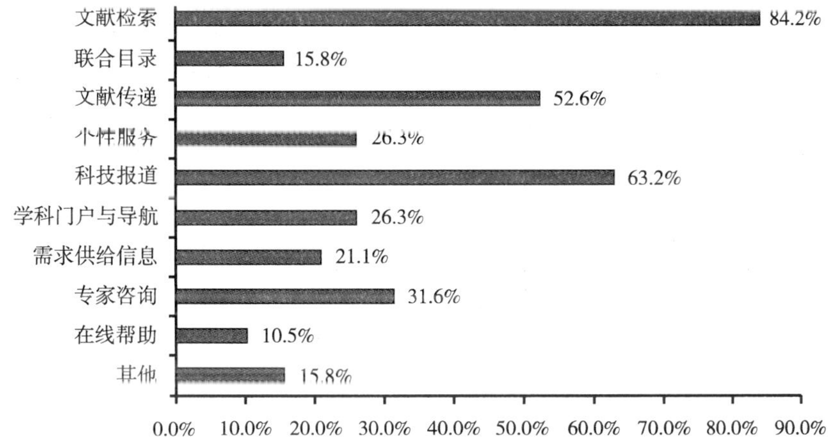

图 6－15　用户关注的平台服务

从总体上看，用户的跨系统信息需求和多功能服务要求决定了湖北省科技信息共享平台的建设目标和基本架构。

湖北科技信息共享服务平台建设的总目标是应用现代信息技术与网络，将平台建设成为集成全省科技信息资源的枢纽、面向社会提供共享服务的窗口和中部地区科技信息资源的门户。具体目标包括：建设网络系统，实现网络集成；统一资源揭示，推进协同管理；推进信息共享，提供跨系统服务。

湖北省现有103家公共图书馆、12家独立科技信息文献机构、76所高等学校图书馆和一批大中型企业文献情报机构，分属文化、科技、教育以及其他社会部门和系统。这些单位和部门相互之间存在条块分割、自我封闭、共享不足的问题，而且在利益因素的影响下，降低了科技文献资源的利用率。建设湖北省科技信息资源整合与集成服务平台，旨在发挥政府宏观管理和综合协调的主导作用，推进文献资源共建共享，形成各部门、单位互兼互容、各有重点、协同发展的布局。这种基于平台的资源整合有利于知识创新和成果利用，有利于湖北经济和社会的可持续发展。

针对湖北知识创新和社会、经济发展中的问题，在政府科技管理部门的推动下，湖北省科技信息研究院启动了平台建设。2009年，其实现了国家科技文献中心武汉服务站、全国高等教育文献保障系统（CALIS）华中中心、中国科学院国家数字图书馆武汉分馆和湖北省知识产权信息系统的互连互通。在平台构建的基础上，以湖北省科技信息研究院为中心实现了基于五网联通的开放化服务架构，从而使以部门和系统为主体的服务走向以地区平台为中心的协调服务。平台架构如图6－16所示。

2007年，科技信息共享服务平台已完成了主站点和重点合作站点的建设，实现了跨系统网络互联；2010年，平台架构进行了进一步优化。平台建设的关键是面向社会开展组织互联互通的开放服务，其主要功能包括：

1. 跨系统跨库统一检索系统功能。平台对异地、异构数字资源实现整合，提供一站式检索服务，同时对有使用权限的资源可直接定位和下载，对无使用权限的资源则可以通过网上请求和文献传递方式提供获取服务。

2. 用户管理服务系统。提供用户注册、账户管理、费用结算等一体化功能；用户可以进行按需求定制个性化服务、个人账户费用结算和充值等，系统管理员可以进行信息实时维护、管理监控注册用户等。

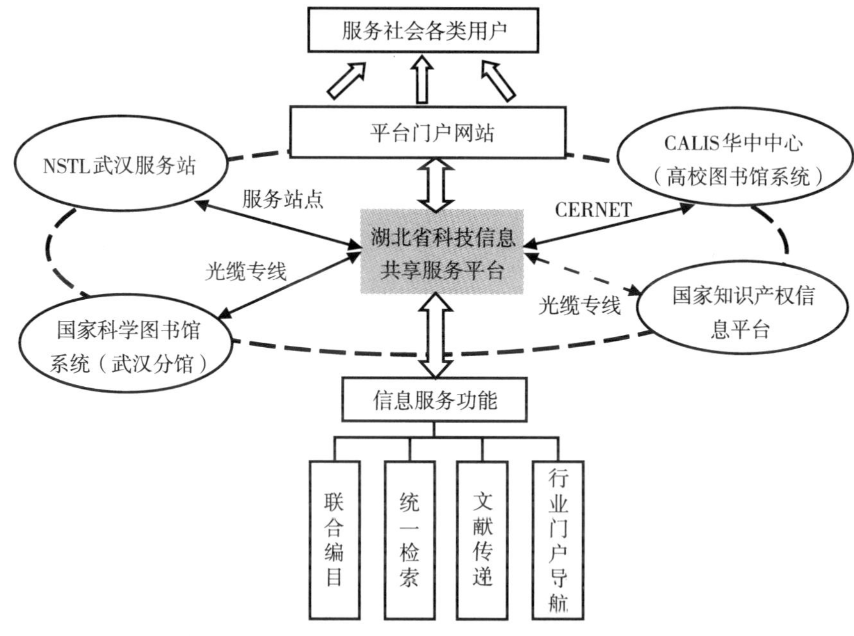

图 6－16 湖北省科技信息共享服务平台系统框架图

3. 共享服务系统。提供包括文献传递、联合编目、委托检索、科技查新、科技评估、订阅推送、定题服务、专家咨询等多种服务业务。

平台服务功能的实现，改变了过去同一用户使用维普、万方、同方、Apabi、专利等不同系统、不同单位资源需分别登录检索的局面，实现了跨系统协同信息服务的统一。

（二）跨系统信息平台服务的技术实现

湖北省区域性科技信息共享服务平台通过专用光缆实现跨系统信息服务共享的基础架构。在基础架构的基础上，平台进行了统一门户网站的架构，通过公众入口和内部入口进行资源的分配和协调管理。对于平台的成员结构而言，可以在各自的服务中进行用户认证，相互调用资源和服务，以达到资源共建共享的目的。在技术实现中，组成平台的各系统按协议进行资源组织和服务层面的互操作。平台的技术实现方案如图 6－17 所示。

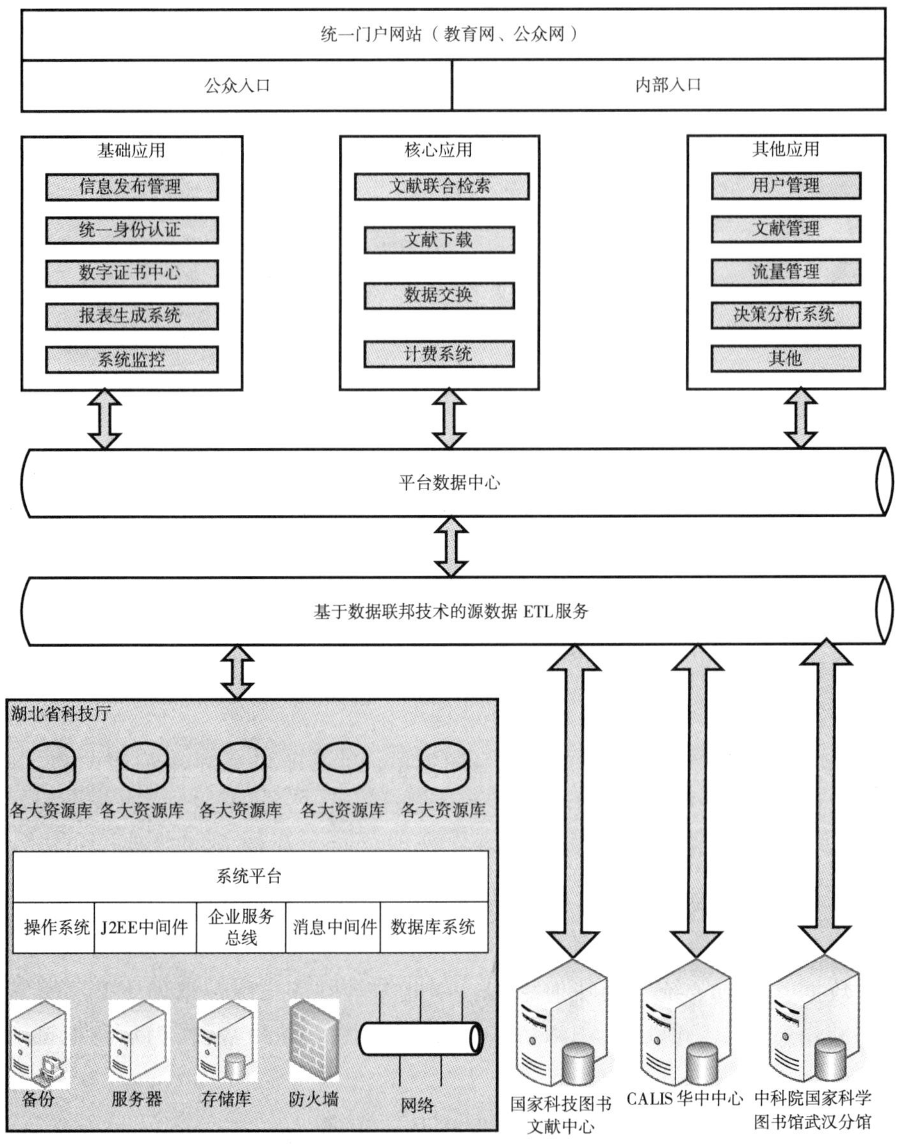

图 6－17　湖北省科技信息共享服务平台的架构

由于平台所连接的各系统之间存在着资源组织上的异构和服务技术上的差异，因此，必须在平台中进行异构数据的交换和服务的调用。对于这一问题的解决，一是推进各系统资源建设的标准化，二是建立各系统异构资源的映射关系，统一信息组织和检索界面。以此出发，平台所采用的基于数据联邦的 ETL 技术，可以适用于异构资源（如关系型数据库、文件数据库等）的整合、重组和集成。通过 ETL 技术的应用，平台屏蔽了资源的异构性，提高现有资源的共享利用率。

ETL 的本质在于解决数据的流动和转换的问题，ETL 过程包括抽取（Extraction）、转换（Transformation）和装载（Load）。

抽取。数据抽取是捕获源数据的过程，针对各业务系统及不同地理位置的分散数据，在充分理解数据定义后，规划需要的数据源及数据定义，继而进行数据获取。对于不同的数据源形式、不同的性能要求和业务系统，采用不同的数据抽取接口。在数据抽取中，重点考虑的是数据抽取效率，以及对现有业务系统性能及安全的保障。

转换。按照预先设计好的规则将抽取来的数据进行清理，处理冗余、歧义、不完整、违反业务规则的数据，统一数据粒度，实现数据的关联映射，使本来异构的数据格式统一起来。数据转换屏蔽数据的异构、源数据系统同数据仓库系统在模型上的差异以及源数据系统平台不一致，解决源数据结构的不一致、定义不规范导致的数据处理问题。

装载。将从数据源系统中抽取、转换后的数据加载到数据仓库系统中。实施数据加载时，已考虑效率、业务实现等因素。数据转换和加载过程的设计是整个 ETL 过程的重点，也是设计数据流和工作流程的过程。对于这一问题，在平台开发中进行了针对性处理。

湖北省共享服务平台自行开发的 ETL 工具，从分布式异构的信息源中收集数据，形成了统一的映射结构，以此为基础构建虚拟数据中心。整合后的资源相对稳定，既可供用户进行快速的统一检索，也可作为信息挖掘的资源基础，由此提供文献服务功能。

（三）跨系统信息平台的体制保障及其实现

科学合理的运行机制设计，是保障各参建单位利益、调动社会力量支持平台运行的基础。湖北省科技信息共享服务平台通过设立理事会和建立日常联系机制加强平台运行管理。

湖北省科技文献信息共享平台建设理事会于 2006 年 10 月成立。平台建设由湖北省科技信息研究院组织，联合中国高等教育文献保障系统（CALIS）

华中中心、中国科学院国家科学图书馆武汉分馆等共同承担平台建设任务，由此确定了平台建设、运行的基本体制框架。

理事会负责审议科技信息共享服务平台建设计划；推进共享服务；承担科技信息共享服务平台项目的组织实施任务；配合和支持政府部门的工作，完成委托和提议办理的相关事务；协调文献资源建设和网络系统建设，进行每年的经费预算等。

在平台建设中成立了资源建设组、技术开发组、服务推广组和日常联络组。围绕资源共享、功能系统开发、社会服务等平台建设的重点任务和日常运行开展工作，形成了平台参建单位间的沟通、协调和合作机制。

2008 年，工作小组起草了理事会章程、平台运行管理办法等。提交的平台《运行管理办法》和《推广服务方案》已经理事会审定通过。在条例中，主建单位、参建单位、合作单位的权利得到了明确的保障和约束。在平台建设和运行中理事会推进了规范化管理，形成了包括理事会章程、平台运行管理办法、资源共建共享补贴办法、文献传递服务补贴办法、平台共建运行补贴办法、用户管理办法等平台管理运行条例和规定。

平台参建单位在参与建设共享服务平台的同时，仍然保留现有的服务系统、服务门户和各自独立的服务；参建单位参与平台建设，按“谁拥有、谁服务、谁收益”的原则进行协同服务规划。对应用面广的公共信息资源进行统一采购协调，以促进信息资源的共建；通过资源整合谋求服务规模最大化，降低运行成本，实现直接效益、间接效益和社会效益的最大化；对平台门户出口、各系统间的互联运行统一对外服务规范。

（四）跨系统信息服务平台存在的问题与对策

跨系统信息服务系统的建设应从用户的需求出发，针对用户创新发展的信息需求、环境、行为等特征来设计和开发服务平台系统功能。据此，湖北创新发展中的跨系统信息平台及服务拟在解决以下问题中取得发展：

信息服务与知识创新的协调问题。湖北省是科教大省和文化强省，但信息资源的供给与需求却存在着突出矛盾：一是信息资源收藏机构多，收藏量大，投入较高；二是信息资源的保障不足，企业创新信息需求满足率低。从根本讲，社会经济发展中的信息需求需要全方位的集成信息服务来支撑。

在湖北省创新发展服务体系建设中，高等学校面向教学科学研究的信息资源较多，面向企业尤其是中小企业技术创新的信息资源相对较少。高等学校、科学研究机构通常以专业研究为主线，以学科建设为目标来组织，对于高新技术开发及成果转化环节，难以按统一的目标集中相关的创新信息。

平台服务推进与平台建设同步问题。相对于服务平台硬件基础建设，跨系统信息服务平台应用功能的开发、资源整合、管理等软件建设发展相对滞后。湖北省科技信息共享服务平台初步实现了高等学校、中国科学院、科技信息机构、公共图书馆系统间的物理互联，很大程度上推进了跨系统的互联互通，但是不同系统间的关系协调和统一对外服务的问题仍未从根本上解决。因此，四大信息系统如何在国家整体架构和统筹布局下协调信息资源系统之间的关系，是当前湖北省跨系统信息服务平台建设取得实效的关键。

虽然平台功能系统的主体开发已基本完成，但在实际应用过程中用户会提出多样化的个性需求，这就要求在平台建设中不断完善平台服务功能。在平台服务的组织上，应根据湖北创新发展中的用户需求变化，不断拓展个性化服务范围，开拓新的服务保障业务。

平台建设与运行的多元投入问题。高新技术产业和创新经济发展“始于创新，成于社会资本”。现实情况是，湖北区域科技创新投入仍然不足，科技成果产业化的支持力度有限。这就需要合理的创新投入机制，在面向创新的信息平台服务中确立多元投入的体制。相应而言，在跨系统信息服务平台建设中，缺乏鼓励社会力量参与建设的措施，以至丁投入主体单 ，信息资源共建共享的社会化程度有限。对此，应确立信息资源社会化开发与利用建设机制，以此拓宽平台建设的投入渠道。

湖北省创新发展的跨系统信息服务，应在信息化和创新国际化的环境中，以提升湖北省自主创新能力、核心竞争力为目标，全面推进机制变革，理顺多元化主体的关系，形成政府推进、部门协调的共建共享良性发展机制。因此，应从以下几个方面着手：

1. 建立科学的管理与协调机制。由于受信息服务中条块分割的管理体制影响，湖北省跨系统信息服务平台的信息资源组织还存在标准不统一和资源重复建设的问题。在面向未来的平台信息服务发展中，应在组织管理、技术标准等方面摸索出一条真正实现服务共享的道路。这就需要在组织管理上加大力度，确定加强合作、减少重复、实现同服务的协同。

信息资源规划与服务共享需要在政府部门的统筹协调下进行，这就要求兼顾当前和长远发展需要，在理顺管理体制的基础上通过跨系统、跨部门、跨行业的合作进行平台发展规划。在政府部门统筹下，相关信息机构要进行管理变革，对资源和服务流程进行重组，形成良好的信息资源利用反馈机制。同时，强化管理的控制功能和服务功能，以实现面向用户的协同服务目标。

2. 坚持需求导向的服务组织原则。面向知识创新的跨系统平台服务要求从用户需求出发，针对用户环境和需求的变化拓展平台服务功能。从发展上看，有效的服务平台应该能够适应用户的全方位需求，应能充分支持用户行为，应能及时处理动态业务，实现服务与用户的互动。面向用户的信息服务平台在技术实现过程中，要求获取、提炼、存储、分析、提供知识并解决用户问题，这就需要跨学科跨部门的协同。在技术发展中，需要充分利用数据仓库、知识发现、人工智能技术等现代技术手段存储、传播、挖掘信息与知识，实现信息资源的集成与服务的共享。

3. 加快平台的标准化建设步伐。加快标准化建设是信息服务平台的基本保障和现实要求。标准化建设的思路有两种：一是统一各系统信息资源建设的标准，由于平台建设是在各系统信息资源组织的基础上进行的，各系统资源组织标准的差异是客观存在的，如果统一标准则需要各系统进行资源的重新组织，显然这一思路是不现实的；二是在各系统资源建设的基础上寻求标准化的信息资源交换技术，以此出发建立信息资源转换关系，同时按技术发展寻求动态化的解决方案，实现信息资源管理上的兼容。

4. 调整经费投入结构。在信息服务平台建设中，一方面，积极拓展资源整合范围和服务内容，吸引更多的社会投入，以使在信息资源的社会化开发与利用中，加速资源建设与平台服务的市场化。与此同时，在信息化建设中，按知识经济的增长调整信息协同服务平台建设的投入，实行资源的科学配置。在对资金的利用上，根据公益性组织自身发展和业务拓展的需要，合理分配经费。另一方面，要建立系统运行的长效机制，通过资源整合谋求服务规模最大化，以降低单位运行成本。

第 七 章

面向产业发展的行业信息服务重组

信息化与经济全球化环境下的产业经济发展和创新型企业建设提出了面向产业发展的行业信息服务重组的要求。因此，在国家经济体制改革和信息保障社会化的基础上，有必要进行科学的行业信息服务定位，寻求可行的重组目标和发展策略，构建行业协会制度下的信息服务行业体系，实现行业信息服务的国际化发展。

一、行业信息服务的重组要求与基于机构重组的行业发展

行业信息服务作为面向企业的信息服务主体，从组织形态看应与企业发展相适应。然而，在企业创新和转型中，其组织形态的变化往往滞后，特别是在信息化环境下这一滞后矛盾显得十分突出。因此，存在着企业创新中的行业信息服务重组问题。从创新机制上看，行业信息服务重组应由其面向的企业对象所决定。

（一）面向企业的通用信息服务与行业信息服务

企业在创新发展中，支持其运营和发展的信息服务包括通用性信息服务和行业性信息服务。其中，通用性信息服务系指支撑各行业管理决策、研发生产与经营活动的服务，具有共用性；行业性信息服务则是针对行业内企业的专门性服务。通用性信息服务包括国家公共信息服务、政府信息服务、综合性科技、经济与市场信息服务等；行业性服务包括各行业信息机构、组织

提供的信息服务，由行业经济、市场、科技和产业发展信息服务系统所构成。虽然各国面向企业的信息服务体制和构成存在差异，在发展水平上存在着差距，在服务组织上存在着差别，然而，就系统结构而论却是共同的。表 7－1 归纳了国内外基本情况，展示了基本的服务内容和结构。

表 7－1　国内外面向企业的信息服务机构与行业信息服务机构

信息服务 / 国家	通用性信息服务	行业性信息服务机构
中国	中国科学技术信息服务系统（包括中国科学技术信息研究所及各省、市、区科技信息机构），国家信息中心、国家统计局、国家经济信息服务机构和各地机构，公共图书馆系统，科学院系统信息服务机构，社会科学院系统信息服务机构，高等学校图书馆系统，网络服务公司，数据公司、商务信息及金融信息服务机构	行业性信息服务机构主要包括各行业信息中心，如中国机械工业信息中心、中国航空信息中心、中国农业信息网、中国化工信息中心、国家电力信息中心、中国轻工信息中心、中国船舶信息中心、中国煤炭信息网、中国电子行业信息中心等各行业科技、经济及商务信息服务机构
美国、日本、欧洲国家等	美国科学信息研究所、美国国家信息技术服务局（NTIS）、兰德公司、美国网络化信息联盟（CNI）等，日本科学技术情报中心（JICST）、高等教育文献保障体系（NRI）、信息服务产业协会（JISA）、数据处理协会（JDPA）等，英、法、德等国的综合性科技信息、经济信息机构、如欧洲信息网络服务中心（EINS）等	美国国防部、能源部、国家航空航天局、机械工程师协会、农业、化工、医药和服务行业等行业性机构，日本三菱综合研究所（MRI）等，英国贸工部企业全球服务体系等

从表 7－1 所示的国内、外面向企业的通用性和行业性服务机构组成上看，二者有着明确的分工。通用服务在公用平台上提供面向各行业的政策法规、科技、经济等方面的信息服务，行业服务在行业内组织，开展专门服务，以支持企业的运营与业务开展。此外，行业信息机构还通过公共平台和资源共用，开拓其增值服务业务。可见，二者在面向企业的服务中具有不同的分工，从而构成一个有机结合的互动体系。

从运行机制上看，行业信息机构的存在和产业发展密不可分。在发达国家的行业信息化发展中，以美国为代表采取的是行业创新发展导向下的国家干预模式。这种“市场主导型”模式的特点是：着重强调市场机制对资源配置、企业发展以及经济运行的作用，政府主要通过财政、货币等手段和信息政策引导信息需求，通过调节需要促进行业信息服务和信息化的协调发展。

美国等国的行业信息资源主要分布于政府部门、行业协会、数据库服务商、相关专业机构、专业图书馆、企业及社会团体。对于美国而言，其行业信息中心的多元化结构层次，显示了与政府宏观管理下的行业经济发展相适应，中心以各行业协会为主体建设。

各国在面向企业的信息服务中，设有面向行业发展的各类信息机构。如农业、医药、国防、工程技术等专业图书馆、信息中心，大都以专业服务为核心组织，提供的数据追求深度、精度和权威。这些信息机构由国家预算通过立法及时获得拨款支持运作。

在面向企业的信息服务中，行业信息机构的服务是通用服务机构不能取代的，二者具有不可分割的内在联系。在行业信息机构组建和发展中，我国采取了通用服务与行业服务结合的做法。行业信息中心建设一直在政府主导下进行，这些信息机构所具有的优势是依托国家资源和技术，面向行业，提供全方位信息服务。如中国农业信息网、中国粮食信息网、中国林业信息网、中国渔业信息网、中国工程建设信息网、中国旅游信息网等，其资源和服务就具有面向行业发展的整体优势。另外，一些属于国资委监管的国有企业特别是国有军工企业，或涉及国家发展全局的资源型企业，其信息中心由企业集团来建设，承担面向整个行业服务的任务，如中国机械工业信息中心、国家电力信息中心、中国船舶信息中心、中国航空信息中心、中国耐火材料行业网等。需要注意的是，政府各部委所属的信息中心在分类改制中按行业所属关系进行了服务重组，如中铁信息计算机工程有限责任公司由铁道部信息技术中心负责，由华铁弘达信息集团、北方交通大学和铁道科学研究院等共同组建。应该说，行业信息机构的改革发展，旨在适应行业体制改革和创新发展要求以适应行业创新国际化趋势。

（二）行业信息服务重组要求与机构重组方式

在传统企业运行中，行业信息服务起着支撑和运营保障作用，在组织上与企业处于分离状态，并不直接参与企业运营。显然，信息化中的企业科技与经济环境处于不断变革之中，这就要求行业信息服务在参与行业创新中进行重组，从而在创新型企业建设中发挥基本的支撑和保障作用。

1. 行业信息服务的重组要求。事实上，在国家和企业知识创新体系中，行业信息服务机构作为创新体系中的重要组成部分而具有重要地位。当前，企业创新系统的核心组织已从企业扩展到包括科研机构、高等院校、政府部门和支持机构在内的组织。这意味着，面向企业的行业信息服务存在着服务对象扩展和服务方式变革问题。

行业信息服务，除为行业内企业运行和有关部门、机构提供基本的信息保障外，还提出了以下变革要求：

（1）面向行业的自主创新服务要求。在资源经济、制造经济向以科技创新为依托的知识经济发展中，产业的高新技术化已成为必然趋势。在创新发展的背景下，信息服务从支持面向行业的企业运行向支持企业创新和产业转型方向发展。随着知识创新引发的技术与产品结构变化，面向企业的创新服务应进行内容和结构上的调整，以适应企业创新的需要。

（2）推动产业结构升级与经济增长的要求。发展信息产业是我国推进产业结构优化升级的重要任务，掌握装备制造业和信息产业核心技术的自主知识产权已成为提高我国产业竞争力的突破口。这充分体现了企业创新在国民经济、社会发展的重要地位和突出作用，由此决定了行业信息服务新的目标体系的构建。

（3）面向各行业企业的定制服务要求。信息化环境下的经济全球化使得企业经营的风险性加大，特别是在当前的经济环境下，需要针对企业发展中的信息需求变革，改变行业信息共建共享服务方式，开展具有针对性的服务。这种针对性服务在信息资源组织和服务功能拓展上，表现为定制化。其定制化服务需要确立新的服务机制，实现面向企业的具有个性特征的信息保障。

（4）跨行业的服务组织要求。在行业发展中，某一个行业的创新必然会对其他行业产生影响，例如，电子行业发展对交通运输、装备制造等行业就存在着运输与制造数字化的影响[①]。这说明行业之间的交互创新是一个值得关注的

① 李开复：《网络创新模式与时代精神》［EB/OL］.［2010－02－17］. http://www.21ic.com/wyzt/200605/12994.htm/2008－8－3.

问题，这种交互创新引发了跨行业信息服务需求，提出了相应的服务组织要求。

（5）创新联盟中的网络化信息沟通要求。知识联盟的组织和网络化创新活动的开展不仅改变着创新模式，而且还提出了相应的网络化信息沟通要求。在知识创新网络活动中，这种联盟和协作关系决定了联盟组织之间的知识交流、成果转化和利用组织模式，其中的创新价值链关系决定了信息沟通关系。

（6）面向用户的信息挖掘与增值服务要求。企业技术研发和经营管理创新中不仅需要全方位的信息保障，而且还需要提供增值服务。具体而言，要求构建企业知识网络，按企业创新与经营活动中的知识利用关系，进行显性知识和隐性知识管理，在关联组织中进行知识链接，同时促进知识成果的产业化转化。

由此可见，实现面向企业创新的行业信息服务的可持续发展目标，就必须对行业信息服务进行重组，其重组包括行业管理层、资源组织层、技术支撑层和业务开发层面上的重组。

我国面向企业的行业性机构可以区分为行业性科技信息机构（如机械、化工、电子行业的科技信息机构）和面向行业运营的信息机构（如市场、物流信息服务机构）。在企业创新发展运行中，企业往往需要利用分布广泛的资源服务。然而，分散化的服务支持与企业的集成化信息需求已不相适应，从而提出了信息资源分散分布环境下的整合服务要求。在整合中，一是需要行业内部资源的整合利用；二是需要构建基于整合的服务联盟，实现面向各行业企业创新服务发展目标。

首先，通过内部资源整合提高服务质量。行业信息服务机构内的信息资源处于分散状态，将分散的信息资源进行整合应着重于两方面问题的解决：其一，实现企业内部信息资源网络与行业机构信息资源网络的链接，保持内外部信息流动的畅通；其二，通过业务流程重组、组织结构变革以及组织中的人员、资金、设备的调整，将信息资源整合到企业业务流程之中，实现业务管理的信息化。

其次，通过外部资源整合，实现行业信息资源的跨系统共建。通过共享方式满足系统内外用户的信息需求，是对行业信息资源进行有效整合的基本途径。企业外部信息资源的整合在于：根据企业的集成化信息需求进行信息搜寻，按需求结构进行内容组织，以满足企业用户的多方面信息需求。

再次，通过产业合作，提高行业信息服务的经济效益。经济利益是刺激产业发展的最直接、最有效的元素，开放化的行业信息服务机构应该为企业、政府部门等用户提供包括市场供求信息、产品开发信息、专利文献、法律法规和竞争对手信息在内的全方位信息服务。

（三）基于机构重组的行业信息服务发展

国家创新体制的确立和企业创新发展改变了各创新主体的关系和信息需求结构。我国计划经济体制下的行业信息服务主要有政府各行业管理部门组织，其投入由各部门负责，行业信息机构通过面向全行业的服务组织，为行业中各企业运行提供科技与经济信息保障。随着市场经济体制建立和政府职能的转变，行业信息机构在体制转变中正进行多元化重组。然而重组的过程是一个不断深化的变革过程，在变革发展中必须面对以下现实问题：

1. 在行业信息机构变革中实现服务的整体化重组。我国经济体制改革的深化是面向全球经济发展的需要和企业转型需要，不仅要求实现面向行业的信息服务体制变革，同时还需要按行业的交互关系进行各行业信息服务的整体化重组。在重组中一是调整全国性行业信息服务机构和地方性行业信息服务机构之间的关系，促进面向行业内各企业的服务协同；二是在面向各类经济实体和企业的信息服务中进行科技、经济和公共服务的融合，使之形成业务服务组织上的互补关系。当前，我国的行业信息服务正向开放化和协调化方向发展，在新的发展环境下，国家创新制度安排不仅对面向企业创新发展的信息服务提出了新的要求，而且还同时构建了行业信息服务新的发展基础。在我国的开放发展中，工业与信息化的融合进一步改变着行业信息需求结构，决定了行业服务的改革发展方向，奠定了行业信息服务的转型发展基础。

2. 在面向经济转型的服务组织中寻求发展。产业信息化的深层发展、战略性新兴产业的兴起和知识创新对产业经济的推动决定了经济转型中的行业信息服务组织形式和内容上的变化。在变革中，装备制造信息化、数字产业发展和研发、经营、服务的有机结合提出了行业信息服务的拓展要求。其中，电子商务服务平台建设、物联网信息服务的开展和行业云计算服务的组织不仅适应了经济转型和企业发展的需要，而且还促进了包括信息基础设施、软件服务和内容服务在内的信息服务业务发展。如何在面向企业的服务发展中完善和调整信息服务结构已成为一个值得关注的现实问题，这就要求从行业信息服务组织出发，寻求有利于服务发展的有效机制。同时，行业信息服务机构作为企业创新的支撑机构，面向创新主体的行业信息机构应创新服务机制，在服务的社会化组织中进行新的发展定位。

3. 在共享信息向共享服务的转变中拓展服务业务。信息资源共建共享是我国长期以来采取的公共信息服务的基本组织策略，信息共享首先在科技信息资源的社会共享中得到体现，在系统内共享的基础上正向面向社会的开放共享发展，这一发展从整体上适应了开放化信息服务的需求。然而，在信息共享得到基本满足的情况下，用户所需要的不仅是共享信息，而是共享更深层的服务。对行业信息服务机构而言，在信息共享向服务转变过程中应创新服务业务，拓展服务市场；就当前情况而言，行业信息平台服务的开展和基于平台的信息服务集成是一个应该关注的问题。事实上，包括科学研究机构和企业在内的创新发展主体，其信息共享需求可以通过资源共享平台来保障，这种保障在分布式信息资源组织环境中可以由各相关机构协同实现。然而，由于信息组织上的差异和系统的异构，信息共享基础上的服务共享矛盾趋于突出，这就要求构建整体化的服务共享体系的要求[①]。显然，行业信息服务组织应在环境变化中进行基于平台的服务集成。

4. 在面向对象的服务向面向流程的服务发展中提供信息保障。长期以来，面向企业的服务基本上按对象组织。一般而言，科技信息服务面向科学研究、技术人员和研发人员，市场信息服务面向产品营销人员，经济和社会信息服务面向管理类决策者，这几方面的服务由不同机构来承担。在行业信息服务组织中，这种分散的服务方式已不能满足企业创新发展集成化的信息需求，这就要求进行服务内容和组织上的变革，实现面向流程的服务重组。例如，在企业联盟服务中，应按研发、生产和经营管理关系进行流程化的信息组织，在服务专业化分工的基础上实现面向流程的服务架构。需要指出的是，面向流程的服务组织需要通过行业信息平台进行各方面服务的协同组织和分配，构建面向用户的协同服务网络，进行服务的有序组织。这就需要在服务重组中坚持以用户需求为导向，充分保证行业服务的社会性，使其融入

---

① 胡潜：《信息资源整合平台的跨系统建设分析》，《图书馆论坛》2008 年第 3 期，第 81—84 页。

整个社会系统之中。

总之，面向企业创新的行业信息服务正处于变革发展之中，创新型国家建设和企业发展中的行业信息服务重组的关键是以自主创新和适应社会发展为原则，在行业信息服务机制变革和服务组织变革的基础上完善行业信息服务体系。

二、行业信息服务的重组目标

行业信息服务的重组应以行业信息需求为导向，以信息基础建设为依托，在国家战略框架下进行社会化、开放化的重组。在行业信息服务重组中基本目标的确立具有客观性，由企业创新环境、创新发展机制、创新需求导向和基本的社会条件决定，体现在重组目标的选择、构建和实现上。

（一）行业信息服务重组的目标特征

行业信息服务重组目标是行业信息机构和所服务的行业需要实现的共同目标。通过重组，企业从行业信息机构的服务中获得创新发展的全面信息保障，同时行业信息机构在服务重组中完善自我发展机制，以获得理想的重组效果。

对于行业信息服务而言，重组的目标管理是核心。从重组实现上看，目标具有以下的重要特性：

1. 目标的层次性。对于行业信息服务体系而言，面向企业创新发展的行业信息服务重组的总目标由创新型国家建设和企业创新发展目标决定，由此形成了行业信息服务体制改革和体系重构目标。在总目标框架下，各行业的重组又有各自的发展目标。一方面，各行业信息服务重组目标受总目标的制约；另一方面，行业之间的差异决定了重组目标的差别。从创新型国家的信息服务业发展战略目标体系结构上看，由产业经济转型发展所决定的行业信息服务业重组目标必然受国家信息服务业重组目标的制约。同时，产业经济中的行业体系结构又决定着行业信息服务结构，在产业结构调整和发展模式转变中存在着处于不同结构层次中的各细分行业信息服务重组目标，这种分层目标体系结构从客观上形成了重组目标体系的层次关系。这说明，任何行业的信息服务的重组目标必然在国家创新发展的行业信息保障总目标导向之下形成，而总目标的实现又必须有细分行业目标支持，即各行业信息服务重组目标又体现在分层目标的实现上。行业信息服务重组目标的层次关系决定了目标管理的系统性。

2. 目标的关联性。从纵向看，行业信息服务的重组目标具有分层结构关系，即形成从总目标到分目标的关联结构；从横向看，某一行业信息服务的重组又依赖于行业信息服务机构之间的交互作用，且与创新目标相协调。从信息服务业关联关系上看，行业信息服务与公共信息服务、政府信息服务和其他部门服务有关，由此形成了相互关联的网络目标，这种重组目标的关联网络决定了目标管理中各系统之间的配合和协同。事实上，由于行业中各部门的联系是纵横交错的网络联系，其目标也必然是一种网络式的关联目标体系；从行业信息服务组织和运行看，多个目标之间的作用是实现目标化组织管理的基础，决定了行业信息服务重组目标的网络管理模式。

3. 目标的多元性。在目标管理和目标实现上，行业信息服务重组目标所具有的复杂结构和各目标主体之间的关系决定了目标的多样性。在多元体系中，既有支持各行业创新发展的公共服务目标、信息基础建设目标和各行业服务的发展目标，又有作为服务对象的企业创新目标和支持企业创新的科研机构、高等院校和相关部门的目标，还存在着中央政府、地方政府和公众在行业创新中的发展目标。在这种多元目标中，存在着主次关系和互动关系。从战略发展角度来看，诸多目标中必定有一个是主要目标。主要目标是具有一种共同性的且被人们共同认识的目标；而次要目标往往是某一局部目标，容易被忽视。然而，当多个目标之间发生冲突时，如何协调与管理主次要目标便成为其中的关键。因此，在多元目标的处理中，主次目标的协调也是十分重要的。

4. 目标的时效性。行业信息服务的重组目标具有鲜明的时效性，目标的实现必须与行业创新和创新型企业的建设同步，且与信息化环境相适应。在行业信息服务重组的功能实现上，要与企业的知识化、网络化发展协同。例如，企业再造和业务流程重组导致了企业信息流程和组织关系的变化，从而提出了行业信息服务的重组要求。企业信息流关系和组织形式的变化所具有的时效性决定了与此相适应的行业信息服务变革的时效性，即二者的互动决定了行业信息服务重组必须适时，最终反映在重组目标的时效性上。行业信息服务重组目标的时效性，一是在重组中必须针对行业的变化进行适时重组；二是在信息环境变化中进行服务功能拓展；三是将行业信息服务重组纳入国家创新战略以保证战略实施的及时性。

（二）行业信息服务重组的目标体系

行业信息服务重组目标的实现体现在行业创新发展和服务于行业的信息服务的价值实现和机构发展上。行业信息服务的重组必须面向企业创新发展需求和行业信息机构的业务发展，在行业信息服务重组目标构建上体现为各种指标数据，它是国家管理部门、行业机构和企业共同要求达到的一种状态和结果。

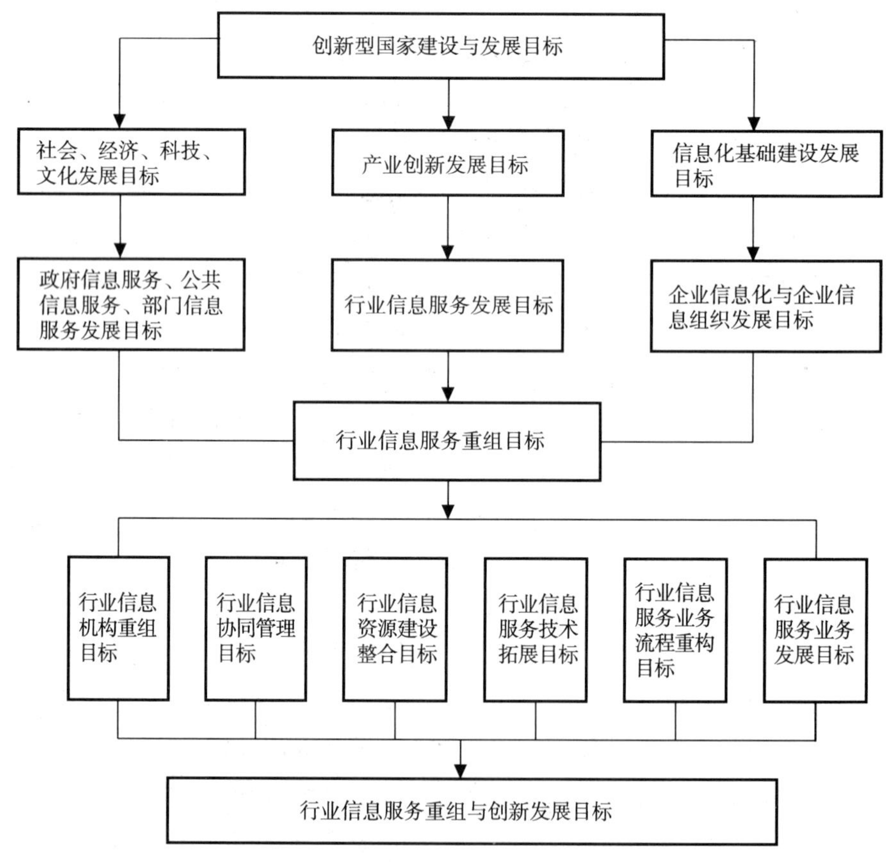

图7－1　行业信息服务重组与创新发展目标体系

图7－1显示了行业信息服务重组的目标体系结构。创新型国家建设与

发展总体目标决定了产业的创新发展目标，同时决定了社会、科技、文化发展的总体目标以及信息化建设目标。从产业创新发展上看，产业中各行业的技术创新取决于基础研究、应用研究与实验发展，经济发展程度决定了创新投入，文化发展关系到知识创新水平，社会进步则是行业创新的基本保障。与此同时，国家信息化基础设施建设在产业信息化中起着关键的支撑作用。这些基本方面有机结合成为一个整体；从交互作用上看，产业创新发展又促进着社会进步，为经济、科技和文化发展奠定了新的物质基础。由此可见，应在多元主体的互动中构建行业信息服务发展和重组的目标体系。

企业创新发展的目标体系直接决定了面向企业的行业信息服务发展目标。其一，行业信息服务发展目标与企业信息化和企业信息组织相协调，企业信息化的发展要求决定了行业信息服务的组织形式和内容，而行业信息服务的组织又必然与企业信息组织形态相一致[①]；其二，行业信息服务在目标制定上应与政府信息服务、公共部门信息服务以及企业信息化目标保持一致。

产业创新发展框架下的行业信息服务重组目标不仅是行业信息服务的自身发展目标，而且还涉及企业信息化目标和政府及公共部门信息服务目标，它们之间的协调决定了目标体系的构成。

在行业信息服务重组目标的具体实现上，总目标决定了具体目标。在总目标导向下，行业信息机构重组目标决定了行业信息服务重组的组织基础，规定了机构重组的实质性内容。

行业信息服务协同管理目标，决定行业信息服务重组过程中相关机构的协同和互动。

行业信息资源建设整合目标，决定行业信息资源的汇聚和服务集成，要求达到资源的高效利用目的。

行业信息服务技术拓展目标，关系到面向企业的创新服务价值体现，包含着信息服务业务拓展的各方面内容。

行业信息服务流程重组目标，强调网络环境下的信息服务流程变革，目

---

① 中共中央办公厅、国务院：《2006—2020 年国家信息化发展战略》[EB/OL][2009 - 10 - 27]. http：//www. cqyl. org. cn/p0000060. aspx？IID = N000003200002030&OID = N0000120.

标实现包括业务流程变革和规范。

行业信息服务业务拓展目标，在于建立新的行业信息保障机制，在面向企业的服务中使信息服务业务得以良性发展。

需要注意的是，在行业信息服务重组目标体系的构建中，应按照科学的层次结构体系和目标控制方法实现全过程目标管理：第一，将目标控制作为一种“工具”，用于优化重组管理过程，提高重组效率；第二，将目标控制作为一种“技术”，通过“技术”应用改变重组分散状况，取得与目标相应的业绩；第三，将目标控制与重组计划管理相结合，在服务重组推进中，发挥全局性作用。

（三）行业信息服务重组的目标实现

行业信息服务重组目标通过方向目标、使命目标、方针目标、政策目标、规划目标、计划目标、安排目标、程序目标、规定目标等形式来实现。这些形式的活动从宏观到微观，从抽象到具体，构成具有有序结构的多层次结构体系。

在图 7－2 所示的分层结构中，方向、使命和方针是行业信息服务重组的宏观层面目标，政策、规划、计划是重组的中观层面目标，安排、程序和规定是其微观层面目标。

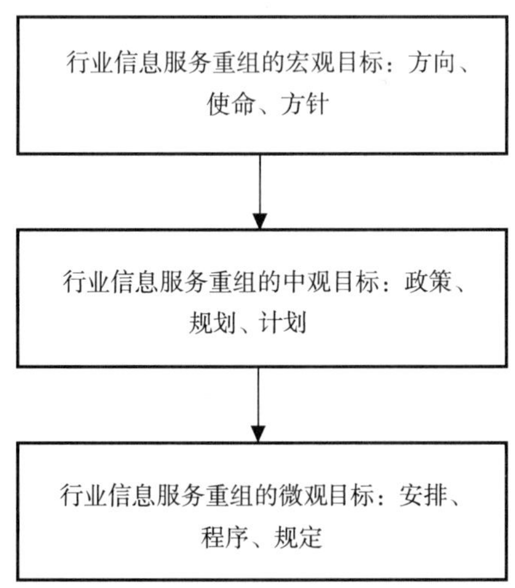

图 7－2　行业信息服务重组的目标实现

方向目标。方向是重组的基础，从战略管理的角度看，行业信息服务重组目标是产业创新发展在一定时期内所要达到的目的和所期望的结果。因此，战略方向目标的内容包括：重组活动的绩效方向、重组目标实现要求以及重组目标的实现条件与宏观组织等。

使命目标。行业信息服务重组在目标实现的过程中要完成各方面的具体任务，这些任务的承担者必须肩负一定的使命，行业信息服务重组目标实现中的使命在于明确重组的责任、内容和应该达到的状态。

方针目标。方针是行业信息服务重组面向未来的发展取向，方针作为一种宏观的计划，具有导向性强、内容精练和影响面广的特点。方针规定了重组活动的计划方向、重点及对具体问题的解决意见与办法，同时决定了重组活动的基本定位。

政策目标。政策是行业信息服务重组活动的纲领和指南，不仅决定行业信息服务重组的规范、形式和内容，而且还给出具体问题的解决原则和标准。从内容上看，政策是方向、使命、方针的“操作化”，因此又称为导向目标。

规划目标。规划意义上的战略是指为行业信息服务重组目标的实现所进行的全局性管理安排、发展路线的选择以及对未来发展阶段的规定。从重组的实施上看，规划是各种具体计划制订的基础，是决定重组前景和行业信息机构发展的基础。

计划目标。计划以具体的目标实现为宗旨，是对重组所作的总体部署和决策安排。计划是在战略目标引导下的关于活动和资源要素的综合布局，在于对目标进行阶段性分解，以明确各阶段的目标状况和活动内容。

安排目标。作为目标手段的“安排”具有很广的含义，如目标安排、工作安排、人员安排、日程安排等。因此，我们将目标安排视为规划下的计划落实的活动或操作，因此，可以将“安排”作为一种常规的计划手段加以运用。

程序目标。程序是关于某项活动的有序化组织，具有严密的逻辑性和方向性。对于行业信息服务流程而言，采取一定的步骤进行流程变革，提供一种程序化的业务流程重组模式是重要的。程序具有专用性、通用性和可移植性的特性，它为程序化管理的实现提供了可靠的保证。

规定目标。规定又称为规则，是对行业信息服务重组活动的一种原则上的约束，各种重组目标计划的执行都需要一定的规定作保证。在重组目标的实现中，规定作为一种最简单的计划，是对重组活动进行原则上的支配和针对性的落实。

在行业信息服务重组的实现上，目标的层次关系、特征和结构决定了以下三方面的目标实现策略：

在目标实现中，强调目标的整体性和系统结构，要根据行业信息服务重组环境和行业的变化，建立动态化的目标实现系统，实现各部门的有序配合。

目标实现是一种指向结果的创新过程，而衡量结果的基本标准就是重组效益，关键在于目标责任制的优化及实施中的合理计划安排。

目标实现是一种以“目标”作为“动力”的组织激励过程，因此，要确立以行业发展为本的重组机制以充分保证目标的实现。

根据以上原则，在行业信息服务重组中需要进行目标的总体构建和全面改革的推进。

三、行业协会制度下的信息服务体系重构

行业信息服务转型发展必然导致行业信息服务体制变革。我国行业信息服务的分工变化和体系重构与国外相比，既有共性，也有特性。其中，面向企业创新发展的行业体制保障是各国必须面对的现实。然而，国家制度差别所决定的行业协会体制的区别决定了各国服务体系构建上的不同。在国际创新背景下，应确立符合我国国情，有利于国家创新发展的行业协会制度下的信息服务体制，在改革中完善其体系结构。

（一）行业协会及其基本职能

行业是在国民经济发展中各产业门类企业的集合。行业内的企业具有大致相同的产品与技术结构，各行业的存在与关联作用构成了国民经济中的产业部门。行业及行业结构随着科技进步与经济发展处于不断变革之中，即在社会发展的不同阶段有着不同行业结构和主导产业。继农业产业为主体和工业产业为主体的经济发展之后，随着社会生产力的迅速提升，信息产业的兴

起和传统产业的高新技术化已成为当前行业发展的一大趋势。

在行业分类中，传统农业包括种植业、林业、畜牧业等，现代农业包括种植业和养殖业及其延伸行业；工业包括采矿业、制造业、能源业、建筑业等；服务业则包括商业、运输物流业、金融业、保险业及公共服务业。在现代产业经济发展中，工农业和服务业中的信息业，由于其普遍作用性和对社会科技与经济发展的保障性，因而形成了一大产业门类。在工农业、服务业和信息业的大框架内，行业细分体现了技术、产品与服务的结合，从而形成了各细分行业门类。

行业发展直接体现了企业进步，在市场经济体制完善的国家具有稳定的行业协会管理制度。在协会制度下，协会作为政府主导下的行业内企业联合组织，既承担政府赋予的行业自律和依法组织企业运营并处理研发、生产与市场服务等方面问题的责任，又负责协调行业发展中的各种关系，同时提供面向行业内企业的各种服务。可见，行业组织作为政府与企业的桥梁，所处的地位至关重要。

美国、欧盟和日本等发达国家和地区的行业协会制度已相当健全，活动十分规范。在行业协会组织中，尽管各国存在着一定的差异且各具特色，但其基本结构和作用却是一致的：

1. 企业自律。行业协会是为了达到共同目标而自愿组织起来的同业企业或经营团体的行业自律和协调机构。行业协会的建立和运行需要法律保证，是介于政府与企业之间的协同、促进企业经济发展的机构。它既具有相应的行政职能，又是企业利益的代表和自律性组织，如法国的行业协会的基本职能之一就是代表工业、商业、服务企业向政府提出法律议案或向政府法案提出咨询意见。在自律框架下，行业协会负有对本行业企业的监管责任。这种监管是全方位的，主要包括政策监管、法制监管、技术监管、市场监管等。

2. 全面协调。行业协会的协调活动包括企业与政府间的协调、企业与消费者和客户之间的协调、行业内企业的协调，行业内企业通过协会与其他行业企业的协调，以及行业协会之间的协调。美国的行业协会在市场化运行中立足于行业、企业的健康发展，形成了利益轴心协调机制。对企业而言，行业协会负责维护生存发展环境和权益；对行业而言，行业协会推动整个行业的创新发展和行业关系的维护；对社会而言，行业协会负责稳定秩序，保护利益主体；对政府而言，行业协会起着沟通政府与企业关系的作用。欧盟大部分国家对行业协会的协调职能已作出明确的规范，要求代行政府协调的某些作用，以完成政府赋予的责任和法律给予的权利。

3. 中介沟通。行业协会作为联系政府与企业的中介性机构，充当着政府与企业间沟通的桥梁和纽带。在政府和企业之间的信息传递与交流中，一是将政府指令下达给企业，负责制定本行业的各种规章制度，提出相应的国家计划实现方案和建议；二是协助政府掌握企业的情况，推动企业需求的社会化满足。对于中介沟通职能的界定和发挥，各国的办法不尽一致，如日本的行业协会，其着眼点是促进政府与企业的结合，推动企业在政府导向下的发展；德国的行业协会主要是分布在各地的商会组织，是一种非官方性质的“企业议会”组织，一方面作为企业代言人沟通企业与政府的联系，另一方面，作为行业组织应具有的行政作用，行使政府与企业的中介管理职能。

4. 服务保障。行业协会更多的承担服务责任，负责对企业提供多方面运行保障。服务内容包括：全方位信息服务和多方面咨询服务；运行保障内容包括创造企业运行的软环境，从资金组织、投入优化、产品研发和市场经营角度为企业发展创造条件。需要注意的是，为企业提供信息和信息服务是行业服务职能的重要方面，也是企业创新发展的关键。行业信息保障中的信息提供，一是按行业企业发展的信息需求为其提供包括运营信息、市场信息、科技信息和环境信息；二是提供信息技术和服务；三是开展信息分析、预测与业务咨询服务。对于服务保障职能的界定，各国已趋于一致，所不同的是，存在着信息服务内容深度、服务条件和水平的差别。目前，如何提高信息服务质量、改进服务效果，已引起各国的高度关注。

（二）以行业协会为依托的信息服务制度建设

从行业协会的职能以及协会同政府、企业的关系上看，面向企业的信息服务应有基本的制度保障和政策、法律保证。政府信息服务具有公共性，服务对象为各行业企业、社会公众和组织。然而，由于行业的细分性和业务活动的广泛性，对于面向企业的行业性服务而言，政府不可能进行全方位包揽，这就需要行业协会来组织。这一客观现实决定了行业协会制度下的行业信息发展机制。

我国的产业经济制度的转型决定了行业协会的作用和地位，国家宏观调控下的行业经济发展离不开基本的行业约束和自律保障。在行业发展中，以行业协会为依托的行业信息服务机构建设应着重于以下几个方面的问题：

1. 行业协会信息服务机构性质。行业协会信息服务性质由服务的社会分工、责任和服务机构的归属决定。既然行业协会是政府和企业间的中介组织，信息服务作为行业协会的一项基本的服务存在，其服务性质理应由行业协会性质决定。由于行业协会是非盈利性的自律、协调、中介和保障组织，其信息服务也应该是非盈利性的。非盈利的信息服务，从制度上看可以是免费的，也可以是仅收取运行成本的服务。一般说来，如果服务经费来源于政府和公益机构的无偿拨款，服务应是免费的；如果需要组织成本，费用则由协会或企业来支持，其服务仅收取成本费用。关于这一问题，首先应予以明确。

2. 行业信息服务体制。在行业信息服务体制建设中，首先应明确行业信息服务的机构归属和地位。如果行业信息服务机构是政府部门建立的，那么开展面向企业、社会和其他主体的服务就决定了其政府管理体制。如果行业信息服务由各行业协会组织，服务依托于行业协会开展，那么服务对象不管是否包括行业内外企业、公众、政府，其体制则应是政府主导下的行业协会管理体制。不管是何种体制，行业信息服务的开放化和社会化决定了在服务于国家创新、企业发展和社会繁荣中的地位。从全局考虑，应在国家制度框架下进行行业信息服务规划、制度管理和发展导向。

3. 行业信息服务投入制度。行业信息服务有效投入是支撑服务的关键。长期以来，我国面向企业的行业信息服务一直由政府负责投入，自经济和政治体制改革完成后，随着政企关系的变化，行业信息服务的隶属和投入关系也发生了改变。这种改变体现了我国行业信息趋向于与国际一致，即由协会组织投入和服务。发达国家（如美国、日本和德国、法国、英国等）的行业信息服务投入是行业协会组织下的多元投入，其经费一是来源于行业协会，由行业内企业筹集或相关机构支持；二是来源于非盈利服务的成本收费和支持性收费。同时，除基本的行业运行信息服务外，协会按信息服务的产业化机制将专业性行业科技信息服务进行市场化运作。这说明，行业信息服务投入制度是一种多元投入的制度。

4. 行业信息服务责、权制度。责任和权利是行业信息服务制度建设的又一个基本层面，协会组织的行业信息服务责任离不开协会的责任框架。其基点一是支持行业内的企业创新发展和运行，提供全方位的信息保障；二是围绕行业协会自律、协调、中介和服务职能的发挥，为政府部门、企业、客户和与行业相关的机构、组织和个人提供公共信息服务。服务责任的要点是对行业和企业发展提供全面保障。为了履行这一责任，行业协会的信息服务机构应具有相应的权利，而这些权利必须在制度上予以明确。从服务组织实施上看，行业信息服务的权利包括行业信息资源的组织、开发权，行业信息资源保护权，行业信息服务业务拓展权，国家信息基础设施的利用权，行业信息机构发展权等。对于行业信息服务的责、权规范，我国应在机构改革中予以足够重视。

5. 行业信息服务业务组织制度。行业信息服务的业务组织应在制度上予以明确，对于国家而言，行业协会的信息服务是国家信息服务的一个重要方面。此外，基本方面还包括公共信息服务和政府信息服务等。从内容上看，既包括金融、经济、市场信息服务，也包括科技信息服务。而且，还必须对行业信息服务与科学研究系统、图书馆系统的业务协调进行制度上的规范。行业信息服务业务组织具有三个层面的内容：一是行业信息提供，包括行业科技、产品、市场与经营信息提供，这需要与企业信息系统相协调；二是行业信息处理、加工的技术提供，包括向企业提供信息加工和利用的技术平台；三是进行多层面的企业运行信息保障，为企业经营决策和业务提供全面支持。因此，行业信息服务业务组织必然涉及跨系统问题，要求从制度上加以解决。

（三）我国行业制度变革中的信息服务体系重构

行业信息服务体系由体制决定。发达国家的行业信息服务体系大致分为两种运行模式：一种是以欧、美为代表的面向市场模式，另一种是以日本为代表的政社共管模式。其中，欧美国家非政府性、非盈利性质的行业协会信息服务，其组织结构、职能、运行机制和运作方法密切贴近市场，适应市场需求，遵循市场经济原则和市场经济规律。日本是政府主导的市场经济国家，日本政府认为“信息是一种国家资源，公益性特别强，由于需要大量的资金投入和长期的开发，必须以国家投资作保证”。对于日本来说，强有力的外部信息源是保证行业信息活力的支柱；另一方面，日本政府也注意到了政府的信息行为不能干扰民间行业信息服务及信息市场发展，因此，政府扶植建立了行业信息中心。这两种管理模式都要求行业协会信息机构为行业所有企业提供信息服务和保障。

从社会运行机制上看，行业协会信息机构的建设是和产业信息化发展密不可分的，在发达国家的产业信息化发展中，美国所采取的策略是其中的代表。从总体上看，美国所采取的是国家干预下的市场化组织模式，这与美国的市场主导型经济发展模式相适应，其特点是：在发展行业信息服务中，联邦政府通过财政、货币等手段和政策引导调节需求，促进行业信息服务业与经济的协调发展。

美国的发展体系是一种多元结构的体系。首先，美国信息中心的多元结构层次是政府宏观管理下的以协会为主体的结构层次，体现了行业信息服务机构的重组布局；其次，在体系变革中建立了信息主管制度，强化了“业务指导委员会”对行业信息服务的指导。

需要指出的是，发达国家的协会与行业发展密切联系，在市场机制下形成了同行业中不同协会之间的良性竞争。各行业协会在信息服务上不遗余力，在资源建设上建立专业数据库，如美国机械工程协会（ASME）购买美国物理联合会（AIP）数据库使用权通过其 Scitation 平台为会员提供 19 种 ASME 期刊全文服务。这一趋势在行业协会信息服务发展上十分突出。

借鉴国外的成功经验，在行业信息服务转型发展的基础上，我国基于协会制度的行业信息服务体系重构具有如下要点：

1. 机构重构。我国行业信息服务的机构重组在行业信息服务机构改革和转型重组中进行。在体制改革的基础上进行的机构重构，要求建立新的以协会为依托的行业信息服务组织体系，区分为行业综合机构、行业专门机构和行业内企业联盟机构与地域性行业机构，使之成为一个完整的系统。从企业利用服务的角度看，可以从底层到上层，获取来源广泛、结构有序的信息。

2. 资源重构。行业信息资源应以重组机构的资源建设为基础，进行基于分布结构的资源重组利用。针对这一问题，需要行业协会下属机构的合作，特别需要加强细分行业的资源重构性建设。例如，作为细分行业的美国酒店业协会（American Hotel&Lodging Association，AH&LA）行业信息中心设在休斯敦大学。作为一个全方位服务机构，信息中心提供的信息向AH&LA协会成员开放，其资源服务业务包括统计数据、行业年度报告、行业内企业发展、行业链接、行业知识库、信息技术、公共出版等。我国与此相类似的如景德镇陶瓷学院的全国陶瓷信息资源网，然而其资源建设的完整性和覆盖面有限，需要在重构中解决。

3. 技术重构。行业信息服务体系重构是基于现代信息技术的重构，因此，行业信息网络建设处于核心位置。在行业协会的信息服务发展中，应解决行业信息服务技术发展不平衡问题。但关键是，行业信息机构应适应信息网络的大环境，使行业信息服务与公共信息资源系统能够无障碍链接；促进企业信息化建设，使企业在利用行业信息资源的同时，可以将企业信息汇集于行业信息系统之中。技术重构的内容包括行业信息服务网络技术、信息组织技术、搜集技术和流程技术。

4. 业务重构。行业信息服务尚处于分离状态，即企业利用信息要按行业科技、经济、市场、经营、政策、法律等不同内容，在多个分离系统中获取。因此，业务重构的重点是实现面向企业的一站式综合服务，使各系统的服务和资源能够互通在一个界面上。业务重构的内容还包括行业信息服务的业务流程重组和协会对成员企业信息组织的指导与约束。当前，积极进行服务拓展，将分散服务转移到系统化保障服务的轨道上来是其重点。

5. 投入重构。行业信息服务投入关系随着体制变革而变化，行业信息服务对企业创新发展的支持决定了其投入—产出机制。在市场经济条件下，我国行业信息服务也存在市场化变革问题，但这并不意味着国家全额投入使行业信息服务作为市场化经营实体来运作，而是可以按宏观经济的投入—产出关系来组织面向行业的服务投入。鉴于行业协会的中介、沟通与协调、服务功能发挥，其信息服务可以是盈利性的。按非盈利模式，应将属于中央和地方政府部门主管的行业性信息服务的事业投入变革为政府主导下的行业自主运行投入。在经费投入中，一方面由政府主导行业信息资源建设规划，资金主要来源于企业利用行业服务所增加的利润，可以从国家的企业税收按一定比例支出；另一方面，可以从行业协会的运行款项中支出。

四、行业信息服务重组的战略推进

行业信息服务重组不仅是行业信息机构自身发展问题，而且还关系到企业、行业和国家创新发展的诸多方面。鉴于行业信息服务重组的关联性和战略影响的多面性，在重组的战略构建上应有全局性的考虑和科学的战略决策。

（一）行业信息服务重组战略构建

创新型国家建设和创新国际化中的企业发展模式决定了以创新发展需求为导向，以共同愿景为基础的渐进式全局战略。

1. 全局性改革发展。行业信息服务重组发展战略是全局性战略，需要将其纳入国家和产业发展战略的全局。在构建行业信息服务重组战略中，首先应考虑影响行业发展的诸要素，如社会发展要素、信息技术要素、信息投入与产出要素、经济结构要素等，通过分析要素结构，明确各要素的相互作用关系，从而从整体上确立发展思路。另外，社会发展、国家创新是我国进行信息化建设和企业发展的总体战略。在基于创新的行业信息服务组织体系构建中，应按目标控制原则确立行业信息服务的基本架构，在面向行业内企业和相关用户的服务中进行全局性的行业信息机构的体制改革和体系重构。

2. 主动性适应变革。行业信息服务与企业创新在发展上应保持同步，企业需要主动适应环境，行业服务也需要适应企业的创新发展环境，由此构建一种敏捷的互动战略模式。行业信息服务面向企业发展的变革是一个交互作用过程，一方面，企业变革决定了信息服务组织上的变革；另一方面，信息服务变革又对企业变革产生积极作用。对于行业信息服务组织而言，信息服务创新是企业发展的重要支撑和保障，其服务组织应具有应对未来的超前性，在战略制定中不仅需要适时掌握影响行业发展的诸要素变化和宏观目标的调整，更重要的是要主动分析环境的变化，根据动态环境下的企业发展需求变化确立主动发展的战略，以改变被动应对的局面。主动战略思想是面向未来的发展战略思想，要求在战略制定和实施中建立完善的重组保障机制，构建行业信息服务战略预测系统，以保证战略的前瞻性。

3. 渐进式实现策略。发展战略的实现有一个过程，对于行业信息服务重组而言，不可能一步到位，只有在发展和服务转型中进行渐进式变革才可能达到预期目标①。这是由于基于创新的经济转型和企业发展，不可能在某一个时间节点上完成。例如，对落后产能的淘汰就是一个渐进过程，只有在行业中不断推进技术变革，利用新技术取代落后技术，同时又不断寻求更新的技术，才能实现理想化的发展目标。行业中企业发展转型的渐进性决定了面向行业信息服务业务拓展的渐进性，其基本要求是服务机构在不断变化着的环境中进行服务体制变革、创新服务业务，才能适应行业创新动态发展的需要。这一渐进性发展战略符合信息服务改革发展的客观规律，无论是管理体制上的变革还是服务的业务拓展，都必须有一个渐进式的战略规划，在渐进改革中分阶段实现发展目标。

4. 综合战略构架。行业信息服务重组战略是一种复杂战略。行业信息服务在服务国家可持续发展和企业创新的过程中实现自身价值。可见，国家创新和企业发展机制决定了行业信息服务的总战略。行业信息服务重组战略涉及制度建设、机构改革、平台建设和服务组织等方面，仅靠行业协会和企业本身的变革是难以实现的，而需要在国家综合改革发展基础上进行整体性重组，从而在投入体制、运行体制和面向用户的服务组织中实现重组目标。行业信息服务重组综合战略架构既有人文层面和管理层面的又有技术层面和资源层面的。从战略实现看，需要将行业信息服务重组战略置于行业创新发展战略体系之中，在国家创新发展制度环境下和数字化信息技术发展环境下进行整体化的服务重组。只有这样才能保证战略目标的实现。

5. 基于共同愿景的战略实施。基于“共同愿景的管理”是美国学者彼得·圣吉（P. M. Senge）于1990年在《第五项修炼——学习型组织的艺术与实务》一书中提出的一种学习型组织战略管理理论。愿景从含义上看包括两层意思：一是“愿望”，二是“景象”②。对于企业和服务于它的行业信息机构来说，共同愿景是指被企业和行业信息机构共同认识的目标和对实现

---

① 弗雷德·R. 戴维：《战略管理》（第八版），李克宁译，经济科学出版社2001年版，第89—91页。

② 彼得·圣吉：《第五项修炼——学习型组织的艺术与实务》，生活·读书·新知三联书店1994年版，第45—47页。

目标发展的认识前景，包括对发展使命、发展规划、发展手段的共同认识和基于共同认识的结果期望。行业信息服务重组中的共同愿景是创新型企业、国家部门、社会公众、具体的用户以及信息服务机构所共识的使命、目标、手段和结果，这些共识决定了共同发展战略。基于共同愿景的战略构建在行业信息服务重组中包括学习型战略组织形式的确立，各系统的沟通、各种模式的互动和协调。

行业信息服务重组战略构建，首先应有科学合理的战略体系，其战略体系不仅体现战略管理对象和战略管理关系变化，而且还要有全面合理的战略管理内容和战略管理安排，同时还需要一定的制度作基础。由于行业信息服务在动态环境中进行重组，因而探讨环境的作用和环境作用下的战略机制是重要的。

从科学发展的观点出发，按客观的战略关系和行业信息服务发展规律，行业信息服务重组的综合战略模型构建涉及战略内容结构模型、机构核心能力战略模型和服务效益战略模型，图 7－3 反映了行业信息服务重组战略模型结构中的各方面环节关系。

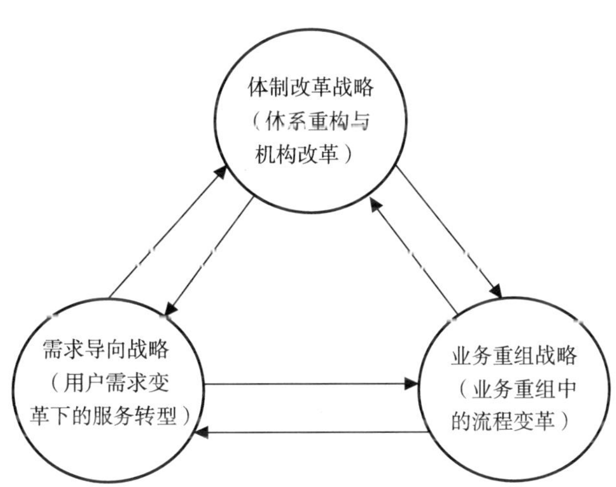

图 7－3　行业信息服务重组中的环节互动战略

如图 7－3 所示，行业信息服务重组具有三个方面的互动关系，形成了三维战略结构。从组织机构上看，行业信息服务的重组必须以体系重构与机构改革为前提，其战略制定由信息化中的创新型国家建设目标所决定，体制改革是在国家创新发展制度层面上的全面改革，关系到国家信息服务体制建设与体系重构，且与公共信息服务和产业信息服务制度建设相关联。从业务流程角度看，信息化背景下的信息基础设施建设、信息技术发展和信息资源的科学规划是基于数字化与网络化技术的业务流程重构和基于流程重构的服务机制变革的基础。从面向创新需求的服务看，行业信息服务必须坚持需求导向战略，进行用户群的扩展和面向用户的服务转型，以此构造全程化的行业信息保障体系。

行业信息服务重组中的组织机构维、业务流程维和服务需求维相互关联，从而形成了三维互动的战略模式。在三维互动中，体系重构与机构改革、业务重组与流程变革和用户扩展与服务转型处于中心位置，由此决定了三维目标导向原则。三维战略结构：一是进行重点战略的选择；二是寻求基本的需求导向；三是着重于面向企业创新的业务流程组织。这三个方面体现在行业信息服务重组的要素上，包括行业信息服务体制与体系重构，重组框架下的信息资源配置与开发，服务重组的技术支持与平台构建，以及面向企业创新发展的服务拓展。

在重组战略安排上，既有国家层面的规划与管理，又有行业层面的重组实施和企业层面的服务优化利用问题，由此构成了互动战略体系。

以行业信息服务的基础结构建设为依托，行业信息服务重组中的核心能力结构包括：行业信息机构和人员结构；行业信息资源的分布结构；行业信息服务设施与技术结构；企业用户信息需求与利用结构。

在行业信息服务的基础结构中，信息源和企业用户结构是客观存在着的一种状态结构，行业信息机构、人员以及信息技术与设备结构状态则受决策控制，是可以调整的一种状态结构，被视为联系行业信息源与用户的中介结构。因此，在行业信息服务重组过程中，可以调整中介结构，使之与理想化的企业创新形态相适应。

美国学者 P. 艾瑟顿研究了一个具体的信息服务机构的基础结构，将其归纳为七个方面：物质信息源核心部分；机构人员；机构以外的个人信息联系；机构同政府、决策机关、经济部门、教育部门、研究研制单位和技术单位的联系；机构用户；与机构有关的信息系统；保证机构生存发展的国家政策[①]。从艾瑟顿所归纳的基本方面看，处于某一社会环境中的行业信息服务机构的基础，由国家发展的基本层面和行业机构的业务支持系统决定。基于此，可以从基础结构的优化与建设入手，进行行业信息服务重组的战略构建。图 7－4 反映了这种基本关系。

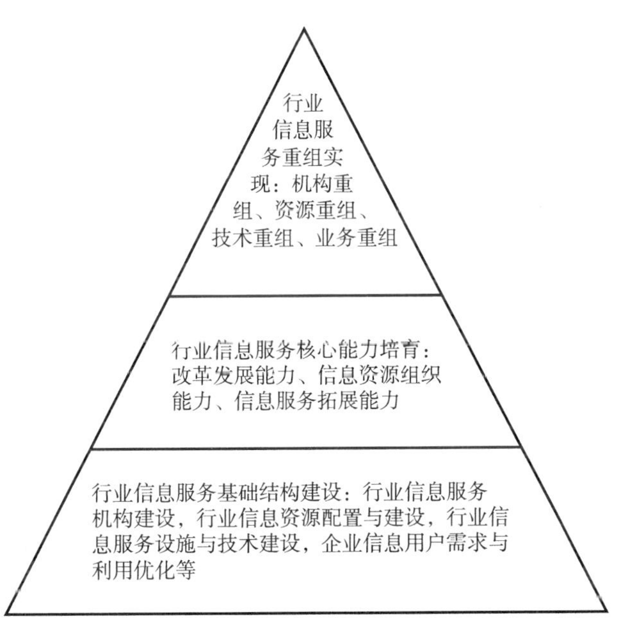

图 7－4　基于核心能力的行业信息服务重组实现模型

现代条件下的行业信息服务核心能力是决定行业信息服务组织的关键，其核心能力包括行业信息机构改革发展能力、信息资源组织能力、信息技术应用能力和信息服务拓展能力。面向企业的行业信息服务重组在于改变原有的机构运行关系进行服务的优化组合，在充分发挥核心能力作用的基础上提升面向企业的服务水平和信息保障水平。

行业信息服务重组依赖于行业信息服务技术的结构调整，其技术结构调整建立在国家信息化基础设施基础之上，这是由于信息基础设施决定了包括

① 胡昌平等：《信息服务与用户》（第三版），武汉大学出版社 2008 年版，第 45 页。

行业信息服务在内的各类信息服务的环境、技术和业务架构。当前，新一代互联网技术的出现、三网融合的推进以及云计算、物联网技术的发展营造了新的行业信息服务环境，这就需要在重组中充分发挥国家基础设施建设的优势，在新一代互联网技术和数字化信息处理与服务技术的基础上进行服务体系重构。同时，行业信息服务重组依托于数字化信息资源的整合和利用，其行业信息资源配置与内容发掘处于重要位置，这就需要进行基于技术创新的资源开发。另外，在服务重组中必须重视用户对重组服务的适应性，在与用户互动中不断创新和发展服务业务。

（二）基于可持续发展的重组战略实现

行业信息服务是一项涉及面很广的系统服务，既存在着行业信息制度变革和机构重组问题，又涉及网络环境下的信息组织与服务流程重构问题。重组的战略推进不仅需要国家层面的统一规划和协调，而且还需要行业信息机构与企业创新发展的互动。

行业信息服务重组在于支持企业的可持续发展、服务创新体制和体系的确立，同时还必须有利于信息机构的建设和自身发展。从总体上看，可持续发展包括以下要求：

1. 按整体化建设要求，构建开放化的行业信息服务体系。行业信息服务的开放化发展与服务系统建设应突破现有的面向各行业的信息服务分散组织格局，在行业结构调整中进行资源的重新配置，构建基于行业协会的行业信息服务联盟，在行业信息中心的基础上实现信息资源的共享，同时实现与公共信息资源系统的开放共享。这就需要从整体上进行行业信息资源整合与服务集成，解决行业系统的互联问题。

2. 按利益协调保护原则，进行行业信息组织、开发和利用的均衡化。行业信息服务不仅具有面向行业的组织特征，而且还以标准化的信息资源管理和完善的服务技术作保障。这说明，在服务组织中存在着信息资源拥有权、信息技术知识产权和服务组织与利用权问题。重组行业信息服务是为了实现服务效益的最大化，使各方面主体受益，这就需要对各方面的主体权益进行保护，只有充分保障各方面权益，才能达到重组目的和效果。

3. 在技术研发和技术应用中建立完善的技术标准体系。行业信息服务重组并不是单纯的制度变革和行业服务结构上的调整，而是在制度变革和结构调整上重构基于现代技术的服务体系，因此，技术研发和应用处于十分重要的位置。在技术研发和应用中，应确定完善的技术标准，使行业信息服务技术与网络信息组织技术、信息资源组织技术和信息交换技术标准相适应，以保证新技术的合理使用。

4. 根据面向用户的服务需要，发展面向用户的交互服务。面向用户的服务和基于用户体验的交互是现代信息服务发展的必然趋势，在行业信息服务中也应立足于面向用户的信息资源组织环境，进行基于用户体验的信息组织和服务构架，在服务中实现面向用户的交互。这说明需要在行业信息服务平台中构建用户管理体系，实现行业信息服务与企业业务流程的集成，以适应企业用户个性化需求和深层次服务要求。

5. 在服务业务发展中，为行业的创新发展提供条件。行业的创新发展提出了将信息服务融入企业运行的要求和进行服务嵌入，这一需求将行业信息服务的业务组织推进到一个新的发展阶段。其中，面向企业创新联盟和创新产业链的信息服务协同组织，以及面向研发机构和企业的平台集成服务已成为行业信息服务发展的重点。

在行业信息服务重组的战略推进中应重视以下问题：

数据集中。数据集中是指将分布于各有关系统中的数据进行集中处理，在数据整合的基础上进行面向用户的数据转换，使之与用户的数据需求相适应。

信息集成。在行业信息服务中需要将行业和行业内组织的结构化和非结构化信息进行整合处理，从内容组织出发进行文档、视频等信息的集成。

资源整合。资源整合强调对信息资源的整体规划与管理，其整合不仅包括对信息资源的共建共享，而且还包括支持信息资源内容开发的技术集成和面向用户的服务整合。

机构合作。行业信息服务中的机构合作在于使各机构在信息资源组织、技术发展和服务中通过优势互补，提升面向用户的服务与保障水平。

行业信息服务重组是在国家创新、企业发展和信息化大背景下进行的，因而行业信息服务重组的战略构建，应立足于国家和企业发展中的信息保障需求，按可持续发展要求进行。总体说来，战略要点包括以下几个方面：

1. 开放化重组的实现。面向企业创新的行业信息服务重组应具有开放性，即在重组中突破部门、系统的限制，推进按行业结构的开放化重组。在重组中，确立政府主导下的依托于行业协会的信息中心建设体制，理顺多元主体的关系，在保证各主体权益的情况下，实现行业信息的开放化共享。经重组的行业信息服务系统，一是实现科技信息服务和经济信息服务的结合；二是向企业和产业链中的相关主体开放，从而改变各系统相互封闭的局面。

2. 行业体制的建立。在经济全球化和创新国际化发展中，企业运行模式和组织形式正发生变化。企业经营已不再由政府部门进行全方位管理，国家调控下的企业自主经营体制使国有企业、民营企业、外资企业和合资企业等不同类型的企业同步进入国际化的大市场，从而实现了创新发展的国际化、经营运作的全球化。如何提高我国企业的自主创新能力和水平，是实现企业信息化和建设创新型企业的关键。在改革发展大环境下，建立与行业管理相适应的行业信息服务制度直接关系到信息服务机构重组的实现，理应成为改革发展的核心战略。

3. 协调机制的完善。协调发展是我国发展信息服务的成功经验，与计划经济体制下的系统部门协调不同，市场经济中的行业信息服务重组，是政府主导下的一种开放化、社会化的面向行业发展的协调。在协调发展中，一是政府主导，推进国家所有的公共信息服务和部门服务的社会化共享，为行业信息服务的开展提供资源共享保证；二是行业信息服务体系建设，在重组中建立和完善以行业协会为中心的企业信息服务协作机制；三是在科技、经济与社会发展层面上，确立行业信息服务的战略地位，并在创新型国家建设中予以明确。

4. 服务平台的搭建。从企业创新发展上看，分布在行业中的企业具有关联性，从而构成了事实上的产业链。从知识创新上看，企业技术创新已不再局限于企业内部，而需要与各科学研究单位、研发和技术转移机构进行全面结合，即实现基于知识创新价值链的联合。在信息化发展中，这两方面的关联得以充分体现。因此，在面向企业的行业信息服务重组中，应在具有分布结构的信息资源整合基础上搭建面向企业的交互服务平台。服务平台的搭建应适应平台技术发展环境，以便从通用技术出发进行平台化的信息资源组织和服务实现。

5. 服务技术的研发。行业信息服务重组中的技术研发，旨在解决特定的基于平台的行业信息资源数字化协同建设和平台化服务问题。在信息服务技术研发上，不仅需要采用标准化的技术规范，而且还需要在通用技术基础上进行服务创新。当前，我国各行业的技术发展差距较大，各地的技术水准不尽一致，信息技术的应用还存在着很大差异。因此，通过技术研发消除数字鸿沟是目前应考虑的技术战略重点。同时，对于战略性信息保障平台构建应与战略性新兴产业技术发展相适应，以保证信息服务与产业技术的融合。

6. 管理创新的坚持。行业信息服务重组以制度和管理创新作保证，这就要求在行业信息服务重组中不断寻求新的组织关系，从战略上构建面向企业的信息服务体系。在信息服务机构管理创新中，行业信息服务管理创新的战略实施在于根据服务重组和发展中的问题，探索新的管理模式，在服务于企业的创新发展中完善行业信息服务的管理，使之可以持续发展。

（三）行业信息服务重组中的机构合作

在面向行业的信息服务中，各部门、系统有着自己的服务和发展定位。行业信息服务重组，在于根据环境和需求的变化重构行业信息系统，通过关系调整和资源与服务重组实现面向企业创新的服务发展目标。这表明重组并不是片面撤销和归并机构，而是在行业细分、关联发展的同时，在重组中推进机构间的合作，以构建协同体制下的行业信息服务体系。行业信息服务重组中的机构合作包括以下几个方面：

1. 行业信息机构与相关研究机构的合作。行业信息机构离不开相关科学研究机构的支持，现代行业信息机构的建设需要科学研究机构帮助解决所面临的一系列技术问题，这些新的研究课题包括行业平台技术、科技信息与经营信息整合技术、系统交换技术、信息构建技术以及与之相应的管理技术等。

2. 行业信息机构与各类信息供应者的合作。行业信息机构所拥有的信息来源于供应者，信息供应者提供信息的数量和质量直接关系到资源组织开发与服务的质量水准。因此，在行业机构与信息供应者的合作中，应按规范性的技术标准进行信息资源的管理，特别是技术、产品和市场数据库的内容质量及功能管理。同时，在行业信息资源的共享中，应明确信息产权的管理和信息资源污染的防治。

3. 行业信息机构与信息基础设施和保障部门的合作。行业信息服务的开展是在一定的信息基础设施平台和技术条件下进行的。信息网络和技术的发展状况是决定服务开展和服务质量的重要因素，在服务重组中应引起充分重视。当前的行业信息服务网络存在着行业之间、地域之间和国内外之间差异，重构网络与服务应有全局性规划①。在信息基础设施提供、网络维护和信息系统软件开发与应用上，应使用明确的技术合作规范。对于一个行业来说，合作的目的不仅在于满足基本的业务要求，而且在于建立长期的共建关系，形成有利于设施更新和技术发展的管理机制。

4. 行业信息服务机构间的合作。行业信息服务机构间的合作包括同行业的机构合作和跨行业的合作。其中，同行业机构合作可以区分为大行业与从属于该行业的较小行业机构的合作，如化工行业作为大行业，其行业信息中心和细分行业信息机构存在面向化工材料、化肥、日化等类属企业的服务分工问题，可见化工行业信息服务存在着化工行业与细分行业以及细分行业之间的合作。另外，在行业合作中，还存在国际性的行业合作和全国性行业信息服务与地域性行业信息服务的协作问题。跨行业机构合作是不同行业类属之间的合作，如机械行业信息机构与电子行业信息机构的合作，二者在机电一体化服务中将面对共同的企业用户。与此同时，行业信息机构和相关公共信息机构也存在合作关系。对于这些合作关系，在服务重组中应从战略层面加以明确，在实施中予以规划。

5. 行业信息服务机构与企业的合作。企业既是行业信息机构的服务对象，又是行业信息的来源组织。这是因为企业在利用信息服务的过程中，通过管理、研发和经营创造财富并产生相关信息。一个企业所产生的信息又是其他企业或组织所需要的，因此，有必要将其归入行业信息系统。作为用户，在合作中必须使行业信息机构的服务与企业的信息需求和利用相协调，将数字化信息存储与企业信息系统实现有效衔接，以支持企业全方位管理、研发和经营活动。作为行业信息来源，在合作中行业信息机构需要进行来自企业的信息汇集、组织，在同企业合作中进行信息组织与发布服务。

---

① 焦玉英、曾艳：《我国合作式数字参考咨询服务发展的对策》，《情报科学》2005 年第 4 期，第 528—531 页。

总之，行业信息服务中的机构合作是重组必须面对的问题，是在多元主体环境下必然考虑的战略。因此，在重组推进中应纳入战略体系。

行业信息服务的国际合作是行业信息服务重组中必须面对的现实问题，其组织架构建立在行业信息服务体制的开放化、国际化基础之上。这既是一种各国行业协会和相关信息服务机构的业务合作和服务共享，也是各国政府间发展全球化经济的政策合作、关系建设和协调，它体现为国际协调框架下的行业信息服务的合作和面向企业的服务发展。我国经济体制与政治体制的改革、企业经济的全面开放，为企业的国际化发展奠定了基础。在经济全球化大背景下，以行业协会信息机构为主体的行业信息服务体系的国际化重构，应适应企业国内外融合发展的需要。

行业信息服务的国际合作，首先应由各国政府推进，在国家层面上进行政策导向和制度安排。在制度变革中，行业信息服务国际合作的组织，应由政府管理部门、行业协会和企业来完成。其中，行业协会承担着面向企业发展的国际化服务业务，在国内外企业沟通中为企业国际化发展提供信息保证，具体的服务内容围绕企业的国际化经营业务进行。在行业合作中，综合性科技信息机构的国际合作，主要在于实现企业技术与产品信息的国际化共享，包括与国外行业科技中心和服务商的全面合作，如我国化工行业信息中心与美国化学文献服务社的合作。与此同时，行业信息中心更应在经济全球化中实现信息服务的开放合作，以促进企业的全球发展。

五．战略性新兴产业发展中的信息保障

在创新型国家建设中，战略性新兴产业的发展已成为各国实现经济转型和可持续发展的共同选择。从产业战略和实体经济组织上看，战略性新兴产业的兴起是以科技和产业创新为依托的一场新的经济、技术、环境和社会的总体革命。这意味着必须面向战略性新兴产业的发展需要进行基于企业联盟的信息服务重组，以实现产业发展中的全方位、全程化信息保障。

（一）面向战略性新兴产业的信息服务重组

战略性新兴产业是国家经济发展中的支柱性产业，是以知识创新为基础，将前沿科学技术成果转化为生产力，经济效益高，发展潜力大，对国民

经济发展具有全局作用的资源节约和环境友好产业。由此可见，战略性新兴产业的兴起是产业转型的需要，是转变经济增长方式的科学选择。

我国培育和发展战略性新兴产业已具备一定的基础和优势。“十二五”期间，我国重点发展的七大战略性新兴产业已初具规模，其产业包括新一代信息技术产业、高端设备制造业、新能源产业、节能环保产业、生物产业、新材料产业等。这些产业体现了新兴科技与新兴产业的深度融合，是对经济社会发展和传统产业转型具有强大的关联带动作用的产业。按产业细分，战略性新兴产业由分布在各行业的产业群构成。表 7－2 归纳了各省（区）、市“十二五”规划战略性新兴产业的布局结构。

表 7－2　各省（区）、市“十二五”规划战略性新兴产业布局

省（区）市	“十二五”规划中的战略性新兴产业
北　京	重点发展包括信息技术产业、高端装备制造业、新能源与新材料产业、航空航天产业等在内的新兴产业群，实现以科技创新为先导的战略性新兴产业发展目标
上　海	在经济发展方式转变过程中，重点发展高端装备制造业、信息业、生物制药、新材料、节能环保产业，完善战略性新兴产业集群结构
天　津	在滨海新区发展中，着重战略性新兴产业集群建设，发展电子设备制造、高端装备业、石油化工产业、港口设备产业、现在飞机制造业、新能源汽车、航天装备生产产业等
重　庆	发展高端装备制造业、新一代信息技术产业、新材料产业等，进行传统产业的高新技术改造，建设离岸数据开发和处理中心等
浙　江	发展生物产业、新能源产业、海洋产业、新材料产业、核电技术产业等，实现装备制造业的数字化，着重于物联网、云计算等信息化产业的发展
江　苏	着重于新能源、新材料、生物技术和新医药、节能环保、软件和服务外包、物联网和新一代信息技术产业的发展，同时大力发展高端装备制造、光电、智能电网等新兴产业
广　东	发展高端新型电子信息产业、环保节能产业、太阳能光伏产业、核电装备产业、生物制药产业、新材料产业、海洋产业等
福　建	在战略性新兴产业发展中，突出新一代网络和高端通信设备制造、生物医药、半导体照明、太阳能光伏、节能环保技术及装备等重点领域，加快物联网产业发展
海　南	培育和发展的战略性新兴产业为生物产业、新能源产业、新材料产业、高端装备制造产业、节能环保产业等

续表

省(区)市	“十二五”规划中的战略性新兴产业
山　东	重点发展新能源产业、新材料产业、生物医药产业、海洋开发及高端装备制造等产业，通过续建和新建战略性新兴产业重点项目，实现产业转型
吉　林	建设高新技术产业化基地，发展新能源汽车、电子信息产业、光电高科技产业、新材料产业、碳纤维等新兴产业
黑龙江	重点发展高性能金属材料产业、高性能纤维及复合材料产业，重点推进高新产业园区建设，发展交通运输设备制造、高端装备制造业、新材料产业、新医药产业、电子信息产业等
河　北	在推进高新技术产业园区的发展中，进行国家新能源产业中的光伏产业、风电产业的发展，加快电子信息产业的发展步伐，着重于高端医药产业、钛材料、碳材料等产业项目建设
辽　宁	着力发展新材料产业、生物医药产业、节能环保产业和新能源产业，加大战略性新兴产业的投资力度，推动产业园区建设
湖　北	加速发展光电子产业、新一代信息技术产业、高端装备制造业、节能环保产业、新材料产业、生物医药产业、新能源汽车产业等，使之成为先导性、支柱性产业
湖　南	着重发展高端装备制造业，推进现代工程机械、轨道交通装备和新材料、新能源产业发展，同时支持现代中药、节能环保等产业链发展
安　徽	发展电子信息产业、高端装备制造业、节能环保产业、生物医药、新材料、新能源汽车、公共安全等战略新兴产业，推进光电及光伏材料基地建设
江　西	推进光伏产业、风能核电产业、新能源汽车产业等产业发展，通过高新技术产业园区建设扩大新兴产业规模，进行传统产业改造
河　南	着力发展的战略性新兴产业包括：电子信息产业、生物医药产业、新材料产业、高端装备制造业、新能源汽车产业等
山　西	大力发展先进装备制造业、铁路装备业、高端重型机械产业，发展现代煤化工，在煤制油、煤制气、煤制烯烃等方面取得突破性进展，推进新型材料产业发展
宁　夏	在新能源产业方面，科学规划风电场布局和规模，加快百万千瓦风电基地建设；新材料产业方面，建成具有世界影响力的钽铌铍钛产业核心技术研发和生产基地
内蒙古	通过加快风电基地、核电燃料项目、煤气化项目建设，进行新能源产业布局，同时着重于稀土等资源产业的发展和金属与非金属材料产业的创新

续表

省(区)市	"十二五"规划中的战略性新兴产业
陕　西	在大飞机项目为带动下进行大型运输机和通用飞机产业化发展,重点发展高性能结构材料产业、先进复合材料、电子信息材料、新能源材料和新型功能材料
四　川	重点发展集成电路、新型显示、高端软件和服务器等核心基础产业,建设国家重要的信息和软件高技术产业基地
云　南	加强对矿产、电力、生物等产业的改造,发展新材料产业、新能源产业、生物制药产业和现代物流产业等
甘　肃	发展新材料产业、风电产业、高端装备制造业、生物制药等战略性新兴产业,在战略性新兴产业发展基础上进行研发、生产基地建设
贵　州	发展高端装备制造业、新能源产业、节能环保产业、生物医药和中药产业,发展现代农业,提升产业创新发展能力
青　海	大力发展新能源产业、新材料产业、装备制造业、生物医药产业和节能环保产业;以重点项目为突破口,通过推动项目建设带动和促进战略性新兴产业发展
广　西	发展新能源汽车、非粮生物质能源产业、铝资源产业延伸、培育新能源汽车、生物质能源、高性能金属新材料等战略性新兴产业
西　藏	优先发展能源产业,运用新技术有重点地发展优势矿产业,改造提升建材业,加快推进藏药产业化
新　疆	加快准东、伊犁、吐哈、库拜等煤炭、煤电、煤化工基地建设;努力建设一批国家急需、比较优势突出的矿产资源开发项目,拉长产业链、提高附加值

如表7-2所示，我国各省（区）、市优先发展的战略性新兴产业，既有布局广的新能源、新材料、信息产业和节能环保产业，又有各具优势的先进装备制造、生物技术等产业。进一步调查表明，各省市新兴产业发展具有国家布局下的区域合作特征，从而形成了国家新兴产业集群。

战略性新兴产业的发展，提出了面向新兴产业中企业运营的信息服务的重组问题。在服务组织中，新兴产业技术、市场和经营的国际化、网络化和虚拟化决定了信息服务的重组目标。从服务重组上看，某一国家的产业信息服务，一是适应企业的国际化发展环境，满足其创新发展需求；二是在国家宏观调控基础上和国家战略性产业发展导向下，将产业服务拓展到全球范围。从微观管理层面看，应围绕以下方面进行信息服务的组织：

1. 服务于企业经营全球化的目标。战略性新兴产业是国民经济发展的具有战略全局的支柱产业应适应企业经营的全球化发展环境。在经济全球化中，企业的原材料采购和产品营销方式发生了根本变化，内向和外向企业的界限逐渐被打破，企业要取得规模性发展效益，经营的国际化和开放化是正确的选择。当前，越来越多的企业正通过互联网建立集生产、经营、服务为一体的跨国经营实体。这些实体一般依托于生产企业，从而形成了以市场为导向、以创新型企业联合为基本形式的全球化经营战略。这种战略使全球销售网络和物流系统得以建立，由此形成了全球化供应和采购关系。

在战略性新兴产业全球化经营中，生产企业和销售企业都需要从供应商方得到原材料、技术、知识产品或其他商品，同时也需要将技术、产品和服务进行全球推广。如果说向国外销售产品和服务是企业全球化经营的起步，那么全球供应链体系的建立则是全球化经营整体化发展的关键。美国学者戴维将企业的全球化营销称之为综合战略，他在分析美国企业的经营情况特别是汽车行业和制造业经营时指出：美国的一些产业（如汽车和制铝业）正转变传统的经营方式，与拥有供应商和客户的做法相反，企业可以与数家外部商家同时建立关系以进行开放化、动态化的全球经营活动。①

戴维所提出的综合战略背景下的分解化（Decomposition）实现，对于可在全球得到产品供应和销售市场的公司来说是合理的。在信息化背景下，通过外购（Outsourcing），企业可以利用供方间的竞争得到最优惠的价格，也可以通过外向代理销售取得好的业绩。这种做法在广泛采用的过程中逐步发展成为一体化的全球联盟模式。我国的创新型企业也完全可以实现与国外企业的互联互通，可以直接进入全球采购和销售系统，实现设计、制造与营销的全球化。在战略性产业在经营的全球化发展中，信息服务理应进行国际合作，实现国内外企业经营信息的互通。

① 弗雷德·R. 戴维：《战略管理》（第八版），李克宁译，经济科学出版社2001年版，第179页。

2. 服务于企业技术创新国际化的目标。经济的全球化发展打破了技术创新的国界限制，它不仅表现为欧洲经济发展中欧盟各国之间的科技创新合作和产业发展合作，而且还体现在美国与欧洲国家之间的合作、中国与欧盟的合作以及日本与美国的合作等。例如，美国洛克希德公司与英国航空航天公司（British Aerospace PLC）联合，在开发下一代战斗机方面与波音公司竞争。在合作研发中，英国公司与洛克希德公司进行了优势技术的整合，从而形成了新的发展基础。[①] 又如，日本佳能公司向柯达公司提供复印设备技术；法国汤姆森公司（Thomson）与日本 EVC 公司共同生产摄像机；美国通用汽车与日本丰田公司共同组装汽车；意大利汽车制造商 Piat 公司与俄罗斯的 Gorky 汽车厂组建了为俄罗斯市场年产 15 万辆汽车的合资工厂等。在企业技术创新的国际合作中，我国战略性新兴产业中的企业通常采用的是合资研发、生产方式，如国内汽车制造企业、电子企业与欧盟、日本、美国等国的合作。在建设创新型国家中，我国的技术合作逐渐转变为自主创新的合作。如上海汽车集团公司对英国罗孚知识产权的购买和创新、长虹集团的基于国际合作的自主创新等。这种模式变革提出了延伸创新知识链的问题，即将自主创新源从国内延伸到国外。

企业创新的国际化要求在信息服务中为企业提供国外原创性知识，包括国际专利、技术创新产品和机构创新成果信息。因此，在行业信息服务的重组上，应与国外相应的科技信息机构进行多方面合作。从另一方面看，国外用户对中国企业科技与市场信息的掌握也有利于其国际化发展。

3. 服务于企业网络化发展目标。国际化发展的综合战略打破了新兴产业企业供应、研发、生产、营销、服务的有序性组合和以生产力为中心的单纯竞争限制，有助于实现无分工或有分工的横向网络化组合与运行。无分工战略在生产同类产品或具有相同业务的企业之间实施通过业务的共同组织扩大范围，增强实力；有分工战略合作在于按分工原则实现以供应、研发、生产、营销到服务环节的企业重组，实现整体发展目标。

企业全球化发展所依托的组织形式是企业组织的网络化。网络化的企业组织可区分为企业研发、生产、经营的网络化和基于网络的虚拟企业构

① 弗雷德·R. 戴维：《战略管理》（第八版），李克宁译，经济科学出版社 2001 年版，第 200 页。

建[1]。20 世纪 90 年代初，面对 21 世纪的制造业发展，美国学者首先提出了网络与虚拟企业的组织问题。在十多年的发展中，网络与虚拟企业建设面临着组织结构优化、面向生命周期的虚拟企业构建技术开发、支持虚拟企业运营的信息系统设计等问题，如基于 Agent 的虚拟企业组织设计和集成结构设计，针对中小规模企业的虚拟协作运营架构等。其中，美国 NIIP 项目的实施旨在进行支持虚拟企业运行的关键技术开发。同时，在 ESPRIT 框架下，欧盟推进了面向虚拟企业运作信息化项目，如 LogSME、X - CITTIC、MARVELOUS 等[2]。

目前，虚拟企业作为一种新型组织和管理运作模式得到了规范应用。如利用虚拟企业运作模式，日本 Sharp 和 NMB 公司共同开发了快速闪存芯片。网络与虚拟企业的形式日益成为网络化企业发展的主流。

在企业的网络化发展中，跨国的虚拟化经营是值得关注的一个重大问题。利用网络化组织的优势，新兴产业中的企业可以实现研发、生产、经营的跨国发展并不断取得效益。网络化企业和虚拟企业经营的动态性不仅在制度上提出了重构要求，而且还在信息服务组织上提出了国际合作要求。在企业的网络化发展背景中，行业信息服务的国际合作目标在于利用数字信息技术、网络和信息资源的国际合作优势进行企业信息系统的变革和基于系统的业务关系变革，实现企业的流程改造和基于网络的研发、生产、经营的组织。同时，在企业结构调整和信息化基础上，拓展企业的网络经营业务，构造新的企业发展空间，开展电子商务、网络物流、网络客户管理和服务业务，实现企业的网络化转型和信息化发展目标。

（二）基于产业链的跨系统信息保障组织

我国战略性新兴产业具有地域布局和分布特征，因此，在面向产业集群的信息保障组织中，可以依托区域服务联盟，组织跨系统的信息服务。

国家层面服务联盟是从国家整体角度对信息服务系统进行布局和安排的，在战略性新兴产业布局中，各地的企业更多地还是通过本地的信息服务机构来实现其信息保障的。因此，在国家层面服务联盟下应建立区域服务联

① 胡昌平等：《网络化企业管理》，武汉大学出版社 2007 年版，第 12 页。

② 王林：《虚拟企业知识管理模型研究》，2005 年武汉大学博士论文，第 56 页。

盟。在核心经济区域的战略性新兴产业发展中，应联合区域内科技、教育、经济、行业、公共等信息服务系统，为企业创新发展提供全方位信息资源保障。

在我国，无论是发达的东部沿海地区还是后发的中西部地区，都集中了来自各系统、各部门的信息服务资源。在行政隶属关系上，有中央机构，也有地方机构；从系统构成上看，有科学研究系统、高等教育系统，也有公共服务系统以及行业系统。各信息服务机构虽然隶属关系不同、行业不同，但它们地处同一个地区，其资源与服务应该在本地战略性新兴产业发展中发挥作用。因此，在构建区域信息服务联盟过程中，应突破传统观念的束缚，通过机制创新建立跨系统、跨行业的区域协作组织①。

我国战略性新兴产业的区域布局具有层次性和地方特色，这就要求我们在构建联盟时注重区域性经济与科技发展的水平，以各省、市、自治区信息服务机构为龙头单位，共同建构地区性跨系统信息服务平台。基于此，地区层面的规划应以我国核心经济区域为主体展开，主要包括：以首都圈为核心，以山东半岛、辽中南地区为两翼的环渤海经济带；长三角地区和海峡西岸经济区形成的东海经济带；由珠三角、广西北部湾经济区形成的南海经济圈；以武汉城市圈、长株潭城市群、成渝地区、昌九地区为依托的长江中上游经济带；以中原地区、关中地区以及国家能源基地为依托的黄河中游经济带等。② 以这些核心经济区域为中心开展面向战略性新兴产业的信息保障平台建设的目的在于为跨系统协同信息服务的实施提供组织基础。

在资源组织层面，区域服务联盟的建设要充分依托国家信息机构的资源（如 NSTL）和部门与系统资源（如 CSDL、CALIS），构建面向本地区战略性新兴产业的协同服务网络，以此整合资源与服务，形成能够全面服务于区域战略性新兴产业发展的信息服务联盟体系。在服务组织中，应构建地方特色信息资源数据库，建设区域特色跨系统信息服务平台，支持开发建设有地区

---

① 吴新年、祝忠明、张志强：《区域科技信息集成服务平台建设研究》，《图书馆理论与实践》2008 年第 5 期，第 94—97 页。

② 张娟娟、张伟：《代表委员热议我国区域经济发展寻找定位优势》［EB/OL］.［2010 - 12 - 20］. http：//news. qq. com/a/20090316/000019. htm.

特色的、针对地区发展特殊需求的信息资源体系，以此服务于区域经济创新发展①。同时，通过跨平台、跨系统的信息资源集成和整合操作，区域信息服务联合体系应成为区域内的“服务接口”。

在网络环境下，战略性新兴产业中的企业越来越依赖于上下游关联企业及研发机构、金融投资机构之间的合作。由于任何一个企业都不可能具有所有的优势，因而同其他组织合作所获得的外部资源应该成为企业竞争优势的重要来源。知识的产生、扩散、应用到产业化实现过程，也是价值链上创新主体相互作用的过程。战略性新兴产业的创新产业链首先在本区域内形成辐射效应以带动区域创新经济的发展，然后通过企业的创新价值链的延伸，其创新可以辐射到全国，乃至全球。在开放式创新发展中，迫切需要围绕企业创新价值链的实现来组织资源和服务。

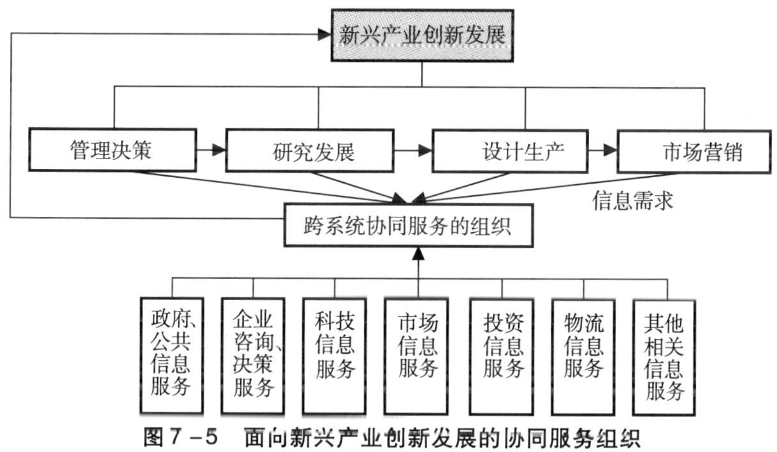

图7－5　面向新兴产业创新发展的协同服务组织

图7－5集中显示了战略性新兴产业发展中面向企业创新的跨系统协同服务组织关系，提炼了基本的模型。跨系统服务联盟通过管理中心协调各系统的服务和资源，由联盟中心进行系统的资源保障。联盟可以提供行业共性信息，以更好地满足企业的发展需求。在企业的产品设计及试制中，中心为企业提供包括产品开发、包装设计等方面的信息；在进行生产及后续的市场

① 周朴雄、余以胜：《面向知识联盟知识创新过程的信息资源组织研究》，《情报杂志》2008年第9期，第63页。

化经营中，为产品推广、市场营销提供信息支持，同时提供技术培训等系列服务。

如图7－6所示，参与协同服务的信息服务机构将其能够提供的服务业务进行分解，在服务登记系统中可以登记描述服务业务的基本信息（包括服务提供方式、功能、约束条件、输入、输出参数等），将其注册为基本服务。当用户发出服务请求时，业务调度中心将用户需求对应的任务进行分析，根据服务要求从服务登记系统中调度基本服务进行服务流程编排，通过流程化的服务组合实现用户请求到服务资源的映射。

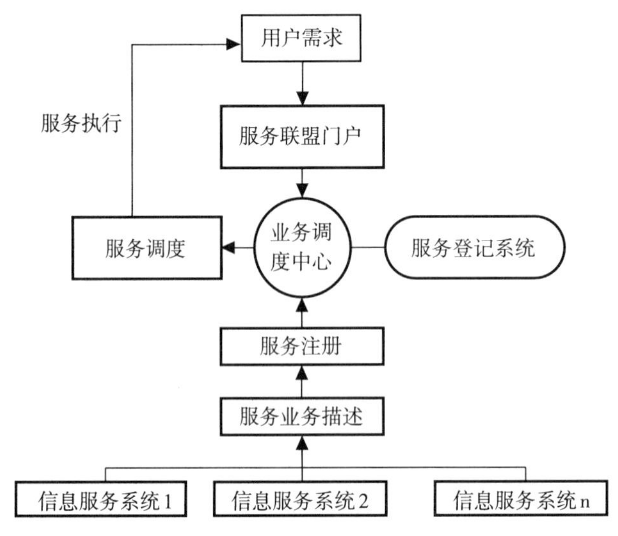

图7－6　用户跨系统协同定制服务流程

跨系统协同定制服务要求参与服务联盟的机构具备分解和组合基本业务的能力。业务调度中心在调度服务业务的同时，应具备分析、跟踪用户需求的功能。对用户登录行为、所需资源的学科领域、所需的服务业务类型等应进行深层次挖掘；通过建立用户需求管理数据库，对用户实行智能化主动推送服务。

在区域性战略新兴产业服务组织中，参与服务联盟的成员众多，而且联盟期间还会发生成员变动，因此，稳固的联盟关系构建是协同服务的基石。由于联盟组织中的关系及层级的不同，其组织关系往往限于基于网络的互动导向，即针对网络组织整体架构，进行成员间的互动合作与服务协同推进，如图 7 - 7 所示。

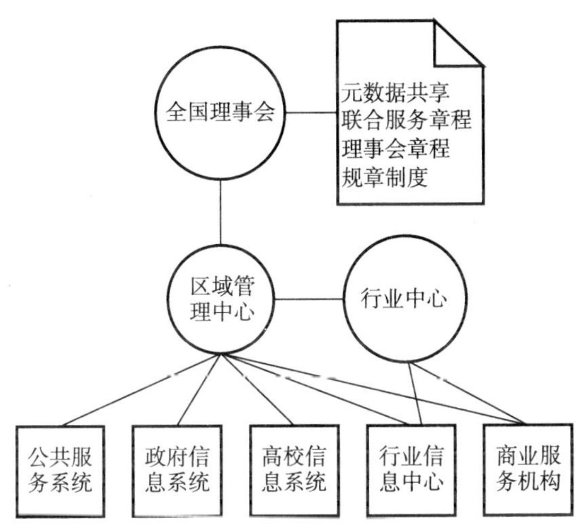

图 7 - 7　服务联盟的管理体系

在全国范围内，网络服务联盟运行需要制订完备的联盟组织章程、元数据共享章程、联合服务章程以及元数据制作和交换条例、统一服务条例等相关规章制度。对信息资源的采集、加工、存储、服务流程进行规范，以保证联合服务稳定和持久的发展。

协同服务联盟的持续运行除了需要制度保障外，组织之间的协调也是不容忽视的。跨系统服务联盟是一种松散的组织联合，组织之间的协调沟通应该建立在信任和共享的基础上。以此出发，拓宽管理机构与各成员机构的沟通渠道，确保服务联盟的有序运行。

在服务联盟建立之初，服务系统应以各自的资源为基础建立信任关系；在联盟运行过程中，随着合作的发展，机构之间信任关系通过联盟的治理来加强。服务系统之间的承诺、相互依赖度、利益分配的均衡性以及相互之间的学习和沟通交流都会影响信任关系，因而需要采取一定的措施，包括建立定期沟通和协调机制，通过沟通和交流将服务系统紧密联系在一起。同时，建立风险承担和利益分配机制以明确责权利关系。

六、行业信息服务重组发展案例分析

我国的行业信息服务重组需要在行业发展全局上进行战略规划和基于全局规划的改革推进。在我国行业信息服务体系重构中，我们针对行业群集信息服务重组的现实问题对化工行业进行了跟踪分析，提出了整体化整合的发展对策。在地方行业信息服务体系重构中，根据广东省佛山市“十二五”战略发展目标，对佛山市工业与信息化融合中的行业信息服务转型与系统重组进行了研究，由此形成了服务重组与行业信息平台建设规划建议。

（一）行业集群信息网络服务重组与协同服务组织对策

在行业集群信息服务重组中，我们跟踪调查了化工行业的行业细分网络服务发展，以此出发而提出的对策，对于其他行业信息网络服务具有意义。

1. 化工行业及其信息服务体系的变革。化工行业是一个特大行业，在计划经济体制下，国家化工部信息机构承担着面向整个行业的服务任务。在行业的国际化发展中，这种大而全的模式，无论是在体制上还是服务组织上，都已无法满足行业发展和企业用户的需求。近20年来，在国务院机构改革的同时，化工行业信息网日益专业化、产品化、细分化，继而形成了化工行业信息网络群。然而，行业集群内的网站，由于缺乏整体协调和规划而处于分散状态。显然，这一状态应在行业信息重组中得到改变。

在计划经济体制下，我国的化学工业曾由原国家化工部、石油化工部等部门管理。随着市场经济体制的确立和全面改革的推进，化工行业企业结构已经发生了根本性变化。国家和地方所管辖的化工企业直接进入市场运作，实现自主创新发展。由于化工行业不仅是其他相关行业的支持行业和上游行业，而且还是直接面向民生消费的行业。与此同时，化工与电子、材料、环境保护等行业形成了纵横交错的关联关系。这一现实情况说明，化工行业的开放度和国际化程度很高，企业的管理经营已同国际接轨。

在行业管理制度变革中，隶属于化工部的中国化工信息中心从事业单位改制为中央科技型企业，其资产由国资委管理，中心在面向化工行业的信息服务中自主发展；另一方面，在国家知识共享工程和科技平台建设中，化工信息中心作为NSTL的成员发挥着日益重要的作用。从行业科技信息服务的核心地位和科技与经济的结合看，中国化工信息中心在化工行业信息服务重组中具有举足轻重的地位。

与此同时，原由政府主管的化工信息服务系统与中国化工信息中心的改革相对应，各省、市的化工信息服务机构体制也进行了变革。所不同的是，地方机构与市场接轨的步伐更快。目前，从中央到地方的化工信息服务体系已进行了自主式重新组织。

信息化建设和行业科技的发展使得化工行业内的企业越来越依赖于信息服务和网络，因此，化工信息网的兴起和发展是化工行业信息服务体系变革的又一特征，其网络数量明显多于其他多数行业（如煤炭、冶金、机械等行业）。2009 年 1 月，在互联网上搜索的结果是，较重要的化工信息网站已达 191 家以上，包括中国化工信息中心在内的重要化工信息服务机构都开展了各具特色的网络信息服务。表 7 - 3 反映了所搜索到的化工信息网的服务[①]。

表 7 - 3　中国主要化工信息网及其服务

信息网分类	网络名及网址	网络服务
化工行业综合网	中国化工信息网（http:// www. cheminfo. gov. cn/），中国化工网（http:// www. chemnet. com. cn/），中国石油和化工网（http://www. chemall. com/），万客在线（http://www. wcoat. com/ ），中国化工信息（http:// www. chemnews. com. cn/），中国化工企业互联网（http:// www. cpcp. com. cn/），中国化工资讯网（http://www. chchin. com/），世易化工网（http://www. echinachem. com/），中国万维化工城（http://www. chem. com. cn/），卓创资讯（http://www. chem99. com/），华东化工网（http://www. cechem. net/）等	作为化工行业综合类网站，提供翔实、可靠及时的信息。化工信息主要数据库包括：化工要闻、国外化工、化工政策法规、中国化工产品及生产厂家数据库、中国化工产品进出口厂商数据库、全国化工产品价格数据库、化工产品进出口数据库、国内化工市场行情分析、国际化工市场价格与行情报道、中国化学化工文摘数据库、化工专题、化工科技成果库

① 胡潜：《面向企业创新发展的行业信息服务重组研究》，2009 年武汉大学博士论文，第220 页。

续表

信息网分类	网络名及网址	网络服务
化工行业商务、市场信息网	阿里巴巴化工网(http://chem. china. alibaba. com/),化工咨询网(http://www. 6chem. cn/)、中纤塑料网(http://www. ccfei. com/),慧聪化工网(http://www. chem. hc360. com/),天天化工网(http://www. chem366. com/),华夏化工网(http://www. hxchem. net/),中宇资讯(http://www. chem365. net/),易贸资讯(http://www. chemease. com/),化工市场七日讯(http://www. qrx. cn/),百克网(http://www. pec365. com/),中国化工产品网(http://www. easychem. cn/),浙江塑料城(http://www. ex - cp. com/),西部化工网(http://www. cnwestchem. com/),国际化工网(http://www. 72hg. com/),化工商务港(http://www. chemeport. com/),我的化工网(http://www. mychemy. com/),西部化工网(http://www. cnwestchem. com/),隆众石化商务网(http://www. oilchem. net/),杭州湾化工网(http://www. hzwchem. com/),金银岛(http://www. 315. com. cn/),芝麻开门化工网(http://www. zmkm77. com/),盐城化工网(http://www. chem688. com/),化工世界网(http://www. chemworld. com. cn/),中国开门化工商务网(http://www. chemn. com/),华东化工网(http://www. cechem. net/),中国化工产品网(http://www. chemcp. com/),中国供应商(http://www. chinachemnet. com/),江苏化工网(http://www. jschem. com. cn/),中国国际化工网(http://www. intchem. net/),中国化工商务网(http://www. sinochem. net/),中国液体化工交易网(http://www. clc - ex. com/),东方化工网(http://www. ech. com. cn/),国际化工网(http://www. wchem. com/),全球化工贸易网(http://www. 51chem. com. cn/),点石化工原料网(http://www. clickstone. biz/),中国化工热线(http://www. 027chem. cn/),中国氯碱网(http://www. ccaon. com/),有机化学网(http://www. organicchem. com/),燕赵化工网(http://www. yanzhaohuagong. com/),中国化工联盟网(http://www. cnchemadd. com/),中国化工电子商务网(http://www. ccecn. com/),化工英才网(http://www. chenhr. com/)	以互联网技术为核心,为用户提供商务、技术解决方案,利用传统广告与中国资讯大全、提供行业分析报告及各类展会信息服务,安全、高效、多功能、系统配套的B2B电子商务平台服务,其宗旨是利用互联网进行化工电子交易,帮助企业降低交易成本、缩短交易时间、提高经营效率,促进中国化工产业的结构调整和体制改革

续表

信息网分类	网络名及网址	网络服务
塑料工业信息网	中国注塑网（http://www. yxx. com. cn/），精英注塑网（http://www. cnmolding. com/），中国再生塑料交易网（http://www. czssl. com/），中国塑机交易网（http://www. pm - trade. com/），中塑在线（http://www. 21cp. net/），中国注塑模具网（http://www. injmold. com/），中国注塑技术网（http://www. zs128. com/），中国塑料网（http://www. chinaplastic. net/），中国塑料商务网（http://www. plasway. com/），现代橡胶网（http://www. timerubber. com/），中国通用塑料信息网（http://www. tysl. net/），中国再生塑料网（http://www. zssl. net/），中华塑料网（http://www. plastic. com. cn/），中国工程塑料网（http://www. nl66. com/），中国塑料橡胶制品网（http://www. sjzp. com/），全球塑胶网（http://www. 51pla. com/），中国乐从塑料网 http://www. plasb2b. com/），中国塑胶助剂网（http://www. pr - agent. cn/），中国塑料行业网 http://www. su liao. com/），中国易塑网（http://www. chem9. cn/），中国橡胶网（http://www. rubber. com. cn/），中国轮胎商务网（http://www. tirechina. net/），国际塑料工业网（http://www. ipionline. com. cn/），中国密封网（http://www. sealing. cn），海南橡胶网（http://www. hirubber. com/）	在塑料工业领域进行科技、商务、市场经营等方面的服务
化工设备信息网	中国化机网（http://www. chemmach. com/），中国塑料机械网（http://www. zjbiz. net/），中国化工设备网（http://www. chemjx. cn/），中国化工仪器网（http://www. chem17. com/），中华涂料设备网（http://www. paintdevice. cn/），中国塑料机械网（http://www. plasticmachine. com/），中国化工机械网（http://www. chemm. cn/），中国分析仪器网（http://www. 54pc. com/），中国化工装备网（http://www. chemp. net/），制药设备网（http://www. syjxzb. com/），中国生物器材网（http://www. bio - equip. com/），中华化工机械网（http://www. hgjx. com. cn/），化工设备网（http://www. cheme. cn/），中国制药化工装备网（http://www. zyzb. net/），中国模具网（http://www. mould. net. cn/），中国石油设备网（http://www. seaso. com/）	化工设备信息网包括化工机械、化工材料、化工仪器、化工模具等专门信息网，这些网站开展全方位专业信息服务

续表

信息网分类	网络名及网址	网络服务
能源石油化工信息网	环球能源网(http://www. worldenergy. com. cn/),东方油气网(http://www. oilgas. com. cn),中国新能源网(http://www. newenergy. org. cn/),中国石油新闻中心(http://news. cnpc. com. cn/),世界新能源网(http://www. 86ne. com/),中国能源网(http://www. china5e. com/),润滑油营销网(http://www. lubesale. com/),中国润滑油网(http://www. chinalubricant. com/),中投网(http://www. nengyuan. cc/),能源行业(http://www. zy169. cn/),国际能源网(http://www. in - en. com/),中国润滑油信息网(http://www. sinolub. com/),中国石油物资网(http://www. pmnet. cn/)	能源信息网和石油信息网在化工信息网中具有重要的位置,这些网站在石油化工和能源领域开展科技与市场等方面的服务
涂料油漆信息网	中国涂料网(http://www. chinacoatingnet. com/),中华涂料网(http://www. 21coatings. com/),现代涂料与涂装网(http://www. mcpn. cn/),涂料涂装资讯网(http://www. asiacoat. com/),中国粉末涂料网(http://www. efenmo. com/),中华有机颜料网(http://www. yjyl. net/),中国涂料在线(http://www. coatingol. com/)	在涂料、油漆行业进行行业信息组织、数据提供和综合性市场服务
材料工业信息网	环球聚氨酯网(http://www. puworld. com/),中国复合材料在线(http://www. frponline. com. cn/),中国树脂网(http://www. resin. cn/),贝茨聚氨酯网(http://www. chinapu. com/),有机硅热线(http://www. siliconeol. com/),中国环氧树脂网(http://www. epoxy - e. com/),中国聚合物网(http://www. polymer. cn/),中国环氧网(http://www. epoxy - e. cn/)	主要是复合材料、树脂材料聚合物材料等行业网,建有专门的数据库
精细化工信息网	中国化妆品技术信息网(http://www. china2002. com/)中国化妆品网(http://www. c2cc. cn/)河南日化网(http://www. hnrhw. com/21)世纪精细化工网(http://www. 21jxhg. com/)华夏精细化工网(http://www. hxjhw. com. cn/)中国精细化工商务网(http://www. cnfinechem. net/)中国精细化工商贸网(http://www. jhtrade. net/)中国精细化工网(http://www. finechem. com. cn/)中国洗涤化妆品网(http://www. 360xh. com/)世界精细化工网(http://www. wrfcn. com/)中国精细化工技术网(http://www. cnjxhgjs. com/)	精细化工网为化工技术交流和专业服务网站,包括精细化工各细分专门网站

续表

信息网分类	网络名及网址	网络服务
助剂试剂信息网	中国试剂网(http://www.reagent.com.cn/),胶粘技术网(http://www.3bond.com/),中国日化助剂网(http://www.comodity-chem.com/),中国纺织助剂网(http://www.ctanet.cn/),中国饲料添加剂信息网(http://www.chinafeedadditive.com/),中国试剂信息网(http://www.cnreagent.com/),食品添加剂应用网(http://www.cnfoodadd.com/)	开展助剂方面的技术信息、商务信息等方面的服务
医药化工信息网	中国医药网(http://www.yyxx.org/),中国医药化工网(http://www.chinayyhg.com/),中国医药经济信息网(http://www.menet.com.cn/),东方医药网(http://www.chinamsr.net/),中国医药信息网(http://www.cpi.gov.cn/),中国新医药网(http://www.zgxyyw.com/),当代医药市场网(http://www.ey99.com/),医药网(http://www.ey360.cn/),中国医药招商网(http://www.178yy.com/),海虹医药电子商务网(http://www.emedchina.net/)	在医学化工领域开展技术服务、管理服务和经营服务,建有专门的数据库
农药化肥信息网	中国农药网(http://www.agrichem.cn/),中国化肥网(http://www.fert.cn/),中国水泥网(http://www.chinacements.com/),中国农药信息网(http://www.chinapesticide.gov.cn),中国生物农药网(http://www.3521cn.com/),中国化肥信息网(http://www.china-fertinfo.com.cn/),安徽水泥科技网(http://www.he235.cn/),中国农药网(http://www.pesticide.com.cn/),中国水泥行业网(http://www.chinashuini.com/),数字水泥网(http://www.dcement.com/),中国水泥商情网(http://www.snsqw.com/),中华农药助剂网(http://www.nyzj.net/)	作为农药、化肥行业的信息网开展专门信息服务

续表

信息网分类	网络名及网址	网络服务
其他类别化工信息网	标准计算网(http://www.bzjs.net),分析化学网(http://www.33ge.com/coatcn),中国化工信息周刊网(http://www.chemnews.com.cn/), coatcn 技术网(http://www.coatcn.com/),海川化工论坛(http://www.hcbbs.com/),化工问吧(http://www.chemask.com/),第一化工搜索(http://www.chem01.com/),化学教育资源网(http://www.ngedu.net/),生物软件网(http://www.bio-soft.net/),中国石油和化工文献资源网(http://www.chemdoc.com.cn/),中国玻璃商情网(http://www.boli114.com/),中国玻璃网(http://www.glass.com.cn/),中国再生资源交易网(http://www.zz91.com/),中国香料化学网(http://www.cffec.com/),中国色谱网(http://www.sepu.net/),中学化学网(http://www.zxhxw.com/),中国化工安全网(http://www.chemsafety.com.cn/),化学教育网(http://www.huaxue.com.cn/),中国玻璃信息网(http://www.glassinfo.com.cn/),化工搜索(http://www.chemindex.com/),中国化工展览网(http://www.hgzhan.com/)	在各专门领域进行行业信息服务,如标准、计量等信息服务

如表 7-3 所示，从网络服务上看，我国化工信息网具有如下特点：

(1) 网络数量大，结构复杂，在资源建设和服务上虽然具有互补性，但服务内容具有交叉性，资源建设具有重复性，服务组织具有分散性。

(2) 从化工信息中心体制上看，既有国家投入的化工行业网，又有地方或专门协会的信息服务；从服务内容上看，可区别为综合、科技、经济、市场等类型。

(3) 化工信息网的行业细分明确，覆盖基本完整，从行业关系上看，体现了化工企业的分布和需求结构，但各网互联性不高，其运行方式以独自运行为主。

(4) 化工信息网资源建设和服务质量差距明显。对于国家网络，由于具有平台资源，服务功能完整，然而，一些专门网站和商务网的服务内容和质量有待提高。

（5）化工行业网络信息服务的规范有待提高，从网络服务采用的标准、技术和组织上看，彼此的合作具有规范和标准上的障碍。

以上情况说明，我国化工信息网络服务基本上处于分散发展状态，与面向企业的创新发展尚存在需求上的差距。

2. 化工行业集群信息网络服务重组的实现对策。从行业技术结构和关联上看，各细分行业虽然存在行业经营和核心技术上的差别，但化工行业对各细分行业的包容性较强。在化工行业信息服务中，各国基本上采取了大行业科技集中，小行业经营服务分布的组织形式，如美国化学文献服务社的《化学文摘》（CA）服务就是如此；与此同时，美国有序地推进了新材料、橡胶、高分子、有机等领域的细分服务，使之形成了一个完整的互动体系。

从科技与经济信息服务的结合上看，化工行业的商务服务可以以细分行业为主体，以产品和市场为轴心开展。这方面的服务同样可依赖于综合市场和专门市场服务两个方面。对此，可以实现二者的结合。

从国家和地方层面上看，国有企业、民营企业和合资与外资企业，具有化工行业服务的共同需求，行业的多元结构使得可以在一个平台上开展面向多元主体的服务。

从创新型国家建设、资源服务与企业创新发展相结合的角度看，实行大行业信息集中下的行业集群信息网络的协调重组是可行的。从现实情况出发，构建如图7－8所示的结构体系。

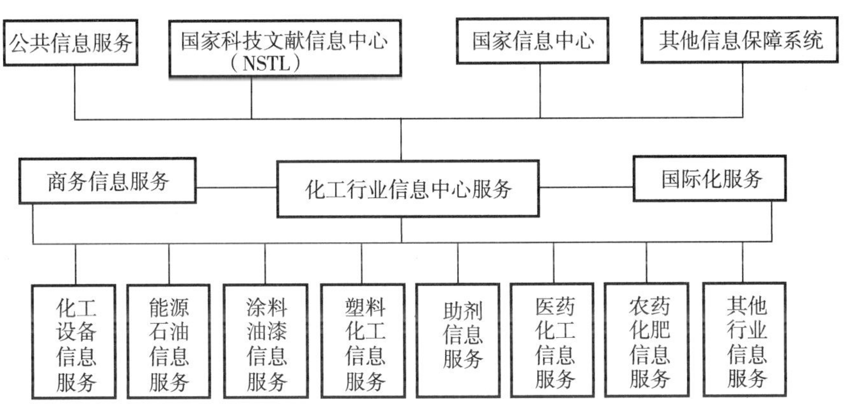

图7－8　化工行业集群信息网络服务体系重构

在如图7－8所示的重构体系中，拟推进以下工作：

（1）进行国家调控下的化工行业信息服务体制改革，在国家投入的中国化工信息中心的基础上推进行业服务，在行业协会制度建设中实行企业自律的行业服务转型，以此出发进行行业综合性信息网络服务的整合，最终实现建设国家化工行业信息中心机构的目标。

（2）明确化工行业作为大行业的信息服务模式，化工行业信息中心与国家科技文献中心平台和国家信息中心平台链接，在化工信息中心加入NSTL的基础上开展平台的共享服务，同时实现与公共信息服务、高等院校和其他信息服务平台的互联。在共建共享中进行体制上的优化。

（3）以化工行业信息中心网络为依托，在化工商务信息服务、专利和国际数据信息服务等方面进行开放式合作体系的构建；实现与市场服务的结合，开拓与国际性化工行业信息服务的合作途径，在合作发展中形成开放式的化工行业信息服务网络系统。

（4）在政府主导下进行科学规划，引导化工细分行业集群信息网络结构的优化，采用多元化的细分行业信息组织发展模式和有偿与无偿结合的服务方式，推进细分行业服务结构的有序化，同时推进细分行业对化工大行业信息中心资源的共享。

（5）开发化工行业基础信息服务平台。作为一种信息整合和集成服务的工具，按统一的技术标准、协议和共享规则，在细分行业的信息服务中加以使用；其使用管理，可以采用嵌入式和集中式两种方式进行。

（6）加强基于化工服务平台的化工企业信息化建设的步伐，促进化工企业门户网站信息与细分行业信息中心的交换，加强企业产品、专利、专门数据库开发力度，同时为地方企业用户提供个性化的服务。

（二）广东省佛山市行业信息服务重组与信息平台建设规划的制定

广东省佛山市在信息化和产业经济的发展中，形成了以行业协会为主体的行业信息中心服务体系，这种体系结构适应了市场经济中的区域经济发展需要。然而，在产业发展转型中，却难以进一步满足工业与信息化融合发展要求，从而提出了面向产业创新发展的体系重构问题。

1. 行业信息服务形态的形成与服务组织。广东省佛山市已形成了一个以程控交换为主体，大容量光纤、数字传输为主，有线与无线通信相结合的通信网络，从而为各种信息资源的共享提供了基础平台。佛山市已建成由佛山市政府网、佛山视聆通、佛山禅通多媒体宽带信息网、佛山金科网、佛山教育科学研究网等五个专业网组成的信息网络互联平台，初步实现了佛山市行业信息网络的互联，有利于行业信息资源共享的实现。从佛山目前的信息服务体系上看，可将行业信息服务机构分为企业创新服务中心、专业镇创新平台和面向行业的创新服务中心三个部分，如图 7 -9 所示。

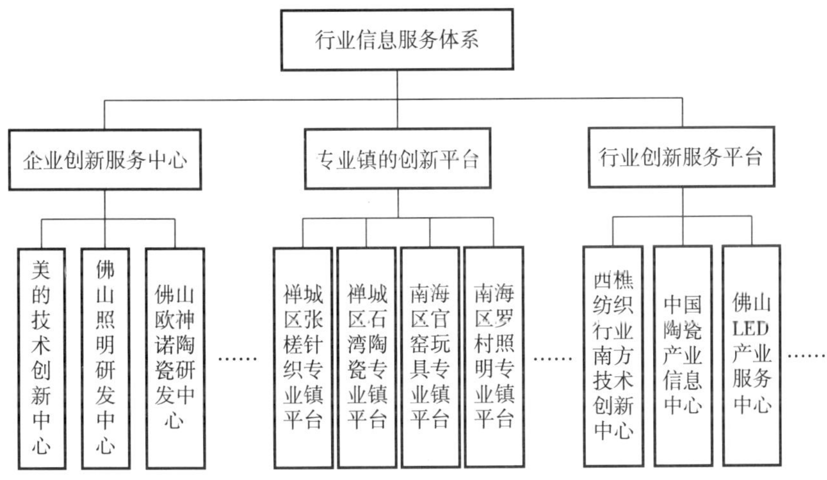

图 7 -9　佛山行业信息服务体系

（1）企业创新服务中心。企业创新服务中心由企业联合组建或自主创建，也称为企业的创新中心、工程技术中心等，直接服务各企业的创新。企业创新服务中心主要是企业根据自身经济实力和发展需求建设的服务平台，这类平台一般不对外开放，只为企业内部提供科学研究信息服务。这类服务中心在广东珠江三角洲企业分布密集，在企业创新发展中发挥了显著作用，佛山已建成了全市联网的计算机信息化交换平台，有近 500 家企业建立了自己的网站，为企业获取网上信息和进行电子商务提供了良好的平台。

（2）专业镇的创新平台。专业镇是指以镇（区）为基本单位，产业相对集中，且具有一定经济规模，产、供、销一条龙的科、工、贸一体镇级经济体。在佛山的经济发展中，专业镇经济的发展已成为一大特色，部分专业镇的市场网络已延伸到省外以至国外，其发展势头强劲。截至 2010 年 12

月，广东省各地专业镇共有277个，其中佛山市有34个特色经济专业镇。在建设目标上，“立足专业镇，面向广东省，辐射全行业”，为企业产品研发、内部管理、市场营销、信息收集、知识产权等整个创新价值链提供全方位服务。

在具体实施中，针对各专业镇产业发展的不同特点，其服务一是组织技术专家为企业提供技术和发展战略咨询，二是帮助企业推行行业技术标准或国际标准，三是为企业提供信息保障，四是采取多种形式对各类管理人员进行不同层次和内容的培训，五是协调专业镇创新服务中心、咨询服务公司等多种中介服务机构的运行。

（3）行业创新服务平台。佛山市在构建信息网络互联平台的基础上打造了服务于各行业的信息中心，面对行业内企业开展信息服务，如中国陶瓷产业信息中心和西樵纺织产业服务平台等就是面向特定行业的信息服务与创新服务平台。

西樵纺织行业南方技术创新中心是于1998年成立的社会化、开放性、市场化运作的布料工艺制版创新中心，经过几年的发展建设，已建成了“一个平台、五大支柱”的较成熟的技术创新服务体系。2006年年初，西樵纺织产业创新平台建设通过了广东省科技厅组织的鉴定，中国纺织工业协会也把西樵纺织产业创新经验确定为“西樵模式”来向全国推广。

佛山的陶瓷生产加工业在广东占有重要地位，已成为佛山的一大龙头产业。中国陶瓷产业信息中心于2010年1月在佛山正式成立，总部设在佛山禅城区，由中国陶瓷知识产权信息中心佛山工作站、中国陶瓷产业数据中心、中国陶瓷产业新品发布中心、中国陶瓷产业新闻发布中心、中国陶瓷产业市场动态信息中心、中国陶瓷产业政策法规发布中心等六个专业信息中心联合组建。专业中心整合了各机构的信息资源，提供陶瓷科技资料查询服务，负责产业数据中心数据的收集、分析，以及技术平台的搭建和运营。中心提供的服务有：不定期在中国陶瓷城、中国陶瓷产业总部基地举行陶瓷行业政策法规发布会；作为广东价格指数平台成员单位，负责编制及发布中国陶瓷产品价格指数；发布品牌价值、产品、创新、技术等方面的信息。

佛山市类似的行业信息服务中心如佛山电子信息行业协会、佛山LED产业服务中心等，这些行业信息服务中心充分发挥自身的服务功能，为佛山行业的创新发展提供了保障。

此外，在佛山市公共创新信息服务系统建设中，形成了以佛山市图书馆为核心的公共信息服务体系。以公共图书馆为主体，吸纳各行业系统、各种类型的图书馆加盟，建设“统一标识、统一平台、统一资源、统一管理、分散服务”的佛山市联合图书馆体系；通过整合佛山市全市的图书馆资源，建设了覆盖全城、服务全民的文献信息资源共享网络和服务体系。2007 年，佛山市图书馆、佛山市文化广电新闻出版局、广东省科技图书馆、佛山市信息产业局、佛山市科技局和佛山市科学技术协会联合创建了佛山市科技文献信息服务中心，中心的建立促进了佛山市图书馆与广东省科技图书馆的合作与交流，推动了资源共建共享，取得了服务于佛山市企业创新的效果①。

2. 工业与信息化融合中行业信息服务所面临的问题。佛山市形成的行业创新信息服务体系和以数字图书馆为核心的公共信息服务保障体系的建设，在一定程度上满足了企业创新发展的需求，然而也存在发展中的问题。从服务组织上看，主要问题概括为如下几个方面：

（1）对国家信息资源利用不足、信息资源共享欠缺。就现实情况而论，佛山虽然处于优势发展地位，然而对国家信息资源却未能充分利用，主要体现在：

佛山市的企业主要依赖本地的信息服务，佛山市相关部门虽然与国家信息中心、国家统计局等全国信息系统具有纵向关系，然而面向企业的信息服务却无法与全国性服务平台相连，对于国家信息资源未能有效共享。

佛山市行业信息服务与全国性行业信息中心基本上独立发展，在行业信息服务的转型发展中，我国正着手于行业信息资源的协同配置和服务整合，实现面向企业创新发展的机构重组，从目前情况看，佛山的行业信息服务必须融入全国系统。

佛山市企业的科技创新活动对我国公共信息服务（如 NSTL、CALIS、CNKI 等）的利用欠充分。国家科技创新条件平台的建设、高等院校文献保障的系统推进和知识创新信息服务的开展是“十二五”建设的重点，然而佛

① 佛山市图书馆［EB/OL］.［2010－12－19］.http：//www.fslib.com.cn/public_web/web_information/ChengLi－bg.htm.

山企业对支持创新的公共服务系统服务利用程度不高，甚至于存在着脱节的现象。2008 年 12 月，NSTL 与天津泰达图书馆档案馆合作成立 NSTL 泰达服务站，2010 年 4 月正式启用。作为全国 54 个国家级开发区之首，泰达成为国家科技信息服务走进工业园区活动的第一站。NSTL 又陆续与武汉高新区、成都高新区、苏州工业园区和沈阳高新区合作建立服务站点，为高新区的企业提供丰富的科技信息资源和服务。佛山市也应积极加强与国家公共信息服务机构的合作，充分利用国家的公共信息服务来促进地区创新发展。

（2）面向企业创新发展的信息保障欠充分。面向企业创新发展的信息服务在佛山地区处于分散状态，企业主要依赖于自身的信息系统和地域性行业信息系统进行运营，较少利用面向企业创新发展的信息服务，其问题主要表现在：

企业知识创新服务相对滞后。例如，美的等公司主要依赖于本身的信息系统和行业信息系统来运作，且信息化的建设集中在管理层面和经营层面上（如 ERP、电子商务、物流等），缺乏面向企业知识创新项目的信息组织与服务，以至于使企业知识创新与经营管理脱节，其知识创新服务有待加强。

企业信息保障处于自我保障的分散状态，主要表现为：佛山市地区图书馆等公共信息服务与企业关联度有限，支撑企业创新发展的服务机制未能形成，企业信息系统大多为独立开发，融合与联网程度不高。因此，需要在政府的引导下，打造支持企业知识联盟的虚拟运作环境，使企业间以及企业与环境之间能够得到沟通，保证佛山创新经济发展的辐射作用和以“广佛”同城化为核心的区域性创新经济发展。

（3）信息服务的“创新供给”与经济发展“创新需求”难“对接”。虽然佛山市走在我国经济发展和创新的前沿，然而信息服务的“供需”却存在着矛盾：一方面，信息资源收藏机构收藏量大、投入高，但与科技人员的拥有量和研究开发机构的数量相比，用户的平均资源占有水平却不是很高，两者存在一定的反差；另一方面，创新服务的保障不足，科学研究人员、企业信息需求满足率低。矛盾主要表现为：文献信息系统各自为政，由于条块分割、服务内向，企业的创新需求不能从这些系统得到充分保障。与北京、上海甚至部分创新资源和实力相对较弱的地区相比，佛山市在科技信息服务促进地方经济发展方面有着差距，这也是当前佛山创新信息服务保障体系建设亟须解决的突出问题。

在佛山市创新发展的服务体系建设中，面向企业尤其是中小企业技术创新的信息资源不足，难以按统一的目标集成面向企业的创新服务。从根本上讲，“创新供给”目标与“创新需求”错位，这就需要从根本上予以解决。

（4）信息资源服务发展滞后。相对于跨系统信息服务平台硬件基础建设，跨系统信息服务平台应用功能的开发、信息资源整合、管理等软件建设发展滞后。

佛山市信息服务建设初步实现了系统间的物理互联，推进了跨系统互联和互通，但由于不同系统相互间的关系协调和统一对外服务的问题未能解决，因此，需要在国家的整体架构、统筹布局、政策导向和项目支持下理顺管理关系。由此可见，建立科学的管理与协调机制是当前佛山市跨系统信息服务平台建设取得实效的关键。

目前，受信息服务条块分割和服务于部门、系统内的体制影响，在佛山市信息服务的资源组织中，基于统一标准的跨系统信息资源整合未取得实质突破。不同系统、不同部门的信息服务机构往往独立地建立各自的信息资源系统，其信息资源的采集、管理和发布由各部门自行管理，缺乏统一的规划，从而导致相同的信息资源在不同机构的重复建设，信息资源描述的一致性、合理性、有序性和受控性难以保证，严重影响了用户获取信息的全面性和有效性，特别是企业知识创新的需求难以得到满足。因此，构建统一标准的资源整合平台，使其运行正常是其中的关键。

佛山市未形成完善的区域性信息资源网络，因此，佛山地区的企业，难以通过地区性信息资源共享网络实现对国家公共信息资源的有效利用，各行业企业在科技与经济信息利用中往往需要从多系统获取所需信息。获取信息的分散性和信息利用中的不平衡导致了企业信息鸿沟的存在，因此，基于区域平台的信息资源共享水平有待提高。

3. 工业与信息化融合中的行业信息服务重组规划建议。佛山市已经形成了知识创新价值链，信息服务作为创新实现的重要保障，也应贯穿于这一过程，提供全方位、全程化的服务保障。佛山市目前的服务方式显然不能满足其创新发展的需求，因此，应该打破系统、部门的界限，实现行业信息服务系统与科技、教育、文化等信息服务系统的互通，进行基于知识创新价值链的信息服务重组。立足于佛山知识创新价值链的形成及佛山信息服务系统的发展，在现有的资源布局、技术水平和服务业务的基础上，可以通过建立佛山跨系统服务联盟，将各服务系统的优势资源和服务进行整合，对资源进行合理调配、对业务流程进行重组，以实现服务的协同推进。

佛山市面向知识创新价值链的跨系统虚拟服务联盟的组建应采取政府主导、多方参与的建设方式。在管理体系构建中，可考虑采取政府协调相关部门，通过设立“理事会”进行建设规划，负责项目的组织实施。原则上，将现有的CALIS华南中心，佛山市科技文献信息中心，佛山市图书馆，佛山34个专业镇创新服务中心，佛山电子信息、陶瓷、针织、家电、照明等行业信息服务中心联合起来，组成信息服务联盟机构。通过建设统一的跨系统信息服务平台，为佛山地区的知识创新和企业经营提供全方位、全程化的信息服务。具体组织体系结构如图7－10所示。

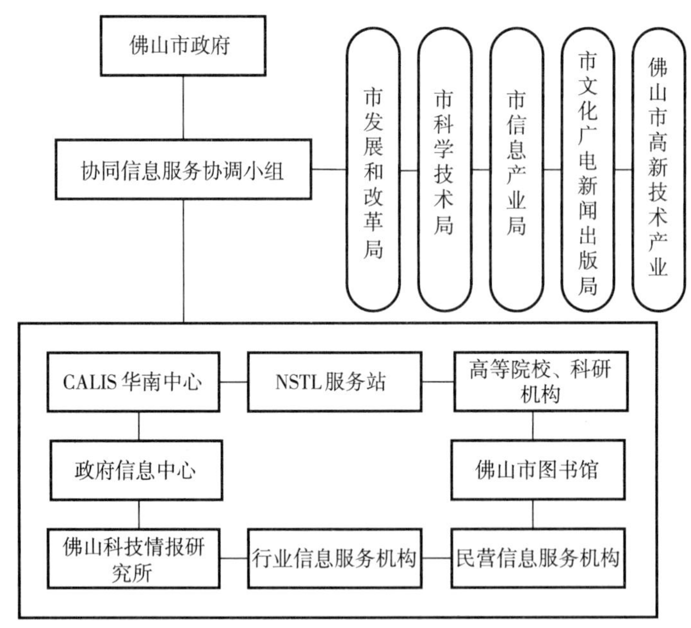

图7－10 佛山跨系统行业协同信息服务组织结构

（1）推动服务联盟的资源重组。围绕着佛山优势创新产业集群，信息资源广泛分布在公共信息服务系统、行业信息服务中心等服务部门，企业、科研机构、政府、金融机构等创新主体在参与知识创新活动中也产生了丰富的信息资源。然而，这些创新资源分散分布在各个系统中，不利于知识创新各个环节的资源获取和利用。对此，跨系统服务联盟资源重组要求在分布、异构和动态变化的资源和服务环境下，提供跨系统、跨时空的信息，以实现创新资源和创新活动、创新人员的紧密结合，保证创新价值链中工作流、信息流和知识流的通畅，促进创新价值链中各环节的耦合和互动。

跨行业系统协同信息服务联盟建立在信息资源共建共享和开放化服务的基础之上，服务联盟面对的是一个分布式、多元化的动态资源系统，而不是基于固有资源或系统的静态服务环境。它需要充分调动和集成各种资源、系统和服务来支持知识创新过程，因此并不局限于某一资源系统，而是多个服务系统的集成和资源整合。佛山市形成的优势产业集群错综交叉，知识创新资源体系庞杂分散，其信息服务必须首先在全市范围内进行重构。在此基础上，充分利用区域和国家的创新资源服务于地方产业的发展，实现以创新价值链为核心的资源重组。在重组中，通过建设创新资源协作体系，针对佛山优势行业建立一批重点产业的国际人才库、技术知识库和成果库，形成协同创新资源网络协作，同时积极推进科学研究设备和科技信息共享。

（2）进行服务业务流程的优化。在服务联盟组建之后，物理上分散的资源和服务系统在逻辑上得以集中。与此相对应，服务业务也需要按照知识创新价值链的关系进行流程优化。佛山企业在创新发展中所需要的信息服务主要是通过行业信息服务中心和专业镇一级的创新服务平台来获取的，尚处于分散的利用状态。在服务联盟中，其业务流程优化注重以下两方面的问题。

业务流程调查。在联盟协调小组的指导下对各个信息服务系统的业务流程进行调查，这是业务流程优化重组实施的基础。在搜集各信息服务系统业务流程信息、分析业务流程的优劣的基础上，通过了解信息服务系统现有业务流程和管理流程明确流程现状及存在的主要问题，以此确定关键的重组流程。

业务流程设计。流程设计是业务流程优化的第二个阶段，也是核心阶段。在调查各个信息服务系统业务的基础上，服务联盟应该按照知识创新价值链的关系重新组织业务流程，面向知识创新的环节理顺业务关系处理和链接相关信息机构的服务，对行业服务系统的服务进行管理、注册和监管，使之形成一个可以共享信息的系统。

（3）跨行业系统的协同信息服务平台构建。跨系统服务联盟可以通过建立协同服务平台，面向佛山市各行业开展跨系统服务。跨系统协同信息服务平台汇集面向知识创新价值链和行业经营链各环节的信息来源，为创新主体之间的信息交换、重组和利用提供无缝衔接服务，因此是跨行业系统的信息组织、开发与提供服务是进行服务业务协调的基本内容。

面向佛山创新发展的跨行业协同信息服务平台建设的总体目标是：应用现代信息技术，将平台建设成为集成信息资源的枢纽和面向社会提供共享服务的窗口。同时，借助佛山地区的创新示范作用，服务于整个珠三角地区，使之成为地区行业信息资源门户。具体实施包括建设一个统一的信息服务网络系统，打破佛山地区行业信息服务和公共信息服务之间的交换“瓶颈”，实现网络集成；资源建设按照“统一规范、责利明确”的原则，重点实现国家信息中心、CALIS 和 NSTL 信息服务与佛山行业信息服务的链接。佛山跨系统信息服务平台组织构成如图 7－11 所示。

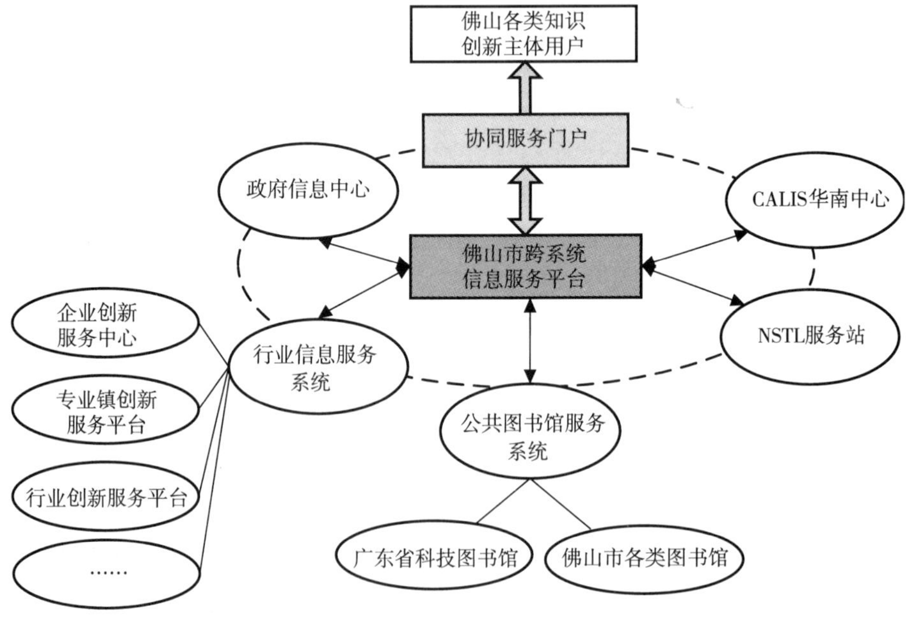

图 7－11　佛山市跨系统信息服务平台构成

根据目前佛山创新型企业的信息基础条件以及在获取信息和分析信息方面存在的问题，通过集成公共信息资源和各行业的信息资源整合，可以建设一个面向佛山区域经济的协同信息平台，形成可共享服务的网络体系。建成后的平台在信息资源总量上应能满足佛山地区创新发展的需要。

平台功能的系统实现是平台建设的关键和面向行业开展服务的基础。平台提供的主要功能应该包括以下几个方面：

行业企业创新需求管理功能。以企业创新发展需求为导向是平台建设首先要考虑的，对此可设立专门的企业创新需求调研部门，对企业知识创新需求进行收集、整理、分类，建立长效的管理机制，及时了解企业的需求形态变化，以便更好地为企业提供针对性的信息服务。

跨系统资源整合功能。由于平台的信息资源来自政府、行业、企业等不同的部门，信息来源多样，数据结构复杂且存在异构问题，因此，需要在资源层面进行整合处理。根据创新主体需求的不同，应按照资源类型、主题、内容等逻辑关系将信息源链接起来，以方便用户使用。

跨系统统一检索功能。在跨系统基础上，对异地、异构数字资源实现整合，对用户提供一站式检索服务，对有使用权限的资源可直接定位，对无使用权限的资源则可以通过网上请求和文献传递方式等获取。

服务集成共享功能。提供文献传递、联合编目、委托检索、科技查新、科技评估、订阅推送、定题服务、专家咨询等多种服务。

行业信息导航功能。针对佛山以专业镇为特色的行业发展现状，建立行业信息门户，集成现有的针织、陶瓷、照明等特色行业的优势资源，形成具有地方特色的行业信息导航系统。

用户管理服务系统。提供用户注册、账户管理、费用结算等一体化功能，用户可以按需求定制个性化服务进行个人账户费用结算和充值等，系统管理员可以进行信息实时维护、管理和监控等。

相对于全国同类城市，佛山现有的网络通信基础设施的建设已具备网络互联互通的发展优势。在平台建设中，可以在充分发挥优势的基础上进行跨行业的信息服务基础建设。在发展中，可突出包括南海云计算中心、富士通数据中心、汇丰数据中心、世纪互联云计算中国总部基地项目在内的“云计算方阵”。除服务于本区域的产业和用户外，可进一步为泛珠三角地区乃至全国用户提供云计算服务。

服务于佛山知识创新价值链的跨系统协同信息服务云平台可以在云计算中心的基础上建设，采用云计算中心的技术框架，在此基础上进行功能的系统开发。

在跨系统信息服务平台建设中，应积极拓展资源整合范围和协同服务业务，吸引更多的社会投入；在信息资源的社会化开发与利用中，加速资源建设与平台服务的市场化。在市场经营中，应针对用户的实际需求，规范平台建设经营行为，进行协同信息服务市场结构的优化。与此同时，在工业与信息化融合建设中，按知识经济的增长调整跨行业信息服务平台建设的政府投入，实行资源的集中配置。

第　八　章
知识创新信息保障中面向用户的服务拓展

创新型国家的信息保障最终将体现在面向国家自主创新的信息服务业务发展上。面向国家知识创新的信息保障体系构建，必然以社会化信息保障业务拓展为依据。这意味着在信息服务业务组织上，随着信息基础设施与网络技术的发展，以信息服务的价值实现为基础进行面向知识创新的信息服务业务拓展是重要的。

一、知识创新保障中的信息服务价值与价值实现

在知识创新中，创新主体通过知识发现、获取、转移及服务利用获取效益和发展机会。从面向用户的服务组织上看，信息服务价值体现在用户知识创新核心价值实现上。这说明，知识创新的价值取向决定了信息服务的价值实现，由此形成了价值导向的服务业务组织机制。

（一）信息服务内涵价值与价值结构

从内涵上看，信息服务的价值体现在向用户提供的信息服务内容上；在价值实现上，信息客体价值和服务价值的关系决定了总体价值的形成。

在知识创新中，不仅需要进行知识的生产，而且还需要知识的转移和应用，这就需要围绕知识创新需求为各类用户提供信息保障。按专业分工原则

来讲，其服务业务需要专门的机构和人员承担。在服务中，服务承担者采用科学的组织方法进行信息的收集、管理、重组，从而为用户提供有效的信息交流与利用服务①。由此可见，信息服务的价值是通过用户对服务的利用来实现的，即信息服务价值的内涵是信息价值在用户利用中的体现。因此，信息服务价值实现的关键：一是信息内涵价值的发挥；二是服务对价值的提升，即服务增值价值，所有两方面的价值都与信息、用户和服务相关联。这说明，信息、用户与服务的交互关系决定了信息服务的价值关系。

信息作为一种资源，是各种具有可用性的信息在一定载体中的存储，它具有分散分布和难以有效控制的特性。这意味着用户在获取信息过程中必然存在多方面障碍，信息服务的价值就在于信息资源的收集、组织和面向用户的供给上。由于服务的利用，用户可以方便地获取有用的信息，从而实现信息的利用价值。可见，信息服务的内涵价值集中体现在信息服务的业务过程中。由于信息服务的存在，用户可以获取原来难以获取的信息，可以发掘原来难以发掘的内容，可以通过信息交互与外界沟通，最终实现价值的提升。图 8－1 集中反映了信息服务的价值内涵关系。

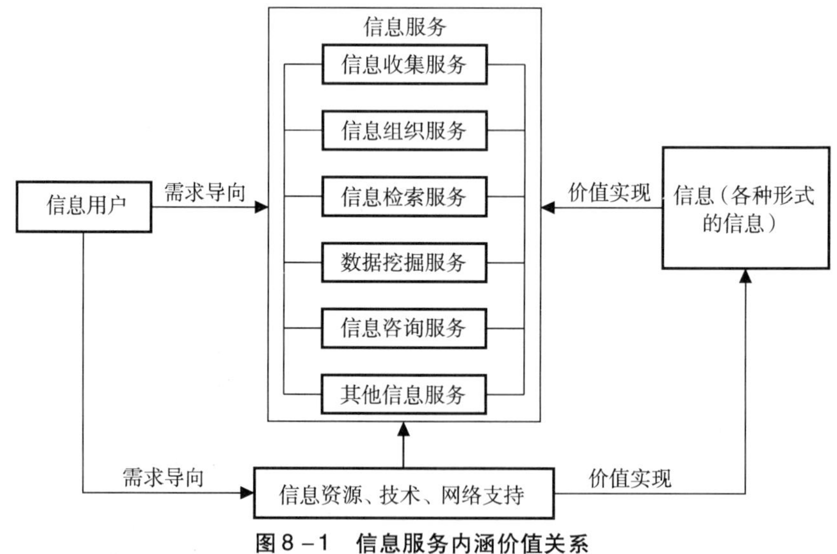

图 8－1　信息服务内涵价值关系

① 邓胜利、胡昌平：《建设创新型国家的知识信息服务发展定位与系统重构》，《图书情报知识》2009 年第 2 期，第 17—21 页。

从图8－1可知，信息服务的价值实现由以下关联因素决定：

用户的信息价值需求。用户对信息服务的需求来源于对服务所涵盖的信息需求，而信息相对于用户的价值则是价值实现的先决条件。从客观上看，用户需求由用户活动引发，用户的知识创新需求决定了信息需求，这种需求与用户所从事的活动内容、知识结构以及利用信息的状态有关。

信息需求导向的服务价值。信息服务是用户获取信息、挖掘知识和传播、交流利用信息的保障。其价值体现在服务的针对性、完整性、时效性、全面性和使用效率、效益上。通过服务，用户获取信息的范围扩大、时效增强、利用内容深化，导致了信息利用价值的提升。信息服务由收集、组织、检索、挖掘、咨询等具体内容构成，服务的开展决定了服务的利用价值与利用效益。

信息基础条件支持价值。信息服务需要基础条件的支持，其中不仅包括信息基础设施等社会共用条件，而且还包括信息资源的组织、技术应用和信息网络等直接关联条件。对于信息基础设施的建设，各国已纳入国家规划下的社会化建设轨道，所以在信息服务组织中被视为基本的信息环境。现代信息环境下的信息资源、技术与网络支持，则被视为具体的信息服务基础条件。条件支持除作用于信息服务外，也作用于用户的信息利用，从而产生了支持效益。

信息服务的价值实现。信息服务的价值最终体现在用户利用服务的效益上。在信息服务的价值实现中，用户对信息服务的利用能力、信息服务与用户需求的匹配度、服务相对于信息载体的适配性以及用户对信息的客观利用水平决定了价值的发挥。可见，信息价值实现是一个涉及面很广的问题，以此出发的服务价值提升，一是取决于用户的服务体验，二是由服务中的用户交互所决定。只有符合用户的体验行为和实现面向用户的交互服务，才能使价值最大化。

从以上分析可知，信息服务的价值实现是一个全方位的作用过程。这个过程与服务业务组织相关联，因此，应针对具体的服务作出针对性评价。

图8－2反映了基于动态网络的信息服务构建与实现流程。在知识创新中，面向用户的信息服务通过信息整合、资源重组、智能代理、网络支持、知识发现等环节来实现。如图8－2所示，服务系统依托动态联盟进行智能化专家服务、虚拟共享服务和交互式个性服务，所面向的用户群包括政府部

门、高等院校、科研机构、企业和其他组织。显然，该动态网络系统的信息服务价值由网络系统中的各因素作用所决定。因此，可以将图 8－2 所示的价值结构具体化即从用户、资源和信息的关联作用出发进行分析。

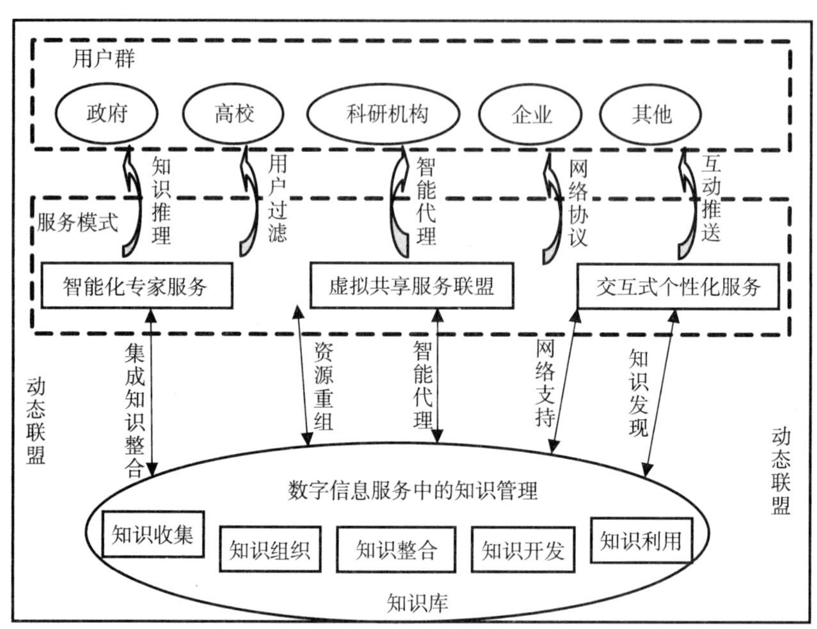

图 8－2　基于动态联网的信息服务价值分析

由于信息的分布和流通是不均衡的，信息价值的实现也是有条件的，因而我们需要在有限资源条件下对信息进行有效组织。信息资源组织的目的是：以最为恰当的形式进行信息选择，以便充分利用有限资源，尽可能发掘出信息的内涵价值。

智能化专家服务、虚拟共享服务和个性化服务，在实现用户交互中，代理用户完成信息查询、筛选、收集，最后把结果提供给用户。智能性可理解为服务系统对用户自然需求表述的理解，即通过捕捉用户的个性需要，在虚拟共享环境下开展面向用户的全程服务。

网络支持依托网络协议构建技术支撑和数据中心，实现信息服务的协同。基于动态网络的信息服务价值的最终体现，是用户的信息使用效益和信息的价值实现。需要指出的是，政府部门、高等院校、科研机构、企业和其他用户的不同需求结构决定了不同的价值机制。所以，服务系统的价值是复合价值的分布体现。

信息服务通过帮助用户提供高信息利用效果和信息保障水平，实现核心价值的转化，使服务方和用户方同时获取社会效益和经济效益。

核心价值是组织所拥有的区别于其他组织的不可替代的最基本、最持久的价值，是组织赖以生存和发展的根本原因。对于信息服务而言，核心价值以其他服务无法取代的形式出现。这是因为，信息服务有着与信息用户的知识创新不可分割的内在联系，其服务价值最终体现在用户的创新发展上；对于国家而言，则是信息服务业的价值所在。因此，应从价值体系构建角度进行价值分析和服务业务组织。

（二）知识创新中信息服务的价值实现机制

在知识创新中，信息服务的价值实现建立在信息的组织、管理和信息的内化与外化价值链基础上。关于这一问题，可以用价值链理论来解释。价值链是由各个互不相同而又相互关联的价值创造活动按照特定方式联结而成的链条[①]。在知识创新的信息流动中存在着自然的价值链关系，这种知识创新的价值链关系决定了面向创新活动各个环节的信息服务价值实现，即信息服务使信息在运动中增值。利用波特的价值链模型所建立的信息服务价值实现模型如图 8－3 所示，它反映了知识的生成、组织、内化和外化[②]。

在信息服务组织中，通过对信息的有序化存储和有序化整合，形成了有价值的数据库或系统。服务承担者在资源库或系统中可以选取有用的或有针对性的信息，通过协议向用户提供，以实现信息的价值转移[③]。信息内外化结合是信息在不同用户之间流动和传播的基础，从服务实现上看，不仅需要将无序的信息整合成有序的信息库，而且还需要开展深层次服务。这便是信息服务的价值所在。

在网络环境下，信息的内化与外化通过共享机制，建立信息的交互平台，以实现内外信息的共用，继而为用户提供保障。

---

① ［美］迈克尔·波特：《竞争优势》，陈小悦译。华夏出版社 1997 年版，第 34 页。

② Holsapple C. W. , Singh M. The knowledge chain model: activities for competitiveness ［J.］ Expert Systems with Applications, 2001, 20 (1): 77－98.

③ Federica S. , Antonello Z. Multinational firms, global value chains and the organization of knowledge transfer ［J］. Research Policy, 2009, 38 (2): 369－381.

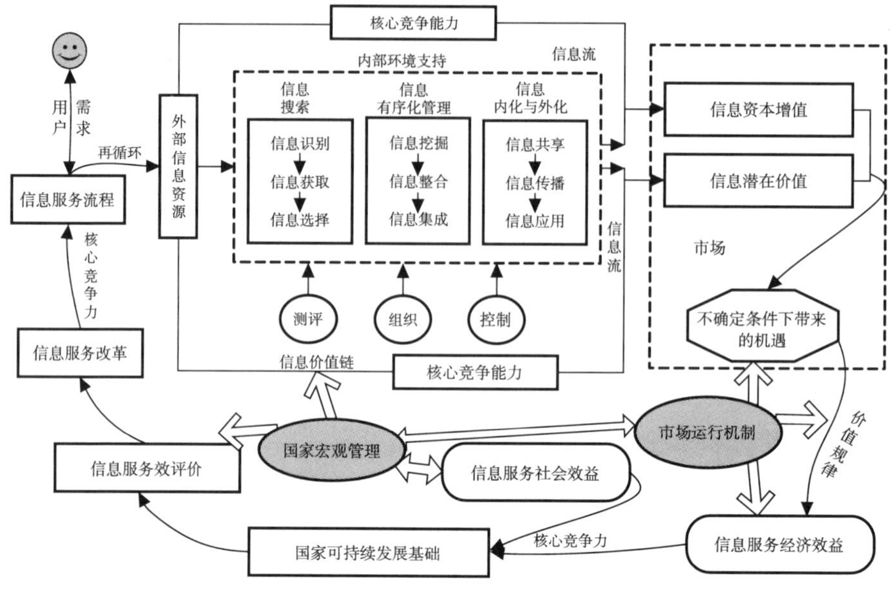

图 8－3　信息服务价值实现模型

信息利用是信息流通过用户的增值过程。信息价值链中的信息搜索、整合、集成是信息流组织的中间环节，通过服务的价值的提升是信息价值转化的中心环节①。

信息价值链除了基本活动外，还包括辅助活动。辅助活动是指虽然不直接参与从信息组织到信息的利用的基本运作，但对信息价值实现起支持作用的活动②。因此，信息基础设施建设、资源规划、环境优化等活动也是开展信息服务的必不可少的条件。

从信息价值链的分析中可以看到，信息价值运行是信息组织、服务和利用的关联过程。同时，信息服务价值实现也是基于信息价值链活动的信息资本增值过程。例如，通过信息的利用可以消除知识创新中不确定因素的影响，发现潜在机会。与此同时，信息服务机构在市场作用下可以获得信息服务的经济效益，以增强服务机构可持续发展能力。在国家创新发展中，体现

---

① Marcelo C. P. , Davi N. Knowledge and information flows in supply chains: A study on pharmaceutical companies [J.] Int. J. Production Economics, 2009, 122 (1): 376 - 384.

② Robert A. P. Stephen M. L. Services innovation: Knowledge transfer and the supply chain [J.]European Management Journal, 2008, 26 (2): 77 - 83.

为面向宏观经济的发展效益[①]。

可以预见，随着我国国家创新发展机制的不断完善和信息服务机构改革的不断深化，信息服务价值实现机制将在国家宏观管理下进一步完善。实践证明，通过持续的服务创新，在全球数字化信息服务迅速发展的背景下，构建新的信息服务价值链，实现价值链的延伸是重要的；另一方面，信息服务价值还表现为信息环境生态价值，即服务对优化信息环境的价值体现[②]。

需要指出的是，对信息服务价值的认知存在着用户体验与服务机构感知之间的差距问题，即用户体验的价值与服务提供者感知的价值可能存在着一定的差别，如图 8－4 所示。

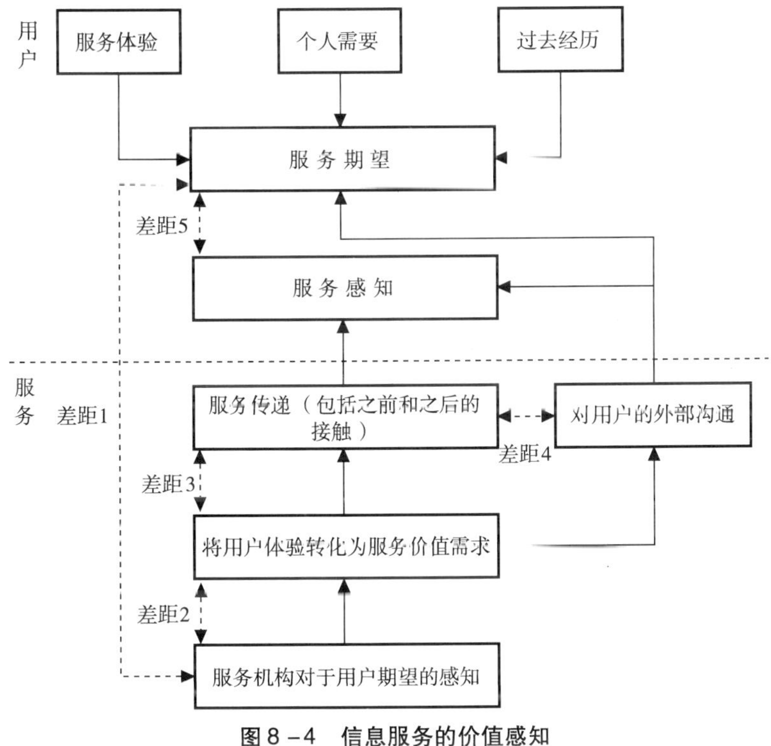

图 8－4　信息服务的价值感知

① 胡锦涛：《在纪念党的十一届三中全会召开 30 周年大会上的讲话》，《求是杂志》2008 年第 24 期，第 3—16 页。

② 梁孟华、李枫林：《创新型国家的知识信息服务体系评价研究》，《图书情报知识》2009 年第 2 期，第 27—32 页。

SERVQUAL 的五个服务质量要素是：（1）有形性，即有形的设施、设备、人员和沟通设施；（2）可靠性，即可靠地履行服务承诺；（3）响应性，帮助用户实现提供服务的愿望；（4）保证性，使主体的信息保证目标活动得以实现；（5）移情性，为用户着想，同用户进行情感交流。事实上，用户的感知服务价值高低决定了用户对服务的期望，当用户实际感受到的服务价值符合甚至超过他们的预期时，他们的感知服务价值就高；反之，用户对服务价值的体验就低。

基于“期望—体验”模型，在信息服务中应力求使用户体验价值与服务实际价值相统一。这就要求进行知识创新中的服务互动，即使用户参与服务过程，在服务中进行基于用户体验的互动。这一现实问题是面向知识创新的信息服务业务拓展中必须面对的。

二、知识创新信息保障组织与服务拓展

知识创新信息服务是围绕科学研究、技术发展、社会运行和管理创新等活动开展的信息交流、提供及利用服务，按服务组织类属可区分为公共信息服务、机构信息服务和部门服务。在社会化信息保障中，这些服务既有分工又有合作，从而构成了国家信息服务体系。与此同时，信息服务跨系统协调与平台化的发展，为知识服务业务拓展创造了新的条件。

（一）知识创新信息服务基本业务的组织

知识创新信息服务基本业务围绕着用户的知识创新需求展开。网络环境下的创新信息服务要求在传统服务基础上进行内容深化和拓展。按照知识创新信息需求，其服务业务系统包括知识创新信息交流、信息提供、信息利用等基本方面。

1. 知识创新信息交流服务业务组织。在网络环境下，知识创新主体的工作对象、工作环境、工作手段与以往相比发生了巨大变化。一方面，信息资源数字化使得整个信息空间的任何层次内容（文献、文献集合、多个集合组成的信息系统、若干信息系统组成的跨系统等）都可以被链接、交互和融汇，因此，可从各个层面灵活地组织信息服务业务；另一方面，随着 e - Science 的发展，知识创新领域的各类对象（如科学研究仪器、设施、数

据、项目、机构、计划、政策、规则、活动等）都可通过数字化形式进行表征①。知识创新的数字化组织促进了研究与信息活动的融合。此外，泛在信息环境下出现的信息生产、交换、组织和利用形态，改变着现有的信息组织模式和信息服务的组织形式②。

知识创新环境的形成及其对信息交流服务的要求可用图 8－5 简单描述③。知识创新环境变化的基础是数字化网络的形成，数字网络环境下首先是信息资源空间的数字化，由此构成了一个相对完善的数字化信息资源空间结构。用户可以方便地通过网络跨时空地获取相关文献，这是科学环境变化中的信息服务的数字化结果。在此基础上，知识创新交流空间也随之数字化，用户的"非正式交流"日益依赖电子手段和社会网络工具，通过网络的各种交流，进一步形成了虚拟创新环境。在虚拟创新环境中，面向知识创新的集成信息服务平台随之产生。数字化基础上的信息服务已成为信息服务的主流模式。

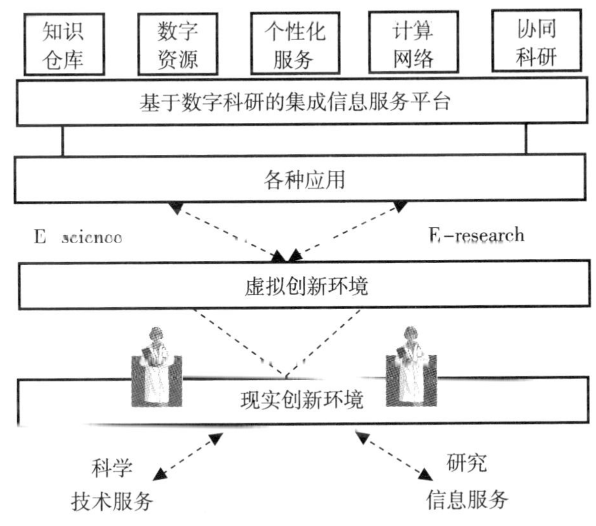

图 8－5　知识创新环境下的信息交流变化

---

① Atkins, D. E. et al. Revolutionizing Science and Engineering Through Cyberinfrastructure: Report of the National Science Foundation Blue－Ribbon Advisory Panel on Cyberinfrastructure［R.］January 2003.

② 张晓林：《从数字图书馆到 E－Knowledge 机制》，《中国图书馆学报》2005 年第4 期，第5—11 页。

③ Digital library is a cater: new choices for future［EB/OL］.［2007－07－10］. http://users. ox. ac. uk/－mikef/rts/ticer/img6. html.

OCLC 环境扫描报告指出，在未来信息资源传播中，微内容（microcontent）将成为信息资源传播的主要形式之一。就信息结构和知识管理而言，内容迅速而广泛地缩减为比过去小得多的使用单元和互动单元。内容服务已不再依赖于格式，用户也不再在意内容的形式。越来越多的数字内容将绕过传统渠道，以按需配送的方式，由内容提供者直接传递给信息用户。如图 8-6 所示①。

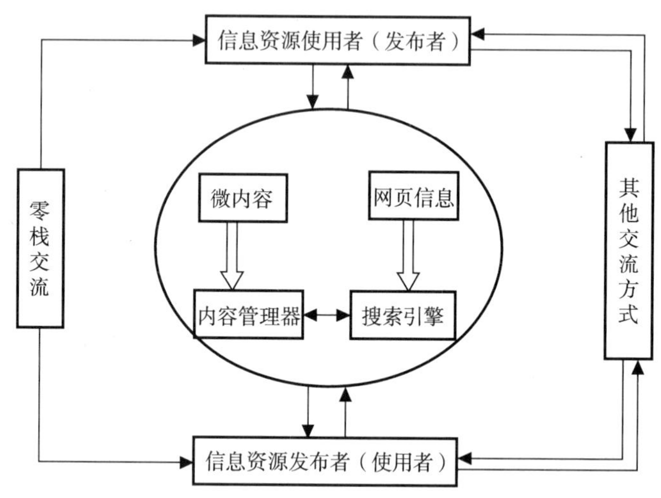

图 8-6 数字环境下的信息交流模型

在数字环境下，传统严格有序的分工已被打破，通过泛在网络和市场，信息传递服务必然突破部门限制。任何一个信息机构都可以通过网络化对多种数字化资源（包括本地资源和异地资源）、检索工具和系统进行集成与重组，从而形成新的信息交流体系。如果我们将这种交流体系融入信息资源共建共享的大环境中就会清晰地看到，以往那种依赖资源、地域优势所进行的服务格局已被打破，新的资源共享时代已经到来。

2. 知识创新中的信息提供服务组织。信息提供服务是根据用户的某一客观信息需求，有选择地从信息源中搜集信息，经过一定的处理程序，向用

① 李何：《Web2.0 对网络信息交流的影响》，《图书情报工作》2007 年第 11 期，第 46—49、82 页。

户提供一定范围内的信息及信息获取工具的一种基本服务业务。信息保障在信息提供基础上进行，是一项系统化的信息提供服务，其要点是根据用户的需求，跟踪其知识活动环节，通过多种途径提供全方位的信息服务，以确保用户创新活动的进行。

信息提供服务往往是在用户已掌握某些信息线索的情况下进行的，其关键在于以此出发获取有关信息，以满足其特定需求。图 8 -7 直观地反映了信息提供服务的基本类型和内容。

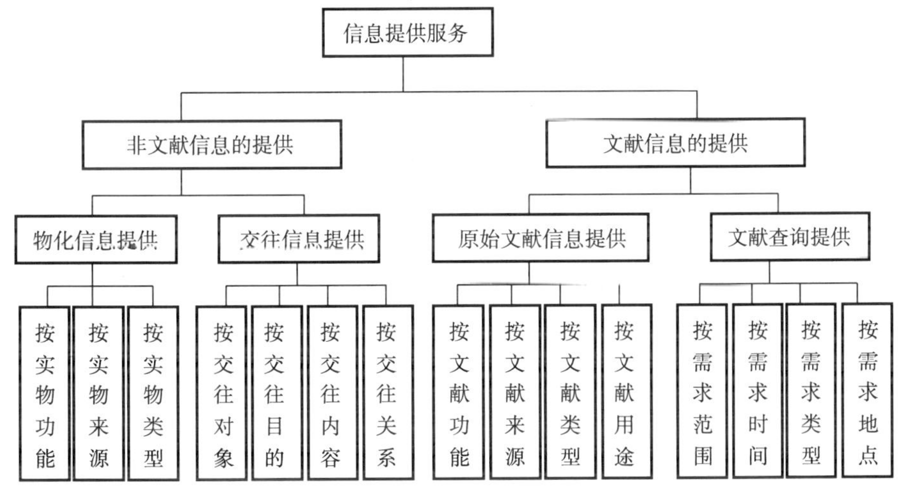

图 8 -7　信息提供服务的类型和内容

信息提供服务是一项涉及面广的服务，包括原始信息源的组织、信息的系统搜索以及各类信息查询工具、系统和网络的综合利用。在组织服务中，应注意以下基本要点：

（1）信息提供内容的完备性。用户要求提供的信息应该内容完备，特别是对于专业活动中的信息提供，其完备性尤为重要。例如，科学研究与开发项目实施是一项系统性很强的工作，包括立项论证、计划管理、研究攻关、鉴定评价和成果应用等环节。对于重大研究项目，需要在全国范围内组织，参加的人员来自各有关方面。这说明项目实施中承担不同任务的人员必然产生不同的信息需求，这些信息需求的满足在项目实施中都是必不可少的。针对项目实施中信息提供的多用户、多方面特征，信息提供在内容上应该完备。其完备性具体要求为：对研究开发中的各类用户均应保证其信息需求的满足；项目信息提供应包括项目进行中的各个环节；信息提供中的信息类型应完整；信息所涉及的研究与开发范围应完备。

（2）信息提供技术的适用。现代信息技术和网络的发展为开展高效化的项目信息提供创造了良好的条件，然而这并不意味着对所有的研究与开发项目都应采用最先进的技术实施信息提供，而是要从需求与可能出发，采取适用性技术针对项目的具体情况进行充分而必要的信息提供。就信息提供服务采用的技术而言，选择适用技术进行项目信息提供的基点是从项目实施所需信息的来源、载体类型、分布和传递方式出发，确定与此相适应的实用技术，开展有针对性的信息服务。由于信息保障的复杂性，当前已不可能采用某一单纯技术进行多方面信息提供，而是多种技术的并用。这一问题，应引起重视。

（3）信息来源的可靠。信息来源的可靠是信息提供的基本原则，对于科学研究与开发信息提供而言，信息的可靠是十分重要的。科学研究与发展是一种创造性劳动，项目进行具有一定的风险，特别是高科技领域，具有高效益、高风险的特点，这就提出了以十分可靠的信息服务来降低项目风险性的要求。目前，由于利用不可靠信息导致研究与开发失败的情况时有发生，这一事实应引起我们高度重视。另外，对于科学研究与开发中非人为因素产生的有误信息，应通过技术手段确认其可靠性程度。

（4）信息提供的规范。用户知识创新的规范提出了信息提供规范问题，只有规范化的服务才能产生理想的服务效益。知识创新项目信息提供的规范应与项目的科学管理相结合，苏联情报学者歌德加美在其专著《科技工作的情报保证》中首先提出了这一问题，他所建立的项目论证、进行和鉴定三阶段信息提供的规范模式已得到全面应用。目前，科学技术进一步发展对项目信息保障提出了更高、更广泛的要求，需要我们从知识创新项目管理、业务保证需要出发，在科学研究与开发社会规范总原则下实现知识创新项目信息提供的规范化。

（5）信息提供服务使用方便。社会化的信息提供应以方便用户使用为前提，提供方式和服务只有为用户所接受才可能得到应用。信息提供服务方便用户，并不意味着“一切均以用户的意志为转移”，而需要与用户协调、配合，建立高效化的知识创新信息保障服务体系。在保障业务开展中，采用灵活多样的信息提供方式，注重为用户提供获取信息的有效工具。方便用户的另一要求是简化服务的利用程序，讲究实际效果，尽量为用户节省信息保障开支。

3. 知识创新信息利用服务组织。在知识创新环境下，知识创新主体的信息获取和利用目标已发生了很大变化，信息资源的网络化获取和利用已成为一种主流形式①。在数字化科学研究中，用户已要求将相关服务嵌入到"桌面"，使之融入科学研究过程。而且，用户要求信息获取和利用不只是针对系统，而是要求将其归入用户个性化数据库。此外，用户信息活动的重点已从信息获取转变为知识发现，这就要求对知识内容进行挖掘，根据其内在价值进行关联重组。

在知识创新活动中，发现、收集、创造和分享知识是用户利用信息的核心所在。在实践中，这四个方面不一定是连续的。由于创新活动是一个反复的过程，需要主体逐步向创新知识逼近，因而创新活动具有信息利用中的交互关系②，如图 8－8 所示。

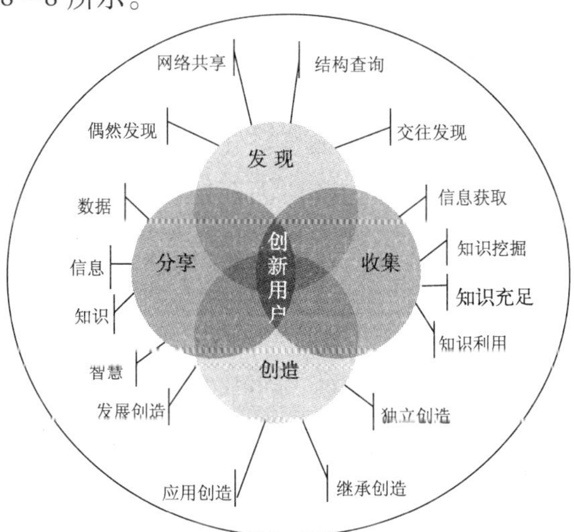

图 8－8　知识创新活动中的信息利用关系

① 张晓林：《嵌入用户过程的科技信息服务机制》［EB/OL］.［2007－09－30］. http：//www. szlib. gov. cn/20th/intro/report. pdf.

② Unsworth J. Scholarly Primitives：What Methods Do Humanities Researchers Have in Common and How Might Our Tools Reflect This?［EB/OL］.［2007－05－13］. http：//jefferson. village. virginia. edu/－jmu2m/Kings. 5－00/primitives. html.

如图 8－8 所示，知识创新中的信息利用包括知识发现、知识搜集、知识创造和知识共享四个阶段的信息利用。这四个阶段既相互联系，又存在交互和反馈关系。就整个创新过程而言，信息利用必然围绕创新过程展开。

知识创新中的发现是指创新主体（用户）对相关成果和相关研究的发现。就实质而论，发现过程是一个知识创新中信息获取和利用的过程，包括偶然发现、同行交往发现、网络搜集发现和按知识创新内容所进行的结构化查询发现。显然，发现过程是一个开放式的信息利用过程，它需要相应的环境与服务支持。

知识创新中的信息收集是一个定向搜集、处理和利用信息的过程，基本环节包括相关信息的全面获取、基于信息处理的知识挖掘、运用智能手段的知识重组和全程化知识利用。这一过程是知识创新的核心，也是创新中信息服务利用的重要方面。

知识创新中的知识创造是创新主体发现新问题、总结新规律、形成新理论和技术的过程。按创造的实现机制可区分为独立创造、继承创造、应用创造和发展创造。不同的创造活动有着不同的信息利用机制，然而反映在信息的利用上却具有一致性，即要求面向创造过程进行全方位保障。

知识创新中的知识分享主要是知识传播、转移和创新成果的应用。从成果分享角度看，包括数据层面、信息层面、知识层面和智能层面的分享。根据分享对象和内容的区别，应从数据、信息、知识和智能出发，提供多层次的共享服务。

需要指出的是，泛在计算和泛在智能环境对知识创新信息利用的影响。这种影响表现为以用户为中心发现、利用和集成所需信息和知识资源，在信息利用流程优化的基础上进行整体化信息利用的组织。在虚拟知识环境下，科学研究团体使得信息系统逐步失去了独立的“完整”性，更多的是为开放式知识创新提供全程信息保障。这就需要综合选择，组织多种资源、多种服务和多种工具，将信息利用过程融入研究过程、学习过程和发展过程，即实现科学研究、学习与信息数字化利用的结合。

以用户为中心的信息利用服务，要求将服务嵌入到用户系统和用户流程之中，即要求根据用户系统或流程需要进行解构或定制。在服务组织上，可概括为与用户流程进行有机衔接，将系统到系统（System to System）服务变革为应用到应用（Application to Application）的服务①。

（二）知识创新信息服务的数字化业务发展

随着信息技术的发展，传统的信息服务正向基于互联网的数字化信息服务发展。在传统信息服务中，信息资源的流动通过正式的、线性的组织机制来实现，如传统图书馆的资源服务自然地集中在正式出版物为基础资源的服务上。在网络环境下，随着网络上开放获取（Open Access）和自行存档（Self - archiving）方式的出现，信息资源的流动从过去的线性变成了网状。就图书馆服务而言，用户利用的资源中属于非正式出版物（如电子预印本）的资源越来越多，且它们的利用率正加速上升。其基本情况如图 8 - 9 所示②。

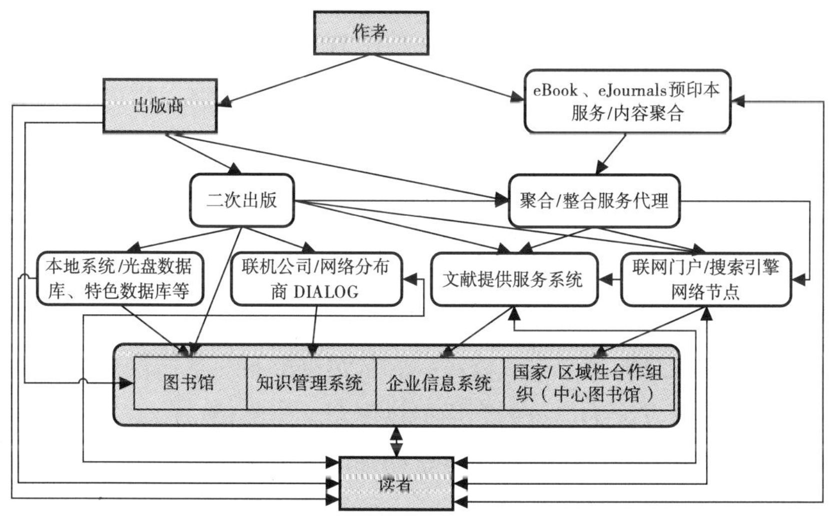

图 8 - 9　数字信息环境下信息资源流通系统

目前，几乎所有的出版商都可提供全文数字化文献，有的甚至直接向用户提供基于网络的免费检索和传递服务，从而形成了独立于图书馆的可广泛

① 李阳晖、邓胜利：《数字信息服务的个性化演变》，《图书情报工作》2006 年第 10 期，第 36—39 页。

② 刘炜：《数字图书馆—在赛百基础结构中重新定位》［EB/OL］.［2007 - 10 - 15］. http：//www.libnet. sh. cn/sztsg/fulltext/reports/2005/DLinCyberspace. pdf.

利用的数字化信息服务体系。许多文摘索引商和检索服务商正将文摘索引检索服务与出版商的数字化资源、图书馆馆藏目录甚至文献传递服务相连，以此提供包括文献检索、文献传递在内的全面信息服务。一些新型的信息服务运营商通过联合出版商、检索商或其他信息服务商，积极开发新的服务内容，使用户可以方便地利用“一站式”服务检索和获取信息。在网络环境下，用户在数字化的信息交流体系中正发挥着多样化角色的作用。通过个人网页、群组或项目网站、数字文献存储系统，用户可以大量发布信息，这种变化使信息资源流通从单向发展为多向。

现代信息技术展示了拓展信息资源利用、延伸信息服务的前景。以 Web 2.0 为起点，专业机构的信息服务更加重视用户的个性化需求、注重用户参与、交流与互动，这为面向知识创新的服务业务拓展创造了条件。

1. 基于维基（Wiki）和标签（Tag）的数字编目业务的拓展。在数字化编目实现中，可以利用 Wiki 和 Tag 进行信息内容的提取、揭示和组织，其要点是实现基于网络的由用户参与的协作编目，通过编目机构与用户的交互实现对编目词条的添加、编辑和修改。在交互式编目实现中，维基百科是一个典型的案例。维基百科面向分布广泛的社会用户进行数字化信息的提炼和组织，数字编目建立在对用户充分信任的基础之上，因此，它在内容创建上开始引发了一场变革，从而产生了广泛的社会影响①。

通过维基可以进行数字信息资源内容的拓展编目，从而深化数字图书馆信息资源的内容开发，为信息的利用提供便利。文献信息的编目一直是文献信息机构的一项基本业务，对于服务机构来说，由于其编目对象已扩展到多类型的数字资源和网络资源，其编目任务变得十分繁重。由于维基给数字文献编目业务提供了新的标识，通过用户参与，可以极大地拓展编目业务的内容。目前，已有一些数字图书馆在尝试使用维基，让用户参与编目，如：2005 年 OCLC 正式开放的维基版联合目录（Open WorldCat，OWC）是文献服务中影响最大的维基应用之一。在用户参与的情况下，OWC 将由成员馆进行的书目文献编目和内容揭示扩大到整个 Web 用户， 用户在利用文献过

---

① 葛秋妍：《Web 2.0 技术和软件在图书馆的应用现状研究》[EB/OL].[2006 - 12 - 20].http://www.libnet.sh.cn/sztsg/fulltext/reports/2006/libraryTech20Ge.pdf#search = %22web%202.0%E6%8A%80%E6%9C%AF%22.

程中可以为书目数据库中的文献增加目次、注释和评论，而这些新增的目次、注释和评论又可以为其他用户所用[①]。从基于维基的开放服务组织上看，用户通过参与信息资源的编目更易于掌握编目信息的含义，从而促进了用户对个性化信息服务的利用。

标签是 Web 2.0 的典型应用。标签云（Tag Cloud）用颜色深浅、字体大小直观地显示出每个标签的使用频率。由标签为主形成的分众分类（Folksonomy）被认为是一种具有普遍意义的分众分类，是体现大众智慧的分类。不少图书馆为了让用户在图书馆门户网站有效利用信息，开始提供 Tag 和 Bookmark 服务。

TaBS 是较为典型的应用。Lewis&Clark 是图书馆为用户开发的书签程序，通过贴标签、收藏和共享，用户可以管理自己的网页，并且 TaBS 能够自动生成收藏同一页面或者使用相同标签的链接[②]。

2. 基于博客（Blog）的数字参考咨询业务拓展。基于博客的数字参考咨询具有自身的特点和优势，它不同于一般的网上信息发布和参考咨询提供。在基于博客的信息交流中，用户可以自主的发布和交流信息，进行网络评论和信息反馈；同时，信息服务者也可以通过用户交流信息的获取和处理进行用户信息的他组织传递，对于用户不明确的交流需求内容和不明确的问题，可以通过数字化咨询方式进行面向用户提问的解答。

在文献信息服务中，参考咨询是一项个性化很强的服务，参考咨询是咨询人员与用户的一对一的交互，除了常见问题外，咨询存在专业化或深度发展的问题。对于咨询人员来说，需要投入大量的时间和精力。在基于博客的参考咨询中，可以将图书馆的专业参考咨询融入到博客问题解答和咨询之中，在开放服务中应构建博客咨询与数字图书馆的咨询融合系统。这是由于数字图书馆的参考咨询已经扩展到普通的网络用户，因此，需要满足用户的

---

① 范并思、胡小菁：《图书馆 2.0：构建新的图书馆服务》，《大学图书馆学报》2006 年第 1 期，第 2—7 页。

② 葛秋妍：《Web 2.0 技术和软件在图书馆的应用现状研究》[EB/OL].[2006－12－20].http://www.libnet.sh.cn/sztsg/fulltext/reports/2006/libraryTech20Ge.pdf#search=%22web%202.0%E6%8A%80%E6%9C%AF%22.

社会化、综合化和高效化的咨询需求①。

数字图书馆开展博客服务不仅在于组织基于博客的参考咨询，更主要的是构建基于博客的知识共享系统，使用户可以共享彼此的知识。现实生活中或相识或不相识的用户，通过数字图书馆的博客服务可以有一个了解他人思想的机会。通过博客服务，用户可以方便快捷地进行交往和交流，阅读博客、参与评论。可见，通过用户的智慧和知识来解决用户的问题可以极大地扩展咨询人员的工作范围，提高咨询服务的效率。在服务中，咨询人员可以开辟讨论空间，一方面完成日常的咨询业务，另一方面可以与用户进行业务交往和交流。

3. 基于 RSS 的数字信息推送业务拓展。RSS 有宽阔的应用空间。具体来说，主要包括以下几个方面：在信息门户中利用 RSS 整合和发布资源；在服务网站中利用 RSS 发布通告；利用 RSS 聚合工具从多个网站聚合相关资源；在数据库服务中利用 RSS 提供搜索工具；利用 RSS 获取最新的公开信息②。

在个性化服务中，推送用户所需的个性化信息是重要的，它直接影响到个性化服务质量。因此，服务机构可以利用 RSS 来拓展其推送业务。网络服务中应用 RSS 技术目的在于提供站点信息，方便用户进行信息聚合，同时及时了解用户所需的服务。用户在 RSS 应用中可以通过相应的阅读器聚合 RSS Feeds 信息源，以此形成自己的信息门户，从而避免了逐一访问相应的网站。目前，RSS 在新闻发布和专题导航中已得到广泛应用，利用 RRS 发布服务信息的如中国科学院文献情报中心的服务公告，以及公共图书馆普遍开展的 RSS 信息发布服务；利用 RSS 进行专题指南推送的，如 CALIS 部分成员馆的专题信息门户 RSS 推送服务。随着 RSS 的应用拓展，服务方式也越来越多，除信息机构自主开发的 RSS 应用外，数据库供应商也提供 RSS、多种服务工具，以供用户使用③。

---

① 胡昌平：《论网络化环境下的用户信息需求》，《情报科学》1998 年第 1 期，第 16—23 页。

② 张会娥：《RSS 的应用研究》，《图书馆杂志》2005 年第 2 期，第 53—58 页。

③ 范并思、胡小菁：《图书馆 2.0：构建新的图书馆服务》，《大学图书馆学报》2006 年第 1 期，第 2—7 页。

三、基于融汇的服务调用与协同信息保障组织

近几年，融汇（Mashup）服务正得到快速发展，截至2011年3月9日，在ProgrammableWeb. com登记的API有2658个、Mashup有5472个。同时，诸多国际著名信息服务机构纷纷加入到融汇推动行列，如Google、Yahoo、微软、Amazon等。这意味着融汇服务已显示出广阔的发展前景。在面向知识创新的信息保障中，融汇服务的组织机制和发展优势决定了基于融汇的协同服务应用与发展。

（一）知识创新中的信息服务融汇

融汇是一种新的信息服务集成组织形式，是将两种或两种以上的服务组合以生成一种新的服务的过程。例如，图书馆开放信息提供是一种服务，Google地图是另外一种服务，将这两种服务组合到一起，就成为一种全新的服务，这项服务允许用户通过Google地图查找图书馆的开放信息，这就是融汇服务的优势所在。

回顾Mashup的产生，可以发现有三个方面因素：第一，用户对信息服务的要求越来越高，如何有效地集成利用第三方组织、机构和个人的资源为用户所用，成为集成信息服务需要解决的问题；第二，基于主体端的信息服务已经很难满足用户的需求，因此迫切需要将信息资源和信息服务嵌入到用户的研究和学习环境之中；第三，随着信息技术特别是面向服务架构（SOA）的发展，为跨机构、跨系统和跨平台的服务调用提供了支持。正是这三点，推动了融汇服务的发展，导致信息服务范式的改变。

1. 服务融汇方式。融汇信息服务中的对象是非常广泛的。所有在Web上遵循开放接口规范的公共服务以及特定组织机构创建的、可授权调用的资源与服务都可以成为融汇的对象①。

融汇对象的调用主要有以下几方面来源②：

（1）公共接口API方式。 这种方式是指内容提供者发布自己的公共接

① Piggy Bank - SIMIL E [EB/OL]. [2011 - 03 - 09]. http: //simile. mit. edu/wiki/Piggy_ Bank.

② 李峰、李春旺：《Mashup关键技术研究》，《现代图书情报技术》2009年第1期，第44—49页。

口 API，融汇服务器通过 SOAP 或者 XML - RPC 协议与内容提供者进行请求与响应的通信，把数据传递到融汇服务器端，以根据用户需要进行调用。自2005 年 Google 公司开放 Google Maps 的 API 以来，诸多信息提供商以及消费服务网站也相继公开了自己的 API，如 Yahoo 开放的 Maps API，微软公开的 MSN 搜索 API 等。在国内，豆瓣网、国家科学图书馆都开放了自己的 API。API 的开放使得 Web 开发人员可以随时调用所需要的 API 进行融汇和服务组织。其中具有代表性的融汇应用是 housingmap，它利用了 Craigslist（一个位于美国加利福尼亚州的网上大型免费分类广告网站）和 Google Maps API，通过二者的组合，进行房屋租赁信息的地图展示，从而直观显示 Google Maps 上的房屋租赁地图服务①。

（2）Web Feed 方式。在服务融汇中，以 RSS 为代表的简单内容聚合，使得应用程序开发人员不必花费大量时间开发自己的传输协议和软件来实现内容的聚合，只需将一系列的 RSS Feed 组合应用即可。目前，已有许多工具可以用来创建 RSS Feed 的融汇，如 FeedBurner Networks 就是一个典型的 RSS Feed 融汇工具；Yahoo 推出的 Yahoo! Pipes 则是一个可以通过可视化操作将多个 RSS Feed 进行聚合的工具②。

（3）REST 协议方式。REST 具有 Web Service 架构风格，其实现和操作比 SOAP 和 XML - RPC 更为简洁，可以通过 HTTP 协议实现。其性能、效率和易用性上优于 SOAP 协议。REST 架构遵循 CRUD 原则，通过资源的创建（Create）、读取（Read）、更新（Update）和删除（Delete）可以完成操作和处理。REST 将所有事物抽象为“资源”，每个资源对应一个唯一的资源标识符，可以通过通用的连接器接口（generic connector interface）对资源进行操作。REST 架构是针对 Web 应用而设计，开发的简单性、耦合松散和可伸缩性是其特点。由于使用上的优势，已有越来越多的信息服务商提供对 REST 的支持，如 Amazon、eBay、Google、Yahoo 等。据 Programmableweb. com 统计，目前，可用的基于 REST 风格的 Web 服务 API 数量已达 2000 多个。

④屏幕抓取（ Screen Scraping）方式。 由于潜在内容提供者很可能没有

---

① 《Housingmaps 的集成融汇服务》[EB/OL].[2011 - 03 - 09]. http://www.housingmaps.com/.

② Yahoo! Pipes [EB/OL].[2011 - 03 - 09]. http://pipes.yahoo.com/pipes/.

对外提供 API。因此，可以使用一种被称为屏幕抓取的技术，从诸如政府和公共领域的 Web 站点上提取内容以创建融汇服务。在这种情况下，屏幕抓取可以获取和处理有关内容，从中提取出可以通过编程使用和操作的语义数据结构表示以创建融汇项目。

2. 知识创新中的融汇。根据 Forrester 报告称，融汇应用主要将体现在以下三个方面：外层融汇、数据融汇和流程融汇①。在面向知识创新的融汇服务组织中，这三个方面的融汇同样具有适用性。

（1）外层融汇。外层融汇应用最为简单，它能把多种信息来源聚合到一起，对它们的位置、外观等属性进行定义，以统一外观方式将其显示出来，从而使用户在一个页面内就可以利用多种资源和服务。Netvibes、housingmaps、diggdot. com、iGoogle 等就是外层融汇的典型应用。在知识创新信息保障中，其信息来源具有分散性，因此，可以按知识创新价值链关系将相关系统的资源和服务进行位置和外观链接，以此整合为一个界面。通过融汇后的界面，用户即可获取所需信息的位置和服务的来源。从组织上看，这种融汇只是初步的，甚至只是简单的信息集成，然而在资源与服务的应用上，却具有相当的灵活性。

②数据融汇。数据融汇应用是从多个开放数据源获取相关数据加以组合、处理和捆绑，通过构建新的数据对象以统一的方式进行显示的过程。数据融汇旨在于满足用户对分布数据的复杂应用的请求。

数据融汇可分为简单数据融汇和分析数据融汇两种类型②。其中，简单数据融汇是将来自多个开放数据源的数据按照某一属性如时间、位置、主题等进行组织排列。iSpecies 就是这种类型的典型应用③，它从 Wikipedia 获取相关的定义和术语信息，从 Yahoo 获取标签和图片，然后将这些数据进行组合展示给用户。分析数据融汇可以获取和集成多个开放数据源的数据，挖掘隐藏知识以创建新的数据对象。比较典型的如全球疾病警报地图（HealthMap）

---

① Forrester Research. Enterprise Mashups to Hit ＄700 Million by 2013 [EB/OL]. [2011 - 03 - 09]. http://www.forrester.com/rb/search/results.jsp? N = 133001 + 71019&No = 175.

② 李春旺：《图书馆集成融汇服务研究》，《现代图书情报技术》2009 年第 12 期，第 1—6 页。

③ iSpecies [EB/OL]. [2011 - 03 - 09]. http://ispecies.org/? q = Leo&submit = Go.

就是如此[①]，它集成了从新闻（如 Google News）到权威的官方警报（世界卫生组织）的不同类型的疾病爆发数据，利用文本处理技术对数据进行集成统计分析，最后，利用 Google 地图为全球用户提供基于地理位置的可视化疾病警报。

（3）流程融汇。流程融汇应用不仅需要将从多个开放数据源获取的数据进行集成分析，而且还须对服务流程进行处理和组合，以便用户打造各类定制化服务应用[②]。例如在气象研究中的气象信息获取，天气预报网站 Weather Bonk 调用 HostIP. info（http：//hostip. info/）获取用户 IP 地址，由此判断用户所在地区，通过调用 Google Maps 查询用户所在地区和相邻地区信息，调用 WeatherBug. com（http：//weatherbug. com/）获得来自用户及附近地区天气监控的实时图像信息，在 Weather. com（http：//weather. com/）中加载用户所在地区及相邻地区天气预报信息，最后利用 Google Maps API 将天气预报信息、实时监控图片等标注到地图上，以支持用户通过地图浏览查询天气信息[③]。此外，对于企业应用来说，完全可以定制组合这样的页面。在该页面上，可以查询某个配送订单，用地图来查看 UPS 具体配送货品的地理位置，同时用其他服务来计算成本等。

3. 融汇工作方式。在融汇服务组织中，服务器端融汇和客户端融汇是两种基本融汇方式。

所谓服务器端融汇，是指在融汇服务器中实现客户端 Web 应用程序。从而进行融汇代理的过程。服务器端融汇的工作方式如图 8－10 所示[④]。

如图 8－10 所示，过程的具体描述如下：

用户在客户机内生成一个事件，通常是浏览器中的一个 Web 页面，事件在客户机内触发 JavaScript 函数。

客户机向 Web 站点中的服务器发送请求，其请求通常是以 XmlHttpRequest 对象形式存在的 Ajax 请求。

---

① HealthMap 全球疾病警报地图［EB/OL］.［2011－03－09］. http：//healthmap. org/zh/.

② Weather Bonk［EB/OL］.［2011－03－09］. http：//www. weatherbonk. com/.

③ 李春旺：《图书馆集成融汇服务研究》，《现代图书情报技术》2009 年第 12 期，第 1—6 页。

④ Ed Ort，Sean Brydon，Mark Basler：服务器端混搭［EB/OL］.［2011－03－09］. http：//developers. sun. com. cn/Java/mashup_ 1. html.

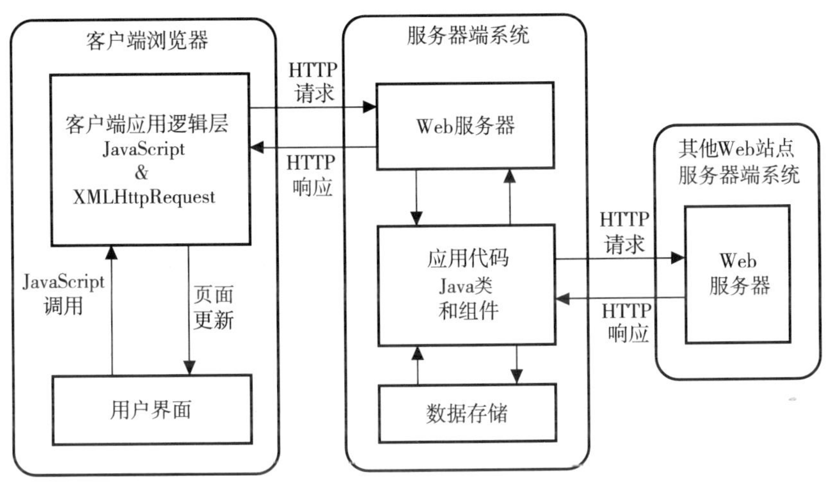

图 8-10　服务器端融汇工作方式

Servlet 等 Web 组件接收请求并调用一个 Java 类或者多个 Java 类上的方法，以便与融汇中的其他 Web 站点链接并发生交互，这个代理类可以是一个 Java Platform Enterprise Edition（Java EE）组件或一个纯 Java 类。

代理类处理请求和所需参数，实现与融汇站点（即提供所需服务的 Web 站点）之间的链接。

融汇站点通常以 HTTP Get 或者 HTTP Post 的形式接收请求，处理该请求并将数据返回到代理类。

代理类接收响应并将其转换为用于客户机的适当数据格式，同时为未来的请求处理缓存响应。

Servlet 将响应返回给客户机；同时在 XmlHttpRequest 中公开的回调函数，通过操作显示页面的文档对象模型（DOM），更新页面的客户机视图。

服务器端融汇方式的优点在于，由于融汇服务器承担了所有的代理任务，所以对客户端浏览器的要求并不高，因而不用考虑浏览器兼容的问题；缺点在于当访问量增加时，融汇服务器的工作量会大大增加；而且由于服务器做了所有的融汇工作，对于用户来说，可扩展性降低①②。

客户端融汇是在客户端上实现的，浏览器从服务器装载预先定义好的HTML + JavaScript脚本代码，通过Ajax技术建立浏览器与融汇服务器之间的异步交互，融汇服务器负责转发浏览器的请求，从而在客户端发生融汇。客户端融汇的工作方式如图8－11所示③。

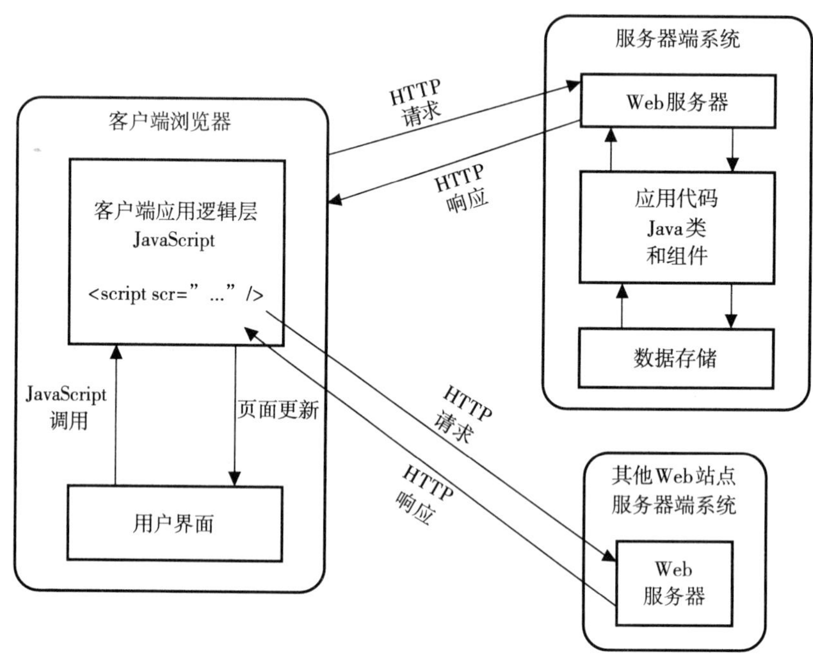

图8－11　客户端融汇的工作方式

客户端融汇过程的具体描述如下：

浏览器针对Web页面向Web站点中的服务器发送请求；

Web站点上的服务器将页面加载到客户机上，其页面通常包含来自融汇站点（如Google Maps站点）的JavaScript库以启用融汇站点的服务，如

① Shanahan F.《Mashups Web2.0开发技术——基于Amazon.com》，吴宏泉译，清华大学出版社2008年版，第227页。

② 李峰、李春旺：《Mashup关键技术研究》，《现代图书情报技术》2009年第1期，第44—49页。

③ Ort E., Brydon S., Basler M. Mashup Styles, Part 2: Client－Side Mashups [EB/OL].[2011－03－09]. http://java.sun.com/developer/technicalArticles/J2EE/mashup_2/.

果页面不包含 JavaScript 库，可以编写一个自定义 JavaScript 函数来实现融汇；

浏览器页面中的相应操作调用由融汇站点提供的 JavaScript 库中的函数，或者调用自定义的 JavaScript 函数，函数创建指向融汇站点的 <script> 元素；

根据所创建的 <script> 元素，向 Mashup 站点发出请求以便加载脚本；

融汇站点加载脚本供浏览器页面中的本地回调使用，可作为一个参数发送的 JavaScript Object Notation（JSON）对象来执行；

回调函数通过操作表示页面的 DOM，更新页面的客户机视图。

客户端融汇方式的优点在于，由于融汇发生在客户端，服务器的负担较小，同时对用户来说，可扩展性强；缺点是对客户端浏览器的要求较高，必须考虑浏览器兼容问题。

（二）基于融汇服务的信息保障推进

在面向用户的信息保障中，融汇正得到越来越广泛的应用。对于知识创新服务而言，目前的融汇应用更多地集中在企业、生物医学、图书馆、教育、音乐等领域①；从我国目前对融汇的应用研究看，主要集中在知识信息服务和企业服务上。

1. 信息保障中的融汇服务组织。在知识信息服务中，随着 Web 2.0 的应用以及 Lib 2.0 的形成，融汇在实践中已取得较好成效，如图书馆 OPAC 系统与豆瓣网、亚马逊等网站的融汇。在国外，为了推动图书馆融汇服务，英国图书馆自动化系统供应商 TALIS 公司、美国 OCLC 公司分别发起并组织了融汇设计竞赛活动，通过设计推进其应用②③。

在跨系统协同信息服务的实现中，主要应用在以下几方面：

（1）通过地图服务显示协同资源的分布。跨系统协同信息服务的融汇应用，地图应用无疑是最为频繁的，这与目前融汇应用的情况一致，在 ProgrammableWeb 网站上，地图应用约占融汇应用的 44%。目前，可用的地

---

① 奉永桃：《Mashup 国内外研究综述》，《图书情报工作》2010 年第 8 期，第 60—63 页。

② Mashing Up The Library Competition [EB/OL]. [2011 - 03 - 09]. http://www.talis.com/tdn/competition.

③ OCLC Research Software Contest [EB/OL]. [2011 - 03 - 09]. http://www.oclc.org/.

图 API 有 Google Maps API、Yahoo Maps API 等，这些地图 API 主要是用于定位参与跨系统协同的信息服务机构并获取相关服务。

新西兰奥克兰（Auckland）大学的 Stuart Lewis 在融汇实现中，将 ROAR 和 OpenDOAR 采集到的数据与 Google Maps 进行融汇，以此构建存取资源的导航网站 Repository66[①]。该网站以地图方式揭示 1600 多个开放存取数据库以及 2700 多万条开放数据在全球的分布，提供按照仓储软件、国家、注册时间的资源统计服务[②]。

通过融汇服务的组织，图书馆跨系统协同服务得以发展，如路易斯克拉克州立大学图书馆系统（Lewis – Clark State University Library System，LCLS）是一个拥有几百家成员图书馆的联盟，为了方便用户利用图书馆，LCLS 利用 Google Maps 建立了图书馆定位服务系统[③]。希尔斯伯勒公共图书馆（Hillsborough County Public Library Cooperative，HCPLC）建立了与 LCLS 类似的服务等[④]。

（2）通过融汇整合信息服务机构的资源和服务。利用融汇整合信息服务机构的资源和服务是融汇在跨系统协同信息服务中最为重要的应用，也是未来融汇发展的主要方向之一[⑤]。佐治亚州（Georgia）州立大学数字图书馆（CRDL）在服务中整合了图书馆、档案馆和博物馆的有关专业文献资源，同时进行了广播、电影、电视公司收藏的相关影音资料的集成，在信息资源管理上进行多种媒体信息的开放组织，从多渠道进行内容揭示，以此出发为专业教学与研究提供内容综合的主题关联和多种文献的来源服务。

目前，在科学技术新兴领域已经积累起了庞大的数据信息，这些数据以不同的存储格式分布在不同网络环境的数据库中，利用融汇将这些数据进行整合和分析是一种新的行之有效的方法。对此，加拿大学者开发了一个生物信息融汇系统 Bio2RDF，该系统通过生物信息的融汇，以实现来自公共生物

① Stuart Lewis. The Repository Mashup Map [EB/OL]. [2011 – 03 – 09]. http://mashups. web2learning. net/toc/chapter – 17.

② Repository Maps [EB/OL]. [2011 – 03 – 09]. http://maps. repository66. org/.

③ Lewis&Clark Library System [EB/OL]. [2011 – 03 – 09]. http://www. lcls. org/.

④ Hillsborough County Public Library Cooperative [EB/OL]. [2011 – 03 – 09]. http://www. hcplc. org/.

⑤ Declan B. Mashups mix data into global service [EB/OL]. [2011 – 03 – 09]. http://www. nature. com/nature/journal/v439/n7072/full/439006a. html.

果页面不包含 JavaScript 库，可以编写一个自定义 JavaScript 函数来实现融汇；

浏览器页面中的相应操作调用由融汇站点提供的 JavaScript 库中的函数，或者调用自定义的 JavaScript 函数，函数创建指向融汇站点的 <script> 元素；

根据所创建的 <script> 元素，向 Mashup 站点发出请求以便加载脚本；

融汇站点加载脚本供浏览器页面中的本地回调使用，可作为一个参数发送的 JavaScript Object Notation（JSON）对象来执行；

回调函数通过操作表示页面的 DOM，更新页面的客户机视图。

客户端融汇方式的优点在于，由于融汇发生在客户端，服务器的负担较小，同时对用户来说，可扩展性强；缺点是对客户端浏览器的要求较高，必须考虑浏览器兼容问题。

（二）基于融汇服务的信息保障推进

在面向用户的信息保障中，融汇正得到越来越广泛的应用。对于知识创新服务而言，目前的融汇应用更多地集中在企业、生物医学、图书馆、教育、音乐等领域①；从我国目前对融汇的应用研究看，主要集中在知识信息服务和企业服务上。

1. 信息保障中的融汇服务组织。在知识信息服务中，随着 Web 2.0 的应用以及 Lib 2.0 的形成，融汇在实践中已取得较好成效，如图书馆 OPAC 系统与豆瓣网、亚马逊等网站的融汇。在国外，为了推动图书馆融汇服务，英国图书馆自动化系统供应商 TALIS 公司、美国 OCLC 公司分别发起并组织了融汇设计竞赛活动，通过设计推进其应用②③。

在跨系统协同信息服务的实现中，主要应用在以下几方面：

（1）通过地图服务显示协同资源的分布。跨系统协同信息服务的融汇应用，地图应用无疑是最为频繁的，这与目前融汇应用的情况一致，在 ProgrammableWeb 网站上，地图应用约占融汇应用的 44%。目前，可用的地

---

① 奉永桃：《Mashup 国内外研究综述》，《图书情报工作》2010 年第 8 期，第 60—63 页。

② Mashing Up The Library Competition [EB/OL]. [2011 - 03 - 09]. http: //www. talis. com/tdn/competition.

③ OCLC Research Software Contest [EB/OL]. [2011 - 03 - 09]. http: //www. oclc. org/.

图 API 有 Google Maps API、Yahoo Maps API 等，这些地图 API 主要是用于定位参与跨系统协同的信息服务机构并获取相关服务。

新西兰奥克兰（Auckland）大学的 Stuart Lewis 在融汇实现中，将 ROAR 和 OpenDOAR 采集到的数据与 Google Maps 进行融汇，以此构建存取资源的导航网站 Repository66①。该网站以地图方式揭示 1600 多个开放存取数据库以及 2700 多万条开放数据在全球的分布，提供按照仓储软件、国家、注册时间的资源统计服务②。

通过融汇服务的组织，图书馆跨系统协同服务得以发展，如路易斯克拉克州立大学图书馆系统（Lewis - Clark State University Library System，LCLS）是一个拥有几百家成员图书馆的联盟，为了方便用户利用图书馆，LCLS 利用 Google Maps 建立了图书馆定位服务系统③。希尔斯伯勒公共图书馆（Hillsborough County Public Library Cooperative，HCPLC）建立了与 LCLS 类似的服务等④。

（2）通过融汇整合信息服务机构的资源和服务。利用融汇整合信息服务机构的资源和服务是融汇在跨系统协同信息服务中最为重要的应用，也是未来融汇发展的主要方向之一⑤。佐治亚州（Georgia）州立大学数字图书馆（CRDL）在服务中整合了图书馆、档案馆和博物馆的有关专业文献资源，同时进行了广播、电影、电视公司收藏的相关影音资料的集成，在信息资源管理上进行多种媒体信息的开放组织，从多渠道进行内容揭示，以此出发为专业教学与研究提供内容综合的主题关联和多种文献的来源服务。

目前，在科学技术新兴领域已经积累起了庞大的数据信息，这些数据以不同的存储格式分布在不同网络环境的数据库中，利用融汇将这些数据进行整合和分析是一种新的行之有效的方法。对此，加拿大学者开发了一个生物信息融汇系统 Bio2RDF，该系统通过生物信息的融汇，以实现来自公共生物

---

① Stuart Lewis. The Repository Mashup Map [EB/OL]. [2011 -03 -09]. http://mashups. web2learning. net/toc/chapter - 17.

② Repository Maps [EB/OL]. [2011 -03 -09]. http://maps. repository66. org/.

③ Lewis&Clark Library System [EB/OL]. [2011 -03 -09]. http://www. lcls. org/.

④ Hillsborough County Public Library Cooperative [EB/OL]. [2011 -03 -09]. http://www. hcplc. org/.

⑤ Declan B. Mashups mix data into global service [EB/OL]. [2011 - 03 - 09]. http://www. nature. com/nature/journal/v439/n7072/full/439006a. html.

信息数据库（如 Kegg、PDB、MGI、HGNC、NCBI）的文献协同提供①。

（3）通过融汇整合信息服务机构与第三方机构的数据和服务。可以使信息服务机构充分利用社会化的资源，最大限度地发展自身的优势，这是信息服务机构进行开放服务转型的发展需要②。LibraryThing 是一个享有"社会编目网站"之称的交互服务融合网站③。2007 年 5 月，LibraryThing 推出了 LibraryThing for Libraries（LTFL）计划，旨在加强图书馆之间的融汇，目前已有 203 个图书馆（联盟）参与该计划。加拿大安大略剑桥公共图书馆提供的新书展示台服务（Book Cover Carousel）通过融合相关来源的信息，使图书馆不需要建立新书数据库即可获得新书内容信息④。

（4）通过嵌入用户环境实现与用户的协同。对信息服务机构而言，与用户协同的实质在于将服务嵌入用户环境，以使信息服务机构的服务成为用户专业活动的一部分。在服务嵌入中，美国密歇根大学安阿伯校区图书馆（Ann Arbor District Library，AADL）的 John Blyberg 从 OPAC 数据库中提炼相关服务，其服务包括热门图书查询服务、新书书目服务、图书借阅服务和预约图书服务。在服务组织中，通过 Google Gadgets API 将其封装为融汇组件，在 Google 上提供了个性化 iGoogle 页面定制⑤。中国科学院文献情报中心在服务中对相关内容进行了封装，创建了跨界检索服务、在线咨询服务、地图定位服务、百度百科查字典服务等融合组件，在服务利用中，用户可以方便地将其嵌入 iGoogle 和 NetVibes 中⑥。我们有理由相信，融汇在跨系统协同信息服务中的应用将不断拓展，在知识创新中将创造出新的服务应用。

2. 融汇服务的实现。在面向用户的信息保障中，基于融汇的协同服务封装和调用在于充分利用现有的 Web 资源与服务，在与用户交互中进行服

---

① Belleau F.，Nolin M. A.，Tourigny N.，et al. Bio2RDF：Towards a mashup to build bioinformatics knowledge systems》，Journal of Biomedical Informatics，2008，41（5）：706 – 716.

② 李春旺：《图书馆集成融汇服务研究》，《现代图书情报技术》2009 年第 12 期，第 1—6 页。

③ LibraryThing [EB/OL]. [2011 – 03 – 09]. http：//www. librarything. com/.

④ Hot Titles Carousel [EB/OL]. [2011 – 03 – 09]. http：//www. cambridgelibraries. ca/hot/carousel. cfm.

⑤ John Blyberg. Go – go Google Gadget [EB/OL]. [2011 – 03 – 09]. http：//www. blyberg. net/2006/08/18/go – go – google – gadget/.

⑥《国家科学图书馆融汇服务目录》[EB/OL]. [2011 – 03 – 09]. http：//crossdomain. las. ac. cn/mashup/mashup. html.

务集成，拓展服务内容，将服务嵌入用户工作环境。

完整的融汇应用采用类似于 Web 服务架构的三元模型，融汇的实现涉及内容提供者、融汇服务器和融汇应用者，如图 8 - 12 所示。

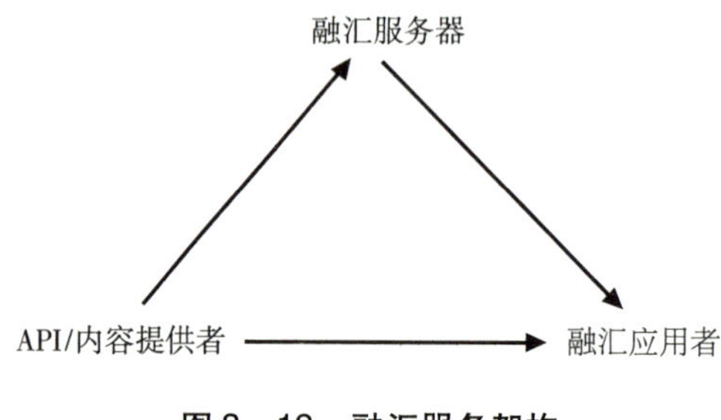

图 8 - 12　融汇服务架构

如图 8 - 12 所示：内容提供者负责提供融汇信息内容，通过 Web 协议封装成标准的组件接口；融汇服务器将自有的资源和服务封装成标准组件，响应应用程序对于组件的开放调用；融汇应用者选择相关组件，创建融汇应用。对跨系统的信息保障而言，内容提供者可以是任何一个参与协同的信息服务实体，实体将自身资源和服务封装成标准组件；融汇服务器获取并管理这些组件，同时响应应用程序对于这些组件的开放调用；融汇应用者可以是用户也可以是第三方信息服务机构，负责调用组件和与浏览器的交互。

基于融汇的协同服务应用构建过程如图 8 - 13 所示①。其流程如下：

获取资源和服务。在融汇组件创建中通过 Web Feed、API 调用、屏幕抓取、REST 协议等方式，从指定站点获取构建融汇应用的资源。其中，融汇组件创建者可以是一个信息服务机构，也可以是第三方机构，甚至可以是信息服务机构的用户。

创建融汇组件。在融汇服务开展中，利用融汇组件创建器（MCB）对所获取的资源和服务进行融汇，生成新的包括 UI 组件（UI Componet）、服务组件（Service Component）和执行组件（Action Component）在内的融汇组件。

① Liu X. Z. , et al. Towards Service Composition Based on Mashup [EB/OL]. [2010 - 09 - 11]. http://doi.ieeecomputersociety.org/10.1109/services.2007.67.

从跨系统协同信息服务的实现上看，融汇协同服务组件可以是信息服务机构或第三方机构的资源和服务。

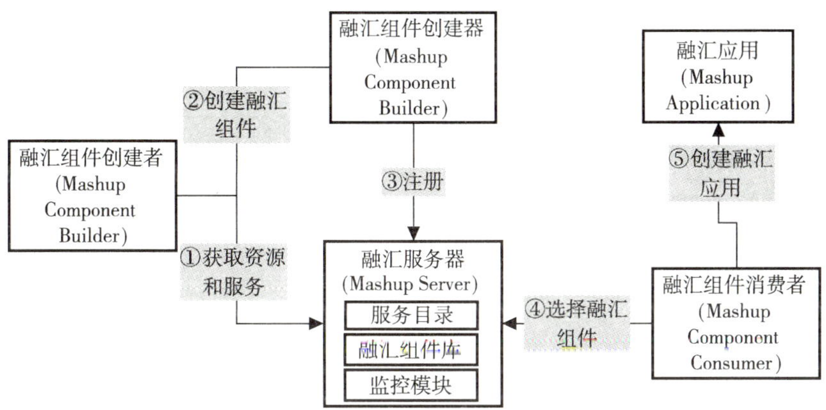

图 8-13　基于融汇的协同服务应用构建过程

进行注册服务。注册服务是将新构建的协同服务组件在融汇服务器上进行注册标识，以便用户选择利用。融汇服务器由服务目录（Service Catalogue）、融汇组件库（Mashup Component Repository）和监控模块（Monitoring）三部分组成，在注册中应有明确的标识。

融汇组件选择。融汇服务应用者可根据需要选择多个融汇协同服务组件。这里，融汇服务应用者可以是用户或信息服务机构。

融汇服务应用。在服务应用中，可借助融汇应用构建工具，将多个融汇组件进行适当组合，以形成所需的服务业务。融汇构建工具如 Yahoo! Pipes、Google Mashup Editor、Intel Mash Maker、Microsoft Popfly 等。

四、知识创新信息保障中的开放式知识链接服务

在面向知识创新的信息保障中，开放式知识链接是以知识的开放提取、关联和链接为基础，开展基于链接系统的知识导航、知识检索和知识利用服务。开放式的知识创新需要多元化、相互依赖和多向协同的知识信息服务支

持。因此，要求在分布、异构和动态的资源和服务环境下，在知识链接层面上实现跨系统、跨学科、跨时空的知识和信息共享与关联①。因开放式知识链接服务体系的构建应以协同为前提，从而实现基于虚拟联盟的开放式知识链接服务的拓展。

（一）开放式知识链接服务的协同模型

知识创新往往需要通过自主创新主体与服务机构之间的相互作用来实现，知识链接的目的在于通过关联关系构建机构之间的知识交互网络，实现知识利用的有效组合和协调。具体来说，知识链接在于建立基于知识信息网络的各系统之间的知识关联，在知识共享的有序化实现中拓展服务业务。

知识创新活动涉及认知和思维之间的相互作用，开放式知识链接服务的目的是要强化作用过程，提高协作研究中的知识融合。对此，在开放式知识链接服务系统中，要求对分布式信息资源进行知识化分析和关联组织，实现知识增值。

知识创新越来越依赖于跨部门、跨学科、跨地域和时空的信息共享和团队协作。科技人员希望同行之间能密切合作与交流，进行远程研讨和实验。因此，开放式知识链接服务系统为创新成员提供多途径、多渠道的信息交流和互动服务。

知识的分散分布特征决定了分布式网络服务中的系统协同。对于用户来说，需要信息服务系统的交互。在这一背景下，要求开放式知识链接服务将协同范围从由系统内部扩展到系统外部，从而使服务从孤立方式向开放协同方式转换。在链接服务的拓展中，需要突破系统间的界限和不同系统的用户间的界限，在面向用户的交互需求中构建开放服务的知识链接系统。在跨系统知识关联服务组织中，可以构建如图 8－14 所示的协同模型。

如图 8－14 所示，开放式知识链接服务系统模型架构立足于以下问题的解决：

1. 知识创新导向。 开放式知识链接服务协同的本质是支持学习性和研

① Osswald A. E－science and information services：a missing link in the context of digital libraries［J］. Online Information Review，2008，32（4）：516－523.

究性的知识获取，支持创新主体对知识内容的发现、分析和交流。在知识创新的过程中，知识链接服务于用户的知识交互和创新延伸，其目的在于提高用户的知识应用能力和水平。

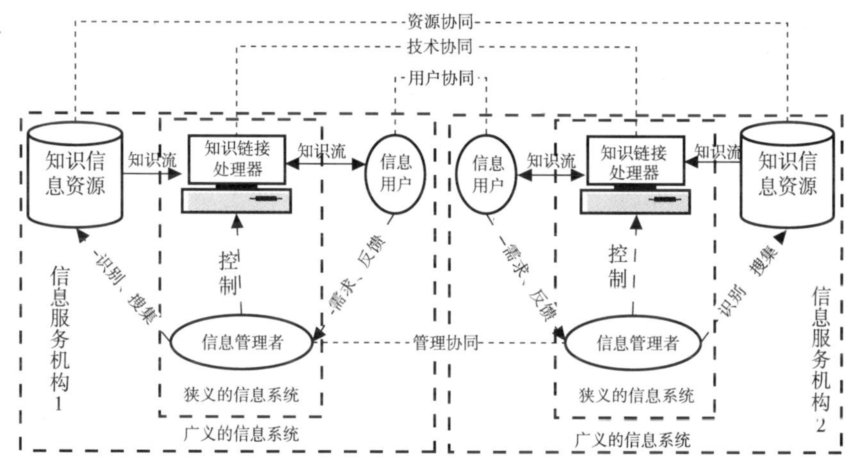

图 8－14 开放式知识链接服务的协同模型

2. 跨组织机构的协同。从组织体制和管理体制上看，信息服务系统往往按行政和管理体制来运行。因此，开放式知识链接服务的协同管理需要在具有不同行政隶属关系的不同信息服务系统之间开展合作和协调，在打破部门界限的基础上，实现基于知识链接的服务互联。

3. 异构信息系统的协同。知识链接服务体系作为一种开放系统，需要借助其构成要素的流动性进行开放式运行。开放式知识链接服务协同运作的关键在于统一协作运行机制和交互渠道，在不同信息服务系统间实现统一的规范，通过屏蔽分布在多个信息服务系统之间的差异，达到数据和服务共享的目的。

4. 多要素的协同。知识链接服务的协同要素是多方面的，需要面向服务对象的多网络、多系统服务的融合。这就需要服务机构的各种保障，将知识信息资源、机构资源、信息技术、信息基础设施集为一体，以便全面协同知识共享中的各种关系，实现知识的融合和汇集。

开放式知识链接服务的协同运作针对知识创新需求，实现基于知识链接的知识整合、知识共享和知识传播服务。知识链接服务全面支持与知识创新活动有关的信息传递、沟通、处理及成果应用。基于这一目标，面向知识创新的开放式知识链接服务协同运作的功能应包括以下几个方面：

知识整合。从服务业务组织上看，不同信息服务系统应通过知识发现、数据挖掘，实现知识因子的重组或知识的关联重构。开放式知识链接服务中的知识整合使隐性知识显性化，使无序知识有序化，使用户对知识信息的利用从信息层次上升到知识层次，从而提升知识利用的效率。

知识定制。针对用户深层次的知识信息需求，知识链接应提供可定制的、合乎创新主体特定要求的服务业务。在开放式知识链接服务中，应开展面向用户的灵活性的服务协同，包括服务内容、服务功能、服务资源的重构和重组。其业务组织的关键是主动推送服务、个性化知识资源重组和用户过滤的集成。

知识共享。基于即时通讯、电子邮件、虚拟社区的知识推广和应用，为开放式知识链接服务提供了跨系统协同交流环境。这说明，知识链接必须在互联环境下，进一步搭建系统和用户群的桥梁，建立基于用户需求内容和方法的学习与研究关系。

知识传播。在网络环境下，开拓新的共享视角，采用虚拟服务方式进行信息服务组织是重要的，对于知识链接而言，应建立起基于协同的虚拟融合服务机制，组建开放式知识链接服务联盟，实现统一规则下的开放式知识传播。

面向知识创新的开放式知识链接服务协同组织应从三个层次进行：

从宏观上看，无论是在地区范围还是全球范围，知识网络处于十分重要的位置。因此，建立在服务系统知识关联基础上的知识链接网络建设，日益引起人们的关注。构建开放式知识链接服务协同系统，实现面向创新的知识信息服务系统的联动，已成为知识服务与保障中的一个重要现实问题。知识链接服务的核心点是：通过“知识链接”联通原有的专业信息服务系统，实现包括科技、经济、文化、教育等各类信息服务系统的互通；通过建立服务系统间的协作关系，强化专业信息服务之间的业务联系，重构面向创新用户的信息服务生态系统。针对知识链接目标。考虑到我国文献信息共享的基础，可构建如图 8 – 15 所示的我国开放式知识链接服务协同体系。

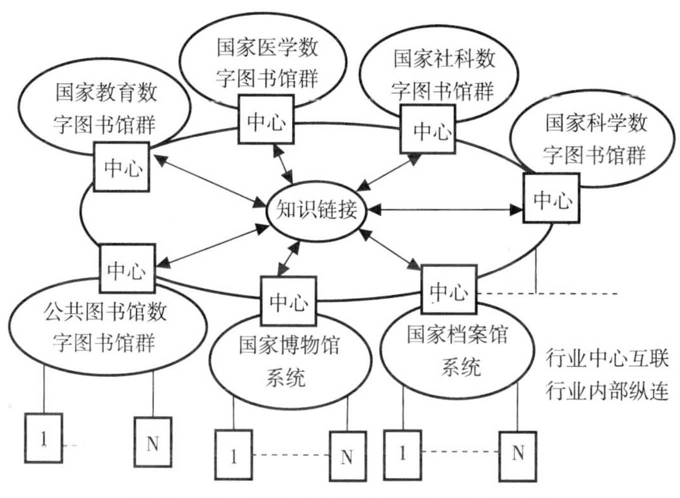

图 8－15 开放式知识链接服务协同体系

从中观层来看，开放式知识链接服务的协同组织是针对专业领域或机构的开放架构。在系统架构中，首先需要对各系统的知识进行标识和链接，其次要对外部资源服务系统进行融合和嵌入，再次是建立发现、保存和共享知识资源的体系，创建一个整体化的链接服务环境，如图 8－16 所示①。

从微观上看，对于知识创新主体而言，开放式的知识链接服务协同系统将知识资源、用户资源、工具方法，通过“链接”融为一体。通过多种协同手段，为用户构建一个无缝关联的服务空间，以满足用户的个性化需求。基于用户体验，链接服务可进行互操作，实现微观层次的资源集成和服务整合，从而使用户享用一站式的、无缝链接的全程服务。

开放式知识链接服务协同是基于知识链接的信息服务系统间的协同，包含信息技术、信息资源、人力资源和用户等基本要素协同，要求在协同对象、协同内容和协同服务三个层次上进行动态交互。

在协同中，系统间相互联系、相互作用，共同完成知识信息链接服务。在开放式知识链接服务体系中，各服务系统之间具有相互合作的关系。

开放式知识链接服务的协同建设是在一定的时间、地点、条件环境下进

① 张敏：《跨系统协同信息服务的定位及其构成要素分析》，《图书情报工作》2010 年第 12 期，第 64—68 页。

行的，广义的协同服务环境包括人文环境、政策环境和技术环境，要求协同服务人员根据客观环境的变化来进行，不仅考虑协同所利用的方式和手段，而且还需要考虑协同的时间和状态场合①。

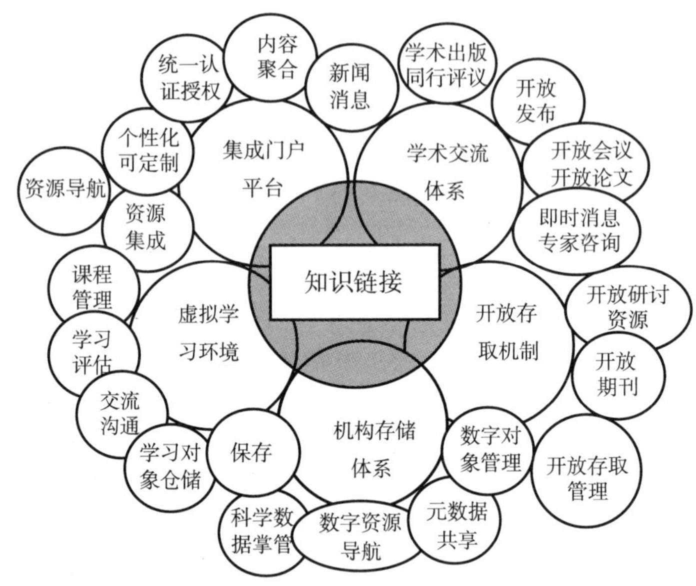

图 8－16　开放式知识链接服务的协同组织

（二）开放式知识链接服务的实现

结合中国科学技术信息研究所文献服务系统的建设，通过跨系统知识链接的实证可构建知识链接门户系统。知识链接门户系统从知识资源抽取与整合、知识关联关系构建、知识服务业务组织一体化实现等方面，为国家科技创新提供知识信息保障的关联服务。

1. 系统架构。截至 2010 年，中国科学技术信息研究所建设了近九千种中文数字化期刊资源库，期刊论文量达 300 万篇/年、引文量达到 1100 多万条/年。同时，通过整合中国科技论文引文数据库、中国科技文献数据库文摘和引文数据，期刊论文总量达到 4000 万条以上，引文数据达到 8000 万条

① United States Intelligence Community. Information sharing strategy2008［R/OL］.［2009－01－10］. http：//www. dni. gov/reports/IC_Information_Sharing_Strategy. pdf.

以上。通过资源库的建设完成了更大范围的期刊论文引文索引，提供期刊论文与引文的关联检索；通过多种类型文献之间的相互引证、相互参考的关系分析，以期刊引文为核心，实现了包括期刊、图书、学位论文、会议论文、专利、标准等文献资源间的整合与链接。中国科学技术信息研究所控股的万方数据公司建设有企业产品数据库、中国大学与科学研究机构数据库、中国科技人才数据库和中国科技项目成果数据库，通过数据库间的沟通，构建了知识链接门户系统（如图 8-17 所示）。门户建立了基于 Web 的文献计量指标系统，与引文索引条目链接，打造了中国的 JCR Web。在服务中，实现了相关全文文献的链接和原文传递，为科学研究成果评价、学术期刊遴选、机构实力评估，提供了统计计量工具。

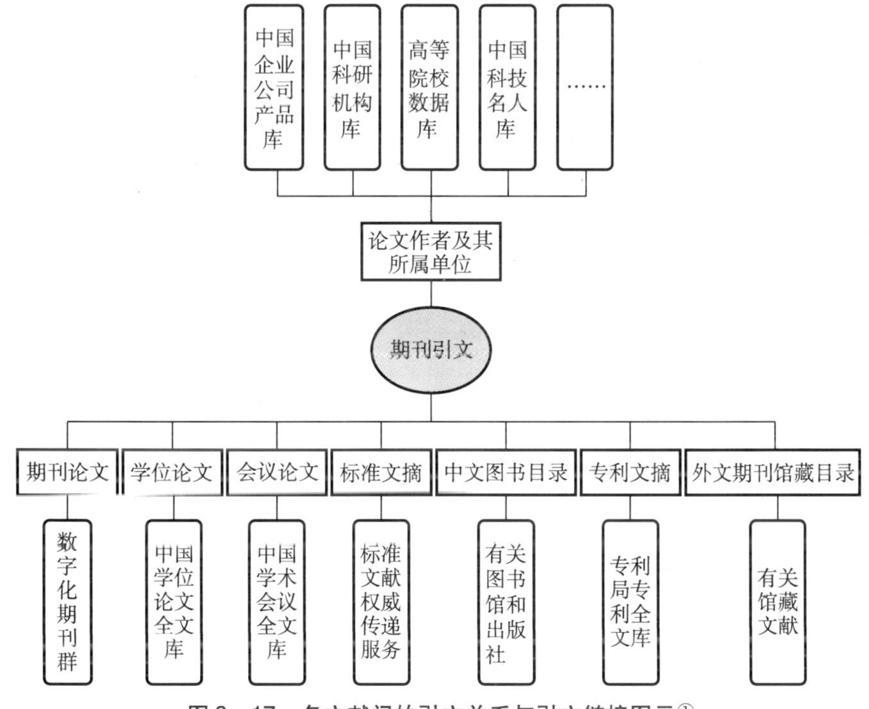

图 8-17　各文献间的引文关系与引文链接图示①

以数字化期刊资源为核心，门户将学术期刊、技术专利、会议录、学位

① 曾建勋：《中文知识链接门户构筑》，《情报学报》2006 年第 1 期，第 63—69 页。

论文、技术标准及其他相关信息资源整合于同一系统中，提供链接服务。同时具备知识的信息检索、提取、管理、分析与评价功能，从而扩展了信息检索的广度和深度。通过服务，研究人员能够完整地获取论文最新出版信息、引文和被引信息以及期刊的文献计量指标。以此为基础，从基于中文期刊引文的知识链接门户系统的建设起步，以用户对知识链接的需求为导向，门户确立了服务业务拓展机制。

基于面向用户的设计思想，知识链接门户系统构建了面向知识创新的跨系统协同服务平台，如图 8－18 所示。

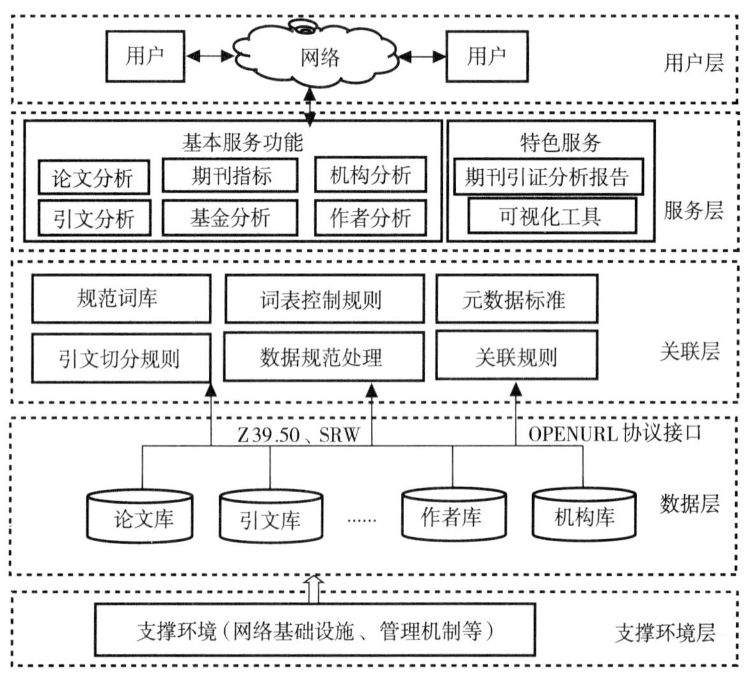

图 8－18　知识链接门户系统架构

跨系统的协同服务平台实现涉及五个层次的内容，从下到上依次是支撑环境层、资源层、关联层、服务层和用户层。

（1）支撑环境层。环境层是支撑知识链接门户系统存在和运行的基本条件，包括网络基础设施、技术支持环境和管理机制等三个方面。首先，基于网络设施，实现分散分布的信息系统的互联；其次，基于网络技术，进行数据库资源的链接和关系重构；再次，系统的业务管理协调机制确保服务系统有效运行。

（2）数据层。数字知识资源是开展知识服务的基础，所需的数据分别存储在论文库、引文库、作者库、机构库等数据库中，数据层负责提供分布式信息资源的实际存储和相应数据库的访问接口。访问接口可选择互操作标准协议，通过封装成为 Web 服务，实现全局范围内的数据集成，为整个协同服务奠定了基础。

（3）关联层。关联层是实现知识链接的核心部分，需要对来自于不同数据库的数据进行统一处理，借助机构词典、期刊词典对机构、期刊进行统一规范整理；借助相关主题词表对论文与引文中的相关主题进行概念凝练处理；继而，进入各类型数据库的唯一工序，直接生成引文唯一表、期刊唯一表、机构唯一表、概念映射表等，以此将引文按文献种类分别与各类型数据库进行链接。

（4）服务层。服务层提供各种基于知识链接的服务，同时协调/管理所有流程。知识链接门户系统具备实时的论文分析、引文分析、期刊指标分析、作者分析、机构分析、基金分析等功能，实现了高被引学科、高被引期刊、高被引机构、高产作者、高被引作者，以及高被引论文的揭示，并通过不同类型文献源的双向链接，拓展了文献源间的内在联系，推进了 OpenURL 链接服务。

（5）用户层。用户是知识链接系统服务的对象，知识服务的实现就是为了给用户提供便捷高效的服务。知识链接服务对象包括国家或地方的重点科学研究项目主持者、专业人员，特别是学科带头人、各类学者和高等学校师生。用户层提供符合用户需求的客户端，通过提升用户体验，开展个性化服务。

2. 服务推进。在具体的知识链接门户系统构建过程中，中国科学技术信息研究所结合自身信息资源建设的实际情况及科技信息服务优势，在服务推进中着重在以下几个方面的工作。

（1）确立实施数据库标准规范体系。规范论文、引文数据是实现知识链接的基础，该项工作所涉及的内容主要有元数据标准、数据著录规范、数据清理规范、数据加工规范、质量检验规范等一系列的标准规范的制订。目前所建立的数据库标准体系完整、配套，能够确保后续的数据清理与加工工作顺利、有序、规范地展开。

为了满足知识链接系统构建的要求，在对论文、引文等数据的特征进行分析的基础上，参考 SCI、EI、INSPEC、CROSSREF DOI 的期刊论文或引文元数据，对现有的期刊论文、引文等二次文献数据库的元数据方案与数据库结构进行了重新梳理，制定了覆盖期刊论文、引文、基金、作者、机构、期刊等方面的元数据标准；根据标准重新调整了相应的数据库结构，按照新的数据库结构实现了数据的整体转换与迁移。为保证数据清理与加工的标准化、规范化，减少数据的不一致性，提高数据准确性，增强数据共享程度，对现有期刊论文的质量现状、引文数据的加工流程、管理制度、加工人员的知识水平和工作技能、作业设施与环境等进行了调整；结合制定的元数据标准，制定了涉及数据清理与加工处理各个环节的标准规范，包括期刊遴选、数据切分、数据核查、数据规范、引文链接、数据分类、文献标识、数据唯一化处理、数据质量检验等加工环节所需的标准规范、工作规程以及配套的作业指导文件。通过 ISO9001：2000 标准加以固化并全面推行，使得后续的数据清理与加工工作得以顺利地开展。目前，已经形成了包括元数据标准、数据著录规范、数据清理规范、数据加工规范、质量检验标准等在内的标准规范体系。

（2）中文引文数据加工系统的开发。中文引文数据主要包含中文科技期刊论文、引文、基金、作者、机构等方面的数据。建设中的中文引文数据加工系统是一个具有一定规模的在线协同作业加工平台，系统建设涉及千兆网组网、系统集成、软件系统开发、自动化系统建设、数据仓储系统搭建等一系列开发性工作。为确保系统构建按计划展开，建成了分布式数字化加工处理系统，以协同化、流程化的加工支撑体系为基础，实现了数据同步传输、数据加工集中化、数据管理网络化、数据集成仓储，达到了分布式加工、集中化管控，规范化管理的目标。

中文引文数据加工系统以加工规则库、名称规范库等知识库为基础，利用专家系统、工作流管理等技术，将数据采集、调度、分发、切分、标引、校对、规范、链接、归并、归一、仓储、质检、监控、权限分配、工作量统计等各作业环节链接在一起，形成了统一规范的工作流程体系和半自动化的数据处理体系。中文引文数据加工系统的建成实现了中文引文数据加工整体流程的过程控制，各加工环节的工作实现了自动化或半自动化，原本复杂的工作操作更加简便，工作效率显著提升。

自中文引文数据加工系统开发并上线投入使用以来，各加工环节以此为平台，形成了网络环境下的分布式、协同化的数据加工模式。工作效率、工作质量显著提升，中文引文数据加工系统日臻完善，功能更加丰富，包括自动化程度、运行稳定性在内的系统性能不断提升。

（3）基于中文引文的知识链接门户系统开发。在对国内外同类系统包括 SCI 调研的基础上，确定系统的基本功能、内容组织揭示机制和用户界面。以中文期刊引文数据库为基础，开发基于中文引文的知识链接门户系统，初步实现了论文、引文的在线分析，对用户开放使用。通过对系统进行多次技术改造，系统功能更加丰富、强大，系统性能显著提升。目前，知识链接门户系统已与中国科学技术信息研究所暨国家工程技术数字图书馆网站实现了整合集成，所揭示的各类文献信息可通过所馆网站实现原文获取。

在系统研发中解决了如下技术问题：基于 SQL SERVER 全文检索引擎，研制了中文期刊引文检索系统，突破了制约系统性能提升的瓶颈问题，系统支撑能力及运行速度显著提升；探索出高效的期刊指标统计算法，解决了期刊指标即时统计问题，运算结果准确可靠；通过 Web Service、OpenURL 等多种技术手段，建立了来源文献和引用文献与所馆网站的中外期刊、会议、图书、报刊、法规、标准、学位论文、专利文献等全文数字对象的直接链接，解决了引文数据库中的来源文献和引用文献链接原文的问题；采用控件技术、Flash 技术等，实现了统计指标、作者关系的可视化，解决了统计分析结果可视化输出的问题。

（4）中国期刊引证分析系列报告提供。在基于中文引文的知识链接门户系统建设基础上，吸取基本科学指数数据库（Essential Science Indicators，ESI）的基本模式；结合中国期刊的实际情况，选择确定能够客观对中文期刊进行综合评判的相关指标，为具体计算中文期刊的相关指标确定了计量各项指标的方法。依照《中国图书资料分类法》，参考其他同类研究的类目体系，在调查征求期刊编辑部意见的基础上设计了新的期刊学科分类体系，并利用基于中文引文的知识链接门户系统中的基础数据编制出版了 2006 年版至

2010年版的中国期刊引证报告（扩刊版）及中国期刊高被引指数系列报告。

（5）关联检索的实现。整个系统依据论文引文间引证关系，按照期刊、标题、作者、机构、关键词、基金、学科分类等入口，在时间限定后，从论文、引文和期刊等三个方面进行查询检索。检中记录后面注明该篇论文的参考文献数、被引文献数和同引文献数、同被引文献数，能够显示相关的文献列表。例如，点击“被引文献数”热链，可以了解该篇论文被具体哪些论文所引用；点击“参考文献数”热链，显示当前来源记录所引用的参考文献列表；点击“同引文献数”热链，可以查看在不同年份中与当前所检索的记录共同引用同一篇或几篇参考文献的一组论文，即同引文献；只要任意点击论文记录后注明的该篇论文“文献数”热链，便生成一组新的纪录。这样层层激活、深入挖掘研究课题之间的相关性，可以及时了解某一研究领域的发展历史、目前研究状况和发展方向，跟踪国内外同行或权威学者的研究动态。

通过论文引文间的关联，可以实现论文资料的层层揭示、步步激活。通过 HTML 或 PDF 热链可以查看文摘信息或获取原文。目前中文期刊引文链接率达60%，有60%以上的中文参考文献是馆藏文献。整个系统除论文、引文检索外，还提供了期刊、作者、主要机构、基金等专项检索入口，实现专项查询的功能。通过作者项检索，可以显示同名作者的所有单位供读者选择，然后按时间序列显示作者历年来发表的文献记录包括参考文献数、被引文献数和同引文献数、同被引文献数，进行热链激活查询。同时，可以按刊物、学科进行筛选，并进行构成分析和对比分析。

五、数字化科学研究与知识社区活动中的嵌入服务

信息化环境下的知识创新将科学研究、社会化学习与信息保障融为一体，由此形成了数字化科学（e－Science）、数字化研究（e－Research）和数字化学习（e－Learning）的科学研究与学习信息化模式。在基于信息化的科学研究与学习中，信息服务已嵌入到知识发现、创造、传播与应用过程之中，由此构建了面向知识创新的整体化信息保障与嵌入服务的组织体系。

（一）数字化科学研究与学习保障中的嵌入服务内容

随着 e - Science 的发展，科学研究过程与环境日趋融合，形成了数字化的研究空间。用户在数字化空间中进行知识的理解、应用和创造，将信息获取、知识利用业务过程有机结合，数字化科学研究中的嵌入服务由此应运而生。

1. e - Science 中的嵌入服务及其特点。科学研究中嵌入式服务指针对用户的研究需求，以适当的方式将信息服务融入用户的研究环境和过程之中，使用户无障碍地利用服务支持科学研究的开展。

数字化科学研究中的嵌入服务产生与发展受到了多方面因素的影响。其服务在于适应数字化的知识创新环境，以用户需求为中心，突破传统的服务组织方式，按照科学研究环节进行面向用户的信息保障，从而将信息服务嵌入到用户科学研究活动之中，实现服务与研究的交互和融合，推动知识创新的信息化发展。其推动因素主要在以下几方面：

（1）泛在服务的驱动。随着科学研究的开放化和基于知识联盟的创新节奏加快，用户获取信息的范围不断扩大，信息来源结构日益复杂，这就需要在泛在环境下高效便捷地获取相关信息。这种信息需求的泛在化发展趋势提出了泛在环境下的开放服务要求。从面向用户的服务上看，泛在服务是为了解决用户的信息融合利用障碍而产生的，泛在服务强调“服务不为人所知”以及服务的无所不在、无时不在。用户开放需求驱动下的泛在服务使信息提供、用户学习和研究融为一体，实现嵌入式的无缝用户体验。

（2）创新研究的推动。数字化科学研究环境创建和条件保障是实现创新研究的基础，它不仅需要面向创新研究进行全方位信息保障，向用户提供来源广泛、内容完整的信息，而且需要为用户提供科学研究中的数字化信息管理工具，辅助用户进行科学数据处理和分析。这说明数字化科学研究需要实现科学研究与信息组织和服务的融合，即将服务嵌入用户环境，为科学研究创建嵌入服务平台。

（3）研究服务的延伸。科学研究服务在于对信息内容进行提炼，以形成信息增值效应。用户对知识的消化吸收和利用应成为服务的重点，在服务嵌入中应围绕用户的知识接受、处理和利用进行，实现面向用户知识转化服务。服务的开展需要面向不同的用户群体，提供有针对性、指导性和辅助性的知识，为用户构造良好的辅助条件和情景。在知识创新需求日益强烈的情况下，科学研究服务必须通过服务嵌入提升创新绩效。

随着数字化科学研究的发展，信息服务机构应直接支持用户的学习、科研行为，开展各种形式的服务融合①。

面向 e－Science 的嵌入式服务是指将信息服务嵌入到科学研究活动中，信息服务人员嵌入到科学研究团队中，以成为其中的组成部分②。将信息服务嵌入到 e－Science 的各个环节，应使服务与自主创新融为一体，这是面向科学研究的信息服务发展趋势。

在 e－Science 环境下，科学研究发生了根本性的变化，研究人员的信息行为和信息需求也发生了重大改变，这就要求信息服务从以前的分离组织向协同组织转变。e－Science 模式最早由英国科技研究理事会泰勒（John Taylor）于2000 年提出，认为 e－Science 是科学关键领域的全球性数字化合作，是推动这种合作的下一代信息基础保障③。e－Science 是信息时代中科学研究环境和科学研究活动信息化的体现形式④。e－Science 采用目前数字网格技术，为科学研究提供新一代的信息设施以及数字平台环境。在此环境下，科学研究方式和手段得以更新，数据和信息处理随之成为科学研究的重要组成部分。其中全球性、跨学科的大规模科学研究合作成为可能，科学研究者之间的交流比以往任何时候都要频繁和有效，科学研究周期由此大大缩短，同时促使某些跨学科领域的出现⑤。

e－Science 作为一种科学研究活动过程，具有以下特点：

科学研究的开放性。所谓开放性，是指 e－Science 从一开始就以全球性、跨学科、跨机构的科学研究合作为基本目标，因而整个科学研究活动具

---

① 陈廉芳、许春漫：《高校图书馆嵌入式创新服务模式探讨》，《图书馆工作与研究》2010 年第 8 期，第 4—7 页。

② 常唯：《e－Science 与文献情报服务的变革》，《图书情报工作》2005 年第 3 期，第 27—30 页。

③ Taylor J. Defining e－Science［EB/OL］.［2011－03－09］. http：//www. nesc. ac. uk/nesc/define. html.

④ 江绵恒：《科学研究的信息化：e－Science》［EB/OL］.［2011－03－09］. http：//unpan1. un. org/intradoc/groups/public/documents/apcity/unpan004319. pdf.

⑤ 黄国彬、孙坦：《e－Science 的特点及文献情报机的应对措施》，《图书馆杂志》2005 年第 9 期，第 22—24 页。

有极大的开放性。

资源共享程度高。在 e－Science 中，各种资源都可以得到高度有效的共享，这些资源共享不仅包括计算能力、实验数据和资料，甚至还包括实验仪器本身。

研究过程高度协同。得益于开放性和资源的高度共享，分布在全球各地、不同学科、不同机构的科学家之间可以共享资源、方便地开展协同工作，共同解决科学研究中的创新难题。

毫无疑问，e－Science 是一种有别传统的、新的科学研究环境和过程。开放、共享和协同是其基本特征，而传统的信息服务模式显然已经不能满足这种变化，因此迫切需要以协同为基本特征的全新信息服务嵌入，由此对服务组织提出了新的要求。

e－Science 环境中仪器、计算能力、实验数据和资料要求能够实现高度共享。对信息服务而言，面向 e－Science 的信息资源是多种多样的，如数据资源、信息软件资源、计算资源和知识资源等。e－Science 在客观上要求对这些资源实现共享式嵌入，从而为科学研究过程提供支持。

e－Science 中跨区域、跨机构、跨学科的开放协同，要求信息服务机构不应局限于本机构的资源和服务，而应与其他机构进行服务合作，在此基础上开展服务调用，以满足 e－Science 对服务的全程需求。

e－Science 迫切需要信息服务机构之间开展以协同为基础的知识处理服务。信息服务机构之间应通过对数据的搜寻、处理和挖掘，从中提炼出知识，并根据科学研究中遇到的问题融入 e－Science 过程之中，以便有效支持知识应用和知识创新①。

2. e－Science 中的嵌入服务组织。e－Science 工作流可以分为：数据获取/建模（Data Acquisition and Modeling）、研究合作（Research Collaboration）、数据分析/建模/可视化（Data Analysis，Modeling and Visualization）、产出传播与共享（Dissemination and Share）和存档阶段。e－Science 的嵌入服务通过知识化的组织流程，为用户的科学研究创新提供服务保障。因此，需要实现面

---

① 张红丽、吴新年：《e－Science 环境下面向用户科学研究过程的知识服务研究》，《情报资料工作》2009 年第 3 期，第 80—84 页。

向用户科学研究过程的系统建设和服务组织，使辅助服务过渡到融入用户科学研究活动的服务。这种嵌入使信息服务机构成为科学研究群体的知识创新伙伴，从而将传统的信息服务变革为基于科学研究过程的动态定制、协同交互和融合服务，以此构建有机嵌入 e－Science 的信息服务体系，如图 8－19 所示。

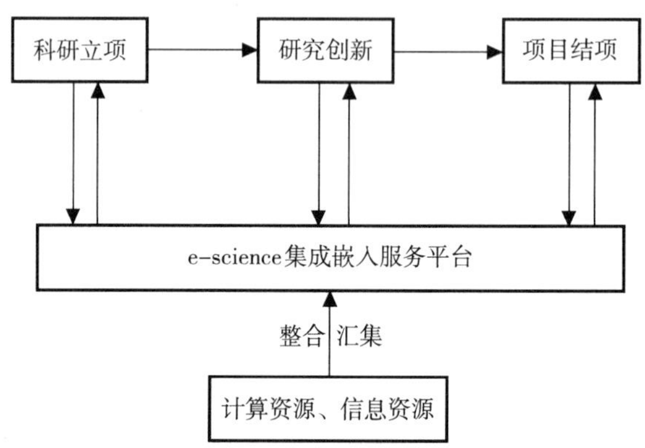

图 8－19 面向用户的 e－Science 嵌入服务

托尼（T. Hey）等人针对 e－Science 环境中研究者面临的困境，根据科学研究中的数据密集、分布合作的特点，提出了嵌入式服务的工作流组织模式①。根据工作流程，服务嵌入内容包括以下方面：

（1）知识信息提供服务。信息提供服务对 e－Science 是重要的。在科学研究中，研究者需要各种相关数据和知识以启动研究，包括全文资料、知识元信息、知识链接信息、试验数据等。信息提供服务首先通过对相关数据库和资料库进行查询，如 Elsevier、Springer、PubMed、SciFinder、ISI Web of Knowledge、GenBank、开放存取数据库的查询，以满足用户对文献资料和一般知识的检索获得；其次，对相关文献资料进行汇总，通过一定的手段进行分析，挖掘其中隐含的知识提供给用户。

（2）支持研究服务。在研究中， 研究者希望能够和其他研究者进行交

① Hey T.，Barga R.，Parastatidis S.，Research Platforms in the Cloud. In：World Wide Research：Reshaping the Sciences and Humanities，Edited by William H. Dutton and Paul W. Jeffreys，Cambridge，Mass.：MIT Press，2010：67－72.

互和协同。支持合作研究的服务在于跟踪研究过程，为研究提供及时的动态集成服务，为研究者提供发布和交流平台。领域特定服务（Domain - Specific Service）作为一种重要的支持服务，针对研究领域的特定需求进行特定的领域服务。如在化学合成领域，往往需要进行化合物的结构计算服务，支持合成研究实验。支持研究的服务，最终目的是实现研究的数字化信息处理与知识创新。

（3）信息分析服务。数据分析服务在于为研究提供查证服务，验证结果的创新性即通常所说的查新服务要求对研究结果进行分析，如利用序列比对查询工具（Basic Local Alignment Search Tool，BLAST）对测试结果与公开数据库进行相似比较，利用可视化工具对研究结果进行可视化展示。

（4）科学交流服务。科学交流服务在于为研究者的交流提供嵌入平台，促进合作和跨组织研究的开展。目前，信息服务机构主要通过构建在线仓储为研究者的论文提供快速交流的机会，如美国 ArXiv 就是一个在线的学科预印本仓储，研究者可在第一时间将论文提交至该仓储，在给予研究者以发现优先权的同时提供他人共享[①]。在我国，中国科技论文在线类似于 ArXiv，在此基础之上，通过建立跨机构的资源发现机制，如开放机构库登记系统（Registry of Open Access Repositories，ROAR），提供以事实和数据为中心的科学交流服务[②]。

（5）数字化信息保存服务。在 e - Science 流程中，研究者试图保存其阶段性研究产出，以保证协同研究的进行。保存服务在于为研究产出提供适当的协同保存机制，以共同保存科学研究进展成果。保存服务中要求建立科学研究产出的协同保存机制，推进分布式合作保存的开展。

科学研究嵌入服务是一种有别传统的信息服务方式，基于协同的科学研究嵌入服务，要求信息服务机构不再是专注于自身资源的建设，而是将服务资源融入科学研究过程之中，同时要求与外界实现资源互补，实现信息服务与科学研究的有效结合。

由观念转变所导致的组织协同，可以采用跨地区、跨机构、跨行业的协

① 刘颖、项英：《个人信息环境与嵌入式学科服务》，《情报杂志》2010 年第 5 期，第 188—191 页。

② Registry of Open Access Repositories [EB/OL]. [2011 - 03 - 09]. http://roar. eprints. org/.

同组织模式。所谓跨地区、跨机构、跨行业，是指不同地区、机构或行业的信息服务机构协同提供嵌入式服务，在实现协同中衍生出新的服务组合。

就 e - Science 的标准而言，目前主要是基于网格技术的标准，遵循的标准处于不稳定的状态。Globus 项目是国际上最有影响力与网格计算相关的项目之一，是由来自世界各地关注网格技术的研究人员和开发人员共同努力实现的，它着重于服务可用性和互操作性能力。2004 年，The Globus 联盟和其他五家公司共同公布了统一网格计算和 Web 服务的新标准“Web 服务通知”（WS - Notification，WSN）和“Web 服务资源框架”（WS - Resource Framework，WSRF）。近几年来，基于云计算的协同服务标准正处于完善之中。由此可见，e - Science 所采用的标准一直在不断变化。因此，跨系统协同服务嵌入应适应动态技术环境①。

信息服务嵌入 e 环境下的科学研究过程，主要从以下三个方面提供针对用户的嵌入服务：用户可以在本地集成地访问嵌入服务资源及本地资源，可以自主调用数据处理、信息交互和访问查询等服务；通过智能化的资源服务机制，用户可以自主发现所需服务的来源，进行原文获取、扩展查询等扩展服务；用户通过分布式知识库，实现不同知识库间内容的共享和利用嵌入。

（二）知识社区活动中的嵌入式服务

目前，传统的信息服务方式已无法及时满足用户学习的需求，这就需要将服务嵌入到用户环境中以更深层次的服务。知识社区作为知识交流和学习的网络虚拟社区，为信息用户提供了理想的学习环境。在知识虚拟社区活动中，可以将信息服务嵌入到以知识创新为目的的知识学习中，甚至可以嵌入到用户职业活动知识创新活动之中，即为用户提供实际意义上的泛在知识服务。

1. 虚拟知识空间构建与服务嵌入。在知识社区虚拟环境下，信息服务以用户为中心展开，这是嵌入式服务和泛在化服务的基本要求。在服务组织中，以用户为中心不仅需要以需求为导向进行资源组织，而且还需要将服务

---

① 《网格计算进入商用主流 缺乏软件和统一标准》［EB/OL］.［2011 - 03 - 09］. http：//www.chinagrid.net/show.aspx？id = 3265&cid = 101.

融入用户的虚拟知识空间和环境。其中，虚拟环境下的服务需要将服务扩展到用户所在的知识社区，如中国科学院国家科学图书馆的知识学习服务场所并不限于图书馆馆区，而是扩展到用户所在的虚拟知识社区之中。在知识社区中，为用户提供包括检索培训、文献信息咨询、个性化知识环境构建等嵌入服务是重要的。在国外，如罗德岛大学（University of rhode island，URI）、佛蒙特社区学院（Community College of Vermont，CCV）等在面向用户的服务中，进行了嵌入式服务项目的实施。

随着 Web2.0 应用的拓展，不仅改变着面向用户的服务环境，而且还改变着用户与信息服务组织者的关系。在基于 Web2.0 的交互资源管理与服务中，用户已成为信息接收、处理、发布的节点，虚拟环境下的交互服务因而需要辅助用户的知识获取，实现基于 e－learning 的自主学习和交流。在服务实现中，嵌入式泛在个人知识服务（Embedded Ubiquitous Personal Knowledge Service，EUPKS）围绕知识链进行面向用户的知识组织和服务构建①。无处不在的服务在面向需求的信息组织和服务提供中使用户可以在虚拟环境下进行交互式知识组织和知识积累，同时向环境发布信息、实现无障碍信息交流。嵌入式泛在个人知识服务需要将服务嵌入用户个人环境，在虚拟知识空间中辅助用户进行知识交流，使用户、环境和服务成为一个整体。知识社区中实现面向用户的嵌入式服务架构如图 8－20 所示。

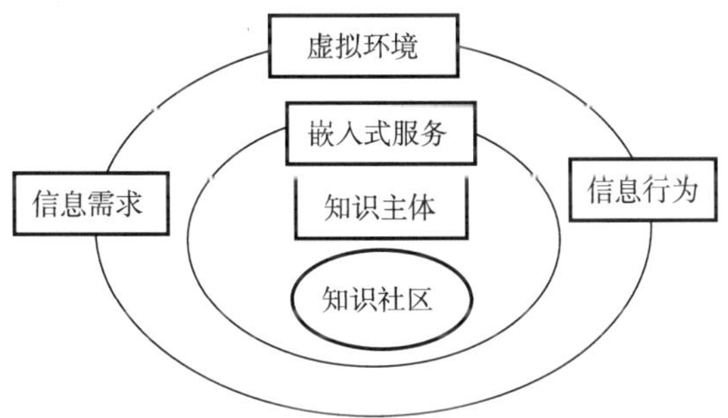

图 8－20　知识社区中的嵌入服务模型

---

① 乐小虬等：《嵌入式泛在个人知识服务模型研究》，《现代图书情报技术》2009 年第 12 期，第 37—41 页。

知识社区中的嵌入式服务以嵌入式泛在个人知识服务的开展为中心，它通过多种嵌入式方式，突破信息环境中的桌面系统、Web 系统和移动服务系统之间的界限，将知识社区中的服务同知识学习过程、学习情境紧密相连，在辅助用户学习中进行知识链接和关联组织，提供信息可视化处理和计算服务等。同时，嵌入服务可以以知识元为基础进行用户所需信息的提炼和组织，将信息处理和计算融入到用户的科学研究、探索和各种职业活动之中，以此拓展用户的信息利用空间，深化知识层面的信息获取内容。另外，通过嵌入服务可以在知识单元层面上实现应用系统间的知识处理互操作。这种处理互操作使分散分布的知识得以聚合，继而进行面向用户的无缝嵌入。嵌入式泛在个人知识服务将个人知识活动、知识环境及服务工具融合成为知识服务集合系统，从而支持用户的学习和知识创新活动。服务的基本架构在泛在知识环境下进行，通过知识获取和内容描述在虚拟空间中向用户嵌入服务。嵌入式泛在个人知识服务架构如图 8－21 所示。

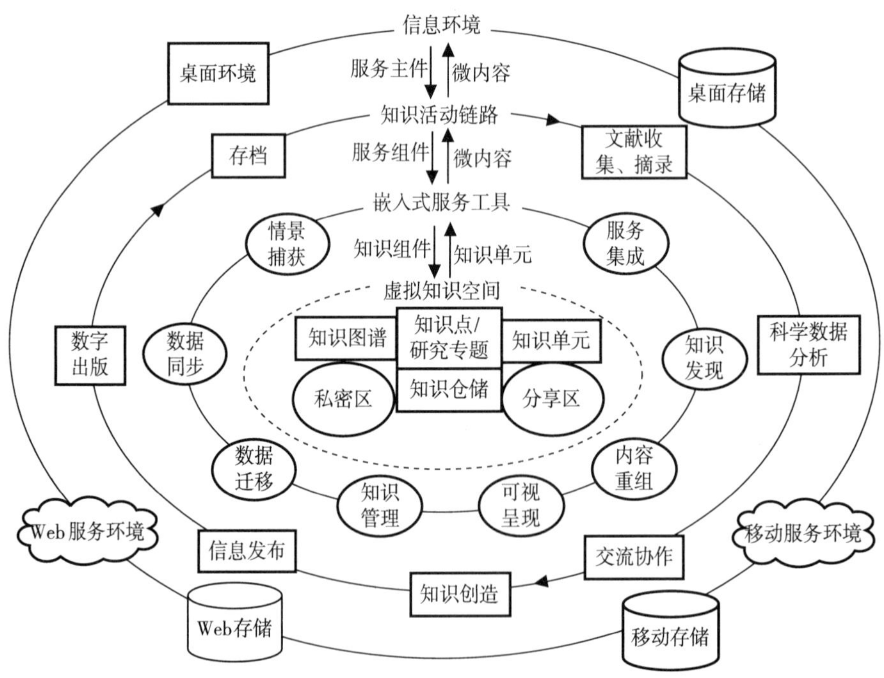

图 8－21 嵌入式泛在个人知识服务架构

如图 8－21 所示，从应用逻辑上看，嵌入式泛在个人知识服务由外向内分为四个层次，分别是信息环境层、知识活动链路层、嵌入式服务工具层和知识空间层。

（1）信息组织环境层。信息组织环境是泛在知识活动环境，其环境由用户所处的知识环境、信息环境和信息应用环境构成，从用户个人信息组织和信息工具利用上看涉及桌面 MS Office、AdobeAcrobat、IE 浏览器、QQ/MSN 即时通讯、Web 下的搜索等；同时，基于数字化学习的知识环境还涉及 RSS/Atom 聚合、Blog、Wiki、P2P、Tag 等。由此可见，嵌入式泛在个人知识服务应立足于用户的知识和信息环境，以此出发获取用户情境信息，实现服务与环境的融合。

（2）知识活动链路层。嵌入服务组织中知识活动链路决定了服务的有序组合，在通常情况下，科学学习需要经历知识信息收集、知识内容分析、知识交流利用、知识吸收创造和知识融入存贮等环节。如果将每一环节作为知识创新与交流中的节点对待，那么各个节点之间的有序链接便构成了一条完整的学习、创新知识活动链路。在链路中，按活动目标和功能可以进行活动节点的定义，以此出发进行基于嵌入式泛在个人知识服务模型的服务链接规范。

（3）知识嵌入工具层。知识的嵌入以相应的工具利用为前提，只有选择恰当的服务嵌入工具才能将各个环节进行有机联系，从而实现知识创新链活动中的嵌入服务目标。因此，知识嵌入工具层是提供服务功能实现的系统层，在功能实现上由工具集、组件集和功能集构成，以便在工具选用、功能组件封装和功能实现上予以保障。基于知识嵌入工具层的服务从总体上要求适应知识融汇、服务集成、内容重组和展示的需求环境。

（4）知识转化空间层。知识转化空间层构件是嵌入式泛在个人知识服务模型实现的核心，在知识的融入服务中，其知识组织空间与用户的知识需求空间具有同一性，即在一个共同的知识空间中进行知识信息的采集、存储、组织和用户知识需求的描述、提炼和展示。只有在同一个知识交流和转化空间中，各系统和用户才能无障碍地进行知识的表达和交换；然而在现实中，系统之间和系统与用户之间存在着知识组织空间不一致的问题，这就要求将物理上分散的知识信息进行基于开放链接的融合，在转化空间中实现知识的“虚拟化”共享。同时，在基于知识节点的知识来源描述上以知识地图的方式显示知识的节点关系，以便进行知识的逻辑揭示和利用。

2. 知识社区中的嵌入服务实现。在知识服务层面，嵌入服务通过情境与需求获取、知识组织与管理、资源与服务集成三个中心环节，为用户提供知识获取和学习，如图 8－22 所示。

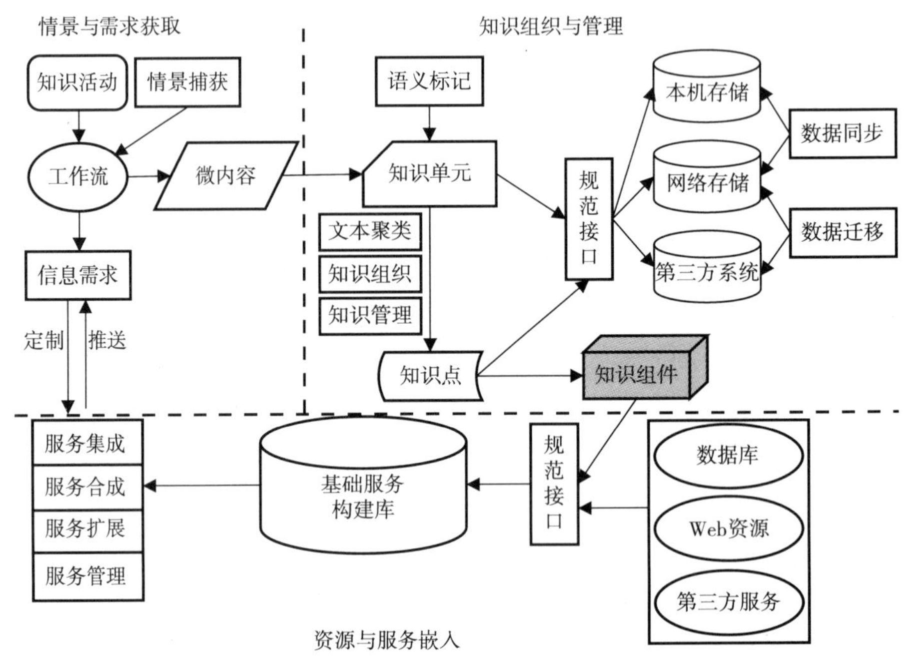

图 8－22　知识社区活动中的嵌入服务实现

图 8－22 显示了知识社区活动中的嵌入服务实现关系和组织过程，其基本环节包括以下几个方面：

（1）情境与需求获取。知识社区活动中的嵌入服务在一定情境下展开，并且以知识社区活动中的用户需求获取为起点。由于情境和需求的动态性，需要在用户端动态地获取用户的知识活动场景，在一定场景中通过用户交互获取需求信息，以此出发在一定情境中进行需求描述。这种描述具有情景性，因而体现了用户一定场合下的即时信息需求，这种即时需求是组织实时定向服务的基础。在情景与需求获取中应注重面向用户生成不同粒度的微内容，如文本片段、标签、数据等。

(2) 知识内容组织。知识内容组织以微内容作为处理基础，在一定的知识空间中通过语义标记和规范化的处理程序进行信息资源存储内容和用户知识需求的内容描述，基于内容描述的组织以知识单元为对象，不仅需要展示知识单元结构，而且还需要显示知识单元的内在联系和知识的进化关系。在泛在服务环境下，这种知识单元的内容组织应符合用户要求和适应用户所处的环境，在技术实现上需要将客户端、服务器和第三方系统中的知识进行交互处理，实现各系统间的知识映射和转化。需要注意的是，在转换存贮中通过数据同步和数据迁移进行逻辑上的数据处理以保证数据的统一性，以此构建新的知识节点。同时，按节点关系可以构建新的知识组件，规范各数据库的知识组织。

(3) 资源与服务集成。知识社区活动中的嵌入服务需要进行资源与服务的集成。在技术实现上，其资源、服务在服务器端进行集成，其目的是将不同来源的资源和服务进行整体化组织。资源与服务集成包括数据库、Web资源、第三方服务 API 等方面的集成，在集成中需要进行规范化处理，形成自适应件和扩展件，以此生成互操作基础服务构件。这些基础服务构件需要进一步进行组合，使之形成集成化的服务工具，以供客户端直接调用。

知识社区活动中的嵌入服务系统具有开放接口，在服务实现上能够进行互操作，其互操作对象在个人知识空间中可以是基本的数据处理单元，也可以是某一个知识单元、某一主题内容的知识描述和某一知识逻辑关系和语义层面的单元，这说明数据处理对象具有多元性和多维性。因此，在知识空间中的数据处理应以比较通行的元数据为基础进行基本的信息描述，同时使之具有可扩展性，即要求适应现有的多种规范和协议（如 RDF/RDFS、RSS/Atom、OPML、REST 等）。在实际应用中，所采用的规范以 XML 为基础，在通信协议和开放接口的基础上进行数据描述。

近几年来，知识社区在数字化学习中发挥了重要作用，如在虚拟的网络学习平台中加入图书馆的相关链接，即可方便用户嵌入利用相关服务。这里，图书馆所嵌入的数字化学习服务，在网络平台上共享学习资料工具。其次，利用 RSS 服务可以提供内容定题服务，将 RSS feed 添加至知识社区平台上便可获取动态资源。数字化学习中的嵌入式服务解决了知识信息适时搜集和组织问题；通过交互和反馈，可以帮助服务人员更加深入地了解用户的信息需求。

以知识社区为基础的数字化学习将服务嵌入到用户使用频率较高的社区网站中，使用户在进行知识社区活动时可以方便地获得信息服务。如台湾大学图书馆通过开发的 Follow NTU Library，将图书馆服务嵌入到 Facebook 和 Plurk 社区网络中，建立了台湾大学图书馆用户学习专页，推出了相应的学习服务。通过服务，用户可以通过 Facebook 追踪学习和查询内容，进行知识分享。

嵌入服务在嵌入服务环境中融入用户学习环境。在嵌入服务的实现中，需要通过知识管理平台向用户提供所需的服务内容，从而解决学习中的各种问题。嵌入服务的工具嵌入按用户需求进行组织，如向用户提供基于知识链接的检索工具、知识挖掘工具和知识可视化展示工具等。这些工具的应用，对用户而言具有个性，用户可以在嵌入环境中进行自主选择和合理使用。

在知识社区中，“嵌入服务”通过面向用户主体活动的服务融入使知识资源在用户真实活动中直接得到利用，特别是知识处理和计算融入，不仅可以提高用户信息服务利用效率，而且还可以实现服务的价值提升。这种服务嵌入能够有效地帮助用户构造个性化的、灵活动态的知识学习地图。此外，还可以通过智能标签技术支持用户的个性化信息描述和个人信息管理，实现用户信息的交互，为用户参与知识社区活动提供条件。

六、面向用户的开放存取服务

开放存取（Open Access，OA）是从 20 世纪 90 年代发展起来的面向社会化用户的信息存放和提取服务，它通过向用户提供开放存取空间接收用户需要发布和存放的信息，同时赋予用户获取社会他人发布和存放信息的权利。这种开放存取一般应用于非正式出版的学术论文或资料的公共存储和提取，首先出现在科技论文的在线发表和公共获取上。在开放存取服务的组织中，《布达佩斯宣言》的表达为：对文献的开放存取在于为用户提供信息存储和获取的公共平台，通过开放化的信息存放、组织、传播和获取，用户可以无障碍地免费获取所需文献和各种来源的信息进行下载、链接，同时还可以方便地进行即时信息处理和交换。随着开放存取技术的发展，面向用户的开放存取服务在开放化学习和研究中具有广阔的前景。

鉴于开放存取的优势，在面向用户的知识创新服务中，理应构建开放存取空间，推进知识信息的开放存取服务。

(一) 开放存取服务及其发展中的问题

开放存取服务是传统的文献信息服务的重要补充，对于文献服务而言，它采用“作者付费出版，读者免费使用”的方式，将文献无偿提供给用户使用。在文献服务中包括开放存取期刊（Open Access Journal，OAJ）和开放仓储（Open repositories and archives），前者是基于开放存取的期刊服务，后者是研究机构或个人将未曾发表或已经发表过的论文等作为开放式的电子文档提供存储供开放使用。

开放存取利用网络实现科学信息和科学研究成果的交流与传播，从而提高了信息资源的利用率，降低了用户获取信息资源的成本，促进了科学信息的长期保存。在“开放存取”学术交流的发展中，有代表性的是机构库（Institutional Repository）、学科资源库（Disciplinary Repository）、开放期刊（Open Access Journals）和个人网络存取服务的推进。

目前，提供开放存取资源的主体主要是文献信息服务机构、学术机构和出版机构等。如：公共科学图书馆（PLOS）建立了全球著名的电子印本文库 ARXIV，开展了公共开放存取服务；美国计算机协会（ACM）创建、维护的计算机数据库 CORR 提供在线服务；中国科技论文在线由中国教育部主办，提供开放服务；学术团体“奇迹文库”由民间科学交流团体创建，提供开放存取交流服务；学术出版机构如 Highwire 出版社等提供社会出版开放服务。

在信息资源开放存取服务中，同一开放存取资源的提供者可以采用多种形式进行资源的存放、获取和利用。其中，电子预印本文库服务中的开放存取（e－print archive）是科学研究交流系统中基于开放存取的非正式科学交流系统。这一系统向论文的提供者和利用者开放，作者通过自存档（Self－archiving）存储和收集预印本（Pre－print）和后印本（Post－print）。通过开放存取系统，社会用户可以享受公共开放存取服务和在线数据库服务。我国开放存取服务发展情况如表 8－1 所示。

表 8-1 国内开放存取服务发展情况

开放存取机构	建设情况	发展概况
中国预印本服务系统	中国科学技术信息研究所建设	在国家科技图书文献中心协同下，2004 年中国科学技术信息研究所正式开通中国预印本服务系统。作为一个面向社会的开放化文献信息服务系统，以提供预印本文献资源服务为主进行实时学术交流服务。该系统提供国内外预印本文献服务，通过由两个子系统所构成的门户向公众开放，国内预印本服务系统面向国内科技工作者进行存取服务，用户可以通过系统进行文献检索、浏览全文、发表评论；国外预印本服务系统提供交流和获取服务
香港科技大学科学研究成果全文仓储	香港科技大学图书馆建设	为了有利于科学研究成果的交流和开放利用，香港科技大学图书馆针对用户开放存取和交互利用研究论文的需要进行了数字化学术成果存储与交流知识库的开发，提供开放存取服务。系统提供该学校研究人员和博士论文，同时提供有关会议论文、报告和其他文献的全文存放、浏览和获取服务。用户可以通过系统进行文献存取和利用
奇迹电子文库	科学、教育与技术领域的青年工作者建设	奇迹文库（Qiji. CN/Eprint）面向科学技术、教育和社会公众提供公益性的文献存取服务，开放的存取内容涉及物理科学、生命科学等基础学科领域，航空航天、信息技术等技术领域，以及社会科学和社会活动领域；主要收录中文科研论文、进展报告、学位论文及著作的预印本。文库以中文文献为主，同时也收录作者以英文或其他语言写作的文献。开放存取按九大类进行科学前沿、学术资源、读书新知、科学与社会等方面的文献内容组织
中国科技论文在线	教育部科技发展中心建设	为了在正式出版之外为高等学校科学研究人员提供科学研究成果交流和发布的社会化渠道，促进科学研究成果转变为现实的生产力和为公众所利用，由教育部科技发展中心创建科技论文网站，提供开放式科技论文发布平台，在平台中展开科技论文在线发布、存储和索取服务；科技论文在线所涉及的学科范围广泛，发布的时效性强，开放程度高，现已成为具有广泛社会影响的科技论文开放存取系统

在我国的开放存取服务中，2002 年科学、教育与技术领域的青年工作者创建了以论文发布和交流为主的奇迹文库，2003 年教育部研究发展中心创建了中国科技论文在线服务，2004 年中国科技信息研究所创建了中国预印本服务系统，2007 年 96 所高等院校图书馆开通了 Open Access 检

索系统，同时北京大学图书馆、吉林大学图书馆、中山大学图书馆将开放存取纳入到用户培训内容。在图书馆服务的开放化组织中，清华大学图书馆、浙江大学图书馆、西安交通大学图书馆等开始了开放存取资源与馆藏文献资源的整合。从中国的国情和科学发展实际来看，支持开放存取、建立新的学术交流机制是服务发展的必然①。然而，我国的开放存取还存在一定的障碍。

1. 开放存取的认可度问题。由于我国信息资源开放存取还处于发展阶段，学界对其认识还不全面，故未进行推广性使用。以高等学校图书馆为例，有少数高等学校特别为开放存取设定了专栏，大多数只在电子期刊子服务中列出了国内外的一些开放存取网站。可见，信息资源开放存取在国内的认可度还比较低。因此，应提升信息资源开放存取的社会认可度。

2. 开放存取的机制缺陷。虽然网络技术的发展大大减低了学术出版和学术信息存储的成本，但仍需要一定经费和人力资源维持系统的正常运行。因此，解决设备费用、系统开发和运行费用仍是开放存取模式需要解决的问题。由于国内相关机构的科学研究教育经费有限，开放存取还只是停留在公益服务阶段。这种模式的缺点是：所依赖的外部条件不稳定，经费和存储条件得不到保障，公共服务机构难以形成规模和有影响的品牌。因此，信息资源开放存取应引入更多的竞争者参与，通过竞争和博弈达到平衡学术研究和学术交流过程中各方利益。

3. 开放存取的质量控制问题。几乎所有 OA 期刊为建立学术地位和声望都沿用同行评审制度，如美国学术出版和学术资源联盟（Scholarly Publishing & Academic Resource Coalition，SPARC）通过与学会、协会和大学出版社合作，成立专业的评审委员会，控制开放存取论文质量。OA 仓储为了不使冗杂信息无控制地蔓延而影响学术交流，要求所提交的论文是经过作者精心准备或已评审过的成果，同时严格限制提交者的身份。但由于 OA 仓储定位于灰色文献交流，只要求作者提交的论文符合一定格式和学术规范，因此，建立行之有效的、跨机构的存取制度是信息资源开放存取所面临的一大挑战。

① 胡启恒：《开放获取是科学家的责任》，《光明日报》2006 年 6 月 20 日。

4. 开放存取的著作权问题。开放存取的文献以作者志愿提供为原则，其知识权益的界定比较明确，如果利用未公开发表具有版权的文献，则应在维护文献作者各方面权益的情况下进行获取和交流，一般而言，其开放存取的行为可以通过相应的规则和条例来约束。对于由作者提供的已发表的文献，其开放存取则存在著作权问题。对于论著而言，开放存取的著作权保护中的权益问题集中在出版社与作者之间的权益分割上。对于这一问题的解决，需要从现有法律制度出发，在知识产权保护的基础上均衡各方面的利益关系，在拓展公共服务的基础上完善相应的保护制度。

（二）开放存取体制建设与服务实施

开放存取系统是一个动态适应的社会化知识交流系统，技术发展所创造的新的法律环境必然要求通过变革管理模式、运作程序、操作手段予以回应。开放存取运作的一个核心问题是确立开放存取机制，在版权获取与信息利用之间维系平衡以推进开放存取的发展。这种机制以促进知识传播、共享和开放化利用为前提，通过构建公共交流平台进行社会化知识交流与共享的组织，同时为各方面用户提供保留知识成果和获取知识成果的空间。开放存取系统作为知识资源收藏地和信息中心，应完善开放存取模式，推进开放存取服务，促进科学信息的社会化传播与交流。

1. 完善开放存取服务制度。数字信息资源的开放存取服务是社会化知识交流、存放和共享的需要，是信息交流服务在数字化网络环境下的新发展。开放存取服务不仅弥补了正式交流的不足，而且还有利于科学研究成果的社会化传播。目前，开放存取系统建设尚存一定的障碍，其障碍的克服在于进一步完善开放存取制度，将知识信息的公共存取和开放获取纳入社会化服务的轨道，按开放存取服务的多元化组织原则鼓励科学研究机构、图书馆和信息交流服务机构按公共服务目标进行服务系统建设，在服务推进中进行业务规范。

2. 进行开放存取资源与馆藏资源的有效整合。图书馆是公共知识信息服务的主体，所提供的文献服务以各种出版的文献为主体，对于科学研究中的知识交流和传递服务一般由信息交流机构承担。随着国家创新的网络化发展和知识社区活动的开展，图书馆和信息交流机构的用户在服务需求上趋于整体化，即要求图书馆和文献信息中心提供正式文献服务的同时也提供在线知识交流和文献的开放存取服务。在服务协同组织中，需要进行开放存取资源提供与馆藏文献提供的集成，以利于用户从中获取所需的文献信息。开放存取资源与馆藏资源整合是基于不同来源的文献整合，其整合的基点是在文献来源的揭示上。

3. 推进开放存取资源的搜索和链接服务。网络信息服务的社会性和开放性决定了用户可以自由地发布、存储、交流和获取信息，而开放存取服务机构正是在开放环境和适应用户需求的前提下提供服务的。由于网络信息服务发展的多元性和开放存取服务的分散性，使得用户难以通过知识链接的手段获取来源广泛的存取信息。相对于正式文献服务的跨系统资源整合和服务集成而言，开放存取资源的链接程度不高，这就需要进行基于网络的开放存取资源搜索服务的跨系统组织，在规范开放存取文献内容揭示的基础上提供开放存取链接服务。

4. 构建开放存取的利益协调机制。开放存取活动由社会各方参与，每一方都有自己的利益和要求，因此，开放存取的实施必然涉及各方的利益。这些团体的利益并不总是一致的，当利益相互冲突时就需要进行协调。由于存在占有科技资源的单位或个人同时承担共享责任和义务问题，因此，应针对单位和个人缺乏共享意识的问题，进行基于利益协调的意识培养，树立共享使自己受益的观念，以便积极推动开放存取的发展。由此可见，开放存取需要全社会的共同努力。要使开放存取政策顺利推进还需要政府部门引导，明确各利益方的利益与责任，协调各团体间的关系与活动，从而调动科学研究机构等组织的主动性，共同促进开放存取服务的发展。

5. 加强开放存取的质量控制。在开放存取服务中，对于学术文献而言其文献存放由用户自主进行，存储的开放性使得学术信息质量难以有效控制。因此，在科技论文的在线发布和存放中可考虑建立基于网络的论文发布评审机制以推进同行评议工作的开展。对此，在科学信息在线发布中可提供实时讨论平台，鼓励发布者通过交互讨论完善所提交的成果，以此控制开放存取质量。显然，这种开放存取的自组织方式具有普遍意义。作为一项公益性为主的服务，开放存取资源的质量要围绕评价服务质量进行设计，结合服务过程的控制制定综合评价指标，使之具有系统性、可行性，从而监督和促进开放存取水平的提高。

6. 完善基于开放存取的学术信息服务。开放存取已被越来越多的科学研究人员接受和利用，开放存取文献由于其免费获取性，适应了社会化知识交流的需要，因而是社会化交流学习系统的重要组成部分。然而从服务组织上看，所提供的服务主要局限于文献的在线发布、存放和开放获取，开放存取学术信息的挖掘深度有限，这就需要进一步完善开放存取的学术信息服务。同时，通过众多学术机构的参与，促进基于网络的开放服务发展，使之发挥公共知识交流系统的社会作用。对文献信息服务机构而言，发展开放存取服务不仅是用户开放获取知识信息资源的需要，而且也是进行知识交流和服务的社会化发展需要。基于开放存取的学术信息服务对于图书馆来说是重要的，开放存取学术信息服务体系构建在于向用户提供开放存取服务接口，通过开放存取期刊内容组织、在线交流文献内容组织和用户知识交流成果组织实现开放获取文献资源的整合，在开发面向用户的搜索服务中满足用户存取和利用文献信息的需求。开放存取信息服务架构如图 8－23 所示①。

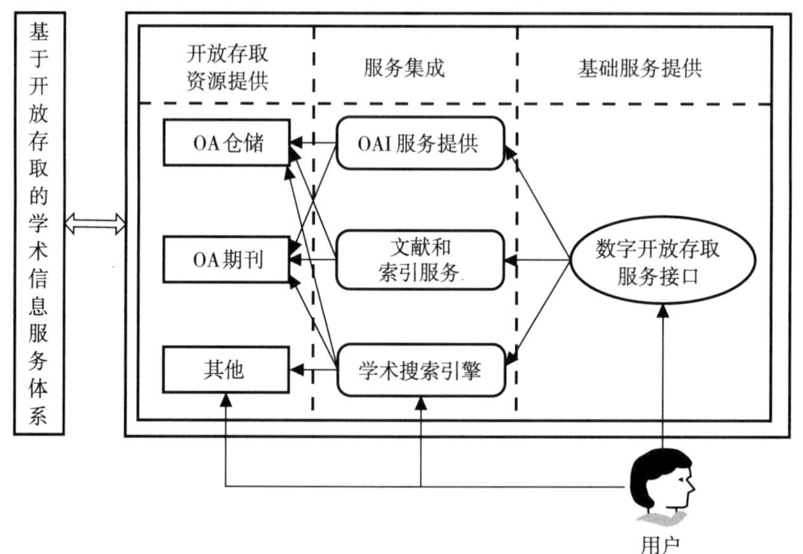

图 8－23 开放存取信息服务架构

① 夏南强、张耀坤：《基于开放存取的学术信息服务体系初探》，《情报科学》2008 年第 3 期，第 431—435 页。

如图 8－23 所示，开放存取信息服务系统由开放存取资源提供、服务集成和技术服务保障模块组成，在基本资源架构和技术架构基础上向用户提供数字开放存取服务接口。开放存取资源组织在于通过固定的途径提供统一的资源描述和相关的元数据服务，通过开放存取资源的合理存放和组织构建集成化的资源检索系统；服务集成在于将信息资源的存储和获取进行有效整合，构建开放式集成服务系统；服务技术支持着重于数据管理、数据库建设和面向用户的服务组织技术工具支持和平台构建。在系统组织中，数字化开放存取服务接口实现与用户的互联。

七、区域性农业信息集成服务实证

区域性农业信息集成服务是基于网络的农业信息自动搜索、重组、分配和定向提供的综合服务。由于农业的特殊性，在国家规划下，可以实现基于分布架构的信息集成和定向利用。在面向农业用户的集成服务组织中，可以通过网络信息资源共享方式创建农业信息集成服务平台。根据用户集成化需求所创建的平台具有独立使用特性，既可以作为重组和集成工具在各地农业网络使用，也可以搭建区域性集成服务共用平台，实现动态化的资源与用户管理，推进面向农业用户的个性服务。

（一）网络环境下农业信息集成服务定位

我国农业网站的数量众多，网站间关联度松散，农业信息零散地分布在各种农业政府机构网站、行业网站和各种电子商务网站中，信息重复现象严重。农业用户往往需要通过查看多个网站上的信息才能满足部分信息需求，不仅操作复杂，而且信息利用率低，信息的价值得不到很好的体现。因此，将分散和混乱的农业信息进行梳理、集成是区域性农业信息集成服务的根本目标。

通过对目前已有的农业信息服务网站的调查和分析，我们将其分为三种类型：

全国性大型网站。如中国农业信息网、金农网等，其优点是更新速度快，缺点是区域针对性不强，难以开展个性化服务。

地方性中型网站。如湖北金农网、湖北农贸网等，优点是具有较快的更新速度，同时保证了一定的地域针对性；但是对于省内欠发达地区针对性较差，特别是信息流通欠缺的地方，容易形成信息孤岛。

相关机构网站。相关网站如各地机构的网站，该类网站包括基层农业机构网站和农业企业网站等，优点是地域针对性强，缺点是网站规模较小，信息组织的规范性有限。

由此可见，目前我国农业信息服务网站普遍存在信息不全、更新率较低、针对性不强等问题。如何及时地向用户提供具有针对性的集成农业信息，是区域性农业信息集成信息服务所需解决的问题。

通过对湖北省麻城市、罗田县、武汉市蔡甸区和东西湖区的实地调查，我们发现这些地区的农业信息服务网站除在农业信息获取上存在不足之外，在信息的交流上也往往停留在地区发展介绍等方面的宣传上，因而不能满足用户的全方位需求。造成这一局面的一个很重要的客观原因是缺乏有针对性的农业信息集成服务平台。其平台建设，要求从外界“拉取”信息的同时将本地信息“推送”出去，以实现信息的交互流动。区域性农业信息集成服务由此引发。

由于农业信息分布的地域性和分散性，故在农业信息服务组织中不可能建立唯一的集成服务中心，以及承担面向全国所有的农业科学研究部门、经营实体、农业生产基地、涉农服务部门和广大农村进行针对性服务的任务。另外，农业行业不仅包括种植业、养殖和生物农业等产业部门，而且还包括农业科技、农业机械和农业商务等相关行业。因此，农业信息集成服务的现实发展为：一是在服务体制上进行改革，实现国家农业部管理下的整体化体系构建和分布式的信息资源建设目标，其中全国农业科技、经济信息中心作为核心机构的地位应该明确；二是在体制改革的基础和网络信息资源共享制度建设的基础上，通过平台建设实现面向用户的地区性集成信息服务，以针对用户的需求开展定制服务。这里，我们所进行的区域性农业信息集成服务平台的开发和利用，是从第二个层面出发进行的。

由于国家“三农”政策的贯彻执行和农业信息服务的国家保障可以有效解决服务组织中的资源共享问题，即在政府主导的农业信息服务中实现社会化的服务共享。因此，区域性农业信息集成服务平台具有以下定位：

1. 作为区域性农业信息服务机构的辅助平台在网络化服务中使用。平台的主要作用，一是将分布式的各有关农业网站中的信息资源进行汇集，经重组后推送给区域农业用户；二是将本区域信息通过平台向其他网络或用户传递；三是实现区域用户和区域外用户的网上互联。

2. 通过农业信息集成服务平台建立信息集成服务中心。平台可以针对农业信息机构的需要，按类属关系进行信息汇集、重组和按用户进行信息推送，以此出发支持信息集成服务的开展，在服务中针对农业信息集成服务的需要进行功能设置和业务安排。

3. 在网络环境下进行分布式数字信息资源的整合汇集。农业信息集成服务平台的信息汇集具有层次结构，既可以采集分布于网络的表层信息，也可以从跨系统数据库中按互操作协议进行资源共用。

4. 实现对分布式信息资源的采集和管理。农业信息集成服务平台实现分布式信息资源的自动采集、自动分类、重组和推送。根据动态服务需要，信息服务所依据的数据库是动态性的，因此，平台将信息采集与用户相关联，以此提供面向用户的服务支持。

5. 实现信息集成和服务的有效结合。农业信息集成服务平台功能与服务具有可扩展性，其技术随着网络技术和信息管理技术的发展而更新。在目前的情况下，平台有一个相对稳定的通用标准，以此保证服务的质量和互用。同时，在今后的发展中可以不断进行服务业务的拓展。

（二）农业信息集成平台研发与面向区域用户的服务组织

农业信息服务具有区域化的组织特征，这是由不同区域的农产品生产结构、气候环境和发展条件的不同所决定的。因此，面向用户的农业信息集成并不是单纯的网上信息搜集和资源整合，而需要根据不同区域用户的不同需求进行基于网络的信息采集，在全面采集信息基础上进行信息的重新组织和内容区分，从而提供针对性强的面向区域农业用户的信息组织与推送服务。从服务内容组织上看，区域性农业信息服务平台需要面向用户的双向需求组织信息资源和服务，即按用户获取信息和发布信息的双重需要进行平台架构。

在面向区域用户的获取信息需求的服务组织中，其关键是按所需信息的分布结构进行分布式网络信息采集，经筛选和过滤后实现信息的重新组织；在面向用户发布信息的服务组织中，实现用户发布信息的内容规范和资源转换，构建面向用户的信息发布接收系统。这两个方面的服务需求决定了集成服务平台的基本构架，在基础构架中，一是进行技术规范，二是建立平台数据库，利用平台工具提供面向用户的交互服务，实现面向用户的服务定制。

在区域性农业信息服务平台研发中，我们按湖北不同地区的农业生产结构和用户结构进行了平台服务内容上的区分，在信息采集和发布的内容组织上按用户需求进行针对性的资源管理，突出平台的针对性；另一方面，对于网络化的信息采集，我们注意到数字鸿沟的消除，在同一水平上构建了标准化的基于平台的信息采集系统，在个性化交互的同时突出了技术的适应性和面向用户的交互性。

区域性农业信息集成服务平台的研发改变了用户利用多个网站获取信息和分散发布信息的局面。通常情况下，用户查询某一方面的信息往往需要在多个农业网站中进行搜索，通过多次检索才能获取来源不同的农业信息。同时，在信息利用中还必须对所查询的信息进行筛选，这就造成了信息获取中的系统异构和数字鸿沟障碍。在集成平台服务中，平台可以代替用户来完成一系列任务，可以通过请求代理、需求转化接口和结果集成显示向用户提供无障碍的一站式服务。同时，还可以分类组织服务，即按不同的用户需求进行服务推送。另外在区域性农业集成网站建设中，通过网络信息重组可以有效地解决本地信息与外部信息的有效整合。在目标与功能实现中，请求提交代理的个性化设置、外部信息与本地信息的整合管理和服务中的信息转化处于重要位置。对这些问题，可以利用局部字典来实现信息的转化，通过互操作的实现屏蔽网站的异构和数据库差异。

如图 8－24 所示，集成平台根据预定的资源组织和服务架构，从分布式网站中搜索信息，在此基础上对所采集的信息进行集中化描述，通过信息内容过滤进行资源的重组。区域性农业信息集成服务平台在信息搜索中通过特定地域的需求描述和搜索关系，在赋予权重的基础上建立用户需求向量模型。在本地信息的对外发布中，根据逆向组织原则将信息进行归类，以实现基于某一聚类的分布式发送。

在针对湖北麻城地区的集成服务平台研发、试用中，确立了以下目标：自动采集、整理和优化定制的网络信息资源；提供人工信息发布和审核功能；实现跨系统的信息集成和一站式服务；以独立运行或集中运行方式组织平台运作；根据个性需求提供信息推送服务和信息定向发布服务。

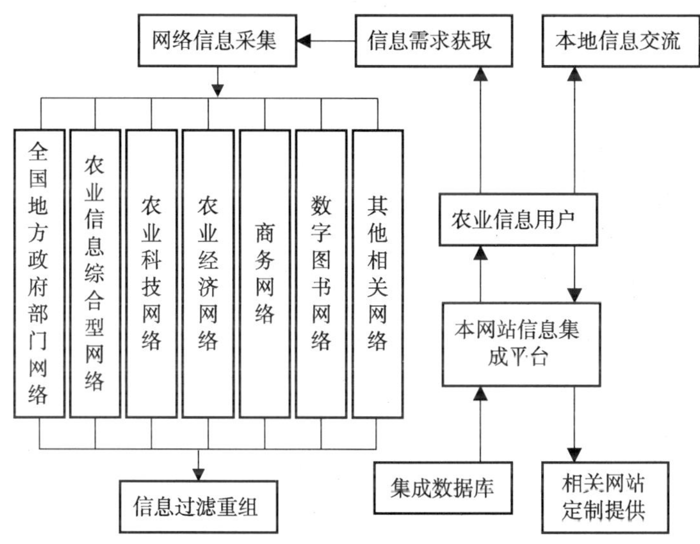

图 8-24 区域性农业信息集成服务平台

湖北麻城农业信息集成服务平台的外部信息来源于30多个专网，主要有中国农业信息网、金农网、新农村商网、星火网、农博网、阿里巴巴以及各地和有关行业专网。其中，信息汇集（包括采集、过滤、重组）功能设计如图 8-25 所示。

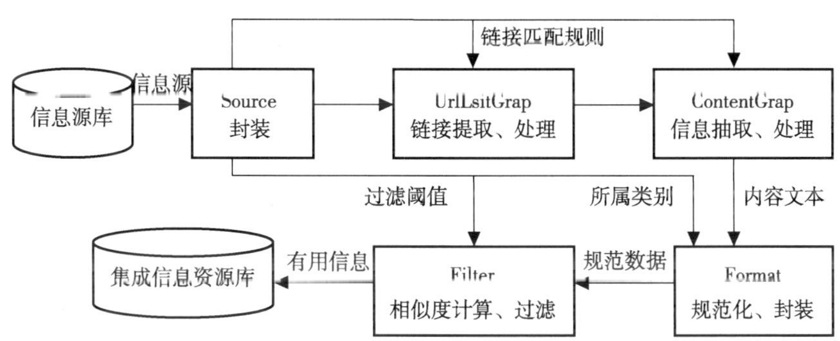

图 8-25 农业信息集成服务平台信息采集与过滤设计

农业信息集成平台构建与服务实现的条件除信息资源网络支持和集成平台构建技术条件外，在服务组织上还必须推进机构间的合作和信息资源的开放共享，同时坚持以用户需求为中心的服务组织原则。在农业信息集成平台研发与服务中，通过与包括湖北麻城、孝感、宜昌、恩施、襄阳、黄石和武汉等地农业信息服务机构的合作，有效地解决了信息的共同采集问题和分地区平台构建问题。其中，湖北麻城的应用实践对于深层次问题的解决和平台功能的拓展具有重要的现实性。

信息集成服务可以在信息共享服务协议下，由各机构网站分散组织，以达到获取写作机构资源的目的。同时，在服务的深层发展中，机构之间的业务交互和服务协同处于重要位置，这就需要以机构合作为中心进行跨网农业信息资源整合，以实现面向区域用户的信息服务集成。由于农业信息服务的特殊性和国家“三农”政策导向，其信息资源共享具有协同组织优势，可以在网站合作基础上实现。对于其他行业而言，则应建立机构之间的信息共建共享机制，通过协议实现信息资源整合和基于平台的服务集成，以此拓展面向用户的平台化集成服务业务。

与分散组织的信息服务相比较，基于信息集成平台的服务具有跟踪用户需求、搜索信息、进行信息的集中整合和发布信息的功能。信息组织、发布和提供的集成性决定了信息集成服务平台的应用发展前景。在区域性农业信息服务平台建设中，我们构建了基于不同需求特征的用户库，明确了用户需求的个性结构。这样一来，平台可以根据用户的不同信息需求和偏好实时搜索信息，经面向用户的智能化筛选提供基于信息资源整合的服务。因此，农业信息集成服务平台的个性化发展是一种新的趋势，由此决定了服务的拓展。

（三）区域性农业信息集成服务的管理

区域性农业信息集成服务平台的管理视情况可采用两种方式：

其一，嵌入式管理。嵌入式管理是将平台融入当地的农业信息网站，在当地网络中进行技术支持和运行。在运行中，需要与当地网站进行规范化的接口处理，将数据存入本地网站平台数据库进行统一的运行组织。

其二，数据中心管理。一些地区虽然有农业信息网，但由于技术、资源等方面的限制，需要外部提供集成化的信息服务。在这种情况下，农业信息集成服务平台也可以安放在重组后的农业信息服务机构中，按数据集中、服务个性的管理运行方式进行服务组织。

湖北麻城地区于 2007 年 11 月开始了集成服务平台的使用，当时采用的是第二种管理形式，目前正向第一种形式转变。区域性农业信息集成服务平台的首页显示如图 8－26 所示。

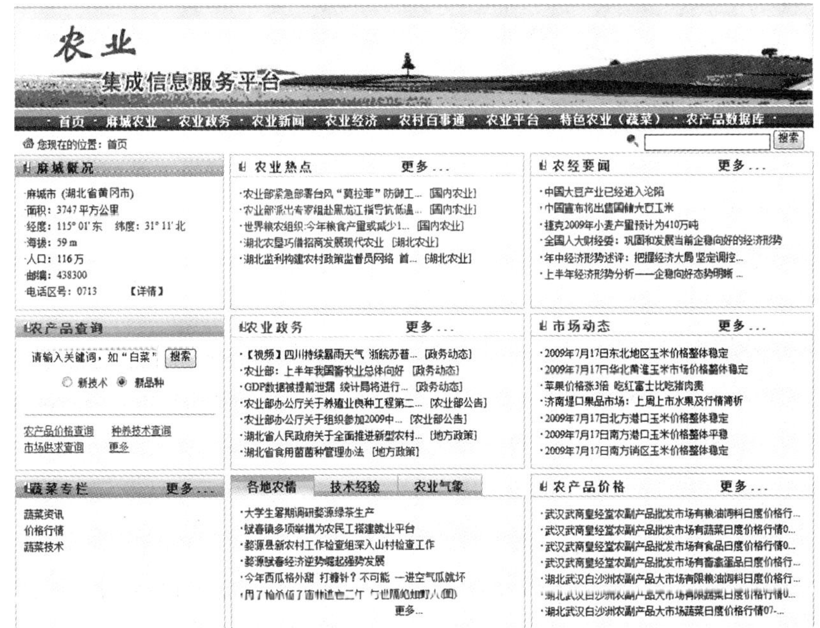

图 8－26　湖北麻城农业信息集成服务平台页面

继平台在湖北麻城投入使用后，我们进行了功能扩展与结构优化，使之形成了一个平台化的区域服务支持体系。此后，平台已在湖北农业科学院、武汉城市圈、宜昌市、恩施土家族自治州、襄阳市、黄石市等地应用。平台的使用，提高了农业信息服务的信息来源，促进了资源的针对性共享。目前，平台服务功能正向信息处理服务方向发展。

平台在实现信息集成服务的同时，为用户提供了统一的入口，以方便用户通过平台快捷地获取来源广泛的农业信息资源。

区域性农业信息集成服务平台的投入使用，比较有效地解决了分散的网上农业信息向地区用户的集中问题，作为农业行业信息服务重组的一种手段是可行的。但是，在目前的使用中，一是限于表层信息资源的重组利用，对于深层的数据库资源的开发，由于涉及知识产权和知识技术两方面的问题，需要进一步的解决方案。从另一个角度看，区域性农业信息集成服务平台需要分布式资源支撑，其中农业行业信息资源的分布式重组规划和开发是最基础的。因此，“平台”作为一种重要的集成服务“工具”，它的使用对资源建设提出了更高的要求。这就需要进行平台服务的环境建设。从发展观点上看，平台知识服务功能扩展是可行的，其运行形式是合理的，我们将进一步深化研究、拓展应用。

第　九　章

国家创新发展的信息政策与信息法律建设

信息服务的开展需要国家信息政策与信息法律的保障。随着社会信息化程度的不断提高，我国在信息政策与信息法律建设方面不断取得新进展，为规范信息服务市场秩序、推动信息服务行业的健康发展起到了有效的监督与引导作用。但在我国创新型国家建设进程中，由创新发展所引发的信息政策与信息法律关系变化，以及创新国际化导致的法律冲突需要在制度层面上解决，信息服务过程中引发的一系列新的社会关系和社会问题需要信息政策与法律的进 步完善。

一、国家创新发展中的信息政策与法律作用机制

信息政策与信息法律的制定和实施是信息化建设和国家创新发展的根本保障。在信息服务的社会化转型和信息保障的社会体系构建中，离不开国家信息政策的指导和基本的信息法律约束。信息政策的制定在于，在国家发展战略目标导向下推动信息化建设和国家创新发展。与此同时，信息法律确立了社会化信息服务主体与客体的共同规则，其强制性的社会约束和管理作用是维持正常的信息服务秩序和保障各方面权益必不可少的手段。信息政策和信息法律相互补充、彼此协调，为我国创新型国家建设中的信息服务运行提

供基本的支撑。

（一）信息政策与法律的社会存在形式与社会作用

创新型国家的建设关系到国家发展的各个方面，信息政策与信息法律的社会存在形式与社会作用决定了其在国家创新体系中的重要地位与运行机制。

1. 信息政策的社会存在形式与作用。当今社会，“政策”是科学活动和经济与社会活动中的基本指导和安排。由于人们所处的地位不同，不同的人会从不同角度、不同立场、不同层次运用不同的观点来看待政策。因此，出现了各种有关政策的定义，然而，从政策实施内容及作用上看，都具有一致性①。

从政策的作用来概括。林德金等著的《政策研究方法论》中所沿用的定义为：政策是管理部门为了使社会或社会中的一个区域向正确的方向发展而提出的法令、措施、条例、计划、方案、规划或项目。英文“policy”一词是指政府、政党等组织为了完成特定目标，对所要采取行动的一种表达形式。在日本，“政策”是指政府、政党在政治上所采取的方针、策略以及推行此方针、策略所采取的手段，同时还包括各组织在经营中或发展上所采取的一些计划、手段。

从决策的角度来概括。西方学者对“政策”有两种较流行的观点：一种观点认为，政策是指某一团体组织为了达到自身的目的，在若干可取的方法中作出的一种选择；另一种观点认为，政策是执行行为的指引，它是某个人、某一团体或政府在固定的环境中所拟订的一个行动计划。另外，关于政策就是“政府选择做或不做的行为”的提法也很流行。由于各国情况的差异和理解上的不同等原因，行政管理中的政策、规则、计划等概念有时出现交叉或混淆。联合国教科文组织在《国家信息政策指南》中指出：“政策通常是指一系列基本的原则，行动规则则建立在这些原则之上，即政策是行动的总的原则。”J. 马丁（J. Martin）强调：政策是所要实现的特定目标的阐述，是达到目标所需方法的阐述，是对所实施的方法的合理性的陈述，是调节行动的一系列规划或指南②。

① 胡昌平：《现代信息管理机制研究》，武汉大学出版社 2004 年版，第 5 页。

② ［英］威·约·马丁：《信息社会》，胡昌平译，武汉大学出版社 1992 年版，第 191—192 页。

从综合角度上看，信息政策是国际组织、国家或区域组织在组织信息服务、开发信息资源以及进行信息基础设施建设和开展服务业务，所提出的总体发展目标、规划和推行的指导性约束意见等。从信息服务组织与管理的角度看，信息政策规定特定信息问题的处理原则是开展信息服务的基本依据。信息政策的制定由国际组织、国家或区域组织制定，在基本的目标和原则基础上规划和约束信息活动。因此，信息政策的制定具有针对性、时效性和约束性，它不仅体现了高层决策者的意见，而且还是信息组织、基础设施建设和业务发展的基本保障。鉴于信息政策的综合作用，信息政策制定中应有多方面参与。

信息政策具有政策的一般特点：

（1）政策引导的目标性。信息政策是管理决策者为了实现信息资源建设和服务组织目标而制定的基本规划和行动准则，实现预定的发展目标是制定政策的最基本要求，它不仅体现了政策制定者的意志，而且还体现了通过政策推进信息服务发展的整体利益和目标。

（2）政策作用的时效性。任何政策都具有一定的作用周期，是一定时期内管理决策者为了实现预定目标所指定的基本准则和行动规划，当政策目标实现时或因环境改变需要进行目标调整时，则需要改变原有政策，寻求新的发展战略。

（3）政策执行的动态性。任何政策都不是一成不变的，在执行政策过程中必然会遇到新的发展中的问题，这就需要对政策目标和政策实施进行调整，以便在政策执行中确立有效的反馈、互动机制，使政策制定者、实施者和接收者得以协调。

（4）政策作用的实践性。任何一项政策成功与否以及作用效果只有在实践中得到检验，因此，在政策的制定上应该有一定的实践基础，特别是信息服务产业发展和体制改革的政策制定，应针对现实问题的解决在改革探索中形成和完善。

根据信息政策的内涵与特点，其社会作用主要体现在以下两个方面：

一是运用信息政策进行宏观协调，实现某种目标。信息政策是政府协调一切有关信息的组织与传递活动的指导原则，是政府通过适当的途径来满足本国信息需求的一系列决策，它包含了关于信息生产、信息传递、信息收集和整理以及信息分配与利用的一系列相互关联的政策，可以有效引导和控制信息的生产、分配与利用。

二是运用信息政策解决尖锐的矛盾和冲突。由于信息技术的迅速发展带来了许多复杂的新问题，信息政策正是为了解决这些困难的问题而产生的。信息政策面临的问题主要有两个方面：一是针对新的信息媒介和多种信息传播方式的出现，在采用新信息技术的同时防止和减少技术的副作用；二是在信息技术迅速发展中合理分配和维护社会根本利益。

由此可见，信息政策是在某一范围内政府的宏观信息管理导向和行为准则，是实现某种目标的原则性文件。

2. 信息法律的社会存在形式与作用。信息法律的社会存在是客观的，任何一个国家的法律都会涉及信息服务的内容或有信息方面的条款。用法律手段管理知识和信息，以此构造专门的信息法律，可以追溯到 17 世纪初期。最早的一部关于专利的法律是 1624 年英国颁布的《垄断法》。最早的一部著作权法是 1710 年英国实施的《安妮女王法》。由此可见，专门的信息法律与法规的产生是社会进步的产物，也是社会信息服务业的发展需要。

国家信息法律系是指由国家制定的，处理信息获取、使用、交流和保护等过程中所产生的各种利益问题和安全问题的法律规定，而不只是其中的某一部分或某一方面的法律。

信息法律同其他法律一样，由国家制定并由国家强制保障其实施，它具有一般法律规范的共同特征。然而，信息法律是以信息作为调整对象的，所以它又区别于其他法律，信息法律具有以下特点：

（1）时代性。现代的信息法律应符合社会信息化和国家创新发展的需要，其内容和具体规定在很大程度上是前所未有的。同时，它还要随着经济建设的发展、科学技术的进步而不断得到新的发展和完善。

（2）关联性。信息法律与其他法律是相辅相成的，共同形成一个法律整体，与行政法、民法、刑法、技术合同法、经济法等之间存在着某种程度的联系。

（3）综合性。信息利益问题和信息安全问题的多样性决定了信息法律涉及的法律面较宽，所规定的社会关系也相当广泛。

信息法律的制定由基本的法律关系所决定，信息服务和信息交流与利用中的基本利益关系决定了各有关主体的权益机构和法律关系。信息法律的本质在于从社会发展的公正性和各主体信息活动的公平原则出发，通过主体的行为规范和强制性的法律关系约束确保社会发展中各方面的基本利益，以此约束各方面行为。基于此信息政策的基本作用包括如下几个方面：

（1）引导作用。信息法律的基本作用在于规范各主体的行为准则，约束信息服务组织者、用户及社会他人的基本行为，在确保信息公平的原则下引导各社会主体、相关组织和成员进行符合社会发展总体利益的信息交流、资源开发和利用行为。信息法律的引导作用体现在法律的强制性上，例如，在国家信息安全法律、信息知识产权保护法律和个人秘密保护法律原则下，通过强制约束引导人们进行活动自律，以此形成良好的法制化秩序。

（2）评价作用。评价作用的对象是人的行为，即可依据法律对行为者的行为作出评价。作为一种信息行为规范，信息法律内在地肯定了一定的社会价值，因此有判断、衡量人们行为的评价作用。例如，在信息中介服务中，用户利用法律准则评价服务人员的行为是十分自然的和必要的，它起着社会监督的舆论作用。

（3）教育作用。教育作用的对象是社会一切成员系指通过信息法律的实施对特定当事人今后的行为发生影响。例如，某人因违反《保密法》而受到制裁，这对他本人具有的教育作用为特定教育作用，而对其他人也因此受到的影响为一般教育作用。严格地说，对企图违法者是一种警戒作用。

（4）强制作用。强制作用的对象是违法者，即依据法律制裁违法行为。由国家强制力保证实施是包括信息法律在内的一切法律的实施特征。高度文明的社会必须以法律作保证。在信息化社会里，惩罚信息犯罪已不仅仅是一个单纯的信息问题，而且很可能是经济、刑事甚至政治犯罪。因此，信息法律的强制性是基本的。

（5）预测作用。信息技术处于不断发展之中，一种新的信息技术产生不仅会带来正面的社会作用效益，同时也会产生一定的负面影响，例如物联网服务的正面作用是物流活动透明，有利于开放化物流信息获取，但同时也会带来第三方通过物联网谋求不正当利益，这就要求在法律架构中考虑未来有可能发生的问题，以应对发展中的基本关系变革现实。

（6）监督作用。信息法律和其他法律一样，从根本上体现国家、大众的利益，以此实现对公共事务的管理和社会的管制。在现代社会信息业的发展和信息网络的建设中，这种管理和管制作用越来越突出。在信息法律实施上，以法律规定为基础进行信息活动的监督是重要的，监督的实施在于监督体系构建和监督行为的规范。

（二）信息政策与法律的社会互补机制与作用关联

信息政策与信息法律作为国家创新发展中管理一切信息活动的两种重要手段，既有区别又存在必然联系，具有很强的互补性。

信息政策与信息法律的主要区别在于：

从性质上看，信息政策是一种行政手段，主要用于指导社会信息活动的开展、规范信息市场秩序、协调信息主体间的相互关系；信息法律是一种法制手段，主要用于约束信息主体行为，保护信息主体的合法权益与信息安全。

从作用机制上看，信息法律比信息政策更基本、更普遍、更为稳定，这是由于信息法律能确定信息服务中的基本法律关系，是制约社会信息组织、传播和利用行为的基本准则，这些准则具有稳定性，各主体的基本信息关系不会因环境的变化而发生根本性变化，因而其基本的法律原则是不变的。这意味着信息化环境下社会信息活动范围的拓展和形式变化所提出的法律问题，需要在基本的法律框架下面对新问题进行体系和规则的完善。

从强制性上看，信息法律具有明确性、稳定性和执行的强制性等特点，在人们的观念中信息法律是信息经济行为及各种社会关系的强制约束手段。相比之下，制定程序相对简单、内容原则、变异性较大的信息政策，则无法具备信息法律那样的强制力。

从可操作性上看，信息法律比信息政策的可操作性更强，不仅信息法律规定的社会关系相当普遍，而且信息法律还有相应的实施法律条款的各项规定作保障。

信息政策与信息法律又是紧密联系的，由国家制定的信息政策和由国家制定的信息法律作为上层建筑均建立在一定的经济基础之上。它们的制定和实施体现了国家意志，信息政策与信息法律作为社会信息活动管理的必要手段承担着各自的“社会职能”，发挥着各自不可替代的社会作用，彼此间相互依存、相互作用。

1. 信息法律在一定的信息政策环境中制定。信息政策在总体上决定国家对信息基础设施建设、信息资源开发利用和信息服务业发展方向，因而是对一切社会信息活动的约束。信息化环境下的信息法律制定必然在一定的政策环境中进行，这说明信息法律制定离不开信息政策的宏观指导，只有在信息政策原则基础上才能完善法律体系建设，使信息法律与社会发展的总体目标和制度相适应。这说明，无论是立法动议还是法律的形成，必然建立在国家发展总体政策基础上。因此，信息政策对于基本发展关系的规定和发展利益的保障，直接关系到基本的法律关系和法律架构。

2. 信息政策需要依靠信息法律贯彻实施。信息政策是信息法律所要体现的一般原则、精神和内容，信息法律是国家信息政策的定型化、条理化。因此，不仅信息政策对信息法具有指导作用，反过来，信息政策的制定和实施只有在一定的法律准则基础上才能进行，这说明基本的法律准则对于政策制定者、执行者和接收者都具有同等的强制作用。这种作用不仅体现在法律规定对信息政策制定和执行的约束，而且还体现在法律对政策实施影响的约束上。

二、建设创新型国家的信息政策制定与实施

创新型国家的信息服务体制变革与信息保障的社会化实现，需要信息政策的引导和监督。在国家创新发展的要求下，我国信息政策的制定与实施应在国家制度框架下展开。

（一）信息政策制定的制度保证与政策准则

国家制度是决定经济发展、知识创新和社会进步的基本保证，在国家制度框架下的信息保障必然随着国家制度的变革而变化。创新型国家的信息政策是一种全局性政策，因此，应从国家创新和社会发展的全局需要出发，进行信息服务与保障政策的制定，即在全局性政策制定中明确信息政策的基本作用。

1. 信息保障制度化实现中的信息政策建设。建设创新型国家和实现国家创新发展的关键是提升科学创新和核心技术创新的自主能力。从国家创新出发，需要在管理创新层面、制度创新层面以及创新服务层面上制定国家信

息政策，在信息政策实施中完善面向国家创新发展的信息服务与信息保障。这意味着，信息政策的制定必须以信息保障的社会化实现为依据。同时，在信息政策制定中，应突出创新型国家建设和科技与产业的创新发展，这就要求将信息政策建设纳入国家创新发展政策框架。创新型国家的信息政策制定架构如图 9－1 所示。

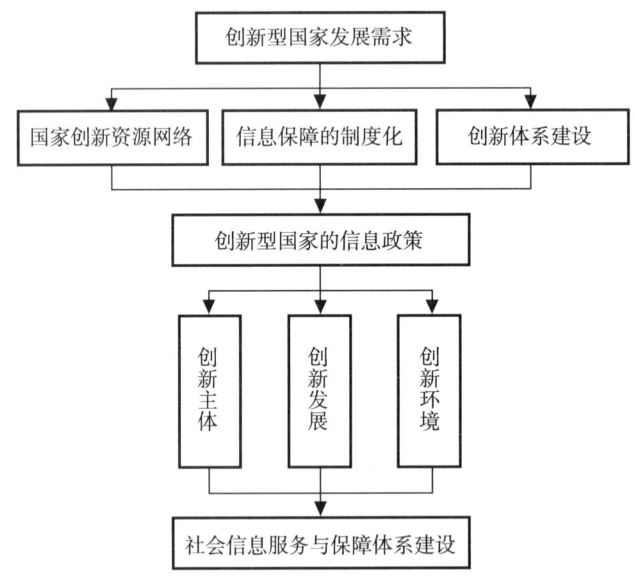

图 9－1　信息保障的制度化实现与信息政策建设

在创新型国家建设和国家创新发展中，国家建设和发展的需求决定了信息服务与保障政策构架。从政策制定和实施上看，创新型国家的信息政策由国家创新资源网络和国家知识创新体系建设需求所决定，直接关系到信息保障的制度化实现。其中，形成有利于创新的信息政策制度基础和有利于创新的信息化社会环境，是实现依靠创新支撑经济科技与社会发展的关键。在这一前提下，信息政策制定旨在面向创新主体的现实需求，在不断变革的信息环境中确定信息保障与服务体制变革和社会化发展方向，以此出发有效解决服务体系建设与发展问题。

图 9－1 所显示的关系表明，无论何种信息政策，都是在特定国家制度环境下制定和实施的，国家制度构成了信息政策制定与实施的基本条件。信

息政策的演变总体上表现为与国家信息保障的持续互动①。在制度化信息保障中，我国信息政策的制定呈现出以下发展趋势：

一是信息政策范围日益扩大。具体来说，从对科学技术信息的重视转为对国家创新信息资源建设与社会化信息服务全面推进的重视。

二是在具体政策制定中，强调信息服务的社会转型和全面改革的实现，强调信息市场机制的作用和信息服务业的发展需求。

三是信息政策的制定越来越突出信息技术政策、网络政策和资源政策，从而适应了信息化环境下的信息服务创新发展的需要。

2. 信息政策的制定原则。我国信息政策的制定，应在考虑我国的基本国情的基础上吸收国外的有益经验，这是信息政策制定的基本依据和出发点，由此决定了基本的政策目标、内容和政策实施安排。立足于信息化环境下我国建设创新型国家的需要，信息政策的制定应考虑到各方面综合因素的影响，在实现社会经济持续发展中确保政策目标的实现。因此，在信息政策制定中应遵循以下原则：

（1）科学性原则。面向国家创新发展的信息服务与保障存在着自身的内在规律，体现在服务与保障的社会化发展上。这就需要根据国家创新所面临的信息化环境，在推动信息服务的社会发展中确定基本的政策目标，推进服务机构的改革和业务拓展，使之与国家创新发展目标相一致。信息政策制定的科学性原则贯串于信息政策制定、实施的全过程，因而在政策制定和实施上必须采用科学的方法，以保证信息政策的客观性和正确性。

（2）一致性原则。信息政策作为国家政策的一部分，必须以国家整体发展政策相一致。在创新型国家建设中，国家发展转型不仅决定着信息需求的变化，而且还直接关系到信息服务与保障制度和体系变革，这说明信息服务业的发展由国家发展全局决定。在信息服务政策制定上，也应与国家发展政策保持一致。这一原则是由信息的普遍存在性和各行业用户对信息保障的普遍依赖性决定的。因此，在信息政策制定上，必须与国家其他政策如科技政策、经济政策等相协调。

（3）系统性原则。信息作用是多层次、多侧面的，这决定了信息政策

① 李风圣：《中国制度变迁的博弈分析》，2000年中国社会科学院博士论文，第45—48页。

的系统性。信息政策体系是由纵向层次结构和横向联系结构组成的体系，它满足信息服务与保障各个层次和侧面的不同需求。在政策制定中，应考虑信息各项政策的关联作用以及全局性政策和局部政策的交互作用，应避免信息政策之间的相互矛盾，只有坚持国家创新发展与地区创新发展的协调、各区域之间的协调和各行业之间的协调才能保证信息政策的全局作用发挥。

（4）针对性原则。信息政策的制定应具有针对性，这是由信息政策往往是针对某一具体的信息问题的解决而制定的。例如，创新国际化环境下的国家创新发展提出了跨系统信息服务协同组织的要求，这就需要按服务的协同发展目标制定相应的机构改革政策和社会化投入政策。这说明，制定信息政策必须针对我国的实际情况，针对不同阶段的目标和任务制定促进服务发展的信息政策。不同的国家的信息服务虽然存在着共性，然而也存在着因体制、发展水平和发展阶段的差异，只有寻求针对各自的发展政策才能达到理想的政策效果；另一方面，信息政策一般是为了有针对性地解决某一发展问题而制定，这说明必须针对创新型国家建设中的具体情况制定相应的政策才能推进信息服务的持续发展。

（5）连续性原则。信息政策的制定与实施应具有连续性：当某一个阶段目标实现后，面对下一个阶段目标所指定的信息政策，必须以前一个阶段为基础。处于经济转型期的信息政策制定也必须考虑经济转型的基础和原有的政策调节关系，在政策实施上与原有政策相衔接或通过政策过渡性对策，实现政策指导下的基于发展转型的发展目标。政策的连续性是指政策制定与执行中各阶段政策的协调，如果需要转变发展方向则应调整原有的政策关系，在解决发展中的问题过程中实现政策效应。在创新型国家建设中，应注重国家发展转型和体制变革中的信息服务机构发展的连续性，以保持阶段性政策的衔接。

（6）稳定性原则。稳定性是政策有效实施和实现政策目标的基本保证，稳定性是指政策在一定时期的相对稳定特征，当某一个时期的目标和任务未能实现时，则应坚持原有的政策指导，而不应因干扰因素的影响而随意改变政策。然而政策的稳定性是相对的，当某一时期的政策环境和发展目标变化时，在坚持基本的政策原则情况下不排除相应的政策调整。这种调整在于有利政策目标的实现，而不是随意改变政策。信息政策的稳定性原则在于充分发挥政策优势，避免左右摇摆。稳定性原则对不同政策的制定应区别对待，长期、宏观的政策应保持较长时间的相对稳定，而具体的针对性政策则应在整体稳定情况下不断完善。

（7）灵活性原则。科学、有效的信息政策应能即时应对变化着的情况，以求在动态发展中引导信息服务业健康发展。信息化环境下的国家创新发展必须面对不断变化着的国际经济环境和信息环境，同时需要具有对现代信息技术发展的适应性，虽然基本的政策原则是稳定的，然而在面对实际问题的具体政策时却要应对由环境变化所引发的新问题，由此提出了政策制定的灵活性要求。信息政策制定中的灵活性在于保持必要的政策弹性，根据环境变化及时进行政策调整，这样才能动态地发挥政策的指导作用。信息政策的弹性包括局部弹性和整体弹性，反映了在局部问题和全局问题处理上的政策灵活性。

（8）反馈性原则。反馈就是在政策实施之后，将其作用结果反送给政策制定者，以利于政策的调整，起到良好的政策控制作用，达到了预期的目的。信息政策制定是否合理、执行是否有效的关键之一在于信息政策执行体系是否有灵敏、准确、有力的反馈机制。在政策反馈中还必须分析有可能出现的新问题，以便通过反馈进行政策实施中的交互，在交互中完善相应的政策内容。需要指出的是，社会化信息服务转型发展中的机构改革政策执行应具有通畅的政策反馈渠道，只有通过反馈才能明确政策执行情况，发现新的发展中的问题，从而在解决实际问题过程中不断完善政策。

（二）信息政策的基本结构与内容

在国家创新发展中的信息服务活动涉及社会的各个层面，与所有社会成员都有着密切的联系，对各个产业部门都有着关键性作用。这说明信息政策具有一定的结构，各方面的政策构成了国家信息政策体系，由此决定了信息政策的基本内容。

1. 信息政策的结构。与其他政策一样，信息政策也具有其基本结构。从组织上看，信息政策结构是指政策活动中的政策制定者、监督者和执行者结构。例如，科技与经济信息网络化政策的制定者是政府科技管理和经济管理部门，监督者是政府和公众，执行者则是相关的信息部门和广大用户，这些政策活动主体所具有的结构即为科技与经济信息网络化政策、监督与执行结构。考虑到政策从制定到执行的全过程，涉及的问题包括：政策约束对所涉及的主体行为影响；政策制定对国家创新发展、社会进步的影响；政策实施对公众的影响；政策对所涉及的机构及相关用户的影响。由此可见，信息政策对国家创新发展和信息化建设的作用决定了基本的政策活动关系，有关的政策制定者、监督者和执行者的活动决定了基本的信息政策结构。从总体上看，信息政策从制定、监督、执行到作用，构成了一个完整的体系，其中，信息政策制定者为政府部门，政策监督由政府、公众、行业及信息用户承担，政策执行者为政府部门下属组织和相关机构，政策作用对象为信息服务组织、关联机构和用户。信息政策总体结构如图 9 - 2 所示。

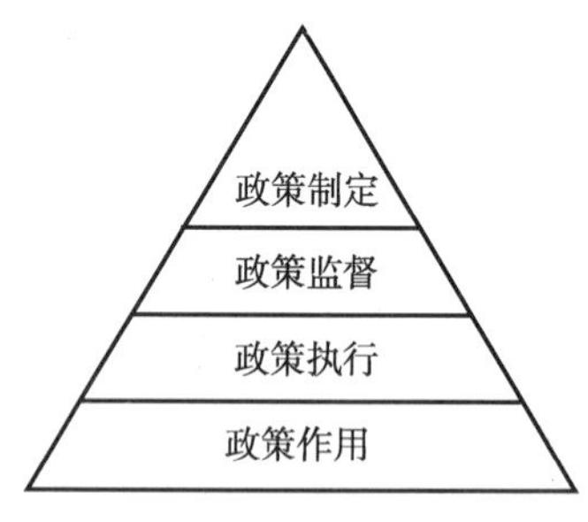

图 9 - 2　信息政策结构

如图 9 - 2 所示，从政策作用上看，信息政策对信息资源组织、信息流通利用、信息机构管理、信息服务实现、信息技术发展、信息市场运行、信息投入安排和信息服务价值有着导向和调控作用，决定着信息服务业的发展。从政策的执行效果看，信息政策的执行与工业生产、农业生产、科学研究、商业、服务业、文化业和国家政治、经济、军事等活动有关，按社会分工的不同，构成了信息政策的关联作用体系。政策范围区别为国际信息政策、国内信息政策、地方区域性信息政策等，这三个基本的方面构成了不同门类、不同内容和不同地域的信息政策体系，由此形成了国家信息政策的综合结构。从信息政策的实施上看，信息政策制定者、监督者和执行者具有必然的关联关系，其交互作用决定了信息政策的基本内容。按“政策结构”理论所述，在信息政策制定过程中可以先行进行内容构架。对此我们预先拟定了可能涉及的内容，然后将这些内容归入综合调查表提交给政府部门、综合性及专业性信息机构和信息用户，要求他们根据所拟各项内容的重要性，按0—10评分标准进行评定，300人的抽样结果取其均值列入表9－1。其中，评分为5级以上的项目作为信息网络化政策的结构要素，以此构造信息政策的内容。这些基本方面可作为政策架构参考。

表9－1　信息政策内容调查

信息政策内容 ＼ 调查单位 （0—10）评分均值	有关政府部门	信息服务部门	信息用户	$\frac{1}{3}\sum$
信息资源开发与共享政策	5.45	8.72	9.01	7.73
信息管理政策	9.10	8.32	6.93	8.12
信息网络组织政策	8.85	7.35	3.86	6.69
有偿信息服务收费政策	8.40	7.35	9.56	6.53
信息产业管理政策	8.45	9.20	7.23	8.29
信息网络化服务奖励政策	9.41	9.34	6.43	8.39
信息保密政策	9.67	7.54	5.67	7.63
民营信息产业发展政策	7.32	6.43	7.50	7.08
信息用户管理政策	9.31	9.01	5.43	7.92
信息服务责任条例与政策	9.45	8.91	9.55	9.30
国际信息交往与合作政策	9.01	9.43	9.35	9.26

注：表中所列的部分相互交叉的内容是受调查者强调的，为了突出所强调的方面而加以归纳、整理。

2. 信息政策的内容。无论信息政策的范围如何，受政策支配的社会活动怎样，均涉及一些基本的管理方面，由此构成了信息政策的基本内容。从信息政策的架构上看，包括一定时期内支持国家发展的总体信息政策和各发展阶段中的信息政策。前者具有战略上的连续性，规定了一个相当时期的信息服务行业发展和业务发展目标；后者在战略目标框架下着重于各阶段目标的实现。从信息政策的作用关系上看，包括全局性政策和局部政策。全局和局部的区别在于具体作用对象的不同，既体现了局部服从全局的原则，又体现了解决局部问题对全局发展的支撑。

当前，我国在信息政策制定过程中应着重于以下问题的解决：首先，从政策层面创新型国家建设中的和面向产业信息化发展的信息服务行业地位；其次，在政策构架中明确政策主体、客体之间的关系，进行政策行为准则规范；再次，明确信息政策的基本目标和内容，进行信息政策的制定。

具体信息政策的内容主要包括以下几个方面：

（1）信息机构管理政策。在市场经济条件下的国家创新发展中，我国的信息机构正在由单纯的服务型向服务营型转变。在这一过程中，促进信息机构体制改革和信息服务业发展的政策框架是重要的。具体而言，信息机构管理政策包括促进信息机构发展的政策和信息机构组织与运行政策。创新型国家建设提出了机构改革的发展目标和任务，因此，信息机构的改革发展政策是信息机构政策的主体内容。

（2）信息服务投入政策。在市场经济中，我国的部分信息机构仍然需要承担无偿信息服务，这种服务需要通过事业型服务到公益型服务的转制来实现；另一方面，经营型信息服务投入正处于单一的商业投入向多元投入发展。针对发展中的问题，在宏观政策应确立信息投入的双规关系和战略发展目标，通过有利于投入的政策刺激和引导优化投入结构，调控投入规模，确保投入产出的最大化。

（3）信息资源建设政策。信息资源建设与开发是信息服务开展的基础，在公共信息服务和面向系统、部门的信息服务组织中，我国实施了信息资源共建共享政策，在公共服务机构和各系统服务机构中推进了信息资源的协调建设，在此基础上构建了国家信息资源系统。随着知识创新的开放化和经济全球化发展，我国的信息资源建设正经历着结构调整和体系重构过程，因而在政策上应适应社会化信息服务组织和行业体制下的机构发展需要，确立社会化的信息资源协同建设政策体系。

（4）服务业务发展政策。信息服务业务发展政策是指导各信息服务机构发展信息服务业务的政策，业务发展政策的制定以社会化的信息需求为导向，在数字信息技术和网络环境下明确服务业务的发展方向，在服务业务管理、技术支持和服务拓展上作出规定。当前的服务业务发展政策要点是，实现信息服务内容层次上的深化，推进社会化知识服务体系构建，发展数据服务业和面向工农业和服务业信息保障服务。就社会化服务而言，需要制定信息服务创新激励政策。只有实现服务创新，才能适应知识创新的发展需要。

（5）信息市场规范政策。信息市场政策必须适应我国市场经济体制和产业经济发展环境，在政策层面上对市场经营管理和监督作出规定，同时制定信息服务价格政策、服务产品销售政策、市场运行管理政策与市场监督政策。同时在政策上，立足于三方面问题的解决：一是进行信息市场行为规范，促进市场健康发展；二是在信息市场管理上协调各主体的关系，确立市场的良性发展机制；三是调整市场关系和结构，通过市场促进信息服务行业发展。

（6）信息技术发展政策。现代信息服务是以信息技术为依托的服务，信息服务技术的发展直接关系到信息服务业务拓展和服务效率的提高，因而将信息技术发展纳入政策导向轨道是十分重要的。在面向知识创新网络的信息资源组织和服务推进中，开放化的社会服务越来越依赖于跨网技术的发展和信息处理与传输技术的综合利用，这就要求在政策面进行信息技术发展规划，特别是推进物联网技术、云计算技术和其他专门信息技术的发展。

（7）信息用户及公众信息素质提高政策。信息服务效益不仅由信息服务机构所提供的服务决定，而且还由服务对象素质决定，特别是面向用户的交互式服务，其服务效益由服务机构与用户的交互所决定。这说明国民信息素质的提高直接关系到信息服务效益，只有不断完善公众的信息素质培养才能解决信息资源的有效利用问题。这一问题的解决，需要在政策层面上对信息用户及公众信息素质提高作出安排，当前的重点是公共信息服务的普及利用。

（8）信息服务国际合作政策。在知识创新国家化的发展背景下，各国之间的信息交流和业务沟通处于十分重要的位置，很难设想一个封闭的国家可以在各个领域领先于他国发展。这说明，创新发展中的知识交流和经济与产业交往决定了信息服务发展的国家化政策架构。我国应在政策上确立基本的信息服务国家合作架构，进行全球化的信息服务合作规划，同时在合作中促进创新发展目标的实现。

（三）国家创新发展信息政策的制定与实施

国家创新发展战略的提出和创新型国家建设不仅为我国科技、经济、教育的发展明确了方向，而且还对服务于国家信息化建设的信息政策建设提出了新的要求。

1. 创新发展导向下的国家信息政策沿革。我国的信息服务业是从1956年开始发展的。50多年来，我国政府颁布了一系列政策，这些政策根据国家在各个历史时期的不同需要提出了发展我国信息服务的规划，对各个时期的信息服务发展起到了指导和保障作用。我国各个时期信息政策的制定与实施经验，对创新型国家信息政策的建设意义重大。长期以来，我国的信息政策主要集中于科技信息政策。在经济建设中，国家致力于科技的发展，强调科学技术对经济建设的推动。在科技信息服务组织中，我国的科技发展战略实施提出了科技信息服务系统建设问题，由此形成了国家主导下的科技信息服务系统建设的政策构架，从而导致了科技信息政策的产生和发展。

1956年，国务院科学规划委员会在推进科学技术发展中编制了12年科学技术发展远景规划。规划不仅提出了我国科学技术研究发展的目标和任务，而且还规定了面向科学技术发展的科技信息工作内容，提出了科技信息工作服务于科学技术发展的基本政策策略。1958年，国务院批准颁布的《关于开展科学技术情报工作的方案》，在政策层面提出了我国科技情报（信息）工作的任务，并对管理体制、机构设置以及建立全国科技情报（信息）体系、发展专业和地区科技情报（信息）机构等问题作了明确的规定。根据这一政策，中央各部委和大部分省、市先后建立了专门的科技情报（信息）机构。20世纪60年代初，初步形成了比较完整的国家科技信息工作体系。在1958年、1961年、1963年和1975年，又先后召开了四次全国科技情报工作会议，讨论了加强情报（信息）工作的方针措施，对各专业和地区科技信息机构的任务作了具体规定。1966—1976年的10年间，国家科委的科技情报局被撤销，直至1976年才逐步恢复。1977年，国家科委编制了《1978—1985年全国科学技术发展规划》，其中的有关条款规定了建立和发展全国科技情报（信息）系统的目标和任务。

1956—1979年，我国信息事业的发展重视为科学研究服务，其政策制定着重于科技情报政策方面。应该肯定，早期推行这一政策是卓有成效的，在科学研究、国防和工农业生产的现代化建设服务方面发挥了重要作用。

从20世纪80年代初期开始，我国进入了一个新的历史发展时期，

1980—1990 年国家经济体制改革全面展开和改革开放战略全面实施，中国社会出现了前所未有的变革，信息服务业当然也不例外。中国社会的变革极大地冲击着国家的信息事业，社会信息系统在经济、社会政治领域得以发展的情况下显露出不适应性，由此提出了新的政策要求。

在科技情报（信息）领域，1980 年第五次全国科技情报工作会议召开。会后，国家科技管理部门提出了科技情报工作围绕国民经济建设和科技发展的组织要求，在政策层面提出了开展科技情报服务的基本方针，其“广、快、精、准”基本要求的提出在政策上得到了充分体现。1984 年第六次全国科技情报工作会议提出科技情报工作应“延伸服务领域，扩大服务范围”的方针，逐步改变了以前为决策和科学研究服务的单一导向，以及只强调社会公益性而忽视信息经济效益的做法；提出情报商品化、开拓情报（信息）市场、变被动服务为主动服务等新观念。1985 年以来，我国科技情报（信息）业界进行了一系列改革，国家科技管理部门在政策上提出了经营服务观念和需求导向原则。此后，我国的事业型信息服务机构在组织无偿服务的同时开始突破传统的体制限制，拓展了面向市场的服务业务。1986—1990 年，国家科技情报局着手制定了完整的科技情报（信息）政策，在此基础上，1991 年正式颁布了《国家科学技术情报发展政策》。在经济信息领域，在国家政策指导下成立了各级经济信息中心；在信息技术领域，于 1987 年制定了《通信技术发展政策要点》，于 1989 年制订了《信息技术发展政策要点》（包括在 1989 年出版的《中国科学技术政策指南·科学技术白皮书第 3 号》中）。1992 年，为了适应新的形势和社会信息化的发展需要，国家科委科技情报局更名为科技信息司，随后进行了一系列政策调整，将科技信息（情报）工作推向一个新的发展阶段。

在这一时期，国家的一个重大的政策导向是加强经济信息系统建设和综合信息服务的发展。其中，经济信息政策的重点在于确保国家经济信息系统的高起点建设与发展，20 世纪 80 年代颁布的政策性指导文件充分说明了这一点。通过 20 余年的发展，国家信息中心和国家统计局的社会化信息服务有了很大的发展，构成了国家综合信息服务体系。

从 20 世纪 90 年代开始，我国进入到市场经济的全面发展时期。随着市场经济体制的确立和不断完善，对信息政策的制定与实施提出了新的要求。

研究、解决这些问题已成为一项摆在我们面前的重大任务，它要求我们适时进行政策调整，以适应未来信息业的发展需要。

这一时期，我国致力于发展通信产业，将电信网络的现代化建设放在优先发展的位置，特别是1998年邮政与电信分营和信息产业部组建以来，国家在加强信息基础设施建设、发展互联网和通信服务过程中，政策指导和法规保障相结合，形成了具有中国特色的体系。1998年至今，我国发布的有关政策性指导文件和意见、办法共100余项，这些政策保证了信息化建设中通信、信息网络和基于网络的信息服务的社会化发展。

从知识创新的社会化推进到创新型国家的建设，在国家创新发展政策指导下，面向国家创新发展的信息服务正经历着深刻的变化。在信息服务组织上，不仅需要宏观的创新型国家建设政策导向，而且还需要推进信息服务的社会转型和机构改革，更重要的是需要创建与创新型国家建设相适应的信息政策体系。在信息政策体系建设中，应明确信息服务在国家创新发展中的战略地位，这是由于信息政策直接关系到信息服务的社会化发展，因而是国家自主创新的重要保障。从科学研究机构的知识创新、企业的技术创新、高等学校的知识传播创新到政府的制度创新，每个层面都离不开信息政策的基本实施保证。这说明，我国的“信息政策”已进入全局化制定和整体化实施阶段，即在创新型国家建设中构建信息政策体系，在政策制定、实施上引导信息服务业的全面发展。

2. 信息政策的制定。在创新发展的环境下，制定信息政策的依据是国家的核心发展能力、经济发展基础和创新产业发展的需要。从当前情况来看，我国信息政策的制定应以促进社会化信息服务发展为目标，通过发展转型完善信息保障体系建设。我国信息政策的制定依据为：国家经济发展基础，包括市场经济体制的确立、市场经济结构、科技与经济市场实力等；国家科技发展基础包括科技投入、产出水平和科技成果转化为生产力的水准；信息技术与基础设施包括信息技术的开发利用、信息设施的投入规模与效益等；信息产业基础包括信息基础产业发展、产业经营条件等；信息用户基础包括用户结构、信息服务利用水准以及信息利用效益等。

从综合角度看，我国应依据建设创新型国家的需要和科技、经济与社会发展基础，在适应国际创新环境中确立科学的信息政策体系。制定我国的信息政策，首先必须考虑我国的基本国情，同时要汲取国外的有益经验，这既是制定信息政策的基本思路，也是提出各项政策建议的出发点。针对我国信息政策目前的实际情况及存在的问题，要提高我国信息政策的水平，应从总体上做好以下几个方面的工作：

（1）创新国家信息政策的实施机制。在国家信息政策实施机制创新中，应在充分发挥政府主导作用的同时，将政策指导转变为政策保证。具体来说，应完善政府依据政策的宏观管理作用的发挥。在信息服务系统中，除科技、经济和公共三大信息服务外，还存在着信息设施和信息技术服务。因此，有必要确立信息政策的协同实施体制，政府应考虑在各方面信息政策制定、执行、监督方面充分发挥协调作用，在政策体系构建上加强各系统之间的合作。

（2）完善国家信息政策体系。在信息服务政策建设中，长期以来的公共信息服务政策、科技信息服务政策、经济信息服务政策以及信息资源政策等，由国家部门分散制定，在政策指导下所构建的相对完整的信息服务体系从总体上适应了经济社会发展、科技进步和文化繁荣的需要。然而，各方面政策之间存在着相互协调的问题，因而在经济发展转型和创新型国家建设的社会发展中需要不断完善国家信息政策体系。我国信息政策体系的完善旨在确立信息政策体系在国家创新发展中的战略地位，解决信息服务行业发展的全局性问题，这就需要进行统一的政策架构。

（3）强化公众的政策意识。执行信息政策是我国信息服务业发展的关键，但由于公众政策意识薄弱，出于对信息政策理解的不全面，以至于形成政策执行中的障碍，使政策目标难以实现。消除这种障碍可以利用外部强化手段来实现：一方面通过积极的信息政策宣传加以强化；另一方面可通过实施信息政策后的成效来引导人们认识政策的作用。对信息政策的宣传，在于通过多种渠道和方式向政策执行者、政策对象和社会各方面传播政策，通过强化公众的信息意识，创建有利于政策执行的社会舆论环境。

（4）建立信息政策的反馈渠道。在国家创新中的体制变革时期，由于环境的复杂和可变，国家信息政策不可能一成不变，而需要通过探索逐步使之完善。因此，国家信息政策的制定应是一个连续的过程，需要根据执行过程中出现的问题对一些具体的措施加以适度调整和修正，使信息政策在保持一定的稳定性和连续性的前提下不断提高科学性、合理性和可行性。为此，需建立灵敏、高效、畅通的政策信息反馈渠道，以便政策制定机构及时准确地了解政策的执行情况；应把握现有的各级信息服务管理机构中自上而下收集政策执行信息，明确反馈政策信息的功能，以保证国家信息政策的制定和实施建立在现实和科学的基础上。

3. 信息政策的实施。作为信息政策活动的一个关键环节，信息政策实施已越来越为人们所重视。在已建立的政策实施模型中，最有影响的是美国学者 T. B. 史密斯（T. B. Smith）的“政策实施过程模型”①，如图 9 - 3 所示。

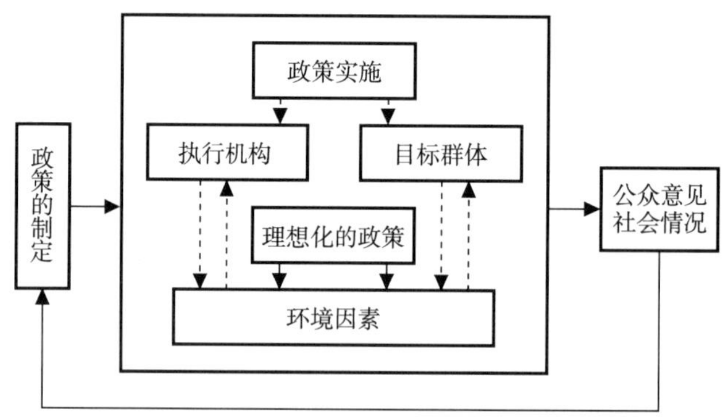

图 9 - 3　史密斯的政策实施过程模型

在史密斯的政策实施过程模型中，政策实施由四个相关环节所组成：理想化的政策，是政策制定者试图得到的理想化的政策内容形式；目标群体，由受政策影响而必须采取行动的对象所构成，他们受政策最直接的影响，必须作出适当的反应以符合政策要求；执行机构，通常是政府机构中负责政策实施的部门；环境因素，包括环境中影响政策实施或受政策实施影响的诸因素。

在政策的实施中，必须考虑以下几个基本问题：

（1）必要的资源。无论政策制定得多么理想，如果缺乏必要的用于政策实施的资源，也不能达到政策规定的要求。一般来说，政策实施所需要的

① 胡昌平：《信息服务与用户》，武汉大学出版社 2008 年版，第 449 页。

资源包括经费资源、人力资源和权威资源等。经费和人力是两种最基本的资源，必要的经费和人力是政策实施的物质基础，许多政策的执行对此都有相应的规定。但是，投入多并不一定就产出多，因为其中还有许多管理问题需要解决。因此，在实施过程中，投入的经费资源和人力资源要适度。政策实施主体的“权威”是一种特殊资源，负责实施政策的人员要使其实施活动得以顺利进行，就必须有相对的权威性用以推动政策的执行。

（2）特定的目标群体。目标群体泛指由于政策的强制性必须对本身的行为进行调适的群体。尽管政策目标多种多样，但总体上表现为对相关主体的利益进行分配或调整，对组织机构的行为进行指导、约束或改变。政策能否达到目的，不是政策制定者单方面的事，也不是政策实施者能够完全决定的事，它与目标群体有直接关系。目标群体支持，政策实施就会成功；反之，就会受阻。可见，目标群体对政策接受的程度是政策实施的关键性影响因素之一。因此，政策的有效实施需要目标群体行为的配合，这就需要采取渐进方式促进目标群体对政策的接受。

（3）充分的实施准备。政策实施的准备包括思想准备、组织准备、计划准备和物质准备。政策实施首先要有充分的思想准备，实施者只有在对政策意图和具体措施有一个明确的认识和充分了解的情况下，才有可能积极主动地执行政策。组织准备是指政策执行机构设置和人员的配备；计划准备是指实施机构结合不同的实际情况，就怎样达到政策目标制订出的具体实施计划；物质准备主要是必需的经费和必要的设备准备。只有作好充分的准备，才能为政策实施的顺利开展创造有利条件。

（4）合格的实施者。作为政策实施所需要的最基本的条件之一的实施者，其作用是不言而喻的。任何政策最终总是要靠一定的实施者来贯彻实施的，具体地说，一个合格的实施者除了能够熟练地运用正确的政策实施策略外，还应该具有高度的思想觉悟、积极的工作态度、合理的知识与能力结构以及较高的管理水平。

（5）有效的沟通。沟通是指政策实施机构之间、实施机构与有关各部门之间、实施人员之间以及实施机构或实施人员与目标群体之间为共同实现政策目标所进行的联系。沟通的目的在于统一认识、消除误解、互相依赖，增强参与意识，增进合作，发挥整体作用，提高政策实施的效率，以保证政策目标的最终实现。有效的沟通是政策实施成功的重要条件之一。

(6) 正确的协调。协调是指上一级部门为使下层实施机构之间和各实施人员之间能充分合作、协调一致地实现共同的政策目标所进行的各项活动。协调的重要作用在于使每一个实施机构、每一个实施人员的工作都成为实现共同政策目标的整体工作的一部分，从而保证整个实施活动有条不紊、井然有序地开展。

(7) 适宜的环境。信息政策的制定和实施需要一定的社会环境，其环境建设在一定体制基础上进行。国家信息政策的制定环境建设在于构建良好的信息生态系统和和谐的信息组织与利用关系，同时确立有效地信息政策发布、执行和反馈渠道，实现国家信息政策制定、区域信息政策制定、行业信息政策制定和机构发展信息政策之间的协调，确保信息政策目标的最大化。其中，实施者和目标群体所面对的政治经济环境不仅关系到目标群体对政策的接受程度，而且还会影响到实施者所采取的行动。

(8) 有效的监督。在政策制定之后，关键工作就在于正确地贯彻执行。然而，政策实施是一项极为复杂的社会实践，在实际的政策实施过程中，政策实施的有效性常常会由于这样或那样的原因而受到影响，甚至常常出现实施活动偏离政策目标的情况出现，因而必须加以有效的政策监督。对政策实施活动进行监督的任务是确立统一的监督标准，分析政策实施行为与标准行为之间的偏差，及时地纠正一切违反政策实施要求或有悖于政策目标的行为，保证政策实施的正常进行。

三、创新型国家制度下的信息法律法规建设

信息法律作为一个系统的法律体系，是由国家立法机关制定或认可的调整信息活动中社会关系的法律规定。信息法律建设是保证创新型国家建设中信息服务有序发展的基本依据，是社会化知识创新的基本保障。

(一) 创新型国家法律与国家信息法律

国家知识创新能力取决于现有的科技水平和社会发展需求，更取决于制度对其国家创新发展的确认和支持。法律是最具权威的制度保障，良好的法律环境能够为国家创新提供可靠的保障，对知识创新有着巨大的推动和促进

作用。由于科学技术的发展水平代表着一国社会生产力的总体水平，因此，许多国家都把科学技术发展纳入国家全局性法律框架，以此为基础制定科技发展的相关法律和基本法规。我国于2008年颁布执行的《中华人民共和国科学技术进步法》是我国科技创新的基本立法，法律的制定为促进我国科技进步和科技创新成果向现实生产力的转化起到了基本的法律保障作用。由于信息服务在科技进步中的重要作用，科技创新法律自然也包括了科技信息服务与保障法规建设的内容。

我国依法治国基本方略的原则是：涉及国家长远的、战略的、基本的重大问题，必须依法规范和调整。加快国家创新法律体系的建设是完善国家创新体系的重要基础，是各项政策统筹协调、综合集成与有效实施的重要保证。总体而言，创新型国家的法律体系具有国家级立法和地方性立法的多层次结构，涉及经济法规、教育法规、科技法规、信息法规与民商法规等多个方面。其中，信息法律是信息化环境下国家知识创新与信息服务开展的基本性保证。

在国家创新体系演进过程中，我国的信息法律体系建设也经历了一个不断沿革的过程。我国全局意义的信息立法是从20世纪80年代开始的，目前已经形成了包括知识产权法、新闻出版法、信息安全法、信息公开法等多个层面的法律体系。自20世纪80年代以来，我国信息法律及法规性质上的条例如表9－2所示。

表9－2　我国信息法律法规体系的建设

类　别	颁布时间	法律条款
知识产权法	1983	中华人民共和国商标法
	1985	中华人民共和国专利法
	1987	技术合同法
	1991	著作权法
	1991	计算机软件保护条例
	2004	著作权集体管理条例
	2006	信息网络传播权保护条例

续表

类　别	颁布时间	法律条款
新闻出版法	1990	报纸管理暂行条例
	1997	出版管理条例
	1997	电子出版物管理规定
	2002	互联网出版管理暂行规定
	2007	互联网视听节目服务管理规定
信息安全法	1994	计算机信息系统安全保护条例
	1996	计算机信息网络国际联网管理暂行规定
	1997	计算机信息网络国际联网安全保护管理办法
	2000	互联网信息服务管理办法
	2005	个人信用信息基础数据库管理暂行办法
	2009	电子认证服务管理办法
	2009	互联网网络安全信息通报实施办法
信息公开法	2008	中华人民共和国政府信息公开条例

从我国信息法律建设现状看，尽管在国家统一部署下，信息法律制度不断完善，法律效力不断增强，但相对于我国创新发展进程而言，还存在一定的滞后性。其中，最主要的问题是法律建设还不能充分满足我国创新型国家建设的实际需要，知识创新中的信息保障尚缺乏更完整的法律支持。另外，一些法规意义上的条例和管理规定仍需要相关法律的支持。例如，计算机信息系统安全保护条例需要在国家安全法律体系中执行。

首先，国家创新建设需要一整套完善的法律对其中的各项环节进行规范和约束。在信息法律体系构建方面，我国信息立法的系统性还不太强，不少的信息法律条款和管理条例在实践中还存在着相互冲突的问题。

其次，随着科学技术的发展，不断有新的成果产生，相关的信息法律也应随着科技的发展及时创立和修订，以发挥法律对科技创新的科学引导作用。

再次，国家创新需要各项法律制度的有机结合，但目前我国信息法律与其他法律间的结合性还有待加强，法律协同效力有待进一步发挥。其中，颁布的信息服务方面的条例、规定、办法，显然具有与相关法律的衔接关系，但其中的法律解释往往比较模糊，对于具体法律问题的处理尚存困难。

（二）创新型国家的法律结构与信息法律内容

我国国家创新体系中的多元主体互动决定了面向国家创新的法律建设，在建设中必须充分体现对各主体创新行为的法律约束与保障，以此形成多层次的法律体系结构，如图 9－4 所示。

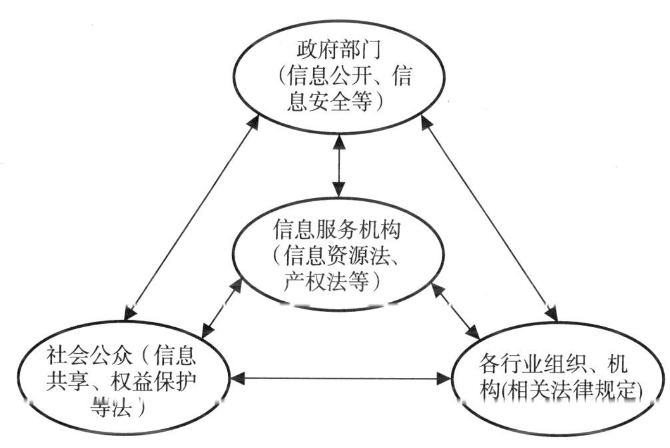

图 9－4 创新型国家的法律体系结构

同其他法律一样，信息法律也必须结构严密、逻辑严谨。在国家信息化发展中，信息交流组织和资源利用不仅涉及国家发展利益和国家安全，而且还直接关系各社会主体的基本利益特别是信息平等和信息权益保护，这说明信息法律具有综合性特征，即综合法律因包含信息法律内容。同时，信息法律体系中专门的基本信息法律和辅助法律规定了专门的利益关系和准则，因而是信息法律的主要组成部分。有关综合法律、信息专门法律和辅助法规在内的法律系统组成了一个完整的体系。

一般而言，信息法律包括以下几个方面的内容：

1. 信息组织法律。信息组织法是关于信息组织法人地位的确立、信息服务业务开展和信息的社会化利用方面的法律。这些法律是对信息服务机构和信息用户行为的法制化约束规定，如美国的“信息自由法案”、欧盟关于信息网络服务的法律约束等。信息组织法律规定了社会活动中的信息发布、传递、处理、获取与利用的基本关系，是信息提供者、交流传递者和使用者共同遵循的法制准则。

2. 信息技术法规。信息技术法是在信息技术标准化管理基础上的法制化延拓，目的在于通过法律手段强制技术标准的执行和信息组织交流与服务技术质量的保证。它规定了信息技术管理部门、信息技术研发者、信息技术应用者和信息技术作用对象的各种基本关系。在技术认证的基础上进行技术标准化的法律责任界定，以维持正常的技术秩序，促进技术的发展。

3. 信息权益法律。信息的传播、利用和管理中，其“独占性”和“共享性”矛盾尤为突出，但信息的共享和保护、扩散和保密相互制约、互为条件。因此，信息拥有者的权益和传播、利用者的权益是信息权益法的主要内容：前者为信息产权或所有权法律规定，后者为信息组织和利用者的权益保障。对于信息产权而言，由于信息化社会的主体变化，对于保护人们对其创造性智力成果所享有的合法权利而言，只限于工业产权显然不够，人们现在面临的是对信息产权的法律保护问题。另外，科学发现、商业秘密、个人数据、文学艺术创作等也是信息产权。

4. 信息安全法律。信息安全法律包括国家信息安全法、个人信息安全法和公众信息安全法。其中国家信息安全法律是国家创新发展和维护主权的最根本的保障，个人信息安全法律规定了个人信息安全利益和权益保障法律关系，公众信息安全确保了社会的信息公平和公正。在国家信息安全系统中，信息网络安全、计算机安全、国家数据安全和信息主权维护处于核心位置；对个人和公众信息安全而言，通过法律维护信息权打击信息犯罪是基本的。随着信息技术的发展和网络的社会化利用，信息服务中的安全问题越来越重要，信息安全保障已涉及组织和个人活动的各个领域。因此，构建信息安全法律体系日益引起各国的关注。

5. 信息市场法律。信息市场法律建设是开展市场化信息服务的需要，其法律关系的确立在于对各方面信息市场行为进行约束，保证信息市场交易活动的有序进行。信息市场法律内容包括信息市场交易中各方面权益保护和信息资源市场化开发与利用中的相关法律规定等。信息市场法律建设的目的在于确认市场化信息服务中各方面的法律关系，进行服务中的行为约束，控制信息市场中的诈骗行为和侵权行为发生，在市场化服务中保护经营者、服务利用者和第三方的正当利益。

信息法律与其他法律一样，也具有一定的形式。不同形式的法律依其制定的机关不同而有不同的效力。我国信息法律形式有宪法中涉及信息法律（包括专门的信息法律和与信息行为相关的其他法律）、信息行为的条款、行政性法规（涉及信息行为的条款）、信息条例、信息法规以及相关的规范性文件等。

信息法可以分为基本法律和非基本法律，前者（如《中华人民共和国经济合同法》）由全国人民代表大会制定，后者（如《中华人民共和国专利法》）由全国人民代表大会常务委员会制定。全国人民代表大会及其常务委员会所作出的决议、决定，凡具有规范性者，也属于我国法律形式之列。

信息法规和其他规范性文件（包括条例、命令、决定等具有规范性的法律文件），由国务院及各部委制定。属于这类法律的如国务院证券委员会发布的《股票发行与管理暂行条例》（其中第六章“上市公司的信息披露”属经济信息法规）以及《公开发行股票公司信息披露实施细则》（试行）。

在国家信息法律原则基础上，地方性法规和法律规范文件由地方各级人民代表大会及常务委员会审议制定。此外，不属于我国国内法律范畴的，但由我国参加的一些国际条约，就其对国内法律的约束力而言，也属于法律形式之列。例如联合国教科文组织的某些规定、世界知识产权组织对知识产权的国际保护等，也对包括我国在内的有关国家有实质性约束力。

（三）创新型国家建设中的信息法律建设与法律体系完善

在创新型国家建设中，加强信息法律体系建设已成为各国政府与国际社会共同关注的问题。针对我国信息法律制度系统性、协调性有待加强和国际衔接滞后的现状，必须从国家创新发展需求出发，加快我国信息立法建设与法律体系的完善。

1. 创新型国家建设中的信息法律建设所面临的问题。我国信息立法应紧密围绕国家创新发展战略规划实施，统一规范立法和示范性立法；在信息法律体系建设过程中，由信息有关法律、法规和规范文件构成的信息法律体系现已形成。然而，对于创新环境下信息法律关系的界定，还缺乏相应的法律制度①。因此，我国信息立法应立足于以下三方面问题的解决：

（1）规范社会化信息资源组织、开发与利用行为。信息资源的社会化组织、开发与利用在创新型国家建设中具有支持国家创新发展的保障作用，因而是一种基本的社会资源。在面向公众和各部门的信息服务中，理应推进信息资源的公共共享，以此保证公益性信息服务的有序开展；另一方面，信息资源作为一种经济投入资源，其增值开发利用和服务需要通过市场化途径进行，因而在信息资源公益性开发的同时，也应辅助于市场化经营的实现。显然这两方面的问题和信息资源公共共享与市场化利用之间的关系，决定了通过法律手段确认信息资源的公共利用性和增值开发性。对于公共信息服务和市场化信息服务提供者应作出明确的法律规定，这是信息资源社会化开发、组织和利用的需要。

（2）完善信息权益保护和打击信息犯罪的法律规定。随着社会的信息化发展和基于网络的知识联盟活动、经营活动和各种社会活动的开展，各类社会成员获取信息的途径和利用方式发生了深刻变化。在开放的数字化信息服务环境下，信息犯罪和信息利用中的侵权行为往往以新的形式出现，这就需要在法律体系建设中完善信息权益保护和打击信息犯罪的法律规定，为国家信息安全、各类社会主体隐私保护以及因信息行为所引发的各类纠纷提供规范化的法律保护途径。在信息法律建设中，需要将这一方面的法律规定纳入社会法律体系。

（3）防止知识产权过度保护对公共利益的损害。在信息服务中对具有知识产权的信息资源保护是重要的，这是由信息产品的知识属性和创作者所付出的劳动所决定的，在市场化经营中理应得到保护。但是从公益性服务组织上看，对于依靠公共投入所取得的知识创新成果信息，例如高等学校博士论文、国家自然科学和社会科学基金资助项目成果信息，如果忽略国家对资助成果的支配权和成果的公益性共享权，片面由论文完成者和成果取得者决

① 曾文武：《创新型国家的信息政策与法律分析》，《情报杂志》2009 年第 12 期，第 194—196 页。

定是否提供社会共享是不妥的。这一问题的解决，应从法律入手确定基本的保护关系，同时在国家创新发展中完善法制化保护，消除或者预防知识产权损害公共利益，突出公共利益的法律维护。

2. 我国信息法律体系建设与法律体系的完善。包括信息服务与保障法律在内的信息法律的制定应按规定的程序进行：

法律议案的提出。法律议案是法律制定机构提请列入议程，供讨论决定的关于法律制定、修改或废除的提案或建议，一般由具有法律提案权的机关或人员向法律制定机构提出。

法律草案的讨论。法律草案的讨论是法律制定机关对列入议题的法律草案正式进行审议和讨论，这是立法的实质性工作。

法律的通过。法律的通过是指法律制定机关对法律草案经过讨论后以法定方式表决，从而正式通过使法律草案成为法律的工作。

法律的公布。法律的公布是指法律制定机关将通过的法律用一定的形式予以正式公布从而付诸实施的过程，这是立法程序的最后工作。

信息法律的制定，旨在保护国家的信息资源、维护国家利益和国家安全。由于各国的政治制度、经济体制和发展水平等方面的不同，必然导致法律观念和法律实质的不同，这是十分自然的现象。随着国际信息环境的变化和资源利用的国际化发展，各国的信息交流和资源交换越来越广泛，其中各国对外活动中出现的信息法律纠纷不断产生。为了建立国际信息新秩序，在维护各国共同利益的基础上应推进信息法律建设的国际合作，以此协调各国法律活动。

信息法律在实施上与信息政策具有某些相同的特点。然而，信息法律在立法、司法、监督体制上与信息政策具有严格的区别。信息法律的实施是指信息法律在社会生活和职业活动中的具体运用和实现。制定法律的最终目的是在于通过实施，产生法律作用，以维护国家和公众的根本利益。信息法律实施涉及各方面的根本利益，各主体的信息交流和利用往往存在于知识创新和经济活动之中，其知识创新和经济活动利益决定了信息活动利益，这就要求在社会信息化全局上组织信息法律的实施。

信息法律的普遍性决定了信息法律和相关法律的适用原则，在适用原则基础上应根据信息法律实施的特性实施组织：

信息法律适用主体结构决定法律实施结构。信息法律适用主体包括政府部门人员以及事实上的国家授权单位。例如，保密法适用主体为国有机关及其工作人员，专利法授权专利局，著作权法授权版权管理部门，科技和经济方面的其他信息法规也都有不同的授权单位。

信息法律适用主体的权限明确。信息法律适用主体在适用法律时，必须在一定的专业范围内和法定权限内进行，不得越权。

信息法律适用主体适用法律与其业务工作直接关联。由于信息法律适用主体适用法律在于依此开展业务工作（例如知识产权保护），因此，在适用法律中必须制作法律文书（如专利登记证、许可证等）。国家审判机关、检察机关和公安机关在信息法律适用中起着重要作用，信息法律适用授权单位不能单独解决的问题最终将通过审判、检察机关解决。

我国信息法律适用的基本要求是：以法律为根据组织社会化的信息服务，管理各种信息业务，以维护国家和大众的根本利益。为此，国家在信息法律实施中应规范司法机构及其工作人员的行为，不仅要求法律实施的合法，而且还需要明确基本的执法关系，规范执法行为。

在信息法律实施体系构建中还应明确司法部门和国家安全部门、知识产权管理部门、行业信息服务管理部门以及公共管理部门的关系，按信息法律的普适原则和公共约束原则实施组织的协调。

信息法律体系的完善是信息服务有序发展，维护信息服务秩序，保护国家、公众和各社会主体正当权益的需要。由于信息服务处于动态发展之中，基于技术进步的服务创新既促进了信息服务的业务拓展，又引发了一些新的法律问题。由于立法管理上的滞后性，其信息法律有待进一步完善。对于信息服务行业而言，信息法律体系建设一是明确信息服务行业活动中的基本法律关系；二是在基本法律架构下进行信息服务组织的法律行为规范；三是规定国家部门对信息服务行业的调控与监督行为。具体而言，可以从以下几个方面促进我国信息法律体系的完善：

（1）完善知识成果转化的信息法律制度。创新型国家的建设从制度上改变着知识创新中的协同关系和成果转化关系，其协同创新和创新成果的社会化转化无疑是促进知识生产力发展的重要保证，然而也改变着原有的知识信息交换关系、成果转化和利用关系，特别是社会网络中的知识转化所提出的问题，需要在完善信息法律的基础上加以协调和解决。在知识成果转化的信息法律制度建设，应在基本法律框架下协调各方面的成果转化与信息交流行为，以此维护知识成果转化与信息交流的正常秩序。

（2）创新信息自由流动的法律制度。创新信息资源的自由流动和选择关系到发展机会的均等，由此给所有主体提出了机会均等基础上的信息利用要求。对于知识创新而言，要实现工业与信息化的融合，首先是保证信息的无障碍流动。从法制角度看，信息流动已不是一种单纯的要素流动，而是制度层面的信息价值链关系确认与流动权益保障。可见，以信息化带动工业化绝不仅仅是一个技术问题，更要与法律制度相关联，形成法律制度约束下的两化融合。确立创新信息资源流动机制需要关注法律干预，需要平衡协调等多方面利益，在这些问题的解决中，需要法律法规的介入。

（3）进一步完善知识产权保护制度。知识产权保护对任何一个国家都是重要的，这是国家创新发展的基本保证。知识产权保证制度下的与信息服务有关的法律包括专利法、著作权法、计算机软件著作权保护、商标法等，这些法律规定有效地解决了专利成果信息利用、具有著作权的文献信息资源开发和商务信息管理等方面的法律纠纷，然而对于网络化服务所引发的新问题却未能全面涉及，因而只能沿用其中的某些规定。显然，诸如信息资源开放存取、跨系统信息交换、网络信息的二次重组等方面的法律问题，有待从知识产权保护出发进行法律制度的完善。

四、国家创新中信息政策与法律建设的国际化发展

以知识与经济一体化为特征的经济全球化，推动了创新活动的国际化发展，增强了国家之间的信息交流与创新合作，各国在信息社会中面临的信息政策与法律冲突随之逐渐显现。我国作为发展中国家，要从国家利益的战略高度正确应对信息政策与法律建设的国际化演变，实现信息政策与法律规范的国际化衔接，以促进国家自主创新和经济发展。

（一）经济全球化中的创新国际化发展政策

当今世界，科学技术的发展和经济全球化已成为人类社会进步的两大重

要表现，科学技术的高度复杂性和综合性使得任何国家都不可能垄断性地占有全部资源和技术。因此，各国必须通过国家之间的科技交流与合作来增强本国的科技实力与知识储备，以此促进本国的创新发展。在科技创新发展中，科技成果的国际化传播使得创新价值链条在全球范围内不断延伸，创新全球化已成为日益普遍的现象。对于知识创新主体而言，创新国际化是指一国从全球范围出发，通过跨国合作方式或直接建立国外研究与发展（R&D）机构将知识创新产业链从国内延伸到国外。在国际信息化背景下，创新的国际化发展体现在创新组织的网络化和跨国创新发展上。这种发展反映在政策上，应突出以下几个方面问题的解决：

1. 创新战略的国际化。创新国际化的立足点在于：在全球范围内，通过与其他国家的联结机制以及全球范围内的创新资源配置机制来突破国家内部资源和能力的限制，以便充分借助外部网络和信息资源来提升知识和创造能力。创新国际化通过建立知识联盟和技术跟踪型、技术学习型、资源利用型、市场支持型等多种形式的联合机构，扩展知识创新所需的信息来源，继而弥补国家创新所需人力、资金、技术等资源投入的不足，使国内外创新主体之间形成了一个庞大的知识交易网络。从信息服务组织上看，它改变了单一从内部获取所需知识的状况，国家可以更广泛地借助组织外部的知识来构建自己的创新结构，提高创新效率。

2. 创新组织的国际化。创新组织国际化的特征是创新机构的多元化和创新机构在地理上的分散组合。在创新国际化组织体系中，跨国的创新联盟活动要求实现知识创新价值关系的调整，在构建跨国家的创新协作关系中实现信息的跨界流动和共享。这说明，跨国组织的计划、指挥、控制、交流和协调活动变得极为复杂，需要通过全方位信息沟通提高组织运行效率和管理能力。然而，信息分散性使得组织在创新过程中需要应对多变的复杂环境，从而将分散的创新机构进行基于网络的信息链接，以此形成一个全球性的协作网络组织。

3. 创新资源配置的国际化。从资源配置上看，创新国际化发展中的资源投入渠道更加广泛，一国可以利用世界上不同国家的高质量、低成本的R&D资源在知识创新国际化环境下取得发展优势。这种资源的组合投入可以不再局限于一国的内部投入，可以在跨国联盟中实现投入的多国化。由于不同的 R&D 机构承担创新任务的不同，在整个创新战略联盟中可以根据任务来配置创新资源。这样，可以使国家的整体创新能力得到全面提升。

4. 创新环境的国际化。创新活动的面对的环境十分复杂，创新活动不仅受本国科技、经济、文化的影响，而且还受国际环境的影响。不同国家的社会环境、文化环境、政策环境、市场环境以及创新资源环境存在着差异性，国家之间制度性冲突和政策的差别决定了国际创新联合活动环境的复杂性。在复杂的国际环境中，创新资源的差异性与多样性共同作用于国际化创新主体，因而需要从国际化视角进行科学的创新决策。

创新国际化影响着与之相适应的信息政策指导，发达国家为了实现集知识创新、资源开发和市场经营为一体的产业创新发展目标，强调整体化发展中实现跨国协同创新目标。

创新国际化中不同政策体系之间相互渗透已成为一种趋势。在政策交互中，各国不断吸收、借鉴彼此的制度、规则和经验进行信息政策建设上的融合。需要指出的是，在知识创新开放化和经营国际化发展中，跨国数据交流、知识共享和经济信息的交互利用已成为一种必然。在面对共同的问题中，各国倾向于基于信息环境优化的信息服务协调和资源共享的实现，这就需要在国际合作发展中进一步完善国家信息政策，在解决共同的问题中进行建设合作。

综上所述，创新活动正成为全球化的整体活动，各国是这个整体的不可分割的组成部分。国与国之间科技、经济、文化上的相互依存、相互融合、相互影响日益紧密，使得各国内部的创新逐渐变为全球性的组织创新，这种创新活动需要更为广泛的国际合作加以组织。我国在推进创新国际化的同时，应进一步加强本国的信息政策制定的国际化意识。在信息政策建设中，应通过有效的国际合作，在完善国际化政策中提高我国信息政策的保障力度①。

（二）国际合作中的国际信息法律关系协调

国际信息法律既具有一致性，又存在一定的对立和冲突。其中，20 世纪末跨界数据流所引起的法律纠纷和由此形成的国际合作关系在信息法律的国际化协调中值得借鉴。

---

① 任际：《全球化与国际法律意识》，《法学研究》2006 年第 3 期，第 129—138 页。

各国的基本法律原则和最终目标是增强法律的国际适用性以实现国家法治管理的目标。在国际法律合作中，自 21 世纪以来，15 个多边发展机构和 100 多个国家的近 400 项法律改革项目的实施值得关注。

开展国际合作需要共同的发展战略指导，在国际化发展战略导向下通过政府间合作，协调各自的发展战略，进行与国际环境相适应的制度建设。国际化发展政策导向下的法律体系建设在于通过合作打击全球化的信息犯罪，尤其是有组织的跨国信息犯罪和高科技犯罪。在打击犯罪过程中，还需要建立良好的国际合作秩序进行国际司法协助。

长期以来，数据的国际流动已普遍存在，然而其规模毕竟有限。当前，数据交流的规模和信息流通的速度远非过去所能比拟，在知识创新联盟组织活动的跨国发展中跨国数据交流已成为研发机构和产业机构的普遍行为。跨国数据交流是信息时代的一个典型的信息商品交换过程，它涉及的许多问题已引起人们的重视。这些问题包括国家安全与主权问题、信息自由与信息保密问题，以及本国产业的保护对信息资源的利用限制等。这说明由于国家利益上的差别，导致了在诸如保密、数据保护、版权和信息资源所有权等方面的法律纠纷。

绝大多数间接性问题与那些跨国界数据流会给他们带来威胁的国家所采取的保护法律有关，典型的例子是国家保密法规和数据保护法的制定。马亨（K. Mahon）曾提出了一系列采取主动行动和应付挑战的设想，他建议加速完善数据与其他信息保护的法律建设以对付那些企图逃避数据保护、信息与版权法律监督的任何可能的行动。与此相类似，在商业活动中，一些国家（如巴西）不得不考虑对付跨国公司在贸易中对本国的种种限制。在巴西这样的国家，任何数据输入或数据输出的活动都受到严格的控制，其控制内容包括开发公司的信息和数据活动目标等。

显然，在国际活动中需要对跨国界数据交流达成某种法律协议，这一问题在欧洲理事会、政府间情报局（IBI）和经济合作与发展组织（OECD）等关注下，形成了一个包括普通数据库保护手段在内的法律计划大纲。要使这一大纲得到世界上大多数国家的认可，必须在组织跨国界数据流中分清各自的权利和责任。经济合作与发展组织由此制定了跨国界数据交流的方针，他们的出发点是维护其成员国的利益，以此处理信息的自由交流与保密法律规定的矛盾，他们的工作引起了世界贸易组织（WTO）、国际电信联盟（ITU）、联合国教科文组织等的关注。考虑到各成员国的具体情况，各国在以下方面达成了共识：

促进获取数据和信息以及有关的服务，并且避免在数据和信息的国际交流方面设立不正当的障碍；

增加对跨国界数据流产生影响的，与信息、计算机和通信有关的法律与政策法规的透明度；

找出处理跨国界数据流的共同办法，并在适当的时候找出协调一致的解决办法；

考虑在处理有关跨国界数据流问题时对其他国家可能的牵涉。

从跨界数据流法律问题的分析中可知，信息法律的国际化发展需要在立法决策、立法技术、司法合作和协助等方面进行相互协调与合作。正如经济全球化势一样，法律的协调化和统一化是创新国际化背景下的法律发展趋势具有历史的必然性。随着创新国际化进程的不断加快，各国之间的联系和交往日益频繁，为了进一步推动国际贸易往来和创新合作的扩展，必须制定更加有效的国际法律条约来规范国际创新合作关系，协调各国间的利益冲突，加强各国之间的法律交流①。

在国际信息法律建设与法律关系协调过程中，应遵循以下原则：

1. 合法保护与合理使用原则。该原则是法律关系协调的重要基础，合法保护是指由国家或国际社会通过一定的法律程序和特定的方式给予权利人在一定时间内的排他性权利，在此期间内不经权利人许可任何他人不得将权利用于商业目的或法律允许之外的行为，否则将被追究法律责任。合理使用是指权利人在转让中出于发挥出应有的经济价值和社会价值，在规范的范围内充分、有效、公平地使用自己的权利。合法保护是实施创新信息服务合作的前提，而合理使用是创新信息活动得以顺利进行且发挥积极作用的保证。在创新合作过程中，有效的法律保护对于国际信息技术的引进与输出都具有重要的意义，可以为国际技术交流顺利发展提供保障，从而推动全球信息服

① 郭玉军：《经济全球化与法律协调化、统一化》，《武汉大学学报（社会科学版）》2001 年第 3 期，第 155—161 页。

务业的协调发展。

2. 利益均衡原则。利益被认为是法律制度背后的实质性因素，法律制度中的权利义务关系实质是法律所调整和确认的各种利益的体现，法律通过权利的保障和义务的履行来维护和协调一定的利益关系。国际信息法律的建设需要从协调和平衡个人利益与社会利益、国家利益与全人类利益关系出发进行法律体系构建。在法律建设中，不应从各国各自的利益角度确定法律原则，而应从人类共同利益的角度来完善法律体系。因此，应根据合作各方担负的职责、投入以及取得的利益，调整各方在法律建设中的利益关系，实现协同发展。例如，在利益均衡原则基础上，中国和东盟的知识产权法律协调机制正在逐步完善之中①。

3. 适应全球化发展原则。经济全球化是各国所面临的共同问题，它不仅引发了各国经济合作方式的变化、改变着国家和地区产业结构，而且还在经济互动发展中形成了交互开放的经济发展模式。显然，经济全球化中某一个国家或地区的发展水平和状况必然影响到其他国家或地区，面对新的经济发展机遇和风险，在信息组织和利用上必须有一个共同的约束机制以保证各国的经济信息安全。从促进经济发展的核心竞争力培育上看，知识创新的国际化已成为一种必然，科学研究与发展的国际合作更需要进行跨国知识交流和传播，以及基于知识共享的国际化知识网络构建。科技与经济的国际化需要各国在法律制度上进行协同建设，以维护国际化发展中的各方面利益。

① 贾引狮：《建立中国——东盟知识产权法律协调机制的思考》，《特区经济》2010 年第 10 期，第 17—19 页。

项目研究咨询报告

1. 我国建设创新型国家的行业信息服务体制变革与发展对策
2. 湖北省创新发展中的信息集成服务对策
3. 广东省创新发展中的纺织服装行业信息服务重组与平台建设
4. 面向知识创新工程的中国科学院文献情报机构改革与服务重组
5. 国外跨系统文献信息共享与服务协同体制比较
6. 广东省佛山市基于工业与信息化融合平台的创新发展对策
7. 基于多网联通的区域性信息共享服务平台建设与发展对策
8. 创新型国家建设中的学位论文资源整合与共享服务推进
9. 高新技术开发区用户跨系统信息需求分析
10. 建设创新型国家的信息服务体制改革与信息保障体系构建

参 考 文 献

[1]《马克思恩格斯选集》第3卷，人民出版社1972年版，第575页。
[2]《马克思恩格斯全集》第47卷，人民出版社1979年版，第570页。
[3] 西蒙·库兹涅茨：《各国的经济增长》，常勋译，商务印书馆1985年版，第60页。
[4] 丹尼尔·贝尔：《资本主义文化矛盾》，赵一凡等译，三联书店1989年版，第84—87页。
[5] 彼得·圣吉：《第五项修炼——学习型组织的艺术与实务》，三联书店1994年版，第45—47页。
[6] R. 纳尔逊、G. 温特：《经济变迁的演化理论》，商务印书馆1997年版，第67页。
[7] 迈克尔·波特：《竞争优势》，陈小悦译，华夏出版社1997年版，第34页。
[8] 丹尼尔·贝尔：《后工业社会的来临——对社会预测的一项探索》，高铦等译，新华出版社1997年版，第54页。
[9] 埃瑞克·G. 菲吕博顿、鲁道夫·瑞切特：《新制度经济学》，上海财经大学出版社1998年版，第78—81页。
[10] 胡志坚：《国家创新系统理论分析与国际比较》，社会科学文献出版社2000年版，第12页。
[11] 胡永宏、贺思辉：《综合评价方法》，科学出版社2000年版，第9页。
[12] 弗雷德·R. 戴维：《战略管理》（第八版），李克宁译，经济科学出版社2001年版，第89—91页。
[13] 黄长：《中国图书情报网络化研究》，北京图书馆出版社2002年版，

第 143 页。

[14] 田捷：《数字图书馆技术与应用》，科学出版社 2002 年版，第 70—80 页。

[15] 江其务：《制度变迁与金融发展》，浙江大学出版社 2003 年版，第 37—41 页。

[16] 薛汉伟、王建民：《制度设计与变迁：从马克思到中国的市场取向改革》，山东大学出版社 2003 年版，第 174—177 页。

[17] 胡昌平：《现代信息管理机制研究》，武汉大学出版社 2004 年版，第 300 页。

[18] 赫尔曼·哈肯：《协同学：大自然构成的奥秘》，上海人民出版社 2005 年版，第 2 页。

[19] 彼得·F. 德鲁克：《创新与创业精神》，张炜译，上海人民出版社 2005 年版，第 78 页。

[20] 姚从容：《公共环境物品供给的经济分析》，经济科学出版社 2005 年版，第 377 页。

[21] 杜也力：《知识服务模式与创新》，北京图书馆出版社 2005 年版，第 210—212 页。

[22] 娄策群：《信息管理学基础》，科学出版社 2005 年版，第 44 页。

[23] 朱红：《信息消费：理论、方法及水平测度》，社会科学文献出版社 2005 年版，第 148 页。

[24] 兴志、宋晶：《政府监管理论与政策》，东北财经大学出版社 2006 年版，第 90 页。

[25] 波特等：《全球竞争力报告（2005—2006）》，杨世伟等译，经济管理出版社 2006 年版，第 72—75 页。

[26] 汪洪涛：《制度经济学——制度及制度变迁性质解释》，复旦大学出版社 2006 年版，第 157—160 页。

[27] 胡昌平等：《网络化企业管理》，武汉大学出版社 2007 年版，第 54—56 页。

[28] 胡昌平等：《面向用户的信息资源整合与服务》，武汉大学出版社 2007 年版，第 223—224 页。

[29] 柯平、高洁：《信息管理概论》，科学出版社 2007 年版，第 414 页。
[30] 胡昌平主编：《信息服务与用户》（第三版），武汉大学出版社 2008 年版，第 43—44 页。
[31] 韩喜平、邵彦敏、杨艺：《欧盟社会经济结构与制度变迁》，吉林大学出版社 2008 年版，第 33—36 页。
[32] 弗里曼：《技术政策与经济绩效——日本国家创新系统的经验》，张宇轩译，东南大学出版社 2008 年版，第 37 页。
[33] 萨拉汉：《Mashups Web2.0 开发技术——基于 Amazon.com》，吴宏泉译，清华大学出版社 2008 年版，第 227 页。
[34] 陈钰芬、陈劲：《开放式创新：机理与模式》，科学出版社 2008 年版，第 17 页。
[35] 夏义堃：《公共信息资源的多元化管理》，武汉大学出版社 2008 年版，第 252—254 页。
[36] 肖冬梅：《信息资源公共获取制度研究》，海洋出版社 2008 年版，第 120—122 页。
[37] 陈华：《生产要素演进与创新型国家的经济制度》，中国人民大学出版社 2008 年版，第 45—47 页。
[38] 侯铁建：《俄罗斯经济追赶与制度变迁》，中国经济出版社 2009 年版，第 103—105 页。
[39] 胡鞍钢：《第二次转型：国家制度建设》，清华大学出版社 2009 年版，第 67—68 页。
[40] 詹正茂、王裕雄、孙颖：《创新型国家建设报告》，社会科学文献出版社 2009 年版，第 45—50 页。
[41] 陈劲、张学文：《创新型国家建设理论读本与实践发展》，科学出版社 2010 年版，第 110—120 页。
[42] 胡潜：《面向企业创新发展的行业信息服务重组》，武汉大学出版社 2011 年版，第 88—89 页。
[43] 郭哲：《纵览国家创新系统》，《科技日报》2002 年 8 月 16 日。
[44] 郑小平：《国家创新体系研究综述》，《科学管理研究》2006 年第 4 期，第 63—68 页。

[45] 李正风、曾国屏：《OECD 国家创新系统研究及其意义》，《科学学研究》2004 年第 2 期，第 44—51 页。

[46] 周子学：《经济制度与国家竞争力》，2005 年华中师范大学博士论文，第 64—68 页。

[47]《世界经济论坛全球竞争力报告 2008—2009》 [EB/OL].[2009 - 12 - 10] . http：//www. weforum. org/en/initiatives/gcp/Global%20 Competitiveness%20Report/index. htm.

[48] 国务院信息化工作办公室:《中国信息化发展报告 2006》[R.] [2009 - 11 - 20] . http：//www. china. com. cn/chinese/PI - c/1254023. htm.

[49]《中共中央、国务院关于加速科学技术进步的决定》[EB/OL]. [2010 - 08 - 16] . http：//news. xinhuanet. com/misc/2006/01/07/content_ 4021977. htm.

[50] 霍国庆：《企业信息资源集成机制分析》，《情报学报》2004 年第 5 期，第 531—536 页。

[51] 胡昌平、邱允生：《试论国家创新体系及其制度安排》，《中国软科学》2000 年第 9 期，第 51—57 页。

[52] 尹朝安：《现代化赶超中的制度创新：历史考察与理论分析》，2002 年中国社会科学博士论文，第 19—22 页。

[53] 瑞士洛桑国际管理学院：2010 年《世界竞争力年度报告》[EB/OL]. [2010 - 09 - 13] . http：//forum. home. news. cn/thread/76582725/1. html.

[54] 科技部副部长崔军强：《我国建设创新型国家面临四道“门槛”》[EB/OL]. [2010 - 09 - 13] . http：//www. gov. cn/jrzg/2006/05/24/content_ 290071. htm.

[55] 白春礼：《我国有条件建设创新国家》 [EB/OL].[2010 - 09 - 13]. http：//www. gov. cn/jrzg/2007/01/18/content_ 499761. htm.

[56] 科技部：《欧盟启动第七个研究框架计划》 [EB/OL].[2010 - 09 - 13]. http：//www. most. gov. cn/gnwkjdt/200701/t20070118_ 39736. htm.

[57] 张德江：《开展创新学习成为创新人才》 [EB/OL].[2010 - 09 - 20]. http：//ccutnews. ccut. edu. cn/showNews. do? articleId = 1723.

[58] 于大伟、王晓浒：《2009 中国有效专利年度报告》，《科学观察》2011 年第 2 期，第 33—50 页。

[59] 陆娅楠：《中国 500 强仍需练内功　部分指标表现不俗》，《人民日报》2010 年 9 月 6 日。

[60] 汪玮玮：《 2008 中国有效专利年度报告》［EB/OL］.［2010－09－10］. http：//www. cipnews. com. cn/showArticle. asp？ Articleid＝12697.

[61] 刘铮：《2009 年我国服务业占国内生产总值的比重为 42. 6%》［EB/OL］.［2010－09－20］. http：//www. fgw. gov. cn/fgwjsp/ArticleView. jsp？ ArticleID＝392699.

[62] 马丽娜：《去年高技术产业增加值占 10. 2%　出口占 29. 1%》［EB/OL］.［2010－09－20］. http：//news. qq. com/a/20090917/001132. htm.

[63] 刘蔚然、程顺：《韩国科技发展长远规划 2025 年构想剖析》、《科学对社会的影响》2004 年第 3 期，第 8—11 页。

[64] 肖珑：《美国国家数字图书馆项目的进展》，《情报学报》1998 年第 3 期，第 190—196 页。

[65] 胡昌平、谷斌：《数字图书馆建设及其业务拓展战略》，《中国图书馆学报》2005 年第 5 期，第 13—16、33 页。

[66] 姜百臣等：《技术创新的市场需求导向》，《 科学与管理》2009 年第 1 期，第 20—25 页。

[67] 向菲：《面向国家自主创新的信息服务与保障业务体系重构研究》，2008 年武汉大学博士论文，第 53—54 页。

[68] 万汝洋：《从国家创新体系到创新型国家转变的哲学基础》，《科技管理研究》2007 年第 7 期，第 6—8 页。

[69] 钟柯远：《完善国家创新价值链》，《决策咨询通讯》2005 年第 4 期，第 1—2 页。

[70] 柯平、李大玲、王平：《基于知识供应链的创新型国家知识需求及其机制分析》，《图书馆论坛》2007 年第 6 期，第 64—69 页。

[71] 胡昌平、向菲：《面向自主创新需求的信息服务业务推进》，《中国图书馆学报》2008 年第 3 期，第 57—62 页。

[72]《2006—2020 年国家信息化发展战略》［EB/OL］.［2009－08－11］.

http: //www. gov. cn/jrzg/2006 -05/08/content_ 275560. htm.

[73]《科技统计资料汇编》[2009 -07 -20]. http: //www. sts. org. cn/zlhb/zlhb2008. htm.

[74]《中共中央、国务院关于加强技术创新、发展高科技、实现产业化的决定》[2007 -10 -23]. http: //www. most. gov. cn/gjkjjctjptjs/zcfg/zc/200409/t20040915_ 15783. htm.

[75] 广东统计信息网 [2010 -08 -19]. http: //www. gdstats. gov. cn/tjgb/t20100225_ 74438. htm.

[76] 刘斌、司晓悦:《完善国家制度体系的维度取向》,《齐齐哈尔大学学报》2007 年第 1 期,第 19—23 页。

[77] 吕先竞:《欧美信息服务体系分析与借鉴》,《四川工业学院学报》2004 年第 1 期,第 93—98 页。

[78] 胡昌平、张敏:《欧盟支持行业创新的信息服务平台实现及启示》,《图书馆论坛》2007 年第 6 期,第 32—36 页。

[79] 王海涛:《爱尔兰的国家创新体系》,《全球科技经济瞭望》2006 年第 2 期,第 15—19 页。

[80] 李风圣:《中国制度变迁的博弈分析》,2000 年中国社会科学院博士论文,第 45—48 页。

[81] 战松:《制度与效率:基于中国债券市场的思考》,2006 年西南财经大学博士论文,第 78—79 页。

[82] 张晓林:《走向知识服务:寻找新世纪图书情报工作的生长点》,《中国图书馆学报》2000 年第 1 期,第 57—59 页。

[83] 胡昌平:《面向新世纪的我国网络化知识信息服务的宏观组织》,《中国图书馆学报》1999 年第 1 期,第 27—30 页。

[84] 胡昌平:《图书情报事业的社会化发展战略》,《中国图书馆学报》2005 年第 1 期,第 35—41 页。

[85] 刘昆雄、王秀丽:《创新型国家建设中的知识信息服务转型研究》,《情报理论与实践》2009 年第 9 期,第 103—106 页。

[86] 胡昌平、曹宁、张敏:《创新型国家建设中的信息服务转型与发展对策》,《山西大学学报(哲学社会科学版)》2008 年第 1 期,第 31—

34 页。

[87] 胡昌平:《信息服务转型发展的思考》,《光明日报》2008 年 6 月 10 日。

[88] 邓胜利、胡昌平:《建设创新型国家的知识信息服务发展定位与系统重构》,《图书情报知识》2009 年第 3 期,第 61—65 页。

[89] 王芳:《我国政府信息机构管理体制改革的探讨》,《中国信息导报》2005 年第 7 期,第 16—19 页。

[90] 胡昌平、谷斌、贾君枝:《组织管理创新战略》(6),《中国图书馆学报》2005 年第 5 期,第 14 页。

[91] 第 3 期《科学技术基本计划概要》 [EB/OL].[2009 - 08 - 20]. http://crds. jst. go. jp/crc/chinese/law/law3. html.

[92]《第二次全国科学研究与试验发展(R&D)资源清查主要数据公报》[EB/OL].[2010 - 11 - 22]. http://www. most. gov. cn/tztg/201011/P020101122398029257112. pdf.

[93] 国家统计局:《中华人民共和国 2007 年国民经济和社会发展统计公报》 [EB/OL].[2010 - 11 - 22]. http://www. stats. gov. cn/tjgb/ndtjgb/qgndtjgb/t20080228_ 402464933. htm.

[94] 湖北省科学技术厅 [EB/OL].[2010 - 09 - 20]. http://old. hbstd. gov. cn/info. jsp? id = 5466.

[95] 邹江、杨璐、孙瑞志:《基于 SOA 的企业异构资源的整合研究》,《计算机应用与软件》2010 年第 1 期,第 51—53 页。

[96] 路甬祥:《建设创新型国家的两个关键》,《人民日报(海外版)》2006 年 3 月 7 日。

[97] 胡潜:《我国建设创新型国家的行业信息服务转型发展》,《情报学报》2009 年第 3 期,第 315—320 页。

[98] 工业与信息化部:《2010 年 1—11 月我国电子信息产业经济运行情况》[EB/OL].[2011 - 01 - 20]. http://www. miit. gov. cn/n11293472/n11293832/n11294132/n12858462/13565808. html.

[99] 王旭东:《为建设创新型国家作出贡献》,《人民日报》2006 年 3 月 21 日。

[100] 杨元庆:《构建新型互联网应用模式推进中国信息化建设》,《现代电

信技术》2002 年第 3 期，第 18—20 页。

[101]《中华人民共和国教育部教育统计数据 2000—2009》[EB/OL].[2010 - 12 - 30].http：//www. moe. gov. cn/publicfiles/business/htmlfiles/ moe/s4958/index. html.

[102] 马德辉、包昌火：《知识网络——竞争情报和知识管理的重要平台》，《中国信息导报》2007 年第 11 期，第 4—7 页。

[103] 胡潜：《网络信息资源开发与服务中的权益保障分析》，《情报科学》2004 年第 12 期，第 1490—1494 页。

[104] 王大洲：《论企业创新网络的建构原则》，《科学研究管理研究》2006 年第 5 期，第 64—66 页。

[105] 郭跃华、尹柳营：《创新网络组织学习研究》，《管理学报》2004 年第 3 期，第 345—349 页。

[106] 陈传夫、黄璇：《政府信息资源增值利用研究》，《情报科学》2008 年第 7 期，第 961—966 页。

[107]《2006—2020 年国家信息化发展战略》[Z/OL].[2010 - 11 - 12].http：//www. gov. cn/jrzg/2006 - 05/08/content_ 275560. htm.

[108]《国民经济和社会发展信息化“十一五”规划》[Z/OL].[2010 - 11 - 12]. http：//www. sdpc. gov. cn/gjscy/xxh/t20080421_ 205351. htm.

[109] 刘旭东、赵娟：《产学研战略联盟可持续发展的运行机制研究》，《太原科技》2009 年第 4 期，第 88—91 页。

[110] 王晰巍：《知识供应链构建模式及运行机制研究》，2006 年吉林大学博士论文，第 89—90 页。

[111] 北京师范大学经济与资源管理研究院：《2008 中国市场经济发展报告》，北京师范大学出版社 2008 年版，第 82 页。

[112] 裴雷、马费成：《公共数字信息资源的建设与开发利用对策》，《中国图书馆学报》2007 年第 6 期，第 69—73 页。

[113] 刘新仕：《会计信息监管成本效益分析》，《商业研究》2009 年第 11 期，第 88—92 页。

[114] 霍国庆：《我国信息资源配置的模式分析》（一），《图书情报工作》2000 年第 5 期，第 32—37 页。

[115]《中国 R&D 经费支出特征及国际化》[EB/OL].[2009－12－11]. http://www.sts.org.cn/tjbg/zhqk/documents2009/090709.htm.

[116] 中国科学院中国现代化研究中心:《中国现代化报告 2006——社会现代化研究》,北京大学出版社 2006 年版,第 172—173 页。

[117] 李纲:《Shapley 值在知识联盟利益分配中的应用》,《情报杂志》2010 年第 2 期,第 116 页。

[118] 张敏、邓胜利:《面向协同创新的公共信息服务平台构建》,《情报理论与实践》2008 年第 3 期,第 383 页。

[119]《"上海行业情报发展联盟"成立大会在上海图书馆召开》[EB/OL].[2011－01－20]. http://www.hyqb.sh.cn/tabid/859/InfoID/5291/frtid/176/settingmoduleid/664/Default.aspx.

[120] 胡新平:《基于云模式的文献资源服务研究》,《情报理论与实践》2010 年第 8 期,第 73—76 页。

[121] 李惠琴:《基于"云计算"的数字图书馆服务模式》,《科技创新导报》2010 年第 31 期,第 209 页。

[122] 曹伟涛:《基于 PaaS 的产业集群信息服务平台模型构建与研究》,2010 年北京交通大学硕士论文,第 52 页。

[123] 肖红、周朴雄:《簇群企业信息协同服务平台研究与设计》,《情报杂志》2009 年第 5 期,第 183—186 页。

[124] 郑志蕴、宋瀚涛等:《基于网格技术的数字图书馆互操作关键技术》,《北京理工大学学报》2005 年第 12 期,第 1066—1070 页。

[125] 曾文英、赵跃龙:《ESB 原理、架构、实现及应用》,《计算机工程与应用》2008 年第 25 期,第 225—228 页。

[126] 孙福权、陈廷斌:《基于 J2EE 与 Web 服务的第三方物流动态整合设计与实现》,《计算机应用研究》2007 年第 2 期,第 233—237 页。

[127] 李开复:《网络创新模式与时代精神》[EB/OL].[2010－02－17]. http://www.21ic.com/wyzt/200605/12994.htm/2008－08－03.

[128] 胡潜:《信息资源整合平台的跨系统建设分析》,《图书馆论坛》2008 年第 3 期,第 81—84 页。

[129] 焦玉英、曾艳:《我国合作式数字参考咨询服务发展的对策》,《情报

科学》2005 年第 4 期，第 561 页。

[130] 王林：《虚拟企业知识管理模型研究》，2005 年武汉大学博士论文，第 56 页。

[131] 吴新年、祝忠明、张志强：《区域科技信息集成服务平台建设研究》，《图书馆理论与实践》2008 年第 5 期，第 94—97 页。

[132] 张娟娟、张伟：《代表委员热议我国区域经济发展寻找定位优势》[EB /OL]. [2010 - 12 - 20]. http://news.qq.com/a/20090316/000019.htm.

[133] 周朴雄、余以胜：《面向知识联盟知识创新过程的信息资源组织研究》，《情报杂志》2008 年第 9 期，第 63 页。

[134] 佛山市图书馆 [EB/OL]. [2010 - 12 - 19]. http://www.fslib.com.cn/public_ web/web_ information/ChengLi - bg.htm.

[135] 胡锦涛：《在纪念党的十一届三中全会召开 30 周年大会上的讲话》，《求是杂志》2008 年第 24 期，第 3—16 页。

[136] 李何：《Web2.0 对网络信息交流的影响》，《图书情报工作》2007 年第 11 期，第 46—49、82 页。

[137] 张晓林：《嵌入用户过程的科技信息服务机制》[EB/OL]. [2007 - 09 - 30]. http://www.szlib.gov.cn/20th/intro/report.pdf.

[138] 李阳晖、邓胜利：《数字信息服务的个性化演变》，《图书情报工作》2006 年第 10 期，第 36—39 页。

[139] 刘炜：《数字图书馆——在赛百基础结构中重新定位》[EB/OL]. [2007 - 10 - 15]. http://www.libnet.sh.cn/sztsg/fulltext/reports/2005/DLinCyberspace.pdf.

[140] 葛秋妍：《Web 2.0 技术和软件在图书馆的应用现状研究》[EB/OL]. [2006 - 12 - 20]. http://www.libnet.sh.cn/sztsg/fulltext/reports/2006/libraryTech20Ge.pdf#search = %22web%202.0%E6%8A%80%E6%9C%AF%22.

[141] 范并思、胡小菁：《图书馆 2.0：构建新的图书馆服务》，《大学图书馆学报》2006 年第 1 期，第 2—7 页。

[142] 胡昌平：《论网络化环境下的用户信息需求》，《情报科学》1998 年

第 1 期，第 16—23 页。

[143] 张会娥：《RSS 的应用研究》，《图书馆杂志》2005 年第 2 期，第 53—58 页。

[144] 李峰、李春旺：《Mashup 关键技术研究》，《现代图书情报技术》2009 年第 1 期，第 44—49 页。

[145] 《Housingmaps 的集成融汇服务》[EB/OL].[2011 - 03 - 09]. http：//www. housingmaps. com/.

[146] Ort E.，Brydon S.，Basler M.：《服务器端混搭》[EB/OL].[2011 - 03 - 09]. http：//developers. sun. com. cn/Java/mashup_ 1. html.

[147] 奉永桃：《Mashup 国内外研究综述》，《图书情报工作》2010 年第 8 期，第 60—63 页。

[148] 国家科学图书馆融汇服务目录 [EB/OL].[2011 - 03 - 09]. http：//crossdomain. las. ac. cn/mashup/mashup. html.

[149] 张敏：《跨系统协同信息服务的定位及其构成要素分析》，《图书情报工作》2010 年第 12 期，第 64—68 页。

[150] 曾建勋：《中文知识链接门户构筑》，《情报学报》2006 年第 1 期，第 63—69 页。

[151] 陈廉芳、许春漫：《高校图书馆嵌入式创新服务模式探讨》，《图书馆工作与研究》2010 年第 8 期，第 4—7 页。

[152] 常唯：《e - Science 与文献情报服务的变革》，《图书情报工作》2005 年第 3 期，第 27—30 页。

[153] 江绵恒：《科学研究的信息化：e - Science》[EB/OL].[2011 - 03 - 09]. http：//unpan1. un. org/intradoc/groups/public/documents/apcity/unpan004319. pdf.

[154] 黄国彬、孙坦：《e - Science 的特点及文献情报机的应对措施》，《图书馆杂志》2005 年第 9 期，第 22—24 页。

[155] 张红丽、吴新年：《e - Science 环境下面向用户科学研究过程的知识服务研究》，《情报资料工作》2009 年第 3 期，第 80—84 页。

[156] 刘颖、项英：《个人信息环境与嵌入式学科服务》，《情报杂志》2010 年第 5 期，第 188—191 页。

[157]《网格计算进入商用主流 缺乏软件和统一标准》[EB/OL].[2011-03-09]. http://www.chinagrid.net/show.aspx? id=3265&cid=101.

[158] 乐小虬、管仲等:《嵌入式泛在个人知识服务模型研究》,《现代图书情报技术》2009年第12期,第37—41页。

[159] 胡启恒:《开放获取是科学家的责任》,《光明日报》2006年6月20日。

[160] 夏南强、张耀坤:《基于开放存取的学术信息服务体系初探》,《情报科学》2008年第3期,第431—435页。

[161] 李春旺:《图书馆集成融汇服务研究》,《现代图书情报技术》2009年第12期,第1—6页。

[162] HealthMap全球疾病警报地图[EB/OL].[2011-03-09]. http://healthmap.org/zh/.

[163] 梁孟华、李枫林:《创新型国家的知识信息服务体系评价研究》,《图书情报知识》2009年第2期,第27—32页。

[164] 杨嫚:《利用层次分析法建构信息服务质量评价体系》,《情报杂志》2005年第11期,第22—24页。

[165] 白云鹏、陈永健:《常用水环境质量评价方法分析》,《河北水利》2007年第6期,第23—24页。

[166] 刘晓华、王忠辉、王艳明:《企业统计能力模糊综合评价方法及应用》,《统计与决策》2009年第24期,第169—170页。

[167] 牛培源:《网络信息传播绩效评估研究》,2009年武汉大学博士论文,第114页。

[168] 张丽华:《高等学校信息服务的评价组织系统及其运作》,《国家图书馆学刊》2004年第1期,第54页。

[169] 宋恩梅:《发挥信息管理者职能建立元评价机制》,《中国高等教育评估》2004年第2期,第61页。

[170] 朴雪、刘家勋等:《关于构建双发展教学评价理论体系的探索》,《中国教育技术协会2004年年会论文集》,第337—338页。

[171] 曾文武:《创新型国家的信息政策与法律分析》,《情报杂志》2009年第12期,第194—196页。

[172] 任际：《全球化与国际法律意识》，《法学研究》2006 年第 3 期，第 129—138 页。

[173] 郭玉军：《经济全球化与法律协调化、统一化》，《武汉大学学报（社会科学版）》2001 年第 3 期，第 155—161 页。

[174] 贾引狮：《建立中国——东盟知识产权法律协调机制的思考》，《特区经济》2010 年第 10 期，第 17—19 页。

[175] 刘立、田起宏、李红林、曾国屏：《美国国家科学基金资助科技教育与普及的政策与实践研究》，《科普研究》2007 年第 6 期，第 62—70、80 页。

[176] 周津慧、初景利：《分报告七：OCLC 考察报告》，《数字图书馆论坛》2011 年第 1 期，第 61—70 页。

[177] 《欧洲巨资建新科学研究服务网 面向国际科学研究机构》[EB/OL]. [2011-03-20]. http://www.qiji.cn/news/open/2004/04/02/20040402185718.htm.

[178] 《俄罗斯政府工作报告强调支持创新》[EB/OL]. [2011-03-20]. http://blog.sina.com.cn/s/blog_64e5158f0100u9ah.html.

[179] 《迎接知识经济时代 建设国家创新体系》[EB/OL]. [2011-03-20]. http://www.lssf.cas.cn/cxgc/cxgc_k/201005/t20100531_2862526.html.

[180] 王翠萍：《论国家创新体系中的信息保障系统建设》，《情报资料工作》2002 年第 2 期，第 12—15 页。

[181] 胡昌平、向菲：《面向自主创新的图书馆信息服务业务重组》，《图书馆论坛》2008 年第 1 期，第 9—12 页。

[182] 朱勇、吴易风：《技术进步与经济的内生增长新增长理论发展评述》，《中国社会科学》1999 年第 1 期，第 4—6 页。

[183] Newman T. Connecticut's Public Libraries: A Statistical Profile [EB/OL]. [2011-03-20]. http://ct.webjunction.org/ct/stats/-/articles/content/107961800.

[184] Nelson R. R. Understanding technical change as an evolutionary process [M]. Amsterdam: North-holland, 1987: 50-55.

[185] Patel P., Pavitt K. The continuing, widespread (and neglected) importance of improvements inmechanical technologies [J]. Research Policy, 1994, 23 (5): 533 – 545.

[186] Bjorn T. A., Arne I. Regional Innovation Systems: The Integration of Local Sticky and Global Ubiquitous Knowledge [J]. The Journal of Technology Transfer, 2002, 27 (1): 77 – 86.

[187] Rothwell R. Successful Industrial Innovation: critical factors for the 1990s. R&D Management, 1992, 22 (3): 221 – 239.

[188] 189 Kline S. J., Rosenberg N. An Overview of Innovation [M.] Washington, D. C.: National Academy Press, 1986: 275 – 305.

[189] Pavitt K. National Systems of Innovation: Towards a Theory of Innovation and Interaction Learning [M.] London: Pinter, 1992: 2 – 5.

[190] Drucker P. F. Innovation and Entrepreneurship. New York: Harper & Row Publishers, 1985: 65 – 70.

[191] Freeman C. Japan: A new national system of innovation [M]. Technical Change and Economic Theory. London: pinter, 1987: 16 – 27.

[192] Innovation America [R/OL]. [2009 – 08 – 15]. http://www.nga.org/Files/pdf/06NAPOLITANOBROCHURE.pdf.

[193] i – Japan 2015 [R/OL]. [2009 – 08 – 15]. http://www.soumu.go.jp/main_content/000030866.pdf.

[194] Evaluation of the Finnish National Innovation System-Policy Report [R/OL]. [2009 – 08 – 11]. http://www.tem.fi/files/24928/InnoEvalFi_POLICY_Report_28_Oct_2009.pdf.

[195] Chesbrougy H., Vanhaverbeke W. Open Innovation: Researching a new paradigm [M]. Oxford: Oxford University Press, 2006: 15.

[196] National Innovation Systems [EB/OL]. [2009 – 08 – 11]. http://www.oecd.org/dataoecd/35/56/2101733.pdf.

[197] Natiional Governors Association. Innovate America: A final report2006 – 2007 [R]. [2009 – 10 – 15]. http://www.nga.org/Files/pdf/0707innovationfinal.pdf.

[198] Fairbank J. E. , Labianca G. , et al. Information processing design choices, strategy, and risk management performance [J.] journal of management information systems. 2006, 23 (1): 293 -319.

[199] American Competitiveness Initiative: leading the World in Innovation, ACI [EB/OL]. [2009 - 08 - 20]. http: //www. innovationtask force. org/docs/ACI%20booklet. pdf.

[200] The Year book of World Electronics Data 2009 [EB/OL]. [2009 -08 -22]. http: //www. docstoc. com/docs/6530689/Yearbook-Of-World-Electronics - Data.

[201] 2009 Social Media Marketing & PR [R/OL]. [2009 - 08 - 20]. http: //www. chrisg. com/social - media - marketing - survey - results - free - pdf/.

[202] Lichtenthaller U. , Ernst H. Developing reputation to overcome the imperfections in the markets for knowledge [J.] Research Policy, 2006, 36 (1): 1 -19.

[203] Ansoff H. I. Corporate Strategy [M.] New York: McGraw - Hill, 1965: 30 -35.

[204] Verna A. The Future of Knowledge: Increasing Prosperity through Value Networks. Amsterdam [M.] Boston: Butterworth - Heinemann, 2003: 67 -70.

[205] Cross R. , Parker A. The Hidden Power of Social Networks: Understanding How Work Really Gets Done in Organizations. Boston: Harvard Business Press, 2004: 79 -82.

[206] Schumann C. A. , Tittmann C. , Tittmann S. Merger of knowledge network and users support for lifelong learning services [C.] Conference on Learning to Live in the Knowledge Society held at the 20th World Computer Congress, Learning to live in the knowledge society. 2008: 149 -152.

[207] Koopmans T. C. Three Essays on The State of Economic Science [M.] McGraw - Hill Book Company, 1957.

[208] Haken H. Information and Self - Organization: A Macroscopic Approach

to Complex Systems [M.] Berlin: Springer – Verlag, 1988: 11.

[209] Youmin Xi, Fang cheng Tang. Multiplex Multi – core Pattern of Network Organization: An Exploratory Study [J]. Computational and Mathematical Organization Theory, 2004, 10(2): 179 – 195.

[210] Albers A., Burkardt N., Hauser S., Marz J. Knowledge – based design environment for primary shaped microparts [J.] Microsystem Technologies. 2005, 8 (11): 254 – 260.

[211] Buyya R., Abramson D., Giddy J. An economy driven resource management architecture for global computational power grids [C] // Int'l Conf on Parallel and Distributed Processing Techniques and Applications. Las Vegas: [s. n.], 2000.

[212] Wilson W. Constitutional government in the United States [M.] Transaction Publishers, 2001: 56.

[213] Robert S. K., David P. Norton. The balanced Scorecard: Translating Strategy into Action [M.] Boston: Harvard Business School Press, 1996: 197.

[214] McClure C. R., Lopata C. L. Assessing the academic networked environment: strategies and options. Coalition for Networked Information [EB/OL]. [2009 – 11 – 16]. http: //www. arl. org/bm – doc/assess – 4. pdf.

[215] Landrum H., Prybutok V. R. A service quality and success model for the information service industry [J.] European Journal of Operational Research, 2004, 156 (3): 628 – 642.

[216] Ching S. H., Poon P. W. T., Huang K. L. Managing the Effectiveness of the Library Consortium: A Core Values Perspective on Taiwan e – book Net [J.] The Journal of Academic Librarianship, 2003, 9 (5): 304 – 315.

[217] Bertot J. C. Network Service and Resource Evaluation Planning [M.] // Bertot J. C, Davis D. M. Planning and Evaluating Library Networked Services and Resources. Westport. Libraries Unlimited, 2004: 8.

[218] Zhang F. Z., Song Z. Z., Zhang H. Web service based architecture and ontology based user model for cross – system personalization [C]. 2006

IEEE/WIC/ACM International Conference on Web Intelligence, (WI 2006 Main Conference Proceedings): 849 -852.

[219] Tansey M., Stembridge B. The challenge of sustaining the research and innovation process [J.] World Patent Information. 2005, 27 (3): 212 -226.

[220] Stephens M. ten Trends&Technologies for 2009 [EB/OL]. [2010 -12 -12]. http: //tametheweb. com/2009/01/12/ten -trendstechnologies -for -2009.

[221] Papazoglou M. P. Servcie -oriented computing: state of the art and research challenge [J.] IEEE computer society, 2007, 40 (12): 64 -71.

[222] Zhu K., et al. Innovation diffusion in global contexts: determinants of post -adoption digital transformation of European companies [J.] European journal of information systems, 2006, 15 (6): 601 -616.

[223] Hu Q., Yue Q. L. Analysis to the Service Organizations Based on the Integrated Platform of Industrial Information [C.] Seventh Wuhan internatyional conference on E -business, vols I -III: 2101 -2107. 2008.

[224] Make it all about the user. [EB/OL]. [2006 - 10 - 20]. http: //www. hesketh. com/publications/make_ it_ all_ about_ the_ user. html.

[225] Briggs R. O., Nunamaker J. F., Sprague R. H. Online Coordination and Interaction [J]. Journal of management information systems, 2008, 25 (1): 13 -16.

[226] Lankton N., Luft J. Understanding the value of countermeasure portfolios in information systems security [J.] Journal of management information systems, 2008, 25 (2): 203 -240.

[227] Atkins D. E., et al. Revolutionizing Science and Engineering Through Cyberinfrastructure. National Science Foundation Blue - Ribbon Advisory Panel on Cyberinfrastructure, January 2003.

[228] Digital library is a cater: new choices for future [EB/OL]. [2007 -07 -10]. http: //users. ox. ac. uk/ ~ mikef/rts/ticer/img6. html.

[229] Forrester Research. Enterprise Mashups to Hit $700 Million by 2013 [EB/OL]. [2011 -03 -09].

http：//www. forrester. com/rb/search/results. jsp? N = 133001 + 71019&No =175.

[230] iSpecies [EB/OL]. [2011 - 03 - 09]. http：//ispecies. org/? q = Leo&submit = Go.

[231] Weather Bonk [EB/OL]. [2011 -03 -09]. http：//www. weatherbonk. com/.

[232] Ort E., Brydon S., Basler M. Mashup Styles, Part 2：Client - Side Mashups [EB/OL]. [2011 - 03 - 09]. http：//java. sun. com/developer/technicalArticles/J2EE/mashup_ 2/.

[233] Mashing Up The Library competition [EB/OL]. [2011 - 03 - 09]. http：//www. talis. com/tdn/competition.

[234] OCLC Research Software Contest [EB/OL]. [2011 -03 -09]. http：//www. oclc. org/.

[235] Stuart Lewis. The Repository Mashup Map [EB/OL]. [2011 -03 -09]. http：//mashups. web2learning. net/toc/chapter - 17.

[236] Repository Maps [EB/OL]. [2011 - 03 - 09]. http：//maps. repository66. org/.

[237] Lewis&Clark Library System [EB/OL]. [2011 - 03 - 09]. http：//www. lcls. org/.

[238] Hillsborough County Public Library Cooperative [EB/OL]. [2011 -03 -09]. http：//www. hcplc. org/.

[239] Declan Butler. Mashups mix data into global service [EB/OL]. [2011 - 03 - 09]. http：//www. nature. com/nature/journal/v439/n7072/full/439006a. html.

[240] Belleau F., et al. Bio2RDF：Towards a mashup to build bioinformatics knowledge systems [J.] Journal of Biomedical Informatics, 2008, 41 (5)：706 -716.

[241] LibraryThing [EB/OL]. [2011 - 03 - 09]. http：//www. librarything. com/.

[242] Hot Titles Carousel [EB/OL]. [2011 - 03 - 09]. http：//www.

cambridgelibraries. ca/hot/carousel. cfm.

[243] Blyberg J. Go – go Google Gadget [EB/OL]. [2011 – 03 – 09]. http: //www. blyberg. net/2006/08/18/go – go – google – gadget/.

[244] Liu X. Z. , et al. Towards Service Composition Based on Mashup [EB/OL]. [2010 – 09 – 11]. http: //doi. ieeecomputersociety. org/10. 1109/SERVICES. 2007. 67.

[245] A Osswald. E – science and information services: a missing link in the context of digital libraries [J]. Online Information Review, 2008, 32 (4): 516 – 523.

[246] United States Intelligence Community. Information sharing strategy2008 [R/OL]. [2009 – 01 – 10]. http: //www. dni. gov/reports/IC _ Information_ Sharing_ Strategy. pdf.

[247] Taylor J. Defining e – Science [EB/OL]. [2011 – 03 – 09]. http: //www. nesc. ac. uk/nesc/define. html.

[248] Hey T. , Barga R. , Parastatidis S. Research Platforms in the Cloud. In: World Wide Research: Reshaping the Sciences and Humanities, Edited by William H. Dutton and Paul W. Jeffreys, Cambridge, Mass. : MIT Press, 2010: 67 – 72.

[249] Registry of Open Access Repositories [EB/OL]. [2011 – 03 – 09]. http: //roar. eprints. org/.

[250] i – Japan 2015 [R/OL]. [2009 – 08 – 15]. http: //www. soumu. go. jp/main_ content/000030866. pdf.

[251] National Innovation Systems [EB/OL]. [2009 – 08 – 11]. http: //www. oecd. org/dataoecd/35/56/2101733. pdf.

[252] Natiional Governors Association. innovate America: A final report2006 – 2007 [R.] [2009 – 10 – 15]. http: //www. nga. org/Files/pdf/0707 innovationfinal. pdf.

[253] Piggy Bank – SIMILE [EB/OL]. [2011 – 03 – 09]. http: //simile. mit. edu/wiki/Piggy_ Bank.

[254] Yahoo! Pipes [EB/OL]. [2011 – 03 – 09]. http: //pipes. yahoo. com/

pipes/.

[255] Unsworth J. Scholarly Primitives: What Methods Do Humanities Researchers Have in Common and How Might Our Tools Reflect This? [EB/OL]. [2007-05-13]. http://jefferson. village. virginia. edu/-jmu2m/Kings. 5-00/primitives. html.

[256] Holsapple C. W., Singh M. The knowledge chain model: activities for competitiveness [J]. Expert Systems with Applications, 2001 (20): 77—98.

[257] Federica S., Antonello Z. Multinational firms, global value chains and the organization of knowledge transfer [J.] Research Policy, 2009 (38): 369—381.

[258] Marcelo C. P., Nakano D. Knowledge and information flows in supply chains: A study on pharmaceutical companies [J.] Int. J. Production Economics, 2009, (122): 376—384.

[259] Paton R. A., Laughlin S.. Services innovation: Knowledge transfer and the supply chain [J]. European Management Journal, 2008 (26): 77—83.

[260] Kali Y.; Ronen M. Design principles for online peer-evaluation: Fostering objectivity [C]. International Conference on Computer Supported Collaborative Learning. CSCL 2005: Computer Supported Collaborative Learning 2005: The Next 10 Years, Proceedings. 2005: 247—251.

[261] Wu Y. C. J., Liu H. P. Technological innovation assessment of business-to-business electronic marketplaces [J]. Journal of management American society for information science and technology. vol: 57 2006 (8): 1093-1104.

[262] Li Y., Ding R. J., et al. Studies on Several Problems of Analytic Hierarchy Process [C.] 7th Wuhan International Conference on E-Business, MAY 31-JUN 01, 2008 Wuhan Peoples R China seventh Wuhan international conference on E-business, vol: I-III. 2008: 1119-1122.

[263] Brown B. Delphi Process: A Methodology Used for the Elicitation of

Opinions of Experts [M.] The Rand Corporation, 1987: 392.

[264] Bertot J. C. Network Service and Resource Evaluation Planning [M.] // Bertot J. C., Davis D M. Planning and Evaluating Library Networked Services and Resources. Westport: Libraries Unlimited, 2004: 19—20.

[265] Metcalfe S. The Economic Foundations of Technology Policy: Equilibrium and Evolutionary Perspectives. Handbook of the Economics of Innovation andTechnological Change, London: Blackwell, 1995: 409—512.

[266] Lichtenthaller U., Ernst H. Developing reputation to overcome the imperfections in the markets for knowledge [J.] Research Policy, 2006, 36 (1): 1 - 19.

图书在版编目（CIP）数据

创新型国家的信息服务与保障研究／胡昌平等著.
－北京：学习出版社，2013.3
（国家哲学社会科学成果文库）
ISBN 978-7-5147-0320-7

Ⅰ. ①创… Ⅱ. ①胡… Ⅲ. ①信息资源—信息管理—研究—中国
Ⅳ. ①G203

中国版本图书馆 CIP 数据核字（2013）第 027752 号

创新型国家的信息服务与保障研究
CHUANGXINXING GUOJIA DE XINXI FUWU YU BAOZHANG YANJIU
胡昌平 等著

责任编辑：于子晶 关宵寅
技术编辑：周媛卿 刘 硕
封面设计：肖 辉 杨 洪

出版发行：学习出版社
北京市崇文门外大街 11 号新成文化大厦 B 座 11 层（100062）
010－66063020 010－66061634
网 址：http：//www. xuexiph. cn
经 销：新华书店
印 刷：北京新华印刷有限公司

开 本：710 毫米×1000 毫米 1/16
彩 插：2
印 张：34. 25
字 数：543 千字
版次印次：2013 年 3 月第 1 版 2013 年 3 月第 1 次印刷

书 号：ISBN 978-7-5147-0320-7
定 价：85. 00 元